COMENTÁRIOS AO CÓDIGO DE PROCESSO CIVIL

VOLUME II

ARTS. 262 A 331

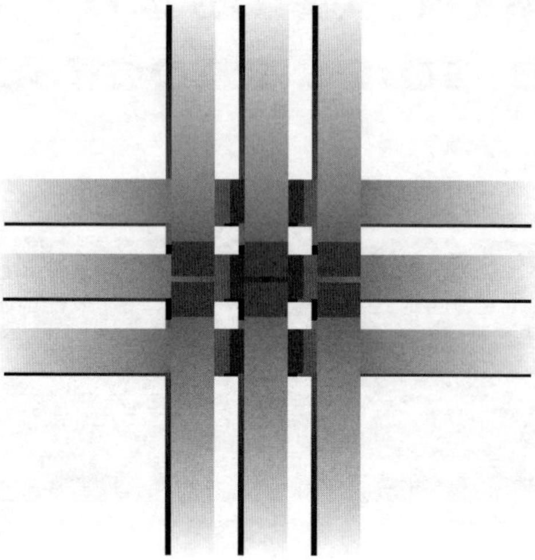

COMENTÁRIOS AO CÓDIGO DE PROCESSO CIVIL

VOLUME II

ARTS. 262 A 331

JÔNATAS LUIZ MOREIRA DE PAULA

Manole

Projeto Gráfico: Acqua Estúdio Gráfico
Editoração Eletrônica: JLG Editoração Gráfica

CIP-BRASIL. CATALOGAÇÃO-NA-FONTE
SINDICATO NACIONAL DOS EDITORES DE LIVROS, RJ.

P347c
v.2

Paula, Jônatas Luiz Moreira de
Comentários ao Código de Processo Civil, v.2 : Art. 262 a 331
/ Jônatas Luiz Moreira de Paula. – Barueri, SP : Manole, 2003

Inclui bibliografia
ISBN 85-204-1918-6

1. Brasil. [Código de processo civil (1973)]. 2. Processo civil.
I. Título.

03-0275.
CDU 347.91/.95(81)(094.46)

1ª edição brasileira – 2003

Direitos em língua portuguesa adquiridos pela:
Editora Manole Ltda.
Av. Ceci, 672 – Tamboré
06460-120 – Barueri – SP – Brasil
Fone: (0_ _ 11) 4196 6000 – Fax: (0_ _ 11) 4196 6021
www.manole.com.br
info@manole.com.br

Impresso no Brasil
Printed in Brazil

Sumário

COMENTÁRIOS AO CÓDIGO DE PROCESSO CIVIL

VOLUME II

ARTS. 262 A 331

Título VI

DA FORMAÇÃO, DA SUSPENSÃO E DA EXTINÇÃO DO PROCESSO

AO PROCESSO COMO RELAÇÃO JURÍDICA

Noção sintética de relação jurídica. A idéia básica da relação jurídica é de que seja uma vinculação entre pessoas. Maria Helena Diniz, apoiando-se em Del Vecchio, leciona que "a relação jurídica consiste num vínculo entre pessoas, em razão do qual uma pode pretender um bem a que outra é obrigada. Tal relação só existirá quando certas ações dos sujeitos, que constituem o âmbito pessoal de determinadas normas, forem relevantes no que atina ao caráter deôntico das normas aplicáveis à situação. Só haverá relação jurídica se o vínculo entre pessoas estiver normado, isto é, regulado por norma jurídica, que tem por escopo protegê-lo".[1]

A realização de uma relação jurídica implicará em diversos efeitos, a saber:

---

[1] DINIZ, Maria Helena. *Compêndio de Introdução à Ciência do Direito.* 12ª edição. São Paulo. Saraiva. 2000, p. 500.

identificação de sujeitos que integram a relação jurídica. Conseqüentemente, essas pessoas poderão compor a relação processual, face o fenômeno da legitimidade ordinária. Sendo assim, a legitimidade ordinária passa a ter vinculação direta no processo, por retratar na demanda a relação jurídica material;[2]

identificação da natureza da relação jurídica material, uma vez que ela pode ser informada por normas de direito pessoal, direito obrigacional ou direito real. Tal identificação terá repercussão imediata na causa de pedir, pedido e espécie da ação, bem como da competência do foro e do juízo;

identificação do conteúdo da relação jurídica material, que pode ser *simples*, quando se constitui de um só direito subjetivo, havendo sujeitos determinados que ocupam tanto o pólo ativo como o pólo passivo, e *complexa*, se contiver vários direitos subjetivos, em que, ao mesmo tempo, as mesmas pessoas ocupam os dois pólos simultaneamente;[3]

o deferimento da proteção da relação jurídica, mediante acesso à Justiça, quando um ou vários sujeitos da relação jurídica sentirem-se lesados ou ameaçados em seu direito subjetivo (CF, art. 5º, XXXV); e

aspiração do sujeito ativo da relação jurídica ver a prestação ser cumprida pelo sujeito passivo (*objeto imediato*) e receber o bem, que pode ser corpóreo ou incorpóreo, vez que constitui o conteúdo da prestação (*objeto mediato*).[4] Tal aspiração está formalizada na ação, sob a nomenclatura de pretensão.

Litis constestatio e Processo. A concepção moderna do direito processual, visto desde a segunda metade do Século XIX, através dos estudos de processualistas alemães e italianos, trata o processo como uma relação jurídica onde participam três pessoas: juiz, autor e réu (*actus trium personarum: iudex, actoris et rei*).

Essa concepção, no entanto, decorre de uma evolução científica, que procurou explicar esse fenômeno jurídico desde o direito romano. Assim, compete fazer um escorço histórico, de onde surgiram as diversas correntes doutrinárias.

No processo civil romano, durante as fases das *legis actiones* e *per formulas*, cabia o procedimento *ordo iudiciorum privatorum.* Este era dividido em

---

[2] Cf. PAULA, Jônatas Luiz Moreira de. *Teoria Geral do Processo.* Leme. LED. 1999, p. 146-148.

[3] DINIZ, Maria Helena. *Compêndio...*, p. 501.

[4] DINIZ, Maria Helena. *Compêndio...*, p. 501.

duas fases, a *in iure* e a *in iudicio*. A fase *in iure* corria perante o pretor, que competia examinar a tipicidade da pretensão do autor, quando determinava a vinda do réu ao tribunal. Com a presença do autor e do réu, era celebrado a *litis contestatio*, entendido como um pacto celebrado pelos litigantes, pelo qual ficavam vinculados ao processo e à sentença a ser proferida pelo *arbiter* ou *iudex*, na fase *in iudicio*.[5]

Nessa linha, a figura da *litis contestatio* propiciou duas teorias acerca da natureza jurídica do processo, fincadas na esfera do direito privado: o processo como contrato e o processo como quase-contrato.

Como contrato, o processo surge da idéia de um "contrato judiciário", de inspiração francesa, pois, conforme Eduardo Couture, "o processo se desenvolve muito mais como uma deliberação que como um debate. As partes expõem o seu direito perante o pretor, falando livremente, tanto entre si, como com magistrado. Dessas circunstâncias, e do caráter da 'fórmula', se infere que, durante esta etapa do direito romano, não pode existir '*litiscontestatio*' enquanto as partes não o queiram de comum acordo. Mais do que um processo, este fenômeno deve ser considerado um arbitramento perante o pretor".[6]

Numa outra abordagem, o romanista Ebert Chamoun vê a presença do Estado no processo civil, mediante o pretor, que se limitava à instauração do processo, cujo momento precípuo era a *litis contestatio*: nele as partes se comprometiam a cometer a um juiz a decisão do feito.[7] Mais incisivo, no período formulário a *litis contestatio* possibilitava os seguintes efeitos: "Em primeiro lugar, a ação que com ela se consolida não pode mais ser repetida com o mesmo fundamento, de acordo com o princípio *bis de eadem re ne sit actio*, já assente no processo das ações da lei. Esse efeito extintivo não se produzia sempre de igual maneira. Ora ocorria *ipso iure*, de um modo absoluto, ora *exceptionis ope*, apenas mediante exceção. Para que a *litiscontestatio* produzisse efeito extintivo *ipso iure* era preciso que o *iudicium* fosse *legitimum*, isto é, processado em Roma ou a menos de uma milha da cidade, entre cidadãos romanos e diante de

[5] PAULA, Jônatas Luiz Moreira de. *Teoria Geral...*, p. 37-38.

[6] COUTURE, Eduardo. *Fundamentos do Direito Processual Civil*. Tradução de Benedicto Giaccobini. Campinas. RED Livros. 1999, p. 90.

[7] CHAMOUN, Ebert. *Instituições de Direito Romano*. 2ª edição. Rio de Janeiro. Forense. 1954, p. 109.

iudex unus cidadão romano. Os outros *iudicia* chamavam-se *imperium* do magistrado; a *litiscontestatio* das ações aí ajuizadas só produzia efeito extintivo *exceptiones ope.* Era preciso ainda que a ação fosse *in personam* e *in ius*, isto é, que versasse sobre um direito pessoal do *ius civile.* Em todos os outros casos, o efeito extintivo podia ser assegurado exclusivamente com uma exceção, a *exceptio rei in iudicium deductae.* A extinção da ação ajuizada era total (*consumere*), produzindo-se em relação a todos os devedores. Em segundo lugar, a *litiscontestatio* cria, para o demandante, o direito de obter do juiz a condenação do réu, se se verificarem as condições fixadas na fórmula. Esse direito é sempre um direito novo e um direito de crédito, cujo objeto no direito clássico é uma quantia, constitutiva precisamente da condenação. Assim, o direito oriundo da *litiscontestatio* de uma ação delitual era transmissível, apesar da intransmissibilidade dessas ações; o objeto do direito oriundo da *litiscontestatio* de uma ação real era uma quantia, e não a coisa. Finalmente, a *litiscontestatio* fixou os elementos pessoais ou reais do processo, de modo que não mais podiam ser modificados *in iudicio.* Por conseguinte, dava ao autor o direito de obter tudo quanto poderia conseguir, se o processo fosse decidido no momento da *litiscontestatio.* A rigor, era até irrelevante a execução espontânea da prestação por parte do réu *post acceptum iudicium*, não só porque ela fora substituída por outra, como também porque o juiz devia sempre referir-se ao momento da *litiscontestatio.* Todavia, a princípio para as ações de boa-fé, depois para as ações de direito estrito, acabou por prevalecer a tese oposta, defendida pelos sabinianos, segundo qual *omnia iudicia sunt absolutoria*".[8]

Até mesmo o fenômeno da coisa julgada estava sob efeito da *litiscontestatio*, pois, "nada mais era que a conseqüência lógica do princípio de que as convenções somente afetam os contratantes, e que a origem da coisa julgada é a convenção, ou seja, o acordo entre as partes chamado 'contrato judicial', pelo qual ambos os litigantes se põem de acordo em submeter à decisão do juiz o litígio que os divide. Em termos semelhantes pronunciou-se a maioria dos autores desta escola *(a do 'contrato judicial')*, chegando-se mesmo a estabelecer um paralelismo entre contrato judicial e os contratos de direito civil, assinalando a similitude dos elementos essenciais: objeto, causa, capacidade etc".[9]

---

[8] CHAMOUN, Ebert. *Instituições...*, p. 119-120.

[9] COUTURE, Eduardo. *Fundamentos...*, p. 91-92.

Por outro lado, também envolvido em torno da *litis contestatio*, surgiu a teoria de que a natureza do processo era quase-contratual. Como salienta Nagib Slaib Filho, a visão do processo como quase-contrato decorre da impossibilidade de se sustentar entre o caráter contratual da *litis contestatio* e o exercício do poder estatal exigido não só na tramitação do processo, mas também na transformação da realidade decorrente da sentença.[10]

Essa tese persiste no entendimento de que a *litis contestatio* era fato gerador de uma obrigação bilateral. Porém, despe o caráter contratual dessa obrigação, posto que o consentimento das partes não é inteiramente livre, pois decorre da utilização de um direito do litigante e do acesso às faculdades do processo romano. Daí afirmar Couture, que a "*litiscontestatio* exige, com efeito, por sua parte, uma manifestação exterior e sensível da vontade, à qual ninguém pode ser constrangido; de sorte que não existe, sob o império das fórmulas, meio algum para entabolar o debate contra a vontade do réu, nenhuma via para se chegar, contra o seu desejo, à formação do contrato judicial. O próprio processo por contumácia (julgamento à revelia) supõe a '*litiscontestatio*', sem a qual não poderia haver instância, nem processo: '*Ante litem contestatam, non dicitur lis mota, nec dicitud quis agere, sed agere voluisse*' ".[11]

Portanto, a tese de que o processo era um quase-contrato acabou por confinar o processo dentro da esfera do direito privado e girava em torno da *litis contestatio*, dando-lhe uma nova interpretação. Como afirma Eduardo Couture, essa tese decorre de um juízo de eliminação, afirmando que o processo não surge por um contrato e nem por delito ou quase-delito.[12] Mas, isto sim, de uma fonte de obrigações, ao lado do contrato.

Processo como relação jurídica. Sua concepção decorre dos estudos de Oscar von Bülow, na segunda metade do Século XIX, com a obra *Die Lehre von den Prozesseinreden.*

A idéia básica dessa visão, como explana Eduardo Couture, é de que o processo "é um fenômeno regido pela lei, a doutrina mais moderna considera que o ordenamento existente para reger a situação do autor e do réu, um em face do outro, e cada um deles em face do juiz, configura uma relação jurídica".[13] Essa

---

[10] SLAIB FILHO, Nagib. *Sentença Cível.* Rio de Janeiro. Forense. 1991, p. 108.

[11] COUTURE, Eduardo. *Fundamentos...*, p. 93-94.

[12] COUTURE, Eduardo. *Fundamentos...*, p. 94.

[13] COUTURE, Eduardo. *Fundamentos...*, p. 95.

relação, acrescenta o jurista uruguaio, consiste num complexo de direitos e deveres e "dá ao processo uma situação de unidade, porquanto os diversos atos estão unidos entre si pelo fim comum a que se destinam. Esta característica ocorre em qualquer empreendimento científico, artístico, ou técnico, no qual o conjunto dos atos isolados aparece ordenado pela aspiração de constituir uma unidade. No caso presente, o empreendimento é de natureza jurídica: os diversos atos processuais, reunidos, tomados em seu conjunto, formam aquela unidade jurídica que é o processo, e que permite falar de uma relação jurídica orientada no sentido da obtenção de um fim unitário no campo do direito".[14]

Dessa visão, decorrem três variantes:[15]

o processo como relação jurídica linear, defendida por Kölher, onde somente havia a relação entre o demandante e o demandado. Nessa linha, procurava a relação processual retratar a relação jurídica material, de onde surgira. Graficamente essa linha pode ser assim mostrada:

Autor? Réu

o processo como relação jurídica angular, defendida por Hellwig e Pontes de Miranda, em que se acrescenta a figura do juiz, no qual cada litigante se vinculava. Graficamente essa linha pode ser assim delineada:

Juiz

? ?

Autor Réu

o processo como relação triangular, que é a tese de maior aceitação pela doutrina processual, que mostra a presença do juiz, autor e réu, todos vinculando-se entre si. Essa posição faz jus ao brocardo latino: *actus trium personarum: iudex, actoris et rei* (relação de três pessoas: juiz, autor e réu). Graficamente essa linha pode ser assim mostrada:

Juiz

? ?

Autor Réu

---

[14] COUTURE, Eduardo. *Fundamentos...*, p. 95-96.

[15] PAULA, Jônatas Luiz Moreira de. *Teoria Geral...*, p. 188-189.

RELAÇÃO JURÍDICA MATERIAL, SITUAÇÃO JURÍDICA E RELAÇÃO JURÍDICA PROCESSUAL

Noção. São duas as ponderações que podem ser colocadas a respeito da relação entre direito material e direito processual. Uma, onde há formal vínculo jurídico, como, por exemplo, um contrato; outra onde não há esse formal vínculo jurídico, como, por exemplo, um ato ilícito. Essa distinção se justifica por critérios científicos e didáticos, a despeito da doutrina clássica assim não fazer, mesmo ciente de efeitos práticos.

Para a primeira hipótese, tem-se uma relação jurídica formal, mormente originária de uma obrigação. A segunda hipótese decorre de uma situação jurídica, posto que decorre de uma relação informal que aspira possuir uma relação jurídica. Hodiernamente, na primeira hipótese, possibilita o litigante ter acesso a determinadas e específicas tutelas jurisdicionais, como a ação de execução e a ação monitória. Já a segunda hipótese fica em torno de um procedimento comum (ordinário e sumário) porque aspira constituir título executivo judicial.

Examina-se, portanto, essas hipóteses.

Relação jurídica material no direito romano. No processo civil romano a relação jurídica material era suscetível de proteção mediante a concessão da *stipulatio praetoriae*, previsto no Digesto (46, 5).

Conforme expõe Sebastião Cruz, a *stipulatio* é um negócio jurídico tipicamente obrigacional, e que por isso se diferenciava da *mancipatio*, que se relacionava com o direito das coisas. A *stipulatio* permitia diversas relações familiares e negociais.[16] Segundo o professor de Coimbra, a estrutura da *stipulatio* consiste "numa pergunta – *spondes mihi dare centum* –, feita pelo credor (o *stipulator*), e numa resposta – *spondeo* –, dada pelo devedor (o *promissor*). *Esta* pergunta e *esta* resposta unem-se de tal maneira que não formam uma pergunta-resposta, mas 'geram' algo totalmente novo: a *obligatio*. Por isso, os romanos chamavam à *stipulatio* '*conceptio verborum*'".[17] Por isso, realça Ebert Chamoun, a *stipulatio* buscava uma promessa de cumprimento de qualquer prestação.[18]

---

[16] CRUZ, Sebastião. *Direito Romano*. Tomo I. 4ª edição. Coimbra. Gráfica de Coimbra. 1984, p. 302-303.

[17] CRUZ, Sebastião. *Direito Romano*. Tomo I..., p. 303.

[18] CHAMOUN, Ebert. *Instituições*..., p. 343.

Esclarece Sebastião Cruz, que "da *stipulatio* nascia uma *obligatio* para o devedor (*promissor*) e uma *actio* para o credor (*stipulator*), a fim de obrigar o *promissor* a cumprir, caso o não fizesse voluntariamente. Esse *actio* pode denominar-se 'grosso modo' *actio ex stipulatu*".[19]

Derivado da *stipulatio praetoriae*, o processo romano conheceu as *restitutiones in integrum*, que eram um expediente do pretor para obter um efeito contrário das *stipulationies praetoriae*. Há, segundo Sebastião Cruz, um negócio jurídico, injusto mas válido perante o *ius civile*, que origina uma situação, protegida por conseguinte pelos *ius civile* e que não o merece, como é o caso da *stipulatio* realizada sob grave coação. Daí a necessidade de se desfazer essa vinculação jurídica.[20]

O remédio judicial próprio para desvincular a *stipulatio* era a *restitutio in integrum*, que era "um expediente do pretor, baseado (esse expediente) no seu '*imperium*', a considerar *como inexistente* um negócio jurídico injusto mas válido perante o '*ius civile*', fundando-se (o pretor) em circunstâncias de fato para tomar essa disposição. *Inexistente*, quer dizer, esse negócio jurídico (v.g. uma *stipulatio*) fica sem qualquer aparência jurídica (de *stipulatio*) e portanto não se produz nenhum efeito jurídico, nem direto nem indireto (da *stipulatio*), porque esse negócio jurídico *ou* foi 'desfeito' (logo... não existe; trata-se quase duma inexistência material; assim se procedia de início); *ou* (em época de concepções jurídicas já menos materialísticas) é considerado pelo pretor como não tivesse sido realizado. É inexistente, porque o pretor, através dum *decretum*, considera esse negócio jurídico como não efetuado ('*ratum non habebo*'). De início, através da *rest. in int.*, o negócio jurídico ficava [a ser] inexistente, ou porque as partes, por imposição do pretor, desfaziam elas próprias esse tal negócio (desligavam-se uma da outra, faziam desaparecer o vínculo, o 'nó jurídico') ou *porque* o pretor, ele próprio ia 'desligar', desvincular".[21]

Outra forma de vincular-se juridicamente, no entanto, formalizado, era a realização dos atos jurídicos. Dentro dos atos, havia o *votum*, que era uma promessa feita a uma divindade, o que suscitava a existência de um vínculo contratual entre o indivíduo e a divindade; e a *pollicitatio*, que era a promes-

---

[19] CRUZ, Sebastião. *Direito Romano*. Tomo I..., p. 305.

[20] CRUZ, Sebastião. *Direito Romano*. Tomo I..., p. 311-312.

[21] CRUZ, Sebastião. *Direito Romano*. Tomo I..., p. 313.

sa, feita a uma cidade, de uma *datio* em dinheiro ou de realização de uma obra de utilidade pública.[22]

Mas sem sombra de dúvida, são com os contratos e negócios jurídicos que a relação material melhor se realiza e exterioriza. Como explica Ebert Chamoun, no direito romano o contrato se distinguia do pacto ou da convenção. Pois, o *pactum* ou *conventio* era "um acordo de vontades insuficiente para gerar obrigações (*ex nudo pacto non nascitur actio*). Era princípio geral acompanhar-se a convenção de um ato formalista, os *verba* ou as *litterare*, ou de uma prestação inicial, a *res*, para se tornar um contrato, isto é, para ganhar obrigatoriedade. A esse princípio geral constituíram exceção, já antes do direito clássico, os contratos de compra e venda, locação, sociedade e mandato, que se formavam com o mero acordo ou consentimento e que, por essa razão, se chamam consensuais. No direito clássico, quando os contratos eram reconhecidos independentemente de formas típicas e solenes, e o elemento *conventio* se afirmava de encontro às antigas formas do *ius civile*, pode-se definir o contrato como a convenção geradora de obrigação e sancionada por ação. Finalmente, no direito pós-clássico, todo negócio lícito que produz um *debitum* de uma pessoa perante uma outra se denomina *contractus*. Contrato é, então, sinônimo de *negotium contractum* e opõe-se aos atos de liberalidade".[23]

Os contratos se classificavam por diversas maneiras, a saber:[24]

segundo a fonte, os contratos poderiam ser reais, verbais, literais e consensuais;

segundo a sanção, os contratos poderiam ser *iuris civilis, iuris gentium, bonae fidei* e *stricti iuris*;

segundo os efeitos, os contratos poderiam ser sinalagmáticos ou bilaterais e unilaterais;

segundo a forma, os contratos poderiam ser formalistas e não-formalistas; e

segundo a onerosidade, os contratos poderiam ser onerosos e gratuitos.

Ao lado dos contratos, também existiam no direito romano os "quase-contratos" que, a despeito de ser uma expressão doutrinária e não normativa, mas o suficiente para se criar um vínculo obrigatório, e sancionados por uma

---

[22] CHAMOUN, Ebert. *Instituições...*, p. 293-294.

[23] CHAMOUN, Ebert. *Instituições...*, p. 326.

[24] CHAMOUN, Ebert. *Instituições...*, p. 327-328.

ação reipersecutória, mas que se diferencia por prescindir do consentimento das partes. Exemplo típico é a gestão de negócios.[25]

Por fim, o direito real ou das coisas era também forma de se vincular juridicamente, desta vez com uma coisa. Entendido que o direito real é aquele que confere ao titular o poder de excluir da senhoria sobre uma coisa a intervenção alheia, o que remete a terceiros, que não são titulares do direito, o dever jurídico de respeito ao direito alheio (*erga omnes*).[26]

O direito real no direito romano se caracterizava por ser absoluto, uma vez que, na esteira de Ebert Chamoun, "não importa a mudança do titular do dever jurídico, já que pode manifestar-se *adversus quemcumque possessorem*, tem a vida que tem o seu objeto, a coisa. Nesse sentido é que é verdadeira a chamada perpetuidade do direito real. O direito pessoal, ao contrário, é essencialmente temporário, destinado a perecer em virtude de um acontecimento previsto e desejado, o pagamento".[27]

Sobre aspectos do direito real no direito romano, anota Mário Bretone que o "poder sobre as coisas (com terminologia mais evoluída, diremos a 'propriedade') articula-se de maneira diversa, segundo as duas categorias fundamentais em que as coisas se distinguem. Em primeiro plano estão as *res mancipi*: a propriedade, os escravos, os animais de tiro e carga (bois e cavalos, burros, mulas), e enfim as serventias rústicas de passagem e de aqueduto, concebidas ainda que de modo materialístico. *Mancipium* é o nome do poder sobre elas, e também do ato necessário para as adquirir. Na disciplina jurídica, a propriedade tem uma posição privilegiada. A aquisição por usucapião requer um período de dois anos, enquanto que basta um ano para 'todas as outras coisas'. Várias normas regulam as relações entre as propriedades. Há uma ação para determinar os limites. A árvore 'inclinada pelo vento' deve ser retirada da propriedade alheia; se os seus frutos tiverem caído, é possível apanhá-los. Não é permitido cavar ou construir diques na sua própria propriedade, de maneira que a água da chuva transborde para a do vizinho, ou 'tirar o poste', de que um outro proprietário se serviu para escorar a casa ou a vinha".[28]

---

[25] CHAMOUN, Ebert. *Instituições...*, p. 383.

[26] CHAMOUN, Ebert. *Instituições...*, p. 197.

[27] CHAMOUN, Ebert. *Instituições...*, p. 197-198.

[28] BRETONE, Mário. *História do Direito Romano*. Tradução de Isabel Teresa Santos e Hossein Seddighadeh Shooja. Lisboa. Editorial Estampa Ltda. 1988, p. 75-76.

Direito real e vínculo obrigacional no direito romano. Abordando o tema, elucida Ovídio A. Baptista da Silva que o direito romano primitivo ao generalizar a ação condenatória, tanto para o direito de propriedade quanto para os direitos de crédito, exigiu a redução de todo o Direito Material a uma relação obrigacional de crédito-débito.[29]

Note-se que no direito romano, segundo o Título XIII, § 1º, das *Institutas* de Justiano, as obrigações podem ser civis, reconhecidas pelo direito civil, ou pretorianas, oriundas do pretor em virtude de sua jurisdição.[30]

Essa singular redução foi obra de uma interpretação acerca da *obligatio,* que gerava *direito a uma prestação* – traduzida na fórmula das ações *in personam* pelo vocábulo *oportere.* Por isso, explana o processualista gaúcho, "que a primitiva *obligatio,* era um vínculo eminentemente pessoal, a ligar o devedor ao credor, quer dizer, originariamente, no primitivo direito romano, o vínculo obrigacional caracteriza-se por sua rigorosa e absoluta 'pessoalidade', ou seja, a relação obrigacional era destituída de qualquer caráter de 'patrimonialidade', ao contrário do que se dá no direito moderno, onde o fator patrimonial, definido como *responsabilidade,* assume, enorme, e por vezes exclusiva, relevância, em detrimento do *debitum,* enquanto vínculo na natureza pessoal, a ponto de confundirem-se os direitos reais com direitos de crédito".[31]

A assimilação da *obligatio* aos *deveres jurídicos* a partir do Século III da era Cristã, mostra Ovídio, surge com a (re)definição de *Paulus* acerca da *obligatio,* não como instrumento capaz de proporcionar a propriedade de um determinado objeto ou a prestação de um serviço, mas, isto sim, como vínculo através do qual alguém se obriga a dar ou a fazer alguma coisa em benefício de outro. Por isso, a "proposição demonstra que a *obligatio* correspondia, como era de sua natureza, desde as origens, a um vínculo de sujeição, de que o obrigado haveria de libertar-se através de um ato pessoal e voluntário de *prestação.* O conceito de *Paulus* pode ser indicado como um dos primeiros elementos doutrinários para o processo de 'pessoalização' do direito real, que

---

[29] SILVA, Ovídio A. Baptista da. *Jurisdição e Execução na tradição romano-canônica.* São Paulo. Revista dos Tribunais. 1996, p. 49.

[30] JUSTIANO, Imperador do Ocidente. *Institutas do Imperador Justiano.* Tradução de J. Cretella Jr. E Agnes Cretella. São Paulo. Revista dos Tribunais. 2000, p. 225.

[31] SILVA, Ovídio A. Baptista da. *Jurisdição e Execução...*, p. 50. O autor se apóia em Marco Comporti.

acabou predominando inteiramente no direito contemporâneo, como a seu tempo veremos. Ao contrário do direito moderno, no direito romano, especialmente em suas fases primitivas, preponderava o sentido do *dever*, na relação obrigacional, sendo inexistente, ou desprezível, o componente patrimonial, caracterizado pela *responsabilidade*, enquanto vínculo capaz de estabelecer a sujeição dos bens do obrigado ao cumprimento da obrigação. O *vinculum iuris*, através do qual o devedor '*ligava-se*' ao credor (primitivamente ligação material, *ob* + *ligatio*), era rigorosamente pessoal e juridicamente incoercível o dever que gravava o obrigado".[32]

Insta destacar que a ausência de patrimonialidade da primitiva *obligatio* e sua incoercibilidade jurídica justificam a inexistência de uma execução processual no período das *legis actiones* – basta lembrar que a execução incidia sobre a pessoa do devedor, desde a redução à condição de escravo à morte do devedor, passando pelo retalhamento dos membros do corpo.

Porém, foi com a introdução da *pignoris capio* no período formulário que a situação começa a se alterar a respeito da executividade patrimonial na *obligatio*. Esclarece Cândido Rangel Dinamarco que pela *pignoris capio*, o credor apanhava "um objeto do devedor e o mantinha consigo durante determinado prazo, a ver se ele se resolvia a pagar (pressão psicológica). Não feito o pagamento no prazo, ele podia destruir o bem ou (segundo alguns) tê-lo para si, para satisfação do crédito. Sustentam alguns autores que, mesmo realizada a *pignoris capio* extrajudicialmente, podia o executado rebelar-se contra ela, obrigando o exeqüente a demonstrar a sua legitimidade através de uma *legis actio*. Apesar de incidir sobre o patrimônio e não mais sobre a pessoa do obrigado, o que já lhe dá foros de alguma racionalidade a mais que a *manus injectio*, revelava a *pignoris capio* aquela mesma idéia da reprovação social votada ao inadimplemento e do castigo a infligir-lhe. Essa premissa dominava sobre o objetivo social de traduzir em resultados práticos os preceitos do direito substancial. Denunciadora dessa mentalidade é a permissão outorgada ao exeqüente, de destruir o objeto apanhado, sem auferir qualquer proveito com isso".[33]

---

[32] SILVA, Ovídio A. Baptista da. *Jurisdição e Execução...*, p. 50-51.

[33] DINAMARCO, Cândido Rangel. *Execução Civil.* 5ª edição. São Paulo. Malheiros. 1997, p. 42-43.

A estrutura da obrigação passava a ser reinterpretada. A prestação pelo devedor, decorrente da *obligatio*, cujo cumprimento era espontâneo, mantinha essa espontaneidade, mas passava a sofrer a atividade do titular do direito, a fim de conferir a eficácia. Ovídio A. Baptista da Silva esclarece que a "transformação da obrigação passiva do devedor que deveria apenas tolerar a atividade do titular do direito, com a inserção de um 'dever de restituição', que passaria a gravar também o ursupador, nas violações possessórias em geral, é fator decisivo para compreender-se a natureza condenatória, por exemplo, que se empresta atualmente à ação reivindicatória".[34] Mas, adverte o processualista gaúcho, que o conceito de *pretensão de direito material*, aceita pela doutrina moderna e surgida a partir de Windscheid, "liga-se às *ações pessoais*, portanto à *obligatio*, como pessoa e não aos direitos absolutos, dentro os quais inscrevem-se os direitos reais. Mesmo que a doutrina moderna tente reduzir, e muitas vezes anular, a distinção entre direito real e obrigação, não é possível obscurecer a óbvia diferença entre duas categorias herdadas do romano e conservadas em toda história do direito romano-canônico até nossos dias".[35]

No plano processual, a tutela dos direitos pessoal e real dividia-se em ações *in rem* e ações *in personam*. As *actiones in rem* eram as ações com as quais se protegiam direitos absolutos, dentre eles, os direitos reais. Já as *actiones in personam* eram ações que protegiam os direitos relativos, isto é, relações jurídicas com pessoas determinadas.[36]

A subdivisão das ações pessoais e reais podem ser assim apresentadas:

Direito Pessoal:[37]

legis actio per sacramentum: se destinava ao cumprimento de uma obrigação mediante afirmação de um sacramento – *legis actio sacramento in personam*. Era necessária a individuação do demandado, pois contra ele o autor fazia exercício da sua pretensão. A natureza da sentença era meramente declaratória, posto que competia ao *iudex* pronunciar qual sacramento era justo (*utrius iustum utrius iniustum sacramentum*). Porém, se a finalidade da ação era a cobrança de crédito e não sendo este adimplido no *tempus iudicati*, poderá o autor instaurar o processo executivo;

---

[34] SILVA, Ovídio A. Baptista da. *Jurisdição e Execução...*, p. 53.

[35] SILVA, Ovídio A. Baptista da. *Jurisdição e Execução...*, p. 55.

[36] CHAMOUN, Ebert. *Instituições...*, p. 100.

[37] TUCCI, José Rogério Cruz e, Luiz Carlos de Azevedo. *Lições de História do Processo Civil Romano*. São Paulo. Revista dos Tribunais. 1996, p. 63-72.

legis actio iudicis arbitrive postulationem: destinava-se à partilha de herança e divisão da coisa comum, como também, à cobrança de dívida derivada de uma *sponsio* (promessa);

legis actio per condictionem: destinado para cobrança de créditos, especula-se que essa espécie de ação veio substituir a *legis actio per sacramentum in personam*. Note-se que nessa ação, ao contrário das demais, o autor não estava obrigado a declinar, de logo, a *causa petendi*, mas apenas denunciava (*condictio, condicere*) o seu direito. Porém, na fase *apud iudicem*, deveria o autor expor o fundamento da demanda;

legis actio per manus iniectionem: típica ação de execução (*manus iniectio*), tinha como pressuposto o inadimplemento originado na sentença ou na confissão (*in iure*);

legis actio per pignoris capionem: essa ação permitia o autor tomar em penhor os bens móveis dos devedores, não para fazer prevalecer um direito subjetivo próprio, como se fosse uma ação de execução, mas para constranger o sujeito passivo a cumprir uma prestação que não era objeto da obrigação jurídica. E se o autor não podia vender o bem penhorado, a simples apreensão e retenção devia soar como pena ao devedor inadimplente, impondo-lhe um vexame, por demonstrar que ele faltou com a palavra empenhada. Em período de atos jurídicos formalistas, a simplicidade da *pignoris capio* representava verdadeira exceção.

Direito Real:

legis actio per sacramentum: se destinava à apreensão de uma coisa, que inclusive poderia ser escravo, mediante afirmação de um sacramento – *legis actio sacramento in rem*. Não era necessário precisar o demandado, uma vez que a natureza do litígio dispensasse. Note-se que o contraditório estabelecido pelos litigantes não recaía sobre a propriedade do bem disputado, mas sobre a causa em que se fundava a vindicação. O *sacramentum* se resumia em uma aposta jurada acerca da procedência da causa da vindicação. A natureza da sentença era meramente declaratória, posto que competia ao *iudex* pronunciar qual sacramento era justo (*utrius iustum utrius iniustum sacramentum*).

Já as espécies de tutela de que dispunha o pretor, assim se dividiam:[38]

---

[38] CRUZ, Sebastião. *Direito Romano*. Tomo I..., p. 302-338.

stipulationes praetoriae: é uma tutela concedida pelo pretor a fim de proteger uma situação social não prevista pelo *ius civile* e que merecia proteção;

restitutiones in integrum: expedido pelo pretor a fim de obter um efeito contrário ao das *stipulationes praetoriae*, pois destinava-se a invalidar negócios jurídicos;

missiones in possessionem: é uma ordem dada pelo pretor, como meio de coação (embargo de bens), justa, de que dispõe o pretor, autorizando alguém a apoderar-se (apossar-se ou simplesmente deter), com poderes de administração. A *missio in possessionem* subdividia-se em *missio in rem*, que recaía sobre uma determinada coisa ou sobre um conjunto determinado de bens, e *missio in bona*, que incidia sobre o patrimônio de uma pessoa ou sobre um conjunto indeterminado de bens;

interdicta: era uma ordem sumária dada pelo pretor baseada no seu *imperium* para resolver de momento uma situação que tem a protegê-la pelo menos uma aparência jurídica. São espécies de *interdicta:*

x1. *exibitórios:* destinava-se para apresentação ("exibição") de uma coisa;

x2. *restitutórios:* sua finalidade era ordenar a devolução, a restituição de uma coisa;

x3. *proibitórios:* destinava-se a impedir ("proibir") que alguém fosse pertubado no gozo de um direito que está desfrutando pacificamente;

x4. *interdicta retinendae possessionis:* sua finalidade era reconhecer e reter a posse, no caso de pertubação ou incômodo por terceiros. Os *interdicta uti possidetis* eram concedidos para a defesa da posse de coisas imóveis e os *interdicta utrubi* eram concedidos para a defesa da posse de coisas móveis;

x5. *interdicta recuperandae possesionis:* sua finalidade era recuperar a posse, restituindo ao possuidor de direito;

x6. *interdicta fraudatorium:* era uma ordem dada ao terceiro, que adquiriu do devedor insolvente uma coisa corpórea, de restituição ao patrimônio do devedor para possibilitar a execução por parte dos credores;[39]

actiones praetoriae: eram tutelas concedidas pelo pretor, que assim se dividiam:

---

[39] CHAMOUN, Ebert. *Instituições...*, p. 398.

xi1. *actiones in factum conceptae:* surgia de situações sociais que mereciam proteção jurídica sem tipicidade no *ius civile*. Neste caso, o pretor concedia uma *actio concepta*, para que fosse feita a justiça;

xi2. *actiones ficticiae:* é a tutela concedida em que o pretor, por ficção jurídica, cria uma situação, a fim de amoldá-la nas fórmulas legais;

xi3. *actiones utiles:* é a tutela concedida a situações desprotegidas pelo *ius civile* mas onde guarda analogia. Daí a aplicação analógica do *ius civile*; e

xi4. *actiones adiecticiae qualitatis:* são tutelas concedidas em razão da responsabilidade do *paterfamilias* por dívidas do seu *filius* ou *servus*, oriundo de contratos celebrados por estes *alieni iuris*.

Situação jurídica. Ao lado das relações jurídicas formalizadas, existiam (e hoje ainda existem) para fins de proteção jurídica no direito romano relações informadas por uma situação fática, despida de forma.

Essa situação jurídica não se configura como uma *stipulatio*, uma vez que é caracterizada por livre manifestação de vontade das partes em estipular a obrigação. Essa situação jurídica refere-se aos delitos ou quase-delitos como fonte de obrigações na esfera cível.

O direito romano conhecia duas espécies de ilícito penal: o *crimina*, que era lesivo ao interesse público e suscetível de sanção penal, seja corpórea ou pecuniária, e o *delicta*, que ofendia somente o interesse privado, sancionado com pena privada pecuniária ou civilmente, com ressarcimento do dano patrimonial, mediante iniciativa do ofendido. Do *delicta*, informa Ebert Chamoun, "podia a vítima intentar ações reipersecutórias, como a *actio ad exhibendum*, para poder obter a exibição da coisa furtada, o interdito *utrubi* para recuperar a sua posse, ações contratuais, como a do depósito, se fosse o caso, e, sobretudo, a *rei vindicatio* e uma *condictio ex causa furtiva* ou simplesmente *condictio furtiva*. Representava, esta última, uma anomalia, pois, sendo uma ação pessoal, a vítima se apresentava como credora da própria coisa, o que é um absurdo. Contudo, oferecia grandes vantagens, porquanto, como reipersecutória, podia ser exercida contra os herdeiros do ladrão; diferentemente da reivindicatória, podia atuar contra o não possuidor, e, finalmente, condenava o delinqüente ao valor da coisa, ainda que ela houvesse perecido por caso fortuito, devido à constituição da mora".[40]

---

[40] CHAMOUN, Ebert. *Instituições...*, p. 393.

O delito também podia ser meramente civil e ainda assim gerava uma situação a ser tutelada juridicamente. Informa Ebert Chamoun que na Lei das XII Tábuas "já haviam certas hipóteses particulares de dano (*noxia*) causado à coisa alheia, como fazer pastar o animal em terreno alheio, sancionado pela *actio de pastu pecoris*, cortar árvore alheia, punido com a multa de 25 asses (*actio de arboribus succisis*); o incêndio da coisa alheia, por negligência, reprimido pela *actio de aedibus incensis*; a fratura de um osso de um escravo (os *fractum servo*), punido com uma multa de 150 asses; o prejuízo causado pelo quadrúpede, sancionado pela *actio de pauperie*, podendo o seu proprietário exonerar-se da responsabilidade com a entrega do animal à vítima; a obrigação de reparar o dano de quem quebrou a coisa alheia".[41]

A constituição da obrigação de indenizar do delito de dano é composta por dois elementos: a *iniuria*, que é a atividade ilícita, de onde fica excluída a legítima defesa, e o *dannum corpore corpori datum*, que é a circunstância do dano ser causado diretamente pelo agente à coisa, com um ato material e positivo seu.[42]

Além disso, o direito romano conhecia o *interdicta fraudatorium*, que era uma ordem dada ao terceiro, que adquiriu do devedor insolvente uma coisa corpórea, de restituição ao patrimônio do devedor para possibilitar a execução por parte dos credores. Havia a *restitutio in integrum ob fraudem*, que se destinava a rescindir o negócio fraudulento, em prejuízo dos credores. Também cabia a *actio pauliana*, que buscava o mesmo fim das ações anteriores, a fim de cobrir todas as hipóteses, não apenas os atos de alienação, como todos e quaisquer atos praticados em fraude contra credores.[43]

A relação jurídica material hodiernamente. Maria Helena Diniz aponta os seguintes elementos da relação jurídica vista nos dias de hoje: *sujeito, objeto, fato jurídico* e *proteção jurídica*. A figura do sujeito de direito, como apto a contrair direitos e deveres, decorre de sua personalidade. Com isso, ter-se-á *sujeito jurídico*, "sujeito de um dever jurídico, de uma pretensão ou titularidade jurídica, que seria o poder de fazer valer, através de uma ação, o não-cum-

---

[41] CHAMOUN, Ebert. *Instituições...*, p. 394.

[42] CHAMOUN, Ebert. *Instituições...*, p. 395.

[43] CHAMOUN, Ebert. *Instituições...*, p. 398-399.

primento do dever jurídico, ou melhor, o poder de intervir na produção da decisão judicial".[44]

O sujeito pode ser pessoa física ou jurídica, embora se reconheça a possibilidade do nascituro pleitear direitos em relação processual.[45]

Na relação jurídica material, que se funda na relação obrigacional, o sujeito poderá compor o pólo ativo, quando lhe possibilita o poder de exigir a prestação da obrigação, como poderá compor o pólo passivo, contra quem será exigido o cumprimento da prestação.

O objeto pode ser imediato ou mediato. Na relação jurídica, explica Maria Helena Diniz, "o poder do sujeito ativo recai sobre um *objeto imediato*, que é a *prestação* devida pelo sujeito passivo consistente num ato ou abstenção, abrangendo, portanto, um dever positivo (dar ou fazer) ou negativo (não fazer). O sujeito passivo deverá cumprir a prestação obrigacional, limitando sua liberdade, pois deverá dar, fazer ou não fazer algo em atenção ao interesse do sujeito ativo, que, em caso de inadimplemento, poderá buscar, por via judicial, no patrimônio, recursos para satisfazer seu direito de crédito (CPC, arts. 568 e 591)".[46]

O *objeto mediato* é o conteúdo da prestação obrigada e pode ser classificado em *bens corpóreos, bens imóveis, bens fungíveis, bens consumíveis, bens divisíveis* e *bens singulares*; *coisa principal* e *coisa acessória*; *bens públicos* e *bens particulares*; e *bens alienáveis* e *bens inalienáveis*.[47]

O *fato jurídico* representa a impulsão da relação jurídica, posto que são acontecimentos, tipificados no direito, em razão dos quais nascem, modificam, subsistem e extinguem relações jurídicas. Daí que o fato jurídico abrange o *fato jurídico stricto sensu* (ordinário e extraordinário), *ato jurídico* (sentido estrito e negócio jurídico) e *ato ilícito*.[48]

Proteção jurídica refere-se a tutela estatal ao estipular sanção para os casos de violação, autorizando o lesado a exigir o cumprimento, ainda que via

---

[44] DINIZ, Maria Helena. *Compêndio...*, p. 503.

[45] PAULA, Jônatas Luiz Moreira de. *Uma Visão Crítica da Jurisdição Civil*. Leme. LED. 1999, p. 99 e 123.

[46] DINIZ, Maria Helena. *Compêndio...*, p. 516.

[47] DINIZ, Maria Helena. *Compêndio...*, p. 517-520.

[48] DINIZ, Maria Helena. *Compêndio...*, p. 521-523.

judicial, mediante coação. No plano substancial, a proteção jurídica prevista no artigo 75, do Código Civil revogado[49], associava o direito à uma ação, isto é, de acessar a tutela jurisdicional. Nessa linha, explica a professora paulista, sob o enfoque da norma revogada, que "a ação judicial é um direito que todos têm de movimentar a máquina judiciária para pedir proteção, fazendo cessar a violação de um direito subjetivo, desde que tenha interesse econômico, isto é, apreciável em dinheiro, ou moral, concernente à honra, à liberdade, ao decoro, ao estado da pessoa e à profissão do autor ou de sua família (CC, art. 76, parágrafo único[50]). Pelo art. 5º, LXXII, da Lei Constitucional, 'Qualquer cidadão será parte legítima para propor ação popular que vise anular atos lesivos ao patrimônio público', por estar em jogo o interesse público. Tutela o art. 75 do Código Civil[51] os direitos atuais e futuros deferidos; quanto aos não deferidos, subordinados a fatos ou condições falíveis, é permitido exercer atos destinados a conservá-los (art. 121[52]). Além desse meio de defender o direito lesado, o titular provido está de instrumentos de defesa preventiva, para impedir a violação de seu direito, que pode ser: 1) extrajudicial, como cláusula penal, arras, fiança etc.; 2) judicial, como, p. ex., o interdito proibitório (CC, art. 501[53], e CPC, art. 932), a ação de dano infecto (CC, art. 555[54]) etc".[55]

A concepção moderna da relação jurídica processual. Concebida por Oscar von Bülow, em 1868, a partir da *Teoria dos Pressupostos Processuais e das Exceções Dilatórias*, que compõe a introdução da obra *Die Lehre von den Prozesseinreden*, realizou "a sistematização, não a intuição da existência da relação jurídica processual, ordenadora da conduta dos sujeitos do processo em suas

[49] Esclarece-se que no novo Código Civil não há disposição semelhante à do artigo 75 do Código Civil revogado.

[50] Esclarece-se que no novo Código Civil não há disposição semelhante à do artigo 76 e parágrafo único do Código Civil revogado.

[51] Disposição referente ao Código Civil revogado. Esclarece-se que no novo Código Civil não há disposição semelhante.

[52] O dispositivo mencionado refere-se ao Código Civil revogado. Disposição semelhante no novo Código Civil é encontrada no artigo 130.

[53] O dispositivo mencionado refere-se ao Código Civil revogado. Disposição semelhante no novo Código Civil é encontrada no artigo 1.210, *caput*, parte final.

[54] O dispositivo mencionado refere-se ao Código Civil revogado. Disposição semelhante no novo Código Civil é encontrada no artigo 1.280.

[55] DINIZ, Maria Helena. *Compêndio...*, p. 523-524.

ligações recíprocas. Deu bastante realce à existência de dois planos: a de direito material, que se discute no processo; e a de direito processual, que é o continente em que se coloca a discussão sobre aquela. Observou também que a relação jurídica processual se distingue da de direito material por três aspectos: a) pelos seus *sujeitos* (autor, réu e Estado-juiz); b) pelo seu *objeto* (a prestação jurisdicional); c) pelos seus *pressupostos* (os pressupostos processuais)".[56]

Portanto, a relação processual passa a se distinguir da relação material, pelos seguintes motivos:

a presença de uma terceira pessoa (juiz), imparcial, entre os pólos ativo e passivo;

a presença de outras pessoas que, em regra, não surgem na relação material, como os advogados, peritos, testemunhas, e de outras que nunca surgirão na relação material, que são os serventuários da justiça;

a relação material sempre resultará na transmissão de um bem jurídico (conteúdo da prestação obrigada), ao passo que a relação processual poderá não importar na transmissão de um bem jurídico, na hipótese do processo ser extinto sem o julgamento do mérito;

a relação processual apresenta requisitos próprios e distintos da relação material, que são os pressupostos processuais; e

a relação processual permite a indiscutibilidade da relação material e a imutabilidade da decisão tomada, com a coisa julgada, fenômeno que não se observa na relação material.

Natureza da relação processual. Segundo Chiovenda, a relação processual é uma relação *autônoma* e *completa*, que pertence ao *direito público*. Autônoma porque tem vida e condições próprias, independentes da existência da vontade concreta da lei afirmada pelas partes, posto que se funda em outra vontade da lei, na norma que obriga ao juiz resolver as demandas quaisquer que sejam sua natureza.[57]

Completa porque não compreende somente um direito ou obrigação, senão um conjunto indefinido de direitos, como sucede com muitas relações a

---

[56] CINTRA, Antônio Carlos de Araújo, Ada Pellegrini Grinover e Cândido Rangel Dinamarco. *Teoria Geral do Processo.* 11ª edição. São Paulo. Malheiros. 1995, p. 280-281.

[57] CHIOVENDA, Giuseppe. *Principios de Derecho Procesal Civil.* Tomo I. Traducción do Prof. José Casais y Santaló. México. 1989, p. 124.

um direito civil. Assim, esses direitos estão coordenados a um fim comum que converge unidade em todos os atos processuais.[58]

Por fim, a relação processual é informada pelo direito público porque deriva de normas que regulam uma atividade pública, que é a prestação do serviço jurisdicional.[59]

CRÍTICA

O processo como instrumento de efetivação da sanção. Mais do que uma relação jurídica, o processo mostra-se como fiel instrumento de efetivação da sanção, transformando e modificando a situação jurídica das pessoas envolvidas.

Pois, toda relação jurídica material confere direitos e deveres. A todo direito corresponde um dever a ser cumprido por outra pessoa, como forma de garantir a efetividade do direito material. Espera-se com isso a eficácia do direito material, que nesse momento pode ser concebido como "direito no seu estágio primário".

No entanto, pode-se prever que certas relações jurídicas restarão espontaneamente ineficazes (obviamente, a experiência tem mostrado acerto nessa infeliz previsão). A ineficácia do direito não decorre na simples infração ao direito primário, como pode superficialmente sugerir. Decorre, isto sim, porque houve um desrespeito ao dever jurídico.

Por iniciativa da parte que sofreu a lesão ou ameaça ao direito primário, desenvolve-se a relação processual, cujo intuito depositado no processo é a efetivação da sanção jurídica, em razão do desrespeito ao dever jurídico.

Com a sanção efetivada, confere-se eficácia forçada ao direito material, agora concebido como "direito no estágio secundário", posto que resulta da relação processual.

Como ilustração, tem-se o seguinte caso: por um contrato, José obrigou dar a Célio a quantia de 100 (cem) sacas de café ou o equivalente em dinheiro no dia do vencimento (Célio: direito primário de receber 100 [cem] sacas de café ou o equivalente em dinheiro na data aprazada; José: dever de entregar 100 [cem] sacas de café ou o equivalente em dinheiro na data aprazada). Ven-

---

58 CHIOVENDA, Giuseppe. *Principios de Derecho Procesal Civil.* Tomo I..., p. 124.

59 CHIOVENDA, Giuseppe. *Principios de Derecho Procesal Civil.* Tomo I..., p. 124.

cido o dia, não foi efetuada a entrega das sacas de café e nem do equivalente em dinheiro (ineficácia espontânea do direito em razão do descumprimento do dever). Célio promove ação em face de José a fim de receber aquilo que é devido, inclusive com a execução da sentença. O ordenamento jurídico possibilita o recebimento das sacas de café ou o equivalente em dinheiro, e em ambos os casos, permite-se a invasão na esfera patrimonial de José para satisfazer a obrigação pactuada e reconhecida judicialmente como inadimplida (sanção pelo dever descumprido). Efetivamente constrangido o patrimônio de José para satisfazer o direito de Célio, verifica-se a eficácia forçada do direito, que aparece no plano secundário, porque produto da relação processual.

Tal idéia pode ser também estendida aos direitos reais e às relações jurídicas desinformalizadas, como aquelas derivadas de delitos ou quase-delitos.

Portanto, o processo é o instrumento para efetivar a sanção jurídica, a fim de conferir eficácia forçada a direitos materiais espontaneamente ineficazes. É no ambiente da relação processual que tal efetivação se dará, posto que, como é de amplo conhecimento, ao cidadão é vedada a prática da justiça com as próprias mãos (CP, arts, 345-346). Como é indispensável a figura da jurisdição para efetivar a sanção, a relação processual é o único e necessário ambiente para a sua realização.

A TRIDIMENSIONALIDADE DO PROCESSO

Noção. A tridimensionalidade significa dar ao processo, simultânea e concomitantemente, uma amplitude de seu significado e de sua teleologia. Dimensionar, portanto, significa inflar a concepção de processo, que nesse aspecto revela suas faces eminentemente jurídica, social e axio-política.

Com efeito.

Dimensão procedimental. O processo, dentro de uma visão interna, é um conjunto de atos processuais destinado à formação da coisa julgada. Ocorrendo a coisa julgada, o processo cumpriu com a sua função – pacificar o conflito social, mediante indiscutibilidade da demanda e imutabilidade da decisão (coisa julgada).

Nesse aspecto, vale a lição de Waldemar Mariz de Oliveira Júnior, ao definir o processo como "o complexo de atos que, sucessiva e coordenadamente, são praticados pelas partes, pelo órgão da jurisdição, pelos auxiliares deste, pelos advogados, pelos representantes do Ministério Público e por terceiros, tendo por escopo o julgamento da pretensão deduzida em juízo pelo autor".[60]

Já dizia João Monteiro, que o vocábulo "processo" admite duas acepções: na acepção lata, o processo se define como o "conjunto de atos solenes, pelos quais certas pessoas, legitimamente autorizadas, observando certas formas pré-estabelecidas, aplicam a lei aos casos ocorrentes; na acepção stricta, e se define a forma estabelecida pelas leis para se tratarem as causas em juízo ou o modo prático do exercício do direito de ação".[61]

Por essa linha de pensamento, o processo trata das regras de Acesso à Justiça, da Defesa, da realização dos atos processuais, da comunicação dos atos processuais, da produção de provas, da participação dos Auxiliares da Justiça, dos atos decisórios, dos Recursos e da coisa julgada. Enfim, essa dimensão trata do procedimento, do núcleo gerador e que desenvolverá o processo.

Celso Neves bem enfoca a idéia de procedimento, ao definir como "o complexo de atos e termos que refletem e condicionam, no processo civil, a atividade das partes, do juiz, dos órgãos auxiliares da Justiça e demais pessoas cuja atuação concorre para que, na relação jurídica de que constitui materialização, se efetive a tutela jurídica atinente à função precípua do Poder Judiciário".[62]

Posições que prestigiam esse enfoque, entendem que a finalidade do processo é a decisão da controvérsia jurídica; ou de que a finalidade do processo é o constrangimento para respeito do direito lesado; ou de que o fim é a proteção jurídica prestada pelos órgãos jurisdicionais; ou de que a formação da coisa julgada é o fim do processo.[63]

Affonso Fraga sustenta o entendimento de que a finalidade do processo é a investigação da existência ou não da relação jurídica controvertida. Pois, segundo o processualista, o "processo pode ser promovido por quem quer que disponha de personalidade jurídica, tenha ou não tenha direito; e os órgãos

---

[60] OLIVEIRA JÚNIOR, Waldemar Mariz de. *Curso de Processo Civil – Teoria Geral do Processo Civil.* Volume I. São Paulo. Revista dos Tribunais. 1968, p. 04.

[61] MONTEIRO, João. *Teoria do Processo Civil.* Tomo I. 6ª edição. Rio de Janeiro. Borsoi. 1956, p. 109.

[62] NEVES, Celso. *Estrutura Fundamental do Processo Civil.* Rio de Janeiro. Forense. 1995, p. 257.

[63] FRAGA, Affonso. *Instituições do Processo Civil do Brasil.* Tomo I. São Paulo. Livraria Acadêmica-Saraiva. 1940, p. 50-51.

jurisdicionais não podem, sob qualquer pretexto, recusar assistência estadual *(estatal)* às partes sem faltar aos deveres do seu cargo. Esses órgãos, não podendo saber se o titular que os invoca há ou não o direito lesado pelo réu, necessitam, para resolver a controvérsia, formar juízo mediante o exame e pesquisa dos elementos de convicção que possam trazer os contendores. Ora, o meio mais adequado para esse fim, ou o único instituído pela experiência e sabedoria humana para indagação segura da verdade, é o processo, cujo seio oferece um campo pacífico às lutas espirituais, portanto, o fim do mesmo é a investigação da existência da relação jurídica controvertida. Assim, releve-se a comparação, o processo não passa de um laboratório onde os poderes judicantes, tendo à mão todos os elementos de convicção trazidos por ambas as partes, tudo vêem, examinam, analisam e esmerilham no *desideratum* de descobrir se existe o direito lesado pelo réu, condenando-o no caso afirmativo ou absolvendo-o na hipótese negativa".[64]

No entanto, crê-se que, na dimensão procedimental, o conceito de processo equivale-se com a idéia de procedimento e a finalidade do processo é a produção da coisa julgada.

Pois. A concepção do procedimento surgiu na medida da construção doutrinária da relação processual, ao entender que o procedimento se apresenta como elemento exterior, visível do processo, resultante da materialização de atos e fatos em que se manifesta.[65] Como o processo surge de um conflito social, a finalidade do processo, na sua dimensão procedimental, é a resolução desse conflito. Mas não basta apenas um pronunciamento jurisdicional a respeito, posto que o conflito não foi definitivamente resolvido. Essa pacificação definitiva somente será alcançada com a produção da coisa julgada.

A manifestação interna do processo se dá mediante a forma, cuja definição em sentido estrito "é o invólucro do ato processual, a maneira como deve este se exteriorizar; cuida-se portanto do conjunto de signos pelos quais a vontade se manifesta e dos requisitos a serem observados na sua celebração".[66] Porém, como adverte Carlos Alberto Álvaro de Oliveira, a forma não se confunde com

---

[64] FRAGA, Affonso. *Instituições do Processo Civil do Brasil.* Tomo I..., p. 52-53.

[65] NEVES, Celso. *Estrutura...*, p. 257.

[66] OLIVEIRA, Carlos Alberto Álvaro de. *Do formalismo no processo civil.* São Paulo. Saraiva. 1997, p. 5.

o formalismo em sentido amplo (ou simplesmente *formalidades*), que é o conjunto de requisitos e exigências, que emperram maior dinâmica ao processo.[67]

Por fim, esclarece Carlos Alberto Álvaro de Oliveira que "qualquer reflexão moderna sobre o formalismo processual há de levar em conta suas conexões internas e extenas. O procedimentalismo, por exemplo, descurava desta última perspectiva e, no âmbito interior, considerava o processo mera sucessão de formalidades. Não visualizava sequer o ângulo externo, porque, dentro de sua visão monista, o direito processual confundia-se com o direito material, este considerado o elemento fundamental. Também perdeu visão de conjunto a fase posterior ao se desvincular totalmente do direito material no afã de conquistar a autonomia do direito processual, preocupando-se tão-somente com a construção dos conceitos dogmáticos indispensáveis para a nova ciência e que serviriam para proclamar de vez sua independência. Tal postura metodológica, conquanto justificada e até necessária, não alcançou vislumbrar, por fechada em si mesma, os liames com a realidade social e política externa ao processo. Aliás, a mais grave miopia de que pode padecer o processualista é ver o processo como medida de todas as coisas. Só pouco a vida foi penetrando neste muro de conceitos, mesmo assim de forma irregular e não sistemática. Por isso a importância do movimento pela chamada constitucionalização do processo, a evidenciar a natureza e a importância política do acesso à jurisdição e do seu exercício".[68]

Dimensão instrumental. Abordando o estudo do formalismo no processo, Salvatore Satta se depara com uma conclusão: o formalismo surge inexoravelmente com a concepção do processo público, em face da participação do Estado na relação processual.[69]

O professor italiano distingue forma, como requisitos legais de exteriorização do ato, de formalismo, como conteúdo do ato realizado. Abordando o formalismo, afirma o mestre italiano que ele representa verdadeiramente uma fratura na experiência jurídica; no lugar da experiência e de seu livre movimento se põe uma falsa experiência, isto é, o imóvel vazio, que se trata como

---

[67] OLIVEIRA, Carlos Alberto Álvaro de. *Do formalismo...*, p. 6.

[68] OLIVEIRA, Carlos Alberto Álvaro de. *Do formalismo...*, p. 61.

[69] SATTA, Salvatore. *Derecho Procesal Civil.* Tomo III. Traducción de Santiago Sentís Melendo. Buenos Aires. Ediciones Juridicas Europa-America. 1971, p. 50-51.

uma coisa sólida, modelando-o em formas que sendo vazias, têm o mérito de ser infinitas, a serem preenchidas pelo legislador. Portanto, inegável uma reação às leis formalistas, como aquelas que criam obstáculos à parte, às formas dos atos, à nulidade, às preclusões, às causas de extinção, quando essas mesmas normas deveriam ser instrumento de simplificação e que deveriam dar um efeito oposto ao que efetivamente se tem.[70]

Há, segundo Satta, uma manifestação da ideologia política, pois "o legislador é, ordinariamente, um jurista, e com freqüência também um grande jurista; isso tem suas vantagens, como também seus perigos, porque o jurista pode ser levado a trasladar no plano legislativo suas construções, isto é, a criar uma super-estrutura que não corresponda à realidade. Uma vez mais, nosso código *(CPC Italiano)* é documento deste fenômeno. A mesma ideologia política se resolve em uma ideologia científica e vice-versa (...)".[71]

Se a origem do problema decorre de uma postura legislativa, cabe ao jurista desvelar esse empecilho. Porém, é preciso ter em vista uma realidade existente e não uma realidade imaginada pelo jurista, normalmente concentrada em grandes centros, que geralmente contam com elevado padrão de vida. Portanto, o jurista deve rever o método da pesquisa jurídica, deixar de especular para criar modelos processuais, em nome da lógica e da tradição, criando-se um autêntico "formalismo de jurista". O direito nasceu para resolver problemas; o processo é o instrumento de resolução de problemas, e não para criar outros.

De igual forma, também deve-se destacar o "formalismo judicial", originado de um equivocado silogismo lógico, que leva o juiz formalista a uma extrema comodidade. Para remover esse resquício formalista é necessário readequá-lo à realidade em que se encontra, revendo conceitos esterilizados e imprimir uma maior troca entre a teoria e a prática.[72]

Como meio de combate ao formalismo, propõe Satta a mais ampla interpretação das grandes normas institucionais, em especial a missão confiada ao juiz, naquilo que se refere a aplicação da lei no processo. Nesse aspecto, há de se mencionar a interpretação judicial a respeito das nulidades, preclusões e

---

[70] SATTA, Salvatore. *Derecho Procesal Civil.* Tomo III..., p. 52-55.

[71] SATTA, Salvatore. *Derecho Procesal Civil.* Tomo III..., p. 55.

[72] SATTA, Salvatore. *Derecho Procesal Civil.* Tomo III..., p. 62-63.

qualquer tipo de sanção processual, pois tais institutos são ícones do formalismo. Acrescenta também Satta, uma concepção de formalismo acrítico, a fim de flexibilizar a utilização das normas processuais.[73]

Essa reação ao formalismo exagerado também repercutiu na doutrina brasileira, onde também influencia a jurisprudência. Entendido que a "jurisdição desempenha uma função instrumental perante a ordem jurídica substancial (para que esta se imponha em casos), – assim também toda a atividade jurídica exercida pelo Estado (legislação e jurisdição, consideradas globalmente) visa a um objetivo maior, que é a pacificação social".[74]

Por isso, o processo é concebido como um instrumento da paz social, uma vez que busca eliminar o conflito, devolvendo à sociedade a paz desejada. Para tanto, o processo precisa superar-se, a fim de eliminar o formalismo exagerado, quando essa postura deve aliar-se ao princípio da instrumentalidade das formas.[75]

Nessa veia, Cândido Rangel Dinamarco elaborou a instrumentalidade do processo, sem abrir mão de conceitos técnico-científico, integrando-o no quadro das instituições sociais, do poder e do Estado, com a preocupação de definir funções e medir a operatividade do sistema. Por isso, propõe a abordagem sob o ângulo externo do processo, que assim justifica: "Por imposição do seu próprio modo de ser, o direito processual sofre natural propensão ao formalismo e ao isolamento. Ele não vai diretamente à realidade da vida, nem fala a linguagem do homem comum. O homem comum o ignora, o próprio jurista o desdenha e os profissionais do foro lamentam as suas imperfeições, sem atinar com meios de melhorá-lo. A descrença de todos na Justiça é efeito das mazelas de um sistema acomodado no tradicional método introspectivo, que não inclui a crítica do sistema mesmo e dos resultados que ele é capaz de oferecer aos consumidores finais do seu serviço –, ou seja, aos membros da população. A nova perspectiva aqui proposta constitui motivo para a abertura do sistema processual aos influxos do pensamento publicista e solidarista vindo da política e da sociologia do direito. Pelo fio da instrumentalidade, o processo há de receber as lições que durante séculos negou-se a ouvir e sentir

---

[73] SATTA, Salvatore. *Derecho Procesal Civil.* Tomo III..., p. 64-67.

[74] CINTRA, Antônio Carlos de Araújo, *et alli. Teoria Geral...*, p. 41.

[75] CINTRA, Antônio Carlos de Araújo, *et alli. Teoria Geral...*, p. 41-42.

as críticas que jamais soube racionalizar. Racionalizando-as e aprendendo quais são os óbices atuais à plena realização da missão recebida, ele terá dado um passo enorme em direção ao desejado aperfeiçoamento".[76]

Para se alcançar a instrumentalidade do sistema processual, Dinamarco percorre pelos escopos da jurisdição e da instrumentalidade, que revelam a função sócio-política da atividade jurisdicional; escopo social, cujas funções do processo é pacificar com justiça e de educar o cidadão; escopo político, em que o processo manifesta o poder do Estado, concretizando o culto da liberdade, com a participação dos cidadãos nos destinos da sociedade política; escopo jurídico, que o vê o processo como fenômeno de realização jurídica das transformações sociais. Daí que a técnica "está a serviço da eficiência do instrumento, assim como este está a serviço dos objetivos traçados pelo homem e todo o sistema deve estar a serviço deste". Por isso, a técnica processual mostra-se como "a predisposição ordenada de meios destinados à realização dos escopos processuais. Essa é, intencionalmente, uma conceituação teleológica da técnica, não valendo a pena a busca de uma definição puramente 'técnica' da técnica, ou seja, definição só introspectiva, cega para os propósitos do sistema".[77]

Nesse encadeamento lógico, aduz Cândido Rangel Dinamarco que a instrumentalidade apresenta dois endereçamentos: o negativo e o positivo. E explica o mestre paulista: "O lado negativo da instrumentalidade do processo é já uma conquista metodológica da atualidade, uma tomada de consciência de que ele não é fim em si mesmo e portanto as suas regras não têm valor absoluto que sobrepuje as do direito substancial e as exigências sociais da pacificação de conflitos e conflitantes. O significativo valor metodológico da instrumentalidade, vista assim como fator limitativo do valor do próprio sistema processual, constitui porém apenas um dos aspectos ou desdobramentos que ela é capaz de assumir ou proporcionar. O *endereçamento positivo* do raciocínio instrumental conduz à idéia de *efetividade do processo*, entendida como capacidade de exaurir os objetivos que o legitimam no contexto jurídico-social e político. O empenho em operacionalizar o sistema, buscando extrair dele todo o proveito que ele seja potencialmente apto a proporcionar, sem dei-

---

[76] DINAMARCO, Cândido Rangel. *A Instrumentalidade do Processo*. 4ª edição. São Paulo. Malheiros. 1997, p. 11.

[77] DINAMARCO, Cândido Rangel. *A Instrumentalidade...*, p. 225-226.

xar resíduos de insatisfação por eliminar e sem se satisfazer com soluções que não sejam jurídica e socialmente legítimas, constitui o motivo central dos estudos mais avançados, na ciência processual da atualidade. Essa é a postura metodológica preconizada de início e caracterizada pela tônica na instrumentalidade do sistema processual".[78]

Dimensão axio-política. Essa dimensão sugere uma extrapolação do processo, quando ele se apresenta como instrumento da jurisdição e propicia a efetivação dos fins delineados no artigo 3º, da CF. Ainda, alcançando-se esses fins, ter-se-á democratização da sociedade, mediante a conquista da justiça social.

Portanto, a dimensão axio-política do processo se manifesta como elemento teleológico dos fins do Estado, como referencial de conduta e como suporte de legitimidade da sua atuação. Será axiológica porque busca a justiça social; será política porque manifesta a democracia.

Com efeito. A história recente da democracia no Brasil apresenta três momentos distintos: o primeiro, em busca da oportunidade de manifestações políticas e eleições livres (basta lembrar a anistia aos exilados, o fim da censura e a campanha das "Diretas Já") que ocorreram no final da década de 70 e início da década de 80; o segundo, com a distribuição de direitos subjetivos à população, marcado pela promulgação da Constituição Federal em 1988 e de leis na década de 90, como o Estatuto da Criança e do Adolescente e do Código de Defesa do Consumidor; o terceiro momento, atual, que mostra a ineficácia dos direitos conquistados. Portanto, o Brasil está mergulhado numa crise democrática, ora denominada "problemas de democracia de Terceira Geração".

Os movimentos sociais não mais buscam a conquista de direitos no plano formal. Buscam, isto sim, e a recente história está a demonstrar, a efetivação desses direitos no plano da realidade. Episódios como o movimento dos sem-terra, dos sem-teto, dos índios, dos pequenos e médios agricultores, das crianças abandonadas, bem como o da perseguição aos políticos corruptos, são exemplos de omissão do Estado nessas crises sociais e uma míngua tentativa de solução. E quando se fala em Estado deve-se incluir, e muito bem, a omissão do Poder Judiciário.

---

[78] DINAMARCO, Cândido Rangel. *A Instrumentalidade...*, p. 266-267.

Já alertava José Eduardo Faria que com "os problemas e dilemas gerados por um desenvolvimento sócio-econômico iníquo, que alterou profundamente a estrutura geo-ocupacional do país e gerou na dinâmica desse processo o rastilho para a explosão de uma bomba social de efeito retardado, essa 'vida socialmente duplo' do Judiciário acaba sendo posta em questão. A crescente tensão e a explosão de conflitos coletivos no âmbito de uma sociedade marcada pela intensa migração interna, pela urbanização desenfreada, pela crise fiscal e pelo fracasso das políticas públicas fragiliza o discurso institucional tradicional do Judiciário. O que há pouco parecia ser uma grande virtude – seu 'fechamento estrutural' – passa a ser um grave problema. As próprias categorias e conceitos que balizavam a forma particular de auto-conhecimento de nossa Justiça, permitindo-lhe encarar-se a si própria e a apresentar-se publicamente como um poder técnico, neutro, reativo, profissional, independente, autônomo e soberano, vão sendo gradativamente estilhaçadas pelos fatos".[79]

Por isso, sustenta Willis Santiago Guerra Filho, no momento presente o Poder Judiciário deve assumir posição mais destacada dentre os poderes estatais na produção normativa. Pois, "os interesses coletivos conquanto respaldados em normas de nível constitucional, não o são por leis regulamentadoras dos direitos, fundamentais, delas advindos, e não é por isso que se vai admitir o seu desrespeito. Caberá, assim, ao Judiciário suprir a ausência completa e os defeitos da produção legislativa, no sentido da realização dos chamados 'Direitos fundamentais de terceira geração', ou 'direitos de solidariedade', precisamente os direitos sociais, econômicos e culturais, relativos à preservação do meio ambiente, das peculiaridades culturais de minorias, étnicas ou 'éticas' etc".[80]

Por esse diapasão, Teori Albino Zavascki alerta que o esgotamento do modelo jurídico da igualdade fez com que, todavia, "os homens e as mulheres do nosso tempo sejam chamados a dar um novo e importante passo à frente. Têm-se a consciência, no moderno constitucionalismo, de que, assim como o ideal de liberdade não pôde ser adequadamente cumprido sem a implemen-

---

[79] FARIA, José Eduardo. *As transformações do Judiciário em face de suas responsabilidade sociais.* Artigo publicado na Revista de Direito Alternativo. Número 2. São Paulo. Acadêmica. 1993, p. 36-37.

[80] GUERRA FILHO, Willis Santiago. *Judiciário e Conflitos Sociais (na Perspectiva da Pós-Modernidade).* Artigo publicado na Revista de Direito Alternativo. Número 3. São Paulo. Acadêmica. 1994, p. 112.

tação efetiva e material dos direitos de igualdade – e daí o surgimento do Estado do bem-estar social – também não se poderá implantar uma sociedade igualitária sem que se promova a efetivação do terceiro sonho dos revolucionários franceses: o sonho da fraternidade".[81]

Há um novo tempo e uma nova mentalidade sócio-jurídica. Ao juiz, prolator da jurisdição, não mais se admite um comportamento inerte, de mero aplicador da lei. As teorias tradicionais do direito já exigiam uma completa adesão à realidade social; o mesmo se diz com as doutrinas crítica e alternativa. Portanto, a dimensão axio-política em nenhum momento se conformará com um Judiciário que seja apenas um presidente do processo, mas que seja um agente de transformações sociais, em benefício da própria sociedade.

Nessa linha, o processo mostra-se como paradigma da democracia, porque alia-se à jurisdição, como instrumento de efetivação de direitos subjetivos contemplados, mas ineficazes.

O artigo 3º, da CF, arrola os objetivos a serem alcançados pelo Estado Brasileiro – e aí inclui-se a jurisdição – como elemento teleológico do processo. Para melhor compreensão, transcreve-se o mencionado disposto constitucional:

> **Art. 3º** Constituem objetivos fundamentais da República Federativa do Brasil:
>
> I - construir uma sociedade livre, justa e solidária;
>
> II - garantir o desenvolvimento nacional;
>
> III - erradicar a pobreza e a marginalização e reduzir as desigualdades sociais e regionais;
>
> IV - promover o bem de todos, sem preconceitos de origem, raça, sexo, cor, idade e quaisquer outras formas de discriminação.

Tais objetivos representam verdadeiros objetivos em favor dos cidadãos brasileiros. No entanto, percebe-se diante de um exame realístico, que tais di-

---

[81] ZAVASCKI, Teori Albino. *Direitos Fundamentais de Terceira Geração.* Artigo publicado na Revista da Faculdade de Direito da Universidade Federal do Rio Grande do Sul. Volume 15. Porto Alegre. Síntese. 1998, p. 230.

reitos são ineficazes, a despeito de esforços praticados, o que gera uma ineficiência estatal. Neste momento, há uma expressa infração ao conceito de democracia, porque tais objetivos representam a própria justiça social. É uma idéia cíclica, onde democracia e justiça social são causa e conseqüência entre si. Mas, no plano real, é inegável que não há democracia e nem justiça social se tais objetivos não forem cumpridos.

Recentemente o Jornal Folha de São Paulo publicou uma pesquisa onde demonstrava a insatisfação da América Latina com a democracia e com o apoio ao regime democrático. A pesquisa revelou, mais especificamente, que apenas 18% da população brasileira está satisfeita ou muita satisfeita com o funcionamento da democracia em seu país e que 39% considera que a democracia é preferível a qualquer forma de governo.[82] Não se trata de um discurso derrotista, como os incomodados geralmente se escusam. Ao contrário, manifesta-se um alerta sobre o que muito se deve fazer e que o processo em muito pode contribuir.

Para tanto, é preciso ampliar a concepção de processo e entendê-lo, dentro da dimensão axio-política, que a busca da democracia e da justiça social será mediante uma otimização da jurisdição. Em outra oportunidade, já foi expresso que a jurisdição necessita de uma abordagem crítica para enfrentar a realidade que se mostra. Por isso, tem-se que a jurisdição civil passa a ser caracterizada como um serviço público destinado à população. Nessa linha, conceitua-se jurisdição civil sob a ótica crítica como a *real e efetiva solução do litígio posto a conhecimento do Poder Judiciário, sob a sua responsabilidade, com a finalidade de circular e distribuir rendas e bens de consumo.*[83]

Desse conceito destacam-se os elementos *litígio, real, efetiva* e *posto a conhecimento*, a saber: "Por *litígio*, entende-se o conflito surgido entre duas ou mais pessoas – incluindo-se o nascituro – e a norma substancial, ou a pretensão de uma ou várias pessoas que integram um pólo da ação diante da norma processual. Desta forma, procura-se abranger tanto 'jurisdição contenciosa' quanto a 'jurisdição voluntária' nos processos civis. Já o elemento *real* surge da necessidade de o provimento jurisdicional atingir profundamente a causa submetida à apreciação jurisdicional. É a hipótese da *tutela vertical exaurien-*

---

[82] Jornal Folha de São Paulo. Caderno O Mundo. Edição de 14 de maio de 2000, p. 23.

[83] PAULA, Jônatas Luiz Moreira de. *Uma Visão Crítica...*, p. 98-99.

te e *plena*, formulada por Luiz Guilherme Marinoni. O instrumento viável para alcançar a plena e exauriente tutela jurisdicional é a adoção em nosso ordenamento processual da *teoria da individuação* (ou *individualização*) *da causa de pedir*. Esta teoria, em exame sumário, preconiza a exigência da alegação de uma relação jurídica entre as partes para que haja pronunciamento jurisdicional. O direito processual civil vigente adota a *teoria da substanciação*, que postula o pronunciamento jurisdicional sobre os fatos alegados pelas partes, em quase todas as espécies de ações, principalmente as que versam sobre direito pessoal. A *teoria da individuação*, que amplia os limites da demanda, uma vez que discute 'direitos' e 'relações jurídicas' e não apenas 'fatos', aplica-se somente nas chamadas ações reais, ações executivas *estrito senso*, ação de acidente do trabalho e nas ações cautelares. Com a adoção da *teoria da individuação* em todas as ações, permitir-se-á que a causa discutida entre as partes se esgote plenamente num único feito. Como conseqüência imediata, haveria redução do número de processos. Jurisdição *efetiva* é aquela que realiza concretamente os anseios dos litigantes, sobretudo ao vitorioso da demanda. Para tanto, é preciso consorciar dois binômios: *efetividade* e *satisfação*. Será jurisdição *efetiva* aquela que for munida de instrumentos viáveis para garantir o comando jurisdicional determinado, seja a nível de despacho ou decisão interlocutória, seja a nível de sentença. O desrespeito ao comando jurisdicional, antes de ser um comportamento processual infrator, é um desrespeito ao Estado. É preciso resguardar a jurisdição de meios para a realização de seus comandos. A jurisdição deverá ser *satisfativa*, posto que não se deve restringir apenas a uma declaração do Estado, mas concretamente realizar a pretensão dos litigantes. A tradução econômica da pretensão atendida pela jurisdição significa alcançar os fins sociais ao que o Estado se propôs. O elemento *posto a conhecimento* deve ser compreendido como o meio pelo qual a jurisdição atuará, através de um processo, iniciado por uma ação".[84]

Espera-se, com isso, recuperar a idéia do processo associado com os fins sociais, sempre tendo em vista a diversidade de classes sociais e diversidades econômicas. Dessa forma, a natureza do processo civil transcende os estritos termos jurídicos para alcançar a realidade social dos demandantes e os fins da jurisdição. Via de conseqüência, a natureza do processo civil passa a ser jurí-

---

[84] PAULA, Jônatas Luiz Moreira de. *Uma Visão Crítica...*, p. 99-101.

dico-social, concluindo-se que é uma *relação jurídico-social, envolvendo pessoas de diferentes classes sociais e origens, que se utiliza para circular e distribuir rendas e bens de consumo.*[85]

Art. 262. O processo civil começa por iniciativa da parte, mas se desenvolve por impulso oficial.

PRINCÍPIO DO IMPULSO OFICIAL

Noção. O processo se inicia por ato da parte, mais precisamente do autor, com o ajuizamento da ação. No entanto, o desenvolvimento do processo far-se-á por impulso oficial, isto é, por atividade do Estado.

Assim como o corpo é composto por células, o processo é composto por atos processuais e cada passagem de uma etapa processual para outra, é atribuído ao princípio do impulso processual.[86] O impulso processual ocorre em ambiente do procedimento e é visto como a atividade necessária para o desenvolvimento da relação processual.[87]

Chiovenda tem como impulso processual "a atividade que tende a obter o *progressivo movimento* da relação processual em direção ao fim (...) O princípio do impulso oficial se baseia na idéia de que o Estado está interessado na rápida definição dos litígios *uma vez surgidos*, e por isto seus órgãos devem tomar a iniciativa da pronta solução dos mesmos".[88]

Sendo assim, o princípio do impulso processual é definido como o dever do Estado, representado pelo juiz, em realizar o processo a fim de que haja o pronunciamento a respeito da lide, mediante a produção de atos processuais. Portanto, o impulso processual não é um poder do juiz; ao contrário, é um dever, em razão de seu ofício jurisdicional.

Princípio do Impulso Processual, Princípio da Disponibilidade e Princípio do Inquisitivo. Esses princípios são distintos entre si, embora guardem coexistência compatível.

---

[85] PAULA, Jônatas Luiz Moreira de. *Uma Visão Crítica...*, p. 103-104.

[86] COUTURE, Eduardo. *Fundamentos...*, p. 119.

[87] ZANZUCCHI, Marco Tullio. *Diritto Processuale Civile.* Tomo I. Milano. Dott. A. Giufrrè Editore. 1964, p. 359.

[88] CHIOVENDA, Giuseppe. *Principios de Derecho Procesal Civil.* Tomo II..., p. 252.

O princípio da disponibilidade revela a disposição da parte acerca do ato processual a ser praticado. O sistema processual confere-lhe a oportunidade de se praticar o ato; contudo, será a conveniência da parte que melhor praticará o ato. Noutras palavras, deve o CPC oportunizar a prática do ato processual, mas a conveniência da prática ou o conteúdo do ato é deferido exclusivamente à parte. Já o princípio do impulso processo é deferido exclusivamente ao juiz, que tem o dever de prosseguir com o processo, praticando os atos processuais necessários até alcançar o pronunciamento jurisdicional acerca da lide. Dentre os atos deliberados, incluem-se aqueles que oportunizam a parte em praticá-los. Portanto, pode-se afirmar que, em certos casos, o impulso processual causa a oportunidade da parte dispor no processo.

O princípio do inquisitivo confere ao juiz maior iniciativa probatória, sobretudo nas causas que versem sobre direitos indisponíveis, cujas provas são insuficientes para maior conhecimento da demanda. Já o impulso processual incide tão somente sobre atos processuais. Dessa forma, assim como na hipótese anterior, o impulso processual causa o ato processual a ser praticado, que se justificará como inquisitivo.

Por isso, assentou o TJSC que "quando o impulso processual cabe ao Juiz não é admissível a decretação da extinção do processo. A extinção pressupõe a inatividade do autor, que então deve tomar alguma providência referente ao prosseguimento do feito".[89]

Aplicações do impulso processual. O princípio em tela é aplicável em qualquer processo (conhecimento, execução e cautelar), seja qual for o procedimento (ordinário, sumário, especial, monitório ou especial), independentemente da qualidade do direito demandado (disponível ou indisponível).

O impulso incide tão somente quanto à iniciativa *ex officio* da prática de atos processuais. Isso demonstra que, uma vez proposta a ação, o ofício não necessita da iniciativa da parte para que os atos sejam realizados. Obviamente, atos que dependem única e exclusivamente da parte, como o adiantamento das despesas processuais, estão fora da incidência do princípio em tela. Assim, reiterando o que foi explicitado acima, o princípio do impulso processual significa o ato (ou a deliberação) tomado pelo juízo, em proveito da parte interessada, ou para o pronunciamento jurisdicional acerca do litígio.

---

[89] PAULA, Alexandre de. *Código de Processo Civil Anotado.* Volume I. 6ª edição. São Paulo. Revista dos Tribunais. 1994, p. 1024.

São alguns casos de aplicação do princípio enfocado:

a determinação da citação do réu, ainda que o requerimento seja omisso na inicial. Em sentido contrário, anota Marcelo Guimarães Rodrigues que na petição inicial deverá haver requerimento expresso da citação, não podendo o juiz suprir, sob pena de quebrar sua imparcialidade. Esclarece que "vedado é ao juiz determinar de ofício a citação, fora das hipóteses nas quais a lei expressamente o autoriza a tanto, sob pena de conceder tratamento privilegiado a uma das partes, deslocando-se de seu eixo natural na *actio trium personarum*".[90]

Crê-se que a omissão do requerimento da citação não é obstáculo ao desenvolvimento do processo. Inicialmente cumpre destacar que o requerimento da citação do réu é requisito da petição inicial e não elemento da ação. Portanto, ação existe, quando presentes seus elementos – partes, causa de pedir e pedido. Por essa ótica, quando colocado ao lado do direito constitucional do réu de se defender, percebe-se a imposição de um comando constitucional, independentemente de quais sejam os efeitos que a omissão possa provocar ao autor. Por outro lado, quando os ventos da instrumentalidade e de uma visão axio-sociológica do processo sopram para uma nova dimensão processual no Terceiro Milênio, está a dizer que o princípio do dispositivo está mitigado. O processo não pertence ao autor e nem ao réu. O juiz não é mais um mero espectador.

Se a demanda já existe (elementos da ação + propositura), existe também a relação processual. Assim, compete ao Estado simplesmente integralizar a relação processual. Integralizar é menos que constituir a relação processual. Essa etapa já foi cumprida pelo autor, a integralização é de responsabilidade do Estado, visto que o processo integra ao direito público e não à esfera patrimonial do autor. Dizer que o juiz não pode fazer isso, por presumir quebra de sua imparcialidade, é colocar o ordenamento processual e a atividade processual do juiz num plano privado, contrariando os avanços alcançados nos últimos 150 (cento e cinqüenta) anos;

---

[90] RODRIGUES, Marcelo Guimarães. *A inépcia da inicial por falta de requerimento de citação. Prevalece a finalidade ou o pressuposto de ordem pública diante do princípio do dispositivo.* Artigo publicado na Revista dos Tribunais. Ano 81. Agosto de 1992. Volume 682. São Paulo. Revista dos Tribunais. 1992, p. 278.

a determinação da espécie de citação, salvo na hipótese do artigo 222, “f”, do CPC;

a determinação de intimações para todos os atos, independentemente da instância;

a determinação dos atos que deverão ser repetidos ou retificados, quando declarado nulo o ato, na esteira do artigo 249, do CPC;

a determinação ao autor para a impugnação à contestação e à reconvenção, bem como a impugnação da exceção processual;

a designação da audiência de conciliação;

a designação da instrução e da(s) respectiva(s) audiência(s);

a determinação das alegações finais, que podem ser verbais ou memoriais;

a interposição do recurso *ex officio*, nas hipóteses do artigo 475, do CPC;

a intimação do devedor da penhora efetuada; e

a determinação da prestação de caução no processo cautelar (CPC, art. 805).

CRÍTICA

Os despachos que determinam a parte se manifestar a respeito da lide ou se tem interesse no feito são condenáveis. Tal práxis desrespeita em muito o princípio do impulso processual, porque, se a parte propôs a ação e a outra contestou, é óbvio que elas já se manifestaram a respeito da lide e que têm interesse no feito.

É clássica a história do juiz que sempre despachava para as partes se manifestarem no processo, realizando um verdadeiro “pingue-pongue”, até chegar num ponto insuportável, quando a parte peticionou ao juiz pedindo que ele que se manifestasse.

Se o impulso processual é um dos meios para se alcançar a desejada celeridade processual, não pode o juiz abrir mão, pois, caso contrário, estará ferindo um dos deveres inerentes ao seu ofício (CPC, art. 126, II).

Outra forma de infração ao princípio do impulso processual se dá quando o juiz despacha, determinando às partes especificarem os meios de provas que entender necessários. Tal ato não é previsto no procedimento, e nem poderia ser, uma vez que é exigido às partes requererem os meios de provas na primeira oportunidade que se manifestarem nos autos – ação, contestação e reconvenção.

É preciso acabar com a idéia de que o juiz é o senhor do processo e que o seu trâmite corre ao seu gosto. O processo não mais lhe pertence. É responsabilidade do Estado, é um dever institucional pronunciar a jurisdição sobre a lide. Por isso, pede-se aos juízes mais jurisdição em menos processo, a fim de que o serviço jurisdicional possa atender aos fins delineados no artigo 3º, da CF. Como reafirma Rui Portanova, "o Estado é o primeiro interessado na realização da ordem jurídica (Mesquita, 1975, p. 92). Logo, o juiz é o primeiro interessado no andamento e na justa solução do processo. Pelo princípio do impulso oficial, o Estado demonstra que tem interesse em resolver os conflitos. E quer participar na solução, não como mero espectador, mas como efetivamente interessado. Intentada a ação, o juiz não está a mercê das partes. Interessado, o juiz age no processo com o mesmo ímpeto na busca da solução dos conflitos entre os litigantes".[91]

Nesse sentido, pronunciou o TJSC que, "o apanágio do juiz é fazer justiça. Sua função precípua é pesquisar a verdade para colimar tal objetivo. Para isso a lei lhe confere poderes especiais, capazes de lhe permitir a iniciativa necessária para agilizar o processo, tomando medidas que às vezes podem surpreender as partes e até advogados menos avisados, no sentido de eliminar obstáculos que se anteponham ao necessário desfecho da causa. Desapareceu de há muito, da lei adjetiva civil, a figura do juiz parado, inerte, sossegado e afeiçoado a despachos: como requer, à conclusão, diga a parte contrária ou aguardem os autos em cartório a iniciativa da parte interessada, para só então impulsioná-los. Entre os atos de agilização e garantia de segmento normal da marcha processual estão aqueles que autorizam o magistrado a ordenar o arrombamento de portas, móveis e gavetas para o fiel cumprimento de mandado de penhora e ordenar a prisão em flagrante de tantos quantos resistirem à ordem legal, a teor dos arts. 661, 662 e 663, do Digesto Processual Civil. Assim, o juiz deixou de ser uma máquina registradora de fatos, de pedidos e postulações antagônicas, para ser o instrumento ordenador e fiscalizador do feito, garantindo a igualdade de tratamento às partes; da celeridade na solução da demanda

---

[91] PORTANOVA, Rui. *Princípios do Processo Civil.* Porto Alegre. Livraria do Advogado. 1995, p. 153.

e capaz de tomar medidas preventivas e repressoras de qualquer ato que vise evitar a prestação jurisdicional ou contrário à dignidade da Justiça".[92]

TÉCNICA

Acerca da matéria, decidiu o TAPR que: "Embargos do devedor – Preparo – Extinção do processo – Sentença cassada. É indevida a extinção do processo por inércia do autor quando nenhum ato a este incumbia, exigindo o feito impulso oficial e não da parte. Apelação provida".[93]

Por outro lado. Decidiu o Alçada parananese que: "Agravo de instrumento. Embargos à execução. Deferida a produção de provas orais e documentais pleiteadas pelos embargantes. Impugnação do embargado. Atos protelatórios e extemporâneos. Irrelevância diante do princípio do impulso processual do juiz. Recurso não conhecido. O ato do juiz de decidir pela produção de provas ou pelo julgamento antecipado da lide, constitui-se de mero impulso oficial, sendo irrecorrível".[94]

Por fim, assentou o STJ que: "Extinção do processo em virtude de sua paralisação. Tendo em vista que o processo se desenvolve, em princípio, por impulso oficial – CPC art. 262 –, só será extinto, por ficar paralisado, se o andamento estiver a depender de providência da parte".[95]

Art. 263. Considera-se proposta a ação, tanto que a petição inicial seja despachada pelo juiz, ou simplesmente distribuída, onde houver mais de uma vara. A propositura da ação, todavia, só produz, quanto ao réu, os efeitos mencionados no art. 219 depois que for validamente citado.

PROPOSITURA DA AÇÃO

Noção. Para que se estabeleça a relação processual é preciso que a parte interessada promova a ação. Como a propositura da ação pode ser objeto de

[92] PAULA, Alexandre de. *Código de Processo Civil Anotado.* Volume I..., p. 1024.

[93] Apel. Civ. nº 0183017-3, 3ª CCiv., rel. Juiz Salvatore Astuti.

[94] A.I. nº 0147025-9, 7ª CCiv., rel. Juiz Miguel Pessoa.

[95] RESP nº 41503/ES, 3ª T., rel. Min. Eduardo Ribeiro, DJ de 23/05/94, p. 12.605.

controvérsia, preferiu o CPC determinar objetivamente o momento que considera proposta a ação: a partir do despacho do juiz ou da sua distribuição.

Despacho e distribuição. Com o despacho do juiz, considera-se proposta a ação. A expressão "despacho" deve ser entendida no amplo sentido, porque não revela necessariamente o conteúdo do ato e sua carga decisória (CPC, art. 162, § 3º), mas qualquer atividade judicial na demanda. Assim, se o juiz determinar a citação do réu, haverá despacho e considera-se proposta a ação; se o juiz determinar a emenda da inicial ou a concessão de tutela antecipatória ou de qualquer liminar, haverá decisão interlocutória e considera-se proposta a ação; e se o juiz indeferir a inicial, haverá sentença, porque extinguiu um processo, ainda que singelo, que se iniciou em razão da propositura da ação. Portanto, a palavra "despacho" de que fala o disposto em enfoque revela tão somente ato judicial e não a natureza desse ato.

Relativa à distribuição, ela ocorrerá na hipótese do juízo contar apenas com mais de um ofício – existência de mais de um juiz ou mais de um escrivão – potencialmente competentes para processar e julgar a ação cível.

A respeito do tema, é preciso enfatizar o que foi comentado por ocasião do Capítulo VI, Seção I, do Título V, abordado no volume I da obra:

"*Noção.* A distribuição é um critério racional de competência, uma vez que visa a repartição das demandas que dão entrada no foro, de tal maneira que não haja desequilíbrio de feitos entre juízos potencialmente competentes.[96]

A tarefa de distribuir os feitos é de encargo de um ofício próprio, que se denomina cartório do distribuidor. A técnica da distribuição se faz com a divisão, por ordem de entrada, de cada demanda entre os órgãos jurisdicionais potencialmente competentes, alternadamente. Para que se busque o exato equilíbrio, a distribuição remanescente do dia anterior é levada em conta para o dia posterior.

A necessidade da distribuição como técnica de fixação de competência. Consoante exposto acima, a distribuição se dará entre juízes potencialmente competentes. Essa expressão refere-se a órgãos jurisdicionais que possuem a mesma competência material e territorial, mas que, ao proferir o primeiro ato no processo, tornar-se-ão prevento, eliminando qualquer possibilidade na concorrência da competência.

---

[96] PAULA, Jônatas Luiz Moreira de. *Teoria Geral do Processo...*, p. 279.

Daí a necessidade da distribuição que, sob a ótica de Egas Dirceu Moniz de Aragão, 'se destina a fixar a competência do juízo, assunto inteiramente subtraído ao poder dispositivo das partes. Mesmo quando a lei lhes reconhece o direito à eleição de um foro contratual (art. 111), trata-se de indicar a comarca, nunca o juízo, se mais de um houver, com igual competência. Logo, não faz sentido, em face dos modernos postulados do Direito Processual Civil, considerar irrelevante a ausência de distribuição. A adoção de tal tese – facultando-se ao autor, em conseqüência, a possibilidade de se dirigir diretamente ao juízo da sua preferência – importa em subordinar ao poder dispositivo da própria intervenção dos juízes, que não a podem modificar para atender quaisquer interesses'.[97]

Athos Gusmão de Carneiro, abordando o tema, salienta a fundamental necessidade da prévia distribuição, a fim de assegurar a prevalência do princípio do juiz natural e como técnica para se apurar a autoridade judiciária competente."[98]

Por isso, sintetizando com Egas Dirceu Moniz de Aragão, "nas comarcas em que houver um só juízo, ou, embora sendo mais de um, a competência de cada qual seja exclusiva, o ato inicial da formação do processo se completa com o despacho aposto pelo juiz à petição inicial. Nesse instante, surgem os primeiros efeitos da formação do processo. Diferente é a situação nas comarcas em que seja necessária a prévia distribuição (art. 251), por haver mais de um juízo com competência cumulativa para a causa sobre que versará o processo, ou mais de um escrivão com iguais atribuições, posto seja um só o juízo. O substantivo *vara*, empregado pelo texto, não autoriza a conclusão de o início da formação do processo não incluir a distribuição apenas entre escrivães, onde for necessária, pois a parte não é compelida a inverter a ordem natural dos atos a praticar, pelo fato de a distribuição ocorrer apenas entre escrivães. No primeiro caso, portanto, não basta que o autor entregue a petição inicial ao cartório, pois é com o despacho do juiz que o ato inicial de forma-

[97] ARAGÃO, Egas Dirceu Moniz de. *Comentários ao Código de Processo Civil.* Volume II. Rio de Janeiro. Forense. 1974, p. 331-332.

[98] CARNEIRO, Athos Gusmão. *O Litisconsórcio facultativo ativo ulterior e os princípios do "juiz natural" e do "devido processo legal".* Artigo publicado na Revista Jurídica. Ano 47. Março de 2000. Volume 269. Porto Alegre. Síntese. 2000, p. 62-63.

ção do processo se terá como completado, passando a surtir efeitos. No segundo caso, porém, basta ao autor diligenciar a distribuição, pois, o início da formação do processo independe do despacho do juiz para produzir os primeiros efeitos. Se a comarca tiver um único distribuidor, que funcione permanentemente, o autor deve diligenciar a efetivação do ato, não se podendo contentar com o mero depósito da petição inicial em seu balcão. Nas comarcas em que a própria distribuição não for, também, ato simples, sujeito à supervisão de um só órgão, mas realizada por algum dentre outros, ou, ainda, em que a distribuição só seja feita em dia e hora certos, a diligência da parte estará encerrada com a entrega da petição inicial ao protocolo da distribuição, que disso lhe fornecerá recibo. Só aí estará iniciada a formação do processo, cujo primeiro ato ato se reputará integralizado".[99]

Efeitos. É certo que a ação instaura a relação processual, porém é preciso lembrar que a relação processual somente se integralizará com a citação do demandado.

Daí que os efeitos pretendidos do processo somente incidirão com a válida citação. Nessa esteira, a parte final do disposto em exame é expressa ao afirmar que a propositura da ação só produz efeitos quanto ao réu depois que for validamente citado.

Para relembrar o que foi comentado no volume I, por ocasião do artigo 219, do CPC, são efeitos da citação: a prevenção; a indução à litispendência; a litigiosidade da coisa litigada; a constituição em mora do devedor; a interrupção da prescrição; a indução à revelia; e a vinculação do réu ao processo e à sentença.

Sobre o tema, pronunciou o TJSP que, "pela combinação dos arts. 219 e 263 do CPC, é suficiente a distribuição da petição inicial para interromper o prazo prescricional, não importando que o despacho citatório haja sido proferido posteriormente – particularidade, aliás, mais consentânea com nossa realidade forense".[100] E mais recentemente, o mesmo tribunal decidiu que o efeito interruptivo da prescrição retroagirá ao momento da propositura da ação.[101]

---

[99] ARAGÃO, Egas Dirceu Moniz de. *Comentários ao Código de Processo Civil*. Volume II..., p. 369-370.

[100] RT 618/96.

[101] RT 770/245.

Art. 264. Feita a citação, é defeso ao autor modificar o pedido ou a causa de pedir, sem o consentimento do réu, mantendo-se as mesmas partes, salvo as substituições permitidas por lei.

Parágrafo único. A alteração do pedido ou da causa de pedir em nenhuma hipótese será permitida após o saneamento do processo.

PRINCÍPIO DA ESTABILIDADE DA INSTÂNCIA

Noção. Para o pronunciamento jurisdicional acerca da lide, é preciso que o juiz extraia da demanda os seguintes elementos: os sujeitos que litigam em torno de um suposto direito; os motivos que levaram a litigar (causa de pedir); e a pretensão de cada litigante acerca da demanda (pedido).

Conseqüentemente, para se alcançar tal definição é preciso haver um método, que é propiciado pelo procedimento. Obviamente, o método não pode comportar improvisos durante a demanda, pois eles poderiam prejudicar o ofício jurisdicional. Essa proibição se revela no impedimento de alterações no curso da lide, seja em relação às partes, seja em relação à causa de pedir e pedido. Da mesma forma, correção de erros materiais dos fatos narrados na ação também é insuscetível de ser considerada modificação da causa de pedir.[102]

A manutenção das partes na demanda é visto como manifestação da estabilidade subjetiva; já a manutenção da causa de pedir e pedido na demanda é entendido como estabilidade objetiva. O disposto em exame trata da estabilidade objetiva.

Estabilidade objetiva. A regra do artigo 264 é de proibir o autor modificar a causa de pedir e o pedido no curso da demanda. Essa regra comporta exceções que serão examinadas adiante.

Causa de pedir é o conjunto de fatos que justificam a pretensão do autor. É o conteúdo da ação e pode ser examinada à luz das teorias da *substanciação* e da *individualização.* A teoria da substanciação entende ser preponderante a dedução dos fatos, a fim de que o juiz pronuncie o direito (*daha mihi factum dabu tibi jus*), uma vez que o juiz conhece o direito (*iura novit curia*). Essa teo-

---

102 PORTANOVA, Rui. *Princípios...*, p. 134.

ria é aplicável nas ações que versem sobre direitos pessoais, portanto, de larga amplitude no processo civil. Já a *teoria da individualização* entende ser preponderante a discussão de direitos na demanda, a fim de que o juiz pronuncie o direito. Nessa teoria, fatos deverão ser narrados, mas a tutela jurisdicional não incidirá sobre eles, mas em relação aos direitos que se originaram desses fatos. Essa teoria é aplicável nas ações que versem sobre direitos reais, no processo de execução e no processo cautelar.[103]

A alteração dos fatos importará, num primeiro e superficial exame, na modificação dos motivos que justificam a ação. Como a causa de pedir confunde-se com a própria lide, a simples alteração também importará em prejuízo da defesa, sobretudo se essa modificação ocorrer no curso do processo, posterior à contestação da ação. De igual forma, poderá acarretar prejuízo ao ofício jurisdicional em identificar de forma segura e definitiva a lide. Daí o entendimento de se impedir a modificação da causa de pedir, seja para suprimir, alterar ou acrescentar fatos.

No mesmo diapasão, impede-se a modificação do pedido, seja suprimir, alterar ou acrescentar, em vista de um conjunto de fatores que cercam o pedido. Pois, a dedução do pedido importa em diversas conseqüências, a saber: determinação da competência, inclusive absoluta; determinação da natureza do processo; determinação do procedimento; determinação da natureza da obrigação demandada; determinação do objeto litigado; determinação do valor da causa; determinação da ocorrência ou não da mora; determinação da fraude à execução; e a determinação de proteção cautelar. Assim, mais do que nunca o pedido deve manter-se intacto, salvo nas exceções admitidas pela lei processual, que já é de prévio conhecimento dos litigantes.

A regra brasileira é seguida pelo artigo 268, do CPC Luso, ao estipular que "citado o réu, a instância deve manter-se a mesma quanto às pessoas, ao pedido e à causa de pedir".

Técnica. A estabilidade da instância é regra seguida pela jurisprudência. Afina-se a esse entendimento, por exemplo, o TJES, ao proclamar que "é defeso ao autor, em réplica à resposta do réu, modificar o pedido, eis que, após a citação, torna-se inalterável, salvo assentimento da outra parte".[104]

---

[103] PAULA, Jônatas Luiz Moreira de. *Teoria Geral...*, p. 154-158.

[104] PAULA, Alexandre de. *Código de Processo Civil Anotado.* Volume I..., p. 1031.

O TJPR assentou que "se a inicial fundou-se no pedido rescisório por vício redibitório, não pode o autor, após a contestação, inovar o pedido para pretender anulação de ato jurídico por vício de erro, para escapar do prazo decadencial da ação proposta".[105]

Já o TAMG decidiu que "revelando-se o credor carente de ação executiva, inadmissível é a transformação do processo de execução em processo de conhecimento, visto que o próprio pedido estaria sendo modificado, contrariando a sistemática do atual CPC".[106]

Por outro lado, a simples modificação do *nomen iuris* da ação, sem que isto represente em modificação da causa de pedir ou do pedido, é permitido no curso do processo.[107]

EXCEÇÕES

Exceções à estabilidade subjetiva. Como diz o dito popular "toda regra possui exceção para confirmar a regra". Tratando-se da matéria enfocada, existem exceções para confirmar a regra geral, que merecem ser examinadas.

De fato. A modificação das partes no curso do processo em regra é proibida, mas existem cinco hipóteses excepcionais:

antes da citação do réu, uma vez que a relação jurídica processual não está integralizada;

em razão de substituição processual (CPC, arts. 41-43);

por desmembramento de litisconsórcio facultativo, quando este se mostrar prejudicial à rápida solução do litígio ou dificultar à defesa, nos termos do parágrafo único, do artigo 46, do CPC;

por inclusão de litisconsortes necessário ulterior, nos termos do parágrafo único, do artigo 47, do CPC; e

no incidente da nomeação à autoria, por anuência do réu-nomeado, nos termos dos artigos 65-65, ambos do CPC.

Exceções à estabilidade objetiva – causa de pedir. A modificação da causa de pedir em regra é proibida, porém existindo as seguintes hipóteses excepcionais:

---

105 PAULA, Alexandre de. *Código de Processo Civil Anotado.* Volume I..., p. 1031.

106 PAULA, Alexandre de. *Código de Processo Civil Anotado.* Volume I..., p. 1033.

107 PAULA, Alexandre de. *Código de Processo Civil Anotado.* Volume I..., p. 1032-1033.

antes da citação do réu, uma vez que a relação jurídica processual não está integralizada, o que possibilita a alteração da causa de pedir;

mediante expresso consentimento do réu, após a citação deste, mas é preciso que seja antes da decisão saneadora; e

surgimento de fatos constitutivos, modificativos ou extintivos do direito influir no julgamento da lide, que poderão ser conhecidos de ofício pelo juiz no momento de proferir a sentença, conforme mandamento do artigo 462, do CPC, ou que poderão ser argüidos no recurso de apelação (CPC, art. 517).

No entanto, cumpre destacar que, havendo litisconsórcio necessário passivo, não se pode admitir a alteração da causa de pedir sem o consentimento expresso dos demais litisconsortes. Ainda que os litisconsortes sejam considerados litigantes distintos, os atos e omissões de um litisconsorte não poderão prejudicar os demais litisconsortes (CPC, art. 49).

Mas, se por ventura for determinada a inclusão de litisconsorte ativo, a este é conferido o direito de aditar a inicial, inclusive de alterar a causa de pedir e o pedido. Ao réu, caberá nova oportunidade de impugnar as novas questões trazidas pelo litisconsorte.

Exceções à estabilidade objetiva – pedido. A modificação do pedido em regra é proibida, porém admitem-se as seguintes hipóteses excepcionais:

antes da citação do réu, uma vez que a relação jurídica processual não está integralizada, o que possibilita o suprimento, alteração ou modificação do pedido. Nesse caso, deve-se observar atentamente as conseqüências que advirão, como a modificação da competência, alteração da natureza do processo, modificação do procedimento, alteração do valor da causa etc;

após a citação do réu, mediante expresso consentimento do réu, mas antes da decisão saneadora. Nesse caso, também deve-se observar as conseqüências supra-mencionadas que advirão com a modificação do pedido;

nas relações jurídicas continuativas, isto é, aquelas que podem se modificar em razão de fatos supervenientes, poderá o juiz conhecer de ofício qualquer alteração do pedido. Exemplo típico é na ação de alimentos, onde o autor pede certa quantia por ser suficiente, mas no curso da demanda esse valor pode diminuir ou aumentar, conforme as circunstâncias. A previsão legal dessa possibilidade decorre do mandamento contido no artigo 462, do CPC;

no processo cautelar, em razão do poder geral de cautelar, poderá o juiz conceder a tutela que melhor entender, mesmo que não seja a requerida pela parte interessada (CPC, art. 798);

nas ações possessórias, poderá o juiz conceder a tutela que melhor se adequar para proteger o direito de posse, mesmo que não haja pedido expresso (CPC, art. 920);

na ação monitória, uma vez que é admitida a conversão implícita do processo (portanto, do pedido), de conhecimento para processo de execução, na hipótese do réu não cumprir o mandado monitório e não opor embargos, nos termos do artigo 1.102c, *caput*, segunda parte, do CPC; e

nos procedimentos de jurisdição voluntária, o juiz não está adstrito à legalidade do pedido, podendo adotar em cada caso a solução que reputar mais conveniente ou oportuna, conforme diz o artigo 1.109, do CPC.

No entanto, cumpre destacar que, nos processos contenciosos onde há litisconsórcio unitário, a modificação do pedido deve ser prescindida de expresso consentimento de todos os litisconsortes. Pois, uma vez que a solução da lide deverá ser uniforme para todos os litisconsortes, não se admitindo tratamento desigual entre os litisconsortes (CPC, art. 47, segunda parte, do CPC). Mesmo para a parte – tanto faz autor ou réu – que tenha consentido com a modificação do pedido, tal concordância não terá efeito algum se desprovida do expresso consentimento dos demais litisconsortes.

DECISÃO SANEADORA

É decisão interlocutória, onde o juiz examina as questões incidentais pendentes e rejeita-as ou as procede, mas em nenhum momento extingue o processo, encerrando uma etapa procedimental – saneadora – e iniciando uma nova etapa procedimental, que é a fase instrutória.

A decisão saneadora contém matéria que é suscetível de recurso – agravo – e pode gerar preclusão temporal para as partes e preclusão *pro judicato*, salvo a possibilidade da matéria ser suscetível de reexame (CPC, art. 471).

Outro efeito da decisão saneadora é o que está previsto no parágrafo único, do artigo 264, onde proíbe a modificação da causa de pedir e do pedido após o saneamento do processo. Tal medida se justifica na estabilidade da demanda no momento que passará a produzir provas e verificar a existência dos fatos que constituem o direito do autor ou dos fatos alegados pela defesa.

Capítulo II

DA SUSPENSÃO DO PROCESSO

Art. 265. Suspende-se o processo:

I – pela morte ou perda da capacidade processual de qualquer das partes, de seu representante legal ou de seu procurador;

II – pela convenção das partes;

III – quando for oposta exceção de incompetência do juízo, da câmara ou do tribunal, bem como da suspeição ou impedimento do juiz;

IV – quando a sentença de mérito:

depender do julgamento de outra causa, ou da declaração da existência ou inexistência de relação jurídica, que constitua o objeto principal de outro processo pendente;

não puder ser proferida senão depois de verificado determinado fato, ou de produzida certa prova, requisitada a outro juízo;

tiver por pressuposto o julgamento de questão de estado, requerido como declaração incidente;

V – por motivo de força maior;

VI – nos demais casos, que este Código regula.

§ 1º No caso de morte ou perda da capacidade processual de qualquer das partes, ou de seu representante legal, provado o falecimento ou a incapacidade, o juiz suspenderá o processo, salvo se já tiver iniciado a audiência de instrução e julgamento; caso em que:

o advogado continuará no processo até o encerramento da audiência;

o processo só se suspenderá a partir da publicação da sentença ou do acórdão.

§ 2º No caso de morte do procurador de qualquer das partes, ainda que iniciada a audiência de instrução e julgamento, o juiz marcará, a fim de que a parte constitua novo mandatário, o prazo de vinte (20) dias, findo o qual extinguirá o processo sem julgamento do mérito, se o autor não nomear novo mandatário, ou mandará prosseguir no processo, à revelia do réu, tendo falecido o advogado deste.

§ 3º A suspensão do processo por convenção das partes, de que trata o n. II, nunca poderá exceder seis (6) meses; findo o prazo, o escrivão fará os autos conclusos ao juiz, que ordenará o prosseguimento do processo.

§ 4º No caso do n. III, a exceção, em primeiro grau será processada na forma do disposto neste Livro, Título VIII, Capítulo II, Seção III; e, no tribunal, consoante lhe estabelecer o regimento interno.

§ 5º Nos casos enumerados nas letras a, b e c do n. IV, o período de suspensão nunca poderá exceder um (1) ano. Findo este prazo o juiz mandará prosseguir no processo.

SUSPENSÃO DO PROCESSO

Noção. O disposto enfocado elenca as hipóteses daquilo que denomina "suspensão do processo". No entanto, cumpre advertir o leitor que, o que se suspende não é o processo, mas a prática dos atos processuais. Portanto, a rigor técnico não se trata de suspensão do processo mas, isto sim, de suspensão do procedimento.

É verificável a dificuldade de se obter um conceito unificado de suspensão do processo. Jaime Guasp, no ensaio intitulado *La paralización del proce-*

so civil y sus diversas formas, buscou essa unificação conceitual, entendendo que toda suspensão seria uma *paralisação do processo*. E passou a distinguir as hipóteses de paralisação pelos seguintes critérios: se as razões que afetam direta e estritamente os sujeitos processuais, tem-se *interrupção do processo*; se a paralisação afeta o objeto do processo, tem-se a *detenção*; e se a paralisação se deve a razões derivadas dos atos processuais, tem-se a *suspensão*.[108]

Pela doutrina nacional, Humberto Teodoro Júnior, de forma sintética, define suspensão do processo como "um acontecimento voluntário ou não que provoca, temporariamente, a paralisação da marcha dos atos processuais". E argumenta o processualista mineiro que, ao contrário dos fatos extintivos, "no caso de simples suspensão, tão logo cesse o efeito do evento extraordinário que a causou, a movimentação do processo se restabelece normalmente. Na verdade, a suspensão inibe o andamento do feito, mas não elimina o vínculo jurídico emanado da relação processual, que, mesmo inerte, continua a subsistir com toda sua eficácia".[109]

Suspensão e Interrupção. Palavras que podem transmitir idéias semelhantes, porém com efeitos distintos. Portanto, louvável defini-las e, principalmente, distinguí-las.

Tanto suspensão como interrupção transmitem a idéia de paralisação do processo. Surgindo hipóteses autorizadoras, há um obstáculo no trâmite normal do procedimento, deixando este de seguir seu destino. No entanto, na hipótese de suspensão, há aproveitamento válido do transcurso de tempo que se contou até a superveniência da suspensão; já na hipótese de interrupção, não há esse aproveitamento do transcurso de tempo até a superveniente interrupção.

Por isso, quando há suspensão, o transcurso de tempo é considerado válido, razão pela qual, findo o obstáculo que determinou a suspensão, o prazo para a prática do ato processual será contado pelo tempo restante. Por exemplo, o prazo era de 15 (quinze) dias, transcorreram 10 (dez) dias até que houve a suspensão do processo. Finda a suspensão, o prazo restante para a prática do ato processual será contado pelo tempo restante, isto é, por 5 (cinco) dias.

---

[108] Cf. MENDEZ, Francisco Ramos. *Derecho Procesal Civil.* Tomo I. 5ª edição. Barcelona. Jose Maria Bosch Editor, S.A. 1992, nota nº 5, p. 682-683.

[109] TEODORO JÚNIOR, Humberto. *Curso de Direito Processual.* Volume I. 27ª edição. Rio de Janeiro. Forense. 1999, p. 300.

Ao contrário da interrupção, em que o transcurso de tempo não é levado em conta, razão pela qual, findo o obstáculo que determinou a interrupção, o prazo para a prática do ato processual será restituído integralmente. Por exemplo, o prazo era de 15 (quinze) dias, no décimo dia ocorreu a interrupção. Finda a interrupção, o prazo para a prática do ato será restituído e computado integralmente, isto é, por 15 (quinze) dias.

Por fim, decidiu o TJSP que "a suspensão do processo tem início a partir do exato momento em que o fato gerador ocorre, a despeito de somente mais tarde o juiz vir a declará-lo suspensão. Tal despacho tem efeitos retroativos, sendo declarados inválidos os atos praticados nesse intervalo".[110]

No volume I da obra, mais precisamente sobre os comentários dos artigos 179 e 180, há um suporte doutrinário sobre o tema, que se sugere ao leitor para uma leitura complementar.

Exemplo típico de interrupção do prazo é o que se dá pelo artigo 67, do CPC, quando novo prazo é assinado para o réu na nomeação à autoria.

HIPÓTESES DE SUSPENSÃO

O artigo 265 trata das seguintes hipóteses de suspensão do processo:

Inciso I: por morte ou perda da capacidade processual das partes, de seu representante legal ou de seu procurador. Em tais hipóteses, haverá a suspensão do trâmite processual a fim de que se permita a substituição processual da parte falecida ou de seu representante legal ou procurador, nos termos do artigo 43, do CPC. Solução semelhante se dá com a morte do advogado ou do representante legal da parte.

A perda da capacidade processual da parte também será hipótese de suspensão do processual, a fim de que se permita a regularização mediante representação ou assistência, conforme proclama o artigo 8º, do CPC, nos termos do artigo 13, do CPC.

Tais casos são de suspensão do processo, com os efeitos oriundos dessa qualidade. No entanto, há de se observar que, a ocorrência de qualquer das hipóteses do inciso I após a citação do demandado, mas antes da apresentação da defesa, deverá ser tratada como interrupção, a fim de restituir ao deman-

[110] RT 606/90.

dado sucessor ou ao novo representante ou ao novo advogado a plenitude do prazo para responder aos termos da ação. Entendimento diverso poderia constituir em ofensa à plenitude à defesa, em claro cerceamento do direito de defesa (CF, art, 5º, LV).

Morte como hipótese de extinção do processo. Em regra, o direito civil contempla a imediata transmissão de direitos com a morte da pessoa, face a regra do artigo 1.784, do CC. Para tanto, exige-se a habilitação dos sucessores na demanda, que sucederão a parte falecida (CPC, art. 1.055).

Porém, existe uma hipótese que excepciona a regra que proíbe a transmissão imediata dos direitos e deveres. É a hipótese do falecimento do cônjuge na ação de separação judicial ou divórcio, porque nesse caso já haverá a extinção do casamento, nos termos do artigo 2º, da Lei nº 6.515/77 (Lei do Divórcio). Nessa hipótese, incide a extinção do direito litigado e a intransmissibilidade da pretensão, de que fala o inciso IX, do artigo 267, do CPC.

A parte final do § 2º da norma em questão também contempla a hipótese de extinção do processo em razão da morte do advogado, cuja parte não providencia a substituição de procurador. Na verdade, a rigor, não se trata de extinção do processo por causa de morte, mas pelo fato da parte estar desassistida de advogado, o que significaria em nulidade absoluta dos atos a serem praticados.

Outra hipótese, também excepcional, refere-se à extinção da pessoa jurídica, sem que haja sucessão ou responsabilidade derivada de sócios ou acionistas.

Procedimentos a serem adotados na hipótese de morte ou perda de capacidade processual da parte, representante legal ou do advogado. São diversos os procedimentos a serem adotados, dependendo do momento em que ocorreu o falecimento: antes de iniciada a audiência de instrução ou após o seu início.

Observa-se os procedimentos que podem ser adotados:

no caso de morte ou perda da capacidade processual da parte ou representante legal antes do início da instrução, deverá o juiz suspender o processo, a fim de regularizar a sucessão ou a representação, nos termos do § 1º. A norma processual não estipula um prazo, uma vez que a regularização pode demandar tempo superior ou inferior ao do que eventualmente possa ser estipulado em lei. Daí que o prazo para a regularização é judicial;

na hipótese de morte da parte ou do representante legal após o início da instrução, deverá o advogado prosseguir no feito, em que a suspensão do processo somente se dará com a publicação da sentença ou do acórdão, nos termos do § 1º, parte final, e alíneas "a" e "b". Note-se que a suspensão do processo somente se dará a partir da primeira decisão final (conceito de decisão tomado em sentido amplo) seguinte, que pode ser a sentença ou o acórdão. Polêmico, e com efeitos diversos, o conceito de audiência de instrução:

se a instrução significar necessariamente a audiência de instrução, a prova pericial não estaria agasalhada e deveria ser realizada a despeito da morte da parte ou do procurador judicial. Nesse ponto, deve-se considerar o seguinte: sendo falecida a parte que requereu a prova pericial, como se daria o pagamento antecipado dos honorários do perito? Mediante alvará judicial, requerido isoladamente ou incidental a um eventual inventário? A resposta parece afirmativa;

por outro lado, se a instrução significar necessariamente o início da fase instrução, o que agasalharia a prova pericial, a ausência da substituição da parte falecida poderia prejudicar o depoimento pessoal, a fim de se obter a confissão. Dessa forma, mostra-se necessária – uma vez que é um meio de prova à disposição de qualquer litigante – a suspensão do processo para que haja a sucessão da parte;

além desses atos, pode-se imaginar que qualquer ato real que poderia ser praticado pela parte, seja pessoalmente seja por seu representante legal, será prejudicado em razão da ausência de sua substituição decorrente de sua morte, independentemente do momento em que se encontra o processo.

Dessa forma, tem-se que, a morte da parte ou de seu representante legal sempre deverá provocar a substituição, a fim de evitar qualquer prejuízo aos litigantes. Essa substituição deverá ocorrer logo após o falecimento da parte ou de seu representante legal, independentemente da fase e o grau de jurisdição em que se encontra o processo.

na hipótese do falecimento do advogado, independentemente do momento e grau de jurisdição em que se encontra o processo, o juiz suspenderá o feito pelo prazo de 20 (vinte) dias (prazo legal), a fim de que a parte constitua novo procurador, conforme proclama o § 2º. Indaga-se se na procuração contiver nomes de outros advogados, estaria a reclamar a providência do § 2º? A resposta é que deve o juiz facultar a parte se há interesse em substituir seu procurador, uma vez que a relação entre cliente e advogado é fundada na confiança, e os nomes dos demais advogados no instrumento procuratório não significam, necessariamente, em confiança recíproca;

os efeitos da não substituição do procurador falecido (e também se ele perdeu a capacidade de fato) poderão ser estes:

extinção do processo sem o julgamento do mérito, se o autor (ou o demandante) não providenciar a substituição de seu advogado. Mas ocorrendo a extinção da ação, nada obsta o prosseguimento da reconvenção;[111]

prosseguimento do feito, com a declaração da revelia do réu (ou demandado), se este não providenciar a substituição de seu procurador. Na verdade, a expressão "revelia" de que trata a parte final do § 2º refere-se somente ao efeito previsto no artigo 322, do CPC, isto é, a fluição dos prazos sem a intimação do réu. A presunção de veracidade dos fatos narrados pelo autor, tipificado no artigo 319, do CPC, somente ocorrerá se o réu não apresentar válida e tempestivamente a contestação.

Técnica. A jurisprudência tem se posicionado que a notícia da morte não tem efeito retroativo, o que poderia, em tese, gerar conseqüências processuais. O TJGO manifestou que "o momento da suspensão do processo será o do conhecimento, pelo juiz, do fato que o determina, não operando retroativamente".[112]

O TJPR, reiterando o entendimento, proclamou que "a morte de qualquer das partes é, sem dúvida, causa de suspensão do processo – art. 265, I, do CPC –, mas não opera automaticamente. É preciso que seja levada ao conhecimento do Juízo e provada, para que adquira a eficácia da suspensão, *ex nunc.* É óbvio que o Juízo não pode deixar de praticar os atos normais do procedimento sem ter conhecimento da causa da suspensão. Não poderá fazê-lo nem por ouvir dizer, mas somente depois de cumpridamente provado o fato nos autos do processo. Os atos praticados, pois, entre a morte e a comunicação são válidos, desde que não defesos em lei".[113]

---

[111] 1º TACivSP, cf. PAULA, Alexandre de. *Código de Processo Civil Anotado.* Volume I..., p. 1045.

[112] PAULA, Alexandre de. *Código de Processo Civil Anotado.* Volume I..., p. 1044.

[113] PAULA, Alexandre de. *Código de Processo Civil Anotado.* Volume I..., p. 1044.

Porém, o falecimento do advogado suspende automaticamente o processo, seja comunicado ou não o Juízo, de tal maneira que os atos praticados posteriormente são nulos.[114]

Note-se que, com a morte do mandante, os atos praticados pelo mandatário são nulos, após pleno e inequívoco conhecimento do falecimento.[115]

Inciso II: poderá haver suspensão do processo quando as partes convencionarem a respeito. A possibilidade de suspensão por pacto das partes independe da natureza do direito material discutido na lide – tanto faz se é direito disponível ou direito indisponível.

A justificativa dessa possibilidade se dá pela conveniência das partes em resolverem o litígio no mérito, como ocorre na suspensão da ação de investigação de paternidade para a realização do exame de DNA, ou como geralmente ocorre no processo de execução, às vezes no curso dos embargos, quando as partes celebram acordo de pagamento e financiamento da dívida.

O § 3º do mesmo disposto limita o tempo de suspensão do processo nunca superior a 6 (seis) meses. Tal restrição não tem sido acolhida pela práxis judiciária, que, geralmente, limita o tempo máximo em 12 (doze) meses, podendo ser renovado por igual tempo. Essa disposição da norma se justifica nos fins que podem ser alcançados com um largo tempo de suspensão: otimizar e oportunizar a possibilidade da conciliação, que daí pode depender de um tempo maior.

Nesse sentido, decidiu o TJMT que: "Suspensão do processo por prazo indeterminado. Admissibilidade. Acordo que define obrigações ao executado no sentido de quitar sua dívida. Inteligência dos arts. 125, II e III, e 792 do CPC".[116]

Inciso III: também haverá a suspensão do processo quando for oposta exceção de incompetência do juízo, da câmara ou tribunal, bem como de suspeição ou impedimento do juiz.

Tais procedimentos visam o deslocamento do processo de um juízo para outro (incompetência) ou a substituição do juiz, face sua parcialidade (suspeição ou impedimento). Como o reconhecimento da incompetência ou par-

---

[114] TJSP, RT 646/91.

[115] TJPR, cf. PAULA, Alexandre de. *Código de Processo Civil Anotado*. Volume I..., p. 1044.

[116] RT 745/326.

cialidade do juiz representa em nulidade dos atos decisórios, a prudência recomenda a suspensão do processo até que haja a solução do incidente processual. Nesse ponto, deve-se realçar que a suspensão deverá ser mantida até que haja a solução definitiva da exceção (incompetência, suspeição ou impedimento). Noutras palavras, na esteira do artigo 306, do CPC, o processo manter-se-á suspenso até que haja o trânsito em julgado da exceção.

A exceção tanto pode ser oposta em qualquer grau de jurisdição, o que significa que a suspensão do processo poderá ocorrer tanto em primeiro grau de jurisdição como nos tribunais superiores.

Inciso IV, alíneas "a" e "c": haverá a suspensão do processo, se a sentença de mérito deste depender do julgamento de outra causa, ou da declaração da existência ou inexistência da relação jurídica, que constitua o objeto principal de outro processo pendente, ou se o julgamento do mérito tiver por pressuposto o julgamento de questão de estado, requerido em declaração incidente. Trata-se, portanto, da chamada "questão prejudicial externa".

Segundo Humberto Teodoro Júnior, *prejudiciais* "são as questões de mérito que antecedem, logicamente, à solução do litígio e nela forçosamente haverão de influir".[117] Já na lição de Vicente Greco Filho, a questão prejudicial "é a relação jurídica controvertida, logicamente antecedente, que subordina a resolução de outra dita principal e apta, em tese, a ser objeto de uma ação principal. A prejudicial pode ser interna ou externa. Dizemos que a prejudicial é interna quando surge como antecedente dentro do mesmo processo em que vai ser proferida sentença; dizemos que a prejudicial é externa quando a relação jurídica antecedente depende de decisão em outro processo".[118]

A norma em questão trata da questão prejudicial, assim como a tratada na alínea "c"; já a alínea "b" trata da questão preliminar.

Por ocasião dos comentários ao artigo 110, no volume I desta obra, discorreu o seguinte a respeito da questão prejudicial:

Noção. Define-se questão prejudicial como toda questão incidental determinante para a solução da demanda. É *questão* porque envolve uma situação fática apta a provocar uma conseqüência jurídica. É *incidental* porque seu de-

---

[117] TEODORO JÚNIOR, Humberto. *Curso de Direito Processual.* Volume I..., p. 304.

[118] GRECO FILHO, Vicente. *Direito Processual Civil.* 2º Volume. 11ª edição. São Paulo. Saraiva. 1996, p. 68.

bate surge no curso do processo, a despeito de residir na questão toda a lide principal, como estipula o *caput* do artigo 110. Mas, adverte-se: a questão incidental integra a causa de pedir da ação principal, mas não se confunde com o próprio direito invocado pelo autor. É *prejudicial* porque a solução da questão incidental influenciará na sorte da lide principal, havendo procedência ou não da pretensão.

Por fim, a questão prejudicial pode ser *externa*, quando a solução da questão se dá externamente, isto é, num outro processo, como é caso do disposto em comento, ou *interna*, cuja solução se dá no próprio processo, ou seja internamente, como é a ação declaratória incidental.

Aplicação da norma. O artigo 110 aplica-se tão somente à questão prejudicial externa. Refere-se o disposto à existência de dúvida acerca de fato delituoso a ser resolvido pela justiça criminal. Assim ocorrendo, o processo cível poderá ser suspenso (CPC, art. 265, IV, "a"), por prazo não superior a um ano (CPC, art. 265, § 5º).

Suspensão facultativa ou obrigatória. É polêmico o debate a respeito da disponibilidade da norma: a suspensão é facultativa ou obrigatória?

Examinam-se os dois lados da questão.

Relativo ao autor da ação, vítima ou seus familiares, a suspensão não lhe interessa porque representará no retardamento da prestação da tutela jurisdicional.

Invoca-se, ainda, a independência que a responsabilidade cível guarda em relação à responsabilidade penal. Isso gera, conseqüentemente, a oportunidade de ser proposta a ação cível independentemente da ação penal (CPP, art. 64 e parágrafo único).

Com relação ao réu, a suspensão do processo se deve a dois motivos. O primeiro, onde se funda toda essência da norma comentada, é de que, ausente os elementos de convicção a respeito da existência do fato delituoso e de quem o tenha praticado, a ação cível deverá ser suspensa para que a justiça criminal pronuncie-se a respeito.

O segundo motivo é que o artigo 65, do CPP, prevê que a sentença penal faz coisa julgada na órbita cível, atribuindo-se, inclusive, força de título executivo judicial (CPC, art. 584, II). Portanto, poderia haver duas decisões conflitantes, uma na justiça criminal absolvendo o réu, pelo fato de não ter praticado o crime ou pelo fato praticado não ser considerado delituoso, e outra na justiça cível, condenando o réu a indenizar pelo fato delituoso praticado. Daí a idéia de se obter uma decisão única e coerente.

Diante desses pontos, pode-se concluir que a suspensão da ação cível somente é viável para apuração do fato delituoso ou da concorrência do réu para a sua prática. Já a suspensão, ela será justificada diante da peculiaridade do caso. Dessa forma, tem-se por peculiar os seguintes casos:

a ação cível, no momento da propositura, não contém elementos de convicção a respeito da existência do fato delituoso ou da concorrência do réu para a sua prática;

a verificação da existência de fato delituoso depender de prova técnica, não contida na ação cível, mas em andamento no processo penal; e

o réu sustentar na defesa penal ou na defesa cível a tese da negativa de autoria ou de alguma incidência de hipótese de excludente de criminalidade.

Louvável acrescer que a tese de legítima defesa putativa ou excessos na legítima defesa, no estado de necessidade e no estrito cumprimento do dever legal, não acarretarão na suspensão do processo civil. Pois, em tais casos, a autoria do delito é de pleno conhecimento do juízo, questionando-se somente, na órbita cível, se o fato imputado gera ou não a responsabilidade civil.

Também insta esclarecer que cópia de depoimentos obtidos em inquérito policial também mostram-se suficientes para afastar a necessidade da suspensão da ação cível. Pois, mesmo que tais depoimentos estejam despidos de compromisso judicial, eles representam declarações unilaterais de vontade. É verdade que se o autor não providenciar a instrução do feito, ratificando a veracidade desses depoimentos, a pretensão poderá ser julgada improcedente por falta de prova válida.

Crê-se que tais posicionamentos melhor atendem ao espírito da norma, condizente com o prescrito no artigo 64, do CPP. Deve o aplicador estar atento à regra do artigo 110, do CPC, para não obstacularizar a vítima ou seus familiares a pretensão à tutela jurisdicional. Por outro lado, também o juiz deve atuar com prudência, para que, reconhecendo-se que a responsabilidade civil é mais sensível que a responsabilidade penal, não propicie injustamente ao réu a mais grave de todas penas concebida pela sociedade de consumo: a escravidão da miséria.

Sendo assim, inexiste facultatividade da suspensão do processo. Ou a suspensão é necessária ou a não suspensão não é obrigatória. Mas descabe ao juiz ou às partes a disposição da norma, facultando-lhe a seu gosto a suspensão do processo.

E prossegue o comentário ao artigo 110, do CPC: "*Não exercício da ação penal.* A suspensão da ação cível se justifica para que a justiça criminal resolva a questão prejudicial externa. Contudo, pode ocorrer que a ação cível seja proposta antes do ajuizamento da ação penal. Neste caso, informa o parágrafo único, que se não houver a propositura da ação penal dentro do prazo de 30 (trinta) dias, cessará a suspensão, cabendo ao juiz decidir a questão prejudicial. A contagem do prazo de 30 (trinta) dias correrá a partir da suspensão da ação cível.

Natureza jurídica. O artigo 110, ao deferir à justiça criminal a possibilidade de resolver a questão prejudicial, não pode ser classificado como extensão da competência pela conexão.

O que procurou o legislador, influenciado pelo princípio da unicidade de julgamento da mesma causa, é evitar a ocorrência de decisões contraditórias. Pois, assim como os efeitos da coisa julgada servem para evitar a eternização da demanda e também a ocorrência de decisões diferentes acerca da mesma lide, o artigo 110 também exprime a idéia de se ter um julgamento único a respeito da mesma questão.

Portanto, a parte final do parágrafo único não trata de restabelecimento da competência do juiz para apreciar a questão prejudicial. Trata-se, isto sim, da solução de impasse criado pela suspensão do processo sem que tenha havido o ajuizamento da ação penal. Até porque, a decisão cível não fará coisa julgada no âmbito criminal, quando o inverso é admitido, face a norma do artigo 65, do CPP.

Portanto, o artigo 110 não trata de qualquer regra de modificação ou determinação de competência. Apenas expressão do princípio da unicidade do julgamento da mesma causa, a fim de evitar decisões conflitantes".

Aplicação das alíneas "a" e "c": a hipótese da alínea trata de questão a ser resolvida em outro feito. Esse outro processo pode ser penal, como a verificação da existência de um crime e da responsabilidade penal do réu, que importará em responsabilidade civil; ou cível, como a solução da ação reivindicatória de propriedade, que poderá repercutir na possibilidade de penhora numa ação de execução.

Na doutrina de Francisco Ramos Méndez, a prejudicialidade pode ser *civil*, *penal*, *constitucional* e *comunitária*. Serão *prejudicialidade civil* as questões examinadas e decididas pelo juiz no próprio processo civil, oriundas do litígio. A prejudicialidade civil também pode ser conhecida como prejudicialidade interna uma vez que é resolvida no próprio feito, às vezes de forma despercebida.[119]

Será *prejudicialidade penal* aquela que depende da resolução de uma questão penal, da qual a competência da matéria cível fica excluída. A prejudicialidade penal ganha importância à medida que influencia decisivamente a solução da lide civil. Nesse ponto, sustenta Francisco Ramos Méndez, tem-se uma prejudicialidade *devolutiva*, porque a questão será solucionada por outra ordem jurisdicional (na verdade, pode ser vista como jurisdição penal ou como outro juízo face a competência em razão da matéria).[120]

Já a *prejudicialidade constitucional* se dará toda vez que a solução da questão depender de prévia manifestação do Tribunal Constitucional acerca da constitucionalidade da norma que incide sobre a lide.[121] Essa espécie de prejudicialidade não é aplicada ao sistema brasileiro, tendo em vista a incidência da regra do controle constitucional por exceção, onde se defere a todos órgãos jurisdicionais a possibilidade de manifestar a constitucionalidade ou não de uma lei. No entanto, em tese, nada impede que o juiz suspenda o andamento do processo a fim de averiguar o pronunciamento do STF (que exerce o controle jurisdicional concentrado) acerca da constitucionalidade de uma lei, suscitada no litígio.

Por fim, a *prejudicialidade comunitária* é aplicável no âmbito do Tribunal Comunitário das Nações Européias.[122] Como se trata de direito comunitário, mais especificadamente da União Européia, obviamente não se aplica ao Brasil. Porém, como a viabilidade da instituição de um Tribunal do Mercosul está sendo discutida, pode-se especular futuramente a aplicação dessa espécie de prejudicialidade no Direito Comunitário do Cone Sul.

Já a alínea "c" trata da suspensão do processo em razão da sentença de mérito ter por pressuposto o julgamento de questão de estado, requerido co-

---

[119] MENDEZ, Francisco Ramos. *Derecho Procesal Civil.* Tomo I..., p. 662.

[120] MENDEZ, Francisco Ramos. *Derecho Procesal Civil.* Tomo I..., p. 663.

[121] MENDEZ, Francisco Ramos. *Derecho Procesal Civil.* Tomo I..., p. 664.

[122] MENDEZ, Francisco Ramos. *Derecho Procesal Civil.* Tomo I..., p. 665-666.

mo declaração incidente. Essa declaração tanto pode ser requerida pelo autor como pelo réu, como a dúvida acerca da capacidade de fato do litigante.

Egas Dirceu Moniz de Aragão vê na hipótese da alínea "c" questão prejudicial interna, uma vez que ela suscitada em sede de ação declaratória incidental.[123] Vicente Greco Filho sustenta que se trata de questão prejudicial externa por entender que a questão será resolvida em outro processo, que por isso, resultará na suspensão do processo, fato que nunca ocorreria na declaratória incidental.[124]

A questão prejudicial não é, e nem pode ser, a lide a ser resolvida no processo principal. É, como explana Liebman, um exame *incidenter tantum*, "com passagem obrigatória do *iter* lógico da verdadeira decisão. Poder-se-á então dizer que a questão prejudicial é objeto de cognição, não porém de decisão; e a solução que lhe for dada será vinculativa apenas para os efeitos da decisão dada à principal (...) Por essa razão, por si só a questão prejudicial não amplia o objeto do processo e não desloca a competência".[125]

A suspensão prevista no disposto enfocado favorece ao feito por permitir a "economia" processual, uma vez que as provas produzidas e a solução tomada no processo prejudicial repercutirão diretamente no deslinde do processo principal.

Tal solução, no entanto, não pode ser admitida cegamente. Entendendo que cada caso é um caso específico, pode-se observar numa hipótese corriqueira: contra o réu correm duas ações, uma visando a responsabilidade penal, outra obtendo a responsabilidade civil. Na instância penal, o réu é absolvido por legítima defesa, ainda que excessa, porque o crime era apenado apenas a título de dolo, não admitindo a punição pela forma culposa (CP, art. 20, *caput*). Formalmente, o réu também seria absolvido na esfera cível, face a sua absolvição na instância penal. Porém, nesse caso, é cabível a responsabilidade cível, sob argumento de excesso de direito. Portanto, deverá o processo principal (re)produzir as provas produzidas na instância penal, em especial as que se referem ao excesso e aos danos causados.

[123] ARAGÃO, Egas Dirceu Moniz de. *Comentários ao Código de Processo Civil.* Volume II..., p. 400.

[124] GRECO FILHO, Vicente. *Direito Processual Civil.* 2º Volume..., p. 68.

[125] LIEBMAN, Enrico Tullio. *Manual de Direito Processual Civil.* Volume 1. Tradução de Cândido Rangel do Dinamarco. Rio de Janeiro. Forense. 1984, p. 172-173.

Nessa linha de pensamento, admite-se, excepcionalmente, que a decisão da questão prejudicial não seja vinculada à lide principal. Coerente, portanto, a posição de Salvatore Satta, ao sustentar a admissão de provas na questão prejudicial.[126]

Por fim, cumpre destacar que a suspensão do processo nunca poderá exceder o prazo de 1 (um) ano, na esteira do § 5º. Mas, tem-se observado que a prudência tem recomendado a suspensão por maior prazo, sobretudo quando se verifica a complexidade da questão e a dificuldade de se ter um julgamento célere. Às vezes, tolera-se a suspensão por um prazo maior.

Técnica. Decidiu o TJBA que "não se deve suspender o processo, ao fundamento de que a sentença de mérito depende do julgamento de outra causa, se esta foi ajuizada *a posteriori*. Isto porque a inovação do CPC, em seu art. 265, IV, 'a' levou em consideração, exclusivamente, a paralisação do processo mais recente. Nem é viável a suspensão, ao lastro de que seu desate depende de pronunciamento, sobre o objeto principal de outro processo pendente, porque este, referido pela norma, é incontestavelmente o processo já em curso. Assim não fosse, o expediente sempre serviria ao réu que, prevendo eventual insucesso na causa, fizesse ajuizar outra, visando estancar a anterior, apenas com intuito protelatório".[127]

Já o TJDF, por seu turno, proclamou que "em caso de conexão, por prejudicialidade, entre ação declaratória de inexigibilidade de título extrajudicial e execução ao mesmo relativa, impõe-se, como obrigatória, a suspensão desta até julgamento definitivo aquela – art. 265, IV, 'a', c/c o art. 598, ambos do CPC –, dada a impossibilidade de julgamento simultâneo e para se evitar o grave risco de decisões conflitantes".[128]

O TJSP assentou que "a chamada 'prejudicialidade externa', prevista na letra 'a' do n. IV do art. 265 do CPC, condicionante da decisão de mérito, há de referir-se a processo em curso quando surge o processo que deverá ser suspenso. Assim sendo, se posterior à ação das partes, é impertinente a questão prejudicial de mérito, não existindo fundamento para a suspensão, que, ademais, deve ter prazo certo, nos termos do § 5º do art. 265 do CPC".[129]

---

[126] SATTA, Salvatore. *Derecho Procesal Civil.* Tomo I..., p. 294-297.

[127] PAULA, Alexandre de. *Código de Processo Civil Anotado.* Volume I..., p. 1041.

[128] PAULA, Alexandre de. *Código de Processo Civil Anotado.* Volume I..., p. 1041.

[129] RT 611/84.

Tratando-se de suspensão do processo, a fim de averiguar a culpa no processo penal, entendeu o TJPR que tal decisão é deferida ao livre-arbítrio do juiz, a respeito do sobrestamento ou não.[130] Pois, segundo o TAMG, somente se deve dar a suspensão do processo "quando se questiona a respeito da existência do fato ou da sua autoria, pois, além de ser a responsabilidade civil independente da criminal, também em extensão diversa é o grau de culpa exigido".[131]

Inciso IV, alínea "b": haverá suspensão do processo principal quando a sentença de mérito não puder ser proferida senão depois de verificado determinado fato, ou de produzida certa prova, requisitada a outro juízo.

Segundo Vicente Greco Filho, trata-se de questão preliminar, uma vez que é "toda questão anterior à decisão definitiva e que impede o conhecimento do mérito. É diferente, portanto, da questão prejudicial, que é uma relação jurídica logicamente antecedente, que condiciona a decisão final de mérito".[132]

E, adiante, Greco Filho estabelece as distinções entre a questão prejudicial e a questão preliminar ao mostrar que, esta, "pode ser processual ou de mérito, é um fato que *impede* o conhecimento do mérito principal. A questão prejudicial é uma relação jurídica cuja existência ou inexistência condiciona a decisão da questão principal. São preliminares processuais a perempção, a litispendência, a coisa julgada etc.; são preliminares de mérito a prescrição e decadência; é, por exemplo, questão prejudicial a relação jurídica paternidade-filiação numa ação de alimentos do filho natural contra o alegado pai, ponto que pode tornar-se controvertido dependendo dos termos da contestação, que poderia negar a paternidade".[133]

No entanto, tal posição pode encontrar obstáculos dentro do casuísmo proporcionado pela vida forense. Imagine a ação reivindicatória em que o réu alega exceção de usucapião, matéria que também está sendo discutida em ação própria. A exceção de usucapião é uma preliminar do mérito – não ataca frontalmente os fatos constitutivos do direito do autor, mas deduz fato impeditivo – cuja prova da(o) usucapião será colhida na ação própria. Outro caso é a ação de rescisão de contrato cumulado com perdas e danos, onde o réu

---

[130] PAULA, Alexandre de. *Código de Processo Civil Anotado*. Volume I..., p. 1042.

[131] PAULA, Alexandre de. *Código de Processo Civil Anotado*. Volume I..., p. 1043.

[132] GRECO FILHO, Vicente. *Direito Processual Civil*. 2º Volume..., p. 69.

[133] GRECO FILHO, Vicente. *Direito Processual Civil*. 2º Volume..., p. 165-166.

alega na contestação a coação ou fraude na realização do negócio – é uma preliminar do mérito, posto que seu reconhecimento impedirá o exame do mérito da ação – que está sendo investigado em ação penal.

Tais casos mostram que existem preliminares do mérito que podem ser tratados como questão prejudicial. Portanto, o disposto em exame não incide somente em questão preliminar, também podendo abordar questão prejudicial, merecendo o mesmo tratamento dado à alínea "a".

A única diferença que se pode dar a esses exemplos dos casos mencionados na alínea "a" é que, na hipótese da alínea "b" a questão é suscitada pelo réu, cujo conhecimento determina a improcedência do pedido, ao passo que a questão da alínea "a" é suscitada pelo autor, cujo conhecimento importará na procedência do pedido.

Tempo de suspensão. Diz o § 5º que o tempo de suspensão não poderá exceder a 1 (um) ano, a fim de resolver a questão prejudicial ou a questão preliminar.

Essa estipulação é diretiva, porém não é vinculativa. Pois, se a suspensão mostrou-se necessária a fim de resolver a questão prejudicial ou preliminar, não será com mais de um ano ou com menos de um ano de suspensão que a solução da questão deixará de ter importância. Portanto, uma vez suspenso o processo para solucionar a questão, deverá aguardar a sua solução, para atender os objetivos maiores que é a busca da verdade.

Inciso V: haverá suspensão do processo sempre que ocorrer por motivo de força maior. Força maior é o fato irresistível que impede o desenvolvimento do processo, como o estado de calamidade pública.[134]

Essa hipótese pode gerar a prorrogação do prazo, como a calamidade pública ou o evento imprevisto alheio à vontade da parte, nos termos dos artigos 182 e parágrafo único, e 183, § 1º, do CPC.

O CPC não estipula um tempo de suspensão do processo, o que, obviamente, ficará condicionado à superação do obstáculo de força maior. Assim, se a suspensão decorre de estado de calamidade pública, será a cessação deste que determinará o fim da suspensão do processo.

---

[134] GRECO FILHO, Vicente. *Direito Processual Civil.* 2º Volume..., p. 69.

Manifestou o TJSP que, "ao dispor o n. V do art. 265 do CPC que o processo pode ser suspenso ocorrendo motivo de força maior, deixou ao prudente arbítrio do juiz verificar aqueles casos em que, realmente, se justifica a alegação, máxime nos processos expropriatórios, que trazem denso conteúdo de interesse público".[135]

Inciso VI: por fim, haverá a suspensão do processo nos demais casos que o CPC regula. Trata-se de norma despecienda, pois, se o Código prevê expressa e especificadamente a suspensão do processo, não precisaria uma norma geral que é o artigo 265 prever a possibilidade de suspensão.

Inobstante, preferiu o legislador afirmar que existem outras hipóteses de suspensão do processo, que podem ser encontradas ao longo do texto. São exemplos dessas normas o artigo 64, do CPC, que trata da suspensão do processo na nomeação à autoria; a suspensão do processo para a citação do denunciado à lide (CPC, art. 72, *caput*); a citação do chamado ao processo (CPC, art. 79), bem como a suspensão do processo em razão da superveniência das férias (CPC, art. 173, *caput*).

Art. 266. Durante a suspensão é defeso praticar qualquer ato processual; poderá o juiz, todavia, determinar a realização de atos urgentes, a fim de evitar dano irreparável.

EFEITOS RELATIVOS À SUSPENSÃO DO PROCESSO

Noção. A suspensão do processo deve ser vista como a paralisação do procedimento – prática dos atos processuais. Como está suspenso, não se pode praticar atos processuais, caso contrário estaria ferido mortalmente o núcleo central da suspensão – a paralisação do procedimento.

Daí a regra esculpida na primeira parte do disposto em exame – proibição da prática de qualquer ato processual. O 1º TACivSP compreendeu que os atos praticados durante o período de suspensão e desagalhados das hipóteses excepcionais são inexistentes e não simplesmentes nulos.[136]

---

[135] PAULA, Alexandre de. *Código de Processo Civil Anotado.* Volume I..., p. 1044.

[136] PAULA, Alexandre de. *Código de Processo Civil Anotado.* Volume I..., p. 1049.

Momento da suspensão. Ensina Egas Dirceu Moniz de Aragão que a suspensão do processo tem início "a partir do exato momento em que o fato ocorre, a despeito de somente mais tarde o juiz vir a ter conhecimento dele e declarar suspenso o processo, despacho de efeitos evidentemente retroativos. A existência de um intervalo entre o fato e o despacho do juiz poderia impressionar, à primeira vista. Mas não há motivos para isso. Em primeiro lugar, é familiar ao jurista a declaração judicial com efeitos retroativos. Em segundo lugar, o Direito não pode inverter a ordem natural das coisas, salvo que se criasse expressamente uma ficção. Os atos praticados no intervalo serão declarados inválidos. O que não se pode admitir é que o fato gerador da suspensão passe a ser o despacho do juiz, pois a tanto a lei não autoriza. E mesmo que chegasse a tal extremo, seria impossível dar-lhe fiel observância, pois levaria a absurdos imagináveis, como o de convalidar o julgamento antecipado da lide, porque, citado, o réu falecera antes de contratar advogado e a denúncia do fato somente chegara ao conhecimento do juiz depois de este haver declarado os efeitos da revelia e sentenciado. Ou, ainda, o réu conferira procuração a advogado, mas este falecera antes de oferecer a resposta, fluindo, entre a morte e a denúncia de sua ocorrência, prazo suficiente para a caracterização da revelia e o julgamento antecipado".[137]

Se possível de fazer algum reparo na lição do mestre paranaense, cumpre ressaltar que o ato judicial que determina a suspensão do processo é decisão interlocutória (CPC, art. 162, § 2º). A determinação da suspensão resolve questão incidente, sobretudo se refere às hipóteses do inciso IV, do artigo 265. Portanto, suscetível de recurso de agravo de instrumento.

Exceção. Se a proibição da prática de atos processuais durante a suspensão do processo é regra, a realização de atos fundados na urgência é exceção.

Atos urgentes são aqueles que reclamam providência judicial imediata, face a possibilidade da ocorrência de uma ilicitude apta a provocar dano ou, se já ocorreu a ilegalidade, a fim de minimizar os danos que podem surgir.

A prática de atos urgentes tanto pode ocorrer no processo em que se encontra suspenso ou em sede de medida cautelar. A exceção de que trata o dis-

[137] ARAGÃO, Egas Dirceu Moniz de. *Comentários ao Código de Processo Civil.* Volume II..., p. 404-405.

posto em exame refere-se à prática de atos urgentes no processo suspenso. Explica-se. Pela redação do artigo 266, é fácil perceber que se trata de atos que poderão ser praticados no processo em que se encontra suspenso. Ora, a medida cautelar sempre iniciará mediante propositura da ação cautelar e, conseqüentemente, provocará um novo processo – cautelar – que será apensado ao processo principal, que se encontra suspenso (CPC, art. 108). Portanto, a tutela cautelar – proteção em razão da urgência – advirá de um processo cautelar e não do processo suspenso.

Ademais, o atendimento ao ato se deu em razão de um processo cautelar e não do processo que se encontra suspenso. Por mais que se queira entender que a providência atendeu o processo que se encontra suspenso, deve-se ponderar que somente foi possível graças à instrumentalidade que o processo cautelar confere. Daí que, o processo principal em si não propiciou a prática do ato.

Sendo assim, deve-se considerar que o artigo 266 dirige-se exclusivamente aos atos que excepcionalmente poderão ser praticados no processo em que se encontra suspenso.[138]

Alguns exemplos de atos que poderão ser praticados durante a suspensão do processo: a citação do réu e a realização da penhora (CPC, art. 173, II), a concessão da tutela antecipatória (CPC, art. 273, I) etc.

Já as hipóteses do inciso II, segunda parte, do artigo 173, do CPC, tratam de espécies de medidas cautelares, que poderão ser requeridas no curso do processo que se encontra suspenso.

---

[138] Em sentido contrário, afirmando que se trata de atos cautelares, cf. ARAGÃO, Egas Dirceu Moniz de. *Comentários ao Código de Processo Civil.* Volume II..., p. 408-409.

Capítulo III

DA EXTINÇÃO DO PROCESSO

EXTINÇÃO DO PROCESSO

Como explica Vicente Greco Filho, a relação processual é essencialmente transitória: nasce por iniciativa da parte, desenvolve-se por impulso processual e extingue-se por ato juiz.[139]

Essa transitoriedade tem uma explicação: o processo não é uma coisa que vale por si só ("coisa em si" como diz Cândido Rangel Dinamarco), mas um meio para atender aos fins sociais. E numa visão crítica, o processo é um meio destinado a circular e distribuir rendas e bens de consumo, a fim de atender aos objetivos projetados pelo Estado no artigo 3º, da CF. Para tanto, é preciso que haja um pronunciamento jurisdicional, que será instrumentalizado pelo processo.[140]

A jurisdição é pronunciada ao longo do processo, mediante despachos e decisões proferidas pelo juiz. Mas, sem sombra de dúvida, é com a sentença que a jurisdição se pronuncia. O efeito ime-

---

[139] GRECO FILHO, Vicente. *Direito Processual Civil.* 2º Volume..., p. 70.

[140] PAULA, Jônatas Luiz Moreira de. *Uma Visão Crítica*..., p. 102-104.

diato da sentença é a extinção do processo, que tanto pode ser com ou sem julgamento do mérito (CPC, art. 162, § 1º). As hipóteses de sentença que não examina o mérito estão concentradas (e não esgotadas) no artigo 267 e as hipóteses de sentença que examina o mérito estão concentradas (e não esgotadas) no artigo 269, todos do CPC.

Com a sentença haverá a extinção do processo, diz o artigo 162, § 1º, do CPC. É uma expressão clássica da doutrina, mas, na verdade, a sentença apresenta um indicativo de extinção, porque o encerramento somente advirá com a coisa julgada, que apresenta o efeito da imutabilidade do comando da sentença (CPC, art. 467). Após a sentença, poderá haver a interposição de recurso, possibilitando a invalidação ou a reforma da sentença, evitando, assim, a formação da coisa julgada.

O capítulo que ora ingressa trata das espécies de extinção do processo sem julgamento do mérito (art. 267) e com julgamento do mérito (art. 269). Essas hipóteses são aplicadas subsidiariamente a todas as espécies de processo, seja qual for o procedimento. Os mencionados dispostos concentram e não esgotam todas as hipóteses, que podem ser encontradas caso a caso, conforme as peculiaridades.

Por fim, por ser sentença o ato judicial que indica a extinção do processo em primeiro grau de jurisdição, o recurso cabível é o de apelação, independentemente se foi com exame ou não do mérito (CPC, art. 513).

Art. 267. Extingue-se o processo, sem julgamento do mérito:

I – quando o juiz indeferir a petição inicial;

II – quando ficar parado durante mais de um ano por negligência das partes;

III – quando não promover os atos e diligências que lhe competir, o autor abandonar a causa por mais de trinta (30) dias;

IV – quando se verificar a ausência de pressupostos de constituição e de desenvolvimento válido e regular do processo;

V – quando o juiz acolher a alegação de perempção, litispendência ou de coisa julgada;

VI – quando não concorrer qualquer das condições da ação, como a possibilidade jurídica, a legitimidade das partes e o interesse de agir;

VII – pela convenção de arbitragem;

VIII – quando o autor desistir da ação;

IX – quando a ação for considerada intransmissível por disposição legal;

X – quando concorrer confusão entre autor e réu;

XI – nos demais casos prescritos neste Código.

§ 1º O juiz ordenará, nos casos dos ns. II e III, o arquivamento dos autos, declarando a extinção do processo, se a parte, intimada pessoalmente, não suprir a falta em quarenta e oito (48) horas.

§ 2º No caso do parágrafo anterior, quanto ao n. II, as partes pagarão proporcionalmente as custas e, quanto ao n. III, o autor será condenado ao pagamento das despesas e honorários de advogado (art. 28).

§ 3º O juiz conhecerá de ofício, em qualquer tempo e grau de jurisdição, enquanto não proferida a sentença de mérito, da matéria constante dos ns. IV, V e VI; todavia, o réu que não a alegar, na primeira oportunidade em que lhe caiba falar nos autos, responderá pelas custas de retardamento.

§ 4º Depois de decorrido o prazo para a resposta, o autor não poderá, sem o consentimento do réu, desistir da ação.

PRESSUPOSTOS PROCESSUAIS

Noção. Defere-se a Oscar von Bülow, com a obra *Die Lehre von den Prozesseinreden*, em 1868, a teoria dos pressupostos processuais. Assinalou Bülow os pressupostos acerca da: a) competência, capacidade e a insuspeitabilidade do tribunal, a capacidade das partes (*persona legitima standi in iudicio*) e a legitimação de seu representante; b) as qualidades próprias e imprescindíveis de determinada matéria litigiosa civil; c) a redação e a notificação da demanda e a obrigação do autor quanto às cauções processuais; e d) a ordem entre vários processos.

Essas prescrições de Bülow, escreve Celso Neves, "devem fixar – em clara contraposição às regras relativas à marcha do procedimento já determinadas – os requisitos de admissibilidade e as condições prévias para a tramitação de toda a relação processual. Elas fixam entre que *pessoas*, sobre que *matéria*, por meios de que *atos* e em que *momento* se pode dar um processo. Um vício qualquer dessas relações impediria o surgimento do processo. Nesses princípios estariam compreendidos os elementos constitutivos da relação jurídica processual, para os quais Bülow propõe a denominação de *pressupostos processuais*".[141]

Para Bülow os pressupostos processuais eram requisitos prévios que permitiam ao juiz o proferimento da sentença de mérito. Daí que a atividade judicial deverá preceder de uma investigação acerca da regularidade do processo (existência dos pressupostos processuais; inexistência de nenhum impedimento para a constituição válida do processo; e a reunião das condições da ação), para, posteriormente, proferir a sentença de mérito.[142]

Conceito. Qualquer conceito que se tem a respeito de pressuposto processual gira em torno de "requisitos" que conferem existência e validade do processo. Assim é em Marco Tullio Zanzucchi, ao conceber pressuposto processual como "o requisito do processo, isto é o requisito para que, sobre o meu 'poder de agir', que é exatamente poder de estabelecer (pôr) 'o pressuposto', para que o juiz possa prestar justiça, e que me faça exercer no caso concreto, o processo possa constituir e desenvolver-se: qual a demanda ajuizada, a capacidade da parte (capacidade de ser parte e capacidade processual), do juiz (jurisdição e competência), a forma do ato processual etc".[143]

Eduardo Couture afirma, por sua vez, que os pressupostos processuais são "os antecedentes necessários para que o processo tenha existência jurídica e validade formal".[144]

De forma mais específica, Pontes de Miranda concebe pressupostos processuais como "as qualidades que o juízo, as partes e a matéria submetida, bem como os atos essenciais do início devem apresentar, para que possa ser proferida sentença com entrega da prestação jurisdicional. Tudo, pois, que se pressupõe para que tal sentença seja possível".[145]

---

[141] NEVES, Celso. *Estrutura...*, p. 188.

[142] ARAZI, Roland. *Derecho Procesal Civil y Comercial.* Tomo I. Buenos Aires. Rubinzal-Culzoni Editores. 1999, p. 163.

[143] ZANZUCCHI, Marco Tullio. *Diritto Processuale Civile.* Tomo I..., p. 75.

[144] COUTURE, Eduardo. *Fundamentos...*, p. 81.

[145] MIRANDA, Pontes de. *Comentários ao Código de Processo Civil.* Tomo I. Rio de Janeiro. Forense. 1973, p. XXXII.

Luiz Rodrigues Wambier, Flávio Renato Correia de Almeida e Eduardo Talamini concebem pressupostos processuais como "requisitos que devem ser preenchidos, em cada caso concreto, para que o processo se constitua e desenvolva regular e validamente". E acrescentam os juristas paranaenses: "Ao lado das condições da ação, os pressupostos processuais integram a categoria genérica dos pressupostos de admissibilidade da atividade jurisdicional específica".[146]

Daí, compreender que pressupostos processuais são os requisitos de existência e desenvolvimento válido e regular do processo. Por isso, são exigências legais que, sem o atendimento, o processo, como relação jurídica, não se estabelece ou não se desenvolve validamente, conforme proclama o artigo 267, IV, do CPC.[147]

CLASSIFICAÇÃO

É possível classificar os pressupostos processuais conforme o ângulo de abordagem: *positivo* e *negativo.*

Pressupostos positivos. São aqueles que devem surgir no processo para que ele se desenvolva e tenha validade. É positivo porque o pressuposto deve ocorrer no processo.

A idéia dos pressupostos positivos coincide com os requisitos que conferem independência e autonomia da ciência processual. Integram os pressupostos positivos os pressupostos de existência e de validade.

Pressupostos de existência: atuam no plano da existência da relação processual. A presença desses pressupostos confere ao processo um "ser", que existe e que permitirá o pronunciamento jurisdicional sobre a lide. São estes:

existência de uma ação, apta a ser processada ou não: pois, conforme o princípio da inércia, a jurisdição é provocada através da ação. Logo, mesmo que a ação não seja processada por vislumbrar de imediato a carência de ação, a decadência etc., houve processo e tutela jurisdicional. Só não houve vitória do autor;

---

[146] WAMBIER, Luiz Rodrigues, Flávio Renato Correia de Almeida, Eduardo Talamini. *Curso avançado de processo civil.* Volume 1. 2ª edição. São Paulo. Revista dos Tribunais. 1999, p. 197-198.

[147] PAULA, Jônatas Luiz Moreira de. *Teoria Geral...*, p. 192-193.

existência de órgão jursdicional: segundo o princípio do juiz natural, a prestação da tutela jurisdicional far-se-á por órgão jurisdicional previamente constituído. Razão pela qual a noção de existência do processo remete à idéia de uma prévia existência de um órgão jurisdicional; e

existência de citação: o meio pelo qual se chama o réu a juízo para se defender é denominado *citação*, nos termos do artigo 219, do CPC. É sabido que o demandado tem o direito garantido na Constituição Federal de se defender (art. 5º, LV), sob pena de haver cerceamento de defesa e o processo nulo. Daí porque a necessidade da citação. Com ela integra-se a relação processual triangular (juiz, autor e réu) e dá ao demandado a oportunidade de se defender.

Pressupostos de validade: atuam no plano da validade da relação processual. O processo já existe, mas para que possa ser apto a produzir efeitos, é preciso reunir os pressupostos de validade. São estes:

petição inicial regular, apta a produzir determinados efeitos: ao contrário do que dito anteriormente, nesse momento, para fins de desenvolvimento do processo – e não de existência do processo – a ação deve ser apta a ser processada e permitir o exame do mérito. A procedência da ação não consiste na vitória do autor, mas em permitir que o juiz examine o mérito, independentemente de quem terá êxito na demanda. Assim, para desenvolvimento do processo, a ação proposta deve ser apta a ser processada (leia-se, "ter vida longa") e com isso permitir posterior julgamento de mérito, independentemente da procedência ou não do pedido;

competência e imparcialidade do juiz: entende a doutrina que, para o processamento de uma ação (seu desenvolvimento), é preciso reunir os requisitos de validade relativos ao juiz. Daí entender-se que o juiz deve ser competente e imparcial. Entretanto, observa-se que, mesmo diante de incompetência ou imparcialidade, a ação será processada, permitindo, inclusive, sentença de mérito. É verdade que não estão sujeitas à preclusão algumas hipóteses de incompetência – absoluta – e imparcialidade – impedimento –, pois são objeções processuais e também sendo hipóteses para a ação rescisória dos efeitos da sentença transitada em julgado (CPC, art. 484, II). Isso demonstra que, mesmo diante da incapacidade absoluta ou do impedimento do juiz – e não houver reconhecimento para tanto – houve processo e a sua invalidade fica condicionada à eventual propositura da ação rescisória. Porém, imagine se não houver propositura da ação rescisória. Nesse caso, a sentença proferida por juiz absolutamente incompetente ou impedido passa a ter efeitos jurídicos inquestionáveis, a não ser que se adote no Brasil o instituto da *querella nulitatis insanablis*, o que, por si só, gera muita polêmica, ainda mais com aplicação generalizada. Ademais, a incompetência absoluta e o impedimento – espécies mais graves – somente importarão na substituição de juízes, de um incompetente para um competente, de um impedido para um desimpedido. Assim, fácil concluir que tanto a incompetência como a parcialidade não causarão em hipótese alguma extinção do processo. Daí o entendimento de que a competência e a imparcialidade manifestam-se como requisitos de validade da prática dos atos processuais examinados à luz da teoria das nulidades dos atos processuais;

capacidade das partes: conforme visto nos elementos da ação, a parte, para comparecer em juízo e extrair efeitos do processo, precisa reunir a capacidade de fato e de gozo, devendo ser representado ou assistido caso não reúna tais condições. Exceção se faz ao nascituro, que se fará representado por sua gestante e cujos efeitos ficarão condicionados ao seu nascimento com vida; e

capacidade postulatória: verificado que ninguém poderá comparecer em juízo sem estar habilitado por advogado, salvo para os que advogam em causa própria, mister se faz a parte estar representada por profissional inscrito nos quadros da Ordem dos Advogados do Brasil. Também excetuam essa regra o Ministério Público e os procuradores de instituições públicas (p. ex., Fazenda Pública e a Advocacia da União) que, com a aprovação em concurso público e posse no cargo, passam exercer função institucional de defesa judicial de direitos. Em alguns casos, por exemplo, ao Procurador do Município exige-se o prévio "depósito e arquivo" em cartório da procuração outorgada pelo Município.

Pressupostos negativos. Os pressupostos negativos, por sua vez, envolvem uma idéia de ausência, isto é, suas hipóteses não devem surgir no processo, sob pena de ser decretada sua extinção ou invalidade. São hipóteses de pressupostos negativos:

litispendência: como o nome está a indicar (litis = litígio, demanda, ação + pendência = existente), litispendência é a existência de duas ou mais ações idênticas (mesmas partes, mesma causa de pedir e mesmo pedido), razão pela qual a segunda ação, idêntica, por ser posterior à primeira, deve ser extinta sem o julgamento do mérito. A medida tem por finalidade evitar decisões contraditórias do mesmo caso; e *coisa julgada*: conforme Liebman, coisa julgada é a qualidade que torna imutável e indiscutível o comando da sentença ou do acórdão. Nos termos do artigo 301, § 3º, do CPC, havendo ajuizamento de ação sobre demanda que já foi decidida e da qual não cabe mais recurso algum, deve esta ação ser extinta sem o julgamento do mérito. Contudo, deve-se observar que, o disposto legal enfocado trata da coisa julgada material, isto é, aquela que versou sobre sentença ou acórdão que julgou o mérito da ação, e que a nova ação é idêntica a que provocou a coisa julgada (isto é, as duas ações compreendem as mesmas partes, a mesma causa de pedir e o mesmo pedido). Caso contrário, sendo a nova ação distinta da anterior, ela poderá ser processada, pois não há o impeditivo da coisa julgada. De igual forma, sendo hipótese de coisa julgada formal, originária de sentença ou de acórdão que não julgou o mérito, não incide a hipótese do artigo 301, § 3º, do CPC, mas a do artigo 268, do CPC. Porém, em qualquer caso, deverá o autor corrigir a falha processual que provocou a extinção do processo anterior.

Técnica. Entendeu o STJ que "se a sentença extingue o processo, sem o julgamento do mérito, não é lícito ao julgador de segundo grau, a pretexto de modificaram-se os fundamentos, decidir o mérito da causa".[148]

HIPÓTESES DE EXTINÇÃO DO PROCESSO SEM O JULGAMENTO DO MÉRITO

Inciso I: haverá a extinção do processo sem o julgamento do mérito quando o juiz indeferir a petição inicial. Indeferir a petição inicial significa negar o processamento da ação que acaba de ser proposta.

O trâmite da ação foi muito curto, envolvendo apenas o autor, a escrivania e o juiz. Se não houver recurso contra a sentença e reforma da decisão que indeferiu o processamento da ação, o réu sequer tomará conhecimento oficial da ação que lhe foi proposta.

O artigo 295, do CPC, apresenta as hipóteses de indeferimento da inicial, a saber:

quando for inepta, seja porque falta pedido ou causa de pedir, seja porque à narração dos fatos não decorrer logicamente a conclusão, seja porque o

[148] TEIXEIRA, Sálvio de Figueiredo. *O STJ e o Processo Civil.* Brasília. Livraria e Brasília Jurídica. 1995, p. 221.

pedido for juridicamente impossível, seja porque contém pedidos incompatíveis entre si;

quando a parte for manifestamente ilegítima;

quando o autor carecer de interesse processual;

quando o juiz verificar, desde logo, a decadência ou a prescrição, nos termos do artigo 219, § 5º, do CPC;

quando o tipo de procedimento, escolhido pelo autor, não corresponder à natureza da causa ou ao valor da ação; caso em que só não será indeferida se puder adaptar-se ao tipo de procedimento legal; e

quando não atendidas as prescrições do artigo 39, parágrafo único, primeira parte, do CPC, que trata da indicação do endereço do advogado onde receberá a intimação em demanda que esteja advogando em causa própria, e artigo 284, do CPC, que trata das providências não atendidas pelo autor a fim de corrigir os defeitos que a inicial apresenta.

Mais adiante, por ocasião dos comentários ao artigo 295, a matéria referente ao indeferimento da petição inicial será melhor desenvolvida.

Técnica. Relacionando o inciso I e a pretensão do autor, assentou o TJMS, que "não pode o magistrado da causa indeferir sumariamente a inicial de ação de reparação de dano intentada pela vítima contra o atropelador, sob o pálio do art. 267, I, do CPC, porque, tendo fixado prazo para a juntada do comprovante das despesas de hospital e farmácia, o autor não o fez, se instruindo a exordial foi junto papel assinado pelo atropelador, comprometendo-se a saldar os gastos decorrentes do sinistro. Seria, então, o caso de improcedência da pretensão, mas após o curso regular do feito".[149]

Inciso II: será hipótese de extinção do processo sem o julgamento do mérito se o feito ficar parado durante mais de 1 (um) ano, por negligência das partes.

Essa hipótese em nenhum momento contempla a possibilidade de paralisação em razão da suspensão do processo. Nesse ponto, o legislador foi minucioso a ponto de mencionar que existe "processo suspenso", como situação lícita, e "processo parado", como situação ilícita, cuja conseqüência é a extinção.

[149] PAULA, Alexandre de. *Código de Processo Civil Anotado.* Volume I..., p. 1057.

Segundo Egas Dirceu Moniz de Aragão, "o tempo de paralisação, capaz de ensejar a declaração de estar o processo extinto, é de *mais de um ano*, de sorte que no dia seguinte ao que esse prazo houver fluído está caracterizada a causa de extinção. O momento inicial desse prazo corresponde à data do último ato realizado, seja qual for, sendo irrelevante a sua autoria, se das partes ou de qualquer outro dentre os figurantes do processo. Tampouco importa, igualmente, que o ato de cuja prática deveria resultar o prosseguimento do feito, incumba às partes ou a qualquer outro dos integrantes do juízo ou da relação processual".[150]

O disposto em exame fala em *negligência das partes* como causa da paralisação do processo, o que remete uma idéia de culpa das partes. No entanto, Vicente Greco Filho alerta que, instaurada a relação processual, o processo se desenvolve por impulso processual.[151]

Mas esclarece Moniz de Aragão, que a negligência deve ser observada objetivamente[152], isto é, se o andamento do processo ficou paralisado em razão da omissão injustificada da parte. Por isso, se a paralisação se originou por estar aguardando um ato real da parte e isso não ocorreu, incide a hipótese do inciso II. Nesse sentido, posicionou-se o STF.[153]

Por fim, cumpre ressaltar que, a despeito do disposto falar expressamente em "parte", na verdade deve-se entender autor ou quem ocupar o pólo ativo da ação. Pois, se estender essa possibilidade ao réu ou quem ocupar o pólo passivo da ação, certamente provocaria a paralisação injustificada do feito até resultar na extinção do processo sem o julgamento do mérito. Portanto, vitória do réu, em flagrante injustiça e fraude, em prejuízo ao autor, que não pôde possibilitar o pronunciamento jurisdicional sobre o mérito da lide. Por isso, as custas processuais e honorários advocatícios deverão correr por conta exclusiva do autor, nos termos do artigo 20, do CPC.

Poder-se-ia imaginar que, uma vez citado e tendo contestado o feito, o réu integra a relação processual e por isso passa a ter interesse no processo. Portanto, poderia o réu negligenciar no processo, a ponto de culminar sua ex-

---

150 ARAGÃO, Egas Dirceu Moniz de. *Comentários ao Código de Processo Civil.* Volume II..., p. 420.

151 GRECO FILHO, Vicente. *Direito Processual Civil.* 2º Volume..., p. 71.

152 ARAGÃO, Egas Dirceu Moniz de. *Comentários ao Código de Processo Civil.* Volume II..., p. 420.

153 RT 520/275.

tinção, em claro prejuízo jurídico. Crê-se que essa alegação é frágil diante de um exame realístico, em que o réu sempre procurará ter meios para evitar a incidência da tutela jurisdicional pretendida pelo autor contra si.

Assim, as únicas hipóteses em que o processo poderá ser extinto sem o julgamento do mérito em razão de paralisação do processo por negligência do réu ou de quem ocupar o pólo passivo se dá somente nas ações propostas por ele, como, por exemplo, a reconvenção, a ação declaratória incidental, ação cautelar ou qualquer outra ação incidental conexa com a ação principal. Especificadamente sobre a reconvenção, a extinção sem o julgamento do mérito somente será pronunciada por ocasião da sentença que tanto julgar a ação como a reconvenção, uma vez que o CPC determina julgamento único (CPC, art. 318).

Por fim, para que ocorra a extinção do processo, é preciso que a parte seja pessoalmente intimada – isto significa, após sucessivas intimações de seu procurador – a fim de praticar os atos necessários para o prosseguimento do processo, e ainda restar frustrada a determinação judicial. É o que determina a providência do § 1º. Nessa linha de entendimento, proclamou o TACivRJ que "a ocorrência dos fatos previstos no inc. II do art. 267 do CPC não é suficiente para que se extinga o processo sem o julgamento do mérito, sendo mister, igualmente, a observância do disposto no § 1º do mesmo artigo".[154]

Técnica. Pronunciou o TJSP que "a inércia das partes se caracteriza somente, quando incumbe à parte para praticar ato necessário para o impulso processual, e deixa fazê-lo. Se ela pratica todos os atos processuais, e o processo não precisa de sua participação para ser impulsionado, mas de ato de Juiz para este fim, nos termos do artigo 262 do CPC, é ilegal o decreto de extinção do processo, sob fundamento de que ficou parado em razão de inércia da embargante – artigo 267, inciso II, do CPC. Se se vingasse tal interpretação da lei, haveria violação do artigo 262, e a prestação jurisdicional ficaria mutilada, pois esta existe como dever do Juiz e não como jogo mecânico de despachos, que criam ônus desnecessários para as partes".[155]

Inciso III: haverá a extinção do feito sem julgamento do mérito se o autor não promover atos e diligências que lhe competir, abandonando a causa por mais de 30 (trinta) dias.

---

[154] PAULA, Alexandre de. *Código de Processo Civil Anotado.* Volume I..., p. 1058.

[155] PAULA, Alexandre de. *Código de Processo Civil Anotado.* Volume I..., p. 1058.

Essa hipótese é mais específica que a hipótese anterior que, reitera-se, somente pode ser dirigida a quem ocupar o pólo ativo da ação.

Assim, antes de ocorrer a paralisação injustificada do processo há mais de 1 (um) ano, já é possível haver a extinção do processo sem o julgamento do mérito se o autor já abandonou a causa por mais de 30 (trinta) dias.

Exemplos típicos de extinção do processo por abandono da causa por mais de 30 (trinta) dias é a omissão do autor em não adiantar o depósito inicial das custas processuais, ou em não deduzir e nem praticar os atos determinados pelo juiz, como ocorre geralmente nas ações de execução de alimentos, em relação à apresentação do cálculo da dívida, nos termos do artigo 614, II, do CPC.

Destaca-se de Vicente Greco Filho que a extinção do processo por abandono da causa sempre deverá preceder de requerimento do réu, uma vez que não se admite a decretação de ofício. Entende o processualista paulista que o abandono da causa é uma forma de desistência tácita da ação, o que enseja a aplicação do § 4º, que exige manifestação favorável do réu para a extinção do processo por desistência da ação.[156]

De resto, determina o § 1º que o autor deverá ser pessoalmente intimado para que retome o andamento do processo. Essa intimação será pessoal, uma vez que o abandono pode ser em decorrência do desinteresse de seu advogado, ainda que seja justificada. Não praticando os atos necessários ao andamento do processo, o feito será extinto, com a condenação do autor nas custas processuais e honorários advocatícios, nos termos do § 2º. Nesse sentido, posicionou-se o STF na Súmula 216: "Para decretação da absolvição de instância pela paralisação do processo por mais de trinta dias, é necessário que o autor, previamente intimado, não promova o andamento da causa".

Técnica. A extinção do processo por abandono da causa deve ser expressamente requerida pelo réu, não podendo o juiz decretar de ofício. Decidiu o 1º TACivSP que "no que particularmente concerne ao abandono da causa por mais de trinta dias – CPC, art. 267, III –, a extinção, a rigor, há de ser requerida pelo réu, sem comportar declaração *ex officio* do juiz, pois não se inclui na previsão do art. 267, § 3º. Conseqüentemente, o desleixo do autor só é levado em conta para os fins do art. 267 se algum interessado o argúi".[157]

---

[156] GRECO FILHO, Vicente. *Direito Processual Civil.* 2º Volume..., p. 72.

[157] PAULA, Alexandre de. *Código de Processo Civil Anotado.* Volume I..., p. 1061.

Já o TJSC decidiu que "não pode o juiz declarar extinto o processo de execução por abandono, a teor do art. 267, III, do CPC. A execução só se extingue, nos casos do art. 794 do CPC. A intimação pessoal da parte para, no prazo de quarenta e oito horas, suprir a falta se faz sempre necessária, quer no processo de conhecimento, quer na execução".[158]

Proclamou o TJDF que, "uma vez que o juiz ordenou o prosseguimento do feito, depois de o exeqüente, embora com atraso, haver cumprido os atos que lhe competiam, não mais podia, o magistrado, infringindo o princípio da preclusão lógica, reconsiderar o ato, *ex officio*, para, em seguida, extinguir o processo com base no art. 267, III, § 1º, do CPC".[159]

A paralisação do processo de inventário não pode representar na sua extinção, mas, sim, na remoção do inventariante. Daí assentar o TJSP que, "verificada a paralisação do inventário, cumpre ao juiz, mandar intimar o inventariante para providenciar seu andamento ou apresentar sua defesa, procedendo, na forma do art. 996 do mesmo diploma, no que couber. Logo, se cumpre ao juiz, de ofício, a iniciativa de remover o inventariante relapso, nomeando outro, observando a ordem estabelecida, não cabe a decretação da extinção do processo por abandono, invocando o princípio do art. 267, III, do CPC".[160]

Inciso IV: haverá a extinção do processo sem o julgamento do mérito se for verificada a ausência de pressupostos processuais de constituição e de desenvolvimento válido e regular do processo. Trata-se, portanto, dos pressupostos processuais, que são requisitos para a existência e validade do processo, que podem ser manifestados de forma positiva – pressupostos de existência e validade – e de forma negativa, como visto anteriormente.

Os pressupostos processuais não se confundem com as condições da ação. Pois, estas referem-se, única e exclusivamente, ao direito de invocar a prestação jurisdicional, ao passo que os pressupostos processuais são exigências legais que importarão na existência e validade do processo, e a sua ausência representará a inexistência da relação processual ou na sua invalidade.[161]

---

158 PAULA, Alexandre de. *Código de Processo Civil Anotado.* Volume I..., p. 1060.

159 PAULA, Alexandre de. *Código de Processo Civil Anotado.* Volume I..., p. 1059.

160 PAULA, Alexandre de. *Código de Processo Civil Anotado.* Volume I..., p. 1060.

161 BAPTISTA, Sonia Marcia Hase de Almeida. *Direito Processual Civil.* São Paulo. Saraiva. 1997, p. 67.

Por isso, afirma Sonia Márcia Hase de Almeida Baptista, tendo em vista "que vigora em nosso ordenamento jurídico o princípio da ação, consubstanciado no vetusto mas sempre atual brocardo latino *nemo iudex sine actore*, o processo só tem início com a apresentação, por intermédio da ação, do interesse da parte autora. É que a ação, ao ensejar o movimento da máquina judiciária em prol da tutela de uma pretensão, faz obrigar o processo, que é o seu instrumento, local onde será debatida a *quaestio juris* e, a final, dirimida a querela, com a declaração pelo órgão judicante. Assim como a ação, o processo também reclama o deferimento de determinados pressupostos, para ter validade, porquanto do contrário está despojado das garantias necessárias ao proferimento do *decisum*. Por isso mesmo é que se recomenda, com inteiro acerto, que o magistrado, primeiro do que tudo, averigúe se coexistem os pressupostos processuais e, caso positivo, firmada a validade do processo, proceda à análise das condições da ação, e, ao depois, entendendo-as presentes (possibilidade jurídica do pedido, interesse de agir e legitimidade *ad causam*), passe para o mérito da causa (questão)".[162]

São pressupostos processuais aqueles delineados no início dos comentários ao artigo 267, mas que vale repetir:

Pressupostos Positivos? devem surgir no processo:

pressupostos de existência:

existência de uma ação, apta a ser processada ou não;

existência de órgão jurisdicional;

existência de citação.

pressupostos de validade:

petição inicial regular, apta a produzir determinados efeitos;

competência e imparcialidade do juiz;

capacidade das partes;

capacidade postulatória.

Pressupostos Negativos? não devem surgir no processo:

litispendência; e

coisa julgada.

---

[162] BAPTISTA, Sonia Marcia Hase de Almeida. *Direito Processual...*, p. 67-68.

José Maria Rosa Tesheiner, acolhendo a doutrina de Galeno Lacerda, arrola como pressupostos processuais:

subjetivos, concernentes ao juiz: a jurisdição, a competência e a imparcialidade;

subjetivos, concernentes às partes: a personalidade judiciária e a capacidade postulatória;[163]

objetivos: o pedido, a causa de pedir, a existência de nexo lógico entre ambos e, no caso de cumulação de pedidos, sua compatibilidade;

formais: os relativos à forma dos atos processuais;

extrínsecos à relação processual: a inexistência de impedimentos processuais, como a litispendência e a coisa julgada; e

antes de todos eles, a demanda, isto é, o ato de pedir a tutela jurisdicional.[164]

Dentre os pressupostos já examinados, são "inéditos" os mencionados nos itens "3" e "4", daí a necessidade de serem examinados.

Os pressupostos objetivos são extraídos do artigo 295, do CPC, e referem-se às hipóteses de indeferimento do processamento da petição inicial. Segundo Tesheiner, "esses requisitos se extraem do art. 295, do CPC, que qualifica como inepta a petição inicial quando lhe faltar o pedido ou a causa de pedir, quando da narração dos fatos não decorrer logicamente a conclusão, quando contiver pedidos incompatíveis entre si. A hipótese de pedido juridicamente impossível é considerada como falta, não de pressuposto processual, mas de condição da ação".[165]

Também integra os pressupostos objetivos a compatibilidade de pedidos, havendo mais de um. Por isso, explica o processualista gaúcho, que a "incompatibilidade de pedidos sana-se com a opção do autor por um deles ou mesmo com a sentença que, interpretando um como principal e o outro como subsidiário, acolha um único. Há, por exemplo, incompatibilidade entre o pe-

---

[163] O autor menciona a "legitimação para o processo", no entanto tal expressão associa-se à figura da "capacidade para estar em juízo" e que por isso está incluída ou na figura da personalidade jurídica ou na capacidade processual.

[164] TESHEINER, José Maria Rosa. *Pressupostos Processuais e Nulidades no processo civil.* São Paulo. Saraiva. 2000, p. 32.

[165] TESHEINER, José Maria Rosa. *Pressupostos Processuais...*, p. 75.

dido de decretação de nulidade e o de rescisão de um contrato, mas pode-se interpretar o primeiro como principal e o segundo como subsidiário, isto é, como pedido a ser examinado no caso de não ser acolhido o principal. Se, inadvertidamente, o juiz acolhe ambos os pedidos, embora incompatíveis (como o de decretação da nulidade do contrato e de condenação do réu em prestação dele decorrente), é cabível rescisória, para que se afaste a contradição. Mesmo, porém, não sendo ela proposta, a sentença não poderá ser executada, tendo sua ineficácia absoluta a possibilidade de ser declarada a qualquer tempo, em outro processo".[166]

Já os pressupostos formais referem-se aos requisitos e a exteriorização do processo, como a forma escrita da petição inicial, a distribuição desta, a citação válida do réu e a formação do litisconsórcio passivo necessário.[167]

Por fim, resta esclarecer que os pressupostos processuais são objeções processuais, e por isso podem ser conhecidos de ofício pelo juiz, em qualquer tempo ou grau de jurisdição (§ 3º). Isso significa que o réu poderá alegar a matéria em qualquer tempo, grau de jurisdição e independentemente de forma. Porém, se não alegar na primeira oportunidade que manifestar nos autos, deverá responder pelas despesas processuais e honorários advocatícios devidos ao retardamento, como se vê da parte final do § 3º.

Técnica. Examinando a matéria, proclamou o TJES que "os pressupostos processuais são requisitos necessários para que a relação jurídica processual se constitua e tenha validade e, assim, à falta que qualquer um deles acarreta a nulidade *ex radice* do processo, e por isso mesmo, impossibilita a decisão sobre o merecimento do pedido".[168]

Acerca do caráter preclusivo da matéria, sintetizou o TAMG que "o exame das condições da ação e dos pressupostos processuais de desenvolvimento válido e regular do processo não fica precluso para o juiz, devendo ser pronunciados mesmo de ofício, em qualquer grau de jurisdição".[169]

Inciso V: também causará a extinção do processo sem o julgamento do mérito se for reconhecida a perempção, litispendência ou coisa julgada.

---

[166] TESHEINER, José Maria Rosa. *Pressupostos Processuais...*, p. 82.

[167] TESHEINER, José Maria Rosa. *Pressupostos Processuais...*, p. 83-86.

[168] PAULA, Alexandre de. *Código de Processo Civil Anotado.* Volume I..., p. 1063.

[169] PAULA, Alexandre de. *Código de Processo Civil Anotado.* Volume I..., p. 1065.

Examinando essas hipóteses:

perempção: na esteira de Vicente Greco Filho, a perempção "é a perda do direito de demandar daquele que, por três vezes, deu causa à extinção do processo por abandono, com fundamento no inc. III do mesmo art. 267". E acrescenta que a "extinção do direito de ação em virtude do abandono reiterado não impedirá, porém, que o titular alegue o seu direito em defesa se eventualmente demandado (art. 268, parágrafo único)".[170]

Segundo Egas Dirceu Moniz de Aragão, o direito processual conhece três tipos de ocorrências de perempção: o primeiro, que fixa o prazo de duração máxima para o processo, o qual se extinguirá se, dentro dele, não chegar à sentença; o segundo, que resulta da inércia das partes durante lapso de tempo pré-fixado na lei; o terceiro, que é conseqüência de o autor haver dado motivo, por três vezes consecutivas, abandonar a causa.[171]

O sistema brasileiro adota somente a perempção pelo desinteresse dado pelo autor à causa (art. 268, parágrafo único), embora há pouco tempo o CPC estipulava o prazo de 90 (noventa) dias como para início, desenvolvimento e encerramento do processo pelo rito sumaríssimo (antiga redação do artigo 281, que foi modificada pela Lei nº 9.245/95).

litispendência: como o nome indica (litis + pendência), é a existência simultânea de duas ou mais ações idênticas. Para que haja ações idênticas é preciso haver identidade de partes, causa de pedir e pedido, consoante estipula o § 2º, do artigo 301, do CPC. Exemplo típico de litispendência é repetir uma mesma ação, como ação de rescisão de contrato cumulado com perdas e danos.

A litispendência pode ser expressa, como no exemplo acima, mas pode ocorrer de forma embutida em outro pedido ou em outra ação de forma implícita. De forma embutida pode ocorrer no exemplo da esposa propor ação de separação judicial cumulada com alimentos e, posterior e simultaneamente àquela ação, a esposa propor ação de alimentos em proveito próprio contra o mesmo marido. Nesse caso, há litispendência da ação de alimentos. Já a litispendência implícita ocorrerá numa ação de indenização por perdas e danos entre A e B; numa outra ação, B propõe ação de cobrança contra A, e este pro-

---

[170] GRECO FILHO, Vicente. *Direito Processual Civil.* 2º Volume..., p. 73.

[171] ARAGÃO, Egas Dirceu Moniz de. *Comentários ao Código de Processo Civil.* Volume II..., p. 426.

põe reconvenção, argüindo a mesma causa de pedir e pedido da primeira ação que propôs contra B – indenização por perdas e danos. Nesse caso, há litispendência da reconvenção.

É dubitável se pode haver litispendência nas ações possessórias. Pois, se de um lado, a litispendência exige identidade de partes, causa de pedir e pedido, nas ações possessórias a tutela é fungível, a fim de sempre adequar-se à melhor proteção legal (CPC, art. 920). Com isso, o pedido pode ser alterado e adaptado à melhor situação para proteger o direito litigado. De igual forma, as ações que versem sobre direito real são consideradas de caráter dúplice, tendo a contestação força de ação. Com isso, poderia também haver litispendência entre uma contestação e uma ação idêntica proposta pelo réu.

Entende-se que, a fim de unificar as decisões judiciais e evitar decisões conflitantes, e sempre preservando a fungibilidade da tutela e duplicidade que caracterizam essas espécies de ações, deve-se admitir a possibilidade de litispendência nas ações possessórias e das ações que versem sobre direitos reais. Obviamente, deve-se resguardar que o litígio deve versar sobre o mesmo bem, envolver as mesmas partes e discutir a mesma natureza do direito (p. ex., direito de posse, direito de propriedade, direitos reais de garantia etc.).

coisa julgada: tem-se por coisa julgada a qualidade da sentença que torna imutável o seu comando e indiscutível a lide. Existem duas espécies de coisa julgada: *material*, que se origina da sentença que extinguiu o processo com o julgamento do mérito, e *formal*, que se origina da sentença que extinguiu o processo sem o julgamento do mérito.[172]

A coisa julgada de que trata o inciso V refere-se à coisa julgada material. Pois, a eficácia externa propiciada pela coisa julgada – indiscutibilidade da lide – somente se alcançará com a sentença ou com o acórdão que julgou o mérito, pois assim terá força de lei nos limites da lide e das questões decididas (CPC, art. 468). Ao passo que a outra espécie de coisa julgada, a formal, surge da sentença ou do acórdão que não examinou o mérito, portanto, sem abordar a lide não terá condições de gerar a indiscutibilidade da lide.

Para gerar o efeito impeditivo da coisa julgada, é preciso que a ação proposta seja idêntica à demanda que gerou a sentença transitada em julgado. Is-

---

[172] PAULA, Jônatas Luiz Moreira de. *Teoria Geral...*, p. 312-316.

to é, entre a ação e a coisa julgada deve haver a identidade de partes, de causa de pedir e pedido. Exceção se faz nas ações que tutelam direitos coletivos e difusos, em que, em razão da coisa julgada *ultra partes* e *erga omnes*, terceiros poderão beneficiar-se da sentença transitada em julgado (p. ex., CDC, art. 103).

Essas matérias podem ser conhecidas de ofício pelo juiz, em qualquer tempo ou grau de jurisdição, nos termos do § 3º. A despeito dessa regra expressa, o inciso V dá a entender que tais matérias somente poderiam ser conhecidas pelo juiz se fossem expressamente alegadas pela parte interessada, em razão da seguinte redação: "V – quando o juiz acolher a alegação...".

Daí sempre louvável reiterar que a perempção, a litispendência e a coisa julgada são matérias que podem ser conhecidas de ofício pelo juiz, seja qual for o grau de jurisdição, a despeito da redação do inciso V.

Por fim, as matérias tratadas no inciso V são de ordem pública e, por isso, podem ser conhecidas de ofício pelo juiz, em qualquer tempo ou grau de jurisdição (§ 3º). Isso significa que a parte interessada poderá alegar a matéria em qualquer tempo, grau de jurisdição e independentemente de forma. Porém, se não alegar na primeira oportunidade que manifestar nos autos, deverá responder pelas despesas processuais e honorários advocatícios devidos ao retardamento, como se vê da parte final do § 3º.

Nessa linha de entendimento, expressou o 2º TACivSP que "a litispendência constitui matéria que não depende de alegação da parte e, mesmo se caracterizada a revelia, deve ser examinada, porque apreciável de ofício, a teor do art. 267, V, § 3º, do CPC".[173]

Relativização da coisa julgada. A jurisprudência, ante o clamor social, tem compreendido pela mitigação da coisa julgada nas ações de estado. Tal postura se verificou nos crescentes casos de ação negatória de paternidade ou até mesmo em ação de investigação de paternidade.

No caso da ação negatória, observe-se que a coisa julgada se formou em razão de uma sentença ou de um acórdão que procedeu o pedido de investigação de paternidade, cujo fundamento se deu em razão de exame do tipo HLO – meio para averiguar a exclusão do réu do grupo dos possíveis pais da criança. Posteriormente – isso significa após o trânsito em julgado e até mes-

---

[173] PAULA, Alexandre de. *Código de Processo Civil Anotado.* Volume I..., p. 1067.

mo ultrapassado o prazo para a ação rescisória –, de posse de prova extraprocessual apta a demonstrar a inexistência de paternidade – geralmente exame de DNA – o suposto pai ingressa com ação a fim de declarar a inexistência da paternidade (obviamente, cumulada com retificação do registro civil). Um dos argumentos do filho reconhecido é a ocorrência de coisa julgada material, o que geraria a extinção do processo sem o julgamento do mérito.

No caso da ação de investigação, tem-se verificado a repetição da ação, uma vez que a primeira teve o seu pedido julgado improcedente por falta de provas. A segunda ação apresenta nova prova, o que tornaria apta a investigação judicial.

Em tais demandas, observa-se o surgimento de atenuações à coisa julgada em razão de nova prova. Ciente de que nova prova é todo elemento probatório inédito na demanda, observe-se que a segunda demanda apresenta um plus até então inexistente em relação à demanda anterior. Pode-se afirmar que a coisa julgada nesses termos se apresenta como *coisa julgada secundum eventus litis*, conforme o fundamento e o suporte probatório para o deslinde da causa.

A jurisprudência, sobretudo a do STJ, tem atenuado a aplicação da coisa julgada como hipótese de pressuposto processual negativo nas ações de estado, em vista do clamor social.

É o que se pode observar dos seguintes acórdãos: "PROCESSO CIVIL. INVESTIGAÇÃO DE PATERNIDADE. REPETIÇÃO DE AÇÃO ANTERIORMENTE AJUIZADA, QUE TEVE SEU PEDIDO JULGADO IMPROCEDENTE POR FALTA DE PROVAS. COISA JULGADA. MITIGAÇÃO. DOUTRINA. PRECEDENTES. DIREITO DE FAMÍLIA. EVOLUÇÃO. RECURSO ACOLHIDO. I – Não excluída expressamente a paternidade do investigado na primitiva ação de investigação de paternidade, diante da precariedade da prova e da ausência de indícios suficientes a caracterizar tanto a paternidade como a sua negativa, e considerando que, quando do ajuizamento da primeira ação, o exame pelo DNA ainda não era disponível e nem havia notoriedade a seu respeito, admite-se o ajuizamento de ação investigatória, ainda que tenha sido aforada uma anterior com sentença julgando improcedente o pedido. II – Nos termos da orientação da Turma, 'sempre recomendável a

realização de perícia para investigação genética (HLA e DNA), porque permite ao julgador um juízo de fortíssima probabilidade, senão de certeza' na composição do conflito. Ademais, o progresso da ciência jurídica, em matéria de prova, está na substituição da verdade ficta pela verdade real. III – A coisa julgada, em se tratando de ações de estado, como no caso de investigação de paternidade, deve ser interpretada *modus in rebus*. Nas palavras de respeitável e avançada doutrina, quando estudiosos hoje se aprofundam no reestudo do instituto, na busca sobretudo da realização do processo justo, 'a coisa julgada existe como criação necessária à segurança prática das relações jurídicas e as dificuldades que se opõem à sua ruptura se explicam pela mesmíssima razão. Não se pode olvidar, todavia, que numa sociedade de homens livres, a Justiça tem de estar acima da segurança, porque sem Justiça não há liberdade'. IV – Este Tribunal tem buscado, em sua jurisprudência, firmar posições que atendam aos fins sociais do processo e às exigências do bem comum".[174]

Ou, em julgamento que se reportou à decisão anterior: "PROCESSO CIVIL. EXTINÇÃO DO PROCESSO. FALTA DE PROVAS. IMPROCEDÊNCIA DO PEDIDO. JULGAMENTO DE MÉRITO. ART. 269-I, CPC. DOUTRINA. RECURSO PROVIDO. I – A insuficiência ou falta de provas acarreta a improcedência do pedido, não a extinção do processo sem julgamento de mérito. II – Como doutrina Humberto Teodoro Júnior, 'o juiz não pode eternizar a pesquisa da verdade, sob pena de inutilizar o processo e de sonegar a Justiça postulada pelas partes'. Assim, 'se a parte não cuida de usar das faculdades processuais e a verdade real não transparece no processo, culpa não cabe ao juiz de não ter feito a Justiça pura, que, sem dúvida é a aspiração das partes e do próprio Estado. Só às partes, ou às contingências do destino, pode ser imputada semelhante deficiência'. III – Esta Turma, em caso que também teve seu pedido julgado improcedente por falta de provas (REsp n. 226.436-PR, DJ 04/02/2002), mas diante das suas peculiaridades (ação de estado -investigação de paternidade etc.), entendeu pela relativação da coisa julgada".[175]

Técnica. Assentou o extinto TFR, que "é de boa política processual apreciar desde logo no despacho saneador preliminar de litispendência por envolver análise da existência ou não dos pressupostos processuais necessários ao regular desenvolvimento da ação e das suas condições indispensáveis".[176]

---

[174] RESP nº 226436/Pr., 4ª T., rel. Min. Sálvio de Figueiredo Teixeira, DJ de 04/02/02, p. 370.

[175] RESP nº 330172/RJ, 4ª T., rel. Min. Sálvio de Figueiredo Teixeira, DJ de 22/04/02, p. 213.

[176] PAULA, Alexandre de. *Código de Processo Civil Anotado*. Volume I..., p. 1062.

Também afirmou aquele tribunal que "se a parte não alega a existência de coisa julgada, como elemento impeditivo da validade do processo – CPC, art. 267, V e 301, VI; ou o juiz dela não conhece, *ex officio*, antes de pronunciar sentença de mérito – CPC, art. 267, § 3º, e 301, § 4º – remanescerá até ser atingida pela rescisória – CPC, arts. 471, *caput*, e 485, IV".[177]

Quanto à solução, mostrou-se claro o TRT, da 4ª Região, que, "verificada a litispendência, impõe-se a extinção do processo sem julgamento do mérito. Incabível a pretensão de que o segundo processo fique fora de pauta até ser decidido o recurso ordinário relativo à primeira ação: a regra fixada no art. 267, V, do CPC não permite que permaneçam abertos dois processos com identidade de partes, de causa de pedir e de pedidos".[178]

Inciso VI: causará a extinção do processo sem o julgamento do mérito quando o autor não preencher as condições genéricas da ação, como a legitimidade das partes, o interesse de agir e a possibilidade jurídica do pedido.

Essa posição do CPC decorre da clara adesão do Professor Alfredo Buzaid, relator do Anteprojeto do CPC, à teoria eclética de Enrico Tullio Liebman. No volume I da obra, por ocasião dos comentários ao Capítulo II do Livro I, foi expressado o seguinte:

"Argumenta Liebman que, devido ao fato da jurisdição não poder agir de ofício (*nemo iudex sine actore, ne procedat iudex ex officio*), deve a parte interessada obter a tutela jurisdicional mediante estímulo à inércia da jurisdição. Esse estímulo se dá com o direito de agir e afirma que 'só tem direito à tutela jurisdicional aquele que tem razão, não quem ostenta um direito inexistente. Mas a única maneira de assegurar a quem tem razão a possibilidade de impor o seu reconhecimento em juízo consiste em permitir que todos tragam os seus pedidos aos tribunais, aos quais incumbirá a tarefa de examiná-los e de acolhê-los ou rejeitá-los, conforme sejam procedentes ou improcedentes'.[179]

Daí compreender que a ação é um direito constitucional, deferido a todos indivíduos para acessarem a jurisdição a fim de tutelar direitos próprios, independentemente da existência do direito material. É face autônoma da teoria de Liebman, quando afirma que a ação, como *direito ao processo e ao*

---

[177] PAULA, Alexandre de. *Código de Processo Civil Anotado.* Volume I..., p. 1066.

[178] PAULA, Alexandre de. *Código de Processo Civil Anotado.* Volume I..., p. 1066.

[179] LIEBMAN, Enrico Tullio. *Manual de Direito Processual Civil.* Volume I ..., p. 147.

julgamento do mérito, 'não garante um resultado favorável no processo: esse resultado depende da convicção que o juiz formar sobre a procedência da demanda proposta (levando em consideração o direito e a situação de fato) e, por isso, poderá ser favorável ao autor ou ao réu. Só com o exercício da ação se saberá se o autor tem ou não razão: só correndo o risco de perder, poderá ele procurar vitória'.[180]

Contudo, para o exercício da ação, entendeu Liebman que é necessária a conjugação de três requisitos: *interesse de agir, legitimidade de agir* e *possibilidade jurídica do pedido.*

Em síntese, o *interesse de agir* resulta na necessidade de obter a tutela jurisdicional para solução do direito lesado ou ameaçado. Liebman sustenta que o interesse de agir 'é o elemento material do direito de ação e consiste no interesse em obter o provimento solicitado. Ele se distingue do interesse substancial, para cuja proteção se intenta a ação, da mesma maneira como se distinguem os dois direitos correspondentes: o substancial que se afirma pertencer ao autor e o processual que se exerce para a tutela do primeiro'.[181]

A *legitimidade de agir* refere-se à permissão legal para que pessoas componham tanto o pólo ativo como o pólo passivo da ação. Essa autorização é, portanto, 'uma condição para o pronunciamento sobre o mérito do pedido; indica, pois, para cada processo, as *justas partes*, as *partes legítimas*, isto é, as pessoas que devem estar presentes para que o juiz possa julgar sobre determinado objeto'.[182]

Enfim, a *possibilidade jurídica do pedido* representa na admissibilidade em abstrato da pretensão do autor, isto é, o seu pedido (pretensão) deve ser lícito ou, ao menos, não proibido por lei. Essa condição pertence aos primeiros tempos após a formulação da teoria por Liebman e que influenciou Alfredo Buzaid, seu discípulo direto, como se vê pelo inciso VI, do artigo 267, do CPC. Contudo, no ano que o Código de Processo Civil Brasileiro entrou em vigor, adotando claramente a teoria eclética e as três condições da ação, Liebman, o mestre, ao proferir palestra na Faculdade de Turim, observou que a *possibilidade jurídica do pedido* não passava de mero exemplo de *interesse de*

[180] LIEBMAN, Enrico Tullio. *Manual de Direito Processual Civil.* Volume I ..., p. 151.

[181] LIEBMAN, Enrico Tullio. *Manual de Direito Processual Civil.* Volume I ..., p. 154.

[182] LIEBMAN, Enrico Tullio. *Manual de Direito Processual Civil.* Volume I ..., p. 157.

agir, e extirpou-o de sua teoria. A despeito dessa revisão doutrinária, o CPC segue com a orientação original, mantendo as três condições da ação".

Esses requisitos tratam das condições genéricas da ação. No entanto, o CPC prevê uma série de ações especiais que, excepcionalmente, apresentam um plus à teoria de Liebman ao estipular condições especiais da ação. Essas ações concentram-se no Livro IV do CPC, e são exemplos a ação de consignação em pagamento, a ação de depósito e a ação monitória. Nessas ações, deverá o autor não só atender às condições genéricas da ação, mas também às condições específicas, como é o caso da prova do negócio na ação de consignação em pagamento (CPC, arts. 890-893); a prova literal do contrato de depósito na ação de depósito (CPC, art. 902); e a prova do negócio que resulta no pagamento de soma em dinheiro, entrega de coisa fungível ou de determinado bem móvel na ação monitória (CPC, art. 1.102a.).

Tais exigências são requisitos específicos de cada ação e devem ser cumpridos pelo autor no momento da propositura da ação, sob pena de ser indeferida o seu processamento.

De resto, as condições da ação, sejam genéricas ou específicas, por serem matérias de ordem pública, podem ser conhecidas de ofício pelo juiz, em qualquer tempo ou grau de jurisdição (§ 3º). Isso significa que o réu poderá alegar a matéria em qualquer tempo, grau de jurisdição e independentemente de forma. Porém, se não alegar na primeira oportunidade que manifestar nos autos, deverá responder pelas despesas processuais e honorários advocatícios devidos ao retardamento, como se vê da parte final do § 3º.

Técnica. Distinguindo as hipóteses do inciso IV com as do inciso VI, manifestou o TJSP que "a carência de ação e a falta de pressupostos processuais não se confundem; ainda que pertinentes ambas ao exame do juízo de admissibilidade, estes últimos dizem respeito àqueles requisitos legais, sem os quais o processo não se constitui ou não traz possibilidade de validamente prosseguir; e são subjetivos, quando se relacionam com a competência do Juízo, com a capacidade civil das partes, com a representação daquele que se investe, por sua vez, da capacidade postulatória; e são objetivos quando se prendem, entre outras hipóteses, ao cumprimento das formas prescritas em lei, ou à existência, *v.g.*, de litispendência ou coisa julgada, ou à inépcia da petição inicial etc. Já as condições da ação são aqueles requisitos que esta deve possuir para que se possa proferir uma decisão de mérito. E estas condições, segundo sistemática do CPC vigente, se desdobram em três: possibilidade jurídica do pedido, interesse de agir, legitimidade de parte. Ausente uma dessas condições, diz-se que o autor é carecedor da ação. E o processo será julgado extinto sem julgamento do mérito, com fundamento no art. 267, inc. VI, do CPC. O que não se afigura lógico, no entanto, é declarar a carência de ação – hipótese do inc. VI – porque teria ocorrido ausência de pressuposto de constituição e desenvolvimento válido e regular do processo – hipótese do inc. IV. Isto porque, se presente a ausência de tal pressuposto, este atua como prejudicial de qualquer outro exame e não se poderá abordar, por conseqüência, a prejudicial seguinte, relativa às condições da ação, pois sequer resultou estabelecida de forma válida e regular a própria relação processual. Assim, se reconhecida a impossibilidade de constituição do processo, este será julgado extinto sem que se estabeleça a relação processual. E, se não há relação processual, não se poderá falar em ausência de condição para essa ação".[183]

Pronunciou o TJSC que "a impossibilidade jurídica do pedido só se caracteriza se, no ordenamento vigente, existir um veto à pretensão do autor, constituindo óbice intransponível à sua apreciação judicial e conseqüente pronunciamento de mérito".[184]

Esclarece o TAMG que "a legitimidade de parte refere-se à titularidade de pretensão e não à de direito. As questões concernentes à titularidade pertencem ao mérito e não se enfrentam no saneamento".[185]

Inciso VII: ocorrerá a extinção do processo sem o julgamento do mérito se entre as partes e referente à lide haver convenção de arbitragem. A arbitragem é um sistema de composição dos conflitos sociais, paralelo ao sistema jurisdicional. Em síntese assenta-se na livre autonomia das partes, capazes de contratar, em pactuarem a solução de litígios que tenham ocorrido sobre direitos patrimoniais disponíveis.

Atualmente, a arbitragem é regulada pela Lei nº 9.307/96, e a convenção de arbitragem pode ser mediante *cláusula compromissória*, onde se consigna o pacto em um cláusula do contrato (art. 4º) ou mediante *compromisso arbitral* (art. 9º).

---

[183] PAULA, Alexandre de. *Código de Processo Civil Anotado.* Volume I..., p. 1069.

[184] PAULA, Alexandre de. *Código de Processo Civil Anotado.* Volume I..., p. 1069.

[185] PAULA, Alexandre de. *Código de Processo Civil Anotado.* Volume I..., p. 1070.

A arbitragem submete a apreciação e solução apenas do litígio pactuado, não estendendo a outras lides que envolvem as mesmas partes, se não pactuadas por elas. Por isso, inexiste arbitragem sobre fatos futuros, mas sobre uma lide presente, ou sobre uma situação presente que no futuro poderá resultar num litígio.

O conhecimento da arbitragem depende de alegação da parte interessada. Portanto, mesmo que haja convenção de arbitragem a respeito, e as partes discutirem o litígio no sistema jurisdicional e nada for alegado, presume-se que as partes renunciaram ao sistema arbrital. Por isso, tem-se que, se o réu não alegar no primeiro momento, ficará preclusa a oportunidade, presumindo-se que renunciou ao sistema arbitragem, pela conjugação dos artigos 301 e § 4º, e § 3º, do artigo 267, todos do CPC. Ademais, cumpre lembrar que a arbitragem é matéria de direito disponível, o que reforça a idéia de presunção de renúncia por ausência de alegação expressa pelo réu.

Inciso VIII: propiciará a extinção do processo sem o julgamento do mérito quando o autor desistir da ação. Cumpre mencionar que desistência da ação significa abrir mão, abster-se, do pronunciamento jurisdicional sobre a lide posta ao conhecimento do Poder Judiciário. Portanto, a desistência da ação é diferente da renúncia do direito, que é abrir mão, abster-se, do próprio direito material litigado, ao passo que a desistência da ação é abrir mão do direito processual.

Assim, é possível imaginar duas situações distintas sobre um mesmo fato: numa ação cobrança, o autor pode renunciar o direito ao pagamento; também poderá o autor desistir da ação. Na primeira hipótese, tem-se a renúncia do direito material, que gera a extinção do processo com o julgamento do mérito (CPC, art. 269, V); na segunda hipótese, tem-se a desistência da ação, de um direito processual, e gera a extinção do processo sem o julgamento do mérito (CPC, art. 267, VIII).

Também cumpre ressaltar que inexiste a possibilidade do indivíduo renunciar ao direito de ação. Pois, sendo este uma garantia constitucional (CF, art. 5º, XXXV), não admite qualquer lei, pacto ou ordem judicial que impeça alguém de acessar à justiça. A ação é o instrumento necessário para se obter um pronunciamento jurisdicional acerca da lide, daí a impossibilidade jurídica de se admitir sua renúncia. A convenção da arbitragem excepciona em parte essa regra, porque não implica em renúncia ao direito de ação, mas à ação que poderia surgir da lide, uma vez que submete o litígio à solução arbitral.

A desistência da ação pode gerar perempção, se o autor por três vezes abrir mão do pronunciamento jurisdicional. Assim, a desistência é uma modalidade de abandono da causa, ocorrendo, porém, de forma expressa.

Por fim, é necessário que o réu expresse sua concordância com o pedido de desistência, nos termos do § 4º. A exigência da concordância do réu somente se dará após a citação do réu; antes desta, é possível o autor desistir da ação sem o prévio consentimento.

A concordância deve ser expressa, não se admitindo tacitamente. Pois, a *mens legis* é a de que o réu adere à pretensão do autor, que é abster do pronunciamento jurisdicional sobre a lide. Se o interesse do réu é obter esse pronunciamento jurisdicional, isso já está implicitamente determinado por litigar em juízo. Uma reformulação no seu interesse seria fato superveniente e por isso deve ser expressado no processo.

Por outro lado, formulado o pedido de desistência que, antes de ser homologado, é retrato perante o Juízo, o mesmo deixa de existir, devendo o processo prosseguir.[186]

Inciso IX: a intransmissibilidade da ação, determinada por lei, também é causa de extinção do processo sem o julgamento do mérito. A intransmissibilidade decorre do falecimento da parte, aonde os sucessores deste não podem substituí-lo processualmente na demanda. Da mesma forma que os herdeiros não podem suceder na demanda, o autor também está impedido de alienar por ato *inter vivos* (alienação da coisa ou cessão do direito) os direitos perseguidos na demanda.

A intransmissibilidade da ação ocorre nas lides que versam sobre direitos personalíssimos, tal como se dá no poder familiar (pátrio poder segundo o Código Civil revogado), alimentos (salvo a hipótese do artigo 23, da Lei nº 6.515/77, que trata da sucessão da obrigação de prestar alimentos), o usufruto, a separação judicial e o divórcio. Segundo Vicente Greco Filho, "a morte do autor ou do réu, ou de qualquer um deles, conforme o caso, não transmite o direito em que se funda a ação e, por conseqüência, não transmite a ação, provocando a extinção do processo, porque ninguém pode nele prosseguir. Há casos, porém, em que a lei atribui o caráter personalíssimo à iniciativa da

[186] TRT, 1ª Região, PAULA, Alexandre de. *Código de Processo Civil Anotado.* Volume I..., p. 1072.

ação, permitindo o prosseguimento pelos sucessores, como, por exemplo, a ação de revogação de doação por ingratidão do donatário, conforme preceitua o art. 1.185 do Código Civil[187]".[188]

A intransmissibilidade é fenômeno de direito material e não de direito processual[189], portanto, antes de afetar a relação jurídica processual, afeta a relação jurídica material. A intransmissibilidade do direito decorrente da morte da parte representa na extinção do direito material, como se pode observar, exemplificamente, no artigo 8º, do CC.

Portanto, a intransmissibilidade da ação por morte da parte deveria ser qualificada como hipótese de extinção do processo com o julgamento do mérito, a fim de apenas declarar o perecimento do direito. Note-se que, pela solução dada pelo CPC, ter-se-ia uma sentença que apenas extingue a relação processual, sem examinar ou imputar efeitos na relação material; mas, em relação ao direito material, este está extinto, face o perecimento do direito, que, no entanto, foi simplesmente desconsiderado no processo. É um equívoco, sem dúvida.

Por fim, a intransmissibilidade, a teor do § 3º, do artigo 267, deverá ser requerida expressamente pela parte interessada. No entanto, por envolver perecimento do direito material, nada impede que o juiz conheça de ofício e em qualquer tempo ou grau de jurisdição. Justifica-se esse posicionamento por uma questão simples: a relação processual exige do Estado o pronunciamento jurisdicional sobre a lide, e perecendo o direito material, inexiste lide, isto é, o direito material que provocou a demanda. Daí entender que a possibilidade do juiz conhecer de ofício a intransmissibilidade do direito que funda a ação.

Ademais não se pode perder de vista que o juiz é o responsável pela aplicação da norma jurídica ao fato comprovado (*daha mihi factum dabu tibi jus* e *iura novit curia*). Ora, não havendo essa possibilidade de aplicação, que é tarefa do juiz, nada mais justificável atuar *ex officio* para declarar que o direito material é inaplicável ao caso concreto.

---

[187] O dispositivo mencionado refere-se ao Código Civil revogado. Disposição semelhante no novo Código Civil é encontrada no artigo 560.

[188] GRECO FILHO, Vicente. *Direito Processual Civil.* 2º Volume..., p. 77. Esse disposto refere-se ao Código Civil revogado. Pelo Código Civil vigente, dispositivo semelhante ao mencionado é o do artigo 560, do CC.

[189] ARAGÃO, Egas Dirceu Moniz de. *Comentários ao Código de Processo Civil.* Volume II..., p. 445.

Inciso X: haverá a extinção do processo sem o julgamento do mérito quando, entre o direito material litigado, ocorrer a confusão entre autor e réu. Segundo o artigo 381, do CC, com a confusão "extingue-se a obrigação, desde que na mesma pessoa se confundam as qualidades de credor e devedor" e que a confusão pode atingir no todo ou em parte da dívida (CC, art. 382).

A confusão, como hipótese de extinção do processo, sempre se originará em razão de um ato de direito pessoal, como a cessão de direitos ou sucessão *causa mortis.* Não é necessário que a demanda, onde tenha surgido a confusão, verse sobre direito pessoal, como na ação de cobrança em que o réu adquira o crédito reclamado pelo autor. Também é possível verificar a ocorrência da confusão em ação que verse sobre direito real, como na ação reivindicatória de domínio, o autor acaba por adquirir do réu o bem litigado. Mas, é bom lembrar: o ato que originou a confusão sempre será por direito pessoal, que pode ser alienação, cessão de direitos ou por sucessão hereditária.

Assim como na hipótese anterior, a confusão deveria ser hipótese de extinção do processo com julgamento do mérito. Pois, a confusão é causa de extinção da obrigação e, no plano processual, é causa de extinção da lide. Ora, extinguir, eliminar, a lide é típico de sentença de mérito, como se vê das hipóteses do artigo 269, do CPC. Aqui não importa diferenciar se a eliminação ou extinção da lide se deu por pronunciamento judicial ou por confusão. O fato é que isso ocorreu no curso de uma relação processual que não pode se mostrar indiferente a isso.

Imagine a seguinte situação: A, mandatário de B, se obrigou a realizar a venda de um imóvel do mandante e aplicar no mercado financeiro o dinheiro produto do negócio. No entanto, A apropriou-se do dinheiro, aplicando em próprio nome no mercado financeiro. B propõe ação de ressarcimento contra A, a fim de ser restituído no dinheiro, produto da venda, bem como dos frutos adquiridos. No curso da lide, A, réu na ação, por remorso faz testamento, contemplando B com a quantia equivalente ao produto da venda, acrescido dos juros, se a morte sobrevier antes da solução da demanda. Ocorre a morte da A antes da sentença e B torna-se herdeiro de um direito que, por coincidência, é objeto da pretensão – o dinheiro produto da venda, acrescido dos juros. Se o juiz simplesmente extinguir o processo sem o julgamento fundado na confusão (CPC, art. 267, X), os demais herdeiros de A ficariam numa posição incômoda. Como se trata de sentença que não examina o mérito, o que gera somente coisa julgada formal, nada impediria B de ajuizar a mesma ação de indenização, desta vez contra o espólio ou os herdeiros. O mais interessante é que, se realmente fosse ajuizada essa segunda ação, a defesa dos herdeiros se daria no mérito, alegando confusão; a sentença, se acolher tal alegação, examinaria o mérito, improcedendo o pedido, o que resultaria na coisa julgada material. Não seria um paradoxo: a confusão ocorrida na primeira ação não gera coisa julgada material, mas na segunda ação, pelo mesmo motivo, causaria coisa julgada material!

Por isso, em busca da unidade das decisões judiciais, racionalidade da jurisdição e segurança jurídica dos cidadãos, tem-se que, assim como na hipótese do inciso anterior, havendo confusão entre autor e réu acerca do litígio, deverá haver sentença que extingue o processo com o julgamento do mérito. A expectativa é de obter a coisa julgada material, a fim de eliminar e definitivamente extinguir a lide.

No entanto, deverá a parte interessada alegar a existência da confusão, uma vez que se trata de questão de direito disponível. Portanto, não pode o juiz conhecer de ofício a confusão.

Inciso XI: por fim, poderão outros dispositivos do CPC prever a extinção do processo sem o julgamento do mérito. São hipóteses específicas de extinção do processo sem o julgamento do mérito no CPC o artigo 13, I, que trata da incapacidade processual do autor e da ausência de sua representação; 47, parágrafo único, se o autor não promover o litisconsórcio necessário; 265, § 2º, se o autor não promover em tempo a substituição do advogado falecido.

Art. 268. Salvo o disposto no art. 267, n. V, a extinção do processo não obsta a que o autor intente de novo a ação. A petição inicial, todavia, não será despachada sem a prova do pagamento ou o depósito das custas e dos honorários advocatícios.

Parágrafo único. Se o autor der causa, por três (3) vezes, à extinção do processo pelo fundamento previsto no n. III do artigo anterior, não poderá intentar nova ação contra o réu com o mesmo objeto, ficando-lhe ressalvada, entretanto, a possibilidade de alegar em defesa o seu direito.

POSSIBILIDADE DE PROPOSITURA DA MESMA AÇÃO

Noção. O disposto em exame trata dos efeitos que a coisa julgada formal poderá produzir. Sabido que essa espécie de coisa julgada origina-se de sentença que não examinou o mérito, o que afasta o efeito da indiscutibilidade da lide. Sendo assim, a lide, em tese, é rediscutível, porque, reitera-se, não incide o efeito previsto no artigo 468, do CPC.

Face a possibilidade de rediscussão da lide, poderá o autor propor novamente a mesma ação, contra o mesmo réu, deduzindo a mesma causa de pedir e formulando o mesmo pedido. Para tanto, deverá atender os requisitos traçados no *caput* do artigo 268.

Requisitos. São dois os requisitos para a (re)propositura da ação, a saber:

o processo anterior deve ter sido extinto sem o julgamento, porque, se for extinto com o julgamento do mérito o autor enfrentará o obstáculo da coisa julgada; de igual forma, se o processo for extinto por perempção, litispendência ou coisa julgada material, também será obstáculo do autor em propor nova ação, nos termos do parágrafo único do artigo 268;

deverá o autor fazer prova do pagamento ou do depósito das custas processuais e dos honorários advocatícios, arbitrados consoante o artigo 20, do CPC. Isso demonstra que o autor, ao ser extinto o processo sem o julgamento do mérito, sucumbe da sua pretensão em obter do Estado um pronunciamento sobre o litígio. Esse requisito está reiterado no CPC, pela regra do artigo 28.

Não atendido esses requisitos, a ação não será processada, seja por falta de pressuposto processual no item "a", seja pelo autor não atender a uma das condições especiais da ação no item "b". São questões de ordem pública e podem ser alegadas a qualquer tempo e grau de jurisdição, independentemente de forma, assim como permite-se o conhecimento de ofício pelo juiz em qualquer tempo e grau de jurisdição.

Depósito ou pagamento das custas e requerimento da assistência judiciária gratuita. Segundo o *caput* do artigo 268, para que a ação seja processada, deverá o autor provar o pagamento ou o depósito das custas processuais e honorários advocatícios, do que foi condenado a pagar por ocasião da sentença no processo anterior. Trata-se de condição especial da ação, que se não for atendida pelo autor, a ação sequer será processada.

No entanto, a práxis judiciária tem mostrado que algumas partes, derrotadas em demandas que são extintas sem o julgamento do mérito, ajuízam nova ação (às vezes logo após a sentença do primeiro processo, sem interpor qualquer recurso), e para furtarem-se da obrigação de pagar ou depositar as custas processuais e honorários advocatícios requerem os benefícios da justiça gratuita na própria ação ou, como em alguns casos, posteriormente quando instado judicialmente a cumprir o requisito determinado no artigo 268. Deve-se acrescentar que, o autor no primeiro processo não requereu os benefícios da justiça gratuita, mas por um "súbito mal", perdeu a capacidade econômica que tempos atrás detinha.

Trata-se de uma questão delicada, que tanto pode esconder uma fraude processual ou inadvertidamente ferir o princípio da justiça gratuita.

Como qualquer alegação de justiça gratuita independe de prova, bastando uma simples afirmação (Lei nº 1.060/50, art. 4º), compete à parte contrária, impugnar o requerimento, produzindo provas que demonstram ser o autor pessoa com capacidade econômica para realizar o pagamento ou o depósito das custas processuais e honorários advocatícios (Lei nº 1.060/50, art. 7º).

De igual forma, possibilita-se ao juiz conhecer de ofício da questão, porque trata de condição especial da ação, desde que tenha elementos probatórios para indeferir o pedido de justiça gratuita. Um exemplo típico é o juiz obter certidão do distribuidor informando que o autor promoveu ação de reintegração de posse de uma fazenda ou ação de execução por título extrajudicial. Mas é reconhecível que a maioria dos fatos depende de ampla investigação do réu, a fim de demonstrar a capacidade econômica do autor.

Sendo assim, não resta ao réu outra alternativa senão a de impugnar expressamente e produzir prova, a fim de demonstrar a capacidade econômica do autor e que o pedido de justiça gratuita não passa de uma mera fraude. Somente assim, poderá separar o que efetivamente seja fraude processual e o que realmente seja necessidade econômica, para justificar a concessão dos benefícios da justiça gratuita.

Por ocasião dos comentários ao artigo 28, que repete a exigência, no volume I da obra, ficou assentado que:

"*Natureza jurídica.* A regra do artigo 28 está em perfeita sintonia com o disposto contido no artigo 268, do CPC, ao exigir a comprovação do pagamento das despesas processuais e honorários advocatícios.

Daí compreender que tal exigência tanto pode ser encarada como uma forma diferenciada de execução de um dos efeitos mediatos secundários da sentença – pagamento das despesas processuais e honorários advocatícios que o vencido fora condenado –, como também condição especial da nova ação proposta. Pois, o autor, vencido na ação anterior, não efetuando o determinado pagamento ou depósito em cartório, não terá a nova ação processada por faltar-lhe esse requisito especial.

Forma de cumprimento. Tanto pode ser pagamento diretamente à parte como depósito em cartório. De qualquer forma, deverá o autor comprovar o adimplemento, o que se fará mediante apresentação de recibo de quitação ou qualquer outro documento equivalente (p. ex., depósito bancário).

CRÍTICA

É preciso estar atento a situações em que a assistência judiciária gratuita pode se tornar instrumento de fraude processual. Pois é comum verificar que o autor foi derrotado na demanda, seja por carência das condições da ação, seja por ausência dos pressupostos processuais, e é condenado ao pagamento das despesas processuais e honorários advocatícios. Contudo, promove nova ação e requer os benefícios da assistência judiciária gratuita, a fim de evitar o pagamento ou o depósito das despesas processuais e honorários advocatícios.

Diante dessa situação, são admissíveis:

aguardar a iniciativa do réu em impugnar a assistência judiciária gratuita, a fim de verificar as possibilidade econômicas do autor em efetuar o pagamento das despesas e honorários advocatícios;

caso não haja a impugnação à assistência judiciária gratuita, nada impede que o juiz, de ofício, investigue as condições econômicas do autor, porque tal pagamento deve-se à satisfação de uma condição especial da ação, além de uma eventual condenação ao autor por litigância de má-fé;

poderá o réu ajuizar a ação de execução da sucumbência para recebimento das despesas e honorários advocatícios. Caso o autor-executado demonstre não possuir bens suscetíveis de serem penhorados, verificar a possibilidade de requerer fraude à execução, fundamentado no artigo 593, II, do CPC; e

demonstrada a boa-fé do autor e a impossibilidade econômica de efetuar o pagamento ou o depósito das despesas processuais e honorários advocatícios, deve-se deferir a isenção, em razão da gratuitade requerida. Reserva-se, porém, a exigência do pagamento caso haja superveniente riqueza do autor".

Técnica. Decidiu o TJRJ que "se a parte volta a intentar a ação, sem julgamento do mérito, sem pagar ou depositar a quantia que fora condenada, a título de custas e de honorários advocatícios, e o juiz defere a inicial, é admissível que se supra a omissão no curso do processo, dentro do prazo fixado para tal fim".[190]

O TJSP, por outro lado, esclarece que "ao beneficiário da assistência judiciária não é legítimo impor a exigência de pagamento dos encargos financeiros de processo anterior, julgado extinto sem julgamento do mérito, como ônus para a repropositura de igual demanda".[191]

Pois, nos termos do 2º TACivSP, "o legislador estabeleceu como pressuposto processual para ajuizamento de nova ação o prévio pagamento ou depósito das custas e honorária da anterior ação. Sem isso, não lhe é dado volver a Juízo sobre o mesmo objeto".[192]

Numa interpretação mais liberal, assentou o mesmo tribunal que "a falta de satisfação preambular do requisito do art. 268 do CPC não gera irregularidade insanável, podendo ser superada no curso da lide, de acordo com o princípio da instrumentalidade das formas".[193]

Art. 269. Extingue-se o processo com julgamento do mérito:

I – quando o juiz acolher ou rejeitar o pedido do autor;

II – quando o réu reconhecer a procedência do pedido;

III – quando as partes transigirem;

IV – quando o juiz pronunciar a decadência ou a prescrição;

V – quando o autor renunciar ao direito sobre que se funda a ação.

---

[190] PAULA, Alexandre de. *Código de Processo Civil Anotado.* Volume I..., p. 1088.

[191] RT 614/59.

[192] PAULA, Alexandre de. *Código de Processo Civil Anotado.* Volume I..., p. 1089.

[193] PAULA, Alexandre de. *Código de Processo Civil Anotado.* Volume I..., p. 1089 e RT 633/129 e RT 646/94..

EXTINÇÃO DO PROCESSO COM O JULGAMENTO DO MÉRITO

Noção. A extinção do processo com o julgamento do mérito é sabidamente o ato mais importante que se pode deferir à atividade jurisdicional. Nesse aspecto, o Estado, através do Poder Judiciário, interfere na lide e pronuncia quem está com a razão, com a incidência dos efeitos derivados desse reconhecimento.

Toda a idéia que se acerca da jurisdição gira em torno de uma sentença de mérito, por ser este o ato mais importante do mérito. No entanto, para se alcançar aos fins desejados, é preciso consorciar uma série de requisitos e pressupostos, o que mostra a extinção do processo com julgamento do mérito um produto de uma longa jornada desenvolvida.

Correlação entre ação e sentença. Carlos Silveira Noronha mostra que a relação de causa e efeito entre ação e sentença sempre existiu, mas que somente com o Estado moderno tal relação estreitou-se. Argumenta o professor gaúcho que o Estado, "reconhece ao indivíduo o poder de provocar a jurisdição, visando à satisfação de uma pretensão referente a um determinado bem da vida, que goze de proteção jurídica e essa provocação do sujeito traz correlativamente para o Estado o dever de prestar a jurisdição através de uma sentença de mérito. Isso só não ocorrerá se ausentes estiverem os precitados requisitos (pressupostos processuais e condições da ação), de resto exigência expressa no processo pátrio, a teor do artigo 267, IV e VI, do CPC. Mesmo assim, a jurisdição é prestada, mediante a chamada terminativa, só ocorrente nesta e nas outras hipóteses contidas no corpo desse dispositivo legal. Fora dessas contingências da vida do processo, o juiz está obrigado a prover sobre a questão de fundo (CPC, art. 126), pois ao julgador moderno não é mais conferida a cláusula *sibi non liquere*, vigente nos dois períodos do processo privado romano".[194]

Por isso, arremata Noronha que "à faculdade (ou poder), compreendida no direito de ação, de obter o Estado a declaração do direito no caso concreto – diz Rocco – corresponde a obrigação, compreendida no dever genérico deste, de prestar a tutela jurídica processual, cujo ato adequado para o cumprimento deste encargo é a sentença. Porém, como existe uma correspondên-

---

194 NORONHA, Carlos Silveira. *Sentença Civil: perfil histórico e dogmático.* São Paulo. Revista dos Tribunais. 1995, p. 54.

cia perfeita entre a dita faculdade do autor e este dever do Estado, insta haja também correspondência perfeita entre os atos através dos quais a faculdade se exercita e o ato com o qual o Juiz cumpre o seu dever. Daí decorre o *princípio geral de que a sentença deve corresponder à ação*".[195]

A correlação entre ação e sentença (ou a expectativa de sentença de mérito) se realiza por diversas maneiras, entre as quais:[196]

princípio da demanda, pelo qual a lide é instaurada, mediante exercício da ação e o estabelecimento da lide (CF, art. 5º, XXXV e CPC, art. 2º);

princípio da identidade de objetos, segundo o qual o juiz deverá pronunciar-se sobre o que foi efetivamente pedido e abster-se daquilo que não foi requerido, nos termos do artigo 128, do CPC (*nemo iudex sine actore* e *sententia debet esse conformis libello*);

relativo ao pedido, ele pode ser líquido ou ilíquido. No entanto, uma vez formulado pedido líquido não poderá a sentença ser ilíquida; e

o pedido também delimita o pronunciamento jurisdicional acerca da lide, uma vez que impede o juiz proferir sentença abaixo do pedido (*citra* ou *infra petita*), conceder provimento de natureza diversa do pedido (*extra petita*) ou conceder o pedido e algo mais que não foi pedido (*ultra petita*), nos termos do artigo 460, do CPC.

Além disso, há de se afirmar que a sentença de mérito influi diretamente na relação jurídica obrigacional, seja para invalidar sua prestação, quando, por exemplo, acolhe o pedido de rescisão, anulação ou nulidade do contrato; seja para modificar a obrigação ou a prestação, quando acolhe-se, por exemplo, o pedido de revisão de aluguel, revisão de alimentos, renovação de locação; seja para constituir uma relação jurídica obrigacional ou efetivar a prestação, quando há procedência do pedido de indenização ou de cobrança.

HIPÓTESES

Inciso I: ocorrerá a extinção do processo com o julgamento do mérito toda vez que o juiz conhecer do pedido, para acolher ou rejeitá-lo. Essa hipóte-

---

[195] NORONHA, Carlos Silveira. *Sentença Civil...*, p. 54-55.

[196] NORONHA, Carlos Silveira. *Sentença Civil...*, p. 55-61.

se é a mais costumeira e significa, essencialmente, na intervenção do Estado no litígio entre as partes.

Acolher o pedido significa dar procedência à pretensão do autor, no todo ou em parte. Para o autor ter o seu pedido acolhido é preciso que ele reúna as condições da ação, gerais e específicas, os pressupostos processuais, para, enfim, ingressar na relação jurídica material, e possuir o direito material invocado.

A rejeição do pedido significa a improcedência da pretensão do autor. De fato o autor reuniu as condições da ação (gerais e específicas) e os pressupostos processuais; no entanto, no exame da relação material, faltou-lhe o direito invocado. A hipótese do inciso IV – decadência e prescrição – é exemplo da improcedência do pedido, pelo fato do autor estar despido do direito material ou da pretensão formalizada na ação.

O julgamento do pedido não afeta apenas o autor, necessariamente. Embora, de regra, o pedido encontra-se formalizado na ação, é inegável que o réu também deduz um pedido na contestação ou em qualquer peça essencialmente defensiva, que é a improcedência da pretensão do autor. Logo, o réu sempre formalizará um pedido de tutela declaratória negativa, isto é, de negar ao autor a procedência da pretensão na ação. Por isso, o inciso I quando fala da procedência ou improcedência do pedido refere-se ao pedido formalizado na ação.

Também é preciso destacar a existência das ações dúplices, em que a contestação tem força de ação, como as ações possessórias (CPC, art. 922).

Insta também destacar a existência de ações incidentais dentro do processo, como a reconvenção (ação proposta pelo réu contra o autor), ação declaratória incidental, declaração de falsidade, terceiro interveniente etc. [197]

Inciso II: haverá extinção do processo com o julgamento do mérito quando o réu reconhecer a procedência do pedido. Reconhecer a procedência do pedido significa o réu aderir ao direito do autor, concordando com a pretensão formalizada na ação.

Segundo Nelson Nery Júnior e Rosa Maria Andrade Nery, o reconhecimento do pedido é "ato privativo do réu e consiste na admissão de que a pre-

---

[197] GRECO FILHO, Vicente. *Direito Processual Civil.* 2º Volume..., p. 79.

tensão é fundada e, portanto, deve ser julgada procedente. Seu objeto é, portanto, o *direito*. Pode ser parcial ou total, tácito ou expresso".[198]

O reconhecimento do pedido não se confunde com a confissão, que é meio de prova, pode ser realizada por qualquer das partes e incide sobre o fato litigado; ao passo que o reconhecimento só pode ser realizado por quem é réu e incide sobre o direito litigado.

Assim como o reconhecimento do pedido não se confunde com a confissão, também não se confunde com a transação, prevista no inciso III. Pois, a transação representa num ato bilateral, que é o acordo (ou conciliação), ao passo que o reconhecimento é ato unilateral. Por ser ato bilateral, a transação representa em renúncias de direitos pelas partes transigentes, enquanto que o reconhecimento significa na renúncia implícita de um eventual direito favorável ao réu em relação à demanda.

Interessante notar que diametralmente oposta ao reconhecimento do pedido é a hipótese do autor renunciar ao direito sobre que se funda a ação, prevista no inciso V. Igualmente não se confundem, porque o reconhecimento é ato privativo de quem é réu e a renúncia é ato exclusivo de quem é autor. Também convém lembrar que o reconhecimento pode ser tácito e a renúncia deve ser expressa. Mas, compreensível que o reconhecimento do direito pode ser implícito dentro de um ato positivo, como a entrega das chaves ou do prédio na ação de despejo.[199]

Por fim, cumpre destacar que o reconhecimento jurídico do pedido pode versar sobre direitos indisponíveis. Aliás, é a única maneira juridicamente admissível pelo CPC para que as demandas que versem sobre direitos indisponíveis se extingam, sem que haja uma sentença que examine a procedência ou não do pedido.[200]

---

[198] NERY JÚNIOR, Nelson, e Rosa Maria Andrade Nery. *Código de Processo Civil Comentado*. 4ª edição. São Paulo. Revista dos Tribunais. 1999, p. 741.

[199] PAULA, Alexandre de. *Código de Processo Civil Anotado*. Volume I..., p. 1092-1093.

[200] A doutrina não é pacífica a respeito. Inclusive, nota-se que ilustres pensadores como Nelson Nery Júnior e Rosa Maria Andrade Nery, em seu *Código de Processo Civil Comentado*, afirmam contundentemente que o reconhecimento do pedido somente é cabível em direitos disponíveis (p. 741). No entanto, por ocasião dos comentários ao artigo 331, ao tratar da conciliação em direitos indisponíveis, os ilustres juristas afirmam expressamente a possibilidade do reconhecimento do pedido em ação de alimentos, onde reiteram ser demanda que versa sobre direito indisponível (p. 829).

Inciso III: a transação é meio de extinção das obrigações. A transação é costumeiramente chamada de *acordo*, para as causas que versem sobre direitos disponíveis, ou e *conciliação*, para as causas que versem sobre direitos indisponíveis.

O núcleo central da transação é a concessão de mútuas de direitos e interesses, onde cada parte renuncia parte de seu direito, a fim de se obter a convergência de vontades e extinguir a demanda, com julgamento do mérito.

A transação deverá ser por escrito, ainda que proferido oralmente e escriturado, como ocorre nos acordos celebrados em audiência. A sentença a ser proferida homologará a transação e criará título executivo judicial, nos termos do artigo 584, III, do CPC.

A sentença homologatória admite recurso de apelação e ação rescisória. No entanto, a jurisprudência tem admitido o uso da ação de anulação fundado em erro ou dolo para desfazer a sentença que homologou negócio jurídico.[201] Nesse entendimento, pronunciou o STF que "a ação não é contra a sentença, que se restringe a homologar ato de vontade das partes, em que não há um conteúdo decisório próprio do juiz, mas sim contra o que foi objeto da manifestação de vontade das partes, a própria transação. A sentença foi simplesmente homologatória de transação, apenas formalizando o ato resultante da vontade das partes. Jamais apreciou controvérsia suscitada; haveria aí uma prestação jurisdicional suscetível de ação rescisória para a sua desconstituição. Como não houve isso, a ação adequada é a ordinária de anulação".[202]

Já o TACivRJ assentou que é "inadmissível homologação quando se trata de litisconsórcio necessário unitário e com a transação não concordam todos os litisconsortes".[203]

Inciso IV: haverá a extinção do processo com o julgamento do mérito se for reconhecida a prescrição ou a decadência.

Com a prescrição, o autor decai da pretensão formalizada. Típico exemplo é a propositura da ação de execução de cheque emitido há 1 (um) ano. Nesse caso, deverá o credor utilizar-se da ação monitória (CPC, art. 1.102a.).

---

201 NERY JÚNIOR, Nelson, e Rosa Maria Andrade Nery. *Código de Processo...*, p. 741.

202 PAULA, Alexandre de. *Código de Processo Civil Anotado.* Volume I..., p. 1093 e 1094.

203 PAULA, Alexandre de. *Código de Processo Civil Anotado.* Volume I..., p. 1098.

Portanto, a ação prescrita não impede que o interessado promova outra, deduzindo outra pretensão, a fim de atingir plenamente o seu direito, salvo se for incabível a propositura de outra ação.

Já com a decadência, o autor decai de todo o direito material, pois ele se encontra extinto em face do transcurso de tempo. Não será com a ação A ou ação B que o autor poderá ter o seu direito acolhido, pois, reitera-se, ele se encontra extinto.

O reconhecimento da prescrição e da decadência pode ser sobre toda a lide ou apenas parte dela. De igual forma, pode atingir apenas o autor ou o réu, ou atingir ambos, quando examinado na ação e na reconvenção.

Inciso V: por fim, ocorrerá a extinção do processo com o julgamento do mérito se o autor expressamente renunciar o direito material sobre o qual se funda a ação.

Não se trata de desistência da ação, prevista no artigo 267, VIII, porque este ato gera a extinção do processo sem o julgamento do mérito, o que possibilita o ajuizamento de uma nova ação, narrando os mesmo fatos e deduzindo o mesmo pedido. Já a hipótese de renúncia do direito a que se funda a ação gera uma sentença de mérito, porque há expressa renúncia do direito material, o que impede o ajuizamento de uma nova ação. Nessa linha expressou o TARS, que "a renúncia ao direito sobre o qual se funda a ação, diversamente da desistência, não exige concordância da parte *ex adversa* para sua homologação judicial".[204]

A renúncia do direito somente não incide sobre direitos indisponíveis, porque essa categoria de direito não admite renúncia ou qualquer outra forma de disposição.

Técnica. Pronunciou o STJ que "a renúncia a que alude o art. 269, V, do CPC, mesmo que levada a efeito quando pendente de julgamento apelação interposta pelo réu em ataque à procedência do pedido reconhecida em primeiro grau, conduz, uma vez ainda não constituída coisa julgada, a julgamento de mérito favorável ao réu-apelante, cumprindo ao colegiado *ad quem*, ao extinguir o processo, carrear a responsabilidade pelo pagamento dos ônus da sucumbência à autora renunciante".[205]

---

[204] PAULA, Alexandre de. *Código de Processo Civil Anotado.* Volume I..., p. 1102.

[205] TEIXEIRA, Sálvio de Figueiredo. *O STJ...*, p. 227.

Título VII

DO PROCESSO E DO PROCEDIMENTO

Capítulo I

DAS DISPOSIÇÕES GERAIS

Art. 270. Este Código regula o processo de conhecimento (Livro I), de execução (Livro II), cautelar (Livro III) e os procedimentos especiais.

A UNICIDADE DO PROCESSO CIVIL

Postura ideológica. O disposto em comento contém uma grande importância para o direito processual civil. Determinou as regras processuais que estão concentradas no CPC e que são (e estão) aptas a realizar o processo de conhecimento, de execução, cautelar e os procedimentos especiais.

Entendido que fonte do direito processual é o conjunto de disposições jurídicas que dão conteúdo e servem para que as partes, juiz, Ministério Público e auxiliares da justiça, resolvam as questões processuais, bem como determinam o comportamento processual a ser seguido, a fim de estabelecer regras prévias para o início, desenvolvimento e extinção do processo, regulamentando o pronunciamento jurisdicional sobre a lide.[206]

Também não se pode perder de vista que, a fonte também manifesta o conhecimento jurídico processual. Nesse ponto, afirma Francisco Ramos Méndez que fontes do direito são formas onde se manifestam e se concretizam as regras jurídicas que compõem o processo.[207]

Por isso, acima de qualquer discussão doutrinária, fonte do direito processual é, simultaneamente, produção do conhecimento jurídico, bem como forma de manifestação desse conhecimento. O CPC, por concentrar todas as regras processuais, mostra-se como fonte de produção, bem como forma de manifestar esse conhecimento aos sujeitos da relação processual.

Essa opção pela "concentração" do direito processual num único código não é à toa. Decorre de uma opção ideológica, visando conferir unidade nas regras processuais (direito processual), provocando, também, unidade no discurso jurídico (direito material).

Nesse entendimento, Salvatore Satta discorre sobre a unidade do discurso jurídico, porque o processo fornece uma declaração de certeza de uma manifestação jurídica. O processo, realça o jurista italiano, é a determinação do concreto, atrelado ao ordenamento jurídico, em deferência de uma abstração, que é a vontade da parte nos seus atos infra-processual.[208]

Pronunciando o direito, o processo já mostra a univocidade[209] do discurso jurídico, mitificado na segurança jurídica e apresentado pela racionalidade e unicidade das regras jurídicas.

A codificação, explica Baptista Machado, formaliza e *rigidifica* o direito. Mas não se deve satisfazer-se pelo direito, ora encerrado no código, pois "uma

---

[206] Conceito próximo ao apresentado é o que foi formulado por Roland Arazi, que assim expressou: "fontes do direito processual são aquelas que dão conteúdo a este e servem para que o juiz resolva as questões que se fixam no processo para a própria organização e competência do poder jurisdicional". Cf. ARAZI, Roland. *Derecho Procesal Civil y Comercial.* Tomo I..., p. 17. Também conferir o conceito de Pontes de Miranda, ao estipular que lei processual "é a que regula a constituição, o desenvolvimento e a terminação da relação jurídica processual". Cf. MIRANDA, Pontes de. *Comentários ao Código de Processo Civil.* Tomo I..., p. 32.

[207] MENDEZ, Francisco Ramos. *Derecho Procesal Civil.* Tomo I..., p. 18.

[208] SATTA, Salvatore. *Derecho Procesal Civil.* Tomo III..., p. 133-141.

[209] A expressão "univocidade" é um plus em relação à idéia de unicidade, porque o direito, além de único, mantém-se único face o pronunciamento judicial.

codificação, racionalizando e ordenando os conteúdos da regulamentação jurídica, não é um sistema 'fechado' e acabado mas um projecto a ser executado e, portanto, a ser complementado por 'projectos de execução' – cuja necessidade muitas vezes só se descobre na implementação prática da lei. Constituindo uma Forma, mas uma Forma generativa ou com virtualidade formadora, o código postula adensação e completude, complementação e acabamento. Por isso é que uma das tarefas fundamentais do jurista é levar essa Forma formadora à sua concretização de projecto de realização prática e à sua transparência de sistema. Compete-lhe, como dissemos, achar soluções que se integrem no padrão ou desenho programado ou 'codificado' na lei, mas que nela não se acham expressamente contidas. Neste sentido poderá até dizer-se que a *codificação* (a recondução do material normativo a fórmulas sintéticas dotadas de virtualidades generativas e orientadoras) constitui o resultado a que tende todo o esforço da ciência jurídica".[210]

Por isso, o processo, aí incluindo-se o código processual, exerce uma forma legitimadora do discurso jurídico, do discurso estatal. A legitimidade desse discurso jurídico decorre do papel tutelador da jurisdição, que exerce uma parcela do poder estatal "em nome do povo", mediante aplicação do direito estatal, produzido pelos representantes do povo.[211]

ESPÉCIES DE PROCESSO

O CPC regula a desenvoltura de três espécies de processo – processo de conhecimento, processo de execução e processo cautelar –, além dos procedimentos especiais.

Sempre louvável relembrar conceitos.[212]

Processo de conhecimento é aquele que tem por finalidade reconhecer a existência de um direito lesado ou ameaçado e atribuir o efeito principal. O mencionado "efeito principal" significa a busca da eficácia forçada, que advirá com o sancionamento do dever jurídico.

São efeitos encontrados no processo de conhecimento:

---

210 MACHADO, J. Baptista. *Introdução ao Direito e ao Discurso Legitimador.* 10ª reimpressão. Coimbra. Livraria Almedina. 1997, p. 102.

211 MACHADO, J. Baptista. *Introdução ao Direito...*, p. 139-141.

212 PAULA, Jônatas Luiz Moreira de. *Teoria Geral do Processo ...*, p. 102-104.

tutela declaratória: tem por finalidade única e exclusiva declarar a existência ou inexistência de uma relação jurídica ou a falsidade de um documento (CPC, art. 4º). A tutela declaratória pode ser obtida por uma ação principal ou por uma ação incidental, que visa questionar a existência ou não da relação jurídica que definirá a sorte da ação principal (CPC, art. 5º). Os efeitos declaratórios sempre serão retroativos (*ex tunc*), isto é, retornam à data do fato ou da realização da relação jurídica. Tem-se como exemplo, a declaração de nulidade do negócio jurídico ou a simulação do contrato (CC, arts. 166 e 167).

tutela condenatória: tem por finalidade criar compulsoriamente uma relação jurídica obrigacional – obrigação de dar, fazer e não fazer. A tutela condenatória tanto pode apresentar efeito retroativo (*ex tunc*), como nas hipóteses previstas nos artigos 398, 948, 949, 950, 951 e 952, todos do CC, bem como apresentar efeito irretroativo (*ex nunc*), como se vê as hipóteses dos artigos 953 e 954, ambos do CC. São exemplos de tutela condenatória a condenação à indenização pela prática de ato ilícito, perdas e danos, lucros cessantes, ou à obrigação de fazer ou não fazer determinada coisa.

tutela desconstitutiva: como o próprio nome está a indicar, tem por finalidade desconstituir uma relação jurídica existente. As ações de separação judicial, divórcio, rescisão de contrato ou anulação de ato jurídico são exemplos de desconstituição de relações jurídicas pré-existentes. A expressão "tutela desconstitutiva" representa a concepção "constitutiva negativa" da doutrina mais antiga, porém possui o mesmo significado. A tutela desconstitutiva sempre apresentará efeito irretroativo (*ex nunc*) e em razão disso está a diferença substancial com a tutela declaratória, que sempre apresentará efeito retroativo (*ex tunc*). Pois, conforme a teoria de invalidade dos negócios jurídicos, a tutela desconstitutiva vai respeitar a relação jurídica enquanto existente, obedecendo aos seus efeitos e somente eliminá-los com a desconstituição.

tutela constitutiva: tem por finalidade constituir uma relação jurídica a partir da sua concessão, até então inexistente, como na adoção, modificação de guarda. Esta tutela também se destina à modificação de cláusula contratual, como na ação revisional de aluguel, porque sempre importará na idéia de uma nova relação jurídica. A tutela constitutiva sempre apresentará efeito *ex nunc* (irretroativo), porque seus efeitos somente surgirão a partir da constituição da relação jurídica. Nesse ponto, percebe-se que a ação de investigação de paternidade não pode ser considerada como tutela constitutiva, pois estaria esbarrando numa questão fática: até o proferimento da sentença, quem foi o pai da criança? Assim, percebe-se que a técnica processual precisa render-se à realidade dos fatos.

tutela mandamental: tem por finalidade principal a imposição de uma ordem judicial para corrigir ilegalidade praticada por autoridade pública. Na tutela mandamental busca-se uma ordem do juiz, que bem difere de uma declaração, condenação ou constituição. De igual forma não se busca um ato executivo, mas o mandado judicial, que é ato que só juiz pode praticar, por sua estatalidade. Na execução, é verdade, existem mandados, mas a solução final é ato do devedor (solver o débito) ou do juiz, forçando a satisfação do crédito.

tutela executiva lato sensu: a tutela executiva pode ser *lato sensu*, quando é concedida no processo de conhecimento, e *stricto sensu*, quando concedida no processo de execução. Neste tópico examina-se a primeira espécie. Os efeitos da tutela executiva *lato sensu* sempre serão *ex nunc*, pois não retroagem à data da suposta ilegalidade. Contudo, eventuais ilicitudes praticadas anteriormente à concessão da tutela executiva *lato sensu* são suscetíveis de conseqüências jurídicas, como a impossibilidade da indenização por benfeitorias úteis ou voluptuárias do possuidor de má-fé (CC, art. 1.220).

Já o *processo de execução* é aquele que tem por finalidade a satisfação do crédito, razão pela qual se caracteriza por realizar atos de apreensão e expropriação na esfera patrimonial do devedor.

O processo de execução propicia a tutela executiva *stricto sensu*, fundado em títulos executivos judiciais (CPC, art. 584) e títulos executivos extrajudiciais (CPC, art. 585), a fim de dar eficácia forçada nas obrigações de dar, fazer ou não fazer.

O *processo cautelar* é aquele que tem por objetivo principal garantir a efetividade do processo de conhecimento ou do processo de execução. Daí a sua principal característica que é a instrumentalidade.

No seu conteúdo, a tutela cautelar confere efeitos de tutela condenatória, como nos alimentos provisionais (CPC, art. 854, parágrafo único), efeitos de tutela executiva *lato sensu*, como no arresto e seqüestro (CPC, arts. 813 e 822-825), bem como tutela mandamental, como a ordem judicial para obras de conservação em coisa litigiosa ou judicialmente apreendida e o afastamento do menor autorizado a contrair casamento contra a vontade dos pais (CPC, art. 888, I e IV).

Por fim, serão *procedimentos especiais*, as ações de conhecimento que serão processadas mediante ritos especiais. O processo de conhecimento exerce a função de fonte subsidiária nas disposições que não forem especiais ou omissas.

Art. 271. Aplica-se a todas as causas o procedimento comum, salvo disposição em contrário deste Código ou de lei especial.

O PROCEDIMENTO COMUM COMO FONTE SUBSIDIÁRIA

O disposto em enfoque trata do processo de conhecimento e procedimento ordinário como fontes subsidiárias do CPC e de leis especiais. A expressão "procedimento comum" utilizada pelo disposto contém conceitos da natureza do processo e do procedimento padrão desse processo.

Com efeito, para qualquer ação proposta ou que será ajuizada, já deverá preexistir um conjunto de normas que regularão seu processamento. Esse conjunto de regras é aqui entendido como "procedimento". No entanto, algumas ações, em razão das peculiaridades próprias, recebem um tratamento procedimental diferenciado. Como para a maioria das ações basta uma estrutura procedimental única, estipula-se para ela um procedimento comum. Para as ações que devem receber uma estrutura procedimental específica, tem-se os procedimentos especiais.

No processo de conhecimento, a estrutura padrão é a seguinte: [**fase postulatória**] ação? recebimento, com eventual concessão de tutela antecipatória? citação do réu? resposta do réu (contestação, exceção e reconvenção)? impugnação à contestação? audiência de conciliação? [**fase de saneamento**] saneamento do processo? [**fase instrutória**] instrução (provas, pericial, depoimento das partes, testemunhal e inspeção judicial)? alegações finais? [**fase decisória**] sentença.

Essa estrutura é aplicável subsidiariamente nos demais procedimentos do processo de conhecimento (sumário, especial e monitório), complementando o conhecimento jurídico acerca desses procedimentos naquilo que for omisso.

No processo de execução, a estrutura padrão é a seguinte: [**fase postulatória**] ação? recebimento? citação do réu? [**fase da constrição**] penhora do bem (por nomeação do devedor ou por indicação do credor)? intimação da penhora? [**fase da discussão da execução**] oposição dos embargos? improcedência ou procedência parcial dos embargos, com eventual correção da execução? [**fase da avaliação**] avaliação do bem penhorado? eventual reforço da garantia, com penhora de outros bens, ou da redução da penhora? [**fase da alienação**] pagamento ao credor, consistente em entrega de dinheiro, adjudicação do bem penhorado ou usufruto de bem imóvel ou de empresa? [**fase de encerramento**] sentença.

Essa estrutura padrão, fundada na obrigação de dar, é aplicável às outras espécies de execução – de obrigação de fazer e não fazer – e, enquanto não ocorrerem modificações nessas espécies de execução, toda vez que a obrigação de fazer e não fazer restar inefetiva, ela será convertida em execução de obrigação de dar.

No processo cautelar, a estrutura padrão é a seguinte: [**fase postulatória**] ação? [**fase de concessão da medida**] concessão da liminar ou em audiência de justificação, sem perder de vista que ao longo do processo poderá ser concedida a medida pleiteada? citação do requerido? resposta do requerido (contestação e exceção)? [**fase instrutória**] instrução do feito, que pode ser nos próprios autos ou no processo principal? [**fase decisória**] sentença.

Essa estrutura é aplicada seja qual for a espécie de medida cautelar pleiteada ou, até mesmo, em medida cautelar inominada ou em medida concedida em razão do poder geral de cautela do juiz.

Insta destacar que os procedimentos padrão não exercem apenas fonte subsidiária em relação aos procedimentos que integram a mesma natureza do processo. O procedimento ordinário, bem como as normas disciplinadas no processo de conhecimento, também exerce fonte subsidiária sobre as demais espécies de processo. É o caso, por exemplo, do artigo 576, do CPC, que remete a disciplina da competência para a execução de título extrajudicial às regras tratadas no Livro I; ou o caso do artigo 598, do CPC, que faz referência expressa da aplicação subsidiária das disposições que regem o processo de conhecimento ao processo de execução; a hipótese do artigo 739, III, do CPC, que prevê a rejeição liminar dos embargos quando a inicial for inepta.

Mas a função de fonte subsidiária não é exclusiva do processo de conhecimento. São detectáveis no CPC disposições que remetem ao processo de execução (arts. 821 e 1.070) e ao processo cautelar (arts. 939; 1.058; 1.119, parágrafo único e 1.196) a aplicação subsidiária de suas normas. Nesses excepcionais casos, o processo de execução e o processo cautelar exercem a função subsidiária do conhecimento processual.

Art. 272. O procedimento comum é ordinário ou sumário.

Parágrafo único. O procedimento especial e o procedimento sumário regem-se pelas disposições que lhe são próprias, aplicando-se-lhes, subsidiariamente, as disposições gerais do procedimento ordinário.

PROCESSO E PROCEDIMENTO

Noção. Como visto no início deste volume, o processo pode ser visto sob três dimensões: a procedimental, a instrumental e a axio-política. No entanto, para que se possa alcançar essas dimensões, é preciso que o processo se realize concretamente, quando deixará de ser uma mera abstração.

A realização concreta do processo, nele incluindo-se a dedução da pretensão do autor, a defesa do réu, o debate da lide, a produção de provas e a solução apontada pelo juiz, se faz mediante procedimento. Daí a necessidade de examinar em separado o conceito e as implicações dadas pelo procedimento.

Procedimento. Explica Wellington Moreira Pimentel que o processo é um fenômeno em atividade; atividade das partes, atividade do juiz, atividade dos auxiliares da justiça. O fenômeno processual, explica o processualista carioca, "se apresenta ao observador atento como a atividade desenvolvida pelos elementos que são seus protagonistas. Algo semelhante com que se depara o físico ao acompanhar o fenômeno da ebulição da água. Tanto os fenômenos físicos, como os sociais, ocorrem segundo uma sucessão de atos ou fatos. Mas se os queremos provocar, então aquela cadeia de movimentos deverá ser ordenada, isto é, seguir uma determinada cronologia, variável segundo os efeitos desejados com a produção do fenômeno".[213]

Nesse compasso, leciona Pimentel que o "procedimento disciplina, organiza ou ordena em sucessão lógica o processo, dando aos atos, vale dizer à atividade, uma seqüência adequada ao aperfeiçoamento do fenômeno, aos resultados que dele emanam".[214]

---

[213] PIMENTEL, Wellington Moreira. *Comentários ao Código de Processo Civil.* Volume III. São Paulo. Revista dos Tribunais. 1975, p. 9.

[214] PIMENTEL, Wellington Moreira. *Comentários ao Código de Processo Civil.* Volume III..., p. 9.

Por essa linha de pensamento, o procedimento é visto como uma manifestação da técnica. Técnica por ser a arte em propiciar o desenvolvimento da lide, apta a descobrir a verdade. A própria idéia de procedimento se confunde com processo, porque, conforme diz Pontes de Miranda, no processo compreende: "a) a *delimitação do fato* e *do direito*, desde as comunicações de procedimento da petição inicial (não as comunicações de vontade e a declaração de vontade, de que nasce a relação jurídica processual), até a apresentação das provas, a qualificação do fato e do direito pela sentença, a execução em si; b) a *tramitação*, que compreende a petição e a citação, que angulariza a relação jurídica processual, a contestação, a *conclusio in causa*, a sentença (portanto, desde as comunicações de vontade do autor e do réu, ou outras figuras processuais, e do juiz, e a declaração de vontade do autor, de que nasce a relação jurídica processual, a citação, que faz o ângulo [autor, juiz; juiz, réu][215], até a sentença e a eventual sentença no recurso ou nos recursos); c) o *procedimento*, que compreende a regulação, o ato da apresentação dos escritos, da oralidade, as citações, os prazos etc".[216]

O procedimento é uma técnica de manifestação do processo. Técnica, como diz Wellington Moreira Pimentel, "de ordenação e racionalização da atividade a ser desenvolvida. É, pois, a forma imposta ao fenômeno processual. Da mesma sorte que se pode obter a ebulição, para ficarmos com a mesma ilustração, por formas diversas, a atuação da lei à situação concreta pode ser alcançada segundo diversa sistematização dos atos que para tal as partes e o juiz praticarão".[217]

Com o procedimento, o processo se realiza concretamente. Mas, sempre bom lembrar, o procedimento não pode ser mais que o processo, sob pena de afetar o seu próprio conceito.

Pluralidade de procedimentos. A idéia básica é de que o procedimento destina-se à apuração do litígio demandado. Desenvolve-se toda uma atividade processual, organizada e sistematizada pelo procedimento, a fim de apurar a verdade dos fatos e possibilitar a solução jurisdicional.

---

[215] Nota do Autor: Pontes de Miranda segue a linha da relação processual angular, ao passo que a maioria da doutrina segue os postulados da relação triangular.

[216] MIRANDA, Pontes de. *Comentários ao Código de Processo Civil.* Tomo III..., p. 458-459.

[217] PIMENTEL, Wellington Moreira. *Comentários ao Código de Processo Civil.* Volume III..., p. 10.

A existência de um único procedimento apto a realizar concreta e genericamente diversas pretensões, é definida como procedimento padrão, que pode ser ordinário ou sumário (art. 272). Exemplo típico é a ação de indenização por ato ilícito, cujo procedimento em regra se dá com a propositura da ação, citação do réu, resposta do réu, impugnação à contestação, conciliação, saneamento do processo, produção de provas, alegações finais, sentença e recursos. Este mesmo procedimento também se aplica à ação de separação judicial litigiosa, ação de anulação de ato jurídico, ação declaratória de inexistência de relação jurídica etc. Percebe-se, portanto, a existência de um único procedimento, aplicável a diversas demandas.

No entanto, é verificável que, abstratamente, algumas demandas mostram-se peculiares e diferenciadas de outros litígios. Em razão dessa peculiaridade e em nome da segurança jurídica, que exige a prévia estipulação de regras processuais, são formulados procedimentos especiais, porque se distinguem do procedimento padrão. Exemplos de ações que seguem procedimentos especiais são aquelas mencionadas no Livro IV do CPC, que tem a sugestiva denominação "Dos Procedimentos Especiais de Jurisdição Contenciosa", contendo ações de consignação em pagamento, ação de depósito, ação de prestação de contas etc.

A especialidade desses procedimentos apresenta-se nalguns aspectos, mas a estrutura central segue o rito padrão.

Mas os procedimentos especiais também podem ser tratados em leis extravagantes, como é o caso da lei que regula o mandado de segurança (Lei nº 1.533/51) ou o *habeas data* (Lei nº 9.507/97). Note-se que essas leis estipulam o procedimento sumaríssimo, onde a estrutura procedimental concentra em poucos atos a estrutura ordinária.

Na esteira de Wellington Moreira Pimentel, a conveniência de se compatibilizar a diversidade de procedimentos se mostra desde que haja a concorrência de cinco princípios, a saber:[218]

Princípio Lógico: os atos e formas devem ser aptos e praticados em adequada seqüência, de forma a propiciar a descoberta da verdade;

[218] PIMENTEL, Wellington Moreira. *Comentários ao Código de Processo Civil.* Volume III..., p. 13.

Princípio Isonômico: também no processo todos devem estar em posição de igualdade;

Princípio Jurídico: que persegue a Justiça da decisão;

Princípio Político: traduzido em assegurar a garantia dos direitos privados, em harmonia com os interesses sociais; e

Princípio Econômico: sintetizado na decantada distribuição rápida e barata de Justiça.

Procedimento comum. A idéia de um procedimento comum remete à sua aplicação genérica e subsidiária, isto é, aplicável nas causas que seguem o rito padrão, e subsidiária porque exerce função de fonte suplementar nos procedimentos especiais.

Na esteira do *caput* do artigo 272, o procedimento comum é ordinário ou sumário. No entanto, o disposto diz menos do que a estrutura processual pode fornecer.

Pois, com efeito, visto no disposto anterior, cada natureza do processo comporta diversos procedimentos, além de uma estrutura procedimental padronizada. Assim, cada processo (de conhecimento, execução e cautelar) contém um procedimento comum, além de procedimentos especiais. No processo de conhecimento, o procedimento comum é regulado pelo rito ordinário ou sumário, ao lado dos procedimentos especiais e sumaríssimo (este, encontrado em leis extravagantes); já no processo de execução, existe o procedimento padrão, regulado pela execução da obrigação de dar do devedor solvente, ao lado dos procedimentos especiais, da execução das obrigações de fazer, não fazer e obrigação de dar do devedor insolvente; e no processo cautelar, que possui um rito padrão e procedimentos específicos para as medidas nominadas.

Por fim, compreende-se que, pelas tendências que se apresentam no CPC e a respectiva reforma, pode-se ter a seguinte aplicação genérica dos procedimentos no direito processual: havendo título executivo, tem-se o processo de execução; havendo documentos que não possuem força executiva, tem-se o procedimento monitório (processo de conhecimento); possuindo documentos mas que não buscam a execução da prestação, ou direito real, tem-se o procedimento especial; possuindo relação jurídica que envolve direito público de caráter fundamental, tem-se o procedimento sumaríssimo (p. ex., mandado de segurança, mandado de injunção e *habeas data*); e não possuindo documentos e/ou não se enquadrando hipótese de rito especial ou sumaríssimo, tem-se o procedimento comum, que pode ser, mediante política jurídica, procedimento sumário ou ordinário.

Função subsidiária do procedimento ordinário. O parágrafo único diz que as disposições pertinentes aos procedimentos sumário e especial aplicam-se às causas que lhe são submetidas; subsidiariamente, aplica-se o procedimento ordinário.

Tem-se, nesse aspecto, a função subsidiária entre procedimentos, porque a natureza do processo é a mesma, porém com aplicação suplementar de procedimentos diversos.

Mas, não se pode perder de vista que o processo de conhecimento exerce função subsidiária ao processo de execução (CPC, art. 598). Nesse aspecto, tem-se a função subsidiária entre processos, porque não só há diversidade de procedimentos, como também de natureza de processo. Também exercem função subsidiária entre processos o processo de execução (CPC, arts, 821 e 1.070) e o processo cautelar (CPC, arts. 939; 1.058; 1.119, parágrafo único; 1.196).

Alteração pela "minirreforma". A Lei nº 8.952/94 alterou a redação do *caput* e do parágrafo único do disposto examinado, substituindo a expressão "sumaríssimo" por "sumário".[219]

Art. 273. O juiz poderá, a requerimento da parte, antecipar, total ou parcialmente, os efeitos da tutela pretendida no pedido inicial, desde que, existindo prova inequívoca, se convença da verossimilhança da alegação e:

I – haja fundado receio de dano irreparável ou de difícil reparação; ou

II – fique caracterizado o abuso do direito de defesa ou o manifesto propósito protelatório do réu.

§ 1º Na decisão que antecipar a tutela, o juiz indicará, de modo claro e preciso, as razões do seu convencimento.

---

[219] DINAMARCO, Cândido Rangel. *A Reforma do Código de Processo Civil.* 2ª edição. São Paulo. Malheiros. 1995, p. 113.

§ 2º Não se concederá a antecipação da tutela quando houver perigo de irreversibilidade do provimento antecipado.

§ 3º A execução da tutela antecipada observará, no que couber e conforme a sua natureza, as normas previstas nos arts. 588, 461, §§ 4º e 5º, e 461-A.

§ 4º A tutela antecipada poderá ser revogada ou modificada a qualquer tempo, em decisão fundamentada.

§ 5º Concedida ou não a antecipação da tutela, prosseguirá o processo até final de julgamento.

§ 6º A tutela antecipada também poderá ser concedida quando um ou mais dos pedidos cumulados, ou parcela deles, mostrar-se incontroverso.

§ 7º Se o autor, a título de antecipação de tutela, requerer providência de natureza cautelar, poderá o juiz, quando presentes os respectivos pressupostos, deferir a medida cautelar em caráter incidental do processo ajuizado.

TUTELA ANTECIPATÓRIA

Obstáculos criados pelo procedimento ordinário. Explana Ovídio A. Baptista da Silva que a doutrina processual, a fim de garantir a autonomia científica da ciência processual, implementou a idéia do procedimento ordinário, como meio eficaz de se obter a certeza do direito. No entanto, salienta o mestre, "no campo do direito processual, refletiam-se a exigência de que a jurisdição fosse confiada a juízes desprovidos de qualquer poder de império, passivos e inertes, cuja única missão deveria ser a mera aplicação do direito legislado. Eis a razão de ser do denominado 'processo de conhecimento', com suas três espécies de sentenças[220], através das quais o magistrado simplesmente julga, diz o direito, realizando uma atividade puramente lógica; e nada executa, no plano da realidade social".[221]

[220] Essa orientação de três sentenças (declaratória, constitutiva [positiva e negativa] e condenatória) é de insipiração italiana.

[221] SILVA, Ovídio A. Baptista da. *Curso de Processo Civil.* Volume I. 2ª edição. Porto Alegre. Sérgio Antonio Fábris Editor. 1991, p. 95.

Interessante notar, com Ovídio, que o conceito de ação como direito processual não comporta o procedimento a ser utilizado, embora seja com o procedimento que se fará a realização concreta da pretensão ajuizada. Mas, com o tempo, o procedimento ordinário tem "jogado" contra a pretensão material, face a morosidade e onerosidade que ele propicia. Por isso, "transcorridos alguns anos, a maior novidade científica, no campo do processo civil, passou a ser, justamente, a busca de formas especiais de tutela jurisdicional indicadas pelos processualistas como espécies de 'tutela diferenciada', que outra coisa não é senão a redescoberta tardia de que a todo o direito corresponde, ou deve corresponder, uma ação (adequada) que efetivamente o 'assegure', proclamando-se, mais uma vez, a função eminentemente 'instrumental' do processo. Volta-se, pois, a tratar – ao lado da 'ação' processual 'una e abstrata' – de ações especiais que, longe de significarem simples desvios do padrão ritual ordinário, equivalem a formas muitos especiais de tutela processual sumária".[222]

Mas o procedimento ordinário apresenta nítidas vantagens sobre os demais procedimentos, sobretudo o sumário, explica Ovídio A. Baptista da Silva, por "conter uma demanda plenária, capaz de trazer para o processo todo o conflito de interesses, qualificador da lide, as necessidades e contingências atuais de nossa realidade judiciária têm mostrado, muito mais do que suas possíveis vantagens, as enormes e insuportáveis desvantagens desse tipo procedimental, exacerbadamente moroso e complicado, a ponto de tornar-se inadequado ao nosso tempo e às novas exigências decorrentes de uma sociedade urbana de massa".[223]

Porém, o procedimento ordinário apresenta uma série de inconvenientes, com destaque maior para a morosidade, que realça seu aspecto conservador, o emperramento das relações sócios-jurídicas, a ineficácia dos fins da jurisdição (CF, art. 3º), a ausência do poder estatal, a onerosidade do processo, seja quanto aos custos da manutenção e desenvolvimento da relação processual, seja quanto à ausência de uma definição jurídica do litígio. Tudo isso representa meios que contribuem para a inefetividade do direito material.

Se não bastasse as desvantagens do rito ordinário, pesa contra o litigante o fato do processo de execução também ser demorado e oneroso. O tratamen-

---

[222] SILVA, Ovídio A. Baptista da. *Curso de Processo Civil.* Volume I..., p. 98.

[223] SILVA, Ovídio A. Baptista da. *Curso de Processo Civil.* Volume I..., p. 101.

to processual deferido à execução provisória em muito contribui com a inefetividade do direito.

A respeito do tema, argumenta Luiz Guilherme Marinoni que a "lentidão da justiça civil, ao contrário do que se pode supor, é do interesse de alguns. O procedimento ordinário, ao não admitir qualquer vestígio de executividade em seu seio, permite a manutenção do *status quo* do conflito de interesses por longo período de tempo, o que não só muitas vezes interessa ao réu, como também pode colocar em risco o princípio da isonomia processual. As transformações sociais que podem ser trazidas pela decisão jurisdicional, por outro lado, não raro são obstadas pela demora processual. As ações que implicam participação política no poder – como a ação popular – têm a sua importância mitigada pelo tempo no processo, certamente deixando agradecidos os maus governantes. Isso para não lembrarmos que certa parte dos advogados são pagos na medida proporcional do tempo do processo. Admitir que a lentidão da justiça preocupa a todos, portanto, é grave ingenuidade".[224]

Tutela diferenciada. Tendo em vista as desvantagens do procedimento ordinário e que elas representam a própria inefetividade da jurisdição. Pois, a "demora pelo pronunciamento jurisdicional tem desestimulado muitas pessoas a ingressarem no Judiciário, a despeito de seu direito subjetivo material estar lesado ou ameaçado. Tanto que, em alguns casos, é comum verificar a realização de péssimos acordos em razão de atendimento a necessidades urgentes. Surge, então, o nefasto ditado: *mais vale um péssimo acordo que uma boa demanda.* Às vezes, a tutela de direitos assume forma diferenciada do procedimento correto, utilizando-se de provimentos antecipatórios ou cautelares, para fugir do revés da mora judiciária. Pode-se dizer o mesmo a respeito da demora a nível de segundo grau de jurisdição, que apenas serve de desestímulo ao litigante de boa-fé e de incentivo ao litigante procrastinador".[225]

Por isso, o litigante que "insiste" em obter do Poder Judiciário o provimento jurisdicional acerca da lide, acrescido da necessidade de transformar a realidade jurídica, tem se utilizado da chamada "tutela diferenciada".

---

[224] MARINONI, Luiz Guilherme. *Efetividade do Processo e Tutela de Urgência.* Porto Alegre. Sérgio Antonio Fábris Editor. 1994, p. 2.

[225] PAULA, Jônatas Luiz Moreira de. *Uma Visão Crítica...*, p. 51.

A expressão "tutela diferenciada" apresenta dois significados: um, em relação à ciência processual, como a disposição de procedimentos diferentes do rito ordinário, momento que se confunde como procedimentos especiais;[226] e outro, em relação ao litigante, como a infração ao procedimento adequado à tutela do direito subjetivo litigado.

Relativo à última espécie, note-se com Eliana Calmon, que "a demora na prestação jurisdicional levou os advogados a buscarem solução processual e, no processo cautelar, ingenuamente estruturado no chamado Código de Buzaid, encontraram a saída para as urgências: as liminares acautelatórias para se aguardar a demorada sentença, sem correr o risco da imprestabilidade da atuação estatal. Esta foi a solução para atender aos direitos instantâneos. O ponto crucial da utilização das cautelares, praticamente alertando a sociedade brasileira e os juristas nacionais para o problema, veio ao se bloquearem os ativos financeiros do Plano Collor I pela Lei nº 8.024/90. Milhares de brasileiros socorreram-se da Justiça Federal e, por via de liminares, proferidas em processos cautelares, conseguiam desbloquear os depósitos de contas correntes e de poupanças, deixando um saldo de milhares e milhares de processos em duplicidade (ação cautelar e ação ordinária) para serem solucionados, em nome de uma formalidade apenas. Sim, porque só a liminar desbloqueando os depósitos bancários, de plena satisfatividade, tornou de absoluta inutilidade o longo caminho a percorrer com o *iter* procedimental de ambas as demandas (cautelar e ordinária)".[227]

Daí que, a tutela diferenciada em relação à ciência processual tem nítida importância para readequar a fórmula processual à natureza da demanda. Pois, na visão de Ricardo Rodrigues Gama, com a tutela diferenciada, o Poder Judiciário "de desacreditado pela demora na solução dos litígios, vai ganhar o respeito merecido e desfazer a inversão de valores de muitos jurisdicionados. A visível confiança no Judiciário, como órgão que realmente resolve as questões que lhe são submetidas, funcionaria até como inibidor da ofensa de direitos, uma vez que o violador contará com a certeza da punição exemplar pela prática de ato contrário à lei".[228]

---

[226] GAMA, Ricardo Rodrigues. *Efetividade do Processo Civil.* Campinas. Copola. 1999, p. 17-18.

[227] CALMON, Eliana. *Tutelas de Urgência.* Artigo publicado na Revista Jurídica. Ano 47. Março de 2000. Nº 269. Porto Alegre. Síntese. 2000, p. 5.

[228] GAMA, Ricardo Rodrigues. *Efetividade...*, p. 21.

A busca pela tutela diferenciada para o litigante, é a busca de um provimento sumário, a fim de conferir uma celeridade não empregada pelo procedimento ordinário. Assim, o litigante estaria associando rapidez e uma aparente legalidade à efetividade de seu direito.

Nessa linha, leciona Luiz Guilherme Marinoni que a "proliferação das medidas cautelares nada mais é do que fenômeno oriundo das novas exigências de uma sociedade urbana de massa, que torna inaceitável a morosidade jurisdicional imposta pelas formas tradicionais de tutela. Deveras, a não adaptação de um sistema de distribuição de justiça à evolução da sociedade, e as novéis necessidades advindas do dinamismo do mundo moderno, fez com que aflorassem as frustrações psicológicas no homem, hodiernamente tão marcado pela idéia de imediatidade".[229]

Por isso, arremata o professor paranaense, que "as tutelas diferenciadas, em verdade, devem situar-se como contrapartida ao direito à adequada tutela jurisdicional, que representa, numa análise mais perceptível da realidade, concretização do princípio da inafastabilidade do controle jurisdicional, hoje albergado no art. 5º, XXXV, da CF (...) Assim, se o mundo empírico nos oferece a proposição de que o procedimento ordinário não pode corresponder à idéia de efetividade do processo, e se é certo que a tutela cautelar passou a ser utilizada como instrumento de sumarização, não podemos deixar de pensar em formas alternativas de tutela sumária, próprias para eliminar situações urgentes, que no momento são espancadas via processo cautelar".[230]

A tutela antecipatória como reação à tutela diferenciada. Luiz Guilherme Marinoni, ao fundamentar o instituto da tutela antecipatória, salienta a necessidade de se fazer uma distribuição racional do processo. Salienta o mestre que a doutrina, ao estabelecer o procedimento ordinário como o procedimento padrão de tutela de direitos, "mostrou-se despreocupada e indiferente em relação às diversas necessidades do direito material e da realidade social. O procedimento ordinário, como é intuitivo, não é adequado à tutela de todas as situações de direito substancial e, portanto, a sua universalização é algo impossível. Aliás, o que hoje se assiste nos sistemas do direito romano-canônico é uma verdadeira demonstração da

[229] MARINONI, Luiz Guilherme. *Tutela Cautelar e Tutela Antecipatória.* São Paulo. Revista dos Tribunais. 1992, p. 17-18.

[230] MARINONI, Luiz Guilherme. *Tutela Cautelar...*, p. 20.

superação do procedimento ordinário, tendo a tutela urgente se transformado em técnica de sumarização e, em última análise, em remédio contra a ineficiência deste procedimento. A proliferação das tutelas sumárias nada mais é do que fenômeno oriundo das novas exigências de uma sociedade urbana de massa que não mais admite a morosidade jurisdicional imposta pela ordinariedade".[231]

Por isso, prossegue Marinoni, "o procedimento ordinário, como é intuitivo, faz com que o ônus do tempo do processo recaia unicamente sobre o autor, como se este fosse o culpado pela demora ínsita à cognição de direitos. Tal construção doutrinária é completamente alheia ao que ocorre na realidade social e no plano do direito substancial, pois neste plano há direitos evidentes e não evidentes e na realidade da vida a lentidão do processo pode significar angústia, sofrimento psicológico, prejuízos econômicos e até mesmo miséria".[232]

Eis que, a fim de evitar prejuízos ao autor – suposto detentor de direitos materiais, mas com certeza beneficiando o réu que não tem razão – e a concessão de tutelas jurisdicionais de forma diferenciada – o que seria, em última análise, uma ofensa às regras processuais –, a doutrina "recuperou" o processo, mediante aplicação da técnica da tutela antecipatória.

Tido como técnica processual que visa antecipar um dos efeitos mediatos principais da tutela jurisdicional pretendida pelo autor[233], a tutela antecipatória se funda nos seguintes aspectos: distribuição do ônus da prova como vetor para a repartição do tempo no processo; concepção da idéia de que o tempo do processo deverá ser suportado pela parte que necessita instruir a causa; o processo não pode prejudicar o autor que tem razão; e a necessidade de se evitar o abuso do direito de defesa.[234]

---

[231] MARINONI, Luiz Guilherme. *Tutela Antecipatória, Julgamento Antecipado e Execução Imediata da Sentença.* São Paulo. Revista dos Tribunais. 1997, p. 16.

[232] MARINONI, Luiz Guilherme. *Tutela Antecipatória...*, p. 17.

[233] Tem-se que os efeitos da tutela jurisdicional podem ser: *imediato*, que é representado pelo pronunciamento estatal sobre a lide, com a extinção do processo e o esgotamento do ofício jurisdicional, e *mediato*, que se subdivide em *mediato principal*, onde se localiza o comando da sentença, como declaração, condenação, absolvição, anulação, desconstituição, constituição, mandamento, execução ou acautelamento de determinada relação jurídica reconhecida, e em *mediato secundário*, que decorre do efeito anterior e está representado na inscrição da hipoteca judiciária, pagamento das custas processuais e honorários advocatícios. Cf. PAULA, Jônatas Luiz Moreira de. *Teoria Geral do Processo...*, p. 304-305.

[234] MARINONI, Luiz Guilherme. *Tutela Antecipatória...*, p. 56-63.

A técnica da tutela antecipatória também pode ser utilizada quando a ação não é contestada ou o pedido é reconhecido pelo réu. Nesse aspecto a utilização da tutela antecipatória se justifica nas idéias de que é equivocado obrigar o autor a esperar a realização de um direito que não se mostra mais controvertido; de que o processo não pode prejudicar o autor que tem razão; e da necessidade de se evitar o abuso do direito de defesa.[235]

Também a tutela antecipatória poderá ser utilizada através da técnica monitória, quando se justifica nas idéias de que é equivocado obrigar o autor a esperar a realização de um direito que não se mostra mais controvertido; de que o processo não pode prejudicar o autor que tem razão; e da necessidade de se evitar o abuso do direito de defesa.[236]

A tutela antecipatória pode ser concedida em dois momentos distintos: um, no início do processo, no momento em que o juiz determina o processamento da ação e concede a tutela; outro, no curso do processo, desde que preenchidos os requisitos. Mas uma coisa é certa, não se concede tutela antecipatória após o proferimento da sentença, até porque aí não mais haveria antecipação dos efeitos de uma futura e eventual sentença que procederia o pedido. Ademais, uma vez proferida a sentença, estará esgotado o ofício jurisdicional, não podendo o juiz proferir novas decisões ulteriores (CPC, art. 463). Embora o referido dispositivo mencione a sentença de mérito, é inegável que o conteúdo da norma também alcança a sentença que não tenha apreciado o mérito, visto que, com o proferimento da sentença, opera-se a preclusão *pro judicato* (CPC, art. 471, *caput*).

Contudo, a questão pode suscitar idéias contrárias, o que revela ser um tema polêmico.

Tutela antecipatória e tutela cautelar. A tutela antecipatória não se confunde com a tutela cautelar, embora tenha havido sugestões para seu enquadramento como espécie de cautelar satisfativa, prolongando a regra esculpida no artigo 889, do CPC.[237]

Inobstante a "minirreforma" do CPC enquadrar a tutela antecipatória como técnica do processo de conhecimento, não se nega que tenha havido ma-

---

235 MARINONI, Luiz Guilherme. *Tutela Antecipatória...*, p. 102-106.

236 MARINONI, Luiz Guilherme. *Tutela Antecipatória...*, p. 162-164.

237 GAMA, Ricardo Rodrigues. *Efetividade...*, p. 85.

nifestações que propunham a tutela antecipada como espécie de tutela cautelar. Sobre essa corrente doutrinária, afirma Ricardo Rodrigues Gama que a tutela antecipada seria espécie da cautelar satisfativa e também porque "a) assegura a efetividade da decisão final; b) está presente a cognição sumária; c) dá-se a precariedade da decisão; d) existe outra tutela que serve de referência; e e) não há razão histórica para a diferenciação".[238]

No entanto, o melhor posicionamento mostra a dissociação entre os dois institutos, o que realça a tutela antecipatória ser um instituto autônomo. Pois, sustenta Ricardo Rodrigues Gama que: "a) soa como ilegítima a afirmação de que a tutela antecipada assegura a efetividade da decisão final, isso porque ela é a própria decisão final, favorável ao beneficiado pela antecipação. Ademais, somente a tutela cautelar apresenta-se como um instrumento garantidor da decisão final; b) o fato da cognição ser sumária, para as duas tutelas, não permite confundi-las; c) quanto à possibilidade da revogação da medida concedida (provisoriedade), ela não tem o condão de transformar a tutela antecipada em cautelar; d) acima das duas tutelas, é bom acentuar que a tutela cautelar constitui um processo, devendo existir um outro a ser considerado principal. Na antecipação da tutela, tem-se um só processo e esta representa a decisão final favorável dele; e e) sobre a razão histórica, é bom lembrar que até os doutrinadores italianos divergiam sobre as duas tutelas".[239]

Luiz Guilherme Marinoni também sustenta a impossibilidade de se enquadrar a tutela antecipatória como espécie de tutela cautelar. Historia o mestre que as tutelas sumárias de urgência surgiram em razão de uma necessidade criada pelo emperramento da realização do direito material propiciado pelo procedimento ordinário. Daí que a "falta de sensibilidade para exigência de adequação das formas de prestação de tutela jurisdicional às variadas situações de direito substancial deixou fora do sistema de tutela dos direitos a tutela sumária satisfativa, única capaz de tutelar adequadamente os direitos que necessitam de satisfação urgente. Mas como as necessidades da vida contornam os defeitos dos sistemas, a tutela sumária satisfativa passou a ser prestada através do manto protetor da tutela cautelar. Ou seja, a ação cautelar passou a ser o veículo para a realização urgente dos direitos".[240]

---

[238] GAMA, Ricardo Rodrigues. *Efetividade...*, p. 86-87.

[239] GAMA, Ricardo Rodrigues. *Efetividade...*, p. 87-88.

[240] MARINONI, Luiz Guilherme. *Efetividade do Processo...*, p. 51.

Posteriormente, Marinoni ingressa no âmago do debate, ao notar que Carnelutti pouco diferenciava a "composição provisória da lide" e a "tutela do processo", o que foi rebatido por Calamandrei, que entendia, junto com Giovanni Cristofolini, sobre a existência de providências com declarações com predominante função executiva que poderiam ser classificadas como tutelas cautelares.[241]

Abordando posicionamento de Chiovenda, Luiz Guilherme Marinoni detecta que a ausência de título executivo seria empecilho para o reconhecimento da tutela antecipada (*nulla executio sine titulo*). Afirma que, "se realmente desejamos investigar as suas razões, não podemos esquecer que por detrás deste princípio está presente a idéia de um processo voltado à descoberta da verdade e que o caráter ideológico-mitificante deste valor pode ser facilmente detectado quando percebemos que parte da doutrina sempre aceitou a tese de que a busca da verdade pode ser dispensada quando falta a contestação. Sem qualquer dúvida, indispensável para a execução nunca foi a cognição exauriente, mas sim a simples oportunidade – nem sempre real – de realização plena do contraditório. Atualmente, porém, não há mais fundamento para a relação entre plenitude do contraditório e tutela executiva, pois o surgimento dos chamados 'novos direitos' permitiu ao processualista moderno descobrir algo que não poderia ao menos ter sido intuído à época de Chiovenda: muitos direitos – como o direito à higidez do meio ambiente – exigem para sua efetiva proteção uma tutela sumária satisfativa, ou seja, uma tutela satisfativa que limite a plenitude do contraditório. Será que a evolução da consciência dos homens, que já fez ruir tantos castelos construídos nos ventos de outras épocas, não permitirá a derrubada do mito da *nulla executio sine titulo*?".[242]

Também sobre Chiovenda, Marinoni retoma a fórmula de que o processo deve dar a quem tem um direito tudo aquilo e exatamente aquilo que ele tem o direito de obter, para mostrar a necessidade de se realizar de forma urgente o direito substancial. Por isso, argumenta o jurista paranaense que "se a tutela antecipatória dá àquele que afirma ter o direito que deve ser realizado de modo urgente, tudo aquilo e exatamente aquilo que ele tem o direito de obter, como podemos aceitar a afirmação de Calamandrei no sentido de que

---

[241] MARINONI, Luiz Guilherme. *Efetividade do Processo...*, p. 51-52.

[242] MARINONI, Luiz Guilherme. *Efetividade do Processo...*, p. 53.

a tutela antecipatória constitui apenas um meio para atuação do direito, ou ainda a tese de que a tutela antecipatória visa assegurar o resultado útil do processo, se o único resultado útil que se espera do processo – obviamente do ângulo do autor – é realizado no momento em que é efetivada a tutela antecipatória".[243]

Por fim, esclarece Marinoni que é possível conceder tutela antecipatória quando caracterizado o abuso no exercício do direito de defesa, o que seria sem estar apoiada no *periculum in mora*. Explica o professor da UFPR que "tal espécie de tutela antecipatória evidencia que a técnica da cognição, permitindo uma prestação jurisdicional sumária, é imprescindível à construção do devido processo legal, pois não é devido processo legal aquele que protela, injustamente, a realização do direito do autor. Ninguém ousará pensar que esta tutela antecipatória terá caráter cautelar, muito embora Calamandrei tenha chegado a afirmar que mesmo a cláusula de execução provisória da sentença concedida com base na probalidade de que a sentença de primeiro grau não vai ser modificada, caso analisada pelo ângulo da provisoriedade, comportase como um provimento cautelar. Realmente, nada melhor para fecharmos o nosso discurso do que a demonstração de que Calamandrei, ao tratar da tutela cautelar, não percebeu que a expressão 'execução provisória' revela uma contradição, à medida que 'execução provisória' execução é. Provisória é a sentença na qual a execução se funda, assim como provisória pode ser apenas a sentença antecipatória; jamais a realização do direito".[244]

Também é previsível que posturas poderão suscitar tal entrelaçamento, tendo em vista a inserção do § 7º, ao artigo 273, do CPC, por força da Lei nº 10.444, de 07/05/02. O referido § 7º trata sinteticamente da possibilidade de ser concedida tutela cautelar ao invés de tutela antecipatória, quando presente os pressupostos cautelares.

Observando o novel processual, verifica-se que o § 7º diz justamente que tutela antecipada e tutela cautelar são conceitos excludentes, a ponto de, ao invés de ser concedida a tutela antecipatória, será concedida tutela cautelar se preenchido os seus requisitos.

---

[243] MARINONI, Luiz Guilherme. *Efetividade do Processo...*, p. 54.

[244] MARINONI, Luiz Guilherme. *Efetividade do Processo...*, p. 55.

Essa postura do legislador realça mais uma vez o combate à tutela diferenciada, impedindo que seja concedida tutela antecipada com o conteúdo de provimento cautelar, ou impedir que a tutela cautelar seja deferida para fins de antecipação do provimento satisfativo.

Ao longo do exame dos requisitos da tutela antecipatória e por ocasião do exame procedimental do § 7º, a questão ventilada será novamente examinada.

Técnica. Realçando a distinção entre tutela antecipatória e tutela cautelar, decidiu o STJ que: "I – O procedimento da antecipação de tutela está inserido no processo de conhecimento (art. 273, CPC), distinguindo-se totalmente dos pressupostos cautelares (*fumus boni iuris* e *periculum in mora*), exatamente por ambos defenderem escopos distintos. O primeiro visa a assegurar uma verdade jurídica, enquanto o segundo serve, exclusivamente, para evitar o perecimento dos processos de cognição ou execução. II – Neste diapasão, a decisão atinente à antecipação de tutela necessita, obrigatoriamente, da verificação dos pressupostos insertos no art. 273-CPC, quais sejam: a verossimilhança argüida na exordial; abuso no direito de defesa ou manifesto propósito procrastinatório; análise de eventual dano de difícil reparação, ou quiçá irreparável; sem falar na 'prova inequívoca'. Daí, versando o especial, unicamente, quanto ao direito postulado, ou seja, não ensejando o reexame de matéria fático-probatória, resta afastada a incidência da Súmula 7-STJ. Desta forma, compete a este Tribunal aferir, tão somente, os pressupostos delineados no art. 273 do Cânone Processual Civil. III – Restando evidenciado o não preenchimento dos requisitos retro mencionados (art. 273-CPC), impõe-se a cassação do v. acórdão *a quo*, bem como da r. decisão concessiva da antecipação da tutela (47,94%). Precedentes: (REsp. 131.853-SC e REsp. 229.763-SP). IV - Recurso especial conhecido, nos moldes assinalados no voto, e provido por ambas as alíneas".[245]

Tutela antecipatória e tutela inibitória. A tutela inibitória, como dito no volume I da obra, é destinada exclusivamente à tutela preventiva do direito. Com ela, procura-se tutelar tipicamente o direito material, evitando a ocorrência da lesão.

---

[245] RESP nº 282727/MS 5ª T., rel. Min. Gilson Dipp, DJ de 19/02/01, p. 234.

Há um mandamento constitucional permissivo, expresso no artigo 5º, XXXV, da CF, quando prevê o acesso à Justiça nos casos de ameaça a direito. O próprio CPC, ao dispor sobre a nova redação do artigo 461, prevê no § 3º que "sendo relevante o fundamento da demanda e havendo justificado receio de ineficácia do provimento final, é lícito ao juiz conceder a tutela liminarmente ou mediante justificação prévia, citado o réu".

Tem-se aí o que se denomina "tutela inibitória antecipada". Afirma Luiz Guilherme Marinoni, em obra que lhe valeu a cadeira Titular de Processo Civil na UFPR em sucessão a Egas Dirceu Moniz de Aragão, que "o requerente da tutela inibitória antecipada deve demonstrar, em termos de *fummus boni iuris*, a probabilidade da ilicitude. Entretanto, além da probabilidade do ilícito, exige-se o que o § 3º do art. 461 chama de 'justificado receio de ineficácia do provimento final'. Há 'justificado receio de ineficácia do provimento final' quando há 'justificado receio' de que o ilícito (que pode ou não estar associado ao dano) seja praticado no curso do processo de conhecimento, isto é, em momento anterior àquele em que o provimento final pode ser executado. Não é necessária a certeza de que o ilícito será praticado; basta a probabilidade de que o ilícito possa ser praticado, o que na verdade faz identificar um fundado receio de que o ilícito possa ser praticado durante o transcorrer do processo de conhecimento".[246]

No entanto, é preciso abordar o tema da irreversibilidade da tutela, omisso no artigo 461, mas presente ao § 2º, do artigo 273, ambos do CPC. Sustenta Marinoni que a possibilidade de prejuízos irreversíveis ao réu em razão da execução da medida não pode constituir obstáculo à concessão da tutela inibitória. Pois, "o princípio da probabilidade consagra a própria lógica da tutela antecipatória contra o *periculum in mora*. Na tutela antecipatória fundada em *periculum in mora* está sempre em jogo um direito provável que pode ser lesado. Assim, a afirmação de que o direito do réu, em virtude da tutela antecipatória, pode ser lesado de forma irreparável, não é suficiente para convencer alguém – que esteja caminhando sobre os trilhos da boa lógica – de que a tutela antecipatória não pode ser concedida. Admitir que a tutela antecipatória está obstacularizada, apenas porque sua concessão pode trazer um dano

---

[246] MARINONI, Luiz Guilherme. *Tutela Inibitória*. São Paulo. Revista dos Tribunais. 1998, p. 151-152.

irreversível ao réu, é esquecer que a própria tutela antecipatória pressupõe que o direito do autor pode ser lesado e, mais do que isso, *que o direito do autor é provável*. Portanto, cair na armadilha de que a tutela antecipatória não pode ser admitida apenas porque pode causar dano irreparável ao réu é desprezar a obviedade de que não tem cabimento se impedir a tutela adequada de um direito provável para se proteger um direito improvável".[247]

Aliás, a questão pode até mostrar-se paradoxa: poderia haver uma tutela jurisdicional que, para evitar uma lesão ao direito do autor, provocaria um prejuízo ao réu?[248]

Daí que, entender que a tutela inibitória reclama potencial ilicitude do ato a ser praticado,[249] não deve ser mensurada para fins de concessão, sobre eventual possibilidade de ocorrência de dano, pois trata-se requisito que lhe é estranho.

Por isso, arremata Marinoni que "o dano é uma conseqüência meramente eventual do ilícito. O ilícito deve ser compreendido como um ato contrário ao direito que eventualmente pode ocasionar um dano. Ora, se não há razão para se estabelecer uma relação necessária entre o ilícito e o dano, não há motivo para afirmar-se que toda tutela antecipatória contra a probalidade do ilícito requer a demonstração da probalidade de um dano. É certo que impedindo-se o ilícito evita-se um provável e futuro dano; o que importa, entretanto, é que para a concessão da tutela inibitória antecipada basta o fundado receio do ilícito, pouco importando se o dano não é iminente. Em hipóteses como esta, estando o ilícito caracterizado como provável e iminente, cabe a tutela antecipatória ainda que não haja a probalidade de um 'dano irreparável ou de difícil reparação'. Lembre-se, por fim, que o juiz, na determinação da probalidade suficiente para a concessão da tutela, pode considerar os valores dos bens que estão em confronto. Quanto maior é o valor do bem invocado pelo autor (pense-se nos casos de tutela de direitos não patrimoniais), menor é a probalidade que deve ser exigida para sua tutela; quanto maior é o valor do bem que pode

---

247 MARINONI, Luiz Guilherme. *Tutela Inibitória...*, p. 157.

248 Menciona Marinoni que essa questão foi formulada por Ferruccio Tommaseo num Congresso Internacional, coordenado por Giuseppe Tarzia na Universidade de Milão. Cf. MARINONI, Luiz Guilherme. *Tutela Inibitória...*, p. 157.

249 PAULA, Jônatas Luiz Moreira de. *Uma Visão Crítica...*, p. 117-121.

ser lesado pela tutela antecipatória, mais seguro deve estar o juiz de que o direito do autor abre o oportunidade para a tutela sumária requerida".[250]

Técnica. Sobre o tema, asseverou o TJPR: "Agravo de instrumento. Pretensão de reformar decisão concessiva de tutela antecipatória. Levantamento de ônus hipotecário incidente sobre imóveis. Negócio jurídico entabulado pelas partes, perfeito e acabado, com quitações das obrigações e do pagamento do débito junto à construtora. Alegação de inexistência de culpa, com atribuição de responsabilidade ao agente financeiro. Inadmissibilidade. Relação jurídica, ademais, distinta e que não alcança terceiros adquirentes. Multa aplicada corretamente, justamente porque tem natureza inibitória e necessária ao cumprimento da obrigação específica. Agravo improvido".[251]

REQUISITOS PARA A CONCESSÃO DA TUTELA ANTECIPATÓRIA

Iniciativa da parte. Já no *caput* do artigo 273 vê-se o primeiro requisito para a concessão da tutela antecipatória: requerimento da parte interessada. Sendo assim, não se admite concessão *ex officio* de tutela antecipatória,[252] como pode ocorrer na tutela cautelar em razão do poder geral de cautela do juiz (CPC, art. 798).[253] Portanto, estabelece-se mais uma diferença entre tutela antecipatória e tutela cautelar.

Interessante que a novidade trazida pela Lei nº 10.444, de 07/05/02 foi a inserção do § 7º, que prevê a conversão da tutela antecipada requerida para tutela cautelar, quando presentes os pressupostos desta. Insta destacar que, a despeito de não ter sido requerida a tutela cautelar, haverá no caso a conversão de concessão de tutela, e isso não quebra a inércia do juiz.

Ora, examinando-se à luz do artigo 2º, do CPC, observa-se que um provimento jurisdicional foi expressamente solicitado pela parte interessada, nos

---

[250] MARINONI, Luiz Guilherme. *Tutela Inibitória...*, p. 158-159.

[251] A.I. nº 0096891200, 2ª CCiv., rel. Des. Darcy Nasser de Melo.

[252] Cf. TJPR, A.I. nº 0091043600, 4ª CCiv., rel. Des. Troiano Netto.

[253] Exceção se faz no processo trabalhista, onde há um suporte jurídico para tanto. Compreende-se que é admissível a concessão *ex officio* de tutela antecipada, tendo em conta a natureza social do processo trabalhista e a condição do empregado no concreto de não estar assistido por advogado. Cf. NERY JÚNIOR, Nelson, e Rosa Maria Andrade Nery. *Código de Processo...*, p. 748.

termos e na forma legal. Logo, a inércia jurisdicional foi quebrada mediante incitação da parta interessada, como exige o sistema processual pátrio.

Também destaca-se que o juiz é responsável pela aplicação da norma jurídica vigente. Por isso, se comprovado os fatos exigidos pela norma (*fummus boni iuris* e *periculum in mora*) e não comprovados os fatos para tutela antecipada requerida, caberá ao juiz aplicar a norma pertinente, qual seja, afastar a tutela antecipada requerida e conceder o provimento cautelar. Nesse aspecto, incide o artigo 798, do CPC.

Portanto, o § 7º mostra-se viável porque adequado ao sistema processual vigente.

A iniciativa da parte poderá ser no início da lide, como requerimento na inicial, o que ocorre de regra; mas também nada impede que possa ser requerido no curso da lide, sobretudo quando for caracterizado o abuso do direito de defesa ou o manifesto protelatório do réu.

Insta destacar que a norma processual não exige forma. Logo, tanto pode haver requerimento por escrito em petição, seja na inicial seja em petição em separado, bem como pode haver requerimento verbal, como pode ocorrer incidentemente em audiência.

Legitimidade. Terá legitimidade ativa para requerer a tutela antecipatória o litigante que postular qualquer tutela jurisdicional,[254] desde que não seja declaratória defensiva.

A tutela declaratória defensiva é aquela deduzida apenas em sede de contestação, onde o demandado pleiteará a improcedência da ação ou do pedido. Portanto, a pretensão do réu é de apenas negar a incidência contra si da tutela jurisdicional requerida pelo autor. Logo, nesse caso o demandado não faz jus a uma tutela de urgência para inocentá-lo. Quando muito, poderá fazer uso de medida cautelar, a ser requerida em ação própria.

---

[254] A tutela jurisdicional a que se refere são as espécies que podem ser concedidas no processo de conhecimento, a saber: declaratória, condenatória, constitutiva, desconstitutiva, executiva *latu senso* e mandamental. Relativo às essas duas últimas, face a peculiaridade de cada, é possível haver concessão de tutelas específicas (p. ex., liminar em mandado de segurança ou em reintegração de posse) que podem ser classificadas como antecipação dos efeitos mediatos de uma eventual sentença procedente.

Sendo assim, todo o litigante que requerer a incidência de uma tutela jurisdicional contra a parte adversa poderá pleitear a tutela jurisdicional, desde que satisfeitos outros requisitos. Destaca-se o autor, que geralmente fará uso da tutela antecipatória, incluindo-se o litisconsorte; o réu, na contestação no rito sumário (CPC, art. 278, § 2º), na reconvenção e nas ações dúplices que versem sobre direito pessoal (p. ex., ação de prestação de contas), incluindo-se o litisconsorte; o Ministério Público, seja na qualidade de parte, seja na qualidade de *custos legis*; e o terceiro interveniente, como o assistente, o opoente etc.

Relativo à legitimidade passiva, sofrerá os efeitos da tutela antecipatória o demandado contra quem está sendo postulado a incidência da tutela jurisdicional. Assim, em regra o réu poderá sofrer os efeitos da tutela antecipatória quando requerido pelo autor; o autor poderá sofrer os efeitos da tutela quando requerido pelo réu na contestação ou na reconvenção; o Ministério Público poderá sofrer os efeitos da tutela antecipatória somente e restrita hipótese de ele – instituição – ser demandado. Em relação ao terceiro interveniente, é preciso destacar a posição que ele goza no processo para averiguar sua legitimidade: se for oposição, uma vez que se trata de intervenção espontânea, poderá o opoente sofrer os efeitos da tutela antecipatória requerida por qualquer das partes; porém, tratando-se de intervenção provocada, o terceiro somente poderá sofrer os efeitos da tutela antecipatória por quem requereu seu ingresso, como é o caso denunciado à lide em relação ao denunciante.

Antecipação parcial ou total dos efeitos. Antecipar significa adiantar, trazer à frente dos demais. Em termos processuais, antecipar significa possibilitar o exame prévio de uma das tutelas pretendidas.

É preciso destacar que toda demanda sempre terá, a rigor técnico, duas ou mais tutelas a serem concedidas. A primeira, necessariamente, será o pronunciamento jurisdicional sobre a lide, e a segunda a solução apontada ao caso, como o acolhimento ou não da tutela pretendida pelo autor.

A antecipação parcial ou total será dos efeitos oriundos da segunda tutela. Os efeitos, como se sabe, poderão ser declaratório, condenatório, constitutivo, desconstitutivo, executivo *lato sensu* ou mandamental. A antecipação decorre de um possível direito do requerente, o que permite conferir eficácia antecipada de uma eventual sentença que procederia o pedido no futuro.

Diz o *caput* do artigo 273 que a antecipação poderá ser total ou parcial. Crê-se que não se trata de mera faculdade do juiz: preenchidos os requisitos necessários, deverá o juiz conceder a tutela. Se preenchidos os requisitos para a antecipação total da tutela, deverá o juiz concedê-la totalmente, uma vez que não há norma restritiva a respeito. Igualmente, se preenchidos apenas os requisitos para antecipação parcial, assim deverá ser a concessão.

Por fim, compete ressaltar que não se deve confundir total ou parcialidade dos efeitos da tutela com a divisibilidade ou indivisibilidade de obrigações. Neste, como se vê do Código Civil, há uma certa restrição quanto à forma de cumprimento da prestação, que deverá seguir o que foi pactuado (CC, art. 394). Na ausência do pacto, deve-se seguir as regras estabelecidas no novo Código Civil – Parte Especial, Livro I – Do Direito das Obrigações, Título III – Do Adimplemento e da Extinção das Obrigações.

Já os efeitos parciais da tutela antecipada referem-se ao atendimento de parte da pretensão do requerente. Não significa na divisão ou distinção de tutelas, mas na procedência, diante de um exame cognitivo sumário, de efeitos da tutela.

Portanto, a idéia de antecipação total ou parcial é meramente fictícia e reside no plano cognitivo do juiz, diante de um exame sumário, a fim de proceder (ou não ou em parte) do requerimento da antecipação da tutela.

Técnica. Quanto às hipóteses de cabimento da tutela antecipatória, manifestou o STJ sobre a sua amplitude: "A tutela antecipada é cabível em toda ação de conhecimento, seja a ação declaratória, seja constitutiva (negativa ou positiva), condenatória, mandamental, se presentes os requisitos do art. 273, CPC".[255]

Prova inequívoca. Se o disposto processual exige prova inequívoca, não há que se falar em *fummus boni iuris*, que é aplicável para a concessão da tutela cautelar. Quem possui prova inequívoca, possui o direito (*iuris*); quem não possui prova inequívoca, não possui o direito, mas, quando muito, uma aparência da existência do direito (*fummus boni iuris*).

Por isso, quem alega *fummus boni iuris* esclarece, ainda que implicitamente, que no decorrer do processo vai comprovar a existência do direito que alega. Mas quem tem prova inequívoca do direito esclarece, expressamente, que detém o direito, e que no decorrer no processo poderá produzir outras provas apenas para confirmar o direito que possui.

---

[255] AGRMC nº 4205/MG 5ª T., rel. Min. José Arnaldo da Fonseca, DJ de 04/03/02, p. 271.

A diferença é imensa e gera conseqüências distintas: se a parte possui prova inequívoca da existência do direito (*ius*), pode pleitear tutela antecipatória; se a parte possui apenas a plausibilidade da existência do direito (*fummus boni iuris*), não pode pleitear tutela antecipatória, mas pode postular tutela cautelar, se necessário providenciar meios que garantam a efetividade do processo. Nesse aspecto, a tutela cautelar mostra-se muito mais sensível que a tutela antecipatória.

Sabe-se que a palavra prova pode conter duplo significado: como *meio*, quando a prova é um meio de verificação das proposições que os litigantes formulam em juízo; e como *resultado*, quando a prova apresenta-se como produto obtido mediante procedimento com a finalidade de convencer o juiz acerca da existência de um fato ou de uma relação jurídica.[256]

Para fins de concessão de tutela antecipatória, prova inequívoca representa um comportamento processual pronto e acabado do requerente, que demonstra que determinado fato ou relação jurídica suscetível de proteção jurisdicional está comprovado para fins de atendimento a requisito exigido pelo artigo 273, do CPC.

Portanto, a prova inequívoca, como requisito para fins de concessão de tutela antecipatória, é uma situação jurídica de que o requerente não pode abrir mão. Indícios não são suficientes para atendimento da exigência legal, uma vez que dentro da gradação legal, indício vem abaixo de prova.

Por outro lado, cumpre ressalvar que não se exige prova *jure et de jure*, que inadmite alegação em contrário. A prova sustentada pelo requerente para fins de concessão de tutela antecipatória é suscetível de contra-prova pelo demandado. Mas nem por isso, face essa possibilidade de contra-ataque, a tutela deve ser revogada, modificada ou simplesmente não concedida. Deverá o demandado, se pretender desfazer a tutela antecipatória, demonstrar que o requerente não possui o direito que alega deter.

Por isso, não se vê acertada, com o devido respeito, algumas decisões que concedem ou confirmam a tutela antecipada, fundando-se em *fummus boni iuris* e o *periculum in mora*. Pois, sobretudo ao que se refere o *fummus boni iuris*, não deve a parte interessada demonstrar a plausibilidade da existência do seu direito, mas, isto sim, a existência do direito (*ius*), mediante prova inequívoca.

---

[256] PAULA, Jônatas Luiz Moreira de. *Teoria Geral do Processo* ..., p. 283-284.

Verossimilhança da alegação. Diz Ovídio A. Baptista da Silva, a respeito do princípio da verossimilhança, que verdades não são mais que meras probabilidades e que, por isso, a veracidade dos fatos judiciais não passa de simples verossimilhança. O procedimento tem por missão concentrar essas probabilidades, reduzindo as complexidades, e afastar as alternativas que não se mostram legítimas.[257]

Descrita essa realidade, ensina Ovídio que o princípio da verossimilhança "domina literalmente a ação judicial. É com base nele que o juiz profere a decisão de recebimento da petição inicial, dando curso à ação civil, assim como igualmente baseado em critério de simples verossimilhança emite todas as decisões interlocutórias e, eventualmente – nos raros casos que nosso direito o permite – profere sentenças liminares, provendo provisoriamente sobre o *meritum causae*, como nos interditos possessórios".[258]

O princípio em tela trata daquilo que é essencial nas tutelas cognitivas sumárias: uma situação de aparência, demonstrada unilateralmente. Mostrando-se verossímil, o direito pleiteado é provável, o que o torna apto a receber tutelas sumárias. Portanto, verossimilhança e probalidade são conceitos que apresentam uma origem comum, porém com conseqüências distintas – um destina-se a demonstrar um fato, outro a juridicamente qualificar esse fato.

Mas, como adverte Kazuo Watanabe, apoiando-se em Calamandrei, *possível* é o que pode ser verdadeiro, *verossímil* é o que tem aparência de ser verdadeiro e *provável* é o que se pode provar como verdadeiro.[259] Assim, arremata Watanabe que "a convicção do juiz, na cognição sumária, apresenta todos esses graus. Deve haver adequação da intensidade do juízo de probalidade ao momento procedimental da avaliação, à natureza do direito alegado, à espécie dos fatos afirmados, à natureza do provimento a ser concedido, enfim, à especificidade do caso concreto. Em razão da função que cumpre a cognição sumária, mero instrumento para a tutela de um direito, e não para a declaração de sua certeza, o grau máximo de probabilidade é excessivo, inoportuno e inútil ao fim que se destina".[260]

---

[257] SILVA, Ovídio A. Baptista da. *Curso de Processo Civil.* Volume I..., p. 56-57.

[258] SILVA, Ovídio A. Baptista da. *Curso de Processo Civil.* Volume I..., p. 57-58.

[259] WATANABE, Kazuo. *Da Cognição no Processo Civil.* 2ª edição. Campinas. Bookseller. 2000, p. 127.

[260] WATANABE, Kazuo. *Da Cognição...*, p. 128.

Daí compreender com Ricardo Rodrigues Gama que "a verossimilhança da alegação significa o que pode ser ou parecer verdadeiro. Do latim, *vero* é a verdade e *similhança* corresponde ao parecido (parecido com a verdade). Com a prova inequívoca representando a certeza e a verossimilhança correspondendo ao provável, o entendimento conjugado dos termos fica muito prejudicado, reclamando uma análise combinada das terminologias. Como falta de profundidade de conhecimento da real possibilidade de o requerente da tutela vencer a demanda, o juiz não tem e nem poderia ter elementos para decidir a causa definitivamente, contudo, ele vai conceder a tutela antecipada, firmando-se em prova capaz de eximir as dúvidas sobre a probabilidade da alegação".[261]

Por isso, a convicção provisória do juiz acerca da veracidade dos fatos narrados pelo requerente decorre de um exame superficial e unilateral das provas por este apresentadas. É verossímil as alegações do requerente porque seus meios de comprovação não foram objeto de controvérsia pelo demandado e nem produto de uma profunda meditação do juiz, como ocorre nas tutelas exaurientes.

Daí ser fácil compreender que a verossimilhança só pode ser adquirida por prova documental, "já que não há como produzir a prova testemunhal ou a pericial, por ser a tutela antecipada incompatível com a fase de instrução a ser instaurada. Ora, se se permitissem produzir as provas, a decisão seria definitiva. Com relação às provas testemunhais e periciais, nada impede que o pretendente da tutela faça a sua produção antecipada por conta própria (prova documentada), apresentando o depoimento das testemunhas por escrito e o laudo pericial".[262]

Por fim, esclarece Luiz Guilherme Marinoni que a verossimilhança a ser detectada pelo juiz, "deve considerar (a) o valor do bem jurídico ameaçado, (b) a dificuldade de o autor provar sua alegação, (c) a credibilidade, de acordo com as regras de experiência, da alegação e (d) a própria urgência descrita".[263]

Técnica. Expressando a verossimilhança, decidiu o TJPR: "Responsabilidade civil – Erro médico – Hospitalar – Contaminação – Indenização – Antecipa-

---

[261] GAMA, Ricardo Rodrigues. *Efetividade...*, p. 93.

[262] GAMA, Ricardo Rodrigues. *Efetividade...*, p. 94-95.

[263] MARINONI, Luiz Guilherme. *Novas Linhas do Processo Civil.* 2ª edição. São Paulo. Malheiros Editores. 1996, p. 78.

ção da tutela – Custeio de assistência médica, despesas com enfermeira e pagamento de pensão. – Agravo não provido. Razoável a probabilidade do direito à indenização pedida, e fundado o receio de dano de reparação difícil, sopesados, satisfatoriamente, na decisão antecipatória, caso não é de se a reformar".[264]

Também decidiu o TJPR que: "Agravo de instrumento – Constituição de servidão – Pedido de tutela antecipatória, sem ouvida da parte contrária – Indeferimento – Inexistência de prova inequívoca – Impossibilidade de se averiguar a verossimilhança da alegação – Ausência dos pressupostos do art. 273 do CPC – Agravo improvido".[265]

Fundado receio de dano irreparável ou de difícil reparação. Este requisito é qualificado pela doutrina como *periculum in mora* e reside na urgência de se conceder a tutela, face o perigo que pode representar a morosidade.[266]

Ricardo Rodrigues Gama sustenta que o *periculum in mora* revela que a tutela pretendida pelo requerente é assecuratória, pois "em decorrência da lesão de direito já ocorrida, pode outro direito ser colocado em perigo, cabendo ao juiz antecipar a tutela para evitar que isso se dê".[267]

Inicialmente cumpre destacar que a expressão *periculum in mora* é imprópria para fins de concessão da tutela antecipatória, senão específica para a concessão da tutelar cautelar. Essa expressão não sintetiza a exigência ou os propósitos da lei processual. Toda e qualquer demanda, seja de que natureza for, sempre deverá ser célere. Quando não houver a desejada celeridade, o processo será moroso, como de conseqüência, haverá a morosidade da prestação jurisdicional. Por isso, toda demanda contém uma preocupação com o *periculum in mora*, pois é dever do juiz a celeridade da solução do litígio (CPC, art. 125, II). Logo, a expressão *periculum in mora* não sintetiza a exigência determinada pelo CPC, pois toda demanda busca combater os efeitos decorrentes da morosidade da justiça.

Insta lembrar que a expressão *periculum in mora* advém do processo cautelar e é mérito para concessão da medida cautelar, nos termos dos artigos 798 e 799, ambos do CPC. Nesse aspecto, a expressão é correta, pois o que se bus-

---

264 A.I. nº 0088158700, 6ª CCiv., rel. Des. Newton Luz.

265 A.I. nº 0090856900, 4ª CCiv., rel. Des. Dilmar Kessler.

266 NERY JÚNIOR, Nelson, e Rosa Maria Andrade Nery. *Código de Processo...*, p. 752.

267 GAMA, Ricardo Rodrigues. *Efetividade...*, p. 97.

ca no processo cautelar é conferir meios que garantam a efetividade do processo principal que se mostra moroso.

Por outro lado, é preciso examinar o que seja *fundado receio de dano irreparável* ou *de difícil reparação*. A morosidade do procedimento ordinário pode gerar efeitos nocivos contra o requerente. Aliás, o ordenamento jurídico já prevendo isso, concede excepcionalmente meios que visam atenuar o risco pela morosidade. Exemplo típico é a concessão de alimentos provisionais, que, a despeito de ser medida cautelar típica (CPC, art. 852), ela representa a antecipação da pretensão futura do litigante, satisfazendo-o no presente.

Fundado receio é a mera possibilidade de que haja dano em decorrência da mora processual. A ilicitude já está presente, tanto que, em sede de juízo de verossimilhança, foi reconhecida e por isso concedida a tutela antecipatória. Difícil reparação é o prejuízo que pode ser provocado e cuja reparação, se ocorrer, não atenderá o mal causado.

Sobre esse requisito, anota Cândido Rangel Dinamarco que "as realidades angustiosas que o processo revela impõem que esse dano assim temido não se limite aos casos em que o direito possa perder a possibilidade de realizar-se, pois os riscos dessa ordem são satisfatoriamente neutralizados pelas medidas cautelares. É preciso levar em conta as necessidades do litigante, privado do bem a que *provavelmente* tem direito e sendo impedido de obtê-lo desde logo. A *necessidade de servir-se do processo para obter a satisfação de um direito não deve reverter a dano de quem não pode ter o seu direito satisfeito senão mediante o processo* (Chiovenda). No *juízo equilibrado* a ser feito para evitar a transferência para o réu dos problemas do autor, o juiz levará em conta o modo como a medida poderá atingir a esfera de direitos daquele, porque não lhe é lícito *despir um santo para vestir outro*. O grau de probalidade de existência do direito do autor há de influir nesse juízo, certamente".[268]

A urgência da medida para fins de provimento cautelar será analisada por ocasião do exame do § 7º.

Técnica. Sobre o tema, observa-se um aresto do TJPR: "A tutela antecipatória pode ser concedida a qualquer tempo, desde que presentes os requisitos consignados no art. 273 do Código de Processo Civil. Evidenciados '*in casu*' tanto o '*fumus boni juris*' quanto o '*periculum in mora*' em cognição primária

---

[268] DINAMARCO, Cândido Rangel. *A Reforma*..., p. 145.

pelo material probatório trazido a colação, bem como acrescido da situação dos agravantes de padecerem de dano irreparável. Alteração do despacho recorrido quanto ao valor pecuniário da multa-dia imposta por descumprimento da ordem judicial. Recurso. Provimento parcial".[269]

Também asseverou o TJPR que: "Tutela antecipatória – Ação de indenização por danos materiais e morais – Determinação de pagamento de salário de empregada doméstica e respectivas despesas previdenciárias – Ausência do requisito do fundado receio de dano irreparável ou de difícil reparação – Decisão cassada – Agravo de instrumento provido. A concessão da tutela antecipatória só é viável quando preenchidos todos os pressupostos previstos no texto legal, entre os quais, o fundado receio de dano irreparável ou de difícil reparação [art. 273, inc. I, CPC]".[270]

Caracterização do abuso do direito de defesa ou o manifesto propósito protelatório do réu. O instituto da tutela antecipatória é fundado no princípio da proporcionalidade, na síntese entre a verossimilhança do direito alegado pelo demandante e o direito de defesa do demandado. Isso é necessário porque o juiz deve tratar igualmente as partes (CPC, art. 125, I), mas que essa isonomia apresenta-se licitamente desequilibrada no início e curso da lide.

Porém, é correto entender que o demandado poderá abusar de um direito conferido pelo ordenamento jurídico e que esse abuso poderá o processo desequilibrar em prejuízo do demandante.

Daí o entendimento da cultura jurídica brasileira, que evoluiu e compreendeu que o abuso de direito deve ser sancionado, nada mais justo e correto estender ao processo. O abuso do réu, conseqüentemente a possibilidade de tutelar antecipadamente, pode se dar em três hipóteses: quando não contestada parte do direito afirmado pelo autor (que a rigor não é um abuso do direito de defesa, mas reconhecimento implícito do direito do autor); defesa infundada, face prova contrária manifesta nos autos; e quando o recurso carece de fundamentos.[271] A concessão da tutela antecipatória por abuso do direito de defesa tem nítido propósito de punir o réu.[272]

---

[269] A.I. nº 0088645500, 2ª CCiv., rel. Des. Altair Patitucci.

[270] A.I. nº 0090532400, 6ª CCiv., rel. Des. Leonardo Lustosa.

[271] MARINONI, Luiz Guilherme. *Novas Linhas...*, p. 136.

[272] GAMA, Ricardo Rodrigues. *Efetividade...*, p. 97.

Explica Marinoni que "a caracterização do 'abuso do direito de defesa' deve ser feita a partir da evidência do direito do autor. Para a antecipação não basta que o comportamento do réu configure ação descrita no inciso IV ou no inciso VI do artigo 17 do Código de Processo Civil. Não é a indevida retenção dos autos, por exemplo, que autoriza a antecipação. A antecipação só é possível quando a defesa ou o recurso deixam entremente, a injusta espera para a realização do direito. Melhor explicando: a indevida retenção dos autos, se configura ilícito processual, pode abrir oportunidade para a penalização daquele que mal procede, mas jamais para a antecipação, que somente pode ter relação com a evidência do direito do autor e com a fragilidade da resistência do réu".[273]

Por isso, ensina o mestre que "no jogo entre a tempestividade e a segurança, a tutela antecipatória fundada em abuso de direito de defesa somente é possível, em princípio, quando a defesa ou o recurso do réu deixam entrever a grande probalidade de o autor resultar vitorioso e, conseqüentemente, a injusta espera para a realização do direito. A tutela antecipatória fundada em abuso de direito de defesa tem similar, no direito comparado, no *référé provision* do direito francês. É possível a antecipação, mediante a *provision*, na hipótese em que 'a obrigação não seja seriamente contestável' (*l'obligation ne soit pas sérieusement contestable*, artigos 771 e 809 do Código de Processo Civil francês)".[274]

Portanto, a prudência do juiz deve ser exigida para fins de concessão da tutela antecipatória com base no inciso II. Pois, se o juiz entender que o réu está abusando do direito de defesa, não só concede a tutela antecipatória, como também praticamente define a sorte da demanda, pois interpreta a defesa como infundada, ainda que em parte.

Por outro lado, se o demandante reúne prova inequívoca do seu direito, o réu tem a favor de si *fummus boni iuris* relativo à matéria de defesa. Por isso, no mínimo, o réu tem o direito de produzir provas, o direito de comprovar a veracidade de suas alegações. Esse direito pode ser indeferido no caso de abuso da defesa, mas essa hipótese é excepcional e como tal deve ser entendida.

---

[273] MARINONI, Luiz Guilherme. *Novas Linhas...*, p. 137.

[274] MARINONI, Luiz Guilherme. *Tutela Antecipatória...*, p. 27.

Daí compreender que a concessão da tutela antecipatória fundada no abuso do direito de defesa deve ser examinada com extremo rigor, sob pena de figurar cerceamento de defesa (CF, art. 5º, LV).

Fundamentação da decisão. A concessão ou não da tutela antecipatória implica em resolução de questão incidental. Como tal, deve ser fundamentada, nos termos do artigo 93, IX, da CF, e artigo 131, do CPC.

Seguindo a linha da motivação das decisões atos judiciais, o § 1º exige que o juiz deverá indicar, de modo claro e preciso, as razões de seu convencimento. Noutras palavras, deverá o juiz explicar de modo claro e objetivo, sem que cause dúvida alguma, os pontos que justificam a concessão da tutela antecipatória.

O convencimento do juiz deverá ater-se à verossimilhança entre o direito alegado pelo requerente e os requisitos que autorizam a concessão da tutela antecipada. Por isso, como já mencionado anteriormente, se a tutela for concedida em razão do abuso do direito de defesa, deverá o juiz manifestar seu convencimento acerca daquele momento processual e a conduta até então praticada pelo réu. Pois, se ampliar seu entendimento, poderá provocar o pré-julgamento ao qualificar a defesa como infundada.

De igual forma, o indeferimento da tutela antecipada também deverá ser fundamentado, a despeito do § 1º não prever. Aplica-se aí o princípio da motivação das decisões judiciais, de amparo constitucional (CF, art. 93, IX). Na decisão que indefere, deverá o juiz mostrar a impertinência da verossimilhança entre o alegado direito do requerente com as hipóteses e requisitos legais.

Portanto, o ato de julgar, seja para deferir ou não a tutela, resume-se num ato de subsunção, que assim pode ser expressado: existência ou não do direito alegado pelo requerente; pertinência ou não das hipóteses autorizadoras da concessão da tutela; pertinência ou não dos requisitos autorizadores da concessão da tutela; existência ou não da verossimilhança com a proteção legal reclamada.

Por fim, o requerimento da tutela antecipada gera questão incidente. Daí que a decisão que a resolve é classificada como decisão interlocutória (CPC, art. 162, § 2º), desafiando recurso de agravo (CPC, art. 522).

Irreversibilidade da tutela. Determina o § 2º que não se concederá a antecipação da tutela quando houver perigo de irreversibilidade do provimento antecipado.

O disposto em questão revela-se contraditório e conflitante com o espírito inovador da tutela antecipada. Se por um lado permite a antecipação da tutela do direito do requerente, por outro limita ou às vezes restringe a concessão da tutela, se esta mostrar-se irreversível. Noutras palavras, entre a antecipação da tutela e a segurança jurídica, preferiu o legislador esta. Preferível haver uma reformulação estrutural do Judiciário, com elevação do número de cargos de juízes, a fim de obter em pouco tempo a satisfação do direito, que certamente a tutela antecipada poderia ser colocada em segundo plano.

Mas, como no Brasil as coisas não são assim: não se criam cargos e nem estruturam devidamente o Poder Judiciário e há uma clara desconfiança pelo erro judiciário, compete a doutrina ajustar e conciliar termos, a fim de salvar o instituto em exame e resgatar a confiança do serviço jurisdicional.

Inicialmente, cumpre concordar com Cândido Rangel Dinamarco que a lei fala em "*irreversibilidade do provimento*, mas não é da irreversibilidade do provimento que se cogita. A superveniência da sentença final, ou eventual reconsideração do juiz, ou o julgamento de algum agravo, podem reverter o provimento mas nem sempre eliminarão do mundo dos fatos e das relações entre as pessoas os efeitos já produzidos".[275]

Logo, o § 2º trata da irreversibilidade dos efeitos materiais que a tutela antecipada pode provocar. No entanto, a tutela antecipada tem nítido e essencial caráter satisfativo e, por isso, seus efeitos buscam juridicamente alterar a realidade material do requerente.

Poder-se-ia pensar que a simples execução provisória da tutela antecipada resolveria a questão e atenderia aos fins do § 2º. Porém, teme-se por tal solução, que simplesmente transformaria a tutela antecipada numa simples "antecipação de penhora ou arresto", uma vez que impediria qualquer ato de alienação. Noutras palavras, não haveriam os efeitos da tutela pretendida de que trata o *caput* do artigo 273. E para isso não é preciso haver tutela antecipatória, bastando a parte interessada requerer uma tutela cautelar.[276]

De igual forma, pode-se imaginar que a irreversibilidade da tutela somente seria investigada se envolvesse bens ou obrigações infungíveis. Porém,

---

[275] DINAMARCO, Cândido Rangel. *A Reforma...*, p. 146, nota nº 12.

[276] Por isso opõe-se à sugestão de Cândido Rangel Dinamarco. Cf. DINAMARCO, Cândido Rangel. *A Reforma...*, p. 147.

deve-se destacar que tutelas antecipadas que têm por objeto bens ou obrigações fungíveis podem se mostrar irreversíveis, sobretudo quando o requerente for insolvente. Nesse aspecto, a prestação de caução não pode ser exigida por absoluta falta de previsão legal. E aí fica uma questão terrível para o ordenamento jurídico: imagine-se uma ação de indenização por acidente de veículos, onde são autoras duas crianças pobres, órfãs e de tenra idade, e a ré, uma sólida empresa multinacional. Devidamente comprovada a culpa da ré por prova documental e os respectivos laudos do trânsito, as duas crianças pleiteiam tutela antecipatória da indenização, mediante pagamento de uma verba mensal, que tem nítido caráter alimentar (CC, art. 948, II). O juiz deverá deixar de conceder tutela antecipatória, inclusive comprometendo a sobrevivência das crianças, sob o fundamento da irreversibilidade da tutela? Mesmo que incida o princípio da irreversibilidade da prestação alimentar? Responder afirmativamente seria um absurdo, uma equívoca inversão de valores. Porém, uma interpretação do nefasto § 2º assim permite.

Portanto, para poder compreender o § 2º somente trazendo à baila os valores e a ideologia que cada intérprete possui. Nesse aspecto, tendo aos fins do processo e da jurisdição – nunca perder de vista o artigo 3º, da CF – recomenda-se desconsiderar a existência da regra exposta no § 2º.

Pois se há verossimilhança do alegado direito do requerente e a existência de uma das hipóteses autorizadoras – possibilidade de existência de dano ou abuso do direito de defesa – é porque o requerente possui o direito. Independentemente se a discussão ocorre em sede de tutela antecipatória ou a demanda já se encontra em fase de execução definitiva, de qualquer forma o requerido sofrerá os efeitos da tutela pretendida. E esses efeitos que o demandado sofrer serão irreversíveis. Logo, o problema central não é saber se o requerente tem direito ou não, se o requerido tem direito ou não. O problema central é o tempo, é o momento que os efeitos da tutela poderão incidir, pois se for no curso do processo de conhecimento, a nefasta ideologia conservadora dirá que pode haver irreversibilidade do provimento, para negar sua concessão; mas se for no final da execução, essa mesma ideologia dirá que houve justiça. Então, senhores intérpretes, não se assustem com o rebuscado termo "irreversibilidade". Para atingir os fins da tutela antecipatória e da própria jurisdição, efeitos deverão ser irreversíveis, para que direitos sejam eficazes e deveres cumpridos.

Por isso, salientam Nelson Nery Júnior e Rosa Maria Andrade Nery que, "de toda sorte, essa irreversibilidade não é óbice intransponível à concessão do adiantamento, pois, caso o autor seja vencido na demanda, deve indenizar a parte contrária pelos prejuízos que ela sofreu com a execução da medida".[277]

Já Luiz Guilherme Marinoni afirma que "em se tratando de tutela antecipatória urgente, deve ser o possível o sacrifício, ainda que de forma irreversível, de um direito que pareça improvável em benefício de outro que pareça provável. Do contrário, o direito que tem maior probalidade de ser definitivamente reconhecido poderá ser irreversivelmente prejudicado. Em resumo, se não há outro modo para evitar um prejuízo irreparável a um direito que se apresenta como provável, deve-se admitir que o juiz possa provocar um prejuízo irreparável ao direito que lhe parece improvável. Nestes casos deve ocorrer a ponderação dos bens jurídicos em jogo, aplicando-se o princípio da proporcionalidade, pois quanto maior for o valor jurídico do bem a ser sacrificado, tanto maior deverá ser a probalidade da existência do direito que justificará o seu sacrifício. É claro, no entanto, que o bem tem valor jurídico largamente superior ao daquele com quem confronta não poderá ser sacrificado. Realmente, a ética da jurisdição de urgência exige que o princípio da probabilidade seja aplicado à luz do princípio da proporcionalidade".[278]

Dessa forma, o § 2º deve ser tido como inexistente. A execução da tutela antecipada poderá ser irreversível no plano material, mas esse temor não pode ser considerado como requisito para a concessão da tutela antecipada, sob pena do novel instituto em nada servir.

Técnica. Observa-se a decisão do TJPR em razão do tema enfocado: "1. Para a concessão da tutela antecipada devem estar presentes a prova inequívoca de dano e verossimilhança da alegação, juntamente com a possibilidade de reversibilidade da situação, caso a decisão venha a ser contrária a tutela deferida. 2. Constatado nos autos que a não concessão da medida acautelatória não causará danos ao requerente, ficando demonstrada que a providência antecipatória pode se tornar irreversível, impõe-se o indeferimento da tutela".[279]

---

[277] NERY JÚNIOR, Nelson, e Rosa Maria Andrade Nery. *Código de Processo...*, p. 753.

[278] MARINONI, Luiz Guilherme. *Efetividade do Processo...*, p. 61-62.

[279] A.I. nº 0103510500, 1ª CCiv., rel. Des. Antonio Prado Filho.

Em decisão ponderada, decidiu o 1º TACivSP que indenização antecipada face a necessidade da vítima "deve ser condizente com o mínimo da indenizatória devida à ofendida, pois não se pode correr o perigo da irreversibilidade do provimento antecipado".[280]

Execução da tutela antecipada. Diz o § 3º que a execução da tutela antecipada observará, no que couber e conforme a sua natureza, as normas previstas nos artigos 588, 461, §§ 4º e 5º, e 461-A, todos do CPC.

A redação do § 3º foi alterada recentemente pela Lei nº 10.444, de 07/05/02, ampliando a norma, que anteriormente só mencionava os incisos II e III, do artigo 588, do CPC, para englobar o artigo 588, na sua totalidade, bem como os artigos 461, §§ 4º e 5º, e 461-A, todos do CPC.

A intenção do legislador foi clara: tratar da execução da tutela antecipada seja para as obrigações de dar, fazer e não fazer.

Portanto, um exame acurado merece atenção.

Execução da tutela antecipada para as obrigações de dar. A obrigação de dar pode incidir sobre bem determinado ou recair sobre dinheiro.

Quando incidir sobre bem determinado, que pode ser móvel ou imóvel, a execução da tutela antecipada deverá seguir o rito preceituado no artigo 461-A, do CPC.

Diz o *caput* do referido artigo 461-A, do CPC, que também foi acrescido pela Lei nº 10.444, que na ação que tenha por objeto a entrega da coisa, o juiz ao conceder a tutela específica fixará o prazo para o cumprimento da obrigação.

O § 1º do novel jurídico aduz que, tratando-se de entrega de coisa determinada pelo gênero e quantidade, o credor a individualizará na petição inicial, se lhe couber a escolha; cabendo ao devedor escolher, este a entregará individualizada, no prazo fixado pelo juiz.

O § 2º, do mesmo disposto, prevê que ao cumprida a obrigação no prazo estabelecido, expedir-se-á em favor do credor o mandado de busca e apreensão ou de imissão na posse, conforme se tratar de coisa móvel ou imóvel.

Subsidiariamente, diz o § 3º, aplicar-se-á à essa ação o previsto nos §§ 1º ao 6º do artigo 461. Essa referência consiste em conferir um suporte jurídico à execução específica da tutela antecipada da obrigação de dar coisa determi-

---

[280] RT 770/281.

nada. Daí compreender que poderá o juiz impor multa pelo atraso ao devedor a fim de que esse permita a execução da tutela antecipada ou tomar medidas coercitivas necessárias, como a requisição da força policial. Tudo isso em nome da execução específica da tutela antecipada concedida.

No que pertine à obrigação de dar dinheiro, a execução da tutela deverá seguir os preceitos do artigo 588, do CPC. No entanto, ao determinar a incidência do artigo 588, do CPC, preferiu o legislador considerar que a execução da tutela antecipada para as obrigações de dar deverá seguir os trâmites da execução provisória.

O artigo 588 contém três incisos. O primeiro impõe a responsabilidade do beneficiado na execução da medida, exigindo-se a prestação de caução e a reparação dos danos causados à parte adversa.

O segundo inciso determina que a execução provisória não importará em atos de alienação do domínio e nem permitirá, sem caução idônea, o levantamento de depósito em dinheiro.

O terceiro inciso prevê o desfazimento de todos os atos anteriores, com decisão superveniente que anule ou revogue a decisão que permitiu a execução da tutela antecipada. Insta lembrar que essa decisão poderá ser concedida no curso do processo, nos termos do § 4º, do artigo 273, do CPC. De igual forma, a superveniente sentença ou acórdão do tribunal, que apreciou recurso interposto contra a decisão que concedeu a tutela antecipada ou contra a sentença, poderá modificar ou revogar a decisão que concedeu tutela antecipada.

Não se vê com o devido acerto a reforma processual. Acredita-se que o novel jurídico acabou por emperrar a realização do direito material através da tutela antecipada.

De igual forma no item anterior, tal disposição, se interpretada ao pé da letra e aplicada cegamente em todos os casos, atingirá mortalmente o instituto da tutela antecipatória. Pois, de nada adiantaria fazer uma construção doutrinária que justificasse a utilidade do instituto se, na prática, ele não pode realizar os fins proclamados.

De igual quilate é o posicionamento doutrinário que, a fim de conferir "sobrevida" ao instituto e alargar sua utilização, deve tomar uma postura crítica e dizer mais que a norma dispõe.

Nessa linha, percebe-se a preocupação de Ricardo Rodrigues Gama ao expressar que "o texto legal só faz referência parcial aos meios para executar a tutela antecipada de natureza condenatória. Frente às demais tutelas, sejam elas declaratórias ou constitutivas, o legislador não fez nem mesmo menção a qualquer meio para se operar. Daí a doutrina, evitando falar em execução, tratar do impasse de efetivação ou atuação da tutela antecipatória; e ainda, outros doutrinadores atribuírem toda a carga executiva ao seu caráter satisfativo. Em princípio, ainda que tratando somente da tutela condenatória, é bom afastar a utilização do processo de execução para satisfazer o que se determinou em caráter de tutela antecipada, isso porque, a efetividade e a celeridade do processo, os quais incentivaram a inclusão desta modalidade de tutela no nosso ordenamento, seriam aniquilados".[281]

Por isso, nas tutelas que antecipam efeitos não patrimoniais, a forma de execução será como na espécie de tutela mandamental. Sobre essas tutelas pode surgir a questão da irreversibilidade, que, como antes explicitado, deve ser simplesmente ignorada.

O problema surge nas tutelas antecipadas que envolvem transmissão de bens patrimoniais. A execução provisória da tutela antecipada não pode ser simplesmente admitida, sob pena de transformá-la numa simples "antecipação de penhora ou arresto". Mais nada.

Crê-se que novamente deverá ser sugerido o afastamento da disposição do § 3º, pois essa regra atinge mortalmente o instituto da tutela antecipatória. A sua simples aplicação tornará a tutela antecipada ineficaz porque igualmente ineficaz também é a execução provisória. Oxalá a segunda fase de reformas do CPC modifique a estrutura da execução provisória, a fim de conferir alguma eficácia no plano material. Assim ocorrendo, o § 3º passa a ter algum sentido para a tutela antecipatória.

Ricardo Rodrigues Gama expressa seu descontentamento do § 3º, ao compreender que "no estudo da tutela antecipada, precipuamente, pensa-se que ela constitui um instituto que vai inovar o processo, transferindo a injustiça do tempo para o réu, depois, quando se chega na execução, vem a decepção. A frustração é somente com relação à tutela condenatória, a qual deve contar com bons e corajosos juízes para concedê-la. Fácil e cômodo é o posicionamento em prol do legislador, para o qual não há necessidade de tantas justificativas para se convencer do acerto na adoção das restrições. Algumas

[281] GAMA, Ricardo Rodrigues. *Efetividade...*, p. 100.

respostas são rapidamente obtidas aqui; pode o réu ser sacrificado somente por este posicionamento? Não, porque a reversibilidade não permite a injustiça. Agora, numa análise neutra, respeitando-se todas as exigências legais, sobre a efetividade do processo em favor do autor com tutela condenatória, o resultado prático é nenhum".[282]

Por isso, compreende-se o alerta de Luiz Guilherme Marinoni: "Não podemos mais resistir à admissão da chamada execução provisória contra o *periculum in mora*. Muito das liminares concretizam execução antecipada, ou execução urgente, embora prestadas sob o nome de cautelares. E as decisões que concedem estas liminares apreciam, mediante cognição sumária, a lide que deve ser julgada na sentença de cognição exauriente. Em outras palavras, é possível execução provisória, através de liminar, mediante cognição sumária da lide. Ora, se devemos admitir a possibilidade da concessão de liminar antecipatória no procedimento comum, obviamente temos que aceitar, pena de evidente contradição, a execução provisória da sentença de cognição exauriente contra o *periculum in mora*".[283]

As críticas parecem ser procedentes, tendo em vista as propostas que foram levadas ao Congresso Nacional, como Segunda Etapa de Reformas do CPC, dando nova redação ao § 2º, assim delineado: "Art. 273... § 2º A antecipação será indeferida quando houver perigo de irreversibilidade dos efeitos do provimento antecipatório, exceto se da denegação puder resultar, manifestamente, maior e irreversível prejuízo ao autor".

No entanto, o legislador não só desacolheu a proposta como também alterou a regra do § 3º, emperrando ainda mais a satisfação via tutela antecipada. Por isso, aguarda-se que a jurisprudência cumpra a tarefa de conferir maior dinamicidade na regra em exame.

Execução da tutela antecipada para as obrigações de fazer e não fazer. As críticas feitas à execução da tutela antecipada para a obrigação de dar são todas extensíveis à execução da tutela antecipada paras as obrigações de fazer e não fazer. Porque a natureza da decisão que impõe o cumprimento da obrigação de fazer e não fazer é condenatória, isto é, cria compulsoriamente uma relação jurídica obrigacional, assim como ocorre com a obrigação de dar.

---

[282] GAMA, Ricardo Rodrigues. *Efetividade...*, p. 101.

[283] MARINONI, Luiz Guilherme. *Efetividade do Processo...*, p. 61.

No entanto, neste tópico observar-se-ão questões procedimentais relativas à execução das obrigações de fazer e não fazer concedidas em sede de tutela antecipatória.

Acolhendo manifestações doutrinárias favoráveis, o legislador impôs um modo de procedimento para a execução das obrigações de fazer e não fazer: seguir o prescrito no artigo 461, §§ 4º e 5º, e no artigo 461-A, ambos do CPC.

O § 4º do artigo 461 determina a imposição de multa diária a ser paga pelo executado como forma coercitiva para que este cumpra a obrigação de fazer ou não fazer. Essa imposição advém de dever judicial, pois ocorrerá independentemente de pedido do interessado. No entanto, a multa deve ser suficiente e compatível com a obrigação executada.

Prevê o § 5º do artigo 461 que deverá o juiz tomar todas as medidas cabíveis para a efetivação específica da tutela concedida ou para a obtenção do resultado prático equivalente. Tem-se como exemplos a imposição de multa por atraso, busca e apreensão, remoção de pessoas e coisas, desfazimento de obras, impedimento de atividade nociva, além de requisição de força policial.

Acresce o § 6º, introduzido pela Lei nº 10.444, que o juiz poderá, de ofício, modificar o valor ou a periodicidade da multa, caso verifique que se tornou insuficiente ou excessiva.

Percebe-se, pois, que o sistema processual busca a efetivação específica das obrigações de fazer e não fazer mediante coação econômica do devedor, em que será compelido em adimplir a obrigação sob pena cumular contra si, além da obrigação de fazer ou não fazer, também uma onerosa obrigação de dar.

Mesmo que isso reste inefetivo, terá o juiz mecanismos legais, a ser utilizados segundo o seu prudente arbítrio, que garantam a desejada efetividade.

Provisoriedade da tutela antecipada. Por ser espécie de tutela sumária, a cognição do juiz frente a matéria é superficial, mas nem por isso injurídica.

É superficial porque o juiz examina os fatos e o direito invocado pela parte, avalia as provas produzidas unilateralmente e, por conseguinte, profere uma decisão no momento em que a lide se encontra. Em princípio, em nenhum momento a parte adversa manifestou sua pretensão ou contrariou os argumentos e provas. Portanto, o juízo tomado pelo magistrado incide sobre uma postulação unilateral.

Como o sistema processual não pode solucionar um litígio ouvindo-se apenas uma parte, sob pena de quebrar a isonomia e ser injusto, ao mesmo tempo que as tutelas sumárias exigem resposta imediata às situações que exigem urgência, a decisão que concede tutela antecipada tem caráter provisório, uma vez que permite ser revogada ou modificada.

Por ser tutela sumária, permite-se que o próprio órgão prolator reveja a própria decisão, revogando ou modificando-a. Se a revisão da decisão for em grau de recurso, o tribunal *ad quem* somente poderá reformar, anular ou modificar a decisão, mas nunca revogar que é ato discricionário do juízo *a quo*. Daí a regra do § 4º, ao determinar que a tutela antecipada poderá ser revogada ou modificada a qualquer tempo, em decisão fundamentada.

A natureza jurídica da decisão que revoga ou modifica a tutela antecipada no primeiro grau de jurisdição é a mesma que concede a tutela. Ou seja, trata-se de decisão interlocutória, pois resolve questão incidente (CPC, art. 162, § 2º), que desafia recurso de agravo (CPC, art. 522).

Porém, se a decisão que concedeu a tutela antecipada for anulada, reformada ou modificada em segundo grau de jurisdição, a parte sucumbente deverá fazer uso dos meios recursais nos tribunais superiores para socorrer seu direito.

Prosseguimento do processo. Realçando o caráter provisório da tutela antecipada, o § 5º determina que, concedida ou não a antecipação da tutela, o processo seguirá seu curso até final julgamento.

Mostra-se com isso, que a tutela antecipada é espécie de tutela sumária e não de tutela exauriente. Pois, esta implica no encerramento do processo, com o julgamento da demanda (CPC, art. 162, § 1º). Já a tutela antecipada resolve apenas questão incidental, sem extinguir o processo (CPC, art. 162, § 2º).

Interessante notar que esse dispositivo permite concluir que a tutela antecipada pode ser requerida e concedida em qualquer tempo, até antes do proferimento da sentença no primeiro grau de jurisdição. Pois, a tutela concedida em sentença não é antecipada, mas definitiva.

Também a idéia de "prosseguir o processo até final julgamento" permite compreender a possibilidade de se requerer e conceder tutela antecipatória nos graus superiores, enquanto não estiver esgotado ofício jurisdicional do relator e enquanto não ocorrer coisa julgada.

Conversão para tutela cautelar. Como visto em tópico anterior (*tutela antecipatória e tutela cautelar*), a tutela cautelar não se confunde com a tutela antecipada. Enquanto esta se destina à realização antecipada do direito material, aquela se presta à garantia da efetividade do processo principal – processo de conhecimento ou processo de execução.

Contudo, observando o juiz que o pedido de tutela antecipada mostra-se inadequado para o caso concreto e que a tutela adequada é de mera proteção, conceder-se-á a tutela cautelar ao invés da tutela antecipada.

Essa possibilidade se dá com a introdução do § 7º, ao artigo 273, do CPC, por força da Lei nº 10.444, ao prever que, se o autor, a título de antecipação da tutela, requerer providência de natureza cautelar, poderá o juiz, quando presentes os respectivos pressupostos, deferir a medida cautelar em caráter incidental do processo ajuizado.

A conversão para a tutela cautelar deverá atender aos seguintes requisitos:

a) iniciativa da parte, que requereu tutela antecipada, mas que será desacolhida para dar lugar à tutela cautelar. Se não houver essa iniciativa, o juiz estará impedido de exercer o poder geral de cautelar (CPC, art. 798);

b) atendimento aos requisitos genéricos para a tutela cautelar, quais sejam, a plausibilidade da existência de um direito a ser protegido (*fummus boni iuris*) e a urgência na medida a ser concedida (*periculum in mora*);

c) necessidade de proteção ao processo principal, que constitui o mérito cautelar. Ao passo que a tutela antecipada tem como mérito a realização do direito material, o mérito da tutela cautelar é proteger e garantir a efetividade do processo principal;

d) atendimento aos requisitos específicos da tutela cautelar apropriada para a questão, como é o caso para a concessão do arresto (CPC, art. 814).

Concedendo a tutela cautelar, deverá o juiz extrair cópia da petição em que foi requerida a tutela antecipada rejeitada, bem como eventuais cópias da ação e da resposta do réu e das provas até então produzidas, obviamente também da decisão concessiva da tutela cautelar, e determinar o processamento em apenso ao processo principal.

Nesse caso, o provimento cautelar concedido importará na instauração de um processo cautelar. Por isso, a necessidade de um processo em apenso, onde a parte será intimada para contestar o pedido formulado.

Admitir-se-á a produção de provas e compreende-se a necessidade de ser proferida sentença nesse processo, simultânea ao proferimento da sentença no processo principal, a fim de convolar ou de revogar a tutela cautelar concedida.

Situações lacunosas ou duvidosas resolver-se-ão como se resolveriam se fosse um processo cautelar. Pois, a única diferença entre o processo cautelar normal e a situação prevista no § 7º reside tão somente na sua iniciativa: enquanto que no processo cautelar normal houve a propositura de uma ação cautelar específica, a hipótese do § 7º trata de um pedido de tutela antecipada rejeitada pelo juiz mas que foi convertida e aproveitada em tutela cautelar.

O fundamento dessa conversão é a aplicação do princípio da instrumentalidade, cuja visão mais moderna impõe a seguinte regra: mais jurisdição em menos processo.

Técnica. Antecipando-se à reforma processual, decidiu o TJPR que: "Tutela antecipatória indeferida em ação de imissão de posse de veículo – Poder geral de cautela exercido de ofício para determinar a apreensão e depósito do bem em mãos do autor – Possibilidade – CPC, art. 798. Recurso provido em parte. Se o juiz não se convence da existência de prova inequívoca para conceder a tutela antecipatória pretendida pelo autor, mas do fundado receio de que uma das partes, antes do julgamento da lide, poderá vir a causar a outra lesão grave e de difícil reparação, pode e deve exercer o seu poder geral de cautela para, de ofício, deferir medida cautelar, no caso, de apreensão e depósito do bem".[284]

ASPECTOS DA TUTELA ANTECIPATÓRIA

Tutela antecipatória e tutela jurisdicional segundo a sua finalidade. Como sabido, a doutrina clássica italiana possui uma classificação trinária das tutelas (declaratória, condenatória e constitutiva). No Brasil, tem-se uma classificação sêxtupla das tutelas (declaratória, condenatória, constitutiva, desconstitutiva, mandamental e executiva *lato sensu*), a partir da classificação quinária de Pontes de Miranda, onde a tutela constitutiva significa a constituição propriamente dita e a desconstituição de uma relação jurídica.

[284] A.I. nº 0092367500, 5ª CCiv., rel. Des. Paulo Habith.

A tutela condenatória foi debatida nos tópicos acima, uma vez que é considerada a espécie mais importante no processo civil, o que dispensa novamente debatê-la, por evidente economia e brevidade.

Consoante Humberto Teodoro Júnior, há uma resistência em parte da doutrina em aceitar tutela antecipada nos pleitos meramente declaratórios e constitutivos, em razão da ausência de executividade. Aduz o processualista mineiro que "parece intuitivo que a declaração de certeza e a constituição de uma nova situação jurídica apenas possam ser alcançados pela sentença definitiva de mérito, após cognição completa e exauriente, não havendo como antecipar provisoriamente o puro efeito declaratório e constitutivo. Há, porém, que se fazer a distinção entre o efeito declaratório e constitutivo e os efeitos práticos que decorrem da declaração e da constituição de uma situação jurídica. Se a declaração e a constituição, em si mesmas, não correm risco de dano pela demora do processo, o mesmo não se pode dizer em relação aos efeitos práticos que o titular da pretensão tem em mira alcançar com apoio no provimento judicial".[285]

Por isso, explica Humberto Teodoro Júnior que "a antecipação de tutela, muito embora faculte atos executivos à parte, antes da sentença, não o faz somente para compreender providências que seriam tecnicamente objeto de futuro processo de execução forçada. Qualquer tipo de processo de conhecimento pode ter a eficácia de sua sentença sob risco de encontrar um direito subjetivo material sem condições de atuar praticamente. É possível, portanto, pretender algum tipo de medida satisfativa que afaste o perigo não de eficácia executiva da sentença, mas de efetividade dela perante o direito substancial do litigante, que já terá perdido toda capacidade de atuar *in concreto* pela supressão total ou profunda de seu suporte fático, enquanto se aguardava a sentença declaratória ou constitutiva. A execução de que se cogita para justificar a antecipação de tutela, nessa ordem de idéias, é a que se entende no sentido mais amplo do termo, não se confundindo, por isso, com aquele restrito significado de atuação judicial da força do título executivo *stricto sensu*".[286]

---

[285] TEODORO JÚNIOR, Humberto. *Antecipação de tutela em ações declaratórias e constitutivas.* Artigo publicado na Revista Jurídica. Ano 46. Fevereiro de 1999. Nº 256. Porto Alegre. Síntese. 1999, p. 9.

[286] TEODORO JÚNIOR, Humberto. *Antecipação de tutela...*, p. 9-10.

Referente às tutelas executivas *lato sensu* e mandamentais, elas mostram-se inteiramente satisfativas quando concedidas antecipadamente. Deve-se notar que, antes da introdução da tutela antecipatória no Brasil, espécies dessas tutelas eram classificadas pela doutrina como antecipação dos efeitos da sentença.

Em especial, reafirma-se a possibilidade de se conceder tutela antecipada, pelos requisitos do artigo 273, nas ações possessórias. Mostra-se viável, sobretudo se não for possível preencher os requisitos específicos da tutela possessória, como a posse de ano e dia. Daí a possibilidade de obter a tutela antecipada pelo artigo 273.[287]

A executividade das tutelas executivas *lato sensu*, mandamentais, constitutivas, desconstitutivas e declaratórias se realizam por serem mandamentais. Daí utilizar-se da regra do artigo 461, do CPC, para proceder a executividade.

Tutela concedida sine audita altera pars. Não há qualquer previsão legal que obrigue a concessão da tutela antecipada sem a ouvida da parte contrária. No processo cautelar é possível e é previsível a concessão da tutela sem a ouvida do requerido ou até mesmo antes da citação deste (CPC, art. 804).

Na tutela antecipada isso é possível, porém não é previsível, mas nem por isso proibido por lei. Ocorre que a maioria das tutelas fundadas no inciso I do artigo 273 é requerida na petição inicial e, por ocasião do juízo de admissibilidade, a tutela é examinada e concedida. Assim, a práxis tem mostrado que a tutela antecipada é concedida *sine audita alter pars*, isto é, sem a ouvida do réu.

Por outro lado, mostra-se totalmente incabível a realização de audiência de justificação, como ocorre no processo cautelar (CPC, art. 804). Tal posição se deve ao atendimento a um dos requisitos legais para a concessão da tutela antecipada: demonstração de *prova inequívoca* junto com o pedido de tutela. A prova inequívoca serve para mostrar ao juiz a verossimilhança entre o alegado direito e os demais requisitos estabelecidos pelo artigo 273. Se o requerente necessitar de audiência preliminar é porque não possui a exigida *prova inequívoca*, devendo ser indeferido o pedido de tutela antecipada.

---

[287] Nesse sentido, cf. FREITAS, Maurício de. *Jurisprudência comentada – Tutela antecipatória em ação possessória.* Revista de Processo. Ano 24. Nº 95. Julho-setembro de 1999. São Paulo. Revista dos Tribunais. 1999, p. 262-264.

O TJSP assentou que o deferimento da tutela antecipada somente é admissível quando a convocação do réu contribuir para a consumação do dano que se busca evitar.[288]

Tutela antecipatória contra a Fazenda Pública. Com o advento da Lei nº 9.494/97, ficou disciplinada a aplicação da tutela antecipada contra a Fazenda Pública.

Até então, havia dúvidas da sua aplicação, face a regra do artigo 100, da CF. No entanto, com o advento da Lei nº 9.494/97, a matéria pacificou-se.

Insta lembrar que o texto da Medida Provisória nº 1.570-4/97 exigia a prestação de caução para que a tutela fosse concedida. O STF suspendeu tal exigência e a Medida Provisória foi convertida na mencionada lei, sem que houvesse a previsão da prestação da caução.

Portanto, sem sombra de dúvidas, a tutela antecipatória pode ser concedida contra a Fazenda Pública sem a prestação de caução. Tal exigência mostra-se ilegal e, por isso, indevida.

Luiz Rodrigues Wambier justifica a adoção da tutela antecipada contra a Fazenda Púbica a fim de evitar o reexame necessário da sentença condenatória e que o direito do autor seja excluído da submissão à ordem dos precatórios requisitórios de pagamento, como determinam os artigos 475, do CPC, e 100, da CF.[289]

Afirma Wambier que "a interpretação que aqui se propõe – filológica e declarativa, do art. 100 da Constituição Federal e do art. 475 do CPC – em nada empobrece o sistema, na medida em que permite a criação de uma alternativa de solução para um dos tormentosos problemas com que se têm defrontado os processualistas, que é justamente o de dar o máximo rendimento possível às regras constitucionais do amplo acesso à justiça e da efetividade, por sua 'mão' infra constitucional que é a antecipação de tutela, o que aqui sustenta especificadamente nos casos de desapropriação indireta. As antecipações de condenações contra o Poder Público podem ser cumpridas, mediante depósito do Juízo (com liberação apenas em casos excepcionalissimamen-

---

[288] RT 764/221.

[289] WAMBIER, Luiz Rodrigues. *Antecipação de tutela em face da Fazenda Pública.* Artigo publicado na Revista Jurídica da UEPG. Ano I. Volume I. Ponta Grossa. Editora da UEPG. 1997, p. 217.

te considerados, porque a regra é que a execução de liminar antecipatória seja apenas provisória, isto é, reversível) com recursos orçamentários advindos da dotação relativa às 'despesas variáveis' ou de dotações outras, comumente presentes nos orçamentos dos poderes Públicos".[290]

Embora os requisitos dos incisos I e II, do artigo 273, possibilitem a concessão da tutela antecipada contra a Fazenda Pública, verifica-se que o manifesto propósito protelatório do réu é o que mais autoriza e justifica a concessão da tutela. Pois, explica Wambier, "tivesse o Poder Público, em múltiplas situações que se podem encontrar na jurisprudência, cumprido a norma jurídica, e o autor desnecessitaria do aforamento da ação. Tendo, todavia, o autor tido a necessidade de buscar a tutela jurisdicional para obter o respeito ao seu direito, a *antecipação de tutela poderá fazer com que ocorra aquilo que deveria ter ocorrido se tivessem sido respeitadas a lei e a Constituição Federal*".[291]

Refutando eventual argumento contrário à extensão da tutela antecipatória à Fazenda Pública por exigência do reexame necessário da sentença (CPC, art. 475, II), afirma Hugo Brito Machado que o mesmo é inconsistente, pelos seguintes motivos: "a) a regra do citado dispositivo do CPC sempre conviveu com o deferimento da liminar em mandado de segurança, especialmente voltada contra o Estado; b) o citado dispositivo do CPC tem por finalidade garantir o duplo grau de jurisdição, independentemente do recurso voluntário que eventualmente não seja interposto, por negligência ou por qualquer outro motivo".[292]

No que se refere à executividade da tutela, propõe Wambier o afastamento restrito imposto pelo artigo 588, e utilizar a regra do artigo 461, ambos do CPC. Conferindo caráter mandamental à tutela antecipatória, afirma o professor paranaense que haveria uma *fusão* "entre o dispositivo no art. 273 e o disposto no art. 461, de forma que a execução da decisão de antecipação de tutela (a que se poderia chamar, mais profundamente, de ordem de cumprimento, ao invés de execução) se constituiria numa hipótese de tutela específica (a de empenhar o

---

[290] WAMBIER, Luiz Rodrigues. *Antecipação de tutela...*, p. 216-217.

[291] WAMBIER, Luiz Rodrigues. *Antecipação de tutela...*, p. 218.

[292] MACHADO, Hugo de Brito. *A tutela antecipatória contra a Fazenda Pública e o artigo 475, II, do CPC*. Artigo publicado no Repertório IOB de Jurisprudência. 1ª quinzena de janeiro de 1999. Nº 1/99. Caderno 3. Água Branca-São Paulo. 1999, p. 21.

valor do depósito e efetuá-lo em seguida). Ou, mais resumidamente, a tutela específica, constituída por força da decisão, consistiria em fazer o depósito da quantia determinada pelo juiz. O descumprimento da ordem liminar ensejaria a aplicação das ilimitadas possibilidades do parágrafo 5º do artigo 461, inclusive o seqüestro de valores encontrados em conta bancária, por exemplo, para a constituição de depósito à disposição do Juízo que, por sua vez, só poderia deferir o levantamento, parcial ou total, em favor do autor, mediante caução idônea (aqui, sim, se aplicaria o disposto no inciso II do art. 588). Nos termos do inciso II do art. 588, portanto, o depósito de dinheiro feito em juízo, em cumprimento à liminar antecipatória da tutela indenizatória pretendida, somente poderia ser levantado pelo autor mediante a prestação de caução idônea".[293]

Técnica. Sobre o tema, decidiu o TJPR que: "Agravo de instrumento – Ação declaratória – Pedido de antecipação de tutela inadmissível contra a Fazenda Pública – Exegese do art. 1º da Lei 9.404/97 – Despacho mantido – Recurso desprovido. É inadmissível a concessão de tutela antecipatória contra a Fazenda Pública, por expressa vedação legal, nos termos do artigo 1º da Lei 9.494/97".[294]

Tutela antecipatória concedida após o proferimento da sentença. Consoante exposto, a tutela antecipada pode ser, em qualquer momento do processo, ser requerida e concedida, desde que preenchidos os requisitos legais.

No entanto, uma vez proferida a sentença, não mais poderá o juiz de primeiro grau de jurisdição conceder a tutela, uma vez que esgotou seu ofício.

Em sentido mais liberal, Fernando César Zeni entende ser possível a concessão da tutela antecipada no momento da sentença. Pois, "ao permitir a antecipação da eficácia de uma sentença definitiva sem limitar o art. 273 o momento para seu deferimento, possibilitou o legislador ao juiz que assim procedesse atribuindo eficácia executiva à decisão de mérito concedendo a antecipação no bojo da sentença, sem malferir a provisoriedade que é inerente ao instituto, sufragando a suspensão que iria fatalmente ocorrer com o recebimento do recurso, desde que naquele momento os requisitos elencados pelos incs. I e II, do dispositivo em questão se demonstrem ainda latentes, a ponto de causar gravame à parte, a qual, receosa de que o bem de vida perse-

---

[293] WAMBIER, Luiz Rodrigues. *Antecipação de tutela...*, p. 219-220.

[294] A.I. nº 0098208500, 5ª CCiv., rel. Des. Antonio Gomes da Silva.

guido possa perecer diante de um *oceano* de recursos que podem exsurgir, o que não é nada incomum com o que ocorre no Brasil".[295]

Para arrematar, afirma Fernando César Zeni que a tutela antecipada concedida em sentença somente poderá ser desafiada por recurso de apelação face o princípio da unirrecorribilidade recursal. Pois, "como a decisão deferitória da tutela antecipada é proferida no corpo da sentença, resulta inexorável que o recurso cabível será apelação, pois, sendo ato único, não se pode fracionar o manejo de recurso de agravo, para a parte que deferiu a tutela antecipada e apelação, para impugnar a sentença".[296]

Crê-se que a questão deve ser abordada sob outro enfoque, mais precisamente o ontológico. Denomina-se tutela antecipatória toda tutela concedida *antes da cognição exauriente* do direito. Por cognição exauriente leia-se sentença ou acórdão que julga o mérito da demanda. A tutela é antecipada em relação a essas decisões judiciais (sentença ou acórdão) e não ao trânsito em julgado delas.

Por isso, no momento em que o juiz profere uma sentença de mérito, a rigor, ele não pode conceder uma tutela antecipada, mas a própria tutela definitiva. Na sentença o juiz não antecipa à tutela exauriente, porque o momento processual é de tutela exauriente. Impossível, portanto, antecipar-se.

O que ocorre com uma suposta "tutela antecipatória na sentença", isto é verdade e deve ser tomado como um fenômeno processual distinto, é uma forma diferenciada de execução de sentença. Pois, é sabido que a tutela antecipada possui uma efetividade maior que a execução provisória.

Imaginar que na sentença pode ser concedida tutela antecipada, criar-se-ia uma estranha situação: nos autos principais, haveria o recurso, que subiria ao tribunal *ad quem*; da sentença, seria extraída uma cópia ou uma carta, a fim de instruir um mandado para cumprir a tutela antecipada, mas que deveria aguardar o retorno dos autos e Deus sabe lá por quanto tempo haveria esse retorno. Talvez com provimento do recurso e sentença reformada, o que invalidaria tudo o que foi praticado. É uma situação delicada.

---

[295] ZENI, Fernando César. *Deferimento do pedido de tutela antecipatória na sentença.* Artigo publicado na Revista de Processo. Ano 24. Nº 94. Abril-junho de 1999. São Paulo. Revista dos Tribunais. 1999, p. 76.

[296] ZENI, Fernando César. *Deferimento do pedido...*, p. 78.

Ademais, com o proferimento da sentença de mérito, desaparecem as hipóteses dos incisos I – urgência na medida – e II – abuso do direito de defesa. A jurisdição já se pronunciou no processo cognitivo; resta a celeridade no processo executivo.

Por fim, se entender a parte interessada que é preciso urgência na medida face a irreversibilidade do direito já reconhecido (inciso I), deverá utilizar-se de medida cautelar. Pois, o que se vai tutelar não é a satisfação do direito, mas a sua possibilidade de efetivação.

Assim, reafirma-se que inexiste tutela antecipada na sentença, mas, isto sim, forma diferenciada de execução da sentença.

A despeito dessa situação obscura, outros aspectos contornam a tutela antecipatória após o proferimento da sentença, durante o recurso. Mas isso nada impede que a parte interessada, durante o processamento do recurso, requeira a concessão da medida ao relator. Para tanto, é preciso haver um recurso de apelação, que tenha sido recebido e processado. Mas o interessado deverá aguardar a subida dos autos ao tribunal para, depois, fazer o requerimento da tutela antecipada diretamente ao relator.

Note-se que poderá o interessado, mesmo vitorioso na sentença, requerer a tutela antecipada em grau de recurso, a fim de executar provisoriamente – sem que haja processo de execução para tanto – a tutela obtida na sentença e novamente concedida em cognição sumária.

Desse aspecto surgem duas questões: uma, relativa à necessidade de se formar um instrumento para possibilitar a execução da tutela antecipada, que poderá ser mediante carta de ordem; outra, que o indeferimento da tutela antecipada não significa na reforma da sentença, mas tão somente no não preenchimento dos requisitos autorizadores da antecipação da tutela.

Havendo execução provisória da sentença, não há necessidade de se conceder tutela antecipada, sob pena de *bis in idem*, salvo se as duas medidas abordam objetos distintos.

Enquanto não esgotado o ofício da instância, o relator terá competência funcional para apreciar pedido de tutela antecipatória.

Reis Friede entende que a natureza da tutela antecipada concedida em sede recursal é cautelar, porque "o que está em jogo é, em última análise, a plena inteireza (efetividade) do pronunciamento judicial meritório último e, nesse sentido, há várias soluções processuais, previstas expressamente pelo legislador ordinário, que vão desde o ajuizamento, pela parte interessada, de uma ação cautelar preparatória (antecedente ao processo principal onde se discutirá o *merito causae*, passando pela possibilidade de ajuizamento de uma ação cautelar incidente no juízo originário, e mesmo chegando na hipótese de uma ação cautelar incidente, ajuizada diretamente no tribunal (art. 800, parágrafo único do CPC), após a eventual interposição do recurso próprio de apelação, sem falar na possibilidade alternativa, em situações excepcionalíssimas, de ajuizamento da denominada ação autônoma de impugnação mandamental, dotada de medida acautelatória, em forma de provimento liminar".[297]

Sem embargo de vista, tem-se que a tutela antecipada concedida em segundo grau de jurisdição mantém a mesma natureza jurídica da tutela antecipada em primeiro grau de jurisdição.

Pois, é preciso examinar duas hipóteses. A primeira, a existência de uma sentença que improcedeu a ação, por carência ou ausência de pressupostos processuais; e a segunda, a existência de uma sentença que procedeu o pedido da ação. Em ambas as hipóteses, foram interpostos recursos.

Na primeira hipótese, o mérito da causa não foi examinado, o que possibilita, caso preenchido os requisitos do artigo 273, ao relator conceder a tutela antecipatória. Trata-se, na verdade, de uma verdadeira antecipação de eventual procedência do direito do autor, como se ainda não houvesse um exame do mérito da ação.

Na segunda hipótese, tem-se uma cognição exauriente, em que a tutela antecipada concedida pelo relator não passa de uma forma diferenciada de execução, total ou parcial, da sentença.

E uma terceira hipótese seria a da sentença de mérito que improcede o pedido da ação. Nesse caso, tem-se uma cognição exauriente contrária à pretensão do autor, o que dificultaria o atendimento aos requisitos do artigo 273.[298] Na eventualidade de ser concedida a tutela antecipada, a natureza da

---

[297] FRIEDE, R. Reis. *Tutela recursal antecipada na apelação.* Artigo publicado no Repertório IOB de Jurisprudência. 2ª quinzena de abril de 1998. Nº 8/98. Caderno 3. Água Branca-São Paulo. 1998, p. 164-163.

[298] O TRF da 2ª Região entendeu inadmissível a concessão de tutela antecipatória pelo tribunal, se o pedido da ação foi julgado improcedente em 1º grau de jurisdição. Cf. RT 757/350.

decisão é tipicamente a da antecipação de um suposto direito do autor a ser reconhecido no futuro.

Por isso, crê-se que não há uma medida acautelatória, mas na própria antecipação e satisfação de um eventual direito.

TÉCNICA

Assentou o 1º TACivSP que "é possível a tutela antecipatória em ação possessória, pois esta deve ser tratada como qualquer outra ação ordinária, em que se admite, desde que presentes os requisitos legais, a antecipação baseada na evidência, conforme dispõe o art. 273 do CPC".[299]

Entendeu o mesmo tribunal que há discricionariedade do juiz para a concessão da tutela antecipada. Necessário, porém, "de prova inequívoca de situação emergencial e respeito ao postulado do *dues process of law*, como contraditório e ampla defesa".[300]

Já o TRF da 1ª Região pronunciou que é vedada a concessão de tutela antecipada *ex officio* pelo juiz, razão pela qual deve-se aguardar a iniciativa da parte interessada.[301]

O TJDF pronunciou que "é possível conceder antecipadamente tutela em ação rescisória, para obstar ato judicial oriundo de sentença a ser rescindida, desde que se verifiquem os pressupostos do art. 273 do CPC".[302]

CRÍTICA

Superação da norma processual. Como já delineado anteriormente, os §§ 3º e 4º do presente disposto emperram e inviabilizam maior difusão do instituto da tutela antecipatória.

Praticamente imobilizam qualquer pretensão condenatória ou que tenha por objetivo a transferência de bens, em razão do fantasma da "irreversibilidade" do provimento e do dogma da execução provisória.

---

[299] RePro 95/261.

[300] RT 736/256.

[301] RT 760/425.

[302] Repertório IOB de Jurisprudência, nº 14/99, p. 337.

É preciso que a doutrina se realinhe aos fins do instituto e combata os §§ 3º e 4º do artigo 273, mostrando que à jurisdição, entre a segurança e o tempo, é preferível este, porque o tempo urge contra a justiça.

Um dos fins propedêuticos da tutela antecipada é de readequar a efetividade da pretensão do litigante ao correto modelo processual. Por isso, de certa forma, a tutela antecipatória cientificamente "lutou" contra as tutelas diferenciadas. Porém, conceber a tutela antecipada e limitar sua execução patrimonial é o mesmo que nunca ter criado a tutela antecipada. Tutela jurisdicional que não é eficaz no plano material não é tutela, mas um simples elefante branco criado pelo Estado.

Em razão disso, aguarda-se que os proclamos doutrinários cresçam no sentido de simplesmente desconsiderar os §§ 3º e 4º do artigo 273, como requisitos para concessão da tutela antecipatória. Tais exigências não podem ser obstáculo ao efetivo acesso e obtenção da Justiça.

A proposta apresentada ao Congresso Nacional, alterando a redação do § 2º, bem acolhia as manifestações de críticas ao requisito da irreversibilidade. Reitera-se a proposta apresentada: "Art. 273... § 2º A antecipação será indeferida quando houver perigo de irreversibilidade dos efeitos do provimento antecipatório, exceto se da denegação puder resultar, manifestamente, maior e irreversível prejuízo ao autor".

No entanto, o legislador não considerou tal proposta, premiando a letargia da transformação social sob a roupagem da segurança jurídica, prejudicando o detentor de um direito material ineficaz. O Estado também consorciou-se com a ineficácia do direito material.

Tutela antecipatória e celeridade do processo. Por outro lado, cumpre ressaltar que temas como "tutela antecipatória", "ação monitória" e "arbitragem" entre outros, simplesmente revelam a falência em que se encontra o serviço jurisdicional.

Não se tem notícia que, junto com a reforma do CPC, também o Poder Judiciário foi dotado de maior e melhor estrutura, ou se um bom número de cargos de juízes foi criado.

A tutela antecipatória não vai resolver o problema da morosidade do processo. Ao contrário, nada mudou. O que é pior, apenas deslocou o ônus do tempo do processo para a outra parte, no caso, o réu.

É verdade que o fundamento de que a mora processual afeta o autor que tem razão; mas é inegável que a tutela antecipatória, acrescida da mora processual, afeta ainda mais o réu que tem razão. Contra o réu tem-se somente a celeridade na prestação jurisdicional, a fim de demonstrar seu direito. As amarguras que antes eram do autor foram transferidas ao réu. Houve evolução científica? Óbvio que não.

Já se manifestava que "se antigamente o autor sofria com a mora judiciária, hodiernamente se transfere esse ônus ao réu e isso não soluciona o problema, mas apenas mostra a opção política de tutelar quem aparentemente tem razão porque o autor atendeu a uma formalidade exigida pela lei – prova inequívoca (CPC, art. 273, *caput*) e prova escrita (CPC, art. 1.102a.). Ademais, se é admissível tutelar o autor que aparenta ter razão, também é racional tutelar o réu que afirma ter razão, por ocasião de sua defesa. Mas, pela técnica processual dogmática e fundada na teoria da substanciação da causa de pedir, o réu somente poderá obter tutela antecipada se ajuizar reconvenção. Porém, destarte esclarecer: se o réu obtiver tutela antecipatória em sede de reconvenção, estará atendido numa lide conexa com a principal, porém não estará atendido na lide propriamente dita, da qual se ocupa o pólo passivo. Enfim, em relação à lide de que se ocupa o pólo passivo, o réu somente poderá ser atendido pela tutela jurisdicional numa sentença, após um longo e penoso processo, às vezes agravado por uma tutela antecipatória em favor do autor. É a sina: uma vez réu, sempre réu, até quando houver uma decisão favorável. Assim, conclui-se que a técnica de tutela sumária, na forma em que está estruturada, não resolve o problema da mora processual e nem antecipa a pretensão do réu. Apenas 'satisfaz temporariamente' as pretensões do autor, agravada pelo fato de transferir a alguém – o réu – o ônus de suportar a lerdeza da outorga da tutela jurisdicional definitiva, sem poder conferir ao réu as mesmas possibilidades concedidas pelo autor. Louvável a postura em favor do autor, mas o ordenamento penaliza o réu. O sistema processual evoluiu de forma desequilibrada, pendendo em favor do pólo ativo. A adoção da audiência específica para a tentativa da conciliação, nos termos do artigo 331, do CPC, ora aplaudida como medida de economia, representa, na verdade, mais atraso na prestação da tutela jurisdicional nas hipóteses em que não se obtém a conciliação. Seria praticado desnecessariamente um ato processual, sem efeito resolutivo algum, procrastinando ainda mais a solução do feito".[303]

---

[303] PAULA, Jônatas Luiz Moreira de. *Uma Visão Crítica...*, p. 127-128.

Portanto, é preciso que a doutrina supere posições politicamente corretas, para, criticamente, atingir o âmago do problema e auferir meios de resolvê-lo.

Capítulo II

DO PROCEDIMENTO ORDINÁRIO

Art. 274. O procedimento ordinário reger-se-á segundo as disposições dos Livros I e II deste Código.

A ESTRUTURA BÁSICA DO PROCEDIMENTO ORDINÁRIO

Noção. Ao tipificar as normas que regularão o procedimento ordinário nos Livros I e II do CPC, o legislador não foi feliz, uma vez que normas dispostas no Livro I tratam de institutos processuais e não de procedimento. Ademais, o Livro I trata de normas de aplicação genérica a todas espécies de processo, não se vinculando somente e exclusivamente ao procedimento ordinário.

Nessa linha de pensamento, expõe José Joaquim Calmon de Passos sobre a norma em exame, "afirma reger-se o procedimento ordinário pelo disposto no Livro I, pertinente ao processo de conhecimento, o que já foi uma impropriedade, porque o procedimento, frise-se que enfatizamos *procedimento*, é um dos aspectos do processo, o processo na sua dinâmica. O Livro I, entretanto, contém inúmeros dispositivos que não são procedimentais, sim de direito processual substancial, inclusive normas processuais que, embora formais, não podem ser correntemente classificadas como normas de procedimento. Ensinaram os mestres ser o procedimento a parcela e o processo a soma; que o processo pode conter um ou mais de um procedimento. Aqui, entretanto, se diz, a bem entender o texto, que o procedimento ordinário compreende os processos de conhecimento e de execução. Aqui, não se tem processo com mais de um procedimento, sim dois processos fazendo um procedimento: processo de conhecimento mais processo de execução igual a procedimento ordinário. Como se o processo não fosse instrumento de uma pretensão específica e perseguisse uma prestação jurisdicional também específica".[304]

Estrutura básica. É sabido que o procedimento padrão é fonte suplementar de outros procedimentos que integram a mesma natureza do processo, bem como entre os processos também há essa função suplementar. Destaca-se o procedimento ordinário do processo de conhecimento que exerce essa função subsidiária a outros procedimentos e processos.

Essa característica do procedimento ordinário decorre de sua natureza, que apresenta a seguinte estrutura básica:

a) Fase Postulatória:

ajuizamento da petição inicial, conforme os requisitos estabelecidos nos artigos 282 e 283, do CPC;

juízo de admissibilidade da inicial, podendo ser deferida seu processamento (CPC, art. 285), ser determinada a correção (CPC, art. 284) ou simplesmente indeferida (CPC, art. 295, e parágrafo único do artigo 284, do CPC), com eventual possibilidade de concessão de tutela antecipatória (CPC, art. 273);

citação do réu – no caso de deferimento da inicial;

apresentação da "resposta do réu", que pode ser contestação, exceções processuais e reconvenção (CPC, art. 297) e outras medidas como a nomeação à autoria, denunciação à lide, chamamento ao processo, ação declaratória incidental, recurso, reconhecimento do direito do autor, ou simplesmente nada fazer;

---

[304] PASSOS, J. J. Calmon de. *Comentários ao Código de Processo Civil.* Volume III. Rio-São Paulo. Forense. 1974, p. 15-16.

impugnação à contestação nos termos do artigo 327, do CPC;

eventual decretação da revelia (CPC, arts. 319 e 322);

determinação das providências preliminares (CPC, art. 328);

b) Fase do Saneamento ou do Julgamento Conforme o Estado do Processo:

pode ocorrer o julgamento conforme o estado do processo, nos termos dos artigos 329 e 330, do CPC;

caso negativa a hipótese acima, será designada audiência de conciliação, que se restar negativa, deverá o juiz sanear o processo e fixar os pontos controvertidos para serem submetidos à instrução (CPC, art. 331);

c) Fase Instrutória:

realização de provas, que deverão ser na seguinte ordem: prova pericial, depoimento pessoal do autor, depoimento pessoal do réu, oitiva das testemunhas arroladas pelo autor, oitiva das testemunhas arroladas pelo réu e inspeção judicial;

a prova documental pode ser produzida em qualquer tempo do processo (CPC, art. 397);

alegações finais, que podem ser orais ou por escrito, em conjunto ou sucessivamente, sendo primeiro as do autor e depois as do réu;

d) Fase Decisória:

proferimento da sentença, que tanto pode ser oral, quando prolatada em audiência, ou por escrito, quando publicada em cartório.

Essa estrutura básica é produto de uma longa evolução científica. Por isso compara-se o procedimento ordinário do vigente CPC com o procedimento ordinário das Ordenações Afonsinas:[305]

a) *apresentação da ação*, com a indicação da causa ou quantidade sobre que é movida a demanda, seus fundamentos, possibilitando o réu de contrariar essas indicações;

b) *juramento da calúnia pelo autor*;

c) *recebimento da ação e citação do réu*;

---

305 CAETANO, Marcello. *História do Direito Português*. 3ª edição. Lisboa. Verbo. 1992, p. 580-585.

d) *comparecimento pessoal do réu*, com possibilidade de escusas;

e) *expedição do libelo* (acusação formal), com marcação do prazo para a sua defesa, com possibilidade de absolvição da instância ou "absolvição da citação";

f) *a defesa do réu* consistia na contestação da lide, nas deduções das exceções dilatórias, peremptórias e anômalas, a indicação dos artigos contrários ao da ação, bem como a possibilidade do réu ofertar a reconvenção;

g) se o réu confessar, deverá haver julgamento da demanda;

h) *verificação da regularidade* dos procuradores designados;

i) *eventual modificação da demanda ou do libelo*, com possibilidade do réu manifestar-se sobre a alteração;

j) com a negação do réu, *deverá o autor apresentar os artigos que fundamentam a ação* e o juiz deverá exercer o juízo de pertinência;

k) *dava-se à produção de provas* que deveria obedecer aos seguintes pontos:

   i) que sejam feitas sobre coisa certa;

   ii) que sejam pertencentes ao feito;

   iii) que não sejam contraditórias entre si;

   iv) que se refiram a fatos e não a pontos de Direito;

   v) que não sejam negativas e sim afirmativas; e

   vi) que não sejam em si criminosas, isto é, relativas a matéria criminal;

j) *nomeação das testemunhas* e respectiva inquirição pelo inquiridor, perante o tabelião que registra os respectivos depoimentos, bem como a possibilidade de contraditá-las;

k) a impossibilidade de se provar com testemunhas, apenas por escritura pública os contratos sobre mercadorias feitas perante corretor e duas testemunhas, ao casamento (mas não havia restrições às convenções antenupciais), aos feitos espirituais, como votos, profissões e outros semelhantes, aos quase contratos, aos alvarás de certas autoridades eclesiásticas e leigas e nem aos contratos simulados;

l) *abertura e publicação dos depoimentos das testemunhas para as partes*, com possibilidade da oposição de embargos fundados em não terem sido feitas todas as perguntas devidas;

m) *apresentação das razões finais*, eventual diligência probatória;

n) *por fim, proferimento da sentença*, que deve ser conforme o libelo, condenando ou absolvendo no todo ou em parte o pedido, e não além dele, proibindo-se que seja incerta ou condicional e condenar o vencido ao pagamento das custas do processo.

Incluíam-se nas Ordenações Afonsinas questões como a revelia, suspeição do juiz, reconvenção, férias, procedimento sumário e atos processuais.

Daí, possível perceber que, salvo uma ou outra alteração de ordem técnica, o procedimento ordinário contém na sua essência um método empírico, que tende a buscar a verdade dos fatos.

Capítulo III

DO PROCEDIMENTO SUMÁRIO

PROCEDIMENTO SUMÁRIO

Noção. Tem-se por procedimento ordinário como o modo de processar uma demanda mediante concentração da prática de atos processuais, ao contrário do rito ordinário, onde a prática de tais atos encontra-se espaçadamente.

A respeito, é o magistério de Calmon de Passos, ao tratar das poucas diferenças entre o procedimento sumário e o rito ordinário, ao mostrar que "a fase postulatória compreendia o oferecimento do pedido pelo autor e a resposta do réu; em um e outro à resposta do réu se seguia a instrução da causa; em um e outro se encerrava o processo pelo julgamento da lide. No que se diferenciavam era na menor duração dos prazos para o procedimento sumário e na dispensa de alguns atos ou de algumas formalidades previstas para o procedimento ordinário. E com tais expedientes se obtinha um procedimento mais célere, menos solene e mais concentrado".[306]

---

[306] PASSOS, J.J. Calmon de. *Comentários ao Código de Processo Civil.* Volume III..., p. 19.

Características. Os termos "procedimento sumário" e "cognição sumária" são distintos. Enquanto o primeiro significa o rito a ser adotado para processamento de certa demanda, o segundo significa o meio e o modo de abordagem cognitiva do juiz na demanda. Daí que no primeiro, não há executividade da tutela, senão o modo de investigar a demanda, ao passo que o segundo permite a executividade imediata, porque conhece da lide e profere uma tutela.[307]

Nessa linha, explica Vicente Greco Filho que "apesar de mais concentrado e da denominação, o procedimento sumário não é de cognição sumária, ou seja, superficial, e que geraria uma sentença sujeita a revisão. No sistema brasileiro o procedimento chamado sumário é também de cognição plena e produz sentença com a mesma força e mesma estabilidade da sentença produzida em procedimento ordinário. A diferença está, apenas na concentração de atos e na maior ou menor variedade de atos procedimentais. Altera-se o modo de proceder mas em nada o conteúdo do provimento jurisdicional".[308]

Além disso, o procedimento sumário é caracterizado pela simplificação dos atos e a incidência acentuada dos princípios da oralidade, imediação, da identidade física do juiz e da concentração dos atos processuais.[309]

Por isso, conclui Alexandre Freitas Câmara que "o procedimento sumário é de cognição plena (no plano horizontal) e exauriente (no plano vertical). Trata-se, todavia, de procedimento formalmente sumário, o que decorre de extrema concentração dos atos do processo. Como se verá, no procedimento sumário os atos do processo ocorrem essencialmente em três momentos (num procedimento que não seja por qualquer razão abreviado); propositura da ação, audiência de conciliação e audiência de instrução e julgamento. Tal concentração de atos faz com que o procedimento sumário seja extremamente diferente do procedimento ordinário, onde os atos se seguem numa ordem bem mais lenta e extensa. A sumariedade formal, como se vê, não se relaciona obrigatoriamente com a sumariedade de cognição, o que faz com que estejamos, ao analisar o procedimento sumário, diante de um procedimento formalmente sumário, mas de cognição plena (no plano horizontal) e exauriente (no plano vertical)".[310]

---

307 SATTA, Salvatore. *Derecho Procesal Civil.* Tomo II..., p. 188-189.

308 GRECO FILHO, Vicente. *Direito Processual Civil.* 2º Volume..., p. 98.

309 PIMENTEL, Wellington Moreira. *Comentários ao Código de Processo Civil.* Volume III..., p. 57.

310 CÂMARA, Alexandre Freitas. *Dos Procedimentos Sumário e Sumaríssimo.* Rio de Janeiro. Lumen Juris. 1996, p. 13-14.

Disponibilidade do procedimento sumário. Questão clássica no direito brasileiro é acerca da disponibilidade do procedimento sumário. Aos que não admitem a disponibilidade, prepondera o argumento de que as normas procedimentais são de direito público e, por isso, indisponíveis às partes. À corrente que admite a disponibilidade, incidem os argumentos da conveniência das partes, da amplitude da defesa e da ampla investigação dos fatos.

Em razão da dialética, é possível estabelecer alguns parâmetros:

admite-se a disposição do procedimento sumário, e até mesmo do especial, para o rito ordinário. Mas nunca o inverso, por restringir faculdades processuais onde a lei não prevê;

admitir-se-á a disposição do procedimento desde que não ocorra prejuízo à defesa, às partes e à investigação da verdade dos fatos. Se algum desses itens for infringido, não se justifica a disposição; e

se o procedimento especial apresentar nuances específicas impossíveis de serem realizadas no rito ordinário, não será admitida a disposição do procedimento.

CRÍTICA

O procedimento sumário como procedimento padrão do processo de conhecimento. O problema acerca da celeridade processual não é recente. A história mostra que desde a Idade Antiga, antes mesmo do Direito Romano, os sistemas judiciário e processual necessitavam de constantes reformas, a fim de aperfeiçoá-los e readequá-los, para conferir a desejada rapidez. Porém, impossível abrir mão de um procedimento padrão, aplicável a casos genéricos, mas que peca por dilatar a solução da lide e efetivar direitos.

Mas como mostra Ovídio A. Baptista da Silva, a partir do século XVII, por influência de idéias liberais e racionalistas, concebeu-se que "somente o procedimento ordinário é capaz de assegurar a *neutralidade* do juiz, obrigando-o a julgar somente depois de haver adquirido convencimento definitivo, através da análise exaustiva da prova. Esta ideologia é responsável pela irresistível tendência, a que estão expostos os processualistas, de privilegiar sempre as *demandas plenárias*, com supressão das formas sumárias de tutela processual, independentemente do elevado custo social que esta opção possa provocar".[311]

[311] SILVA, Ovídio A. Baptista da. *Jurisdição e Execução...*, p. 132.

Por isso, conclui o mestre que "a História parece esboçar o curso de um desenvolvimento dialético, em que se poderia vislumbrar seus dois estágios iniciais, mas uma espécie de inércia impediria que viesse concluir o círculo, com a consumação da *síntese* dialética. Tem-se a impressão de que cada estágio alcançado pela história das instituições humanas, depois de radicalizar-se, cristaliza-se, exigindo que se realize uma autêntica revolução cultural, como sugere Thomas Khun, para que a humanidade retome, às vezes, o caminho interrompido, ou então descubra um novo sentido em sua evolução".[312]

Nesse diapasão, percebe-se que o procedimento sumário, hoje confinado a poucas demandas, deveria ser aplicado como rito padrão do processo de conhecimento. Ademais, se com a aplicação da tutela antecipada, o ônus do processo deverá ser suportado pelo réu. Logo, é preciso conferir celeridade processual, com a conseqüente eliminação do procedimento ordinário.

Tal posição se funda pelo aspecto de que a cultura jurídica da época da promulgação do Código entendia que era preciso tutelar com maior segurança certas relações jurídicas e, por isso, proibia que essas relações jurídicas fossem debatidas em processos cujo rito não fosse o ordinário. Tal entendimento resultou na restrição de um pouco número de demandas que poderão ser processadas pelo rito sumário, e também na proibição de se utilizar o rito sumário em ações relativas ao estado e à capacidade das pessoas, consoante disposto contido no artigo 275, do CPC.

Porém, novos horizontes sociais e culturais que surgiram vinte e quatro anos após a promulgação do Código de Processo Civil e que procuram tutelar o autor que tem razão, bem demonstram um dualismo na cultura jurídica brasileira: de um lado, objetiva-se atender as pretensões sociais, mediante uma rápida e eficaz tutela jurisdicional, ao fito de transformar a realidade social; e de outro, reconhecer, mesmo que implicitamente, o caos em que se encontra o Poder Judiciário por não poder outorgar tutela de forma célere mediante procedimento ordinário. Assim, preferiu o legislador atender as pretensões do autor, mediante cognição sumária, transferindo ao réu o ônus pelo tempo gasto com o processo. Contudo, esta não é a melhor solução. Se antigamente o autor sofria com a mora judiciária, hodiernamente se transfere esse ônus ao réu e isso não soluciona o problema, mas apenas mostra a op-

---

[312] SILVA, Ovídio A. Baptista da. *Jurisdição e Execução...*, p. 133.

ção política de tutelar quem aparentemente tem razão porque o autor atendeu a uma formalidade exigida pela lei – prova inequívoca (CPC, art. 273, *caput*) e prova escrita (CPC, art. 1.102a.).

Ademais, se é admissível tutelar o autor que aparenta ter razão, também é racional tutelar o réu que afirma ter razão, por ocasião de sua defesa. Mas, pela técnica processual dogmática e fundada na teoria da substanciação da causa de pedir, o réu somente poderá obter tutela antecipatória se ajuizar reconvenção, porque a contestação pelo rito ordinário não tem o condão de conferir uma tutela antecipada. Logo, a expectativa não é outra senão a do réu amargurar em razão da mora processual, clamando por uma justiça que se encontra distante.

Daí conceber que a adoção do procedimento sumário como procedimento padrão no processo de conhecimento permitirá uma expectativa de maior celeridade do processo, em razão da concentração dos atos que propicia.

Compreende-se pois, que "a realidade social brasileira não mais tolera o modelo padrão do processo civil, posto que sempre vai provocar a mora processual, seja em relação ao autor, seja em relação ao réu. A sociedade necessita de uma rápida circulação e distribuição de rendas e bens de consumo. O mesmo acontece com as ações de estado e capacidade de pessoas, porque conseqüências econômicas surgem dessas demandas. A sociedade não quer mora processual, ainda que no processo os efeitos de uma eventual sentença de mérito sejam antecipados. É necessária uma reforma na estrutura do processo civil, a fim de que a tutela definitiva venha da forma mais rápida possível, independentemente da concessão da tutela antecipatória. É a união da qualidade com a quantidade, tão útil na sociedade de massa. Desta forma, sugere-se que o Código de Processo Civil adote como procedimento padrão o rito sumário, nos termos em que se encontra estruturado (CPC, arts. 276-281), com a extinção do procedimento ordinário do sistema processual brasileiro. O rito sumário também seria utilizado nas demandas relativas ao estado e à capacidade de pessoas, uma vez que toda a preocupação em tutelar essas relações jurídicas não se sobrepõe a uma rápida outorga da tutela jurisdicional, com vistas à distribuição e circulação de rendas e bens de consumo".[313]

[313] PAULA, Jônatas Luiz Moreira de. *Uma Visão Crítica...*, p. 128-129.

Por isso, no dualismo em que se coloca a cultura jurídica brasileira (celeridade *versus* segurança), a segurança jurídica tem gerado a morosidade da justiça, e a celeridade não se tem alcançado com a introdução das técnicas processuais (p. ex., tutela antecipatória e ação monitória). Mas uma coisa é certa: haverá segurança jurídica se toda estrutura procedimental seguir o rito sumário. Assim, ter-se-á celeridade e segurança jurídica.

Art. 275. Observar-se-á o procedimento sumário:

I – nas causas, cujo valor não exceder sessenta (60) vezes o maior salário mínimo vigente no País;

II – nas causas, qualquer que seja o valor:

de arrendamento rural e de parceira agrícola;

de cobrança ao condômino de quaisquer quantias devidas ao condomínio;

de ressarcimento por danos em prédio urbano ou rústico;

de ressarcimento por danos causados em acidente de veículo de via terrestre;

de cobrança de seguro, relativamente aos danos causados em acidente de veículo, ressalvados os casos de processo de execução;

de cobrança de honorários dos profissionais liberais, ressalvado o disposto em legislação especial;

nos demais casos previstos em lei.

Parágrafo único. Este procedimento não será observado nas ações relativas ao estado e à capacidade das pessoas.

DO RITO SUMÁRIO

O disposto em exame trata do rol das causas que serão processadas sob o rito sumário. Note-se que o rol não é exaustivo, como se pode ver da alínea "g".

De igual forma, o artigo 275 trata das causas que não poderão ser processadas sob o rito sumário, que são as ações relativas ao estado e à capacidade das pessoas (parágrafo único).

Compete examinar as hipóteses e o critério adotado pelo CPC.

HIPÓTESES DE CAUSAS

Inciso I: a hipótese do inciso I leva em conta o valor da causa. É aplicável o rito sumário em qualquer demanda desde que o valor não exceda a 60 (sessenta) salários mínimos, salvo as ações relativas ao estado e à capacidade de pessoas.

O critério econômico foi alterado recentemente pela Lei nº 10.444, de 07/05/02, onde elevou o valor de 20 (vinte) para 60 (sessenta) vezes o valor do salário mínimo.

O critério econômico deve ser considerado no momento do ajuizamento da ação, independentemente de alterações que podem ocorrer por ocasião do julgamento, quando o réu poderá ser condenado a quantia superior ao determinado pelo inciso I.[314] Sendo assim, segue-se a regra instituída na Súmula 502, do STF.

Se houver cumulação de pedidos e a soma das pretensões econômicas desses pedidos não ultrapassar o valor correspondente a 60 (sessenta) salários mínimo, a demanda será processada pelo rito sumário. Porém, se houver cumulação de pedidos e um deles escapar do alcance do artigo 275, será adotado o procedimento ordinário, nos termos do artigo 292, § 2º, do CPC.

Insta esclarecer que algumas pessoas têm ajuizado ação e, por critério de economia das custas processuais, indicam o valor da causa abaixo do pretendido. Nesses casos, alguns juízes têm preferido processar a demanda sob o rito sumário, com grave prejuízo ao próprio autor, que geralmente não atendeu aos requisitos do artigo 276, do CPC. Também em sentido contrário, na ação consta valor da causa abaixo da pretensão, determinando a inversão do procedimento, que deveria ser ordinário, mas acaba sendo utilizado o sumário. Nesse caso, há evidente prejuízo ao réu.

Crê-se que o caso é de correção do valor da causa de ofício pelo juiz, uma vez que o valor decorre de mandamento legal. Nessa linha, Athos Gusmão de Carneiro afirma que "não obstante seja o tema polêmico, cremos impõe-se a solução já preconizada desde o CPC de 1939: se o valor da causa decorre de *imperativo legal*, o juiz agirá de ofício; mas nos casos em que tal valor possa ser *arbitrado pela parte*, a correção dependerá de impugnação da parte adversa".[315]

---

[314] PASSOS, J. J. Calmon de. *Comentários ao Código de Processo Civil.* Volume III..., p. 20.

[315] CARNEIRO, Athos Gusmão. *Do Rito Sumário na Reforma do CPC.* 2ª edição. São Paulo. Revista dos Tribunais. 1997, p. 25.

Crítica. Havia discussão entre o conflito dessa norma com a Lei nº 9.099/95, que instituiu o Juizado Especial Cível. Pois, por este diploma legal, serão processadas pelo rito simplificado as causas cujo valor não exceda a 40 (quarenta) vezes o salário mínimo (art. 3º, I).

É verdade que na época da instituição dos Juizados Especiais Cíveis, o critério econômico para definir o rito sumário era o valor equivalente a 20 (vinte) vezes o salário mínimo. Hoje, esse valor foi elevado para 60 (sessenta) vezes. Mas ainda assim persiste a polêmica: a causa cujo valor é inferior a 40 (quarenta) vezes o valor do salário mínimo deverá ser processada no Juízo Comum, seguindo o rito sumário, ou deverá ser processada no Juizado Especial?

Por isso, persiste a polêmica. Sobre o tema, Athos Gusmão Carneiro sustentava, em época anterior à recente reforma processual, que houve um "descompasso" entre a Lei dos Juizados Especiais com o artigo 275, I, do CPC, pois "nada justifica essa verdadeira 'inversão de valores' (decorrente da circunstância de a Lei n. 9.099/95 ser resultante de anteprojeto elaborado por outra Comissão de juristas, não tendo havido oportunidade adequada de correção quando da tramitação legislativa), inversão que deve merecer breve corrigenda".[316]

Nelson Nery Júnior e Rosa Maria Andrade Nery sustentam que a parte pode optar ou pelo Juizado Especial ou pelo Juízo Comum. Fazem tal entendimento face a inteligência do § 3º, do artigo 3º, da Lei nº 9.099/95, que permite renúncia do limite do crédito pretendido.[317]

Crê-se, porém, que as conseqüências são maiores que um simples descompasso ou uma suposta ausência de uniformidade de regras processuais. Pois, assim como o inciso I do artigo 3º, da Lei nº 9.099/95, engloba o inciso I do artigo 275, do CPC, o inciso II do artigo 3º, da Lei dos Juizados Especiais, engloba o inciso II do artigo 275, do CPC. Isso significa que não só as demandas que possuem valor inferior a 40 (quarenta) vezes o salário mínimo, também todas causas tipificadas no inciso II do artigo 275, do CPC, serão processadas nos Juizados Especiais. Portanto, acabou o procedimento sumário perante o Juízo Comum.

Não há que se concluir de outra forma, uma vez que a fonte do direito processual é a lei e deve-se levar em conta as regras atinentes ao devido pro-

---

316 CARNEIRO, Athos Gusmão. *Do Rito Sumário...*, p. 25.

317 NERY JÚNIOR, Nelson, e Rosa Maria Andrade Nery. *Código de Processo...*, p. 759.

cesso legal, inegável afirmar que a interpretação sistemática leva para a conclusão da extinção do procedimento sumário perante o Juízo Comum.

Ademais, cumpre aduzir que o § 3º, do artigo 3º, da Lei nº 9.099/95 é aplicável tão somente às causas que possuem valor não excedente a 40 (quarenta) salários mínimos. Ainda assim, fica a regra do inciso II do artigo 2º, da Lei nº 9.099/95, que submete ao Juizado Especial as demandas delineadas no inciso II do artigo 275, do CPC.

Por isso, compreende-se que a estrutura processual do Juizado Especial não só é aplicável como recomendável. Ótimo para as partes, que terão a favor um processo orientado pelos critérios da oralidade, simplicidade, informalidade, economia processual e celeridade (Lei nº 9.099/95, art. 2º). Além disso, é preciso lembrar da baixa onerosidade que os Juizados Especiais apresentam, sem falar da redução dos serviços que o juiz togado terá.

De resto, cumpre destacar que o Juizado Especial integra a estrutura do Poder Judiciário, portanto compõe o sistema jurisdicional de conflitos sociais. Por permitir um processo descomplicado, simplificado e informal, é preciso que a doutrina acompanhe o momento histórico e permita uma revolução no campo da efetividade de direitos. Ciente desse "descompasso" entre a Primeira Etapa de Reformas do CPC e a Lei nº 9.099, apresentou-se ao Congresso Nacional, como Segunda Etapa de Reformas do CPC, a proposta de elevar o valor de 20 (vinte) para 40 (quarenta) salários mínimos, previsto no inciso I, do artigo 275, do CPC. Justificam Sálvio de Figueiredo Teixeira e Athos Gusmão Carneiro que "é fixada, em razão do valor, a alçada de quarenta salários mínimos para as causas sob <u>rito sumário</u>, mesmo porque esta já é a alçada nas demandas sob rito 'sumaríssimo' perante os Juizados Especiais (Lei nº 9.099/95, art. 3º, I). Será, assim, sanada a atual incongruência, por todos apontada, da alçada do rito 'sumaríssimo' ser o dobro da fixada para o rito comum sumário".

Percebe-se, pois, que o legislador elevou o valor do critério econômico como inicialmente proposto, de 40 (quarenta) para 60 (sessenta) vezes o valor do salário mínimo. Por isso, conclui-se que:

a) se a causa possuir valor abaixo de 40 (quarenta) vezes o salário mínimo, o autor poderá optar pelo Juízo Comum, que seguirá o rito sumário, e o Juizado Especial Cível, onde se recomenda;

b) se a causa possuir valor entre 40 (quarenta) e 60 (sessenta) vezes o salário mínimo, o autor deverá propor ação perante o Juízo Comum, que seguirá o rito sumário; e

c) se a causa possuir valor acima de 60 (sessenta) vezes o salário mínimo, o autor deverá propor ação perante o Juízo Comum, que seguirá o rito ordinário.

Inciso II: as demandas arroladas no inciso II não levam em conta o valor da causa, mas a natureza da causa, e segundo opção política do legislador, deverão ser processadas sob o rito sumário.

A Lei nº 9.245/95 reformulou hipóteses de causas que serão processadas pelo rito sumário, suprimindo algumas, além de renumerar outras. Segundo Nelson Nery Júnior e Rosa Maria de Andrade Nery, "a Lei 9.245/95 teve por escopo reduzir o âmbito de abrangência do procedimento sumário e dotar-lhe de mecanismos capazes de diminuir o tempo de duração do processo, isto é, fazer-lhe realmente sumário. Para tanto exclui várias hipóteses de cabimento do rito sumário, inclusive a da revogada alínea *n*, incluída no dispositivo legal pela L 9.040/95. A interpretação dos dispositivos do procedimento sumário deve ser, portanto, teleológica. Quando a solução a ser dada pelo intérprete importar retardamento do processo ou maior complexidade à ação, não deve ser acolhida porque contraria o sentido teleológico da L 9.245/95. A melhor solução será aquela que reduza as hipóteses de ações sujeitas ao sumário e que imprima ritmo mais acelerado ao procedimento".[318]

Destaca-se, por fim, que a cumulação de pedidos que envolvem causas que seriam processadas originariamente pelo rito sumário e pelo rito ordinário ou especial, deve-se utilizar o procedimento ordinário, na esteira do artigo 292, do CPC.

Passa-se, agora, ao exame das causas mencionadas no inciso II.

Causas que envolvem arrendamento rural e parceria agrícola. A "minirreforma" do CPC suprimiu da redação original da alínea "a" a possibilidade das causas que versem sobre posse ou domínio de coisas móveis ou semoventes serem processadas pelo rito sumário. Hodiernamente, a alínea "a" prevê a adoção do rito sumário nas causas que envolvem arrendamento rural e parceria agrícola, o que, conseqüentemente, determinou que as demandas que versem sobre direitos reais de bens móveis ou semoventes deverão seguir o rito ordinário.

---

[318] NERY JÚNIOR, Nelson, e Rosa Maria Andrade Nery. *Código de Processo...*, p. 758.

Arrendamento rural é o contrato pelo qual uma pessoa se obriga a ceder a outra, por tempo determinado ou não, o uso e gozo de imóvel rural, parte ou partes do mesmo, incluindo ou não outros bens, benfeitorias ou facilidades, com o objetivo de nele ser exercida atividade de exploração agrícola, pecuária, agro-industrial, extrativa ou mista, mediante certa retribuição ou aluguel, observados os limites percentuais da lei (Decreto nº 59.566, art. 3º).

São princípios básicos do contrato de arrendamento rural, segundo o artigo 95 do Estatuto da Terra (Lei nº 4.504/64): a) o prazo de extinção do contrato sempre será depois de ultimada a colheita; b) se o contrato for por prazo indeterminado, presume-se que seu prazo foi por três anos; c) iniciada a colheita e sendo necessária estender após o prazo para a colheita total, deverá o arrendatário ajustar com o locador o excesso de prazo; d) o arrendatário tem direito de preferência em igualdade de condições; e) deverá o proprietário notificar o arrendatário dentro de seis meses antes do vencimento do contrato, a fim de retomar o imóvel; f) o subarrendamento somente será válido mediante expresso consentimento do proprietário; g) é possível a substituição do bem arrendado por outro equivalente, desde que pactuada pelas partes e mantidas as condições de arrendamento e os direitos do arrendatário; h) o arrendatário tem direito à indenização pelas benfeitorias e necessárias, ao final do contrato com benefício do direito de retenção; já as benfeitorias voluptuárias geram direito à indenização quando autorizadas pelo locador do solo; i) constando do contrato de arrendamento animais de cria, de corte ou de trabalho, cuja forma de restituição não tenha sido expressamente regulada, o arrendatário é obrigado, findo ou rescindido o contrato, a restitui-los em igual número, espécie e valor; j) o arrendatário não responderá por qualquer dano decorrente de deterioração ou prejuízo que não tenha dado causa; k) limitação ao preço de arrendamento, que não poderá ser superior a 15% (quinze por cento) do valor cadastrado do imóvel, incluindo-se as benfeitorias, salvo se o arrendamento for parcial e recair apenas em glebas selecionadas para fins de exploração intensiva de alta rentabilidade, caso em que o preço poderá ir até o limite de 30% (trinta por cento); e l) o arrendatário terá direito de preferência ao Programa de Reforma Agrária se ocupar por mais de cinco anos, imóvel rural desapropriado em área prioritária de Reforma Agrária, sob qualquer forma de arrendamento.

As causas que deverão estar submetidas ao rito são aquelas pertinentes a direito pessoal, relativas ao contrato. Nessa esteira, Calmon de Passos argumenta que "a alínea sob comentário fala em *causas de arredamento rural.* São elas os litígios entre proprietários e arrendatários rurais que tenham por objeto ou decorram de contrato de arrendamento rural. Esses litígios podem dizer respeito à duração do contrato, sua validade, existência ou inexistência; à interpretação de suas condições; à sua rescindibilidade; enfim, à infringência de princípios cogentes, que são muitos, hoje, postos como limite à liberdade de contratar, com vistas à proteção do economicamente mais fraco, no caso o arrendatário (art. 95 do Estatuto da Terra) etc".[319]

Porém, não se pode perder de vista que sobre o contrato de arrendamento rural poderão surgir questões de direito real, quando se referem a aspectos do uso e recuperação da posse e retenção/indenização por benfeitorias. Logo, também aspectos de direito real estão submetidos ao rito sumário.

No entanto, Calmon de Passos afirma que a medida judicial cabível do proprietário para reaver o imóvel é a ação de despejo,[320] o que foi referendado por Nelson Nery Júnior e Rosa Maria Andrade Nery.[321] Crê-se, porém, que a causa de pedir para o pedido de retomada do imóvel for esbulho possessório, a ação correta é a reintegração de posse, que tem um procedimento especial no seu início e no transcurso seguirá o procedimento ordinário.

O contrato de parceira é o negócio agrário em que uma pessoa se obriga a ceder à outra, por tempo determinado ou não, o uso específico de imóvel rural, total ou parcial, podendo-se incluir benfeitorias ou não, bem como outros bens, com o objetivo de nela ser exercida atividade de exploração agrícola. Exploração agrícola significa atividade de produção vegetal.[322]

Nos termos do artigo 96 do Estatuto da Terra (Lei nº 4.504/64), são princípios da parceria agrícola: a) prazo de parceria de três anos, salvo convenção específica, porém, em qualquer caso, permitindo-se ao parceiro o direito à conclusão da colheita pendente; b) direito de preferência do parceiro em renovar a parceria, com igualdade de condições; c) as despesas com o tratamento e criação dos animais correrão por contas das partes, salvo pacto em contrário; d) direito do parceiro receber do proprietário casa para moradia da família no imó-

---

[319] PASSOS, J. J. Calmon de. *Comentários ao Código de Processo Civil.* Volume III..., p. 41.

[320] PASSOS, J. J. Calmon de. *Comentários ao Código de Processo Civil.* Volume III..., p. 42-44.

[321] NERY JÚNIOR, Nelson, e Rosa Maria Andrade Nery. *Código de Processo...*, p. 760.

[322] PASSOS, J. J. Calmon de. *Comentários ao Código de Processo Civil.* Volume III..., p. 48.

vel rural; e) estabelecimento das seguintes prerrogativas: quota-limite do proprietário na participação dos frutos; prazos mínimos de duração e limites de vigência; bases para as renovações convencionadas; formas de extinção ou rescisão; direito à indenização por benfeitorias; direito e oportunidade de dispor sobre os frutos repartidos, cuja quota do proprietário não poderá ser superior a 10% (dez por cento), quando concorrer apenas com a terra nunca, 20% (vinte por cento), quando concorrer com a terra preparada e moradia, 30% (trinta por cento), quando concorrer com o conjunto básico de benfeitorias (casa de moradia, galpões, banheiro para gado, cercas, valas ou currais, conforme o caso), 50% (cinqüenta por cento), caso concorra com a terra preparada, conjunto básico de benfeitorias e mais o fornecimento de máquinas e implementos agrícolas, sementes e animas de tração; f) a possibilidade do proprietário cobrar do parceiro, pelo preço de custo, o valor de fertilizantes e inseticidas fornecidos no percentual que corresponder à participação deste; e g) estabelecimento de quota subsidiária de 10% (dez por cento) do valor das benfeitorias ou dos bens postos à disposição do parceiro, para casos não previstos na lei.

As causas relativas à parceria rural são aquelas que envolvem o contrato em si ou aos princípios que o informam (direito pessoal). Não se pode perder de vista também que essas causas podem conter direito real, quando versar sobre a retomada do imóvel e retenção/indenização de benfeitorias em razão do arrendamento rural. A respeito da matéria, pronunciou o TJGO que, "sejam quais forem as causas, mesmo acumuladas, sobre arrendamento rural o rito eleito pelo CPC é o sumaríssimo *(hodiernamente sumário)*".[323]

No entanto, insta destacar que, havendo cumulativamente pedido de proteção possessória, deverá a demanda seguir o rito ordinário face a regra do artigo 931, do CPC.

Causas que tratam de cobrança de despesas condominiais do condômino. Na redação antiga da alínea "c" que tratava da matéria, o procedimento sumário era cabível nas causas que envolvem responsabilidade pelo pagamento de impostos, taxas, contribuições, despesas e administração de prédio em condomínio. A presente hipótese, que agora se encontra normatizada na alínea "b", estipula que o rito sumário será aplicado nas causas que tratam de cobrança de quaisquer quantias devidas ao condomínio.

---

[323] PAULA, Alexandre de. *Código de Processo Civil Anotado.* Volume II..., p. 1147.

A natureza da obrigação, objeto da demanda, é *propter rem*, isto é, devida em razão da coisa. Por isso, decidiu o TACivRJ, que "a citação pode ser feita na pessoa de qualquer um dos co-proprietários, sendo questão *inter alios* a divisão ou rateio, entre os proprietários, do montante correspondente às quotas pagas. A questão atinente ao rateio das despesas entre os co-proprietários não afeta o direito de recebimento da quota condominial por parte do condomínio do prédio, representante da comunidade dos moradores".[324]

Embora a redação seja distinta, estará sob o rito sumário toda e qualquer iniciativa do condomínio em receber as despesas condominiais. Nesse segmento, sustentam Nelson Nery Júnior e Rosa Maria de Andrade Nery "o texto vigente não limita nem qualidade nem quantidade, de modo que o rito sumário pode ser utilizado para a cobrança de todo e qualquer valor devido pelo condômino ao condomínio, a que título for (multas impostas pelo síndico, por exemplo), mesmo que não oriundo da relação jurídica condominial e, ainda, quer se trate do condomínio tradicional (absoluto) do direito civil (CC 623 a 631[325]), quer do condomínio horizontal (relativo) objeto de regramento pela L 4591/64 (LCI)".[326]

Calmon de Passos justifica esse posicionamento porque, numa e noutra modalidade, "os encargos comuns devem ser repartidos eqüitativamente, por encargos comuns se podendo entender os que dizem respeito ao prédio objeto da co-propriedade, não pertinentes, portanto, a interesse exclusivo ou particular de qualquer dos co-proprietários, ainda quando relacionado com a coisa comum".[327]

Mas foge à influência desse rito as demandas que versarem sobre procedimento especial, como a consignação em pagamento dos encargos.[328]

Deve-se notar que o artigo 585, IV, do CPC, qualifica como título executivo extrajudicial ao contrato em que se prevê a responsabilidade pelo pagamento das despesas condominais. Nesse aspecto, para fins de qualificação de

---

324 PAULA, Alexandre de. *Código de Processo Civil Anotado.* Volume II..., p. 1149.

325 Os dispositivos mencionados referem-se ao Código Civil revogado. Disposições semelhantes no novo Código Civil são encontradas nos artigos 1.314 a 1.322.

326 NERY JÚNIOR, Nelson, e Rosa Maria Andrade Nery. *Código de Processo...*, p. 761.

327 PASSOS, J. J. Calmon de. *Comentários ao Código de Processo Civil.* Volume III..., p. 51.

328 PIMENTEL, Wellington Moreira. *Comentários ao Código de Processo Civil.* Volume III..., p. 71.

título executivo e da respectiva ação de execução, interessa a natureza jurídica do contrato: se for relação entre condomínio e condômino, pode configurar título executivo (desde que preenchidos os demais requisitos legais), se não for, deverá buscar outra hipótese legal para enquadramento como espécie de título executivo.

Insta lembrar que o dispositivo em comento pode ser aplicado em qualquer espécie de condomínio, seja horizontal ou vertical, seja condomínio de edifício seja condomínio do Código Civil. Esclarece Alexandre Freitas Câmara que, "no condomínio (também chamado de co-propriedade) uma só coisa pertence, ao mesmo tempo, a várias pessoas. Discute a doutrina sobre afastar ou não o condomínio o princípio da exclusividade do domínio. Embora Darcy Bessone entenda que tal princípio é transitoriamente afastado pelo condomínio, entendemos, ao contrário, que o princípio é aqui respeitado, eis que a propriedade de cada condômino incide sobre uma diferente fração ideal do imóvel. Qualquer que seja a posição que se adote, todavia é indiscutível que o condômino é obrigado a contribuir (de ordinário de forma proporcional à sua fração ideal) para as despesas do condomínio. Tal se dá tanto no condomínio comum do Código Civil como no condomínio por planos horizontais. Verifica-se, pois, da leitura do disposto no artigo 275, II, *b*, do Código de Processo Civil, que a demanda em que se pretende a cobrança de despesas referentes a coisa submetida ao regime de condomínio (seja esta coisa móvel ou imóvel, eis que o legislador reformador do Código não fez constar da nova redação dada à lei processual a palavra 'prédio', que constava da redação original, e que limitava a aplicação da norma ao condomínio que incidisse sobre bens imóveis) seguirá sempre o procedimento sumário, não importando aqui o valor dado à causa".[329]

Assentou o TARJ que "as despesas condominiais são cobráveis ainda que o edifício não esteja regularizado com convenção devidamente registrada, desde que tal cobrança seja autorizada por assembléia geral dos condôminos. Não é indispensável a existência de Convenção devidamente registrada para que o condomínio, que administra o prédio possa promover cobrança das despesas efetuadas com a sua conservação, dos demais condôminos".[330]

---

[329] CÂMARA, Alexandre Freitas. *Dos Procedimentos...*, p. 20-21.

[330] PAULA, Alexandre de. *Código de Processo Civil Anotado*. Volume II..., p. 1148.

Já na época do TACivRJ, decidiu-se que "a sentença condenatória, nas ações de cobrança das prestações devidas pelos condôminos, abrange as quotas que se vencerem no curso do processo, de conformidade com o estabelecido no art. 290 do CPC".[331]

Causas que visam o ressarcimento por danos em prédio urbano ou rústico. Prédio é o bem imóvel, urbano ou rural, com inserção de acessão física ou natural, no todo ou em parte. Integra o conceito de prédio o *solo*, que é a área sobre qual se inserem acessões física ou natural.

Afirma Humberto Teodoro Júnior, a causa de que cuida a alínea "c" é de indenização por ato ilícito, seja de responsabilidade objetiva ou subjetiva, conforme a lei civil.[332] Acrescenta Calmon de Passos que os frutos pendentes também poderão integrar o cômputo da indenização.[333]

Salienta Wellington Moreira Pimentel que a "redação da alínea é de enorme amplitude. Compreende as ações que objetivem o ressarcimento de danos produzidos em prédio urbano ou rústico, independente do fato ou ato que lhe deram causa. Mas sua aplicação será em regra, decorrente de conflitos de vizinhança, o que parece ter sido a vontade do legislador que, neste passo, disse mais do que queria. O texto fala em prédio 'urbano ou rústico', reproduzindo a nomenclatura usada pelo Código Civil, mas, à evidência, refere-se a imóvel rústico, sem o sentido de edificação, embora esta possa existir".[334]

Causas que versem sobre acidente de veículo em via terrestre. Veículo é o meio de transporte, de deslocamento de coisas ou de pessoas.[335]

Na redação original, o CPC falava em demanda que se buscava a reparação de dano causado em acidente de veículos. A expressão era genérica, porque concebeu-se que a expressão "veículo" poderia englobar veículo aéreo, marítimo ou terrestre. Limitou a "minirreforma" a veículo terrestre, mas que ainda assim admite veículos automotores, como os carros e motocicletas, e veículos terrestres sem motor, como as bicicletas, carroças, charretes e carros de boi.[336]

---

[331] PAULA, Alexandre de. *Código de Processo Civil Anotado.* Volume II..., p. 1148-1149.

[332] TEODORO JÚNIOR, Humberto. *Curso de Direito Processual.* Volume I..., p. 340.

[333] PASSOS, J. J. Calmon de. *Comentários ao Código de Processo Civil.* Volume III..., p. 59.

[334] PIMENTEL, Wellington Moreira. *Comentários ao Código de Processo Civil.* Volume III..., p. 73.

[335] CARNEIRO, Athos Gusmão. *Do Rito Sumário...*, p. 30.

[336] CÂMARA, Alexandre Freitas. *Dos Procedimentos...*, p. 25.

O acidente pode envolver um veículo, como um atropelamento, ou diversos veículos, como um engarrafamento. Comporão a demanda o pedido de indenização de danos materiais, danos morais e lucros cessantes.

Decidiu o 1º TACivSP que "as ações de indenização decorrentes de danos causados em acidentes de trânsito devem observar o rito sumaríssimo *(hodiernamente sumário)*, ainda que o fato envolva um só veículo, pois o que importa é a origem do dano, e não o número de veículos envolvidos".[337]

Causas que visam cobrança de seguros por danos causados em acidentes de veículos. Seguro é o "contrato que implica a transferência de risco, ou seja, pelo contrato de seguro o segurado transfere ao segurador o risco de arcar com os danos decorrentes de algum evento aleatório, ao qual se costuma dar o nome de sinistro. Assim é que, pago o prêmio pelo segurado (prêmio, como sabido, é o nome que se dá à quantia paga pelo segurado ao segurador para que este assuma o risco pelo sinistro), e ocorrendo o evento aleatório a que está condicionada a obrigação do segurador, faz jus aquele a ser ressarcido pelo dano sofrido".[338]

A hipótese da cobrança oriunda do contrato de seguro pelo rito sumário é novidade no CPC. Anterior à "minirreforma", o segurado, litigante na ação de indenização, denunciava à lide a seguradora para fim de exercício de direito de regresso, e que acabava prolongando a solução da lide.

Preferiu o legislador, por ocasião da "minirreforma" em 1995, proibir a denunciação à lide (CPC, art. 280, I, da época) e, ao mesmo tempo, possibilitar ao segurado o direito de exercer direito de regresso contra a seguradora, estipulando rito sumário para a ação respectiva. Trata-se, sem dúvida, de ação conexa com a ação de indenização (se houver), possibilitando a modificação da competência (CPC, arts. 106 e 109).

No entanto, a recente Lei nº 10.444 passou a admitir a intervenção de terceiro fundada em contrato de seguro, cuja hipótese típica é a denunciação à lide da seguradora em demanda que versa sobre acidente de veículo segurado (CPC, art. 280). Com isso, revogou-se a proibição que havia.

Porém, manteve-se um aparente conflito de normas. Pois, o legislador manteve o contrato de seguro de vida e de acidentes pessoais de que resulte

[337] RT 641/181.

[338] CÂMARA, Alexandre Freitas. *Dos Procedimentos...*, p. 26.

morte ou incapacidade do segurado que pode ensejar execução, nos termos do artigo 585, III, do CPC.

Além disso, ou o contrato é título executivo ou não é. Se for, propõe-se a ação de execução. Mas se não for, o segurado poderá ajuizar ação monitória, nos termos do artigo 1.102a., do CPC, pois o contrato é documento comprobatório de pagamento em dinheiro. Obviamente, o segurado vai preferir o uso da ação monitória, se não for possível a ação de execução.

Dessa forma, para melhor compreensão dos dispostos, assim ficam as hipóteses: se existente título executivo, o segurado poderá propor ação de execução (CPC, art. 585, III); se existente apenas documento, o segurado poderá propor ação monitória (CPC, art. 1.102a.); se eventualmente o contrato não for considerado documento comprobatório de pagamento em dinheiro, deverá o segurado propor ação de cobrança, sob rito sumário (CPC, art. 275, II, "e").

Também destaca-se que a ação de conhecimento, seja sob o rito sumário ou sob o procedimento monitório, é destinada ao exercício do direito de regresso; também a denunciação à lide, agora admitida no rito sumário, tem o condão de exercício do direito de regresso; já a hipótese do artigo 585, III, do CPC, destina-se exclusivamente à cobrança de seguro em benefício exclusivo do segurado e não para ressarcimento de direito de regresso.

Causas que visam cobrança de honorários de profissionais liberais. Segundo Nelson Nery Júnior e Rosa Maria Andrade Nery, profissional liberal "é o não-empregado, aquele que trabalha por conta própria, seja em profissão de nível universitário ou não, exercendo atividade científica ou artística. É geralmente autônomo, exercendo sua atividade por livre opção e havendo faculdade na sua escolha pelo cliente. Para que o profissional seja considerado liberal, não deve exercer sua atividade mediante vínculo empregatício, com subordinação hierárquica".[339]

Inexistente contrato ou qualquer documento com força executiva, a ação deverá verificar o direito ao recebimento e também arbitrar os honorários a serem pagos.

Relativo aos advogados, por ocasião do Estatuto da OAB (Lei nº 8.906/94), os honorários do advogado arbitrados judicialmente ou devidos em razão da

[339] NERY JÚNIOR, Nelson, e Rosa Maria Andrade Nery. *Código de Processo...*, p. 762.

sucumbência, conferem ao advogado a ação de execução (art. 23). Se os honorários forem ajustados em contrato, poderá possibilitar ação de execução com fulcro no artigo 585, II, do CPC, ou ação monitória, com fundamento no artigo 1.102a., do CPC. Excepcionalmente, possibilitará ação de cobrança pelo rito sumário se o contrato não se enquadrar nas hipóteses acima.

Por fim, resta esclarecer que o dispositivo legal não restringe se o profissional liberal possui instrução universitária ou não. O qualificativo da norma é *profissional liberal*, que tanto pode possuir instrução universitária, como o médico, ou apenas secundária, primária ou nem isso, como alguns casos de mecânico, marceneiro, pintor etc. A norma não discrimina, logo a doutrina deve incluir e não excluir pessoas.

Outras hipóteses legais. Prevê a alínea "g" que outras causas deverão seguir o procedimento sumário quando especificadas em lei especiais, tais como:

de acidente de trabalho (Lei nº 8.213/91, art. 129, II);

de adjudicação compulsória (Decreto-lei nº 58/37, art. 16);

discriminatórias de terras devolutas da União (Lei nº 6.383/76, art. 20);

de cobrança de seguro obrigatório para fins de reparação de danos pessoais causados por veículos automotores de via terrestre (Lei nº 6.194/74, art. 10), reiterando o disposto contido artigo 275, II, "e";

entre representante comercial autônomo e o representado (Lei nº 4.886/65, art. 39);

de retificação de registro civil, seja qual for a causa de pedir (Lei nº 6.015/73, art. 110, § 4º);

revisional aluguel (Lei nº 8.245/91, art. 68);

de usucapião especial (Lei nº 6.969/81, art. 5º); e

de indenização por danos pessoais por embarcações ou por sua carga (Lei nº 8.374/91, art. 12).

RESERVAS LEGAIS

Texto revogado. No texto do artigo 275, II, constavam causas que foram revogadas por força da Lei nº 9.254/95, deixando de ser processadas sob o rito sumário. Automaticamente, passaram a ser processadas sob o rito ordinário as seguintes ações:

a) posse ou domínio de coisas móveis ou semoventes;

b) eleição de cabecel;

c) que tiverem por objeto o cumprimento de leis e posturas municipais quanto à distância entre prédios, plantio de árvores, construção e conservação de tapumes e paredes divisórias;

d) oriundas de comissão mercantil, condução e transporte, depósito de mercadorias, gestão de negócios, comodato, mandato e edição;

e) cobrança de quantia devida, a título de retribuição ou indenização, a depositário e leiloeiro;

f) do proprietário ou inquilino de um prédio para impedir, sob cominação de multa, que o dono ou inquilino do prédio vizinho faça dele uso nocivo à segurança ou saúde dos que naquele habitam; e

g) do proprietário encravado para lhe ser permitida a passagem pelo prédio vizinho, ou para restabelecimento da servidão de caminho, perdida por culpa sua.

Parágrafo único. Além dessas hipóteses, que se encontram revogadas, tem-se as causas que não são submetidas ao procedimento sumário. Essas causas, vedadas expressamente, são as ações relativas a estado e à capacidade das pessoas.

Justifica essa regra em razão da complexidade da causa, que tanto pode repercutir no plano pessoal, familiar e até mesmo social. Por isso, em regra adotar-se-á o procedimento ordinário. No entanto, algumas causas admitem procedimento especial, como é o caso da separação consensual, submetido à jurisdição voluntária (CPC, arts. 1.120-1.124).

Crítica. Tendo em vista que o processo é meio legítimo de transmissão e circulação de rendas e bens de consumo, e que o aspecto econômico é o móvel da sociedade, para atingir os fins descritos no artigo 3º, da CF, crê-se que as ações que visam a separação judicial contenciosa, divórcio litigioso, investigação de paternidade e alimentos (qualquer hipótese) deveriam seguir o rito sumário. Cumpre destacar que, mesmo na ação de alimentos regida pela Lei nº 5.478/68, a despeito de ser regida por procedimento é especial, na prática seu processamento acaba por seguir o rito ordinário.

É preciso desmitificar a idéia de que o rito sumário não comporta um exame profundo da lide, possibilidade que só pode ser encontrada no rito ordinário. O rito sumário segue as mesmas regras e institutos processuais do procedimento ordinário, possibilitando a mais ampla instrução. Até mesmo a ordem de produção de provas deferida ao rito ordinário é seguida pelo rito sumário.

A bem da verdade, a ordinariedade do procedimento só é vista nas suas duas primeiras fases: postulatória e do julgamento conforme o estado do processo. A partir da fase instrutória, o trâmite procedimental do rito ordinário e do rito sumário se equivalem, até alcançar a sentença.

Como no rito sumário as duas primeiras fases estão contidas em atos concentrados, percebe-se que a celeridade reside justamente em tal concentração, sem abrir mão da ampla investigação, porque não se impõe qualquer restrição probatória, o que gera segurança jurídica.

O enclausuramento de diversas causas no rito ordinário está a atender uma conotação nitidamente ideológica: se diversas forem as causas de procedimento sumário, propiciaria de vez o "caos judiciário", tornando o rito sumário tão moroso quanto o ordinário. Ocorre que, mesmo na época de minimização das causas pelo rito sumário, conjugado com a permissibilidade de concessão de tutela antecipatória e possibilidade da ação monitória, a morosidade processual continua, se não agravada.

Tudo isso mostra que deve o Estado destinar o mesmo empenho para realizar reformas no CPC e também reformar o Poder Judiciário para ampliar o número de cargos de juízes e dotá-los de maior estrutura. Certamente isso não passou despercebido pelos juristas, mas estes também estão cegos por uma ideologia científica: acreditam na tutela antecipatória. Mas infelizmente, quem busca alimentos, declaração de paternidade, separação, divórcio ou qualquer outra situação não documentada, certamente não possui uma prova escrita para ver seu direito antecipado. Além disso são pessoas que, na sua imensa maioria, são pobres e necessitadas, e isso, salvo engano, passou despercebido pelos juristas nos seus grandes pareceres.

Também não se pode perder de vista o obstáculo legal criado pelos §§ 2º e 3º, do artigo 273, do CPC. Perigo de irreversibilidade e execução provisória da tutela são temas que ofendem qualquer construção de uma justiça célere e eficaz. Resultado: desestímulo ao acesso à justiça.

O serviço jurisdicional é um mecanismo estatal de inclusão social, e não apenas um mero produtor de coisa julgada. Por isso, deve-se ter um modelo processual apto a abranger o maior número possível de pessoas, aliando-se qualidade, quantidade e celeridade na prestação jurisdicional.

Sendo assim, como já manifestado anteriormente, "o rito sumário também seria utilizado nas demandas relativas ao estado e à capacidade das pessoas, uma vez que toda preocupação em tutelar essas relações jurídicas não se sobrepõe a uma rápida outorga da tutela jurisdicional, com vistas à distribuição e circulação de rendas e bens de consumo".[340]

Art. 276. Na petição inicial, o autor apresentará o rol de testemunhas e, se requerer perícia, formulará quesitos, podendo indicar assistente técnico.

REQUISITOS ESPECÍFICOS E EVENTUAIS DA INICIAL

Noção. O disposto em enfoque trata dos requisitos específicos e eventuais da petição inicial que seguirá o rito sumário.

Cumpre destacar que são requisitos e não elementos, porque, os elementos da ação são as partes, a causa de pedir e o pedido, e a exigência do disposto em comento refere-se tão somente à matéria probatória. Esses requisitos são específicos posto que aplicáveis somente às causas submetidas ao rito sumário, escapando essa exigência, por exemplo, das causas submetidas ao rito ordinário. De igual forma, em causas que deverão seguir procedimento especial, os requisitos específicos poderão ser outros, como de fato é na ação monitória (CPC, art. 1.102a.).

Por fim, esses requisitos são eventuais porque também dependem da natureza da lide e das provas já apresentadas pelo autor. Se o autor, na inicial, juntar documentos que julga comprovar seu direito, lhe é facultado dispensar outros meios de provas. De igual forma, se não possuir documentos, deverá o autor diligente produzir prova pericial e/ou prova testemunhal. Para tanto, deverá requerer essas provas na inicial, arrolando as testemunhas, indicando assistente técnico e formulando quesitos.

[340] PAULA, Jônatas Luiz Moreira de. *Uma Visão Crítica...*, p. 129.

Conseqüências. Essa norma é típica aplicação do princípio do dispositivo. Tudo gira em torno de uma boa conduta processual. Se correta, as conseqüências lhe serão benéficas, porque melhor conduzirá processualmente seus interesses.

No entanto, infringindo o disposto processual, surtirá contra o autor o maligno efeito da preclusão consumativa, uma vez que foi praticado um ato processual (ajuizamento da ação) mal realizado ou aquém do que eventualmente poderia ser praticado pelo autor. Nesse caso, o autor não poderá futuramente requerer a produção da prova testemunhal ou pericial.

Nesse sentido, expressou o Encontro Nacional de Tribunais de Alçada, pela conclusão 52, que "nas causas sob procedimento sumaríssimo *(atual sumário)* há preclusão se o autor não arrola as suas testemunhas quando do ajuizamento da causa".

Seguindo esse posicionamento, decidiu o TJDF que a "oportunidade para arrolar testemunhas é com a inicial, tornando preclusa a oportunidade se não o fez no tempo legalmente previsto".[341]

Excepciona essa regra, as hipóteses em que o juiz converter o rito sumário em rito ordinário (CPC, art. 277, § 4º) ou se a conversão se der em razão da complexidade da causa que necessita de prova técnica (CPC, art. 277, § 5º).

No primeiro caso, o autor somente poderá produzir prova testemunhal, uma vez que decorreu a fase de saneamento do processo e não foi requerida prova pericial. A prova testemunhal pode ser produzida desde que tenha sido requerida na ação (mas não houve a apresentação do rol), uma vez que o rol pode ser depositado até cinco dias antes da audiência (CPC, art. 407).

No segundo caso, todas os meios de provas são admissíveis, já que a conversão se deu em vista de apurar uma causa complexa e que necessita de prova técnica. Assim, se é possível e natural que se realize a prova pericial, entende-se que os demais meios de prova, inclusive a prova testemunhal, sejam admitidos.

Outra exceção que pode ser encontrada à regra da preclusão, é a complexidade da causa gerada pelos fatos narrados na contestação e a negativa do juiz em converter o rito. Por tratar-se de fatos supervenientes à inicial, ponderável o juiz permitir que o autor arrole outras testemunhas, a fim de impug-

---

[341] RJ 209/96.

nar os fatos descritos na contestação. Nesse sentido, posicionou-se o TJSC que "no processo de rito sumaríssimo *(atual sumário)*, deve o autor oferecer com a inicial o rol de testemunhas – art. 276 do CPC. Porém, para elidir fatos alegados na contestação, deve-se-lhe dar oportunidade de produzir provas específicas à necessidade surgida. É o espírito do art. 397 do CPC".[342]

Também pronunciou o TARS que "é admissível a juntada de documentos aos autos, mesmo após os instantes previstos nos arts. 276, 278, *caput*, e 396, todos do CPC, desde que: a) não sejam indispensáveis à prova das alegações da ação ou da resposta; b) não se vislumbre premeditada ocultação precedente; c) não impliquem surpresa capaz de impedir a contraprova pela parte adversa; d) não provoquem tumulto procedimental ou descaracterização, prejudicial às partes, do rito previsto em lei. Diferente a situação em fase recursal, quando o rigorismo é bem mais intenso no pertinente àquela juntada, inadmitida, se não configurada força maior ou justa causa (art. 183 do CPC) ou, então, a hipótese de fatos novos, contemplada no art. 517 do CPC".[343]

Emenda da inicial e rito sumário. A emenda da inicial, prevista no artigo 284, do CPC, também incide nas ações que são processadas pelo rito sumário. Os motivos e as hipóteses são os mesmos mencionados nos comentários ao artigo 284, do CPC, onde remete-se o leitor a uma leitura complementar.

Mas se a inicial estiver despida do rol de testemunha ou dos quesitos ao perito e da indicação do assistente técnico, é possível haver emenda da inicial? São duas as posições que podem ser tomadas.

A primeira, em que o juiz deverá examinar a inicial. Se não houver pedido expresso de oitiva de testemunha e de prova pericial, compreende-se que o autor não pretende produzir essas provas, a ponto de dispensar a emenda da inicial.

A segunda posição decorre desse exame, em que o autor requereu, ainda que genericamente, as provas testemunhal e pericial. Assim ocorrendo, deverá o juiz determinar a emenda da inicial, a fim de atender os requisitos específicos exigidos no artigo 276, do CPC.

Esse posicionamento vai ao encontro da jurisprudência mais liberal, que admitia a apresentação do rol de testemunhas enquanto o réu não fosse citado.[344]

---

342 PAULA, Alexandre de. *Código de Processo Civil Anotado.* Volume II..., p. 1159.

343 PAULA, Alexandre de. *Código de Processo Civil Anotado.* Volume II..., p. 1161.

344 PAULA, Alexandre de. *Código de Processo Civil Anotado.* Volume II..., p. 1161.

De forma sintética, proclamou o TJRS que "na ação sumaríssima *(atual sumária)*, é possível protrair o oferecimento do rol de testemunhas, pelo autor, até antes da citação e do decêndio para o concerto da defesa pelo réu, e desde que não implique inversão no procedimento".[345]

Ora, se antes da citação o autor pode desistir da ação, modificar a causa de pedir e o pedido, mal menor seria complementar os requisitos do artigo 276.

Sendo assim, os efeitos preclusivos do artigo 276, relativos à matéria probatória, somente ocorrerão se o autor desistir das provas testemunhal e/ou pericial, ou se o autor, instado a emendar a inicial, nada fizer.

Além disso, é de se observar a complexidade da causa, cuja averiguação da verdade não pode ficar à mera conveniência das partes. Nesse sentido, pronunciou o 2º TACivSP que é admissível arrolar testemunhas fora do prazo, desde que indispensáveis para elucidar a convicção do juiz sobre os fatos demandados.[346]

Art. 277. O juiz designará a audiência de conciliação a ser realizada no prazo de trinta dias, citando-se o réu com a antecedência mínima de dez dias e sob a advertência prevista no § 2º deste artigo, determinando o comparecimento das partes. Sendo ré a Fazenda Pública, os prazos contar-se-ão em dobro.

§ 1º A conciliação será reduzida a termo e homologada por sentença, podendo o juiz ser auxiliado por conciliador.

§ 2º Deixando injustificadamente o réu de comparecer à audiência, reputar-se-ão verdadeiros os fatos alegados na petição inicial (art. 319), salvo se o contrário resultar da prova dos autos, proferindo o juiz, desde logo, a sentença.

§ 3º As partes comparecerão pessoalmente à audiência, podendo fazer-se representar por preposto com poderes para transigir.

§ 4º O juiz, na audiência, decidirá de plano a impugnação ao valor da causa ou a controvérsia sobre a natureza da demanda, determinando, se for o caso, a conversão do procedimento sumário em ordinário.

---

[345] PAULA, Alexandre de. *Código de Processo Civil Anotado.* Volume II..., p. 1159.

[346] RT 746/290.

§ 5º A conversão também ocorrerá quando houver necessidade de prova técnica de maior complexidade.

PROCEDIMENTO I

Efeitos decorrente do recebimento da inicial. É sabido que o juiz, ao examinar a admissibilidade de processamento da ação, poderá tomar três soluções: determinar o seu processamento com a citação do réu nos termos do artigo 285, do CPC, que é o prosseguimento natural da demanda; determinar a emenda da inicial, na hipótese do artigo 284, do CPC; ou simplesmente indeferir a inicial, com base nas hipóteses dos artigos 284, parágrafo único, e 295, ambos do CPC.

A norma em questão trata do recebimento da inicial e seus efeitos no rito sumário. Por ocasião dos comentários aos mencionados artigos, examinar-se-á com pouco mais de profundidade as questões do recebimento, emenda e indeferimento da inicial.

Segundo o artigo 277, são providências imediatas do juiz ao deferir o processamento da inicial no rito sumário: designar audiência de conciliação e citar o réu.

Audiência de conciliação e apresentação da defesa. O objetivo maior do rito sumário é propiciar a solução do litígio em menor tempo possível. Para alcançar esse fim, é necessário concentrar atos processuais, entre eles a audiência de conciliação e apresentação da defesa.

Por isso, o juiz, ao determinar o processamento da inicial,[347] deverá designar audiência, em que se buscará a conciliação das partes e, caso reste frustrada, colher a defesa do réu. Não há como o juiz determinar o processamento da ação sob o rito sumário sem designar a audiência de conciliação. Se assim agir, ou cometeu *error in procedendo* ou converteu implicitamente (o que seria inadmissível) o rito para o procedimento ordinário.

---

[347] A expressão "receber a inicial para o seu processamento" pode ser substituída por "despachar a inicial". No entanto, não se pode perder de vista que o autor tenha requerido tutela antecipada e o juiz apreciado esse requerimento. Aí, não se tem um despacho, mas uma decisão interlocutória, porque resolve questão incidental.

A audiência deverá ser designada em tempo útil, a fim de que haja um tempo mínimo para que o réu prepare sua defesa. Esse tempo deve compreender o prazo de expectativa de citação do réu e a data da audiência propriamente dita.

Por isso, o ato citatório tem caráter duplo: citação e intimação. Pois, serve para comunicar ao réu a existência de uma ação e para que ele exerça defesa (citação propriamente dita) e para comparecer à audiência em dia e hora designados, a fim de tentar a conciliação, e não conseguindo, manifestar sua defesa (intimação).

Prazos. A audiência deverá ser designada dentro de um prazo de 30 (trinta) dias. Esse prazo é meramente indicativo porque depende e muito da disponibilidade da agenda do juízo. Admite-se, em tese, que esse prazo possa ser inferior a 30 (trinta) dias, mas em nenhum momento poderá reduzir o prazo de 10 (dez) dias a que o réu tem direito de intervalo entre a citação e a audiência.

O prazo de 10 (dez) dias referido no *caput* do artigo 277 refere-se ao intervalo de tempo destinado ao réu para preparar sua defesa. Nunca poderá ser inferior a 10 (dez) dias, sob pena de nulidade, face o cerceamento de defesa.

O prazo para a contagem de 10 (dez) dias, destinado ao intervalo entre a citação e a audiência, pode ser contado progressivamente ou regressivamente. No prazo calculado progressivamente, em que o início de sua contagem deve ser sempre ao primeiro dia útil seguinte e o último dia contado, também deve cair em dia útil. De igual forma, o dia da audiência não pode ser contado como o 10º (décimo) dia numa contagem progressiva, pois o réu não poderia fazer carga dos autos nesse dia ou, se conseguisse, teria que devolver os autos antes do fim do expediente, o que mostra, de certa forma, redução no prazo de 10 (dez) para a plenitude da defesa.

Já no prazo contado regressivamente, a contagem se fará a partir da data da audiência, contando-se a partir do primeiro dia útil, regredindo até alcançar 10 (dez) dias ou primeiro dia útil antecedente, sem que tenha havido nesse intermédio a citação do réu. Esse é o intervalo determinado pela lei. Nessa linha, expressou Athos Gusmão de Carneiro que o prazo assinalado pelo artigo 277 deve ser contado regressivamente, "própria dos prazos *até* tantos dias de uma data prefixada, no caso a data da audiência preliminar. O primeiro dia integrante do prazo será o dia anterior ao da audiência, *se for dia útil*. Em suma, o prazo somente começa a fluir, *regressivamente*, do primeiro dia útil anterior ao dia designado para a audiência. E, sempre regressivamente, não terminará em feriado".[348]

Os dois prazos servem de parâmetro para o juiz. O prazo progressivo serve no momento em que o juiz designará a data da audiência. Como ele trabalha com uma expectativa de tempo de citação do réu, seu trabalho mental pensará num prazo progressivo. Já o prazo regressivo será utilizado para averiguação da regularidade do tempo, em que terá condições de designar a data da audiência e a data da citação realizada.

Essa contagem de prazo deve-se dar para qualquer espécie de citação, seja ela por mandado, por hora certa, por edital ou por correio. Por isso, objetivamente é preciso unificar o entendimento da contagem do prazo de intervalo na citação por correio: a partir da data do recebimento da carta ou da juntada do "aviso de recebimento" (AR) nos autos. Tem-se que, em atendimento às regras e princípios consubstanciados no artigo 241, I, do CPC, e para evitar qualquer alegação de cerceamento de defesa, a contagem deve-se dar a partir da juntada do "aviso de recebimento" (AR) nos autos. Em sentido contrário, tem-se a posição de Nelson Nery Júnior e Rosa Maria Andrade Nery,[349] e também assentou o 2º TACivSP que o termo para a apresentação de defesa terá seu prazo contado a partir da citação e não da juntada do mandado ao processo.[350]

Por outro lado, Humberto Teodoro Júnior manifesta entendimento de que a inobservância dos prazos acarreta nulidade do processo, mas se "o réu comparecer à audiência e oferecer contestação, sem alegar inobservância do art. 278, dever-se-á entender que renunciou ao prazo estabelecido em seu favor".[351]

Prazos contados em dobro. Determina o *caput* do artigo 277 que sendo a Fazenda Pública ré na ação, os prazos para a realização da audiência e de intervalo entre a citação e a audiência deverão ser contados em dobro.

Isso significa que a audiência deverá ser realizada dentro de 60 (sessenta) dias e o intervalo de tempo, compreendido entre a citação e audiência, não poderá ser inferior a 20 (vinte) dias.

---

[348] CARNEIRO, Athos Gusmão. *Do Rito Sumário...*, p. 50.

[349] NERY JÚNIOR, Nelson, e Rosa Maria Andrade Nery. *Código de Processo...*, p. 766-767.

[350] RT 753/275.

[351] TEODORO JÚNIOR, Humberto. *Curso de Direito Processual.* Volume I..., p. 345.

Embora a norma seja expressa em contemplar a Fazenda Pública, na verdade o legislador assim o fez para dirimir futuras incertezas. Mas, sem sombra de dúvida, tal privilégio processual pode ser deferido ao Ministério Público, num eventual e hipotético caso em que a instituição seja ré numa ação processada sob o rito sumário.

No entanto, esse privilégio foi parcialmente modificado por ocasião da "minirreforma". Expressam Nelson Nery Júnior e Rosa Maria Andrade Nery que "para o procedimento ordinário subsiste integralmente o CPC 188, que prevê o prazo em quádruplo para contestar, quando o réu for a Fazenda Pública ou o MP. No que toca ao procedimento sumário, restou parcialmente derrogado o CPC 188, pois a norma comentada reduziu ao dobro o prazo para a realização da audiência de conciliação, quando o réu for a Fazenda Pública. Embora a norma mencione apenas a Fazenda Pública como beneficiária da prerrogativa de prazo, o preceito se aplica ao MP quando réu em ação que se processa pelo rito sumário. Assim, entre a data da efetiva citação da Fazenda Pública ou do MP e da audiência de conciliação, na qual o réu apresentará resposta, deverá haver, no mínimo, vinte dias".[352]

Aos litisconsortes não se pode deferir tal privilégio, uma vez que tão somente por ocasião da audiência em que se vai buscar a conciliação e colher a defesa é que o juízo poderá saber se os réus-litisconsortes possuem diversos procuradores ou não. Se os réus peticionarem antes no processo, requerendo a concessão do prazo em dobro, poderá soar que houve comparecimento espontâneo e, como não houve contestação, haveria revelia. Por isso, objetivamente, a contagem do prazo em dobro em razão do litisconsórcio, que é automática, somente poderá ser feita após a audiência de conciliação.

Aos beneficiários da Justiça Gratuita de igual forma não se pode conceder o privilégio da contagem em dobro do prazo enquanto não realizada a audiência. Os motivos são os mesmos do litisconsórcio: o pedido da concessão dos benefícios da Assistência Judiciária Gratuita somente poderá ser apreciado por ocasião da mencionada audiência.

Obtenção da conciliação. A conciliação é a convergência de vontades a fim de extinguir o litígio. Não é um termo rigoroso, pois é comum a jurispruden-

---

352 NERY JÚNIOR, Nelson, e Rosa Maria Andrade Nery. *Código de Processo...*, p. 766.

cia referir-se como "acordo". Mas, pode-se entender que a conciliação é cabível nas demandas que envolvem direitos indisponíveis, e a "transação" nas demandas que versem sobre direitos disponíveis.

Ocorrendo a conciliação ou a transação, o acordo será reduzido a termo e o juiz o homologará. Nesse caso, trata-se de sentença que extingue o processo com o julgamento do mérito, nos termos do artigo 269, III, do CPC.

Note-se que o disposto em comento traz uma novidade na estrutura processual cível: a figura do conciliador, típica da época da Justiça de Pequenas Causas e que hoje se mantém no Juizado Especial.

A atuação do conciliador é justamente a de obter a conciliação entre as partes. Tão somente isso. Não possui competência para colher a defesa do réu, muito menos para deliberar em audiência.

Poderá ser conciliador a pessoa de confiança do juiz. Mas roga-se para que seja bacharel em direito, a fim de que haja um "controle de legalidade" na transação.

Essa figura é pouco badalada na práxis forense, visto que, o próprio juiz exerce o papel de conciliador.

Revelia do réu. Diz o § 2º que se o réu deixar injustificadamente de comparecer à audiência, os fatos narrados pelo autor na ação serão reputados verdadeiros, salvo se o contrário resultar da prova dos autos, proferindo o juiz, desde logo, a sentença.

A regra esculpida na norma trata da revelia. A norma mostra-se dispensável, face o princípio estabelecido no artigo 319, do CPC, que, aliás, encontra-se mencionado no disposto em exame.

E o interessante é que o § 2º, além de ser dispensável, diz menos do que deveria efetivamente dizer. Pois, a caracterização da revelia não exige apenas a ausência na audiência, mas também com a ausência de contestação mesmo tendo o réu comparecido na audiência, a ausência da impugnação específica de todos as questões suscitadas na ação ou, inclusive, mesmo que o réu tenha contestado pessoalmente a ação, sem a presença de advogado, e faltar-lhe capacidade postulatória. Todas essas formas de ocorrência de revelia estão diluídas no CPC e o § 2º, do artigo 277, apenas expressou uma, sem revogar as demais.

Mas deve-se lembrar: a revelia somente deverá ser decretada se o réu não compareceu à audiência injustificadamente. Pois, uma vez justificada a ausência do réu – no caso, deve ser examinado à luz do artigo 183, do CPC – outra audiência deverá ser designada, reabrindo-se nova oportunidade para conciliação e defesa do réu.

A revelia induz a dois efeitos: a presunção de veracidade dos fatos narrados pelo autor (CPC, art. 319) e a dispensa da intimação do réu dos demais atos processuais (CPC, art. 322). O primeiro efeito, objeto de exame, gera como conseqüência a ausência de contraditório dos fatos narrados na inicial, razão pela qual dispensa-se a sua prova (CPC, art. 334, III e V). Daí que os fatos incontroversos são tidos como verdadeiros – verossimilhança derivada – o que autoriza o julgamento do mérito, com grandes possibilidades de procedência do pedido.

O juiz, a despeito dos fatos serem incontroversos por força da revelia, não está adstrito ao pedido do autor, podendo improcedê-lo, se houver prova nos autos para tanto. No entanto, é preciso destacar que o juiz somente poderá conhecer de questões de ordem pública, como a carência da ação, a ausência dos pressupostos processuais, a decadência, a ilegitimidade e a inexistência do direito proclamado pelo autor. O juiz não poderá conhecer de pleitos disponíveis, onde se deve aguardar a iniciativa da parte, cujo silêncio é tido como renúncia, como ocorre com a prescrição.

Por outro lado, cumpre destacar que, não comparecendo o réu, mas seu advogado ou por preposto, estando com poderes expressos para transigir, não há que se decretar a revelia. Nessa linha, decidiu o TJRS que não há revelia do réu se este se faz representar por procurador que ostenta procuração com poderes para transigir, ocasião que também apresenta contestação.[353]

Comparecimento pessoal ou por mandatário. Como visto, a parte poderá ser pessoa física ou pessoa jurídica. Tanto esta como aquela, poderá ser representada por outra pessoa no processo. Aliás, no caso da pessoa jurídica, essa representação processual é obrigatória, nos termos do artigo 12, do CPC.

De qualquer forma, a representação poderá ser por mandato ou por disposição legal ou nos termos do contrato societário ou estatuto. A representação se destina a fazer o representado presente no ato processual, como se ele estivesse presente.

---

353 RT 769/365.

Nessa linha, o § 3º determina que, na audiência designada pelo juiz para tentar a conciliação ou colher a defesa do réu, a parte – tanto faz autor ou réu – poderá comparecer pessoalmente ou mediante representante.

No entanto, cumpre destacar, que a parte final do § 3º é clara a exigir que o representante tenha poderes expressos para transigir. Note-se que a representação pode ser por disposição legal, mas o estabelecimento de poderes para transigir deve ser expresso, por ato voluntário do representado, na chamada "carta de preposto".

Deliberações em audiência. Frustrada a conciliação, deverá o juiz colher a defesa do réu. No disposto seguinte, examinar-se-ão o conteúdo da defesa e os meios de exercitá-la.

Mas nesse momento é possível adiantar alguns aspectos que o juiz deverá deliberar em audiência, a saber:

se o réu opor exceção de impedimento, suspeição ou incompetência do juiz, haverá a suspensão do processo, a fim de processar o incidente e decidi-lo (CPC, art. 306);

se o réu opor impugnação ao valor da causa, esse incidente não gera a suspensão do processo, devendo as demais partes manifestarem (o autor e eventualmente o Ministério Público), para decisão do incidente, que deverá ocorrer em plena audiência. Se procedente a impugnação e houver majoração do valor da causa, ultrapassando o valor equivalente a 20 (vinte) salários mínimos e o rito sumário se fundar na hipótese do inciso I, do artigo 275, deverá o juiz determinar a conversão do procedimento para ordinário;

mantendo o rito sumário, deliberar acerca de eventual denunciação à lide fundada em contrato de seguro, nos termos da parte final do artigo 280, do CPC;

sanear o processo, conhecendo das eventuais nulidades, irregularidades, e se possível – recomendável – as preliminares processuais, para, se for o caso, rejeitá-las;

deferir os meios de provas que deverão ser produzidas, inclusive com a nomeação do perito, se deferida a prova pericial; e

designar a audiência de instrução e julgamento.

Conversão de procedimento. O procedimento sumário pode ser, segundo teor do artigo 277, §§ 4º e 5º, convertido em rito ordinário, por duas hipóteses: em razão da natureza da demanda (§ 4º) e em razão de necessidade de prova técnica (§ 5º). A esses dois motivos, pode-se acrescer mais dois motivos de conversão de procedimento: erro na adequação do procedimento à causa e a procedência da impugnação do valor à causa.

Examinam-se as quatro hipóteses. A primeira tem previsão legal na parte final do § 4º, que leva em conta a natureza da causa, que recomenda a adoção do rito ordinário. A segunda hipótese, prevista no § 5º, recomenda a conversão para o rito ordinário quando demanda necessidade de prova técnica de maior complexidade.

Note-se que tais hipóteses são compatíveis e desdobramento da mesma causa: complexidade da demanda. Pois, se a demanda é complexa, ela por si só recomenda a ordinariedade do rito. Sendo complexa, é presumível que haja dificuldades em produzir prova, daí a recomendação da conversão do procedimento, para que se faça uma prova técnica mais apurada.

Nas duas hipóteses, o juiz poderá tomar conhecimento de ofício a complexidade da demanda e da prova a ser realizada, para determinar a conversão do procedimento. O autor, em particular, possui interesse, uma vez que possibilita uma maior ampliação da investigação dos fatos que constituem seu direito.

Sobre esse aspecto, a jurisprudência pronunciou acerca da conversão do rito quando necessária a perícia em documentos juntados com a contestação, imprescindível para se chegar à verdade dos fatos.[354]

Note-se que a conversão ao rito ordinário não gera nulidade, já que não há prejuízo para as partes,[355] uma vez que há pleno exercício da defesa e ampla produção de provas.[356]

A terceira hipótese é mais polêmica, mas é necessária uma tomada de posição. As partes não são os senhores da demanda. Por mais disponível que seja o direito litigado, as normas processuais escapam à essa disponibilidade, salvo quando contempla uma faculdade processual. Obviamente, o procedimento não é um direito ou uma faculdade processual. É uma imposição decorrente do sistema jurisdicional, à qual não compete às partes selecionarem este ou outro

[354] TJRO, RT 764/359.

[355] TRF, 3ª Região, RT 733/409.

[356] 2º TACivSP, RT 762/300.

procedimento. Essa possibilidade somente é possível na arbitragem, quando os contratantes poderão elaborar o procedimento. Mas, repita-se, tão somente na arbitragem e não no sistema jurisdicional. Sendo assim, o procedimento pertence ao processo, assim como o direito material pertence à parte.

Se equivocada a indicação do procedimento, compete ao juiz adequá-lo, se satisfeitos os requisitos, como geralmente ocorre. Essa correção pode ser requerida pela parte interessada ou conhecido de ofício pelo juiz, pois trata-se de aplicação de norma pública. A correção do procedimento significa adequá-lo à natureza da demanda, e não como obstáculo ao acesso da justiça. Logo, no ato de adequação de procedimento, admissível em tese a nulidade de determinados atos, bem como a manutenção de validade de outros atos, em nome da economia e conservação dos atos processuais. Mas em nenhum momento admite-se a extinção do processo fundada no *error in procedendo.* Até porque o erro na adequação procedimental é, antes de tudo, um erro do Estado.

Por fim, dar-se-á a conversão do procedimento quando alterado o valor da causa. O valor da demanda, como é sabido por ocasião dos comentários ao artigo 258, tem, entre outros efeitos, a indicação do procedimento. Quando a demanda possuir valor inferior ao equivalente a 20 (vinte) salários mínimos e não estiver inclusa no rol da restrição do parágrafo único do artigo 275, ela poderá ser processada pelo rito sumário ou pelo Juizado Especial Cível. Poderá a parte interessada opor impugnação ao valor da causa a fim de corrigir eventual erro na indicação do valor da ação, bem como as partes ou até mesmo o juiz corrigir o erro na indicação.

Com a alteração do valor da causa, extrapolando ao valor equivalente a 20 (vinte) salários mínimos, alterar-se-á também o procedimento adotado na demanda.

Por fim todas as hipóteses de conversão de procedimento, o juiz pronunciará uma decisão interlocutória, pois resolve questão incidental (CPC, art. 162, § 2º). Dessa forma, o recurso cabível é o agravo (CPC, art. 522), cuja espécie recomendada é o agravo de instrumento.

Art. 278. Não obtida a conciliação, oferecerá o réu, na própria audiência, resposta escrita ou oral, acompanhada de documentos e rol de testemunhas e, se requerer perícia, formulará seus quesitos desde logo, podendo indicar assistente técnico.

§ 1º É lícito ao réu, na contestação, formular pedido em seu favor, desde que fundado nos mesmos fatos referidos na inicial.

§ 2º Havendo necessidade de produção de prova oral e não ocorrendo qualquer das hipóteses previstas nos arts. 329 e 330, I e II, será designada audiência de instrução e julgamento para data próxima, não excedente de trinta dias, salvo se houver determinação de perícia.

DA DEFESA

Noção. Não sendo obtida a conciliação, o réu oferecerá sua defesa, que tanto pode ser escrita ou oral. A forma exterior não é exigida, como prevê o *caput* do disposto em comento, uma vez que pode ser escrita ou oral. Mas, independentemente de forma, o oferecimento de defesa, como qualquer outro ato processual, deverá ser realizado por advogado, salvo se o réu estiver postulando em causa própria.

A possibilidade de oferecer defesa oral foi mantida pelo legislador na "minirreforma". A idéia era conferir maior agilidade à audiência, mas o que se vê é uma dilação, dada ao tempo que se gasta para o advogado do réu "ditar" a defesa e o funcionário da escrivania reduzir a escrito. Daí que é um expediente que pouco se vê na prática.

Conteúdo da defesa. Embora o momento próprio de se examinar os meios e o conteúdo da defesa seja por ocasião dos comentários o Capítulo II, do Título VIII, no volume II da obra, pode-se adiantar alguns pontos no presente tópico.

O réu, no procedimento sumário, poderá exercer a defesa pelos seguintes meios:

contestação, onde o réu poderá exercer defesa indireta e defesa direta, deduzindo todas as objeções de direito processual (p. ex., carência de ação e falta de pressupostos processuais), objeções de direito material (p. ex., decadência e nulidade do ato jurídico), exceções materiais (p. ex., prescrição e anulação de ato jurídico) e o mérito propriamente dito (p. ex., negar a existência dos fatos que constituem o direito do autor);

exceções processuais, onde o réu poderá opor exceção de incompetência absoluta ou relativa, exceção de impedimento, exceção de suspeição e impugnar o valor à causa. Essas exceções deverão ser argüidas em separado, uma vez que vão instaurar um novo processo, apenso ao processo principal. Todas as exceções processuais vão provocar a suspensão do processo, salvo a impugnação ao valor da causa, que possibilita a solução em plena audiência (CPC, art. 277, § 4º); e

recurso, que no caso pode ser de agravo, caso o juiz tenha concedido tutela antecipatória. A hipótese de recurso de agravo pode surgir também durante a audiência, quando das deliberações que se tomar acerca das exceções processuais ou de outras questões incidentais, como a conversão do procedimento.

Além desses modos de defesa, poderá ainda o réu deduzir pedidos contra o autor no corpo da contestação, como prevê o § 1º. Examinar-se-á em subtópico próprio, face as peculiaridades da matéria.

Meios de provas. Assim como o autor em regra é obrigado a apresentar na inicial o rol de testemunhas, indicar assistente técnico e formular quesitos na hipótese de prova pericial, tal obrigação também é exigida ao réu. Pudera, se assim o fosse, estaria o CPC impondo um tratamento diferenciado, favorável ao réu.

É verificável que se o réu não apresentar o rol de testemunhas, não indicar o assistente técnico e nem formular os quesitos, não mais poderá fazer, face a preclusão consumativa. Mas, se convertido o rito para o procedimento ordinário e ainda não iniciada a fase instrutória, poderá o réu requerer a prova pericial e a prova testemunhal, porque nesse momento não ocorreu nenhuma preclusão.

Mas, se convertido o procedimento e já iniciado a fase instrutória, o réu somente poderá produzir prova testemunhal, se essa prova foi requerida na contestação. Observa-se, pois, a incidência da preclusão consumativa.

Crê-se que excepcionalmente deverá sobrepor-se à regra da preclusão consumativa caso a conversão do procedimento se dê fundado na necessidade de prova técnica de maior complexidade. Nesse caso, como a própria lógica da decisão impõe, deverá ser produzida prova pericial, cujo ônus é de responsabilidade da parte interessada.

Outras hipóteses excepcionais de admissibilidade da apresentação extemporânea do rol de testemunhas ou dos quesitos da prova pericial ao autor não incidem em relação à defesa. Somente as eventuais e restritas hipóteses de justa causa e fato superveniente que poderão admitir a produção dessas provas mesmo requeridas a destempo.

Contestação com força de ação. É sabido que o réu também deduz pedido contra o autor. Esse pedido busca a declaração negativa da pretensão do autor, tanto para reconhecer a carência de ação, a ausência dos pressupostos processuais como a improcedência, total ou parcial, dos pedidos formulados pelo autor.

Mas é admissível que o réu deduza pedidos com força de ação contra o autor. Pedido com força de ação é uma expressão de pouca técnica, mas que tem a função de diferenciar esse pedido daquele formulado na contestação, que visa apenas afastar a pretensão do autor. O pedido com força de ação busca incidir contra o autor uma tutela jurisdicional, que pode ser declaratória, condenatória, constitutiva, desconstitutiva ou executiva *lato sensu*. Portanto, o pedido formulado como defesa bem difere do pedido formulado com força de ação, pois este busca incidir uma tutela jurisdicional contra o autor e aquele, o pedido formulado como defesa, tão somente afastar a tutela jurisdicional pretendida pelo autor.

Para que o réu deduza pedido com força de ação contra o autor, é preciso que haja identidade com os fatos narrados na inicial. Não se trata de semelhança, mas de identidade de fatos. É uma exigência mais apurada que a reconvenção do procedimento ordinário, pois visa evitar uma maior ampliação da área de debate e cognição, que poderia ser nociva à sumariedade do rito.[357]

A doutrina classificou a hipótese do § 1º como *ação dúplice* e por isso, fazendo uso de tal faculdade processual, gera contra o réu potencial incidência de litispendência se ajuizar outra demanda, envolve as mesmas partes, os mesmos fatos e pedido. Exemplo típico é a ação de cobrança fundada em contrato, cujo valor não exceda a 20 (vinte) salários mínimos, o réu contesta a ação e formula pedido de cobrança, fundado no mesmo contrato.

Ocorrendo a dedução do pedido com força de ação, haverá a ampliação da lide, pois a causa de pedir passa a conter mais uma pretensão.[358]

Pedido que desnatura o rito sumário. Questão tormentosa que poderá surgir na jurisprudência refere-se sobre a possibilidade do réu formular pedido que, por si só, é adequado a outra espécie de procedimento.

É preciso levar em conta a regra do artigo 292, § 2º, do CPC, que prevê a hipótese de vários pedidos que comportam procedimentos diferentes, e que

---

[357] CARNEIRO, Athos Gusmão. *Do Rito Sumário...*, p. 62.

[358] CÂMARA, Alexandre Freitas. *Dos Procedimentos...*, p. 53.

por isso admitir-se-á a cumulação, se for empregado o rito ordinário. É preciso destacar que o mencionado disposto refere-se tão somente ao pedido formulado pelo autor.

Obviamente, empregar apenas essa regra à questão exposta acima seria deixar ao critério potestativo de uma das partes a viabilidade do pedido formulado pelo réu. O autor, claro, não vai admitir a conversão do rito, temendo a mora processual, o que geraria a inviabilidade do pedido formulado pelo réu, e isso fulminaria a pretensão do réu. Este, por sua vez, vai sugerir a conversão do rito, para processar seu pedido, argumentando possuir direitos que devem ser respeitados, e isso pode causar prejuízo à celeridade processual.

Por isso que o § 4º, do artigo 277, do CPC, tem uma regra aplicável ao caso: em razão da complexidade da causa, poderá o juiz converter o rito. Ora, se dos mesmos fatos narrados pelo autor o réu deduz pedido contra o autor, é porque a demanda é complexa. Não compete ao autor decidir se é complexo ou se é conveniente. A demanda não lhe pertence. Os direitos em debate não são exclusivos do autor, mas também do réu. Por isso, o juiz deverá examinar o pedido formulado pelo réu e, verificando sua plausibilidade (isto é, a possibilidade em tese de ser acolhido), deverá determinar a conversão do rito.

Entender que o réu somente deverá deduzir pedido específico do procedimento sumário seria o mesmo que restringir toda uma gama de pretensões possíveis de serem formuladas. Noutras palavras, restringir o pedido do réu, a fim de que seja adequado ao rito sumário, seria o mesmo que restringir seu acesso à justiça, o que é inadmissível.

Por isso, conclui-se que, formulando o réu na contestação pedido adequado a outra espécie de procedimento, deverá o juiz fazer exame de plausibilidade e reconhecendo a possibilidade de, em tese, ser o pedido procedente, determinar a conversão do procedimento sumário para o procedimento ordinário.

PROCEDIMENTO II

Designação da audiência de instrução. Não sendo hipótese de julgamento antecipado da lide, nas hipóteses dos artigos 329 e 330, do CPC, o feito necessitará de instrução.

Para tanto, deverá o juiz designar audiência de instrução em data que não exceda a 30 (trinta) dias. Essa audiência, obviamente, trata exclusivamente da colheita dos depoimentos das partes e das testemunhas. Excepcionalmente, será designada audiência para ouvir os esclarecimentos dos peritos (CPC, art. 435).

Esse tempo é indicativo, já que somente a realidade de cada ofício poderá fornecer a data da audiência. Obviamente, não poderá o juízo designar a data que bem entender, porque o § 2º indica um tempo a ser respeitado. Porém, se a realidade do juízo não poder indicar data no tempo de 30 (trinta) dias, deverá o juiz designar data no primeiro dia útil desimpedido.

Também o tempo para a designação da audiência poderá ser superior a 30 (trinta) dias, na hipótese do processo necessitar de perícia que, por natureza, exige mais tempo.

Art. 279. Os atos probatórios realizados em audiência poderão ser documentados mediante taquigrafia, estenotipia ou outro método hábil de documentação, fazendo-se a respectiva transcrição se a determinar o juiz.

Parágrafo único. Nas comarcas ou varas em que não for possível a taquigrafia, a estenotipia ou outro método de documentação, os depoimentos serão reduzidos a termo, do qual constará apenas o essencial.

PROCEDIMENTO III

Noção. O disposto em comento tem nítida vinculação com os artigos 169 e 170, ambos do CPC. Ambos dispostos tratam, respectivamente, dos atos e termos processuais que deverão ser reduzidos a escrito, bem como a previsão do uso da taquigrafia, da estenotipia ou de qualquer outro meio idôneo.

Sobre esses aspectos, foi comentado o seguinte, relativo ao artigo 169, do CPC:

"O disposto em comento trata da forma externa que os atos e termos processuais devem possuir. Deverão tais atos, ser datilografados ou escritos, com tinta escura e indelével. Hodiernamente, com a disseminação dos computadores e das modernas impressoras, é correto afirmar que os atos e termos processuais deverão ser digitados e imprimidos em tinta escura indelével.

Poderão as partes que participaram do termo ou do ato subscrevê-los. É uma mera faculdade processual, porque, não podendo essas pessoas assinarem ou não querendo, deverá a escrivania certificar a ocorrência, ou no verso do ato ou termo, ou em folha separada, mas sempre fazendo referência ao ato processual realizado. Obviamente, tal certidão em separado deverá constar do processo.

Abreviaturas. A proibição do uso de abreviaturas não é absoluta. O que se proíbe, ensina Egas Dirceu Moniz de Aragão, é o emprego da abreviatura de palavras, por tornar difícil, senão impossível, a compreensão, no futuro, do texto.[359]

Por isso, nada impede que os atos e termos processuais façam uso de abreviaturas adotadas pela técnica jurídica, como, por exemplo "art.", "CPC", "CC", "STF", "TJ" etc. O que se restringe, como explicado, é a abreviatura de palavras, pelo fato de poder comprometer a compreensão e o significado delas.

Sobre o artigo 170, do CPC, foi comentado o seguinte: "O artigo 170 trata de meios alternativos da forma externa dos atos e termos processuais. Essa redação se deu pela 'minirreforma' do CPC, por força da Lei nº 8.952/94.

Taquigrafia. É a técnica de transcrever textos, emitidos original e verbalmente pelo órgão jurisdicional ou outra pessoa, que o taquígrafo reduzirá em escrito, mediante notas taquigráficas.

Estenotipia. Entende-se por estenotipia como a técnica estenográfica, praticada com uso do estenótipo. Estenótipo é a máquina utilizada para transcrever textos, sob forma fonética simplificada, com a rapidez da fala. Um exemplo de estenotipia é a gravação dos depoimentos, seja por fita k-7 ou em computadores, para depois degravação em termo, como se vê no artigo 417, do CPC.

Outros métodos. O artigo 170 é uma espécie de norma em branco, ao admitir outros meios de serem realizados atos e termos processuais. É permitido, segundo Nelson Nery Júnior e Rosa Maria Andrade Nery, 'o uso de meios modernos de registro dos atos processuais, sem restrição, de modo que o surgimento de mecanismo novo, desconhecido até então do legislador faz com este se torne possível, independentemente de qualquer outra providência, a sua utilização para o registro dos atos processuais em qualquer juízo ou tribunal'.[360]

---

[359] ARAGÃO, Egas Dirceu Moniz de. *Comentários ao Código de Processo Civil.* Volume II..., p. 62.

[360] NERY JÚNIOR, Nelson, e Rosa Maria Andrade Nery. *Código de Processo Comentado...*, p. 650.

Um exemplo desse método alternativo de registro dos atos e formas processuais é a Internet, mediante a comunicação via e-mails. Nesse sentido, a posição do CPC Português, no artigo 138º, 1, '5', ao determinar que é permitido 'o uso dos meios informáticos no tratamento e execução de quaisquer atos ou peças processuais, desde que se mostrem respeitadas as regras referentes à proteção de dados processuais e se faça menção desse uso".

Além disso, pode-se acrescer com o artigo 417, do CPC, que as partes poderão gravar as audiências de instrução, cuja norma comentada encontra-se no volume IV da obra.

Art. 280. No procedimento sumário não são admissíveis a ação declaratória incidental, nem a intervenção de terceiro, salvo assistência, o recurso de terceiro prejudicado e a intervenção fundada em contrato de seguro.

PROCEDIMENTO IV

O artigo 280, que trata das medidas processuais incidentais no rito sumário, foi recentemente alterado pela Lei nº 10.477, de 07/05/02.

Antes da recente reforma processual, era proibido no rito sumário a ação declaratória incidental, nem a intervenção de terceiro, salvo a assistência e o recurso de terceiro prejudicado (I); bem como o perito teria o prazo de 15 (quinze) dias para a apresentação do laudo (II); e as decisões sobre matéria probatória, ou proferidas em audiência, o recurso sempre será o de agravo retido (III).

Comparando-se com a nova redação do artigo 280, percebe-se algumas alterações substanciais, como a possibilidade da intervenção de terceiro fundado em contrato de seguro, bem como a supressão formal dos incisos II e III.

Examina-se o novel jurídico em comparação com a regra anterior.

Restrições ao uso de certas faculdades processuais. Em razão da celeridade a ser empregada no processo, a sumariedade do procedimento e da possibilidade do réu deduzir pedido com força de ação na contestação e que este pedido decorre dos mesmos fatos narrados na ação, entendeu o legislador restringir o acesso ao uso de certas faculdades processuais.

Entre essas restrições encontram-se a inadmissibilidade da ação declaratória incidental e a intervenção de terceiros. Relativa ao primeiro instituto, pouca diferença se fará, uma vez que ele é pouco utilizado e, quando aplicado em prova documental, pode ser encarado como incidente de argüição de falsidade, a ser processada dentro dos autos (CPC, arts. 390 e 391). Da decisão tomada no incidente de falsidade em procedimento sumário o único recurso cabível é o do agravo retido, em razão da regra do § 4º, do artigo 523, do CPC.[361]

Encerrada a instrução, a argüição de falsidade será apensada aos autos principais, com a suspensão do processo, nos termos dos artigos 393 e 395, do CPC.

Com relação à intervenção de terceiros, o debate ampliava-se um pouco e revelava um erro do legislador antes do advento da Lei nº 10.444. Pois, ao vedar genericamente a intervenção de terceiros, admitindo-se excepcionalmente a assistência e o recurso do terceiro prejudicado, o legislador preferiu prestigiar a celeridade do procedimento, o que aparentemente beneficiaria o autor. Enquanto regra geral, o legislador acertou, mas enquanto regra específica pode gerar obstáculos, e até mesmo injustiças.

Veja, pois, em relação ao autor. O instituto da nomeação à autoria poderia ser aplicado, porque a hipótese do artigo 63, do CPC, é possível para o rito sumário. Face o seu impedimento, o autor poderia ver o seu pedido julgado improcedente por ilegitimidade passiva.

Outro debate que havia referia-se à impossibilidade de denunciação à lide em razão de contrato de seguro. Pois, se o autor envolvia-se num acidente de veículos com o réu, daí originando a ação de indenização, e ciente de que o réu também poderá deduzir contra si pedido de indenização, poderia o autor desde já denunciar à lide a seguradora, a fim de garantir o direito de regresso no caso da improcedência da ação e procedência da contestação. Na mesma situação encontrava-se o réu, que poderia denunciar à lide a seguradora. Mas nenhum e nem outro poderá denunciar à lide, face a restrição legal que havia no artigo 280 da época. E para complementar a equivocada posição do CPC da época, se houvesse a denunciação da seguradora, certamente o vencedor da demanda teria efetividade do direito reconhecido na sentença, face a presumível situação de solvência da seguradora, ao contrário de uma dubitável solvência da parte.

---

[361] Diz o referido disposto: "§ 4º Será retido o agravo das decisões proferidas na audiência de instrução e julgamento e das posteriores à sentença, salvo nos casos de dano de difícil e de incerta reparação, nos de inadmissão da apelação e nos relativos aos efeitos em que a apelação é recebida". Este parágrafo foi alterado pela Lei nº 10.352, de 26/12/01.

Para se ter uma idéia, a justiça gaúcha apresenta duas decisões antagônicas sobre o tema: "Acidente de trânsito. O procedimento sumário é o adequado para as causas de reparação de dano resultante de acidente de veículos. Inteligência do art-275, II, 'd', do CPC. Conversão em procedimento ordinário possível nas hipóteses do art-277, par-4º e par-5º, do CPC. Agravo improvido".[362]

E: "Ação de ressarcimento de danos. Acidente de trânsito. Conversão do rito sumário em ordinário para possibilitar denunciação à lide da seguradora. Inadmissibilidade. Mostra-se incabível a pretensão de que seja convertido o rito sumário em ordinário para que assim possa ser feita denunciação à lide da seguradora, pois constituindo essa conversão regra de exceção, somente deve ser admitida nos estreitos limites que a lei processual prevê, onde não se insere o seu cabimento para viabilizar essa forma de intervenção de terceiro, sob pena de comprometer a celeridade da prestação jurisdicional, que no caso ficaria inquestionavelmente comprometida, tanto que é vedada pelo Estatuto Adjetivo (inteligência dos arts. 277, pars. 3º e 4º e 280 I do CPC). Agravo de instrumento improvido".[363]

Críticas surgiram na década de 90. Sobre a posição do legislador, lecionava Athos Gusmão Carneiro que, *de lege ferenda*, "apresenta-se passível de crítica a proibição da denunciação da lide ao segurador, e isso pelas peculiares circunstâncias que envolvem, tanto no plano jurídico como no plano dos fatos, as demandas regressivas fundadas em contrato de seguro".[364]

Edson Ribas Malachini chegou a propor a inclusão do denunciado como assistente da parte, na qualidade de litisconsórcio, a fim de que a parte possa exercer o direito de regresso no procedimento sumário.[365]

Essa questão "caiu por terra", porque, inteligentemente, o artigo 280 passou a admitir, por força da Lei nº 10.444, a intervenção de terceiro fundado em contrato de seguro. Sendo assim, tanto o autor, como o réu, poderão denunciar à lide a seguradora em ação de indenização por acidente de veículo terrestre, como prevê o artigo 70, III, do CPC.

---

[362] A.I. nº 198068546, 6ª CCiv., rel. Des. Nelson Antônio Monteiro Pacheco.

[363] A.I. nº 70001752088, 11ª CCiv., rel. Des. Voltaire de Lima Moraes.

[364] CARNEIRO, Athos Gusmão. *Do Rito Sumário...*, p. 67-68.

[365] MALACHINI, Edson Ribas. *Seguro, resseguro, litisconsórcio e denunciação da lide.* Artigo publicado na Revista de Processo. Volume 81, p. 115.

O chamamento ao processo também revela uma situação de equívoco. De um lado, impede que o réu possa exercer direito de regresso, porque essa hipótese é atípica no artigo 280, do CPC. Por outro lado, o autor não tem maior garantia de solvência do direito reconhecido na sentença, caso dirija a ação apenas contra um dos devedores, e desconsidere a solvência dos demais devedores solidários ou fiadores.

Por isso, diante de tais circunstâncias, verifica-se que o juiz deve desconsiderar a norma legal. É preciso superar o entendimento de que o juiz é um mero aplicador da lei; pois a norma legal é apenas um referencial do direito, ao lado de outros referenciais. Aliás, até correto afirmar que não se deve confiar em juízes mero aplicadores da lei, pois se até eles não acreditam na justiça da lei (é o velho ditado "se a lei é injusta então que se mude a lei"), então porque a parte deveria acreditar neles...

Como se vê, as alternativas que se buscam são diferenciadas, face ao obstáculo legal, que deve ser superado em nome dos fins do sistema jurisdicional.

Excepcionam a regra a assistência e o recurso do terceiro prejudicado. A assistência é modo espontâneo de intervenção, onde o terceiro requer seu ingresso nos autos, a fim de auxiliar o assistido. Quanto a vinculação à coisa julgada, a assistência pode ser simples ou litisconsorcial. Sobre essas espécies, a doutrina passou a diferenciar o tratamento processual de ambas, permitindo maior amplitude ao assistente litisconsorcial.

Entendeu-se no volume I da obra, que o assistente simples, se não se vincula à coisa julgada, sofrerá diretamente os efeitos da resolução da lide. Daí que faz jus a um tratamento processual isonômico ao assistente litisconsorcial.

Pois, é preciso rever alguns pontos da figura do assistente simples relativos à demanda. Inicialmente, é preciso lembrar que o assistente não participa diretamente da lide no processo que interveio. Essa participação, no entanto, ocorre por via reflexa, uma vez que o assistente sentirá diretamente os efeitos da sentença.

Por outro lado, se o assistente não se vincula à coisa julgada, ele fica submetido aos efeitos da sentença. Em termos práticos e até processuais, o assistente não passa a ter apenas interesse jurídico, mas o próprio direito modificado e que não foi objeto de exame na sentença. Pois, compete apenas ao juiz averiguar se o assistente possui interesse jurídico para intervir no processo. Mas, a rigor, a sentença não examinará o direito do assistente, até porque o direito do assistente não integra a lide demandada. Contudo, o direito do assistente modifica-se com a execução da sentença.

Diante desses parâmetros, crê-se que a doutrina precisa repensar o comportamento processual do assistente simples. Daí que não se pode transportar à relação processual a indiferença do assistente na relação material.

Em razão do fato do assistente sofrer diretamente os efeitos da sentença, o que importaria na modificação de seu direito, assenta-se a idéia de que o assiste é parte no processo. Daí compreender que, se ele sofre os efeitos da sentença, também poderá vincular-se à coisa julgada.

Em reforço a esse pensamento, tem-se a posição do TACivRJ que admitiu a purgação da mora pelo fiador-assistente na ação de despejo por falta de pagamento.[366] Ora, se é deferido ao assistente uma conduta material relativa à lide, na mesma medida que a parte principal, não poderá o direito processual cercear essa conduta ou tratá-la diferentemente.

Relativo ao recurso de terceiro prejudicado, o tema não gera maior polêmica quanto a sua interferência em grau de recurso. No entanto, deverá o terceiro preencher, além dos requisitos específicos do recurso interposto, os requisitos exigidos pelo artigo 499, § 1º, do CPC, que são o nexo de interdependência entre o seu interesse de intervir e a relação jurídica submetida à apreciação judicial.

Exemplo típico de recurso de terceiro prejudicado em procedimento sumário é o agravo de instrumento em razão de decisão que concedeu tutela antecipatória que atingiu sua esfera jurídica.

Prazo do perito. Diz o artigo 146, do CPC, que o perito tem o dever de cumprir seu ofício, no prazo assinalado pela lei.

No procedimento ordinário, não há um o prazo específico para que o perito apresente o laudo. Há, segundo o artigo 443, do CPC, o prazo regressivo de 20 (vinte) dias antes da audiência de instrução e julgamento para que o perito apresente o laudo. No entanto, admissível a prorrogação do prazo, se o perito, por motivo justificado, não puder apresentar o laudo dentro do prazo, conforme o artigo 432, do CPC.

---

366 PAULA, Alexandre de. *Código de Processo Civil Anotado.* Volume I ..., p. 392.

Diz o parágrafo único do artigo 433, do CPC, alterado pela Lei nº 10.358, de 27/12/01, que os assistentes técnicos oferecerão seus pareceres no prazo comum de 10 (dez) dias, após intimadas as partes da apresentação do laudo.

Além disso, relativo ao cômputo do prazo para a realização da perícia, a Lei nº 10.358 desdobrou o artigo 431 (que havia sido simplesmente revogado pela Lei nº 8.455, de 24/08/92) em letras "A" e "B". No artigo 431-A, dispõe que "as partes terão ciência da data e local designados pelo juiz ou indicados pelo perito para ter início a produção da prova". E no artigo 431-B, determinou-se que "tratando-se de perícia complexa, que abranja mais de uma área de conhecimento especializado, o juiz poderá nomear mais de um perito e a parte indicar mais de um assistente técnico".

Inegavelmente que tais dispositivos têm influência na estipulação do prazo para a realização e conclusão da perícia, sobretudo com a simples supressão do inciso II, do artigo 280, do CPC, por força da Lei nº 10.444, que estipulava o prazo de 15 (quinze) dias para a apresentação do laudo pericial. Nenhum dispositivo foi apresentado em seu lugar.

Com isso, pode-se concluir o seguinte:

a) a prova pericial será deferida na audiência a que se refere o artigo 278, § 2º, do CPC, e a sua realização antecederá à audiência de instrução e julgamento;

b) o prazo para a realização da perícia será o determinado pelo juiz, que deverá fixar o prazo para a entrega do laudo pericial, em vista da complexidade da pesquisa e da experiência judicial adquirida;

c) o prazo para a entrega do laudo pericial em cartório deverá seguir a observação do artigo 433, do CPC: pelo menos em 20 (vinte) dias antes da audiência de instrução e julgamento;

d) após a entrega do laudo pericial, deverão as partes ser intimadas para que seus assistentes técnicos ofereçam pareceres, pelo prazo comum de 10 (dez) dias, consoante a nova redação do parágrafo único do artigo 433, do CPC; e

e) eventuais incidentes na realização da perícia poderão alongar o prazo de conclusão, como se vê dos novos artigos 431-A e 431-B, do CPC.

Dos incidentes ocorridos no procedimento sumário. O procedimento é composto pelas mesmas fases do procedimento ordinário (postulatória, saneadora, instrutória e decisória). No entanto, tais fases encontram-se concentradas em poucos atos e poucas audiências.

Daí que das decisões acerca dos incidentes ocorridos durante o rito sumário, será cabível a interposição de recurso de agravo, na modalidade retido, como prevê o § 4º, do artigo 523, do CPC. Diz o referido disposto que "será retido o agravo das decisões proferidas na audiência de instrução e julgamento e das posteriores à sentença, salvo nos casos de dano de difícil e de incerta reparação, nos de inadmissão da apelação e nos relativos aos efeitos em que a apelação é recebida". Esse parágrafo foi alterado pela Lei nº 10.352, de 26/12/01.

Essa norma somente terá aplicação aos incidentes ocorridos durante a instrução ou audiência. Assim, as decisões tomadas durante o exame de admissibilidade da inicial, como a concessão da tutela antecipatória ou a admissibilidade de processamento da inicial, poderão ser desafiadas pelo recurso de agravo de instrumento.

A ideologia do legislador é de assegurar a celeridade do procedimento. No entanto, tal solução encontrada, quando formulada em norma absoluta ("o agravo será sempre retido"), pode-se mostrar perigosa, porque não permite exame de situações específicas e excepcionais, que infelizmente sempre ocorrem. É o caso, por exemplo, da decisão que não converte o rito para o procedimento ordinário em razão da complexidade da demanda ou da prova técnica a ser realizada (CPC, art. 277, §§ 4º e 5º). É notória a necessidade de se suspender o curso do processo, alcançável somente via recurso de agravo de instrumento (CPC, art. 527, II). Nesse particular, o maior interessado pode ser tanto o autor como o réu.

Art. 281. Findos a instrução e os debates orais, o juiz proferirá sentença na própria audiência ou no prazo de 10 (dez) dias.

SENTENÇA NO RITO SUMÁRIO

O disposto em comento reitera a norma consubstanciada no artigo 456, do CPC: encerrada a instrução e colhidas as alegações finais, dar-se-á a sentença.

Se o encerramento da instrução se der em audiência e as alegações finais forem apresentadas no ato, oralmente ou na eventual hipótese da parte trazer por escrito, poderá o juiz prolatar sentença em audiência ou proferir no prazo de 10 (dez) dias.

Caso as alegações finais sejam apresentadas em audiência, o prazo a ser destinado a cada parte será de 20 (vinte) minutos, prorrogados por mais 10 (dez), na esteira do artigo 454, do CPC, aplicável analogamente.

Mas se o encerramento da instrução se der com a manifestação das partes acerca do laudo pericial, e sendo dispensáveis os depoimentos das partes e a prova testemunhal, deverão as partes apresentar alegações finais em memoriais, cujo prazo assinalado será de 10 (dez) dias, com aplicação analógica do artigo 454, do CPC. Em seguida, o juiz proferirá sentença no prazo de 10 (dez) dias.

Título VIII

DO PROCEDIMENTO ORDINÁRIO

O PROCEDIMENTO ORDINÁRIO

A concepção do procedimento ordinário no Direito Romano. A idéia de um procedimento ordinário remonta à época do processo civil no Direito Romano.

Com a *res in iudicium deducta*, buscavam as partes a *iurisdictio*, com a solução dada pelo *arbiter* ou *iudex*, pronunciando a solução do caso, face a *viva vox juris civilis*, tendo como fundamento o *facit ius inter partes*.[367]

No entanto, para intercalar esses atos, dar-lhes uma direção e um sentido lógico, foi preciso constituir normas que regulamentavam a produção desses atos. Surgia aí, o gérmen do procedimento.

A primeira fase do processo civil romano – *legis actiones* – é caracterizada pela extrema rigidez e tipicidade de seus atos, sendo que cada ação (*legis actio per sacramentum, legis actio per iudicis arbitrive postulationem, legis actio per condictionem, legis actio per*

---

[367] ZANZUCCHI, Marco Tullio. *Diritto Processuale Civile.* Tomo I..., p. 92-93.

manus iniectionem e *legis actio per pignoris capionem*) possuía uma estrutura individualizada para situações jurídicas expressamente reconhecidas.[368]

Esclarecem Tucci e Azevedo, que no período da *legis actiones*, "conjugavam-se o *ius* e o *faz*, o elemento laico e o elemento religioso, fruto da tradição histórica, ou seja, dos *more maiorum* que, depois, foram recolhidos na lei das XII tábuas. Formalismo, solenidade e oralidade, todo um ritual de gestos e palavras pré-estabelecidas: assim se desenvolvia o processo enquanto permanecesse dia claro, isto porque 'o pôr do sol será o termo final da audiência' (XII tábuas, 1.9). A análise das peculiaridades das *legis actiones* é feita, com maior segurança, a partir do momento que se denota um processo de secularização da justiça romana, provocado especialmente: a) pela lei das XII tábuas, a qual consolidou os preceitos consuetudinários arcaicos; b) pela bipartição do procedimento, que contribuiu para racionalizar as fases processuais, uma vez que aquele caráter sacramental emerge mitigado, fomentando-se a participação efetiva dos litigantes; c) pela criação do pretor urbano em 367 a.C.; e d) por dois personagens: Appio Cláudio, o Cego (cônsul em 307 e 296 a.C.) e seu escriba Gneo Flavio, que teriam publicizado aos cidadãos, em 304, o formulário das ações da lei, uma vez que, até então, apenas os pontífices e o *rex* é que conheciam as palavras sacramentais de cada *actio*".[369]

Nessa época, em que vigorava o *ordo iudiciorum privatorum* em que, explica Othon Sidou, "prevalece o juízo formal, ou obediente a fórmulas, as quais a fazem subpartir-se em duas fases: a das fórmulas orais, desenvolvida por meio das *legis actiones*, e das fórmulas escritas, ou procedimento formulário propriamente dito. Peculiaridade dessa etapa do procedimento, tipicamente romana, eis que não encontrada nos direitos das civilizações precedentes, é a duplicidade do juízo, com a *actio* organizada ante o pretor ou magistrado com jurisdição (fase *in iure*), e instruída e decidida por um juiz ou corpo de juízes particulares (fase *apud iudicem*)".[370]

A bipartição do procedimento no período das *legis actiones*, que também se estendeu ao período formulário, ocorria no procedimento *ordum iudiciorum*

---

[368] TUCCI, José Rogério Cruz e, Luiz Carlos de Azevedo. *Lições de História*..., p. 52-53.

[369] TUCCI, José Rogério Cruz e, Luiz Carlos de Azevedo. *Lições de História*..., p. 53-54.

[370] SIDOU, J. M. Othon. *Processo Civil Comparado*. Rio de Janeiro. Forense Universitária. 1997, p. 24.

privatorum, que se divida em duas fases: *in iure* e *in iudicio*. A fase *in iure* se iniciava com a propositura da *actio* e desenvolvia-se perante o pretor, com a presença das partes, em que se fazia necessária a *in ius vocatio*, que era a citação do réu. Inadmissível, portanto, "a contumácia, nesta fase do direito romano. À exceção da *pignoris capio*, onde o credor, por suas próprias mãos, se apoderava dos bens móveis pertencentes ao devedor, ainda que não presente este ao ato (Gaio, *I.* 4.29), todas as demais ações só podiam exercitar-se perante o pretor e na presença do adversário. Além de impossível a revelia, não se permitia, igualmente, a representação em juízo: 'ninguém pode agir em nome de outrem' (*D.*, 50.17.123, Ulpiano, *libro XIV ad edictum: Nemo alieno nomine lege agere potest*). Se, mais tarde, no processo formulário, surgirão as figuras do *cognitor* e *procurator*, ao tempo das ações da lei era vedado agir alguém em nome alheio".[371]

Uma vez citado o réu, as partes deveriam comparecer perante o pretor e debater formalmente a causa. Mantendo-se o litígio, as partes deveriam, no prazo de 30 (trinta) dias escolher o *iudex* (jurado), ou o próprio pretor indicava, ou ainda a escolha podia ocorrer por sorteio (*sortitio*) dentre os cidadãos. O réu deveria prestar o *vadimonium*, que consistia numa promessa solene efetuada em pagar determinada quantia (*summa vadimonii*) ao autor, a fim de garantir o comparecimento do demandado na data aprazada.[372]

Segundo Celso Neves, na fase *in iure* "o magistrado conhecia das pretensões contrapostas dos litigantes, em procedimento estritamente oral. Em face dessa contraposição o magistrado verificava se tinha ou não cabimento a *actio*. Em caso positivo, concedia-a; em caso negativo, denegava-a. Verificando o cabimento da *actio* a sua concessão decorria de um contrato judicial denominado *litiscontestatio* que constituía o fecho do procedimento *in iure*. Se não se caracterizasse hipótese prevista na lei, a *actio* era denegada".[373]

A etapa final do procedimento *in iure* se dava com a *litiscontestatio*, um verdadeiro contrato pelo qual as partes ficavam vinculadas ao processo e se submetiam à sentença a ser proferida.[374]

---

371 TUCCI, José Rogério Cruz e, Luiz Carlos de Azevedo. *Lições de História...*, p. 55.

372 TUCCI, José Rogério Cruz e, Luiz Carlos de Azevedo. *Lições de História...*, p. 56-57.

373 NEVES, Celso. *Estrutura...*, p. 161.

374 PAULA, Jônatas Luiz Moreira de. *Teoria Geral do Processo...*, p. 37.

A função da *litiscontestatio*, exprime Celso Neves, "estava em estabelecer, portanto, a limitação objetiva e subjetiva da lide, para que, tão-somente em torno dela se estabelecesse o *iudicium*, na segunda fase do procedimento, entregue a um árbitro ou juiz privado. A esse eram as partes remetidas e a ele incumbia a prolação da sentença, na conformidade da evidência que resultasse da prova e de sua própria consciência: *ex animi sententia*".[375]

Uma vez nomeado o *iudex* ou escolhido o *arbiter* e celebrada a *litiscontestatio*, iniciava-se o procedimento *in iudicio*. Deviam as partes fazer uma síntese do litígio e das provas a serem produzidas, por escrito (*causam dicere*) ou oralmente (*peroratio*). Ausente uma das partes, julgava-se *de absente secundum praesentem*, isto é, adjudicava-se a lide em favor daquele que havia cumprido os termos da *litiscontestatio*. Presente as partes, ingressava-se na etapa probatório, segundo a regra de que *onus probandi incumbit ei qui dicit non qui negat*. Os meios de provas admitidos eram a confissão, juramento e testemunho. Se o *iudex* não formasse uma convicção a respeito da causa, poderia declarar *sibi non liquere* (não me parece claro), o que permitia que as partes solicitassem ao magistrado a indicação de um outro *iudex* ou *arbiter*.[376]

Após essa fase, haveria o proferimento da sentença (*sententia*), sem qualquer fundamentação, com o exaurimento da função judicial. Não havia a previsão de recurso e impedia-se a propositura de uma nova *legis actio* sobre a mesma *res in iudicium deducta*.

O período *per formulas* é marcado por um conjunto de modelos abstratos, em que se obrigava a litigar por escrito (ainda que parcialmente), em conformidade com os esquemas jurisdicionais previstos. Por faltar no processo formulário dispositivos legais, sua fonte eram as decisões pretorianas, o que acabou por conceber a idéia de um rito padrão, inserido no *ordo iudiciorum privatorum*, mantendo-se as duas fases procedimentais. No entanto, mostrava-se menos formalista e mais célere com relação a alguns atos.[377]

Na esteira de Walter Vieira do Nascimento, eram as características do processo formulário: "a) salvo a fórmula, que era escrita, os demais procedimentos

---

[375] NEVES, Celso. *Estrutura*..., p. 162.

[376] TUCCI, José Rogério Cruz e, Luiz Carlos de Azevedo. *Lições de História*..., p. 57-59.

[377] TUCCI, José Rogério Cruz e, Luiz Carlos de Azevedo. *Lições de História*..., p. 77-78.

eram orais; b) as duas fases – *in iure* e *in iudicio* – já não se prendiam ao rigorismo do sistema anterior; c) concedida a ação na primeira fase, era elaborada a fórmula escrita pela qual o juiz ou árbitro se orientava na segunda fase; d) as partes, ainda que comparecendo pessoalmente, podiam ser orientadas por juristas e assistidas por procuradores; e) era adotado o princípio do contraditório; f) o ônus da prova incumbia à parte que alegasse os fatos; g) o juiz ou árbitro, no exame dos fatos e das provas, orientava-se pelo princípio da livre convicção para proferir a sentença". E prossegue o professor carioca: "Enquanto no sistema das ações da lei o magistrado se limitava a orientar o processo para a observância das formalidades legais, no sistema formulário ele intervinha ativamente, não só para orientar, mas também para criar o direito onde houvesse lacuna ou onde fosse preciso temperar o rigorismo do *Ius Civile*".[378]

Destaca-se que a *lex Julia iudiciorum privatorum* "legalizou" o processo formulário, e com isso foi introduzida a dicotomia entre *iudicia legitima* e *iudicia imperio continens*. Segundo Tucci e Azevedo, "*iudicium legitimum* era o processo que se instaurava em Roma ou até uma milha de distância (*pomerium*), instaurado por cidadãos romanos perante um juiz singular (*iudex unus*) também romano. Deveria ser julgado, sob pena de extinção, no máximo dentro de dezoito meses. Por ser *legitimum*, seus efeitos eram equiparados àqueles produzidos por uma *legis actio*, ou seja, efeitos civis. *Iudicium imperium continem*, por outro lado, era o processo fundado no *imperium* do magistrado e da competência do tribunal dos *recuperatores* ou de um *iudex*, mas integrado por um peregrino (o próprio juiz ou uma das partes), ou, ainda que todos fossem romanos, desde que além do *pomerium*. Era assim denominado porque sua existência se subordinava ao tempo de duração (geralmente um ano) do mandato do magistrado, isto é, durante o tempo que perdurava o seu respectivo *imperium*. Nessa derradeira hipótese, os efeitos do julgamento emergiam do direito honorário. Assim, por exemplo, na esfera dos *iudicia imperio continens*, não havia incidência da regra *ne bis in idem* como óbice ao ajuizamento da mesma ação. Foi por esse motivo que se fez necessária a criação, pelo pretor, de uma *exceptio* que tivesse a finalidade de paralisar a segunda atuação do demandante (*exceptio rei in iudicium deductae vel rei iudicatae*)".[379]

---

[378] NASCIMENTO, Walter Vieira do. *Lições de História do Direito*. 9ª edição. Rio de Janeiro. Forense. 1997, p. 119-120.

[379] TUCCI, José Rogério Cruz e, Luiz Carlos de Azevedo. *Lições de História...*, p. 78-79.

O procedimento *in iure* mostrava quatro momentos bem nítidos: a) o ajuizamento da ação, compreendido pela *editio formula* e a *in ius vocatio*; b) a atuação processual do demandante e do demandado; c) a nomeação do juiz e redação da fórmula; e d) a *litiscontestatio*.

Destacam-se desse procedimento a comunicação prévia (*intentio*) que o autor fazia ao réu acerca da pretensão submetida ao juiz, sob pena de denegação da ação, que após exame de viabilidade, realizava-se a citação do réu. O pretor passa a exercer um maior controle sobre a citação, bem como ficava limitada a certas autoridades ou situações. Permitia-se, agora, a representação em juízo por meio de mandatários (*cognotires* ou *procuradores*), o que resultou num repensar da *legitimatio ad causam*. Admitiu-se também o litisconsórcio (*lis plurium personarum*). O exercício da defesa passa a ser mais amplo. Encerrada a etapa da postulação, prosseguia-se com a nomeação do juiz e a redação da fórmula.[380]

Nesse particular, debate-se acerca da natureza jurídica da fórmula, sendo que uns pensam ser uma relação estritamente privada, cuja redação ficava a cargo do autor, tendo o réu a faculdade de inserir algumas cláusulas; outros acreditam que a fórmula possui um caráter híbrido (público e privado), uma vez que possibilitava o magistrado participar da elaboração da fórmula, ao lado das partes, o que realçava um caráter triangular. Consoante Tucci e Azevedo, a tese da natureza mista, além de dominante, "baseia-se, de um lado, no fato de que a *nominatio iudex* (*Titius iudex esto*), no início da fórmula, consistia num ato formal e imperativo (*iussum iudicando*), como, ademais, os próprios termos empregados em sua redação evidenciavam o seu caráter público e jurisdicional. As importantes investigações feitas sobre o texto epigráfico da *lex Rubria de Gallia Cisalpina* (descoberta em 1760, nas ruínas de Veleia, próxima a Piacenza) demonstram, inclusive, que a fórmula era entregue às partes mediante um *decretum* do magistrado. De outro lado, realçando o aspecto privado da fórmula, além da necessária participação dos litigantes na redação desta, predominava, quanto ao seu conteúdo, o que hoje se denomina de princípio dispositivo, podendo os contendores valerem-se dos argumentos que bem entendessem".[381]

---

[380] TUCCI, José Rogério Cruz e, Luiz Carlos de Azevedo. *Lições de História...*, p. 80-87.

[381] TUCCI, José Rogério Cruz e, Luiz Carlos de Azevedo. *Lições de História...*, p. 87.

Compunha a fórmula: a) *nominato iudex*, que especificava o juiz ou os juízes escolhidos; b) *intentatio*, em que se consignava a pretensão do autor; c) *demonstratio*, em que se delineava o fato constitutivo do suposto direito do autor; d) *adiudicatio*, que permitia ao juiz adjudicar a coisa em favor de um dos litigantes, típico nas ações de partilha entre herdeiros, de divisão de coisa comum e de demarcação; e e) *condemnatio*, em que se confere ao juiz o poder de absolver ou condenar o réu, segundo considerações acerca da prova produzida. Além disso, podia-se estabelecer na fórmula as *prescriptiones*, que eram as indicações ou cláusulas inscritas no começo, que logo após surgia a *nominatio judicis*, para restringir ou afastar os efeitos da *litiscontestatio*, seja em benefício do autor, seja em benefício do réu, e as *exceptiones*, que funcionavam como verdadeira defesa do réu, pois em seu conteúdo pregavam uma ordem de não condená-lo caso sua matéria fosse fundada.[382]

Com a fórmula e a *litiscontestatio*, estabelecia-se a regra *bis de eadem re ne sit actio*, proibindo que o autor voltasse a litigar em uma outra ação, contra o mesmo réu, pela mesma questão (causa de pedir e pedido) submetida à fórmula.

No entanto, permitia-se que a fórmula pudesse ser modificada, mediante a *restitutio in integrum*. Essa possibilidade decorria de um exame do litígio no curso da demanda e poderia "ocorrer uma circunstância que tornasse necessária a modificação do *iudex* ou das partes. A morte, a doença, a perda da capacidade (*capitis diminutio*) do julgador e dos litigantes eram motivos determinantes da *translatio iudicii*. Até mesmo o *iudex* que admitia não ter logrado formar a *ratio decidendi* (*sibi non liquere*) deveria ser substituído por outro. Não obstante mantendo-se inalterado o objeto da fórmula, cabia ao pretor, em tais situações, providenciar a *translatio* do *iudicium*, para que o processo pudesse prosseguir em seu curso normal".[383]

Celebradas a fórmula e a *litiscontestatio*, seguia-se ao procedimento *in iure*, destinado, principalmente, à instrução e sentença.

Relativo à instrução, já se aplicava o princípio ora denominado *iura novit curia*, razão pela qual não se obrigava às partes provar a existência e eficá-

---

382 PAULA, Jônatas Luiz Moreira de. *Teoria Geral do Processo* ..., p. 42.

383 TUCCI, José Rogério Cruz e, Luiz Carlos de Azevedo. *Lições de História*..., p. 108.

cia de determinada norma jurídica, devendo as partes, por isso, restringir-se à prova das questões de fato: os fatos narrados na *intentio* (autor) e os fatos narrados na *expectio* (réu). Os meios de prova eram os seguintes: sentenças precedentemente prolatadas (*praeiudicia*), opinião pública (*fama ataque rumores*), tortura (*tormenta*), documentos (*tabulae*), juramento (*ius iurandum*), testemunhas (*testes*) e a confissão (*confessio*), que poderia ser judicial ou extrajudicial.[384]

No processo formulário, o julgador tinha o poder da livre convicção, daí que não ficava adstrito ao resultado da prova. Mas a sentença não poderia fugir aos limites da fórmula: cingia-se a declarar a procedência ou a improcedência da *intentio*, que podia ser a *condemnatio* ou *absolutio*. Com a sentença, que podia ser imotivada, surgia uma relação jurídica, que gerava efeitos, dentre eles, a *obligatio iudicati* e a *exceptio rei iudicatae*. Por fim, a sentença poderia ser invalidada por meio da *revocatio in duplum*, já que, se improcedente, o sucumbente era condenado em dobro na quantia devida; e também por meio da *restitutio in integrum*, cabível nos casos em que a sentença era proferida sob ameaça ou medo.[385]

O período do processo da *extraordinaria cognitio* é marcado por uma verdadeira ruptura com o sistema do *ordo iudiciorum privatorum*. Pois, explicam Tuca e Azevedo, "com a gradativa oficialização das instituições processuais, em conseqüência da consolidação da *cognitio extraordinaria*, o magistrado, agora também juiz, passa a ser o titular do poder-dever de examinar as provas (*cognoscere*) e proferir a sentença, a qual, pela primeira vez na história do processo civil romano, não tinha mais caráter arbitral, mas, sim, consubstanciava-se numa atuação em que era exprimida a vontade do soberano: *ex autoritate principis*. Mesmo ainda persistindo a possibilidade de o magistrado, num determinado caso, atribuir funções jurisdicionais a um juiz delegado (*iudex datus* ou *pedaneus*), a investidura deste deixava de ser subordinada à vontade das partes, posto que decorria exclusivamente de ato da autoridade judicial".[386]

O período da *cognitio extraordinaria* representa uma verdadeira estatização do processo civil romano. São as principais características: a) o processo

---

384 TUCCI, José Rogério Cruz e, Luiz Carlos de Azevedo. *Lições de História...*, p. 124-125.

385 TUCCI, José Rogério Cruz e, Luiz Carlos de Azevedo. *Lições de História...*, p. 126-129.

386 TUCCI, José Rogério Cruz e, Luiz Carlos de Azevedo. *Lições de História...*, p. 140.

todo se desenvolve perante o juiz, resultando numa amplitude de atividades, até então restritas nas fases anteriores por ser o processo civil, na sua ausência, uma relação privada; b) desapareceram as etapas *in iure* e *in iudex* e do *ordo iudiciorum privatorum*; c) a oralidade dá lugar ao sistema escrito; d) o processo passa a correr em sigilo, não havendo mais publicidade de outrora; e) a citação se realiza por funcionário estatal. Nesse ponto, percebe-se a evolução do processo civil romano: a citação, que desde o período das *legis actiones* era ônus do autor, inclusive ficando a seu dispor a possibilidade de agarrar e levar o réu à presença do magistrado (*legis actio per manus iniectionem*), passa ser ato oficial, respondendo o réu pelos ônus de seu não comparecimento – eventual sanção aplicada pelo magistrado; f) o processo se desenvolvia, mesmo havendo revelia do réu. Após a terceira citação, se o réu não comparecesse, o magistrado dava início à *cognitio*, após a emissão do *edictum peremptorium*; g) a *litiscontestatio* passa a significar apenas o encerramento da fase postulatória (dedução da pretensão do autor e da defesa do réu). Também servia a *litiscontestatio* para interromper a prescrição e tornar hereditária uma *actio* acerca de direito intransmissível; h) da sentença do magistrado cabia súplica ao Imperador, na qualidade de superior hierárquico dos funcionários da justiça, originando-se, daí, os recursos; e i) a sentença passa a ter força coativa, podendo ser executada contra o vencido, possibilitando a penhora de seus bens, que deveriam recair sobre determinados bens do devedor (*pignus in causa judicatum*), conforme a ordem de preferência que a lei estabelecia e suficiente para cobrir o crédito reclamado.[387]

Marcam o procedimento desse novo período do processo romano: a citação passa a ser exercida pela autoridade pública; a admissão da revelia; após a citação o processo se desenvolvia perante o magistrado, com o demandante expondo sua pretensão (*petitio* ou *persecutio*), cuja causa de pedir deveria estar fundada em fatos (*quoad factum*); dispensa do autor em nominar a ação, face a aplicação do *iura novit curia*; elevação da aplicação do princípio do dispositivo, em que os limites objetivos da demanda eram estabelecidos na petição inicial; a *exceptio* identificava-se com a própria defesa e a *praescriptio* como preliminar na contestação; a *litiscontestatio* serve apenas para designar o

---

[387] PAULA, Jônatas Luiz Moreira de. *Teoria Geral do Processo* ..., p. 43-45.

momento em que é fixado o *thema decidendum*, produzindo-se somente os efeitos de interrupção da prescrição e de tornar hereditária uma *actio* acerca de direito intransmissível; os meios de prova admissíveis eram o depoimento das partes, testemunhas, documento público e particular, perícia e inspeção; a sentença importava um verdadeiro comando imperativo e vinculante emanado de um órgão estatal, e exigia-se que fosse escrita e lida publicamente na presença dos litigantes; a sentença deveria ser fundamentada; possibilitava-se o recurso (*appellatio*); a sentença não impugnada no prazo legal adquiria força de coisa julgada, sendo suscetível de execução; ampliação das hipóteses de invalidação da sentença; e os efeitos da coisa julgada em regra vinculavam somente as partes, não alcançando terceiros (*res inter alios iudicata aliis non praeiudicat*).[388]

A estrutura procedimental padrão nesse período é assim apresentada por Walter Vieira do Nascimento: a) *litis denunciatio*, marcada pela exposição sumária da ação proposta, apresentada ao demandado quando da sua citação para comparecer ao juízo; b) *libellus conventionis*, representada pela exposição contendo fatos e razões da demanda, apresentada ao magistrado pelo demandante; c) *libellus contradictionis*, composta pela exposição com que o demandado contraditava o libelo do demandante; e d) *sententia*, que era a decisão de condenação ou absolvição, proferida pelo magistrado em nome do Estado.[389]

Por fim, marcava esse período a idéia de que o procedimento estabelecia a prática de atos processuais que se encadeavam entre si, de maneira que cada ato anterior fosse o pressuposto de ato posterior.[390]

A preservação do procedimento ordinário na Idade Média. O sistema processual da Idade Média é marcado com a forte influência da Igreja Católica que, ao recepcionar e conciliar o processo romano, acabou por instituir um "processo comum", aplicável subsidiariamente aos sistemas processuais dos demais países. Fator que favoreceu a construção do processo comum foram as universidades, tendo sido a criação da Universidade de Bolonha em 1088, um dos marcos dessa época.[391]

---

388 TUCCI, José Rogério Cruz e, Luiz Carlos de Azevedo. *Lições de História...*, p. 143-148.
389 NASCIMENTO, Walter Vieira do. *Lições de História...*, p. 120.
390 NASCIMENTO, Walter Vieira do. *Lições de História...*, p. 120.
391 PAULA, Jônatas Luiz Moreira de. *Teoria Geral do Processo ...*, p. 51.

O renascimento do direito romano, associado ao direito canônico passou a ser concebido como *direito comum*. Para melhor compreensão, vale a lição de Mário Reis Marques: "O conceito de direito comum pressupõe uma realidade complexa. Nas fontes romanas não surgem definições, mas apenas 'contraposições conceituais' (Calasso). O direito comum pressupõe a existência de um outro, ou de vários outros direitos com o qual ou com os quais estabeleça determinadas relações. E, de facto, na Europa Cristã, a par do direito romano existem ainda o canônico e o direito das diversas entidades superiores (territórios, cidades, etc.). Se os primeiros glosadores ignoraram os *iura propria*, os civilistas posteriores tiveram que enfrentar realidade, reconhecendo progressivamente o costume, depois os estatutos, e, finalmente, leis. É nesta fase, quando os direitos particulares são reconhecidos como verdadeiros direitos (*iura propria*), que a identificação do direito romano com o *ius commune* ganha todo o sentido. De facto, a idéia de um direito comum reclama uma complexa tensão entre uma unidade superior e a multiplicidade das partes constituintes do sistema jurídico. Daí a debatida questão da validade do *ius proprium* perante o direito comum. Essa unidade superior é o direito romano, o direito secular da *respublica christiana*. Os *iura propria* representam normativamente as partes em que se decompõe a unidade. É altura de acentuar que além do direito comum civil, existe um direito comum canônico. Neste direito existe igualmente a contraposição entre o direito dos papas (*ius commune*) e o direito das Igrejas particulares (*iura propria*). No século XV a expressão *ius commune* recobre os dois direitos e traduz '*il connubio indissolubile e tipico delle due leggi universali, canonica e civile*'. Uma vez que a coexistência de dois direitos comuns no mesmo ordenamento é conceptualmente inadmissível, estes dois direitos surgem reciprocamente vinculados numa específica relação que os impõe como um sistema único (*unum ius*). O conceito de *ius commune* mudou mesmo na substância a ponto de integrar a própria literatura e jurisprudência atinente a ambos os corpos jurídicos. Em suma, o conceito de *ius commune* é um conceito equívoco e pode assumir conteúdos diversos. O direito comum, *stricto sensu*, designa o direito romano; este é o seu núcleo fundamental. *Lato senso*, refere-se ao *utrumque ius*, a um sistema único de normas universais constituído pelo direito romano e pelo direito canônico. *Sensu latissimo*, compreende, para além destes direitos, também a literatura jurídica e a jurisprudência que se foram acumulando à sua volta, assim como o direito feudal recebido no *Corpo Iuris* (*Libri feudorum*).

Fora deste contexto, recorre-se à expressão 'direito comum' para designar o direito geral do reino em contraposição ao direito local. Divisa-se no 'direito comum' uma perda progressiva de protagonismo. Numa primeira fase (séculos XII e XIII), o direito comum sobrepõe-se a todas as outras fontes concorrentes. É este o período do 'direito comum absoluto'. Os séculos XIV e XV conhecem a afirmação dos *iura propria*. Neste contexto, o direito comum, num claro recuo, assume o papel de ordenamento supletivo. É o 'período do direito comum subsidiário'. Por fim, numa terceira fase, que vai do século XVI ao século XVIII, o *ius commune* deixa de ser o 'ordenamento objectivo do Império universal'. Submergindo perante a lógica jurídica do Estado soberano e absoluto, subsiste como reserva estratégica do direito central. É o 'período do direito comum particular'".[392]

Explica Marco Tullio Zanzucchi que o processo comum origina-se a partir da queda do Império Romano Ocidental, com as invasões bárbaras. Mesmo estando derrocado o Império Romano, o processo romano manteve sua influência em diversas regiões da Itália e acabou por tocar e mesclar o processo germânico. As relações de comércio entre povos que estavam submetidos a esses dois sistemas processuais permitiram maior interação.[393]

E o mestre italiano alinha as características do processo comum medieval: a) sua subsidiariedade, sendo aplicado onde não havia disposto contrário; b) a concepção da contumácia como sanção aplicada à parte; c) a divisão do processo em duas partes: a primeira, em que se aguarda a iniciativa da parte interessada – ação e contestação –, e a segunda, que corre por impulso judicial; d) adoção do sistema legal de provas, o que representava a valoração da prova conforme sua gradação legal; e) aplicação em juízo do juramento como meio de prova; f) ampliação do conceito de sentença, dividido em *sentença interlocutória* e em *sentença definitiva*; g) concepção de coisa julgada como uma presunção de veracidade (*res iudicata facit de albo nigrum, originem creat, aequat quadrata rotundis, naturalia sanguinis vincula et falsum in verum mutat*); h) admissibilidade da intervenção principal; i) admissibilidade da apelação do terceiro prejudicado; j) a idéia do processo como direito de resolver a controvér-

[392] MARQUES, Mário Reis. *História do Direito Português Medieval e Moderno*. Figueira da Foz. ReproSet. 1997, p. 12-14.

[393] ZANZUCCHI, Marco Tullio. *Diritto Processuale Civile*. Tomo I..., p. 93-95.

sia de interesse privado, e não apenas para explicar a função judiciária; k) o processo era complexo, longo e dispendioso; e l) essencialmente escrito.[394]

A Igreja Católica, como exposto acima, também exerceu forte influência no processo comum. A estrutura processual do processo canônico que muito contribuiu para a concepção do processo comum apresentava as seguintes características: a) a formação da *litiscontestatio* após a oposição das exceções dilatórias ou declinatórias, com o estabelecimento da relação jurídico-processual e a vedação de qualquer modificação posterior da demanda; b) a produção de provas adstritas aos sistemas legais; c) possibilidade de recurso contra a sentença atacando direito material (*apellatio*) ou alegando nulidades (*querella nullitatis insanablis*); e d) a execução fazia-se *proeceptum de solvendo*, emanada do juiz e efetivada por funcionários judiciais, sobre os bens do condenado.[395]

Relativo ao procedimento ordinário, que já se mostrava moroso desde aquela época, o processo canônico adotou no século XIII os *procedimentos sumários determinados*, ou executivos, para litígios em que a liquidez do direito pleiteado dispensasse uma prévia discussão contraditória, do embargo preventivo dos bens do devedor, e do processo denominado *sumário indeterminado*, instituído pelo decreto do Papa Clemente V, em 1306 – *Clementina Saepe* – para os litígios de menor importância.[396]

Explica Carlos Silveira Noronha que, "utilizando-se da forma concentrada e outorgando amplos poderes de iniciativa do juiz, embora sem limitar a produção de provas e a ampla defesa, o processo sumário naquele passo instituído despojou-se do formalismo reinante no processo ordinário e deste passou a se distinguir. Ao lado de outros institutos de fonte canônica, presentes na ordem processual laica na atualidade, tais como a jurisdição, a conciliação, a citação, a assistência judiciária gratuita e a *querella nullitatis*, contribuiu também o processo da Igreja Católica do Ocidente, com a instituição do *processo sumário*, em benefício de quase todas as ordenações processuais filiadas ao sistema romano-canônico".[397]

---

[394] ZANZUCCHI, Marco Tullio. *Diritto Processuale Civile*. Tomo I..., p. 95-96.

[395] PAULA, Jônatas Luiz Moreira de. *Teoria Geral do Processo* ..., p. 51.

[396] PAULA, Jônatas Luiz Moreira de. *Teoria Geral do Processo* ..., p. 52.

[397] NORONHA, Carlos Silveira. *Apontamentos históricos da tutela diferenciada*. Processo Civil – 20 anos de vigência. Coordenado por José Rogério Cruz e Tucci. São Paulo. Saraiva. 1995, p. 62-63.

O procedimento ordinário revisto na Idade Moderna. Como mostra Ovídio A. Baptista da Silva, com as idéias surgidas do racionalismo sobre o direito processual, verificam-se algumas inovações no procedimento ordinário. Uma, seria o reforço da universalização do procedimento da *actio*, visando a *condemnatio*, uma vez que estava sepultada a tutela interdital. Outra, o predomínio do valor *segurança*, em detrimento do valor *justiça*, enquanto polaridades antagônicas.[398]

Daí que o ordenamento jurídico da época servir a três objetivos: garantir a justiça, promover o bem comum e criar a segurança do Direito. Nesse particular, havia uma clara distinção do sistema jurídico inglês, que procurava conservar a segurança do direito, do sistema jurídico da Europa continental, que identificava o direito como lei, ao satisfazer a segurança da lei do Estado, sem qualquer preocupação por sua eventual injustiça material.[399]

Como aspecto da segurança do direito, conceberam-se como pontos essenciais o mito da neutralidade do juiz e a ordinariedade como instrumento necessário dessa imparcialidade. Pois, leciona Carlos Alberto Álvaro de Oliveira, "um processo dominado pelas partes era considerado como a melhor garantia contra os abusos do ofício jurisdicional. A grande desconfiança em relação ao judiciário conduziu, assim, à criação de normas processuais muito mais rígidas do que as conhecidas nos tempos atuais. Empregava-se, por fim, o argumento de corte lógico, no sentido de que deve corresponder à natureza privada do litígio a correlata faculdade dispositiva das partes sobre os limites da pretensão exercida no processo e das alegações conducentes a sua realização".[400]

Explica Ovídio A. Baptista da Silva que "há uma importante relação entre a *ordinariedade* e a supressão das *ações executivas*, transformadas, por força do procedimento ordinário, em *condenatórias*, (...) O princípio que prescreve a neutralidade do juiz, no curso da demanda, é o mesmo que impede a existência simultânea de *conhecimento e execução*, pois o eventual conteúdo executório, numa ação que, pela doutrina, haveria de ser exclusivamente de conhecimento, permitiria a concessão de tutela executiva antecipada, sob forma de liminar, como ainda hoje se dá com nossas ações possessórias de tipo interdital. E isto seria atribuir ao juiz uma faculdade incompatível com a exi-

---

398 SILVA, Ovídio A. Baptista da. *Jurisdição e Execução...*, p. 104.

399 SILVA, Ovídio A. Baptista da. *Jurisdição e Execução...*, p. 105.

400 OLIVEIRA, Carlos Alberto Álvaro de. *Do formalismo...*, p. 25.

gência de sua neutralidade. Seria conceder-lhe poder para ordenar, antes de estar em condições de aplicar a lei. Em última análise, seria outorgar-lhe uma dose de discricionariedade inconciliável com a função que o Estado lhe reserva. A concessão de uma medida executiva liminar, numa demanda que somente haveria de conter *conhecimento*, e que depois, no momento da sentença final, resultasse revogada, pelo julgamento da improcedência da ação, corresponderia, para a exigência da *neutralidade do juiz*, ao exercício de um poder arbitrário, a proteção, ainda que provisória, de alguém a quem a ordem jurídica estatal não atribuíra o direito de que o juiz fizera derivar conseqüências ao conceder a medida liminar".[401]

Mais adiante, esclarece o mestre gaúcho que as premissas ideológicas do Estado – "artificialmente criado pelo Homem, para preservá-lo da insegurança do 'estado da natureza'; a lei como exclusiva medida da justiça; a demonstrabilidade dos problemas morais e jurídicos, análoga à demonstrabilidade das equações geométricas –, foram decisivas para a preservação do conceito e limites da função jurisdicional, no estado moderno. Com efeito, o abandono das concepções clássicas, de vertente aristotélica, o menosprezo pela dialética, como ciência do convencimento e da retórica, em favor dos juízos lógicos com pretensão a verdades científicas absolutas, foram os pilares que sustentam o chamado Processo de Conhecimento, cuja natural conseqüência são os juízos pretensamente definitivos de certeza e o conseqüente repúdio aos juízos de verossimilhança. Ora, como sabemos, o processo interdital romano, em oposição ao procedimento da *actio*, fundava-se essencialmente em juízos de verossimilhança".[402]

Insta realçar que o processo de conhecimento, face a ordinariedade do procedimento, que presumia um amplo debate judicial, fornecia um *juízo de certeza* do direito, o que possibilitava manter a ideologia da "separação de poderes". Por isso, "se a justiça é um valor a respeito do qual o julgador nada poderá fazer e sequer avaliar o que o soberano julgará, através de suas palavras, então, se o magistrado pretendesse conceder alguma espécie de tutela, sob forma de um provimento liminar, fundado em juízo de verossimilhança – como necessariamente terá de sê-lo qualquer medida liminar – tal provimento não

---

[401] SILVA, Ovídio A. Baptista da. *Jurisdição e Execução...*, p. 105-106.

[402] SILVA, Ovídio A. Baptista da. *Jurisdição e Execução...*, p. 114.

conteria decisão, porquanto não estaria ainda de *declarar o direito*, conseqüentemente a traduzir a justiça contida na lei. Além disso, a faculdade para conceder determinada tutela fundada em juízo de mera plausibilidade da existência do direito tutelado seria outorgar ao juiz o poder de conceder proteção – ainda que sob a forma de tutela provisória – a alguém a quem a lei não atribuíra direito algum, caso a sentença definitiva assim o proclamasse. E, neste caso, naturalmente já não seria o soberano a servir-se do juiz para proclamar a justiça da lei, mas o julgador transformado em legislador. Sendo assim, a justificação filosófica, mais política do que filosófica, para a *ordinariedade* fica demonstrada. Somente ao encerrar-se a demanda poderá ter lugar o julgamento. Logo todo procedimento deverá ordinarizar-se, para que o juiz seja somente oráculo do soberano. O *Processo de Conhecimento* – declaratório e ordinário por definição – exige *sentença condenatória*, como indispensável elemento de conexão entre essa porção da atividade jurisdicional *que se encerra com o julgamento*; e as formas de tutela executória, eliminadas do Processo de Conhecimento. Quando o art. 162 do nosso Código de Processo Civil estabeleceu, por definição legal, que a sentença haverá de ser, necessariamente, ato que encerra o processo, estava a proclamar duas coisas: I) o *Processo de Conhecimento* será sempre ordinário; II) não contendo ele qualquer vestígio de executividade, fica subentendido que a passagem dele para o *Processo de Execução* terá de dar-se através da sentença condenatória".[403]

Mas, é de se notar que, no processo romano-canônico, a influência da Igreja e de seus dogmas acarretou uma drástica redução da liberdade da convicção judicial, que agora se submetia à valoração gradativa das provas, bem como a minimização do papel do juiz na direção do processo.[404]

A influência do procedimento ordinário no direito luso. A Península Ibérica, que esteve sob domínio romano e posteriormente germânico, também recebeu a influência do direito comum.

O direito canônico encarregou-se ainda mais de impor no Estado Português a concepção do processo comum, quando atuava como fonte subsidiária.[405]

---

[403] SILVA, Ovídio A. Baptista da. *Jurisdição e Execução...*, p. 119-120.

[404] OLIVEIRA, Carlos Alberto Álvaro de. *Do formalismo...*, p. 26.

[405] COSTA, Mário Júlio de Almeida. *História do Direito Português.* 3ª edição. Coimbra. Almedina. 1996, p. 253.

Relata o professor Mário Júlio de Almeida Costa que entre o século XIII até as Ordenações Afonsinas recorria-se em larga escala ao direito romano e ao direito canônico, o que era natural, "em face do impacto da difusão romanística e canonista. Uma prova da grande importância subsidiária que possuíam tais direitos logo resulta do facto de existirem versões portuguesas de obras com esse conteúdo. Na generalidade, os juízes, sobretudo a nível das comarcas, apresentavam-se manifestamente impreparados para um acesso directo às fontes romano-canônicas. Daí que, numa primeira fase, se hajam utilizado textos de segunda mão, quer dizer, influenciados por essas fontes ou que ofereciam mesmo sínteses dos seus preceitos".[406]

O direito comum, conseqüentemente remete à idéia do processo comum, se fez presente nas Ordenações Afonsinas, Manuelinas e Filipinas, o que explica a manutenção de uma estrutura básica de procedimento do processo de conhecimento.

Nas Ordenações Afonsinas, o processo de conhecimento era dividido em ordinário e sumário. Leciona Carlos Silveira Noronha que "o processo sumário era a novidade, pois não obedecia à formalística tradicional do processo ordinário, embora se realizasse pela forma da escritura. O seu curso era mais rápido, isento de solenidades e alheio às exceções dilatórias que alongavam em demasia o procedimento. Adotado à semelhança da forma canônica criada pela *Clementina Saepe contigit* de 1306 ou 1314, o processo sumário estava ordenado em razão do valor e em razão da matéria, vedando-se as exceções dilatórias e restringindo-se a dilação processual a apenas uma exceção peremptória. *Ratione valoris*, abrangia todas as causas de valor inferior a 5.000 libras; *ratione materiae*, destinava-se a processar causas determinadas na Ordenação, independentemente do seu importe econômico, como ocorria, v.g., com as ações possessórias, quando o litígio versasse sobre posse inferior a ano e dia (Ord. Afonsinas, III, 3)".[407]

Nas Ordenações Manuelinas, a divisão em processo ordinário e sumário se mantinha. Prossegue Carlos Silveira Noronha que o processo ordinário "continuava estreitamente ligado ao sistema do direito comum, com exagerado formalismo, entremeado de atos e exceções dilatórias, prazos sem rigor de

---

[406] COSTA, Mário Júlio de Almeida. *História...*, p. 263-264.

[407] NORONHA, Carlos Silveira. *Apontamentos históricos...*, p. 63.

controle, tarifamento de provas, dominado pelo princípio dispositivo em que o juiz se postava na condição de mero espectador das ocorrências do procedimento. Seguia ainda os ditames formalistas do século XIII e especialmente a doutrina das *'Flores de las Leyes'* do mestre Jácome Ruiz e a dos praxistas italianos. O processo *sumário*, no Código Manuelino, ordenava-se em razão da matéria, não havendo pertinência quanto ao valor, ao contrário do que dispunha a Ordenação precedente. Conquanto se subordinasse ao princípio da escritura, o processo sumário era mais célere, pois obedecia à simplificação de formalidades, redução de prazos, formulação de todas as exceções dilatórias em uma única oportunidade e maior concentração de atos no momento da audiência (Ord. Manuelinas, III, 19)".[408]

Por fim, nas Ordenações Filipinas havia quatro espécies de procedimentos: ordinário, sumário, sumaríssimo ou verbal e especial. Leciona Noronha que "o *procedimento sumário* era limitado por alçada ou valor, porque admitido para as causas cujo valor não ultrapassasse um mil réis. O autor não estava adstrito à apresentação de petição escrita, podendo fazê-lo oralmente 'dizer em Juízo per palavra', competindo ao tabelião ou ao escrivão escrevê-la nos autos. O juiz tomava conhecimento da petição inicial sem dar vista à parte contrária, devendo ambos os contendores comparecer perante o magistrado e debater oralmente a causa. Não havendo acerto na discussão oral, o juiz deveria mandar escrever tudo, procedendo-se sumariamente 'sem estrépito nem figura de juízo', mediante adoção da 'verdade sabida', que equivale à verdade formal (Ord. Filipinas, III, 30, 1, 2, e 3). O procedimento especial, que também oferecia um tipo de tutela diferenciada, revestia-se de uma forma derivada da *ação decendiária*, empregado nas causas fundadas em escritura pública, que 'devem ser brevemente acabadas', assinando o juiz ao réu um prazo de dez dias para que pagasse ao autor a quantia devida. Se o réu não cumprisse a ordem judicial no prazo que lhe havia sido assinado, o juiz prolatava sentença condenando-o a pagar ao autor tudo o que a este devesse (Ord. Filipinas, III, 25). Por fim, oferecia a codificação filipina significativo modelo de tutela diferenciada e sumarizada, através do *procedimento sumaríssimo ou verbal*. Este era empregado nas causas sobre bens móveis, cujo valor não ultrapassasse quatrocentos réis. As partes eram ouvidas verbalmente pelo juiz, que

---

[408] NORONHA, Carlos Silveira. *Apontamentos históricos...*, p. 64.

recebia ou não as provas, sem autuação de qualquer das peças ou documentos. O tabelião fazia no protocolo apenas um assento simples de como o juiz condenara ou absolvera o réu, não havendo recurso de qualquer espécie. Sobre que constava no dito assento, determinava o magistrado se executasse a sentença, mediante alvará expedido pelo tabelião (Ord. Filipinas, I, 65, 7)".[409]

Como tais ordenações se fizeram presentes desde a descoberta do Brasil, sobretudo as Ordenações Filipinas que tiveram vigência durante boa parte do período colonial e durante o período do Império, a concepção do procedimento ordinário difundiu-se na estrutura processual e judiciária brasileira.

Explica Carlos Alberto Álvaro de Oliveira que, no aspecto processual das Ordenações, "o processo era rigorosamente dividido em fases rígidas e separadas e guiado pelo princípio dispositivo no sentido formal e material: às partes cabia não só a iniciativa da demanda como o seu movimento e a formação do material destinado à convicção do juiz. Autor e réu eram senhores absolutos da lide, *domini litis*. As interlocutórias, sujeitas a recurso, podiam alcançar efeito de *res judicata*. Os prazos eram longos e prorrogáveis. Até a contestação, podia o autor aditar o libelo tantas vezes quisesse e de cada uma delas teria o réu novo prazo 'para haver seu conselho e responder' (*Ord. Fil.*, liv. III, tít. 20, § 7), sendo sempre necessária a citação da parte, para informar o procurador, se ela não residisse no lugar. Outrossim, não se reflete no processo das Ordenações a renovação jurídica ocorrida em França por obra da monarquia e da revolução, que triunfou e invadiu a Europa por meio da codificação napoleônica, provocando nas instituições processuais a destruição dos últimos vestígios medievais. O mesmo ocorre com a chamada Lei da Boa Razão, de 18 de agosto de 1769, influência da cultura do iluminismo, que, embora mantendo a vontade do monarca, pretende substituir o *utrumque ius* pela razão. Também esta nenhuma conseqüência de monta implicou em relação ao processo".[410]

Deve-se lembrar também, a grande influência que a doutrina estrangeira tem exercido sobre os juristas brasileiros, seja na época que se estudavam nas universidades européias (especialmente a Universidade de Coimbra), seja pela recepção dos postulados das escolas germânica e italiana.

---

[409] NORONHA, Carlos Silveira. *Apontamentos históricos...*, p. 65.

[410] OLIVEIRA, Carlos Alberto Álvaro de. *Do formalismo...*, p. 32-33.

Capítulo I

DA PETIÇÃO INICIAL

A IMPORTÂNCIA DA PETIÇÃO INICIAL

Segundo Nelson Nery Júnior e Rosa Maria de Andrade, a petição inicial "é a peça inaugural do processo, pela qual o autor provoca a atividade jurisdicional, que é inerte (CPC 2º e 262). É a peça processual mais importante pelo autor, porque é nela que se fixam os limites da lide (CPC 128 e 460), devendo o autor deduzir toda a pretensão, sob pena de preclusão consumativa, isto é, de só poder fazer outro pedido por ação distinta".[411]

Já dizia João Monteiro que a petição inicial "é o requerimento em que o autor, pedindo a citação do réu, se limita a indicar o contrato, transação ou fato de que resulta o seu pretendido direito, o conteúdo do pedido e as cominações que no caso couberem".[412]

---

[411] NERY JÚNIOR, Nelson, e Rosa Maria Andrade Nery. *Código de Processo...*, p. 774.

[412] MONTEIRO, João. *Teoria do Processo Civil.* Tomo I..., p. 313.

Sabido que sobre a jurisdição incide o princípio da inércia – CPC, artigos 2º e 262 –, em que se exige a manifestação da parte interessada para obter o pronunciamento jurisdicional sobre a lide, a petição inicial representa esse momento em que o autor provoca a jurisdição para vir conhecer a demanda, examinar seus fatos, argumentos e pedido, a fim de se pronunciar a respeito. Em contrapartida, o réu poderá expor seus argumentos acerca da lide e deduzir sua pretensão, por ocasião da contestação, exceções processuais e reconvenção. Tal oportunidade também é reservada ao terceiro e ao Ministério Público, nos casos em que deverá atuar.

Mas, no momento focaliza-se apenas a petição inicial, dada a sua importância. Realçando esse aspecto, expõe Humberto Teodoro Júnior que o "veículo de manifestação formal da demanda é a petição inicial, que revela ao juiz a lide e contém o pedido da providência jurisdicional, frente ao réu, que o autor julga necessária para compor litígio".[413]

Daí J. J. Calmon de Passos alertar que a petição inicial é peça básica, "não só é o instrumento para constituição e desenvolvimento do processo, mas, por igual, a delimitadora da extensão em que se efetivará o poder de julgar do magistrado. Porque o juiz não deve decidir nem aquém, nem além, nem fora do que foi posto para sua decisão pelo pedido formulado na petição inicial (...) Já se disse, com propriedade, que a inicial é o projeto da sentença que o autor pretende do juiz. Deve ela, conseqüentemente, ter a coerência lógica e a correção jurídica que se impõem para a decisão acertada do conflito de interesses trazido a juízo pelo autor. A petição inicial não é o momento próprio para sustentações doutrinárias, nem discussão do fato que serve de fundamento à demanda. Nela devem os fatos apenas ser expostos e precisadas as teses jurídicas conseqüentes. A discussão dos fatos e a sustentação das teses são transferidas para o debate oral, no momento adequado para tanto, ou para a sustentação dos recursos que venham a ser interpostos".[414]

---

[413] TEODORO JÚNIOR, Humberto. *Curso de Direito Processual.* Volume I..., p. 355.

[414] PASSOS, J. J. Calmon de. *Comentários ao Código de Processo Civil.* Volume III..., p. 138.

Seção I

DOS REQUISITOS DA PETIÇÃO INICIAL

Art. 282. A petição inicial indicará:

I – o juiz ou tribunal, a que é dirigida;

II – os nomes, prenomes, estado civil, profissão, domicílio e residência do autor e do réu;

III – o fato e os fundamentos jurídicos do pedido;

IV – o pedido, com as suas especificações;

V – o valor da causa;

VI – as provas com que o autor pretende demonstrar a verdade dos fatos alegados;

VII – o requerimento para a citação do réu.

REQUISITOS OU ELEMENTOS DA PETIÇÃO INICIAL?

O artigo 282 trata dos requisitos da petição inicial, isto é, do ajuizamento da ação visto pela dimensão procedimental.

Não se deve confundir elementos da ação com requisitos da petição inicial. Com efeito, elementos da ação referem-se a cada componente essencial da ação. Os elementos da ação são examinados sob a dimensão instrumental do processo, ao passo que o direito de ação e os fins do seu exercício são abordados pela dimensão axio-política do processo. Os três elementos da ação – partes, causa de pedir e pedido – constituem o mínimo essencial para que se tenha uma ação, independentemente de sua procedência ou não.

Diferente são os requisitos da ação, vistos sob a dimensão procedimental, por mostrar efetivamente o acesso à justiça. Os requisitos são averiguados para conferir validade ao exercício da ação. É verdade que entre os requisitos da ação estão diluídos os três elementos da ação. Mas só isso não basta. É preciso atender a outros requisitos, para que o exercício da ação tenha validade e possa conferir ao autor uma expectativa de exame do mérito.

Por isso, fácil compreender que os elementos da ação tratam o exercício da ação, e os requisitos a validade desse exercício. Daí que os elementos atuam no plano da existência e os requisitos atuam no plano da validade, o que pressupõe existir uma ação.

Essa diferença mostra-se de tamanha importância prática, porque, para fins de averiguação de litispendência ou perempção, não se poderá considerar existente uma ação despida de seus elementos, mas poderá considerar existente uma ação despida de alguns requisitos mas que contenha os elementos essenciais. De igual forma, somente será possível identificar se sobre a lide já operou coisa julgada material se os elementos das duas ações forem idênticos.

Sendo assim, conclui-se que o artigo 282 trata dos requisitos da petição inicial, embora os elementos da ação encontram-se diluídos nos incisos II, III e IV.

Portanto, passa-se ao exame dos requisitos da petição inicial.

REQUISITOS DA PETIÇÃO INICIAL

Inciso I: o primeiro requisito trata da indicação da competência do juízo ou do foro, para onde a causa será processada.

Questiona-se quanto à obrigatoriedade desse requisito, como sugerido no *caput* do disposto ("a petição inicial indicará"). Abordam-se os parâmetros.

É sabido que a indicação do órgão judiciário pode ser correta ou às vezes incorreta, quando verificada a incompetência do juízo. Nesse caso, de certa forma, a averiguação da legalidade da competência fica a cargo do juiz ou do tribunal, mas nunca a critério exclusivo e potestativo do autor.

Por outro, permite-se o leitor imaginar que o cidadão apresenta uma petição inicial ao distribuidor, sem a indicação do órgão judiciário. Como este deverá proceder? Pelo CPC, não se poderá distribuir a petição que estiver desacompanhada do instrumento do mandato, salvo exceções arroladas no disposto (art. 254). Em nenhum momento prevê a proibição da distribuição da petição inicial por ausência de um dos requisitos do artigo 282 e nem poderia, seja porque falta o poder jurisdicional do distribuidor para tanto, seja porque a deficiência de alguns requisitos somente pode ser conhecida pelo juiz ou apontada pelo réu. Daí que, ante a ausência da indicação do órgão judiciário na petição, deverá o distribuidor proceder a distribuição. Se a petição for remetida a juiz errôneo, poderá a distribuição ser corrigida ou, após a declaração de incompetência, a petição ser enviada ao juiz competente.

Sendo assim, perceptível que o inciso I não é requisito obrigatório. É verdade que a indicação do órgão judiciário facilita – e muito – o serviço forense. Mas a sua ausência não pode obstar o acesso à justiça, até porque a Justiça foi acessada, resta saber, pela própria Justiça que se acessou, qual órgão será responsável pela condução da demanda e pronunciamento da jurisdição.

Por fim, na indicação do órgão judiciário é irrelevante – e nem poderia ser o contrário – a pessoa física do juiz. Quando se indica o órgão judiciário se indica o cargo onde se exerce a função jurisdicional (p. ex., Juiz da 4ª Vara Cível, Juiz do 1º Ofício Cível, Juiz da 6ª Vara de Família, 5ª Câmara Cível, 2ª Turma etc.) e não o nome do juiz.

Inciso II: a identificação e qualificação das partes. Essa hipótese não só é requisito obrigatório como também é elemento da ação.

É necessário indicar os nomes, prenomes, alcunha (se houver), estado civil, profissão, endereço residencial e/ou do domicílio, inscrição no registro civil de identificação e a inscrição no cadastro de pessoas físicas, ou a inscrição no cadastro de pessoas jurídicas, das partes litigantes. Na ausência de maiores elementos de identificação, consigna-se o que for possível, para permitir a mais exata qualificação.[415]

---

[415] GRECO FILHO, Vicente. *Direito Processual Civil.* 2º Volume..., p. 107.

Aqui compete fazer uma distinção quanto ao jogo de palavras: uma coisa é "réu incerto" e outra é a "incerteza do réu". No primeiro, tem-se a pessoa do réu, distinta das demais pessoas que poderiam compor o pólo passivo da ação. Porém, dado ao fato do autor carecer de maiores informações acerca da sua identificação ou da sua localização, deverá utilizar-se de meios suplementares para poder processar sua ação e desenvolver o processo. Nessa linha, assentou o TARS que, mesmo que "a indicação dos nomes e qualificação do réu constitua requisito indispensável da petição inicial, é possível a admissão e o processamento da reintegratória, omissa a respeito, sendo os réus desconhecidos ou incertos e chamados por edital".[416]

Em sentido próximo, decidiu o TJSP que "válida é a citação por edital no caso de invasão de áreas de terras por favelados, dado o caráter coletivo dos interesses e para assegurar às partes o respeito aos princípios constitucionais do processo".[417]

No segundo, há uma notória dubiedade sobre qual pessoa poderia ser ré na ação. Há a identificação da pessoa, mas não há uma certeza jurídica de que poderá ser demandada. Nesse aspecto, "incerteza do réu" refere-se muito mais sobre questão de legitimidade passiva.

Se houver obstáculo à localização do réu, é comum o juízo expedir ofício à Justiça Eleitoral a fim de informar se tal pessoa encontra-se cadastrada como eleitor junto ao Estado e também seu endereço para fins de citação. Restando negativa a resposta, autoriza-se a citação por edital.

Por fim, havendo litisconsórcio ativo e/ou passivo, deverá a petição inicial especificar todas as pessoas, uma vez que são partes. Nesse aspecto, em especial, as hipóteses dos §§ 1º e 2º, do artigo 10, do CPC, revelam litisconsórcio, o que está a exigir, portanto, a menção dos cônjuges na petição inicial.

Inciso III: o terceiro requisito da petição inicial é a causa de pedir, isto é, os fatos e fundamentos jurídicos que sustentam a pretensão do autor.

Segundo José Carlos Barbosa Moreira, é causa de pedir ou *causa petendi* do fato ou do conjunto de fatos a que o autor atribui a produção do efeito jurídico por ele afirmado.[418]

---

[416] PAULA, Alexandre de. *Código de Processo Civil Anotado*. Volume II ..., p. 1188.

[417] RT 603/61.

[418] MOREIRA, José Carlos Barbosa. *O Novo Processo Civil Brasileiro*. Volume I. Rio de Janeiro. Forense. 1975, p. 30.

Francisco Ramos Méndez, apoiando-se em doutrina clássica espanhola, define causa de pedir como o fundamento histórico ou de fato da ação ou os acontecimentos da vida em que se apóia a pretensão, delimitando-a.[419]

Em razão das várias definições de causa de pedir, parece que a tecnicamente mais ajustada é a de José Rogério Cruz e Tucci, ao entender que *causa petendi* "é locução que indica o fato ou conjunto de fatos que serve para fundamentar a pretensão (processual) do demandante: *ex facto oritur ius* – o fato gera o direito e impõe um juízo".[420]

A concepção da causa de pedir no processo romano, como requisito da ação, não foi badalada no período das *legis actiones*, haja vista que nesse período a pretensão do autor se resumia no seu pronunciamento da exata correspondência da fórmula legal. Ademais, a *litiscontestatio* continha o fundamento da pretensão do autor, e sobre a *litiscontestatio* pronunciava o *arbiter* ou *iudex*.

No entanto, no período formulário a causa de pedir passa a ter maior amplitude. Entendido que a *intentio* era a parte da fórmula que encerrava a postulação, a *causa petendi* se mostrava presente, quando significava o fundamento da demanda. Note-se que a causa de pedir deveria corresponder com o direito do autor, pois, se possibilitasse um pedido maior que o devido, o demandante era derrotado.[421]

No período da *cognitio extraordinaria* houve uma flexibilização do tratamento processual da causa de pedir, uma vez que passou a permitir sua alteração, desde que autorizada pelo juiz.[422]

Hodiernamente, a causa de pedir se mostra como o fundamento, o motivo, o suporte, que autor apresenta na ação, a fim de justificar a sua pretensão. Esse fundamento pode ser de fatos, que possuem descrição legal e que gerem efeitos jurídicos, ou de uma relação jurídica permitida pela lei. Daí o entendimento de Calmon de Passos que a causa de pedir "é a resultante da conjugação desse fato, relevante para o direito, da relação jurídica dela derivada e da conseqüência pretendida no caso concreto".[423]

---

[419] MENDEZ, Francisco Ramos. *Derecho Procesal Civil.* Tomo I..., p. 413.

[420] TUCCI, José Rogério Cruz. *A Causa Petendi no Processo Civil.* São Paulo. Revista dos Tribunais. 1993, p. 18.

[421] TUCCI, José Rogério Cruz e, Luiz Carlos de Azevedo. *Lições de História...*, p. 90.

[422] TUCCI, José Rogério Cruz e, Luiz Carlos de Azevedo. *Lições de História...*, p. 145.

[423] PASSOS, J. J. Calmon de. *Comentários ao Código de Processo Civil.* Volume III..., p. 142.

Por outro lado, anota José Carlos Barbosa Moreira, não integram a causa de pedir: "a) a qualificação jurídica dada pelo autor ao fato em que apóia a pretensão (*v.g.*, a referência a 'erro' ou a 'dolo', na petição inicial, para designar o vício do consentimento invocado como causa da pretendida anulação do ato jurídico); b) a norma jurídica aplicável à espécie".[424]

Breve evolução histórica da causa de pedir. O gérmen da causa de pedir encontra-se no direito romano. Durante o processo romano, a concepção de *causa petendi* ou *causa actionis* era geralmente utilizada para indicar a *res iudicium deductae* e desde àquela época notava-se a possibilidade de haver diversas ações, com as mesmas partes e pedidos, porém com distintos fundamentos.

O termo *causa*, no período das *legis actiones*, servia para indicar a matéria litigiosa (*causa ex quibus agebatur*), isto é, o fato, a razão, o fundamento que legitimava o *agere* da parte. Por isso, causa de pedir significava a justificativa da ação.[425]

No período formulário, a *litiscontestatio* gerava diversos efeitos, com ênfase no princípio *bis de eadem re ne sit actio*. Pois, com a aplicação desse princípio, a ação não mais poderia ser repetida com o mesmo fundamento. Também a *litiscontestatio* criava em favor do demandante o direito de obter do juiz a condenação do réu, se fossem verificadas condições fixadas na fórmula. Com isso, permitia-se a transmissibilidade dos direitos da ação, mesmo que os fatos que originaram a ação fossem intransmissíveis, como a ação delitual. Por fim, a *litiscontestatio* fixava os elementos pessoais ou reais do processo, de tal maneira que não podiam ser modificados *in iudicio*.[426]

Como anota José Rogério Cruz e Tucci, é no período *per formulas* que se tem maior desenvolvimento da teoria da *tria eadem* – identidade das pessoas – e da *eadem questio* – relação jurídica –, que poderia ser oposta pelo réu, por meio da *exceptio rei iudicatae*.[427]

No período extraordinário, a causa de pedir estava contida na *narratio* formulada pelo autor na ação. Tal posição se destaca com *libellus conventionis*, que era um documento redigido e assinado pelo autor, que expunha su-

---

[424] MOREIRA, José Carlos Barbosa. *O Novo Processo Civil Brasileiro*. Volume I..., p. 30.

[425] TUCCI, José Rogério Cruz. *A Causa Petendi...*, p. 25.

[426] CHAMOUN, Ebert. *Instituições...*, p. 119.

[427] TUCCI, José Rogério Cruz. *A Causa Petendi...*, p. 30-33.

mariamente a sua pretensão e o seu fundamento e requeria ao juiz, na *postulatio simplex*, a citação do réu. Este poderia contestar a *narratio*, mediante o *libellus contradictionis*, pelo qual garantia seu comparecimento ao juízo e formulava a *contradictio*.[428]

Na Idade Média houve a manutenção dos postulados romanos, pela concepcão do "direito comum". Diversos foram os estudos a respeito da causa de pedir e em diversos aspectos, dos quais pode-se destacar a *causa petendi* como elemento de identificação das ações pessoais e das ações reais. Sintetizando, Tucci esclarece "que nas ações de natureza pessoal afigurava-se necessária a precisa indicação da *causa* da obrigação: *quia obligatio est iuris vinculum*, enquanto nas que tinham por objeto um direito real, era prescindível deduzir-se a *causa actionis: non est necesse exprimere causam, si actio est realis*".[429]

Regras como a possibilidade de modificação ou correção da causa de pedir, desde que seja antes da citação do réu, começaram a se edificar no direito comum. Explica Tucci, que se o autor não respeitasse o momento oportuno para modificar ou corrigir a causa de pedir e introduzisse após a citação do réu, este poderia requerer a *absolutio ab instantia*, por haver presunção de malícia do autor em modificar os termos da demanda: *actor enim mutare volens suam turpitudinem allegat*.[430]

Os fundamentos das modernas teorias da causa de pedir assentam-se no pilar básico da regra esculpida nos séculos anteriores de que toda ação deve conter toda a lide. Com isso, surge um novo paradigma da causa de pedir: a regra da eventualidade. O *princípio da eventualidade* informa que a petição inicial deve cumular dentro de si todos os fatos e fundamentos que justificam o pleito judicial. De igual forma, a defesa a ser exercida pelo réu deve conter todas as exceções e objeções que mostram a inviabilidade da demanda. Além disso, a regra importava numa rígida sanção: não fazendo isso, a parte nunca mais poderia deduzir os fatos e o fundamento de seu direito no curso da demanda, face a presunção de modificação ou alteração da causa de pedir.

Com isso, deu-se origem ao verdadeiro divisor de águas entre as modernas teorias da causa de pedir. Se o fundamento da ação exigia a exposição de fatos,

---

428 CHAMOUN, Ebert. *Instituições...*, p. 131-132.

429 TUCCI, José Rogério Cruz. *A Causa Petendi...*, p. 45.

430 TUCCI, José Rogério Cruz. *A Causa Petendi...*, p. 49.

a regra da eventualidade tornava-se mais rígida; se o fundamento da ação incidia tão somente numa relação jurídica afirmada pelo autor, a regra tornava-se menos rígida. Para a primeira hipótese, tem-se a *teoria da substanciação*, uma vez que os fatos constitutivos do direito do autor eram o conteúdo da ação; para a segunda hipótese, tem-se a *teoria da individuação*, uma vez que a ação apenas tinha de identificar e distinguir a relação jurídica para apreciação judicial.

Teorias que informam a causa de pedir. O processo civil brasileiro, acompanhando a construção européia, adotou as duas teorias modernas da causa de pedir: a teoria da substanciação e a teoria da individualização.

Pela teoria da substanciação, o exercício da ação deve se fazer à base de uma *causa petendi* que compreenda o *fato* ou o *complexo de fatos* de onde se extraiu a conclusão a que chegou o pedido formulado na petição inicial.[431]

Por essa teoria, interessa à causa de pedir a dedução de todos os fatos narrados pelo autor na ação para que o Poder Judiciário se pronuncie a respeito da ação, processo e mérito. Essa teoria tem imensa intimidade com dois princípios informativos do processo: *daha mihi factum dabo tibi jus* (narra-me os fatos que darei o direito) e *iura novit curia* (o juiz conhece o direito). Tais princípios simplificam a atividade judicial com base na exposição dos fatos para o seu pronunciamento.

Por isso, compreende-se que para a teoria da substanciação, a causa de pedir constitui um verdadeiro fato gerador do direito, inclusive dos chamados direitos absolutos.[432]

Segundo Humberto Teodoro Júnior, "a descrição do *fato gerador* do direito subjetivo passa, então, ao primeiro plano, como requisito que, indispensavelmente, tem de ser identificado desde logo. Não basta, por isso, dizer-se proprietário ou credor, pois será imprescindível descrever todos os fatos de onde adveio a proprietário ou o crédito. Entretanto, não é obrigatória ou imprescindível a menção do texto legal que garanta o pretenso direito subjetivo material que o autor opõe ao réu. Mesmo a invocação errônea da norma legal não impede que o juiz aprecie a pretensão do autor à luz do preceito adequado. O importante é a revelação da lide através da exata exposição do fato

---

[431] TEODORO JÚNIOR, Humberto. *Curso de Direito Processual.* Volume I..., p. 356.

[432] TUCCI, José Rogério Cruz. *A Causa Petendi...*, p. 103.

e da conseqüência jurídica que o autor pretende atingir. Ao juiz incumbe solucionar a pendência, segundo o direito aplicável à espécie: *iura novit curia*".[433]

Como conseqüência, a causa de pedir subdivide-se em *próxima* e *remota*. Consiste a causa de pedir *próxima* nos fundamentos jurídicos e na natureza do direito controvertido. Já a causa de pedir *remota* assenta-se nos fatos ensejadores do direito.[434] Tem-se como exemplo a ação de cobrança de um crédito, cuja causa próxima é o direito ao recebimento do crédito e a causa de pedir remota é a inadimplência do réu.

Outra conseqüência da influência da teoria da substanciação da causa de pedir se dá com a incidência do princípio da eventualidade e da preclusão. Determina o princípio da eventualidade que todas as questões de fato devem ser argüidas no tempo próprio – em regra, para o autor é na ação e para o réu na contestação – sob pena de nunca mais serem suscitadas, por causa da preclusão. O Código de Processo Civil em diversas passagens demonstra a recepção desse princípio (arts. 264, 300, 302, 303 e 474).

A preclusão que surgirá em razão da eventualidade será da espécie *consumativa*, porque a faculdade processual deferida ao autor foi mal aproveitada, foi deficiente, não sendo admitida, em tese, a sua alteração.

A teoria da substanciação, face a regra contida no artigo 282, III, do CPC, levou inúmeros processualistas a sustentarem seu predomínio no direito processual civil, embora com resistência em Botelho de Mesquita, Milton Paulo de Carvalho e Ovídio A. Baptista da Silva.[435]

Por fim, a teoria da substanciação tem aplicação nas causas que versem sobre direitos pessoais, como as ações de estado e ações que versem sobre cumprimento de obrigações.

Pela teoria da individualização, ao contrário da anterior, contempla-se a relação jurídica ou o próprio direito em relação à situação fática como fundamento da ação ou da defesa. Determina que interessa à causa de pedir a demonstração do direito ou da relação jurídica invocada para fins de proteção. Tem restrita aplicação no processo civil, incidindo apenas nas ações reais, exe-

---

433 TEODORO JÚNIOR, Humberto. *Curso de Direito Processual*. Volume I..., p. 356-357.

434 Cf. Waldemar Mariz ..., *Curso de Processo Civil* ..., p. 71; e Sonia Maria Hase de Almeida Baptista, *Direito Processual*..., p. 36.

435 TUCCI, José Rogério Cruz. *A Causa Petendi*..., p. 118-121.

cutivas *stricto sensu*, acidente de trabalho e nas ações cautelares. Defere-se também a aplicação dessa teoria na ação de prestação de contas, em razão das hipóteses de cabimento delineadas nos incisos I e II, do artigo 914, do CPC.

Referente ao processo cautelar (processo civil) destaca-se que, em razão do poder geral de cautela (CPC, art. 798), é possível o juiz dar outra qualificação jurídica ao fato para fins de tutela cautelar, como, por exemplo, ao invés da cautelar de arresto a tutela correta é de seqüestro ou vice-versa. Em princípio, pode o leitor entender que o processo cautelar é informado pela teoria da substanciação, porque os fatos são os mesmos, devendo ser modificada apenas a qualificação jurídica. No entanto, com um exame aprofundado, percebe-se que o juiz não está se pronunciando sobre o fato, mas, acima disso, está concedendo uma tutela jurisdicional – cautelar – requerida pela parte interessada, que tanto pode ser a mesma pretendida pelo interessado, como outra, segundo a convicção jurídica do juiz. Assim, em face de uma situação jurídica danosa, informada pelos pressupostos do *fummus boni iuris* e *periculum in mora*, requer-se uma tutela que o juiz concederá conforme sua convicção jurídica e que melhor protegerá o direito da parte.

Segundo Vicente Greco Filho, pela teoria da individualização, "bastaria a indicação de um fundamento geral do pedido (p. ex.: 'sou credor logo peço...'), incidindo, nesse caso, a prestação jurisdicional sobre o próprio fato da natureza subjacente àquela indicação genérica. Para esta teoria, a petição inicial teria apenas a função de apontar a causa, abrangendo a decisão todos os aspectos relevantes".[436]

Técnica. Proclamou o STF que, "expostos os fatos, pouco importa que os fundamentos jurídicos em que se apoiou a pretensão não sejam os melhores, pelo princípio fixado no aforisma *Da mihi factum, dabo tibi jus*, não excluído pelo que dispõe o art. 282, III do CPC".[437]

Já o TJMS exprime que "os fatos e os fundamentos jurídicos do pedido nada mais significam do que a descrição clara e precisa do acontecimento que foi a razão de ser da demanda e a categorização jurídica desse mesmo acontecimento. O *nomen juris* que se dê a essa categoria jurídica ou o dispositivo de lei que se invoque para caracterizá-la são irrelevantes, se acaso erradamente

---

436 GRECO FILHO, Vicente. *Direito Processual Civil.* 2º Volume..., p. 108.

437 PAULA, Alexandre de. *Código de Processo Civil Anotado.* Volume II ..., p. 1190.

indicados. O juiz necessita do fato, pois que o direito ele é que o sabe. A subsunção do fato à norma é dever do juiz, vale dizer, a categorização jurídica do fato é tarefa do juiz".[438]

Já o TJSP: "não exige a lei que os fatos sejam relatados na inicial de forma exaustiva e pormenorizada. O que se exige é que pelo menos a exposição seja inteligível e vazada em termos que possibilitem a exata individuação dos fatos e que transmitam os dados necessários para elaboração pela parte contrária da sua defesa".[439]

Por fim, alerta o 2º TACivSP que "não se confunde o fato constitutivo do direito, que é a hipótese de fato prevista na lei como necessária e suficiente para gerá-lo, com os argumentos de fato com que o autor procura demonstrar a ocorrência da *fattispecie di legge*".[440]

Crítica. A celeridade da prestação jurisdicional não se alcança somente com a introdução de técnicas processuais ou de sugestões para a adoção do rito sumário como procedimento padrão do processo de conhecimento.

Crê-se que a adoção da teoria da individualização da causa de pedir como padrão no processo civil importará, conjuntamente com as outras sugestões e técnicas processuais, numa rápida economia processual, seja relativo ao número de litígios, bem como à qualidade das decisões.

A propósito, manifestou-se que, definidos os modelos hipotéticos do conteúdo da ação, verifica-se que, à luz da realidade social e dos litigantes, inclina-se para a adoção da teoria da individualização como regra no sistema processual brasileiro. Eis as vantagens: a) atenuação do rigorismo do princípio da eventualidade e do sistema de preclusão, pois as demandas seriam mais flexíveis, permitindo uma maleável demonstração dos fatos constitutivos dos direitos das partes e, conseqüentemente, da prestação da tutela jurisdicional; b) o réu e o executado poderão deduzir direitos em face do autor e do credor e que serão conhecidos e acolhidos no próprio processo, seja de conhecimento seja de execução. Hodiernamente, a conduta do réu é restrita e onerosa, pois deverá estar circunscrita às hipóteses autorizadoras da reconvenção e deduzir pedido no rito sumário, e o devedor estar restringido à nova redação do

---

[438] PAULA, Alexandre de. *Código de Processo Civil Anotado.* Volume II ..., p. 1190-1191.

[439] PAULA, Alexandre de. *Código de Processo Civil Anotado.* Volume II ..., p. 1192.

[440] PAULA, Alexandre de. *Código de Processo Civil Anotado.* Volume II ..., p. 1193.

§ 1º, do artigo 585, do CPC, para reclamar direitos contra o credor; c) em termos probatórios, a teoria da individualização permitiria a investigação de direitos ou de relações jurídicas, o que é mais flexível em comparação à uma investigação de fatos descritos para acomodar-se a um modelo normativo; d) verifica-se que a adoção da teoria da individualização possibilita a reunião de todas as lides entre as partes numa única demanda – impossível na teoria da substanciação – o que mostra manifesta economia processual, não só em número de feitos mas em custos financeiros. Óbvio que a reunião de demandas deve obedecer ao critério da competência de foro e de juízo; e e) via de conseqüência, a jurisdição se efetivará, pois haverá pleno conhecimento acerca da lide que envolve as partes, alcançando a verdade real sobre o litígio.[441]

Pluralidade de causa de pedir. Consoante a doutrina de José Carlos Barbosa Moreira, a cada fato ou conjunto de fatos suscetível de produzir, por si só, o efeito jurídico pretendido pelo autor, constitui uma *causa petendi.* Por isso, é possível que uma demanda contenha dois fatos ou dois conjuntos de fatos suscetíveis de produzirem efeitos jurídicos cada um. Nesse caso, tem-se *pluralidade de causa petendi.*[442]

Portanto, haverá *pluralidade* de causa de pedir sempre que se invoquem dois ou mais fatos ou conjunto de fatos distintos. Daí ser possível observar os seguintes aspectos acerca da causa de pedir:[443]

de fatos ou conjunto de fatos distintos e *homogêneos*, isto é, de igual estrutura, com repercussão na esfera jurídica da *mesma* pessoa. Por exemplo, ação de rescisão de contrato fundada em diversas infrações contratuais, como inadimplemento do pagamento, desatendimento à cláusula contratual que exigia seguro do bem contratado. Cada infração alegada, constitui, por si só, uma causa de pedir e se deve à mesma relação jurídica que as une – relação contratual;

de fatos ou conjuntos de fatos distintos e *homogêneos*, com repercussão nas esferas jurídicas de *várias* pessoas. Por exemplo, A e B propõem ação de indenização por perdas e danos decorrente de acidentes de veículos, que C, réu, teria praticado em condutas distintas. Segundo o professor carioca, "o

---

[441] PAULA, Jônatas Luiz Moreira de. *Teoria Geral do Processo* ..., p. 158-159 e PAULA, Jônatas Luiz Moreira de. *Uma Visão Crítica*..., p. 115-117.

[442] MOREIRA, José Carlos Barbosa. *O Novo Processo Civil Brasileiro.* Volume I..., p. 30.

[443] MOREIRA, José Carlos Barbosa. *O Novo Processo Civil Brasileiro.* Volume I..., p. 30-31.

acidente em si, *não* é a *causa petendi*, porque a produção do efeito jurídico pretendido – obrigação de indenizar – não decorreria propriamente dele, como tal, mas, para cada um dos autores, individualmente, do fato de ter sido atingido, por culpa de C, o respectivo automóvel"; e

de fatos ou conjunto de fatos distintos e *heterogêneos*. Por exemplo, A propõe contra B ação de separação judicial, fundado em adultério *e* injúria grave. Cada fato mencionado constitui causa de pedir e não pertence à mesma unidade jurídica como do item "a", porque deriva de situações jurídicas distintas – injúria se deu em razão de um motivo, o adultério por outro.

Inciso IV: pedido é a pretensão formalizada em juízo pela parte. Aqui, o pedido é requisito obrigatório e elemento da ação, com todas as suas especificações. Segundo Wellington Moreira Pimentel, pelo pedido "são fixados os limites da atividade jurisdicional, vale dizer, da sentença. O juiz decidirá a lide nos limites em que foi proposta, é o comando contido no art. 128. O pedido e suas especificações consubstanciam os parâmetros em função dos quais será proferida a decisão".[444]

Decidiu o TAMG que "não configura pedido, na acepção técnico-jurídica do vocábulo, a formulação de súplica para que o réu seja condenado 'nas penas previstas na lei', porque vago e impreciso, a impor a inépcia da inicial".[445]

Os artigos 286-294, do CPC, tratam do pedido e de suas espécies, razão pela qual se remete ao leitor a sua leitura, pois a matéria será melhor examinada. Mas, pode-se adiantar que, dentro da órbita doutrinária, o pedido pode ser dividido em *pedido imediato* e *pedido mediato*. Segundo Gian Antonio Micheli, será *pedido imediato* o poder de pleitear a providência do juiz, pelo qual se atua uma forma de tutela jurídica, e será *pedido mediato* o meio através do qual se obtém a satisfação do interesse tutelado.[446]

Essa linha doutrinária é acompanhada por José Carlos Barbosa Moreira, ao identificar no pedido o *objeto imediato*, que é a providência jurisdicional solicitada (p. ex. condenação do réu ao pagamento de uma quantia *x*) e *obje-*

---

[444] PIMENTEL, Wellington Moreira. *Comentários ao Código de Processo Civil*. Volume III..., p. 156.

[445] PAULA, Alexandre de. *Código de Processo Civil Anotado*. Volume II ..., p. 1194.

[446] MICHELI, Gian Antonio. *Curso de Derecho Procesal Civil*. Volume I. Traducción de Santiago Sentís Melendo. Buenos Aires. Ediciones Juridicas Europa-America. 1970, p. 38.

to mediato, que é o bem que o autor pretende conseguir por meio dessa importância (p. ex. a importância *x*).[447]

Seguindo essa postura, *pedido imediato* é a manifestação do Estado ao examinar o caso concreto, julgando ou não o mérito da questão, com a procedência total ou parcial ou improcedência do pedido. Será *pedido mediato* a satisfação do bem da vida perseguido no processo.[448]

Pedido e libelo. Na época das Ordenações, sobretudo as Filipinas, era exigência que o autor elaborasse a petição inicial e o libelo. A petição inicial era uma exposição sucinta da causa de pedir e do pedido, destinada a instruir a citação do réu; já no libelo o autor expunha com mais detalhes e amplitude a sua pretensão.[449]

Na época da sua vigência, o libelo era tido como o ato pelo qual o autor propõe por escrito e articuladamente a questão que há de se tratar em juízo, e conclui pedindo a condenação do réu.[450]

Deveria conter o libelo: a) nome do autor e do réu; b) narração do fato (*ex facto omne jus oritur*); c) indicação das provas do mesmo fato; d) a regra do direito ou da lei, salvo de direito comum, de presumido conhecimento do juiz; e) o pedido.[451]

Como se pode observar, desde os Códigos estaduais o libelo não é mais exigido e que, com o CPC de 1939, a matéria está sucumbida e afastada das discussões do dia-a-dia.

A figura do libelo é encontrada no processo penal, como etapa postulatória da segunda fase do procedimento dos crimes dolosos contra a vida, tentados ou consumados (CPP, art. 416). Note-se que o libelo acusatório deverá conter, segundo o artigo 417, do CPP: a) o nome do réu (obviamente a indicação do órgão acusatório); b) a exposição, deduzida por artigos, do fato criminoso; c) a indicação das circunstâncias agravantes, expressamente definidas na lei penal, e de todos os fatos e circunstâncias que devam influir na fixação da pena; e d) a indicação da medida de segurança aplicável.

---

447 MOREIRA, José Carlos Barbosa. *O Novo Processo Civil Brasileiro.* Volume I..., p. 22.

448 Cf. também TEODORO JÚNIOR, Humberto. *Curso de Direito Processual.* Volume I..., p. 357.

449 MONTEIRO, João. *Teoria do Processo Civil.* Tomo I..., p. 313.

450 MONTEIRO, João. *Teoria do Processo Civil.* Tomo I..., p. 314-315.

451 MONTEIRO, João. *Teoria do Processo Civil.* Tomo I..., p. 315.

Inciso V: o valor da causa é requisito da petição inicial. Sua utilidade se destina a servir de parâmetro para o cálculo das despesas e custas processuais, para indicar a competência (em razão do valor) e o procedimento, que pode ser ordinário ou sumário.

A despeito da importância, o valor da causa não é requisito obrigatório, uma vez ser possível o juiz corrigir valores fixados por determinação legal, nos termos dos artigos 259 e 260, do CPC. A respeito pronunciou o TJSP que "não há causa de valor inestimável; tal representa omissão total da parte, cabendo ao Magistrado, de ofício, suprir a irregularidade, em respeito às disposições dos artigos 258 e 282, V, do CPC. Dispõe o artigo 258 do CPC que 'a toda causa será atribuído um valor certo, ainda que tenha conteúdo econômico imediato'. Por aí se infere que, em princípio, não há causas de valor inestimável, de sorte que a menção a tal valor constante da inicial não conta com o menor amparo legal, sendo de todo insubsistente".[452]

Mas, nada impede que o juiz determine ao autor emendar a inicial a fim de fazer constar o valor da causa, na esteira do artigo 284, do CPC. Indeferir de plano, jamais.

Inciso VI: o sexto requisito trata das provas com que o autor pretende demonstrar a verdade dos fatos alegados.

Enquanto que na ação monitória a prova do direito do autor já deve estar demonstrada de plano (prova documental) e no procedimento sumário, a inicial já deve mencionar os quesitos e a indicação do assistente técnico para a prova pericial e o rol de testemunhas para a prova testemunhal, no procedimento ordinário basta o simples requerimento.

É verdade que o artigo 283 fala em documentos indispensáveis à propositura da ação, mas como a própria redação afirma, trata-se de documentos necessários para a propositura da ação e não para o conhecimento do mérito.

Pois, por documentos necessários à propositura da ação entenda-se para simples atendimento das condições da ação, gerais ou específicas. Assim, a certidão de casamento é documento necessário para a ação de separação judicial, não para proceder o pedido, mas para preencher o requisito de interesse de agir e legitimidade das partes. Também é correto afirmar que existem

---

452 PAULA, Alexandre de. *Código de Processo Civil Anotado*. Volume II ..., p. 1194.

demandas que dispensam a juntada de documento para satisfazer as condições da ação, como ocorre com a ação de indenização em que o autor acusa o réu de tê-lo difamado entre amigos.

Daí compreender que, nas ações que seguem o procedimento ordinário, o autor fica dispensado de juntar provas na inicial, salvo para atender as condições da ação. Poderá fazer, mas fica à sua inteira conveniência.

Ademais, se a ação é um direito abstrato, o autor não é obrigado a provar desde a sua propositura a existência do direito material para ter a sua demanda processada. Deverá na inicial fazer a indicação dos meios de prova,[453] e, por ocasião da fase instrutória, produzir as provas necessárias dos fatos constitutivos de seu direito, sob pena de improcedência de sua pretensão. Já nas ações que versem sobre procedimentos especiais, as chamadas "ações típicas", o autor deve comprovar desde a propositura o direito material invocado na inicial. E nas ações que seguem o rito sumário, deve o autor especificar as provas, bem como arrolar as testemunhas, elaborar os quesitos e indicar assistente técnico.

Por isso, deverá o autor na inicial especificar os seguintes meios de prova, a serem produzidos na fase instrutória: a) prova pericial; b) depoimento do réu; c) prova testemunhal, cujo rol será depositado em momento oportuno; d) juntada de documentos; e e) inspeção judicial.

Técnica. Decidiu o STF que "ao protestarem os autores, na inicial, por todos os meios de provas em direito permitido, estarão seguindo forma usual, porquanto a precisa indicação das necessárias, muitas vezes só é possível após a contestação, pois esta até pode admitir como verdadeiros todos os fatos alegados, dispensando-se, assim, a instrução probatória".[454]

Já o TAMG diz que "é direito da parte propor a prova, mas a sua admissão é ato exclusivo do juiz, cabendo-lhe, pois, deferi-la ou não, segundo sua relevância, devendo, porém, ser sempre rejeitada a produção de prova inócua ou supérflua, bem como a que tiver objetivo meramente protelatório".[455]

Inciso VII: por fim, o artigo 282 apresenta como último requisito o requerimento para a citação do réu. Segundo Calmon de Passos, por esse requisito

---

[453] Nesse sentido PASSOS, J. J. Calmon de. *Comentários ao Código de Processo Civil.* Volume III..., p. 146-147.

[454] PAULA, Alexandre de. *Código de Processo Civil Anotado.* Volume II ..., p. 1195.

[455] PAULA, Alexandre de. *Código de Processo Civil Anotado.* Volume II ..., p. 1195.

o autor pede que se dê ciência ao adversário para, querendo, comparecer nos autos e defender-se da ação proposta.[456]

O requerimento de citação na petição inicial é um requisito obrigatório? Pode parecer que sim, mas examinando-se a sistemática processual, em que incidem os princípios máximos da ampla defesa e do contraditório e do devido processo legal, percebe-se que em qualquer demanda proposta contra o réu deve-se (no sentido obrigatório mesmo) oportunizar a ele o direito de responder a ação. Como isso é obrigatório, não poderá o potencial réu aguardar o requerimento do autor para ser citado. Em contrapartida, indeferir o processamento da inicial por ausência de tal requisito mostra-se indevidamente rigoroso.

Ademais, se o autor propõe uma ação e deduz toda uma causa de pedir e formula um pedido para que incida uma tutela jurisdicional contra o réu, é mais que evidente que este deve ser comunicado da existência da ação. Aí o interesse não só é do autor ou do réu, mas, acima de tudo, é da própria jurisdição, que para dar efetividade ao seu pronunciamento precisa integrar a relação processual com presença do réu.

Por isso, compreende-se que na omissão do autor em requerer a citação do réu, deverá o juiz determinar de ofício a sua realização, uma vez que será com a citação que a relação jurídica estará integralizada, para que daí se extraia validamente seus efeitos.

Nesse sentido pronunciou o TARS que "a falta de pedido expresso de citação do réu pode ser suprida pelo magistrado, bastando para tanto que determine a expedição do respectivo mandado".[457] De igual forma, assentou o 2º TACivSP, que "a omissão do pedido de citação, exigido pelo art. 282. VII, do estatuto de rito, não acarreta a inépcia da petição inicial, se o chamamento foi ordenado, levando o réu ao conhecimento da pretensão e dando-lhe oportunidade de se defender".[458]

Outros requisitos. Além do que foi delineado no artigo 282 e os previstos no artigo 283, ambos do CPC, outros requisitos também mostram-se necessários.

---

[456] PASSOS, J. J. Calmon de. *Comentários ao Código de Processo Civil.* Volume III..., p. 147.

[457] PAULA, Alexandre de. *Código de Processo Civil Anotado.* Volume II ..., p. 1196.

[458] PAULA, Alexandre de. *Código de Processo Civil Anotado.* Volume II ..., p. 1196.

É o caso do artigo 39, I, do CPC, que exige a indicação do endereço do advogado do autor, para que receba intimações.

De igual forma, deverá o autor adiantar as custas e despesas processuais, determinado no artigo 19, do CPC. Excetuam essa regra, o Ministério Público e a Fazenda Pública (CPC, art. 27) e o beneficiário da justiça gratuita (Lei nº 1.060/50, art. 3º, I e II).

Por fim, deverá o autor apresentar cópias da inicial a fim de instruir o mandado de citação, salvo se no mandado constar resumo essencial da inicial ou a citação for realizada por edital, onde também deverá constar o resumo da inicial.

Art. 283. A petição inicial será instruída com os documentos indispensáveis à propositura da ação.

REQUISITOS PARA A PROPOSITURA DA AÇÃO

O disposto em exame possui redação que é clara: a petição inicial deverá ser instruída com os documentos indispensáveis à propositura da ação. Trata-se de requisitos para o ato da propositura da ação e não necessariamente da petição inicial. Por isso, entende-se que o disposto em comento vem em reforço ao artigo 254, do CPC.

Por documentos necessários à propositura da ação entenda-se para simples atendimento das condições da ação, gerais ou específicas, a fim de demonstrar a possibilidade da jurisdição conhecer do litígio narrado pelo autor. Assim, a certidão de casamento é documento necessário para a ação de separação judicial e não para proceder o pedido, porque se destina a preencher o requisito de interesse de agir e legitimidade das partes. Também é correto afirmar que existem demandas que dispensam a juntada de documento para satisfazer as condições da ação, como ocorre com a ação de indenização por danos morais em que o autor acusa o réu de tê-lo difamado entre amigos.

Não se pode confundir documentos indispensáveis à propositura da ação com documentos probatórios da pretensão da tutela jurisdicional. Na primeira espécie, esses documentos servem para demonstrar a existência de uma relação jurídica sobre a qual pretende-se que a jurisdição conheça do litígio. Esses documentos devem ser juntados por ocasião da propositura da ação, como diz o artigo 283, do CPC. Na segunda espécie, tem-se documentos que comprovam a pretensão do autor. Não se destinam especificadamente a provar a existência de uma relação jurídica sobre a qual incidirá a tutela pretendida, mas para comprovar a viabilidade da própria tutela pretendida. Esses documentos podem ser provados a todo tempo, nos termos do artigo 397, do CPC.

Um exemplo que torna bem claro essa distinção é o seguinte: na ação de separação judicial, onde a autora narra o adultério do réu, a certidão de casamento é documento indispensável à propositura da ação, porque demonstra o interesse processual acerca da existência de uma relação jurídica apta ao conhecimento da jurisdição; já as cartas trocadas entre o réu e sua amante são documentos que demonstram a procedência do pedido de separação judicial, sob o fundamento de adultério.

Também arrolam-se como documentos indispensáveis à propositura da ação: a própria petição; qualquer documento que comprove a relação jurídica sobre qual pretende-se a incidência da tutela jurisdicional, se houver; a procuração; e os comprovantes de pagamento das taxas e custas processuais.

Está dispensada da apresentação de procuração advogado atuando em causa própria, e estão isentos de apresentar procuração: o curador especial, nomeado nos termos do artigo 9º, do CPC; o assistente judiciário nomeado pelo juiz, nos termos do artigo 5º, da Lei nº 1.060/50, porque é equiparado ao curador especial; o defensor público, salvo exigência de poderes especiais, pois a Lei Complementar 80/94 consagra como prerrogativa do defensor público representar a parte, em feito administrativo ou judicial, independentemente de mandato, ressalvado os casos para os quais a lei exija poderes especiais (art. 43, XI); e o Advogado da União, o Procurador da Fazenda Nacional, Estadual e do Município, porque emana de seu próprio cargo.[459]

De igual forma, o assistente judiciário está isento do pagamento das taxas e custas processuais (Lei nº 1.060/50, art. 3º, I e II) e o Ministério Público e a Fazenda Pública estão dispensados do adiantamento das taxas e custas processuais (CPC, art. 27).

Em sentido contrário, afirmando que o disposto em comento exige também a prova documental, é a lição de Calmon de Passos: "O momento para a

---

[459] Cf. RT 495/86 e RJTSP 109/262.

produção da prova documental, pelo autor, é o do ajuizamento da petição inicial (art. 396). Se não produzido o documento nessa oportunidade, precluso estará o seu direito de trazê-lo aos autos com fins probatórios. Somente quando se cuide de fazer prova de fato ocorrido após o articulados, ou de contraprova à que foi produzida na circunstância apontada, é que se admitirá a produção de documento, pelo autor, após a inicial. Em face disso, nem só os documentos ditos indispensáveis à propositura da ação devem acompanhar a inicial. Anexados a ela deverão estar todos os documentos que constituíam fonte de prova para a demanda do autor, sob pena de não mais deles poder se utilizar no processo".[460]

Distingue o mestre que a prova documental pode ser *necessária* ou *eventual*, revelando ser a primeira a única fonte de prova de que o autor pode se valer, como os instrumentos relativos à constituição de direitos reais, adoção, pacto nupcial etc. Já a segunda categoria revela que se trata de meio fungível. Para a primeira, o CPC teria qualificado como *indispensável*. Daí que "a *indispensabilidade* do documento pode derivar da circunstância de que sem ele não há a pretensão deduzida em juízo. Isso porque ele é da substância do ato, ou dele deriva a especialidade do procedimento".[461]

Já a norma do artigo 284 incide sobre a prova documental *eventual*, sobre um dever do autor a ser cumprido e que não pode ser suprido pelo juiz. Por isso, arremata: "A juntada do documento indispensável é um dever processual do autor. Se desatendido, indefere-se a inicial. A juntada de documento não indispensável é um ônus para o autor. Sua ausência dos autos poderá determinar um prejuízo para o direito do autor, mas dela não decorrerá, necessariamente, a impossibilidade jurídica do pedido nem sua improcedência *prima facie*".[462]

Técnica. Acompanhando a tese acima exposta, pronunciou o TJMS que "não pode o magistrado da causa indeferir sumariamente a inicial de ação de reparação de dano intentada pela vítima contra o atropelador, sob o pálio do art. 267, I, do CPC, porque, tendo fixado prazo para a juntada do comprovante das despesas de hospitais e farmácia, o autor não o fez, se, instruindo a

---

[460] PASSOS, J. J. Calmon de. *Comentários ao Código de Processo Civil.* Volume III..., p. 148.
[461] PASSOS, J. J. Calmon de. *Comentários ao Código de Processo Civil.* Volume III..., p. 149.
[462] PASSOS, J. J. Calmon de. *Comentários ao Código de Processo Civil.* Volume III..., p. 150.

exordial foi junto papel assinado pelo atropelado, comprometendo-se a saldar os gastos decorrentes do sinistro. Seria, então, o caso de improcedência da pretensão, mas após o curso regular do feito".[463]

Já o 2º TACivSP manifestou entendimento de que "o problema da juntada de documento após o ajuizamento da ação não pode ser encarado com estritismo absoluto. O que a lei processual veda é a oferta de peça documental substantiva do pedido, os chamados documentos fundamentais e constitutivos; não, porém, outros, que tanto podem servir de contraprova às alegações da parte *ex adversa*, como reforço aos elementos de convicção anteriormente administrados ao feito".[464]

Art. 284. Verificando o juiz que a petição inicial não preenche os requisitos nos arts. 282 e 283, ou que apresenta defeitos e irregularidades capazes de dificultar o julgamento de mérito, determinará que o autor a emende, ou a complete, no prazo de dez (10) dias.

Parágrafo único. Se o autor não cumprir a diligência, o juiz indeferirá a petição inicial.

DO EXAME DE ADMISSIBILIDADE DA INICIAL

O juiz, ao receber a inicial, poderá tomar uma das três deliberações facultadas pelo CPC e fundado na sua livre convicção: ou recebe a inicial e determina seu processamento (art. 285), ou indefere simplesmente (art. 284, parágrafo único e artigo 295) ou determina a correção, por estar desatendido um dos requisitos exigidos (art. 284, *caput*).

Tais oportunidades integram o que se denomina "exame de admissibilidade da inicial". Esse exame pode apresentar um caráter positivo, quando a inicial é deferida e processada. Mas também pode apresentar um caráter negativo, quando nega-se o processamento da inicial. Na primeira hipótese ocorre o "juízo de admissibilidade", na segunda hipótese o "indeferimento da inicial".

---

[463] PAULA, Alexandre de. *Código de Processo Civil Anotado*. Volume II ..., p. 1199.

[464] PAULA, Alexandre de. *Código de Processo Civil Anotado*. Volume II ..., p. 1201.

Existe a terceira hipótese, que não é um juízo de admissibilidade ou de indeferimento da inicial, mas um juízo de correção, a fim de que o autor possa atender a determinação judicial e a petição se torne apta a ser processada, sob pena de indeferimento, que passa a ser agora examinada.

DA CORREÇÃO DA INICIAL

Noção. Não satisfeitos os requisitos traçados nos artigos 282 e 283, do CPC, além de eventuais requisitos específicos, e por ainda não vislumbrar de plano nenhuma hipótese do artigo 295, do CPC, deverá o juiz determinar que o autor corrija os defeitos apresentados na inicial.

Não se trata de mera liberação do juiz, mas, sim, de uma obrigação. O termo utilizado no artigo 284, *caput*, é claro: "verificando o juiz *determinará* que o autor emende ou complete ...". Até porque, trata-se de eventuais defeitos sanáveis, o que realça ainda mais a obrigatoriedade da norma.[465]

Além disso, é sempre recomendável ao juiz, ante um suposto defeito da inicial, ainda que possível incidência do artigo 295, do CPC, abra vista ao autor para que se manifeste a respeito. Não pode o autor ser surpreendido com um súbito entendimento do juiz, que lhe acaba por obstar o acesso à justiça.

Como ilustração, o artigo 477, do CPC Luso, que tinha redação semelhante ao presente, foi revogado pela reforma da década de 90. No entanto, facultou-se com o artigo 476, que o autor poderá apresentar outra petição no prazo de 10 (dez) contados subseqüentes à recusa da petição inicial.

Por isso, ao determinar a emenda da inicial, recomenda-se ao juiz que especifique claramente qual o requisito está desatendido pelo autor. Assim como o autor deve ser claro ao deduzir sua pretensão, o juiz deve ser claro sob qual defeito incide a petição inicial.

Hipóteses de correção. O *caput* do artigo 284 prevê como hipóteses de correção da inicial os defeitos e irregularidades capazes de dificultar o julgamento do mérito.

Percebe-se que toda imperfeição que a inicial pode conter está girando em órbita do direito material, a ponto de comprometer o julgamento do mé-

---

[465] TEODORO JÚNIOR, Humberto. *Curso de Direito Processual.* Volume I..., p. 358.

rito. Segundo Wellington Moreira Pimentel, "tais defeitos dizem com a redação da petição inicial, a forma pela qual foram expostos os fatos e os fundamentos do pedido e, sobretudo, o nexo de logicidade entre a exposição e o pedido. Também se o pedido é confuso, ou incompreensível, ou, ainda no caso de cumulação, se são incompatíveis. Os defeitos ou irregularidades que sejam capazes de dificultar o julgamento do mérito, antes dificultarão a resposta do réu".[466]

Técnica. Pronunciou o TAPR que "é prorrogável, a critério do juiz da causa, o prazo previsto no art. 284 do CPC para efetuar-se a emenda da inicial".[467]

Já o TACivRJ decidiu que "embora apresentado além do prazo assinado pelo juiz o instrumento procuratório, não tem cabimento decretar-se a extinção do processo com base no parágrafo único do art. 284 do CPC, se a *litiscontestatio* já está formada e o autor esclareceu, ainda a tempo, que o documento reclamado encontrava-se nos autos da ação principal, processados em apenso".[468]

Emenda da inicial e rito sumário. A emenda da inicial também incide nas ações que são processadas pelo rito sumário. Os motivos e as hipóteses são os mesmos acima mencionados.

Mas se a inicial estiver despida do rol de testemunha ou dos quesitos ao perito e da indicação do assistente técnico, é possível haver emenda da inicial? São duas as posições que podem ser tomadas.

A primeira, da qual o juiz deverá examinar a inicial. Se não houver pedido expresso de oitiva de testemunha e de prova pericial, compreende-se que o autor não pretende produzir essas provas, a ponto de dispensar a emenda da inicial.

A segunda posição, decorre desse exame, onde o autor requereu, ainda que genericamente, as provas testemunhal e pericial. Assim ocorrendo, deverá o juiz determinar a emenda da inicial, a fim de atender os requisitos específicos exigidos no artigo 276, do CPC.

---

466 PIMENTEL, Wellington Moreira. *Comentários ao Código de Processo Civil.* Volume III..., p. 163.

467 PAULA, Alexandre de. *Código de Processo Civil Anotado.* Volume II ..., p. 1207.

468 PAULA, Alexandre de. *Código de Processo Civil Anotado.* Volume II ..., p. 1208.

Esse posicionamento vai ao encontro da jurisprudência mais liberal, que admitia a apresentação do rol de testemunhas enquanto o réu não fosse citado.[469] Ora, se antes da citação, o autor pode desistir da ação, modificar a causa de pedir e o pedido, mal menor seria complementar os requisitos do artigo 276.

Sendo assim, os efeitos preclusivos do artigo 276, relativos à matéria probatória, somente ocorrerão se o autor desistir das provas testemunhal e/ou pericial, ou se o autor, instado a emendar a inicial, nada fizer.

INDEFERIMENTO POR NÃO HAVER CORREÇÃO

Prevê o parágrafo único que se o autor não providenciar a correção da petição inicial determinada pelo juiz, ela será indeferida.

Note-se que a redação do parágrafo único não estipula como hipótese a ausência da correção dentro do prazo de 10 (dez) dias, mas o desatendimento da diligência. Sendo assim, se o autor corrigir a inicial em momento extemporâneo, desde que não ultrapasse a 30 (trinta) dias, para não configurar abandono da causa (CPC, art. 267, III), é de se aceitar a correção.

Por outro lado, não cumprindo substancialmente o que foi determinado judicialmente, a inicial será indeferida, nos termos do parágrafo único do artigo 284.

Art. 285. Estando em termos a petição inicial, o juiz a despachará, ordenando a citação do réu, para responder; do mandado constará que, não sendo contestada a ação, se presumirão aceitos pelo réu, como verdadeiros, os fatos articulados pelo autor.

JUÍZO DE ADMISSIBILIDADE DA INICIAL

Noção. O disposto em exame trata do juízo de admissibilidade da inicial, em que o juiz, assim que receber a inicial proposta ou após o autor cumprir com o determinado no artigo 284, *caput*, do CPC, averigua que a mesma está em condições de ser processada e determina seu processamento, ordenando a citação do réu.

---

[469] PAULA, Alexandre de. *Código de Processo Civil Anotado.* Volume II..., p. 1161.

O recebimento da inicial implica num julgamento sumário pelo juiz. Pois, para receber a inicial e determinar seu processamento, o juiz deve afastar, superficial e sumariamente, qualquer incidência de hipóteses do artigo 295, do CPC, ou da norma contida no artigo 284, do CPC.

Nessa linha explana Wellington Moreira Pimentel que, ao despachar a inicial, "o juiz procede a um exame para verificação do preenchimento dos requisitos que aquela deve conter. Se falta um deles, ou alguns, procede na forma do artigo antecedente, concedendo ao autor prazo para que a corrija ou complete. Estando em ordem de ser admitida, a despachará determinando a formação dos autos com a petição e documentos que a instruírem, e, ordenará a citação do réu".[470]

Compreende-se que a simples admissibilidade da petição inicial, determinando a citação do réu no processo de conhecimento, não gera nenhuma sucumbência ao réu. É verdade que, se junto com a admissibilidade da inicial, também concedeu-se tutela antecipatória, haverá um gravame, em razão da tutela antecipada e não da admissibilidade da inicial. Por isso, caberá recurso contra a decisão que concedeu a tutela antecipatória e não contra a admissibilidade da inicial.

Por outro lado, entendeu o TJSP que a determinação judicial para a citação à ação de execução é algo mais que um simples despacho, mas uma decisão recorrível, pois cria-se contra o devedor dois ônus desfavoráveis: o de impugnar a execução e o de pagar a dívida ou de sofrer a constrição judicial.[471]

Efeitos preclusivos? Questão já pacificada ao longo do tempo de vigência do CPC era a respeito se a admissibilidade da petição inicial implicava em efeitos preclusivos sobre eventuais defeitos da ação.

A opinião dominante logo após a promulgação do CPC entendia pela negativa,[472] e assim deve ser mantida. Pois, seja qual for o defeito da petição inicial, haverá infração de norma de ordem pública. Sendo por isso, o juiz poderá tomar conhecimento em qualquer tempo ou grau de jurisdição, nos termos do artigo 267, § 3º, do CPC.

Ademais, as hipóteses de inépcia da inicial, delineadas no parágrafo único, do artigo 295, do CPC, mostram que, a qualquer tempo o juiz poderá rever suas hipóteses, sobretudo numa sentença que examina o mérito.

---

[470] PIMENTEL, Wellington Moreira. *Comentários ao Código de Processo Civil.* Volume III..., p. 165.

[471] RT 1212.

[472] PASSOS, J. J. Calmon de. *Comentários ao Código de Processo Civil.* Volume III..., p. 152-153.

Daí sempre relembrar a lição de Calmon de Passos, que o "comparecimento do réu e inclusive os elementos por ele fornecidos com sua defesa podem ter tornado o defeito irrelevante (*v.g.*, erro de nome, erro de endereço etc.) e não há mais por que se cogitar de corrigir, se à correção faltaria objetivo. Contudo, se o defeito ainda é relevante e pode influir, quer para a validade da relação processual, quer para o julgamento do mérito, ele é suscetível de argüição, como preliminar, na contestação, ou de ser apreciado de ofício pelo juiz, no saneador (...)".[473]

Nesse sentido, assentou o 1º TACivSP que, "para o juiz inexiste a preclusão. O fato de determinar a citação não o impede de extinguir o processo posteriormente, se verificar ser a ação incabível".[474]

Advertência do mandado. A parte final do artigo 285 trata de exigência já examinada nos artigos 223, 225, II e 232, V, todos do CPC. Reafirma-se o entendimento de que na citação, seja postal, seja por oficial de justiça ou via edital, deverá o réu ser advertido de que, não sendo contestada a ação, os fatos narrados na inicial serão tidos como verdadeiros.

Essa sanção encontra-se prevista no artigo 319, do CPC. Mas se a ação envolver litisconsórcio, a contestação de um aproveitará aos demais; se o litígio versar sobre direitos indisponíveis; ou se a petição inicial não estiver acompanhada do instrumento público, que a lei considere indispensável à prova do ato, não incidirá os efeitos da revelia, nos termos do artigo 320, do CPC.

Técnica. Segundo a conclusão nº 2 do VI Encontro Nacional de Tribunais de Alçada, "não constando do mandado o prazo da defesa (CPC, art. 225, VI) e a advertência prevista no art. 285 do CPC, é nula a citação".

Por outro lado, manifestou o STF que a ausência da advertência "somente pode ser invocada por alguém a que potencialmente aproveite, isto é, ao leigo em direito, que possa ignorar tal verdade processual elementar; nunca pela Fazenda do Estado, sempre citada em pessoa do Procurador formado em Direito, que não pode ignorar o art. 319 do mesmo Código. Aplicar a lei sem atenção ao seu entendimento teleológico seria suprema irrisão".[475]

---

[473] PASSOS, J. J. Calmon de. *Comentários ao Código de Processo Civil.* Volume III..., p. 153.

[474] PAULA, Alexandre de. *Código de Processo Civil Anotado.* Volume II ..., p. 1212.

[475] PAULA, Alexandre de. *Código de Processo Civil Anotado.* Volume II ..., p. 1211.

Seção II

DO PEDIDO

Art. 286. O pedido deve ser certo ou determinado. É lícito, porém, formular pedido genérico:

I – nas ações universais, se não puder o autor individuar na petição os bens demandados;

II – quando não for possível determinar, de modo definitivo, as conseqüências do ato ou do fato ilícito;

III – quando a determinação do valor da condenação depender de ato que deva ser praticado pelo réu.

PEDIDO

Noção. A doutrina clássica costuma qualificar o pedido como o objeto do processo. Tal expressão precisa ser melhor entendida.

Compreendendo que o pedido é a formalização da pretensão deduzida em juízo, significa que a pretensão é a síntese do direito material advindo da lide. Esse direito material, compreende-se, é composto pelas partes que estão envolvidas, pela causa de pedir e pela pretensão propriamente dita, que o autor pretender impor ao réu.

Quando instaurada a relação processual, desenvolver-se-á uma série de atos, a fim de se examinar o mérito e conhecer a pretensão das partes. Daí que toda investigação judicial é uma investigação do mérito, com um acréscimo: examinar a procedência da pretensão do autor.

Por isso, a idéia de que o pedido é o objeto da demanda significa que o processo está a serviço do exame da pretensão do autor. Nessa linha, o processo assim se apresenta metodologicamente: viabilidade das condições da ação, viabilidade dos pressupostos processuais, inexistência de qualquer obstáculo para conhecimento do mérito, conhecimento do mérito e procedência do pedido. Veja-se, pois, que o êxito do autor na demanda decorre de uma série de atos e de muito sacrifício.

Por isso, costuma-se classificar o pedido como imediato e mediato. Será *pedido imediato* a provocação do pronunciamento jurisdicional, com uma consideração eminentemente processual, e *pedido mediato* a busca pela aquisição do bem da vida, com uma consideração eminentemente substancial.[476]

Pedido certo e determinado. O legislador, ao expressar que o pedido deve ser certo e determinado, significa, antes de tudo, que o pedido deve ser individualizado, a fim de não se confundir com outras espécies de pretensão.

Individualizando o pedido, explica Girolamo Monteleone, há a determinação da jurisdição e da competência; há a avaliação acerca da litispendência e da continência; há a proibição de se modificar a demanda no curso do processo; há a limitação quanto ao pronunciamento jurisdicional, proibindo-se sentenças *infra, ultra* ou *extra petita*; e avaliação da intervenção do Ministério Público.[477]

No direito brasileiro, a individualização do pedido importa também na determinação do procedimento, do valor da causa e da competência recursal.

A individualização do pedido determina o procedimento adequado que tanto pode ser no sentido positivo como no sentido negativo. No sentido positivo, ao elencar as causas que versarão sobre o procedimento sumário ou que versem sobre procedimentos especiais. No sentido negativo, ao proibir que certas causas sejam processadas pelo rito sumário, como se vê no pará-

---

[476] MONTELEONE, Girolano. *Diritto Processuale Civile.* 2ª edição. Padova. Cedam. 2000, p. 189-190.

[477] MONTELEONE, Girolano. *Diritto Processuale...*, p. 192.

grafo único do artigo 275, do CPC, que proíbe que as ações que versem sobre estado ou capacidade das pessoas sejam processadas pelo rito sumário.

A individualização do pedido decorre da sua certeza e determinação. Pois, conforme explana Calmon de Passos, "pedido determinado é o que externa uma pretensão que visa a um bem jurídico perfeitamente caracterizado. Pedido certo é o que deixa claro e fora de dúvida o que se pretende, quer no tocante a sua qualidade, quer no referente a sua extensão e quantidade. A certeza e a determinação, portanto, são qualidades que não se excluem, mas se somam".[478]

Para melhor compreensão, faça-se um exercício mental. Imagine três hipóteses. No caso 1, a esposa ajuíza ação em face do marido, afirmando que este foi flagrado em adultério dias atrás. Porém, não esclarece se o pedido é de separação judicial ou para condenação à pena privativa de liberdade pelo crime de adultério. Percebe-se, pois, que a ação não conseguiu diferenciar a qualidade do pedido, que vai implicar não só num obstáculo quanto ao julgamento do mérito, como envolver questões de competência e de procedimento.

No caso 2, o autor propõe ação afirmando que o réu praticou ato ilícito que gerou danos materiais, lucros cessantes e danos morais. No entanto, não especificou pedido de condenação do réu à compensação financeira pelos danos morais. Nessa hipótese, não houve a individualização do pedido quanto à sua qualidade.

No caso 3, o autor propõe ação de rescisão de contrato cumulado com indenização por perdas e danos fundada na inadimplência contratual do réu. Porém, não especificou o valor da indenização e nem requereu que o juiz arbitrasse. Percebe-se, então, que não houve a devida caracterização da quantidade econômica do pedido.

Essas hipóteses representam ausência de individualização do pedido, seja porque não ficou diferenciada a qualidade do pedido dos demais que poderiam ser suscitados, seja porque não houve a caracterização da qualidade do pedido, seja porque não houve a devida caracterização quantitativa do pedido.

Por isso, já lecionava Jorge Americano que "a necessidade de acertar ou determinar o pedido é decorrente da própria natureza das coisas. Não se pode pedir coisa insuscetível de saber qual seja, ou de determinar em seu *quan-*

---

[478] PASSOS, J. J. Calmon de. *Comentários ao Código de Processo Civil.* Volume III..., p. 156.

tum. Não se pode reivindicar um imóvel, mas somente o imóvel tal; é vedado reivindicar uma parte ideal no imóvel tal, mas é lícito reivindicar uma parte ideal de um terço, um quinto, um oitavo, no imóvel tal. Não podemos cobrar o dinheiro que nos é devido, mas podemos cobrar o dinheiro por salários que nos são devidos, mediante arbitramento. Podemos pedir a condenação do réu no prejuízo do valor X que nos acarretou o seu ato ilícito, ou ainda prejuízo que esse ato nos acarretou, a liquidar em execução, etc. etc".[479]

Por esse entendimento, decidiu o TAMG que "não configura pedido, na acepção técnico-jurídica do vocábulo, a formulação de súplica para que o réu seja condenado 'nas penas previstas na lei', porque vago e impreciso, a impor a inépcia da inicial".[480]

Pedido e tutela jurisdicional. O sistema processual bem amplia a concepção de pedido, a ponto de servir de nomenclatura para ações; para significar demanda; e para significar causa, a fim de determinar competência e procedimento.

Como exposto anteriormente, será *imediato*, porque provoca a manifestação da jurisdição, será *mediato*, quando busca a aquisição de um bem da vida que satisfaça o direito material do autor. Por isso, o pedido mediato representa a tutela jurisdicional pretendida pelo autor.

Para formular a tutela pedida, deverá o autor especificar qual a espécie de tutela jurisdicional quanto à sua finalidade e o objeto sobre qual deverá incidir. Assim, no processo de conhecimento, poderá o autor elaborar os seguintes pedidos:[481]

tutela declaratória: pleitear a incidência dessa tutela, mediante a declaração de uma relação jurídica ou de um documento, que pode ser positiva ou negativa, e o objeto sobre qual deverá incidir a declaração. A título de exemplo, tem-se o seguinte: o autor pede a declaração de nulidade do contrato de compra e venda que envolve as partes. Nesse exemplo, o autor formulou um pedido de tutela declaratória negativa sobre um objeto específico – contrato de compra e venda;

---

479 AMERICANO, Jorge. *Comentários ao Código de Processo Civil do Brasil.* 1º Volume. 2ª edição. São Paulo. Saraiva. 1958, p. 217.

480 PAULA, Alexandre de. *Código de Processo Civil Anotado.* Volume II ..., p. 1194.

481 Como leitura de apoio, conferir a classificação das tutelas jurisdicionais, sobretudo conforme a natureza e finalidade do processo, por ocasião dos comentários ao artigo 2º do CPC, no volume I da obra.

tutela condenatória: pleitear a incidência dessa tutela, a fim de criar compulsoriamente uma obrigação de dar, sobre um objeto, que pode ser derivado de um ato ilícito ou de uma relação jurídica. Exemplifica-se: o autor pede a condenação do réu a indenizá-lo pelos danos materiais surgidos em seu veículo, em razão do acidente de veículo que envolveu as partes. Nesse caso, o autor formulou um pedido de tutela condenatória sobre um objeto específico – ato ilícito;

tutela constitutiva: pleitear a incidência dessa tutela, a fim de constituir uma relação jurídica até então inexistente, que geralmente incide sobre um objeto que versa sobre direito indisponível. É o caso da ação de adoção, em que os autores pedem a constituição da relação de parentesco sobre a criança. Nesse caso, os autores formularam um pedido de tutela constitutiva sobre um objeto específico – parentesco com a criança tal. Insta mencionar caso excepcional de tutela constitutiva sobre um objeto que verse sobre direito disponível: o autor pede a renovação do contrato de locação comercial. Nesse caso, o autor formula um pedido de tutela constitutiva sobre um objeto específico – contrato de locação comercial que mantém com o réu;

tutela desconstitutiva: pleitear a incidência dessa tutela, a fim de desconstituir uma relação jurídica preexistente. Os exemplos típicos são a ação de separação judicial ou a ação de rescisão de contrato. Nesses casos, o autor formula pedido de tutela desconstitutiva sobre um objeto específico – uma relaçaõ jurídica existente (casamento e o contrato, respectivamente);

tutela executiva lato sensu: pleitear a incidência dessa tutela, a fim de aplicar instantaneamente sobre determinado objeto, que pode ser relação jurídica de direito pessoal ou direito real. Exemplo de relação jurídica de direito pessoal é a ação em que o autor pede o despejo do réu, por falta de pagamento de aluguéis devido pelo contrato de locação. Nesse caso, o autor deduziu pedido de tutela executiva *lato sensu* sobre objeto específico – contrato de locação que mantém com o réu. Exemplo de relação jurídica de direito real é a ação em que o autor pede a reintegração de posse da fazenda de sua propriedade, que foi esbulhada pelo réu. Nesse caso, o autor deduziu pedido de tutela executiva *lato sensu* sobre objeto específico – esbulho no imóvel rural praticado pelo réu;

tutela mandamental: pleitear a incidência dessa tutela, a fim de impor uma ordem judicial sobre determinada situação jurídica. Exemplo típico é no mandado de segurança, em que o autor pede uma ordem judicial para corrigir lesão a direito líquido certo. Nesse caso, o autor deduziu pedido de tutela mandamental sobre objeto específico – ilegalidade praticada pela autoridade pública.

Pedido genérico. Significa que há uma relativa indeterminação, que se restringe ao aspecto quantitativo (*quantum debeatur*), o que é aceitável. Mas, adverte-se, é inaceitável qualquer indeterminação no tocante ao ser do pedido (*non debeatur*). Justifica Calmon de Passos que, "o que é devido não pode ser indeterminado – estaríamos diante de pedido incerto; mas, quanto é devido, pode não ser logo determinado, contanto que seja determinável – é o pedido chamado de genérico pelo Código".[482]

Pedido genérico é o pedido determinável, em razão da natureza do objeto do pedido; a sua determinação consiste, apenas, em se apontar uma universalidade, ou coisa coletiva, sem que se possa indicar os componentes, qualitativa ou quantitativamente. Mas nem por isso o pedido deve deixar de ser preciso.[483]

A posição do artigo 286, *segunda parte*, foi a de ampliar o acesso à justiça em razão da complexidade que as lidem podem propiciar em desfavor do autor. Daí a idéia de flexibilizar o pedido, para ampliar o acesso à justiça.

Nesse sentido, é a atual redação do artigo 471, do CPC Luso, ao dispor que: "1. É permitido formular pedidos genéricos nos casos seguintes: a) quando o objecto mediato da acção seja uma universalidade, de facto ou de direito; b) quando não seja ainda possível determinar de modo definitivo, as conseqüências do facto ilícito, ou o lesado pretenda usar da faculdade que lhe confere o artigo 569º do Código Civil; c) quando a fixação do quantitativo esteja dependente de prestação de contas ou de outro acto que deva ser praticado pelo réu".

António Santos Abrantes Geraldes explica a posição tomada pelo legislador luso, sobretudo após a recente reforma do CPC, ao expor que "a faculdade que a lei concede tem em vista acautelar os interesses do autor que poderiam ser irremediavelmente afectados se se exigisse sempre, em qualquer situação, a liquidação inicial do pedido. Atente-se, designadamente, no decurso do prazo prescricional em relação aos direitos do lesado ou nas dificuldades concernentes à prova dos factos pelo simples decurso de tempo. Mas a li-

---

482 PASSOS, J. J. Calmon de. *Comentários ao Código de Processo Civil.* Volume III..., p. 157-158.

483 PIMENTEL, Wellington Moreira. *Comentários ao Código de Processo Civil.* Volume III..., p. 171-172.

mitação daquela possibilidade a certas situações legalmente previstas tem também em vista proteger o demandado para que, em regra, todo o conflito seja dirimido de uma vez só, evitando-se a duplicação de procedimentos. A maior parte das situações susceptíveis de se enquadrarem no art. 471 em que o autor, dispondo já de elementos necessários para se fazer reconhecer judicialmente como titular de certo direito, não está ainda habilitado a indicar aquilo que o réu deve ser obrigado, em concreto, a prestar-lhe".[484]

Hipóteses de pedido genérico. São as seguintes:

Inciso I: nas ações universais, se não for possível o autor individuar na petição os bens demandados.

O Código Civil admite a universalidade de fato e a de direito. A universalidade de fato é a pluralidade de bens singulares que, pertencentes à mesma pessoa, têm destinação unitária. O rebanho de gado é exemplo típico. Já a universalidade de direito é o complexo de relações jurídicas de uma pessoa, dotada de valor econômico. O patrimônio de uma pessoa é exemplo de universalidade de direito.[485]

O inciso I não distingue se o pedido genérico deve recair sobre uma universalidade de direito ou de fato, o que torna admissível a incidência do disposto nas duas espécies, uma vez que não é permitido ao juiz restringir o que a lei não restringe.

Por o artigo 471, 11, "a", do CPC Luso possuir redação semelhante ao disposto em exame, António Santos Abrantes Geraldes informa que "não se torna necessário, para a indicação de pedido genérico, a alegação da impossibilidade de o autor fazer logo a concretização, pelo que poderá apresentar-se ainda que o autor esteja em condições de discriminar ou individualizar os objectos compreendidos nas universalidades".[486]

A doutrina brasileira não se apresenta tão liberal quanto a posição acima. Sustenta que havendo possibilidade de formular pedido certo e determinado, o autor assim deverá fazer.[487]

---

[484] GERALDES, António Santos Abrantes. *Temas da Reforma do Processo Civil.* Volume I. 2ª edição. Coimbra. Almedina. 1998, p. 164.

[485] PASSOS, J. J. Calmon de. *Comentários ao Código de Processo Civil.* Volume III..., p. 158.

[486] GERALDES, António Santos Abrantes. *Temas da Reforma do Processo Civil.* Volume I..., p. 165.

[487] PASSOS, J. J. Calmon de. *Comentários ao Código de Processo Civil.* Volume III..., p. 159 e PIMENTEL, Wellington Moreira. *Comentários ao Código de Processo Civil.* Volume III..., p. 172.

Mas deve-se informar que essa exigência somente deverá ser feita ao autor se, ao momento da propositura da ação, já lhe era possibilitado individualizar o pedido. Caso negativo, mesmo que essa individualização possa ser feita – portanto, pretensão individualizável –, já possibilita o autor formular pedido genérico. No entanto, para maior segurança, sugere-se ao autor o uso da medida cautelar de arrolamento de bens, a fim de descriminar os bens que constituem a universalidade e possibilitar individualizar o pedido na ação principal (CPC, arts. 855-860).

Inciso II: poderá haver pedido genérico quando não for possível determinar, de modo definitivo, as conseqüências do ato ou fato ilícito.

O Código Civil procura de certa forma liquidar objetivamente as obrigações resultantes de atos ilícitos, ao longo dos artigos 1.537-1.553. Tais disposições procuram fornecer ao autor parâmetros para liquidar a extensão do dano, a fim de consolidar a pretensão do autor.

Porém, se não conseguir definir a extensão do dano para que possa liquidá-lo, dada à complexidade do fato, como ocorre entre a pessoa que sofre lesão e está à beira da morte ou de uma invalidez, poderá o autor pleitear pedido genérico, nos termos do inciso II.

O pedido genérico não pode representar a ausência da consolidação da pretensão do autor. O direito à indenização mostra-se presente a partir do dano oriundo de ato ilícito. Apenas o *quantum* que não se mostra integralizado, em razão da não incidência de alguns parâmetros legais.

Nessa linha, expõe Calmon de Passos que "a lei exige, para formulação de pedido dessa natureza, a impossibilidade de determinação definitiva das conseqüências do ato ou fato ilícito. Essa impossibilidade não precisa ser provada pelo autor, bastando-lhe alegá-la na inicial, para ser admitido o seu pedido. Nada impede que o autor, no curso da instrução da causa, faça prova cabal da extensão e do valor dos danos, obtendo sentença líquida".[488]

Segundo António Geraldes, o fundamento da norma se destina a proteger o lesado. Pois, elucida o jurista português "é evidente a razoabilidade de uma tal solução, porquanto se destina a proteger o lesado que seja credor de uma indemnização, cujos contornos ainda não pode determinar com total ri-

[488] PASSOS, J. J. Calmon de. *Comentários ao Código de Processo Civil.* Volume III..., p. 160.

gor e que, de outro modo, poderia ver prescrito o seu direito de crédito, nos termos do art. 498 do CC, ou dificultada a prova dos factos integradores da responsabilidade civil, devido à marcha imparável do tempo e aos efeitos erosivos que pode provocar na reconstituição dos factos".[489]

Por fim, conforme explica Wellington Moreira Pimentel, o pedido poderá conter parte certa e determinada e parte genérica, cuja averiguação e liquidação será obtida ao longo do processo. Exemplifica-se a possibilidade de pedir indenização pelas despesas de tratamento e a indenização pelo dano decorrente da perda ou redução da capacidade laborativa, cujo valor ainda não foi constatado.[490]

Com base na norma do inciso II, assentou o TJSP que "é lícito formular pedido genérico, quando a indenização pleiteada não permite fixar, na inicial, quantia certa, sobretudo quando dependendo de prova técnica para estimativa de danos".[491]

Pedido em indenização por dano moral. A despeito de autorizada doutrina sustentar que nas ações de indenização por dano moral ou à imagem, o pedido deve ser certo e determinado, fixado pelo autor,[492] crê-se que a solução deve ser outra à proposta.

Inicialmente, cumpre destacar que a avaliação da extensão do dano moral é meramente subjetiva, não tendo qualquer parâmetro legal para objetivar o valor do dano. Pretender aplicar analogamente normas que tratam da liquidação de danos materiais para liquidar dano moral seria confundir a qualidade específica de um pedido com outro. Assim, não mais se falaria em indenização por danos morais, mas em indenização de danos morais por cálculo de danos materiais, o que seria um equívoco e às vezes *bis in idem.*

Por outro lado, o autor pode ter uma avaliação unilateral do dano sofrido. Mas os parâmetros medidos por ele estão sujeitos à influência externa que não pode e não deve ser considerada em juízo. Imagine o autor ser indevidamente protestado por um título de valor cem, mas pretender condenar o réu

---

489 GERALDES, António Santos Abrantes. *Temas da Reforma do Processo Civil.* Volume I..., p. 166.

490 PIMENTEL, Wellington Moreira. *Comentários ao Código de Processo Civil.* Volume III..., p. 173.

491 PAULA, Alexandre de. *Código de Processo Civil Anotado.* Volume II ..., p. 1214.

492 NERY JÚNIOR, Nelson, e Rosa Maria Andrade Nery. *Código de Processo...*, p. 778.

a indenizá-lo em 100 mil face a vergonha que o autor teve frente aos seus familiares. Há um limite para as indenizações por dano moral, sob pena de proliferar (talvez ampliar ainda mais) a "indústria do dano moral".

De igual forma, se cabível exame pericial, serão os elementos subjetivos do perito, sua realidade social, seu histórico pessoal etc. que vão indicar um valor. Igualmente discutível.

Também, inviável o autor formular um pedido certo, determinado e liquidado do dano moral. O autor pede cem porque entende ser cabível e os parâmetros adotados pelo juiz são outros e condena o réu a pagar dez. O autor foi vitorioso, porque teve o direito material reconhecido – ofensa a dano moral – mas derrotado em 90% da sua pretensão indenizatória, com repercussão direta no ônus da sucumbência. Praticamente uma improcedência do pedido. O autor ingressa com ação imaginando ser credor e sai da demanda como derrotado e devedor.

Nesse aspecto, há de se preservar, mas também alertar, que cada juiz possui um critério de avaliação da extensão do dano para cada espécie de ato ilícito. Sobretudo porque o novo Código Civil preferiu não disciplinar o cálculo do valor da indenização pelo dano moral. Portanto, a liquidação do valor feita pelo autor fica em grau de importância secundária, uma vez que a "palavra final" caberá ao juiz e aos seus parâmetros.

Em face de tudo isso, sugere-se que o autor, fulcrado no inciso II, formule pedido genérico, requerendo que o juiz, se proceder a pretensão, condene o réu a um valor líquido, arbitrado judicialmente. É verdade que o autor deverá deduzir na causa de pedir os fatos ensejadores da ilicitude e a ocorrência do dano moral; poderá ainda apresentar alguns parâmetros adotados na jurisprudência e na doutrina. Mas é inegável que, seja qual o valor arbitrado judicialmente, o autor será vencedor na demanda e não terá que arcar com o ônus da sucumbência.

Inciso III: por fim, possibilitar-se-á o pedido genérico quando a determinação do valor da condenação depender de ato que deva ser praticado pelo réu.

Não se trata aqui de pedido alternativo, em que a forma da prestação poderá ser escolhida pelo réu (CPC, art. 288, parágrafo único). Trata-se de ação que aborda obrigação de dar e a forma de prestação é única. O que difere é que a liquidação do dano não depende de mera aferição pelo autor, mas de ato que deva ser praticado pelo réu. O que, obviamente, não pode ser indicado pelo autor na petição inicial.[493]

Calmon de Passos, apoiando-se em José Alberto dos Reis, cita como exemplo dessa hipótese a ação de prestação de contas. E esclarece que essa hipótese de pedido genérico contém implicitamente a pretensão de o réu pagar quantia que se liquidar como saldo favorável ao autor. Este pode expressamente formular genérico e líquido, seja o réu condenado no saldo que contra ele se apurar. Mas enquanto não formulado, o pedido está virtualmente contido na exigência da prestação de contas.[494]

Outro exemplo que se pode dar à norma decorre da multa pecuniária arbitrada nas ações cominatórias (CPC, arts. 287 e 461). Assim, pode-se imaginar que o réu fica proibido de ingressar em tal local, sob pena de pagar multa diária de cem, enquanto lá permanecer. Daí que, se por algumas vezes o réu permaneceu, incide a multa diária, mas o valor definitivo para fins de execução somente poderá ser liquidado após a apuração de quantos dias o réu permaneceu no local.

Como a apuração do valor depende de ato exclusivamente do réu, o CPC admite o pedido genérico, para liquidação da sentença posteriormente. Justifica esse posicionamento Wellington Moreira Pimentel dado ao "fato de que a impossibilidade de indicação precisa que deve constar do pedido, não pode se constituir em obstáculo ao exercício do direito de ação. Mas os abusos deverão ser coibidos, tendo o juiz sempre presente que a regra geral é o pedido certo ou determinado. Daí resulta que a interpretação dos incisos I e III deve ser restrita, e a enumeração ali feita é exaustiva".[495]

Art. 287. Se o autor pedir que seja imposta ao réu a abstenção da prática de algum ato, tolerar alguma atividade, prestar ato ou entregar coisa, poderá requerer cominação de pena pecuniária para o caso de descumprimento da sentença ou da decisão antecipatória de tutela (arts. 461, § 4º, e 461-A).

---

493 NERY JÚNIOR, Nelson, e Rosa Maria Andrade Nery. *Código de Processo...*, p. 778.

494 PASSOS, J. J. Calmon de. *Comentários ao Código de Processo Civil.* Volume III..., p. 161.

495 PIMENTEL, Wellington Moreira. *Comentários ao Código de Processo Civil.* Volume III..., p. 173-174.

PEDIDO COMINATÓRIO

Noção. O disposto anterior trata, porém não de forma exclusiva, do pedido relativo à obrigação de dar. Já o disposto em exame, recentemente modificado pela Lei nº 10.444, de 07/05/02, trata de forma exclusiva do pedido relativo às obrigações de fazer e não fazer infungíveis, instituídas por lei ou por contrato. Porém, esse tratamento processual não é de forma exaustiva, uma vez que é preciso consorciar a norma com os artigos 461 e 461-A, ambos do CPC.

A diferença essencial na obrigação de fazer ou não fazer em relação à obrigação de dar se funda na sua prestação: enquanto que na obrigação de dar a obrigação consiste em dar alguma coisa, determinada ou não, na obrigação de fazer ou não fazer a prestação consiste numa atividade direta e personalíssima do devedor. Justamente em razão disso, o STF formulou a Súmula 500, pronunciando que: "Não cabe ação cominatória para compelir o réu a cumprir obrigação de dar".

Em razão dessas peculiaridades, acrescidas da questão da efetividade da pretensão cominatória, justifica-se o disposto especial, que dever ser aplicado aliado aos artigos 461, § 4º, e 461-A, ambos do CPC.

Daí explicar Calmon de Passos que a obrigação de fazer ou não fazer consiste "num fato a ser prestado pelo devedor, sua aquiescência é fundamental para a obtenção do resultado perseguido. A recusa do devedor, no particular, coloca em confronto dois valores: o do respeito à liberdade individual, em razão do que se tutela a recusa do devedor a prestar o fato, não se permitindo seja ele violentado em sua liberdade, resolvendo-se o inadimplemento em perdas e danos; e o da tutela do interesse do credor, assegurando-se-lhe, coativamente, a prestação pactuada, mediante a execução específica".[496]

Caso típico de utilização da ação de preceito cominatório se dá para a proteção do meio-ambiente, em que se exige a prática de um ato, como a colocação de filtros em chaminés de indústrias, ou abstenção da prática de um ato, como em não exercer determinada atividade enquanto não aprovada pelas autoridades administrativas. Em tais obrigações, fica cominada a incidência de multa diária, a fim de garantir a efetividade do direito.

---

[496] PASSOS, J. J. Calmon de. *Comentários ao Código de Processo Civil.* Volume III..., p. 162-163.

Meio de coerção. Para lograr essa execução específica, o CPC seguiu a orientação francesa para conferir ao credor a obrigação e impor ao devedor meios coercitivos de cumprimento da prestação. O principal meio de coerção é a aplicação de multa pecuniária, previsto como se vê do artigos 287 do CPC.

O preceito cominatório, associado à pena pecuniária, pode ser reconhecido em sede de tutela antecipatória ou em sede de sentença. Concedida por ocasião da tutela antecipatória, aplica-se o artigo 273, § 3º, do CPC, recentemente modificado pela Lei nº 10.444, que remete à forma de estipulação da pena pecuniária ao § 4º, do artigo 461 do CPC.

Já o § 4º, do artigo 461, do CPC, por sua vez, refere-se sobre a possibilidade do juiz impor multa diária ao réu, a fim de garantir a eficácia do cumprimento da obrigação de fazer ou não fazer reconhecida na sentença.

E o modo de conferir eficácia à pena pecuniária se dará pelos termos do artigo 461-A, do CPC, inserido por força da Lei nº 10.444, cujo exame se fará adiante.

Por isso, expõe Wellington Moreira Pimentel, "o que caracteriza a ação cominatória é a cominação de pena para o caso de descumprimento do preceito. Cita-se o réu para que pratique o ato, ou dele se abstenha, sob determinada cominação pecuniária que o autor pedira na inicial e o juiz, ordenando a expedição do mandado citatório após breve cognição, faz incluir no *praeceptum*".[497]

A necessidade da execução se revela na medida em que o Estado irá substituir a atividade do devedor, não porque este se recusa a cumprir a obrigação, mas, acima de tudo, pela impossibilidade prática de obter-se espontaneamente a prestação.

Note-se, com Ovídio A. Baptista da Silva, que as ações cominatórias buscam um instrumento processual que garanta a sua eficácia. Pois, explica o mestre gaúcho, que "em certos casos, há necessidade de cominar-se alguma pena ou determinada conseqüência desfavorável ao réu, para o caso de, sendo ele condenado, mesmo assim persistir no não cumprimento da obrigação reconhecida pela sentença. O campo natural dos pedidos cominatórios é o das obrigações de fazer infungíveis. Para estas, precisamente em virtude de

---

[497] PIMENTEL, Wellington Moreira. *Comentários ao Código de Processo Civil.* Volume III..., p. 175.

sua infungibilidade, a ordem jurídica não dispõe de meios através dos quais possa dar ao credor algum substitutivo jurisdicional, capaz de vencer a resistência do réu condenado e, mesmo sem a sua colaboração, como é da essência da função jurisdicional executória, satisfazer a pretensão do demandante, reconhecida legítima pela sentença".[498]

O pedido cominatório. O pedido cominatório é específico para obrigações infungíveis. A petição inicial deverá requerer o cumprimento da obrigação de fazer ou não fazer, acrescido da cominação da multa a ser arbitrada judicialmente.

Havendo o cumprimento da obrigação, não incide a multa, porque esta apenas possui caráter coercitivo e não sancionador. Não havendo, incide a multa, computada diariamente, até que seja cumprida a obrigação. Daí o entendimento de que o valor da multa, a ser arbitrado judicialmente, deverá ser de uma quantia que efetivamente constranja o réu a adimplir a obrigação. Isso significa, noutras palavras, que o valor deverá ser alto, acima de qualquer prudência, sob pena de figurar um bom negócio ao réu deixar de cumprir a obrigação, porque os lucros da atividade seriam maiores que a soma das multas.

Natureza da pretensão cominatória. Alerta Luiz Guilherme Marinoni que o artigo 287 não trata de condenação, uma vez que a natureza da pretensão não busca viabilizar um título executivo. Pois, ao apoiar-se nos artigos 461, do CPC, e 84, do CDC, explica Marinoni que tais dispostos permitem ao juiz a aplicação de multa diária e de determinar medidas necessárias para a obtenção do resultado prático da obrigação. Por isso, o provimento judicial implica uma tutela mandamental, dado em razão da expedição de ordens ou mandamentos.[499]

A imposição de multa não desnatura o caráter mandamental, ao contrário, até reforça a expedição do mandamento. A multa se mostra como instrumento de coerção, isto é, de adesão do devedor aos preceitos decretados pelo juiz.

EXECUÇÃO DO PRECEITO COMINATÓRIO

Pela via espontânea. Ao formular o pedido da obrigação de fazer ou não fazer, e acolhido em sede de tutela antecipatória ou em sede de sentença, será expedido uma ordem judicial em favor do credor.

---

[498] SILVA, Ovídio A. Baptista da. *Curso de Processo Civil.* Volume I..., p. 180.

[499] MARINONI, Luiz Guilherme. *Tutela Inibitória*..., p. 347.

Tal ordem – o que bem configura o caráter mandamental do provimento deferido – deverá ser imediatamente cumprida, nos termos em que foi determinado judicialmente.

Ocorrendo o cumprimento espontâneo, não incidirá qualquer multa ou pena pecuniária, pois inexistente a sua condição de aplicação: inadimplência do devedor.

Pela via forçda – a aplicação do artigo 461-A, do CPC. Entretanto, ocorrendo a inadimplência do devedor quanto ao cumprimento da obrigação, passa a incidir a multa diária, porque existente a condição para a sua aplicação.

Contudo, a pena pecuniária deve ser executada, para fins de constrangimento do devedor. Por isso, procurou o legislador conferir mecanismos processuais no CPC para tal tarefa, a fim de que a efetividade da pena pecuniária também servisse de instrumento para a efetividade da obrigação de fazer ou não fazer.

Inicialmente, cumpre destacar que não se trata de execução por quantia certa. Ao menos enquanto o credor estiver utilizando a pena pecuniária como instrumento coercitivo para adimplemento da obrigação de fazer e não fazer.

E na ausência de mecanismos próprios para o cumprimento de tal empreitada, a Lei nº 10.444 inseriu no CPC o artigo 461-A, com o objetivo de conferir o mecanismo necessário para a eficácia da pena pecuniária, sem que fosse convertida em obrigação de dar propriamente dita.

Pois, o novel artigo 461-A, do CPC, acrescido no sistema processual por força da Lei nº 10.444, determina no seu *caput* que "na ação que tenha por objeto a entrega de coisa, o juiz, ao conceder a tutela específica, fixará prazo para o cumprimento da obrigação".

Segue o § 1º dispondo que "tratando-se de entrega de coisa determinada pelo gênero e quantidade, o credor a individualizará na petição inicial, se lhe couber a escolha; cabendo ao devedor escolher, este a entregará individualizada, no prazo fixado pelo juiz".

Acresce o § 2º que "não cumprida a obrigação no prazo estabelecido, expedir-se-á em favor do credor mandado de busca e apreensão ou de imissão na posse, conforme se tratar de coisa móvel ou imóvel". Por fim, dispõe o § 3º que "aplica-se à ação prevista neste artigo o disposto nos §§ 1º ao 6º do art. 461".

Por isso, tem-se que o § 2º do artigo 461-A, do CPC, apresenta o mecanismo necessário e suficiente para conferir eficácia à pena pecuniária, sem que houvesse conversão de obrigação.

Crê-se que, no momento de acolher o preceito cominatório com a respectiva pena pecuniária, deverá o juiz estabelecer o mecanismo de eficácia desta. Se for pagamento em dinheiro, deverá prever a possibilidade de expedição de mandado de busca e apreensão em conta bancária ou em espécie no caixa; se for para transferir posse de imóvel, a possibilidade de expedição do mandado de imissão de posse.

Em tais casos, observe-se, reiteradamente, que haverá a eficácia forçada da pena pecuniária sem que haja processo de execução por obrigação de dar. Portanto, buscou-se a eficácia da pena pecuniária sem que houvesse conversão em obrigação de dar.

A práxis judiciária poderá mostrar, num futuro próximo, a prudente utilidade dos mandados de busca e apreensão ou de imissão de posse como fiéis instrumentos de eficácia de obrigação de fazer ou não fazer. Resta saber, por exemplo, até que ponto será possível admitir a expedição do mandado de imissão de posse em empresas ou indústrias do devedor, para que seja cumprida obrigação em favor do credor.

CRÍTICA

A inaptidão do artigo 287 em prevenir lesão a direto. Explica Luiz Guilherme Marinoni que o disposto em exame, retrata o artigo 302, do CPC de 1939, e que ficou sucumbido pela jurisprudência por inaplicar a medida coercitiva *initio litis.* Daí concluir que o artigo 287 não viabiliza a tutela preventiva. Por isso, narra Marinoni, "não é por razão diversa que a prática assistiu ao uso da ação cautelar inominada como remédio supletivo da lacuna deixada pelo legislador processual. O art. 798 do CPC sempre constituiu uma espécie de 'válvula de escape' para a prestação da tutela jurisdicional adequada, sendo oportuno lembrar que a própria tutela antecipatória repressiva foi prestada, em um determinado momento, sob as vestes da tutela cautelar. Assim, é fácil perceber o motivo pelo qual o direito à tutela preventiva passou a ser realizado por meio da ação cautelar inominada. A necessidade de uma tutela jurisdicional preventiva, ao conduzir ao uso da tutela cautelar, fez surgir uma confusão entre tutela cautelar e tutela preventiva e, ainda, uma forma de tutela jurisdicional que atendia somente em parte e de forma inefetiva ao direito à prevenção".[500]

Daí o entendimento de que o preceito cominatório deve ser concedido antecipadamente, a fim de manter intacto o direito oriundo da obrigação infungível.

É o que ensina Marinoni, ao expor que a "tutela cominatória, oriunda do art. 287 do CPC, embora possa ser efetivada mediante multa, não é adequada à tutela da prevenção do ilícito, uma vez que este artigo afirma que a multa só poderá ser aplicada 'para o caso de descumprimento da sentença'. A tutela de prevenção do ilícito, como é óbvio, requer um procedimento estruturado com tutela antecipada, pois o direito a que se visa proteger através da tutela preventiva tem, em regra, grande probabilidade de ser lesado no curso do processo. De outro modo, a tutela preventiva pode ser transformada em tutela ressarcitória, ou o direito em pecúnia, mediante uma injusta expropriação imposta pelo próprio tempo que o Estado exige para tutelar o direito que ele mesmo consagra. A necessidade de tutela preventiva exige a estruturação de um procedimento autônomo, dotado de tutela antecipatória e que desemboque em uma sentença que possa impor um fazer ou um não fazer sob pena de multa. Além disso, é necessário compreender, para a efetividade da tutela preventiva, quais são os seus pressupostos, evitando-se que o procedimento a ela referente seja povoado por questões impertinentes".[501]

Em razão disso, precedentes judiciais, que entendiam que a multa somente poderia ser exeqüível a partir do trânsito em julgado da sentença,[502] não podem servir de fonte de conhecimento, face uma concepção do direito processual construído nas últimas décadas.

Da possibilidade de prisão civil do devedor. Compreendendo que a efetividade do preceito cominatório fica jungida a um aspecto econômico, quando se refere à multa diária, e que esse aspecto econômico pode ser inapto a conferir a devida eficácia da obrigação de fazer ou não fazer, tem-se que a prisão civil do devedor é o meio instrumental idôneo para a desejada efetividade.

---

[500] MARINONI, Luiz Guilherme. *Tutela Inibitória...*, p. 52-53.

[501] MARINONI, Luiz Guilherme. *Tutela Inibitória...*, p. 22-23.

[502] STF: "A multa pedida na inicial da ação cominatória é devida a partir do trânsito em julgado da decisão que a decreta", cf. PAULA, Alexandre de. *Código de Processo Civil Anotado.* Volume II ..., p. 1216.

Pois, a despeito de ser concedida tutela antecipada com altíssimo valor da multa, pode ocorrer que o devedor se recuse a prestar, seja por entender que o desrespeito ainda é um ótimo negócio, seja porque é insolvente, assim nada teria a perder. Para situações como essa e tendo em vista que se trata de direito ambiental ou direitos coletivos, tem-se que se deve possibilitar a prisão civil do devedor, por 90 (noventa) dias, como medida coercitiva.

A possibilidade de prisão surgiria na medida em que outros meios coercitivos se mostrarem infrutíferos. Como se trata de tutela mandamental, configura aí crime de desobediência.

Pois, "tratando-se de obrigação de fazer e obrigação de não fazer, de caráter infungível, e desde que o inadimplemento da obrigação represente um dano à coletividade ou ao meio ambiente, o devedor será compelido a prestar a obrigação sob pena de ser decretada sua prisão pelo prazo máximo de noventa dias. Tal medida está a serviço dos interesses maiores da sociedade, como a integridade física, a qualidade de vida, do meio ambiente e dos bens de consumo. Uma nova concepção do Direito impôs-se com o final do século e a jurisdição não pode distanciar-se dos novos valores sociais. A previsão da prisão é meio coativo para adimplemento da obrigação, que não poderá, por sua natureza, ser substituída por outra".[503]

Art. 288. O pedido será alternativo, quando, pela natureza da obrigação, o devedor puder cumprir a prestação de mais de um modo.

Parágrafo único. Quando, pela lei ou pelo contrato, a escolha couber ao devedor, o juiz lhe assegurará o direito de cumprir a prestação de um ou de outro modo, ainda que o autor não tenha formulado pedido alternativo.

PEDIDO ALTERNATIVO

Pedido simples e pedido alternativo. O pedido pode ser simples ou complexo. Pedido simples é aquele que exterioriza apenas uma pretensão isoladamente, como requerer o despejo do inquilino ou a rescisão de um contrato. Pedido

503 PAULA, Jônatas Luiz Moreira de. *Uma Visão Crítica...*, p. 180.

complexo ou pedido cumulado, é o que contém duas ou mais pretensões exteriorizadas por dois ou mais pedidos, como requerer o despejo cumulado com cobrança de aluguéis ou rescisão do contrato cumulado com perdas e danos.[504]

Pedido alternativo, segundo Vicente Greco Filho, é aquele que se formula, em razão da natureza da obrigação, podendo o devedor cumprir a prestação de mais de um modo. Pois, "o direito material não permite ao autor pedir as duas prestações cumulativamente, mas apenas uma delas alternativamente (...)".[505]

Segundo Wellington Moreira Pimentel, a característica do pedido alternativo "é a existência de mais de uma prestação porém, delas apenas uma pode ser exigida pelo credor e deverá ser satisfeita pelo devedor, de forma que, a satisfação de uma delas, extingue a obrigação".[506]

Daí compreender que o pedido alternativo não passa de pedido simples, mas formulado alternativamente, por ser alternativa a prestação de obrigação que lhe serve de fundamento. À vista disso, o pedido alternativo tem por origem a variabilidade da prestação alternativa e se justifica porque, havendo pluralidade de prestações, apenas uma delas é devida, pelo que, prestado um dos objetos, a obrigação se acha cumprida e se extingue. Tem-se como exemplo, a obrigação de fazer de caráter fungível que, se não cumprida espontaneamente pelo devedor, poderá ser realizada por terceiro ou convertida em perdas e danos, nos termos do artigo 249, do CC. Perceptível que a obrigação poderá ser cumprida sob três formas de prestação: com o seu normal cumprimento, através de terceiro ou com a conversão em perdas e danos. A satisfação da pretensão se faz com o acolhimento de uma das três hipóteses.[507]

O artigo 288 trata de obrigações de fazer e não fazer de caráter fungível, uma vez que o Código Civil permite sua realização por outros modos, ao contrário do artigo 287, que prevê apenas em obrigação de caráter infungível.

Mas cumpre destacar que a obrigação prevista no artigo 288 é uma só, admitindo-se, porém, a variabilidade da prestação, que é prevista no próprio regulamento da obrigação. Daí a natureza do pedido: é alternativo quanto à sua prestação e nunca quanto a obrigação.

---

504 PAULA, Jônatas Luiz Moreira de. *Teoria Geral do Processo*..., p. 163.

505 GRECO FILHO, Vicente. *Direito Processual Civil.* 2º Volume..., p. 114.

506 PIMENTEL, Wellington Moreira. *Comentários ao Código de Processo Civil.* Volume III..., p. 179.

507 PAULA, Jônatas Luiz Moreira de. *Teoria Geral do Processo* ..., p. 163-164.

Nesse sentido, diz Calmon de Passos que, competindo ao devedor, "não pode o autor formular pedido certo, pois estaria subtraindo do réu o direito de escolha. Daí o pedido alternativo, para que o réu cumpra a obrigação por uma das formas pactuadas".[508]

Reafirmando o caráter específico do pedido, proclamou o TAMG que "se múltipla a forma de prestar a obrigação, o pedido é alternativo; porém, se esta for fixa, há cumulação alternativa de pedidos".[509]

Resta lembrar que o valor da causa no pedido alternativo será, na esteira do artigo 259, III, do CPC, o maior valor estimado entre os pedidos alternativos.

Alternatividade da prestação. A escolha da prestação da obrigação pode ser do autor ou réu, dependendo do que estipular a lei ou o contrato.

Se a opção de escolha couber ao autor-credor, "não necessitará ele de formular pedido alternativo. Seu pedido será determinado, tendo por conteúdo a forma de prestação escolhida. Não será, contudo, inepta sua inicial, nem defeituosa, como não será ilícito o pedido alternativo que formule nessa circunstância. O credor tem o direito de escolha, não a obrigação de escolher. Formulado pedido alternativo, isso significa que renunciou, em benefício do réu, ao direito de escolher".[510]

Daí que ao autor, credor da obrigação, tem a disponibilidade de formular pedido alternativo. Assim como poderá formular apenas pedido simples. Tudo integra sua esfera de disponibilidade e conveniência. Por isso, o autor poderá, por exemplo, formular pedido para que o réu pinte o quadro a que se obrigou ou que custeie para que uma terceira pessoa faça ou simplesmente indenize o autor. Também, nada impede que o autor simplesmente requeira a indenização por perdas e danos, pelo fato do réu não ter cumprido a obrigação.

Porém, se pela lei ou pelo contrato, a opção da escolha for do réu-devedor, isso deverá ser respeitado. Deverá o processo oportunizar ao réu a escolha, seja por expresso requerimento do autor, seja por determinação judicial, ainda que de ofício, no caso de omissão do autor. É o que determina o parágrafo único do disposto.

---

[508] PASSOS, J. J. Calmon de. *Comentários ao Código de Processo Civil.* Volume III..., p. 175.

[509] PAULA, Alexandre de. *Código de Processo Civil Anotado.* Volume II ..., p. 1219.

[510] PASSOS, J. J. Calmon de. *Comentários ao Código de Processo Civil.* Volume III..., p. 175.

Essa oportunidade de escolha poderá se dar no curso do processo ou na sentença, para fins de execução.[511] Mesmo na hipótese do autor formular pedido simples e o réu ser revel, ocasião que a sentença deverá conferir a oportunidade ao réu-devedor fazer a escolha por ocasião da execução.[512]

Forma de execução. Embora o artigo 288, do CPC, não faça qualquer menção, ao contrário do que equivocadamente fez o artigo 287, do CPC, crê-se que o artigo 461-A, do CPC, tem pertinência ao disposto em exame.

Pois, conforme a recente reforma processual dada pela Lei nº 10.444, de 07/05/02, que acresceu o artigo 461-A, no CPC, compreende-se que este disposto é aplicável e adequado para conferir um mecanismo de efetividade à hipótese do artigo 288.

O artigo 461-A, do CPC, no seu *caput*, realça que seu destino é de conferir uma tutela específica para as ações que visam a entrega de coisa. Mas ressalta o § 1º que, tratando-se de entrega de coisa determinada pelo gênero e quantidade, o credor a individualizará na petição inicial, se lhe couber a escolha. Se couber ao devedor tal escolha, este deverá requerer de forma individualizada, no prazo fixado pelo juiz.

Acresce o § 2º que, não sendo cumprida a obrigação no prazo estabelecido, será expedido em favor do credor mandado de busca e apreensão ou de imissão de posse.

Observe-se pois que, a despeito do artigo 288 tratar de obrigação de fazer e não fazer infungíveis e o artigo 461-A, ambos do CPC, tratar de obrigação de dar, as estruturas dos dispostos são semelhantes e adequadas.

Note-se que o § 2º do artigo 461-A, do CPC, acrescenta um plus inexistente no artigo 288: a possibilidade da expedição de um mandado para cumprimento específico da tutela. Ora, isso é adequado para a hipótese do artigo 288 se a prestação a ser cumprida – por opção ou por determinação judicial – for de outra forma que não um simples fazer ou não fazer.

Essa adequação decorre de um elemento comum das duas normas enfocadas: a fungibilidade da obrigação, que permite a variabilidade da forma da prestação.

---

511 NERY JÚNIOR, Nelson, e Rosa Maria Andrade Nery. *Código de Processo...*, p. 779.

512 PASSOS, J. J. Calmon de. *Comentários ao Código de Processo Civil.* Volume III..., p. 175-176.

Art. 289. É lícito formular mais de um pedido em ordem sucessiva, a fim de que o juiz conheça do posterior, em não podendo acolher o anterior.

PEDIDO SUBSIDIÁRIO OU SUCESSIVOS PEDIDOS

Noção. É a cumulação eventual de pedidos, em que o juiz poderá optar por uma ou por outra pretensão formulada pelo autor, sendo examinada a primeira, posteriormente a segunda. Mas nunca haverá acolhimento de todos os pedidos somados, pois não se trata de pedido sucessivo (CPC, art. 292).

Note-se que a procedência de um pedido significa a exclusão do outro, uma vez que o autor formula diversos pedidos, mas o juiz somente acatará um. Daí a característica de cumulação alternativa.

Nesse sentido, diz o artigo 469º, do CPC Português: "Podem formular-se pedidos subsidiários. Diz-se subsidiário o pedido que é apresentado ao tribunal para ser tomado em consideração somente em no caso de não proceder um pedido anterior".

Típico exemplo do instituto em questão é o que se mostra no § 1º, do artigo 461, do CPC, em que o autor formula pedido consistente em obrigação de fazer ou não fazer de caráter infungível, mas requer sua conversão em perdas e danos (obrigação de dar), em razão de inexecução da pretensão. Outro exemplo é a ação em que se formula a nulidade do casamento, mas subsidiariamente formula-se também a separação judicial.[513]

Resta lembrar que o valor da causa deverá ser, nos termos do artigo 259, IV, do CPC, o valor econômico estimado do pedido principal.

Pedido subsidiário e sucessivos pedidos. O pedido subsidiário sempre significará em cumulação de pedidos. No entanto, apenas um será concedido, o anterior ou o posterior.

Dessa forma, a doutrina utiliza como expressão sinônima *pedido sucessivo.* Mas na verdade, essa expressão não se mostra certa, sendo correto qualifi-

---

[513] Exemplo formulado por NERY JÚNIOR, Nelson, e Rosa Maria Andrade Nery. *Código de Processo...*, p. 780.

car simplesmente como *pedido subsidiário* ou *sucessivos pedidos*, porque diversos pedidos são formulados sucessivamente, mas apenas um será acatado. Assim, é preciso compreender que há uma formulação sucessiva de pedidos, sendo que apenas um será acatado, ao contrário da idéia de *pedidos sucessivos* em que pedidos são formulados e possibilitam seu acatamento conjunto.

Além disso, há uma ordem de preferência na ordem sucessiva de conhecimento, onde se examina o primeiro pedido formulado e, no caso de improcedência, examina-se o segundo pedido. Essa ordem ou essa possibilidade de se acolher o segundo pedido caso o primeiro improceda inexiste no *pedido sucessivo*, até porque, nesse caso, o primeiro pedido exerce relação de prejudicialidade sobre os demais pedidos sucessivos.

Sucumbência. A improcedência do primeiro pedido, com a procedência do segundo, não há como resultar em sucumbência do autor. Pois, é preciso sempre ter em conta que no pedido subsidiário o autor deduz, de alguma forma, uma pretensão alternativa, consubstanciada nos dois pedidos, sabendo que apenas um será acolhido.

Por isso, ao optar por um dos pedidos, a sentença estará aderindo à pretensão do autor, uma vez que não se pode proceder os dois pedidos. Dessa forma, a procedência de um dos pedidos representará a vitória do autor, inexistindo sucumbência.

Em sentido contrário, decidiu o TAMG: "Em havendo pedidos sucessivos, e não alternativos, se um deles foi indeferido, não há como excluir o autor da sucumbência relativa, consubstanciada na verba honorária e nas custas processuais".[514]

Realçando a tese de que a procedência de um pedido representa a vitória do autor, é preciso lembrar que a sentença que rejeitar um pedido, com omissão do segundo pedido, é nula por ser *infra petita*.[515]

Conciliação do pedido subsidiário com as demais espécies. O pedido subsidiário justifica-se como forma de economia de demandas, além de preservar melhor os interesses do autor. Pois, explica António Santos Abrantes Geraldes, "a utilidade dessa fórmula adjectiva mais se evidencia quando se permite ao

514 PAULA, Alexandre de. *Código de Processo Civil Anotado*. Volume II ..., p. 1220-1221.

515 TARS, cf. PAULA, Alexandre de. *Código de Processo Civil Anotado*. Volume II ..., p. 1221.

autor deduzir pedidos substancialmente incompatíveis sem correr o risco de indeferimento liminar ou de absolvição da instância com base em ineptidão da petição inicial".[516]

Daí, realçando, que o pedido subsidiário sempre resultará na transformação da obrigação, o que explica a "substancial incompatibilidade dos pedidos" acima citada pelo professor português.

Nessa linha, o pedido subsidiário em certo ponto diverge e converge do pedido cominatório. O pedido cominatório prevê aplicação de multa, que é obrigação de dar, como forma de coerção para o cumprimento da obrigação infungível. Já o pedido subsidiário prevê a obrigação de dar, mas requerido subsidiariamente à inexecução da obrigação de fazer ou não fazer infungível. Daí que tais pedidos podem convergir porque prevêem o uso de obrigação distinta da pretensão principal, mas divergem porque a procedência do segundo pedido subsidiário significa a inexecução do pedido cominatório.

Daí sugerir que o pedido cominatório poderá ser precedido de um pedido subsidiário, o que reforça a compatibilidade entre os dois institutos.

O pedido subsidiário também diverge do pedido alternativo. O pedido alternativo prevê o acolhimento de uma das formas de prestação como forma de adimplemento da obrigação. Já o pedido subsidiário representa, em última análise, na inexecução da obrigação da pretensão principal, razão pela qual acata-se o pedido subsidiário, que representa outra obrigação como forma de satisfazer o direito do autor.

Por fim, o pedido subsidiário também diverge do pedido sucessivo. Enquanto que no subsidiário o juiz apenas acolhe um pedido, rejeitando os demais, no sucessivo o juiz poderá acolher todos os pedidos. Além disso, no subsidiário a improcedência do primeiro pedido poderá representar a procedência do segundo, mas no sucessivo, a improcedência do primeiro significa, automaticamente, a improcedência do segundo, pois entre ambos há uma relação de prejudicialidade.

Aplicação do artigo 461-A, do CPC. Também o artigo 289 mostra-se absolutamente compatível com os termos do artigo 461-A, do CPC, inserido no sistema processual por força da Lei nº 10.444, de 07/05/02.

---

[516] GERALDES, António Santos Abrantes. *Temas da Reforma do Processo Civil.* Volume I..., p. 156.

Essa compatibilidade se dá em razão da inviabilidade do pedido principal e o acolhimento do segundo pedido, subsidiário, que consiste numa obrigação de dar coisa determinada. Daí a sentença seguir a estrutura processual do artigo 461-A, do CPC.

O acolhimento do pedido subsidiário, a título de exemplo, poderá advir da variabilidade da prestação, decorrente da conversão de uma obrigação fungível.

Técnica. Manifestou o TJSP que "a alternatividade eventual ou sucessiva consiste em que dois ou mais pedidos são deduzidos na ordem de preferência, para que um seja examinado quando o outro haja sido rejeitado".[517]

Decidiu o TJSC que "é lícito formular mais de um pedido em forma sucessiva a fim de que o juiz conheça do posterior em não podendo acolher o anterior – art. 289 do CPC. Decaindo o autor do direito da cominatória, nada impede que se julgue o pedido de perdas e danos – art. 643 do CPC".[518]

Art. 290. Quando a obrigação consistir em prestações periódicas, considerar-se-ão elas incluídas no pedido, independentemente de declaração expressa do autor; se o devedor, no curso do processo, deixar de pagá-las ou de consigná-las, a sentença as incluirá na condenação, enquanto durar a obrigação.

PEDIDO SOBRE PRESTAÇÕES PERIÓDICAS

Noção. O disposto em exame não inaugura uma nova espécie de pedido, como ocorreu nos artigos antecedentes. Trata-se, simplesmente, de formulação de um pedido que incida sobre uma relação jurídica que apresente prestações periódicas ou sobre "obrigações de trato sucessivo".

Explica António Santos Abrantes Geraldes que estão envolvidos "todos os contratos de que resultem prestações reiteradas, periódicas ou com trato sucessivo (*v.g.* obrigações do locatário, no que concerne ao pagamento dos juros remuneratórios periodicamente vencíveis), mas também os contratos em que a prestação global é dividida em diversas prestações fraccionadas ou repartidas (*v.g.* preço pago a prestações em contrato de compra e venda). Em

[517] RT 610/67.

[518] PAULA, Alexandre de. *Código de Processo Civil Anotado.* Volume II ..., p. 1221.

qualquer destes casos, ponderou-se que, de acordo com as regras da experiência comum, a falta de cumprimento de uma determinada prestação já vencida faz supor ou um conflito de interesses entre o credor e o devedor ou uma situação de carência de meios para cumprir, sendo previsível a manutenção do estado de inadimplência. Partindo desta base, considerou-se adequado proporcionar ao credor um meio de obter um título executivo a utilizar à medida que se vencerem as prestações futuras, sem necessidade de, constantemente, instaurar pleitos contra o devedor ou requerer, em processo declarativo pendente, a ampliação do pedido inicialmente formulado".[519]

Relativa às prestações futuras, justifica o mestre português que se trata de "apenas de conferir ao credor um meio de evitar prejuízos que lhe poderão advir do facto de não ser possuidor de um título executivo que possa imediatamente utilizar contra o devedor".[520]

Sendo assim, o artigo 290 tem por expressa finalidade propiciar ao autor a realização de título executivo sobre prestações vencidas e vincendas, permitindo que se evite o ajuizamento de sucessivas ações versando sobre a mesma matéria.

Realçando sua finalidade, explica Vicente Greco Filho, que "este dispositivo tem por fundamento a economia processual e a finalidade política do processo que é a pacificação e estabilidade das relações jurídicas. Seria exagerado formalismo se exigir uma demanda para cada prestação".[521]

Conhecimento implícito. Note-se que, implicitamente, há um conhecimento de ofício das prestações que se vencerem após o ajuizamento da ação. Daí o entendimento de que o artigo 290 prevê expressamente pedido implícito, que comporá o título executivo.[522]

Justifica-se o pedido implícito a fim de conferir efetividade dos fins buscados no artigo 290. Se o autor não formular pedido expresso, ao juiz é permitido conhecer dos mesmos, visando a economia processual e a celeridade da prestação da tutela jurisdicional.

[519] GERALDES, António Santos Abrantes. *Temas da Reforma do Processo Civil.* Volume I..., p. 187.
[520] GERALDES, António Santos Abrantes. *Temas da Reforma do Processo Civil.* Volume I..., p. 188.
[521] GRECO FILHO, Vicente. *Direito Processual Civil.* 2º Volume..., p. 115.
[522] TEODORO JÚNIOR, Humberto. *Curso de Direito Processual.* Volume I..., p. 365.

Técnica. Expôs o 1º TACivSP que "sendo de trato sucessivo as prestações – homogêneas, contínuas, da mesma natureza jurídica, sem modificação unilateral – enquanto durar a obrigação estão elas incluídas na sentença condenatória da ação de cobrança. Vencidas depois da condenação, liquidam-se. Novas, não precisam de nova sentença de condenação. As liquidadas por sentença formam título executivo judicial; executam-se. Após a sentença de liquidação, surgidas outras, novamente liquidam-se e se executam, sem necessidade de outra ação de cobrança com sentença condenatória".[523]

Pronunciou o TJPR que "dada a periodicidade das taxas de condomínio, o crédito delas resultante posteriormente ao já habilitado encontra amparo na norma do art. 290 do CPC para a sua habilitação complementar".[524]

Art. 291. Na obrigação indivisível com pluralidade de credores, aquele que não participou do processo receberá a sua parte, deduzidas as despesas na proporção de seu crédito.

EXTENSÃO DOS EFEITOS MEDIATOS DA SENTENÇA

Noção. O artigo 291 deveria ser tratado no capítulo VIII, deste Título, que versa sobre a sentença e coisa julgada. Pois, a norma em questão refere-se à extensão dos efeitos mediatos da sentença ao terceiro em demanda que versa sobre obrigação indivisível com pluralidade de credores.

Melhor explicando. O disposto em enfoque trata da possibilidade do terceiro, credor de obrigação indivisível, ser beneficiado em demanda que pede o cumprimento da prestação proposta por outro(s) credor(es).

Se for examinado com afinco, o disposto em questão não só possibilita a extensão dos efeitos mediatos da sentença, o que geralmente se denomina ampliação dos limites subjetivos da coisa julgada, bem como abre exceção ao princípio da demanda em relação ao terceiro. Sobre este, o sistema processual admite a concessão *ex officio* de tutela jurisdicional, sobre demanda proposta por outro.

---

523 RT 651/97.

524 PAULA, Alexandre de. *Código de Processo Civil Anotado.* Volume II ..., p. 1222.

Fundamento. Justifica Wellington Moreira Pimentel que a norma em comento acompanha a idéia do CPC em propiciar a economia de demandas.[525]

Calmon de Passos, ao justificar o dispositivo frente ao instituto do litisconsórcio simples e, sobretudo, ao litisconsórcio necessário, salienta que "o direito material, em determinados casos de comunhão de direito, legitima qualquer dos titulares a, sozinho, pleitear em favor da comunhão. Assim é que autoriza um condômino a reivindicar o imóvel em benefício da comunhão. Como legitima qualquer credor de obrigação indivisível a exigi-la por inteiro em favor da pluralidade de credores (art. 892). Conseqüentemente, se a ação foi proposta por um só dentre os credores por obrigação indivisível, ele é parte legítima, não se podendo impor o litisconsórcio na espécie. Mas o autor apenas estará autorizado a levantar a parte que lhe foi devida, legitimados os que não participaram do processo, tanto a executar a sentença pela parte que lhe couber, como a levantar do produto a quota que lhe for devida, abatida sua participação proporcional nas despesas do processo. A redação do Projeto remetido ao Legislativo era outra. Dizia o seu art. 295: 'Tratando-se de obrigação indivisível, com pluralidade de credores, qualquer deles poderá intentar a ação em benefício comum, para exigir a dívida por inteiro. Mas o credor, que não participou do processo, só poderá reclamar a parte que lhe cabia no total, descontadas as despesas feitas pelo autor'. O relator-geral da Câmara, acolhendo ponderações feitas por Luiz Antônio de Andrade, apresentou a emenda que tomou o nº 40, dando ao dispositivo sua redação atual. Impugnava o enunciado do Projeto por ter a sua primeira parte como dispensável, por força do disposto nos arts. 892 e 893 do Código Civil;[526] e quanto à segunda, por equivoco, deixando falsamente parecer que o credor não participante da ação deveria reembolsar o autor de todas as despesas por ele feitas com o processo. As ponderações foram aceitas e o dispositivo melhorado, sem sombra de dúvida".[527]

Essa passagem é seguida por Humberto Teodoro Júnior, ao realçar que o artigo 291 não trata de litisconsórcio necessário, "pois cada um dos credores

---

525 PIMENTEL, Wellington Moreira. *Comentários ao Código de Processo Civil.* Volume III..., p. 188-189.

526 Os dispositivos mencionados referem-se ao Código Civil revogado. Disposições semelhantes no novo Código Civil são encontradas nos artigos 260 e 261, respectivamente.

527 PASSOS, J. J. Calmon de. *Comentários ao Código de Processo Civil.* Volume III..., p. 183-184.

tem direito próprio a exigir toda a prestação, cabendo-lhe acertar posteriormente com os demais credores as partes que lhes tocarem. À vista dessas regras de direito material, dispõe o art. 291 do Código de Processo Civil que aquele credor que não tiver movido a ação também receberá a sua parte, devendo, porém, reembolsar ao autor as despesas feitas no processo, na proporção de sua parcela no crédito. Por conseguinte, o autor só estará legitimado a levantar, na execução, a parte que lhe couber no crédito indivisível".[528]

Condições para que o terceiro se beneficie da sentença. Há, reconhecidamente, extensão dos efeitos mediatos da sentença, em benefício do credor de obrigação indivisível.

No entanto, o terceiro não será beneficiado sem qualquer ônus, sob pena de haver enriquecimento ilícito. Daí a parte final do disposto determinar que o terceiro somente poderá receber sua cota-parte se arcar, proporcionalmente, com as despesas do processo.

Isso significa, na prática, que deverá o terceiro, proporcionalmente à sua participação nas cotas, efetuar o pagamento das custas e despesas processuais e honorários advocatícios.

Note-se que, essa situação também beneficia o réu, devedor da obrigação, pois verá os ônus da sucumbência diminuídos em razão da não participação do terceiro na demanda.

Art. 292. É permitida a cumulação, num único processo, contra o mesmo réu, de vários pedidos, ainda que entre eles não haja conexão.

§ 1º São requisitos de admissibilidade da cumulação:

I – que os pedidos sejam compatíveis entre si;

II – que seja competente para conhecer deles o mesmo juízo;

III – que seja adequado para todos os pedidos o tipo de procedimento.

§ 2º Quando, para cada pedido, corresponder tipo diverso de procedimento, admitir-se-á a acumulação, se o autor empregar o procedimento ordinário.

[528] TEODORO JÚNIOR, Humberto. *Curso de Direito Processual.* Volume I..., p. 366.

PEDIDOS SUCESSIVOS OU PEDIDOS CUMULADOS

Conexão e continência de ações. É sabido que existem ações que podem apresentar em comum a causa de pedir e o pedido. Essas ações podem apresentar as mesmas partes, razão pela qual deverão ser processadas em conjunto com o processo principal (CPC, art. 109) ou apresentar partes distintas, mas que também resultará no processamento em conjunto com o processo principal (CPC, arts. 103 e 105).

Também é sabido que existem ações que apresentam identidade de partes e de causa de pedir, divergindo porém nos pedidos, em que um se mostra mais amplo que os demais. Também nessas ações deverá haver o processamento em conjunto com o processo principal (CPC, arts. 104 e 105).

Em ambos os casos, tem-se a conexão de ações, em que as primeiras hipóteses tratam da conexão propriamente dita, e a terceira hipótese de continência.

Pedido sucessivo e conexão de direitos. O pedido sucessivo, matéria enfocada no artigo 292, aborda a conexão de direitos convergidos numa única ação.

O que distingue o pedido sucessivo da conexão e continência é o fato de que estas versam sobre duas ou mais ações, envolvendo as mesmas partes, com diversidade de causa de pedir e pedidos, ao passo que o pedido trata dessas diversas ações, envolvendo as mesmas partes, causa de pedir e pedidos numa única ação.

Portanto, não seria equivocado dizer que o pedido sucessivo significa direitos conexos confinados numa única ação, ou como convencionou-se dizer, "concurso de direitos numa única demanda".[529]

O concurso de direitos numa única ação pode ser *subjetivo*, quando envolver diversidade de partes. Esse fenômeno é tratado pelo sistema processual como litisconsórcio. E *objetivo*, quando envolver diversas causas de pedir e pedidos, fenômeno que é tratado pelo sistema processual como pedido sucessivo.

Pedido sucessivo. É a cumulação eventual de pedidos numa mesma ação contra o réu. Esses pedidos não necessitam ser conexos, mas possuindo procedimentos distintos, a admissibilidade do processamento da ação somente far-se-á com a adoção do procedimento ordinário.

---

[529] MONTELEONE, Girolano. *Diritto Processuale...*, p. 198-200.

O que efetivamente caracteriza o pedido sucessivo das demais espécies de pedidos complexos é o fato de que o pedido sucessivo comporta o acolhimento de todos os pedidos na sentença. Já nas outras espécies, a sentença deverá optar por um ou por outro pedido, em razão da natureza da causa, mas nunca comportará a admissibilidade conjunta e simultânea de pedidos, própria do pedido sucessivo.

O pedido sucessivo significa uma sucessão de pedidos, em que diversas pretensões são formuladas e possibilitam seu acatamento conjunto, simultâneo e cumulativo.

Pedido sucessivo e conexão de direitos. O CPC é claro ao dizer que é possível formular diversos pedidos sucessivos, mesmo que entre eles não haja conexão, desde que satisfeitos os requisitos do § 1º, do artigo 292. A ação que visa a indenização oriunda de dois atos ilícitos distintos praticados pelo réu é típico exemplo de pedidos sucessivos sem conexão.

No entanto, a maioria dos casos de pedidos sucessivos apresenta conexão entre pedidos, e alguns aspectos merecem ser examinados. A ação de investigação de paternidade cumulada com alimentos é típico exemplo de pedidos cumulados conexos entre si.

Essa conexão – entre os pedidos sucessivos – decorre da conexão da causa de pedir, porque deriva a partir dos mesmos fatos que integram a demanda, tanto faz sob a ótica da teoria da substanciação ou da teoria da individualização. No exemplo acima citado, os fatos são distintos – relações sexuais que conceberam a criança e a necessidade/possibilidade de prestar alimentos – mas a conexão da causa de pedir se dá em razão de uma qualidade jurídica – relação de parentesco – que poderá ser reconhecida na sentença. Daí a possibilidade de se cumular pedidos, isto é, a possibilidade de se atribuir tantos efeitos jurídicos possíveis à essa possível qualidade jurídica.

Mas deve-se lembrar que cada pedido poderá representar uma série de requisitos e condições para a sua procedência, o que exigirá do autor a dedução de fatos específicos e sua comprovação para a procedência do pedido.

Em razão da conexão entre os pedidos, detecta-se a possibilidade de haver pedido implícito e relação de prejudicialidade.

Relativo a pedido implícito, é possível encontrar em algumas causas a necessidade de se conhecer de questões não suscitadas pelo autor, mas que é objeto para procedência ou improcedência das pretensões formuladas. Casos comuns foram encontrados na década de 90 com a ação de reintegração de posse cumulada com a cobrança das parcelas devidas em contrato de *leasing*, em que a rescisão do respectivo contrato mostrava-se necessária. É verdade que quase todos os contratos apresentavam cláusula resolutiva, que desfazia o negócio independentemente de notificação expressa, quando ocorria a condição de inadimplemento. Mas o trato judicial em diversas vezes foi o de conhecimento da rescisão contratual, mesmo não requerido expressamente pelo autor.

Também insta destacar que a conexão entre os pedidos sucessivos guarda relação de prejudicialidade entre eles. Nesse caso, há uma expressa ordem de preferência de seu conhecimento: primeiro, julga-se o pedido formulado em primeiro lugar ou o pedido principal, e em seguida, julgam-se os demais pedidos. Casos típicos são os dois exemplos acima citados: para que o réu seja condenado a prestar alimentos, primeiro é preciso estabelecer a relação de parentesco, daí que primeiro julga-se a investigação de paternidade. De igual forma, para reintegrar a posse do bem arrendado, primeiro é preciso rescindir o contrato de *leasing*, para depois examinar a reintegração de posse.

Interessante mais ainda, a relação de prejudicialidade não guarda necessariamente uma relação de vinculação. A procedência do primeiro pedido, ou do pedido principal, não representará, necessariamente, na procedência dos demais pedidos. Imagine-se uma ação de investigação de paternidade cumulada com alimentos, em que se procede a investigação, mas não se condena o réu a prestar alimentos, face a riqueza superveniente do autor. Ou o caso da ação de indenização por danos materiais e lucros cessantes, há procedência do primeiro pedido, mas improcedência do segundo, porque não houve prova do lucro cessante.

Portanto, se entre os pedidos sucessivos há uma relação de prejudicialidade, não há, necessariamente, relação de vinculação.

Pedidos sucessivos e valor da causa. Independentemente de os pedidos serem ou não são conexos entre si, a sua formulação na petição repercutirá diretamente no valor da causa.

Pois, para o cálculo desta, será levado em conta a soma do valor econômico estimado de cada pedido, conforme proclama o artigo 259, II, do CPC. Assim, se o pedido "A" for estimado em cem, o pedido "B" estimado em cinqüenta e o pedido "C" estimado em trinta, o valor da causa será de 180.

REQUISITOS PARA A ADMISSIBILIDADE DE PEDIDOS SUCESSIVOS

Inciso I: os pedidos são compatíveis entre si. Esse requisito mostra que os pedidos não necessitam ser oriundos de direito conexo, mas entre eles devem guardar uma coerência lógica entre as tutelas pretendidas.

Tal entendimento deve partir por um raciocínio de exclusão. Por isso, somente é cabível obter tutelas que pertencem à mesma natureza do processo. Logo, incabível deduzir pedido típico de ação de conhecimento em ação de execução e vice-versa. Exceção à regra se fazia a uma tendência que se mostrava nos projetos da 2ª fase de Reforma do CPC que se discutia no Congresso Nacional. Entre as propostas, apresenta-se a possibilidade de fungibilidade entre tutela antecipatória e tutela cautelar, o que poderia sugerir a conversão de pedidos de processos de distinta natureza. Essa proposta foi aceita e encontra-se no § 7º, do artigo 273, do CPC. Remete-se ao leitor o comentário do dispositivo neste volume, mas adianta-se que a fungibilidade se dá em razão do poder geral de cautela do juiz.

Outro elemento de compatibilidade entre pedidos é relativo à sua qualidade. A qualidade dos pedidos deve seguir a mesma coerência lógica, que melhor tutela o direito ou os direitos conexos. A condenação do réu à indenização por dois atos ilícitos possui coerência lógica, uma vez que o autor busca constituir título executivo contra a mesma pessoa. Assim, são incompatíveis os pedidos que visam declarar a inexistência de relação jurídica e a condenação do réu por perdas e danos oriundos dessa mesma relação jurídica, pois esses pedidos são juridicamente opostos.

No pedido subsidiário e no pedido alternativo é possível haver pedidos opostos. Mas como é sabido, a sentença somente vai acolher um deles. Diferentes são os pedidos sucessivos, em que todos pedidos poderão ser acolhidos conjuntamente. Por isso, expõe Roland Arazi que "os pedidos que se cumulam não devem ser contrários entre si, salvo que a cumulação se faça em forma subsidiária para o caso que não prospere uma delas, considerada como principal; a mesma solução é válida para o caso em que a cumulação se faça de forma alternativa, caso em que se pede que se acolha somente um dos pedidos".[530] Nesse mesmo sentido argumenta Humberto Teodoro Júnior.[531]

---

[530] ARAZI, Roland. *Derecho Procesal Civil y Comercial.* Tomo I..., p. 109.

[531] TEODORO JÚNIOR, Humberto. *Curso de Direito Processual.* Volume I..., p. 367.

Daí a lição de Calmon de Passos, ao mostrar que "compatível é o que pode coexistir, o que é conciliável com outro ou outros. A compatibilidade reclamada não é necessariamente lógica, sim compatibilidade jurídica".[532]

Pronunciou o 1º TACivSP que "inexiste óbice à cumulação de pedidos declaratório, desconstitutivo e condenatório, desde que estejam presentes os pressupostos do art. 292, § 1º, do CPC".[533]

Inciso II: a competência para conhecer dos pedidos no mesmo juízo. Como pedidos sucessivos representam a convergência de diversas demandas, conexas ou não, aplicam-se analogamente os artigos 103, 104, 105 e 106, todos do CPC. Obviamente, relembra-se que não se trata de diversidade de ações, mas de diversidade de pedidos, que se formulados em ações específicas gerariam a conexão ou a continência.

Nesse aspecto, se os pedidos fossem formulados em ações distintas e essas ações se submetessem às regras da competência relativa, aplicar-se-ia o artigo 106, do CPC. Conseqüentemente, incide o inciso II do presente disposto, que admite a competência relativa para validar os pedidos sucessivos.

Mas, o autor deve seguir alguns parâmetros para a definição da competência do juízo: a) se entre os pedidos, houver um que define competência absoluta, a ação deverá ser proposta no juízo absolutamente competente; b) se entre um dos pedidos estiver envolvido sob foro contratual, a ação deverá ser proposta no juízo indicado no negócio; e c) se todos os pedidos forem de competência relativa, a ação deverá ser proposta no foro do domicílio do réu.

Se impossível atender o requisito da competência, seja porque os pedidos indicam juízos distintos, regulados por competência absoluta, a ação deverá ser desmembrada, até que se atinjam juízos competentes para processar os pedidos, que agora formalizam distintas ações.

Manifestou o STF que "se o autor formulou na ação pedido que nela não deva comportar-se, porque da competência de outra Justiça, a cumulação dos pedidos não pode ser tolerada. E nada justifica que, depois de solver a questão que lhe compete, determine o julgador a remessa dos autos à Justiça competente, para que este prossiga no exame da outra pretensão: ou caberá à Justiça comum decidi-la ou, não cabendo, isto mesmo deverá ser declarado em seu jul-

---

[532] PASSOS, J. J. Calmon de. *Comentários ao Código de Processo Civil.* Volume III..., p. 192.

[533] PAULA, Alexandre de. *Código de Processo Civil Anotado.* Volume II ..., p. 1232.

gamento, pondo termo à demanda, a fim de que o autor, se o desejar, manifeste pretensão adequada contra quem de direito, perante o Juízo competente".[534]

Inciso III: o terceiro requisito trata da adequação do procedimento, para processar a ação com diversidade de procedimentos.

O que se busca com esse requisito é a compatibilidade do procedimento. Se possível, poderá a ação ser processada pelo rito especial ou rito sumário.[535] Caso negativo, deverá a ação seguir o procedimento ordinário, nos termos do § 2º, o que representa numa expressa renúncia dos ritos sumário ou especial.[536]

O que se busca com esse requisito é a unicidade do procedimento, isto é, imprimir à ação um rito único, que geralmente utiliza o ordinário.

O procedimento a ser empregado é de responsabilidade do juiz, razão pela qual ele deverá averiguar qual rito deverá ser utilizado. Isso significa, nesse caso, que poderá o juiz adotar outro procedimento que não o indicado pelo autor.

Nessa linha, manifestou o 1º TACivSP, que "a regra inscrita no § 2º do art. 292 do CPC há que ser vista com a reserva de que tenham os pedidos postos em Juízo compatibilidade de se adaptarem ao rito ordinário, ainda que não apresentem conexão entre si, já que esta não é condição da cumulação objetiva – *caput*, do supracitado dispositivo legal. É preciso atentar que a disponibilidade das partes, quanto ao procedimento, sofre restrições próprias, que decorrem do caráter de ordem pública das normas processuais e também da espécie de prestação jurisdicional reclamada".[537]

Art. 293. Os pedidos são interpretados restritivamente, compreendendo-se, entretanto, no principal os juros legais.

QUESTÕES ACERCA DA INTERPRETAÇÃO DO PEDIDO

Divergência de entendimentos. Ensina Eduardo Couture, interpretar é extrair um sentido. Mas, "extrair um sentido dentro de uma ordem normativa da índo-

---

[534] PAULA, Alexandre de. *Código de Processo Civil Anotado.* Volume II ..., p. 1225-1226.
[535] ARAZI, Roland. *Derecho Procesal Civil y Comercial.* Tomo I..., p. 109.
[536] NERY JÚNIOR, Nelson, e Rosa Maria Andrade Nery. *Código de Processo...*, p. 781.
[537] PAULA, Alexandre de. *Código de Processo Civil Anotado.* Volume II ..., p. 1231.

le da que se acaba de referir, própria da esfera processual, é não só descobrir a razão do texto, como, também, seu significado dentro do sistema de princípios".[538]

Se interpretar uma norma processual exige um conhecimento sistemático e de seus princípios, interpretar o pedido exige uma abordagem restritiva. O disposto em questão não impede um conhecimento sistemático, mas proíbe uma interpretação além do que foi requerido.

Assim, consoante a doutrina de Calmon de Passos, "interpretar restritivamente o pedido é tirar dele tudo quanto nele se contém e só o que nele se contém, sem que se possa ampliá-lo por força de interpretação extensiva ou por consideração outra qualquer de caráter hermenêutico".[539]

Estaria, portanto, o legislador negar uma interpretação sistemática, por conta de uma produção de caráter hermenêutico? Crê-se que não.

Com efeito, o artigo 154, do CPC de 1939, de redação idêntica ao disposto em comento, teve o seguinte comentário de Jorge Americano: "Na interpretação do pedido contido na petição inicial, aplicam-se as regras da interpretação das leis e dos atos jurídicos, no que couberem. A conclusão sobreleva, porém, à narração, desde que não seja contrária e que se mantenha dentro das regras do silogismo. Entretanto, apesar de ser restritiva a regra do artigo 154, não pode ser *contrária à intenção da parte*. Assim, interpreta-se sempre o pedido a favor de quem pede, pois não se presume que alguém proceda intencionalmente contra o seu interesse".[540]

Maximizando a importância da norma enfocada, Wellington Moreira Pimentel afirma que ela não só se dirige à interpretação do pedido, como ao dispositivo da sentença, para evitar julgamento *extra* e *ultra petita* (CPC, art. 460), e também ao processo de execução.[541]

Além disso, é preciso sempre ter em vista a regra do artigo 5º, da LICC, que reclama aos fins sociais da lei, por ocasião da sua aplicação, bem como dos preceitos da instrumentalidade do processo.

---

538 COUTURE, Eduardo. *Interpretação das leis processuais.* 3ª edição. Rio de Janeiro. Forense. 1993. Tradução da Dra. Gilda Maciel Corrêa Meyer Russomano, p. 40.

539 PASSOS, J. J. Calmon de. *Comentários ao Código de Processo Civil.* Volume III..., p. 195.

540 AMERICANO, Jorge. *Comentários ao Código de Processo Civil do Brasil.* 1º Volume..., p. 219.

541 PIMENTEL, Wellington Moreira. *Comentários ao Código de Processo Civil.* Volume III..., p. 205.

Em face disso, interpretar restritivamente o pedido significa obter um conhecimento jurídico mediante hermenêutica. Negar a possibilidade da criação hermenêutica não seria uma medida de boa política judiciária. Pode ser que a recomendação pelo método restritivo não seja o adequado, mas não se pode negar a necessidade da criação hermenêutica.

Interpretação restritiva e pedido implícito. Outros argumentos mostram a viabilidade de uma criação hermenêutica. Uma delas é a conciliação da norma com o pedido implícito.

O pedido implícito, como por diversas vezes visto nos dispostos anteriores, estabelece um novo conhecimento a ser abordado pelo juiz. Assim, questões como os ônus da sucumbência, os honorários advocatícios, os artigos 290 e 291, do CPC, estabelecem pretensões não requeridas, mas que deverão ser conhecidas pelo juiz.

No caso de pedido implícito não há como o juiz interpretar restritivamente, mas conformar a pretensão da parte dentro dos moldes legais. Logo, inaplicável o artigo 293 no pedido implícito.

Interpretação restritiva e ação cautelar. Nessa hipótese, simplesmente o ordenamento processual desconsidera a interpretação restritiva, a fim de possibilitar que haja concessão de tutela cautelar não requerida.

Tal entendimento deve-se ao poder geral de cautela do juiz, na esteira do artigo 798, do CPC. Ratificando, graças a essa faculdade processual, o juiz poderá conceder tutela não requerida pelo autor, o que implica em interpretação extensiva, a fim de conferir a este uma proteção cautelar.

Como exemplo disso, observe-se a regra do § 7º, do artigo 273, do CPC, ao admitir a fungibilidade da tutela antecipatória em tutela cautelar.

Conclusão. Em face das questões expostas, verifica-se que o disposto em questão serve apenas para concluir o seguinte:

toda interpretação de norma processual deve ater-se aos fins sociais do direito e aos princípios;

a interpretação restritiva do pedido somente é cabível a fim de evitar o julgamento *extra* ou *ultra petita*;

inexiste qualquer possibilidade de haver interpretação restritiva no pedido implícito, devendo o juiz acomodar esse pedido nos moldes legais; e

na tutela cautelar, inexiste interpretação restritiva do pedido, uma vez que o CPC confere ao juiz o poder geral de cautela.

Técnica. Proclamou o TJMG que "o mandado de segurança apresenta-se como ação civil, de natureza contenciosa, subordinando-se, quanto aos pressupostos e condições, à disciplina do Processo Civil. Assim, o pedido deverá ser interpretado restritivamente, integrando-o tão-somente o que nele expressamente estiver contido".[542]

Numa visão mais ampla, decidiu o 2º TACivSP que "o julgador sempre dará sentença conforme o libelo, regra do texto das Ordenações; contudo, no pedido, deve-se compreender não só o fundamento principal, mas as conseqüências acessórias *a latere*, que não podem dela ser dissociadas".[543]

Art. 294. Antes da citação, o autor poderá aditar o pedido, correndo à sua conta as custas acrescidas em razão dessa iniciativa.

ESTABILIDADE DA DEMANDA E ADITAMENTO DO PEDIDO

Estabilidade. O disposto em comento tem nítida relação com o artigo 264, do CPC. Ambos os dispostos possuem o mesmo comando e são coerentes entre si.

O artigo 294, assim como o artigo 264, trata do princípio da estabilidade da demanda. Essa estabilidade pode se dar *subjetivamente*, com a manutenção das partes na relação processual, e *objetivamente*, com a manutenção da causa de pedir e pedido.

A estabilidade objetiva tem por fim evitar o improviso no desenvolvimento e conhecimento da lide. Certamente, o maior prejudicado na instabilidade da demanda seria o réu, que deveria defender-se de diversos pedidos durante o processo, surgindo vários a cada etapa. Para evitar esse improviso, que soaria como desorganização, o artigo 294, assim como o artigo 264, proíbe a alteração do pedido após a citação, salvo se o réu consentir, como se pode ver do artigo 264.

---

542 PAULA, Alexandre de. *Código de Processo Civil Anotado.* Volume II ..., p. 1235.

543 PAULA, Alexandre de. *Código de Processo Civil Anotado.* Volume II ..., p. 1236.

O pedido tem importância para a demanda. Pois, a dedução do pedido importa em diversas conseqüências, a saber: determinação da competência, inclusive absoluta; determinação da natureza do processo; determinação do procedimento; determinação da natureza da obrigação demandada; determinação do objeto litigado; determinação do valor da causa; determinação da ocorrência ou não da mora; determinação da fraude à execução; e a determinação de proteção cautelar. Assim, mais do que nunca o pedido deve manter-se intacto, salvo nas exceções admitidas pela lei processual, que já é de prévio conhecimento dos litigantes.

Modificação do pedido. Mas a estabilidade da demanda é regra geral que se exige a partir do momento que o réu for citado. Pois, enquanto não realizada a citação, é admissível a alteração da causa de pedir e do pedido, uma vez que a relação processual não foi integralizada e qualquer modificação não geraria prejuízo ao réu, sendo que ele, ao ser citado, responderá aos termos da ação e da alteração da causa de pedir e do pedido.

É preciso destacar que a norma em questão não trata de emenda do pedido, e não de simples emenda ou modificação. Diferencia-os Calmon de Passos: "Diz-se que há emenda quando se corrige simples erro manifesto. Exemplifica-se com a hipótese de o autor pedir cem, referindo-se a documento que apenas lhe dava o direito a dez. Temos que erros desse tipo são corrigíveis, mais não fosse como conseqüência do que dispõem os arts. 284 e 463, I, por analogia, aplicáveis ao autor. Há mudança do pedido quando o inicialmente formulado é substituído por outro, conservados os fundamentos da demanda, ou alterando-se os mesmos. Admite-a o Código, antes da citação, livremente, e depois da citação, com o consentimento do réu (art. 264), desde que o faça antes do saneamento do processo, como limita o parágrafo único. Aditamento do pedido é acrescentar-lhe alguma coisa que falta. Veda-o o art. 294, como anteriormente o fazia o art. 157 do Código revogado".[544]

Exemplo de aditamento da inicial é acrescentar o pedido de rescisão de contrato na ação de reintegração de posse de bem arrendado ou o pedido de alimentos na ação de investigação de paternidade. Em tais casos, ocorre pedido implícito, já que a rescisão do contrato é questão prejudicial para a reinte-

---

[544] PASSOS, J. J. Calmon de. *Comentários ao Código de Processo Civil.* Volume III..., p. 197.

gração do bem arrendado. De igual forma, por força do artigo 7º, da Lei nº 8.560/92, que trata da ação de investigação de paternidade, dispõe que sempre que na sentença for reconhecida a paternidade, serão fixados os alimentos provisionais ou definitivos que o autor necessitar, o que mostra ser pedido implícito.

Seção III

DO INDEFERIMENTO DA PETIÇÃO INICIAL

Art. 295. A petição inicial será indeferida:

I – quando for inepta;

II – quando a parte for manifestamente ilegítima;

III – quando o autor carecer de interesse processual;

IV – quando o juiz verificar, desde logo, a decadência ou a prescrição (art. 219, § 5º);

V – quando o tipo do procedimento, escolhido pelo autor, não corresponder à natureza da causa, ou ao valor da causa; caso em que só não será indeferida, se puder adaptar-se ao tipo de procedimento legal;

VI – quando não atendidas as prescrições dos arts. 39, parágrafo único, primeira parte, e 284.

Parágrafo único. Considera-se inepta a petição inicial quando:

I – lhe faltar pedido ou causa de pedir;

II – da narração dos fatos não decorrer logicamente a conclusão;

III - o pedido for juridicamente impossível;

IV - contiver pedidos incompatíveis entre si.

DO INDEFERIMENTO DA PETIÇÃO INICIAL

Noção. Indeferir a petição inicial é ato pelo qual o juiz, após lhe ser enviada a ação, nega seu processamento, por vislumbrar alguma das hipóteses do artigo 295 ou parágrafo único do artigo 284, ambos do CPC.

Consoante Nelson Nery Júnior e Rosa Maria Andrade, indeferir "significa trancar liminarmente a petição inicial, sem dar prosseguimento ao pretendido pelo autor".[545]

Wellington Moreira Pimentel, ao justificar o disposto, explica que "os casos de indeferimento da inicial, entretanto, são de direito estrito e não comportam interpretação extensiva. Deve o juiz usar com maior parcimônia e toda a cautela, do poder-dever de indeferir a inicial. Diante do monopólio do Estado na administração da justiça, os obstáculos ao ingresso do interessado em juízo para haver a prometida prestação jurisdicional devem ser os estritamente legais. Não se perca de vista que também o Estado tem interesse, de ordem diversa é claro, na composição do conflito, pois este, em última análise, importa em perturbação da paz social. Do próprio código extrai-se a conclusão de que o deferimento da inicial é medida extrema a ser adotada quando esgotadas as possibilidades de sua correção, adição ou adaptação. Assim, o art. 284 abre ensejo a que o juiz determine ao autor que emende ou complete a inicial que não preencha os requisitos exigidos nos arts. 282 e 283, ou que apresentem defeitos e irregularidades capazes de dificultar o julgamento do mérito. No mesmo sentido é a regra do art. 39, cujo parágrafo único determina que o juiz conceda o prazo de 48 horas para que seja averbado o endereço em que o procurador receberá intimações. Não cumprida a determinação naquele prazo, é que será a inicial indeferida. Também assim, o inciso V deste artigo: só se indefere a inicial se não for possível a adaptação ao procedimento legal".[546]

---

545 NERY JÚNIOR, Nelson, e Rosa Maria Andrade Nery. *Código de Processo...*, p. 783.

546 PIMENTEL, Wellington Moreira. *Comentários ao Código de Processo Civil.* Volume III..., p. 212.

Natureza do ato. A natureza do ato judicial é de sentença, porque extingue o processo. Ainda que o processo não se tenha desenvolvido em todas as suas fases ou não tenha havido a integralização da relação processual com a citação do réu, é inegável que os poucos atos realizados (ajuizamento da ação, distribuição, pagamento de taxas e das custas processuais, autuação, registro, conclusão ao juiz e indeferimento) constituem processo. Com o indeferimento da petição inicial, extingue-se a razão de ser desses poucos atos realizados, que é o processo.

A extinção do processo por indeferimento da inicial se dá, na maioria das causas, sem o julgamento do mérito, consoante pode-se examinar dos incisos I, II, III, V e VI, e parágrafo único, do disposto em comento. Por outro lado, não se pode negar também a possibilidade de haver indeferimento com o julgamento do mérito, quando vislumbrar a decadência e a prescrição, na esteira do inciso IV.

Sendo, por isso, sentença, o recurso cabível contra o ato que indefere a inicial é o de apelação, conforme prevê o artigo 513, do CPC. Como reforço desse entendimento, e até mesmo sucumbir qualquer divergência, o artigo 296 tipifica especificadamente o recurso de apelação contra o ato de indeferimento da inicial. A única diferença, como se verá adiante, é de que na hipótese de indeferimento, é possibilitado ao juiz exercer juízo de retratabilidade, o que não ocorre com o rito padrão da apelação (CPC, arts. 496-512 e 513-521).

O indeferimento decorre da incidência de hipótese que invalida a petição inicial, cuja norma, considerada em si mesma, a qualifica como desvio de um modelo legal querido. Portanto, trata-se de ato atípico, mas que gera um mal maior que é a invalidade.

Exprime Calmon de Passos que "a atipicidade relevante acarreta a ineficácia do ato. Ele cessa de produzir efeitos. E essa improdutividade de efeitos ora se reveste da forma de nulidade, invalidade que alcança efeitos já produzidos, ora assume outras formas, como a do indeferimento, que é sanção à atipicidade relevante do ato que ainda não produziu efeitos, para que eles não venham a ocorrer. O indeferimento é, portanto, uma forma obstativa da eficácia. Enquanto a nulidade faz cessar efeitos que já se produziram, o indeferimento sanciona o ato com a ineficácia, antes mesmo que os efeitos por ele perseguidos se tenham produzido. A petição inicial, ato processual típico, pode, conseqüentemente, ser defeituosa. E se o defeito que apresenta é relevante, isto é, capaz de obstar o fim específico a que o ato se propõe ou de dificultar ou impedir o alcance dos fins da justiça a que o próprio processo, como fenômeno global, se lança, deve o defeito da petição inicial acarretar o seu indeferimento, vale dizer, a sanção de invalidade do ato, chamada de indeferimento, por seu caráter obstativo".[547]

Momento de indeferimento. Se indeferir a inicial significa obstar seu processamento, por reconhecer sua invalidade, o momento propício é quando o juiz recebe a ação para exercer o exame de admissibilidade de processamento: ou confere um ato positivo, recebendo a inicial, ou determina sua emenda, ou confere um ato negativo, indeferindo a inicial.

Note-se que a própria idéia de indeferimento da inicial sinaliza uma primeira abordagem do juiz com a causa. Tanto que o indeferimento ocorre sem o conhecimento do réu, já que este não foi citado e nem será, face o não processamento da demanda.

No entanto, nada impede que o juiz, após deferir o processamento da inicial, reveja as hipóteses do artigo 295 e extinga o processo. Mas, nesse caso, não há que se falar em indeferimento da inicial, e sim em julgamento conforme o estado do processo, nos termos do artigo 329, do CPC. O conteúdo das matérias elencadas no artigo 295, em consonância com o artigo 267 e § 3º, do CPC, não gera preclusão *pro judicato.*

Nessa esteira, lecionam Nelson Nery Júnior e Rosa Maria Andrade Nery, que somente pode ocorrer o indeferimento da inicial "se o juiz assim proceder logo no início do procedimento. Determinada a citação do réu, não mais poderá haver indeferimento da petição inicial, pelo simples motivo de que foi *deferida*, isto é, mandada processar. Caso o juiz, no decorrer do processo, resolva acolher, por exemplo, preliminar argüida pelo réu de carência de ação (CPC 301 X) por manifesta ilegitimidade da petição inicial (CPC 295 II), não mais poderá indeferir a petição inicial já deferida, mas sim deverá extinguir o processo sem julgamento do mérito (CPC 267 VI)".[548]

Por fim, cumpre destacar que o deferimento da inicial não gera efeito preclusivo, porque nada impede que o juiz reexamine hipóteses do artigo 295, para, posteriormente, extinguir o processo. Nesse caso, não se trata de indeferi-

---

[547] PASSOS, J. J. Calmon de. *Comentários ao Código de Processo Civil.* Volume III..., p. 199.
[548] NERY JÚNIOR, Nelson, e Rosa Maria Andrade Nery. *Código de Processo...*, p. 783.

mento, mas de extinção do processo. É a conclusão nº 23 do VI Encontro Nacional de Tribunais de Alçada que: "A circunstância de não ter o juiz indeferido liminarmente a inicial não o impede de extinguir posteriormente o processo".

HIPÓTESES DE INDEFERIMENTO

Inciso I: haverá indeferimento da inicial quando ela for inepta. Inépcia significa que a petição não é apta, isto é, não tem possibilidade de ser validamente desenvolvida e extrair efeitos.

O parágrafo único do artigo 295 trata das hipóteses de inépcia da inicial: ausência da causa de pedir e pedido (I); incompatibilidade entre os fatos narrados e o pedido formulado (II); impossibilidade jurídica do pedido (III); e incompatibilidade de pedidos complexos (IV).

Examinam-se as hipóteses.

Ausência de causa de pedir e pedido. Se a inicial está ausente da causa de pedir e pedido, há um vício maior que o vício de validade: vício de existência. Pois, sabido que a causa de pedir e o pedido constituem os elementos da ação, ao lado das partes, e que sua ausência representará na inexistência da ação, uma inicial despida desses elementos é considerada como não existente. Portanto, é um vício maior que o vício de validade, que pressupõe, ao menos, a existência da ação.

Mas, analisando-se no plano do vício da validade – isto é, num plano aquém do que deveria ser tratado –, a ausência da causa de pedir e do pedido implica em defeito que obsta, impede ou torna impossível o julgamento do mérito.

Calmon de Passos, ao tratar da ausência dos elementos da ação, salienta que "faltando o pedido, faltará conteúdo para a sentença, em sua conclusão, uma vez que não se saberá qual o bem da vida pretendido pelo autor. E como entre nós vige o princípio dispositivo, segundo o qual não pode o juiz agir de ofício e não pode ele decidir fora, aquém ou além do pedido pelas partes, a ausência do pedido impede, de modo absoluto e irremediável, o exercício da atividade jurisdicional do Estado, conseqüentemente, torna inviável o prosseguimento do processo. Também determina a inépcia a falta da causa de pedir. Realmente, faltando a causa de pedir, faltará a enunciação do fato jurídico sobre o qual assenta o autor a sua pretensão. Recordemos, aqui, o que já foi dito: causa de pedir, título ou *causa petendi* outra coisa não é que o fato constitutivo do direito do autor e o fato constitutivo da obrigação do réu. Se ao juiz não se oferece um e outro, retirou-se-lhe o poder de exercício, no caso concreto, da sua jurisdição, porquanto sem fato conhecido não há direito a aplicar".[549]

O artigo 474, do CPC Português, mesmo após a reforma, continua a silenciar como hipótese de recusa do recebimento da inicial se esta for omissa quanto à causa de pedir ou ao pedido. Abílio Neto, em nota ao artigo 474, esclarece que a enumeração é taxativa.[550]

Crê-se que a legislação portuguesa preferiu, bem ou mal, receber a ação, numa clara recepção ao princípio do acesso à justiça, a fim de, posteriormente, improceder a pretensão do autor por ausência da causa de pedir e pedido. Se tal entendimento confirmar-se, a importância do princípio do dispositivo teve sua atuação restringida.

Técnica. A norma processual fala em ausência de causa de pedir e pedido, como algo que é ausente ou omisso. Portanto, se a ação contém causa de pedir ou pedido confusos, mas de certa forma inteligível, não há que se indeferir a inicial.[551] Nesse caso, a providência recomendável é a aplicação do artigo 284, do CPC, uma vez que a causa de pedir e o pedido confusos podem gerar obstáculo ao exercício da defesa e ao julgamento do mérito.

Incompatibilidade entre os fatos narrados e o pedido formulado. A causa de pedir e o pedido devem guardar uma coerência lógica. O último sintetiza a pretensão do autor e o primeiro fundamenta essa pretensão. Daí que é preciso entender que os mesmos precisam estar afinados.

Porém, ocorrendo a hipótese de a causa de pedir e o pedido serem logicamente incoerentes, o CPC prevê que a inicial é inepta, razão pela qual deve ser indeferida.

Essa desarmonia pode ocorrer pela incoerência entre fato e pedido, em que cada um aponta para uma tutela jurisdicional distinta. Assim, se na inicial o autor afirma que o réu não praticou e nem é responsável por um ato ilícito, mas pede a sua condenação a indenizá-lo, ou vice-versa, vislumbra-se essa desarmonia.

---

[549] PASSOS, J. J. Calmon de. *Comentários ao Código de Processo Civil.* Volume III..., p. 200.

[550] NETO, Abílio. *Código de Processo Civil Anotado.* 14ª edição. Lisboa. Ediforum. 1997, p. 518.

[551] Decidiu o extinto TFR: "Embora pouco clara a inicial e até mesmo confusa, não sendo ininteligível, não deve ser julgada inepta". Cf. PAULA, Alexandre de. *Código de Processo Civil Anotado.* Volume II ..., p. 1243.

Outro exemplo pode ser mencionado, como o autor sustentar na inicial que inexiste relação contratual com o réu, mas pedir a condenação deste ao pagamento da multa contratual.

Note-se que da incompatibilidade entre fato e pedido decorre uma desarmonia de um fato positivo com um pedido negativo, ou de um fato negativo com um pedido positivo.

Pois, se o autor narrar um fato positivo com um pedido positivo, não há vício de incompatibilidade, mas vício de interesse de agir. Exemplo é o do autor afirmar que é pai registrado do réu, mas mesmo assim pede a sua adoção.

De igual forma, haverá falta de interesse de agir se a inicial narrar um fato negativo e o pedido também for negativo, tal como se dá narrar o fato de estar divorciado da ré, mas ainda assim o autor pede a separação judicial.

Crítica. Ação declaratória de constitucionalidade. Novidade no ordenamento jurídico brasileiro, a ação declaratória de constitucionalidade está tipificada como pretensão no artigo 102, I, "a", da CF, e com legitimidade delimitada no § 4º, do artigo 103, da Magna Carta.

Poucos escritos se fizeram a respeito do novel jurídico, mas pode-se notar que, salvo uma implicação política, o instituto mostra-se conflitante. Pois, numa ação declaratória de constitucionalidade o autor deverá deduzir uma situação jurídica positiva (causa de pedir) e formular um pedido positivo – declaração de constitucionalidade da lei.

Percebe-se que não há uma situação duvidosa a ser solucionada, o que justificaria uma ação declaratória comum. A situação duvidosa decorre de fatos. Mas tratando-se de declaração de constitucionalidade de lei, é preciso ponderar que toda lei elaborada pelo Estado goza de presunção de constitucionalidade. Essa presunção é *iuris tantum*, pois desafia a ação declaratória de inconstitucionalidade. Em tese, sendo a pretensão dessa ação julgada improcedente, a lei ou o ato normativo mantém-se constitucional; se julgada procedente, a lei ou o ato normativo tornam-se inválidos.

No entanto, qual seria o interesse processual em propor uma ação a fim de dar uma qualificação jurídica – lei constitucional – já dada por presunção jurídica? Não pode ser a coisa julgada, porque a ação, repete-se, é dispensável, pois vai atingir o mesmo fim sem que houvesse a propositura da ação.

Há quem poderia afirmar atribuir um efeito *erga omnes* à lei constitucional. Mas isso é notório desde os bancos escolares que a lei deve ser impessoal, a fim de atingir o maior número de pessoas e classes sociais (critério quantitativo) e em diversas situações (critério qualitativo). Portanto, a sentença produziria os mesmos efeitos que essa lei já possuía. Noutras palavras, "choveria no molhado".

Exceção à impessoalidade da lei, péssima por sinal, deve-se render àquela nefasta lei que anistiou um determinado senador da república pelo uso indevido da gráfica do Senado Federal, contrariando anterior decisão judicial.

Há um entendimento de que a ação declaratória de constitucionalidade funcionaria como uma verdadeira *avocatória*, a fim de que o STF discipline a interpretação relativa à norma infraconstitucional e, na hipótese de procedência, tenha efeito vinculante aos demais órgãos judiciais. Inicialmente, cumpre destacar, o que se critica é o preenchimento das condições da ação para o seu exercício, e não os efeitos externos mediatos da sentença.

Por outro lado, é totalmente desconfortável impor à livre convicção do juiz um entendimento via efeito vinculante. Estaria a retirar do juiz aquilo que o torna juiz: sua racionalidade. Como a interpretação de um juiz ou de um tribunal a respeito de uma questão decorre de motivações subjetivas e ideológicas, não pode pretender o sistema processual impor um sistema jurídico uniforme em um pluralismo social. Os efeitos sociais derivados representariam num tratamento igual dos desiguais, sedimentando ainda mais o abismo entre os desiguais.

Além disso, deve-se destacar qual solução a ser tomada se a pretensão de constitucionalidade fosse julgada improcedente? A lei permaneceria constitucional ou já seria declarada inconstitucional? A Constituição Federal não prevê, uma vez que a novidade foi elaborada para fins políticos e circunstanciais. Mas, obviamente, o bom senso impõe que o tratamento seja o mesmo da sentença que julga procedente a declaração de inconstitucionalidade.

Por isso, salvo posterior entendimento político que justifique o uso da ação declaratória de constitucionalidade, tem-se que à essa ação falta a condição do interesse de agir, uma vez que a narração dos fatos é incompatível com a tutela pretendida. Noutras palavras, a situação jurídica exposta na ação permite concluir que o pedido requerido é dispensável, o que deve ser considerado como inépcia da inicial.

Impossibilidade jurídica do pedido. Será hipótese de inépcia se o pedido for juridicamente impossível. A possibilidade jurídica do pedido representa a admissibilidade em abstrato da pretensão do autor, isto é, o seu pedido (pretensão) deve ser lícito ou, ao menos, não proibido por lei.

Exemplos de pedidos juridicamente possíveis: separação judicial, divórcio, indenização, desapropriação, reintegração de pessoa, declaração etc. Esses pedidos são possíveis uma vez que o ordenamento os contempla como pretensão que podem ser exercidas pelo litigante ou, ao menos, não proíbe seu exercício.

Já os pedidos juridicamente impossíveis são aqueles não admitidos como válidos pelo ordenamento jurídico. A vedação deve ser expressa. Exemplos: cobrança de dívida de jogo (CC, arts. 814, *caput* e 815) e o exame judicial do conceito de "utilidade pública" na ação de desapropriação (Decreto-lei nº 3.365/41, art. 9º).

Para fins de inépcia, deve-se vislumbrar desde logo a impossibilidade jurídica do pedido, a fim de que o juiz indefira a petição inicial.

Incompatibilidade de pedidos complexos. A incompatibilidade de pedidos somente ocorre quando houver pedidos complexos. Pois, a multiplicidade de pedidos pode gerar, técnica e juridicamente falando, incompatibilidade entre os pedidos. Ocorrendo isso, possibilita haver a inépcia da inicial.

Examinou-se no artigo 292, § 1º, I, do CPC, a respeito da compatibilidade dos pedidos complexos ou cumulados. Aqui resulta reexaminar o comentário, à luz da incompatibilidade dos pedidos.

De fato. Os pedidos devem ser compatíveis entre si para que o autor deduza-os validamente na ação. O requisito do artigo 292 mostra que os pedidos não necessitam ser oriundos de direito conexo, mas entre eles devem guardar uma coerência lógica entre as tutelas pretendidas.

Tal entendimento deve partir por um raciocínio de exclusão. Por isso, somente é cabível obter tutelas que pertencem à mesma natureza do processo. Logo, incabível deduzir pedido típico de ação de conhecimento em ação de execução e vice-versa.

Exceção se faz à regra do novel § 7º, do artigo 273, do CPC, à qual remete-se o leitor.

Outro elemento de compatibilidade entre pedidos é relativo à sua qualidade. A qualidade dos pedidos deve seguir a mesma coerência lógica, que melhor tutela o direito ou os direitos conexos. A condenação do réu à indenização por dois atos ilícitos possui coerência lógica, uma vez que o autor busca constituir título executivo contra a mesma pessoa. Assim, são incompatíveis o pedido que visa declarar a inexistência de relação jurídica e a condenação do réu por perdas e danos oriundos dessa mesma relação jurídica, porque esses pedidos são juridicamente opostos.

No pedido subsidiário e no pedido alternativo é possível haver pedidos opostos. Mas como é sabido, a sentença somente vai acolher um deles. Diferentes são os pedidos sucessivos, em que todos pedidos poderão ser acolhidos conjuntamente.

Por isso, a incompatibilidade de pedidos, suscetível de provocar a inépcia da inicial, pode-se dar pelos seguintes motivos: a) a cumulação dos pedidos pode gerar a utilização de processos e/ou procedimentos de natureza distinta; b) a cumulação de pedidos pode gerar a incoerência lógica entre eles, salvo no pedido subsidiário e no pedido alternativo.

Percebe-se que a hipótese "a" está prevista no inciso V, do artigo 295, e a hipótese "b" está prevista no inciso II, do parágrafo único, do presente disposto, como espécie de inépcia da inicial, o que delata uma ausência de autonomia jurídica do inciso IV, do parágrafo único, do artigo 295, do CPC.

Para afastar a inépcia da inicial por incompatibilidade de pedidos deverá o autor emendar a inicial, a fim de que desista de um deles, tornando os demais pedidos compatíveis. Daí que nesse caso, não deverá o juiz indeferir de plano a inicial, sem antes conferir essa oportunidade ao autor.[552]

Inciso II: outra hipótese de indeferimento da inicial se dá quando a parte for manifestamente ilegítima. Essa ilegitimidade tanto pode ser ativa ou passiva, mas para provocar o indeferimento da inicial deve ser vislumbrada de plano.

A ilegitimidade pode ser ordinária ou extraordinária. Aquela é fenômeno que decorre da relação jurídica material; já esta decorre de um fenômeno processual. A legitimidade ordinária, por derivar do direito material, vai retratar na relação processual a relação material, com as mesmas partes, fatos constitutivos e as pretensões derivadas do vínculo substancial. Assim, em regra, as partes legítimas serão as mesmas que integram o direito material. Exceção se faz à pessoa que detém responsabilidade legal (CC, arts. 1.634 e 932),

[552] NERY JÚNIOR, Nelson, e Rosa Maria Andrade Nery. *Código de Processo...*, p. 785.

ou direito conexo com o direito litigado (CPC, art. 988, VI) e ao Ministério Público quando atua em favor do incapaz. Nas ações em que a legitimidade é identificada ordinariamente, tutelam-se direitos individuais.[553]

Daí exemplos de partes manifestamente ilegítimas a esposa e os filhos do locatário figurarem como réus na ação de despejo, porque não mantêm relação contratual com o locador, e a sogra ajuizar ação de separação judicial em nome da filha capaz.

Já a legitimidade extraordinária é verificada em razão do legitimado não participar diretamente da relação material. O legitimado age em nome próprio para tutelar direito alheio. Ocorre tipicamente nas ações que tutelam direitos coletivos ou difusos. Somente serão legitimados o Ministério Público e as entidades ou associações que exerçam atividade típica ao direito material lesado ou ameaçado. Portanto, a pessoa física nunca será legitimada extraordinariamente a propor ação para tutela de direito coletivo ou difuso.[554]

Por isso, são exemplos de manifesta ilegitimidade o cidadão comum ingressar com ação de indenização por dano coletivo aos consumidores ou uma empresa jornalística propor ação de indenização por dano ao meio-ambiente.

Recomenda-se que, quando complexa a questão da ilegitimidade (tanto faz ordinária ou extraordinária), deverá o juiz aguardar a instrução. Pois, sobretudo na questão da legitimidade ordinária, direito material e legitimidade mantêm afinidade e às vezes a verificação desta depende de instrução daquele.

Inciso III: a falta de interesse processual, que gera a carência de ação, pode significar no indeferimento da inicial, ou posteriormente na extinção do processo sem o julgamento do mérito, nos termos do artigo 267, VI, e § 3º, do CPC.

Em síntese, o *interesse de agir* resulta na necessidade de obter a tutela jurisdicional para solução do direito lesado ou ameaçado. Liebman sustenta que o interesse de agir "é o elemento material do direito de ação e consiste no interesse em obter o provimento solicitado. Ele se distingue do interesse substancial, para cuja proteção se intenta a ação, da mesma maneira como se distinguem os dois direitos correspondentes: o substancial que se afirma pertencer ao autor e o processual que se exerce para a tutela do primeiro".[555]

---

553 PAULA, Jônatas Luiz Moreira de. *Teoria Geral do Processo* ..., p. 146-148.

554 PAULA, Jônatas Luiz Moreira de. *Teoria Geral do Processo* ..., p. 148-151.

555 LIEBMAN, Enrico Tullio. *Manual de Direito Processual Civil.* Volume I ..., p. 154.

Explicou-se acima que a ação declaratória de constitucionalidade, salvo por uma justificativa política, carece de interesse processual, pois a tutela jurisdicional perseguida já é, ao tempo da propositura da ação, obtida por outros instrumentos jurídicos. Portanto, o pronunciamento judicial nessa ação seria despiciendo.

Outros exemplos de falta de interesse processual é a ação de divórcio proposta pelo solteiro; a ação para incluir um médico numa sociedade de advogados; e a ação para forçar o réu celebrar contrato de compra e venda de um imóvel.

Vislumbrando-se de plano a falta de interesse processual, deverá o juiz indeferir a inicial.

Inciso IV: haverá indeferimento da inicial quando o juiz verificar a decadência e a prescrição. Essa norma precisa de reparos.

Com efeito. A decadência, por ser questão de ordem pública, é objeção de direito material e pode ser examinada a qualquer tempo ou grau de jurisdição, o que permite o juiz indeferir de plano a inicial quando identificá-la. No entanto, a prescrição é matéria de ordem privada e disponível, daí que se torna necessário o requerimento expresso da parte contrária, sob pena de presunção de renúncia. Por isso, a prescrição é tratada como exceção material.

Sendo assim, impossibilita o juiz indeferir a inicial fundando-se na prescrição. Mesmo que o artigo 219, § 5º, do CPC, admita a possibilidade de haver prescrição de direitos não patrimoniais, o fato é que, diante de um exame realístico do sistema jurídico brasileiro, não existe essa espécie de prescrição.

Por isso, sentenciam Nelson Nery Júnior e Rosa Maria Andrade Nery, que "toda prescrição é de direito patrimonial. Não pode ser objeto de indeferimento da petição inicial, pois, quando o réu a alegar, já terá sido deferida a petição inicial. O acolhimento da alegação de prescrição somente pode ocorrer no curso do processo, depois de deferida a petição inicial, não podendo ser hipótese de indeferimento da petição inicial, mas sempre de extinção do processo com julgamento do mérito (CPC 269 IV)".[556]

Sendo assim, deve-se excluir a prescrição como hipótese de indeferimento da inicial, admitindo-se tão-somente a decadência.

---

[556] NERY JÚNIOR, Nelson, e Rosa Maria Andrade Nery. *Código de Processo...*, p. 784.

Inciso V: a incompatibilidade de procedimento pode gerar o indeferimento da inicial. Mas como prevê a parte final do inciso V, somente deverá haver indeferimento da inicial se não houver qualquer emenda da inicial que concilie os pedidos com o procedimento ou que o autor desista de algum dos pedidos para adequar o procedimento.

O inciso V tem nítida pertinência com os artigos 284 e 292, § 2º, ambos do CPC. A norma em questão tem por finalidade em conferir a unicidade do procedimento e evitar um desequilíbrio processual, com claro prejuízo ao réu. Além disso, não poderão as partes e o juiz inovarem no procedimento, criando um rito próprio, ao arrepio do sistema processual. Tal situação em muito afrontaria o princípio do devido processo legal (CF, art. 5º, LIV).

No entanto, cumpre reiterar, somente caberá indeferimento da inicial após oportunidade do autor de corrigir a inicial. O simples indeferimento de plano mostra-se injustificado e ilegal, a teor da parte final do inciso V.

Inciso VI: por fim, haverá indeferimento da inicial quando não forem atendidas as determinações dos artigos 39, parágrafo único, primeira parte, e 284, todos do CPC.

O inciso VI apenas "referenda" a hipótese de indeferimento da inicial já previsto nos dispostos mencionados.

Relativo ao parágrafo único, do artigo 39, do CPC, estabeleceu-se que ausente a indicação do endereço do advogado, ou de seu atual endereço, na petição inicial, o juiz assinará prazo de 48 horas para suprir a omissão. Não sendo atendida, o juiz indeferirá o processamento da ação, cuja previsão do parágrafo único acompanha o inciso VI, do artigo 295, do CPC.

Porém, se a ausência se der na contestação, portanto de responsabilidade única e exclusiva do réu, não poderá o autor sofrer a mesma sanção. Nesse caso, deve o juiz intimar o réu para que decline o endereço de seu advogado. Caso persista a omissão, não há como punir processualmente o réu. Assim, deverá o juiz encaminhar ofício à subseção da OAB, a fim de obter o endereço do advogado e averiguar eventual infração disciplinar do advogado.

Já o parágrafo único do artigo 284, do CPC, trata das diligências a serem praticadas pelo autor quando ausente um dos requisitos ou documentos da petição inicial. Desatendidas as diligências ultimadas pelo juiz, a inicial será indeferida.

Art. 296. Indeferida a petição inicial, o autor poderá apelar, facultado ao juiz, no prazo de quarenta e oito horas, reformar a decisão.

Parágrafo único. Não sendo reformada a decisão, os autos serão imediatamente encaminhados ao tribunal competente.

RECURSO E JUÍZO DE RETRATABILIDADE NO INDEFERIMENTO DA INICIAL

Noção. Conforme dito, quando conclusos ao juiz a petição inicial, caberá a este determinar três atos: ou receber a ação a fim de processá-la, com eventual concessão de tutela antecipatória, ou entender que a inicial está despida de alguns requisitos supríveis pelo autor, razão pela qual ordena diligências a serem cumpridas, ou, nas hipóteses do artigo 295, indeferir o processamento da inicial.

O presente disposto, que se apresenta com nova redação em virtude da promulgação da Lei nº 8.952/94, trata do recurso e do juízo de retratabilidade que o juiz poderá exercer em virtude do indeferimento da inicial.

Portanto, ao exame do disposto.

Recurso de apelação. O artigo 296, ao prever o recurso de apelação como o remédio processual adequado à decisão que indefere a petição inicial, bem classificou a natureza desse ato judicial: trata-se de sentença que extingue o processo sem o julgamento do processo.

Por mais abreviado que tenha sido o trâmite da ação, que sequer propiciou seu processamento, é inegável que nessa pouca sucessão de atos tenha havido processo. Daí que a decisão que indefere a inicial estanca a produção de atos sucessivos, como naturalmente ocorreria se a inicial fosse recebida.

Sendo assim, o ato judicial que extingue o processo é definido como sentença (CPC, art. 162, § 1º) e o recurso cabível contra sentença é o de apelação (CPC, art.s 513 e 296).

Juízo de retratabilidade. Retratar-se significa corrigir o erro praticado. Por isso, o artigo 296, *caput*, estabelece o prazo de 48 horas para que o juiz reveja a decisão tomada e, se entender que houve algum equívoco, poderá retratar-se, admitindo o recebimento da inicial.

O juízo de retratabilidade representa uma exceção à regra do esgotamento de ofício, tipificada no artigo 463, *caput* do CPC. Mas é preciso compreender que o indeferimento à inicial pode significar numa sentença que não julga o mérito ou numa sentença que julga no mérito, no caso da decadência. Já a regra do esgotamento do ofício é prevista somente nas sentenças de mérito.

Mas, é preciso lembrar que, seja qual for espécie de sentença, uma vez proferida o juiz não pode mais praticar ato decisório no processo, salvo se o tribunal anular a sentença.

Nessa mesma regra excepcional encontra-se o juízo de retratabilidade de que fala o artigo 296: o juiz poderá praticar atos decisórios após o indeferimento da inicial se ele reforma a decisão anterior, recebendo a ação para o seu processamento. Entre os atos decisórios pode ser a concessão da tutela antecipatória, implícita e anteriormente negada com o indeferimento da inicial.

Daí compreender que o indeferimento da inicial não gera preclusão *pro judicato*, uma vez que possibilita o juiz rever a mesma matéria.

Aspectos do juízo de retratabilidade. Alertam Nelson Nery Júnior e Rosa Maria Andrade Nery que o juízo de retratabilidade é possível mediante competência diferida ao juiz de primeiro grau para reformar a própria sentença, pois "a competência definitiva para julgar a apelação é do tribunal, mas fica diferida ao juiz em razão da economia processual. É como se fora o tribunal a apreciar o recurso de apelação. Daí porque pode o magistrado rever toda e qualquer sentença de indeferimento da petição inicial".[557]

A retratabilidade somente poderá ser exercida quando a inicial for indeferida. Se na eventualidade a inicial for indeferida após a citação do réu, não há que se falar em indeferimento, mas em simples julgamento conforme o estado do processo. Nesse caso, é incabível o juízo de retratabilidade.

O prazo para o juízo de retratabilidade é de 48 (quarenta e oito) horas, contados a partir do momento que os autos são conclusos ao juiz com as razões do recorrente. Segundo Nelson Nery Júnior e Rosa Maria Andrade Nery "trata-se de prazo *impróprio*, porque, se descumprido, não há conseqüência processual relevante. Seria conspirar contra a economia processual entender-se que o juiz, depois de ultrapassadas as quarenta e oito horas, não possa retratar-se. Verificando que assiste razão ao autor-apelante, deve o juiz retratar-se, evitando a continuação do procedimento recursal, em flagrante e intolerável perda de tempo".[558]

---

[557] NERY JÚNIOR, Nelson, e Rosa Maria Andrade Nery. *Código de Processo...*, p. 786.

[558] NERY JÚNIOR, Nelson, e Rosa Maria Andrade Nery. *Código de Processo...*, p. 787.

Por fim, são três os requisitos para o exercício do juízo de retratabilidade:

que o juiz tenha indeferido o processamento da inicial;

que sobre essa decisão o autor tenha validamente interposto recurso de apelação; e

que os autos não tenham ainda subido ao tribunal competente para apreciar o recurso.

Destaca-se que se o autor interpor recurso intempestivamente ou que não tenha preenchido os requisitos legais, o juiz ficará impedido de exercer o juízo de retratabilidade, uma vez que tal possibilidade se dá quando há uma expectativa do tribunal conhecer do recurso. Não havendo tal possibilidade, não há como o juiz retratar-se.

É preciso que o leitor tenha em mente o seguinte aspecto: uma situação é o ordenamento processual conferir ao litigante provocar o segundo grau de jurisdição; outra situação é efetivamente possibilitar o reexame da decisão. No primeiro aspecto, o litigante possui uma série de recursos e de requisitos específicos. Não basta o simples exercício de uma faculdade processual, é preciso também preencher os requisitos. No segundo aspecto, o reexame da decisão deriva de uma condição – interposição de recurso – e do atendimento de uma série de requisitos, ora denominados "pressupostos de admissibilidade". Havendo pleno atendimento, o litigante será beneficiado; não havendo, o litigante não será agraciado das benesses processuais, porque talvez o recurso sequer subirá ao tribunal competente.

Dessa forma, entende-se que o juízo de retratabilidade somente poderá ser exercido se o recurso interposto pelo autor é válido e possibilita, em tese, o conhecimento pelo tribunal *ad quem*. Se desde o início o recurso não preencher os requisitos legais, impossibilitado estará o juiz de exercer a retratabilidade.

Inexistência de retratabilidade. Não havendo retratação, os autos serão enviados ao tribunal *ad quem*, que julgará o recurso, dando provimento ou não.

O parágrafo único também reformulou entendimento antigo consubstanciado nos revogados §§ 1º e 2º. Os dispositivos revogados determinavam, em síntese, a citação do réu para oferecer contra-razões ao recurso e que, caso o recurso fosse provido, o réu seria intimado na pessoa de seu procurador para ofertar resposta aos termos da ação.

Tal entendimento ficou superado. O réu sequer tomará oficialmente conhecimento da ação que lhe foi proposta e que o juiz a indeferiu. Somente na eventualidade da reforma da decisão é que o réu será citado para responder aos termos da ação.

Nesse sentido, decidiu o TJDF que, "indeferida a petição inicial, está o Juiz autorizado a reformar sua decisão. Não a reconsiderando e sendo interposta a apelação pelo autor no prazo de 48 horas, o recurso será processado e julgado *inaudita alter parte* pelo órgão *ad quem*".[559]

BIBLIOGRAFIA

AMERICANO, Jorge. *Comentários ao Código de Processo Civil do Brasil.* 1º Volume. 2ª edição. São Paulo. Saraiva. 1958.

ARAGÃO, Egas Dirceu Moniz de. *Comentários ao Código de Processo Civil.* Volume II. Rio de Janeiro. Forense. 1974.

ARAZI, Roland. *Derecho Procesal Civil y Comercial.* Tomo I. Buenos Aires. Rubinzal-Culzoni. 1999.

BAPTISTA, Sonia Marcia Hase de Almeida. *Direito Processual Civil.* São Paulo. Saraiva. 1997.

BRETONE, Mário. *História do Direito Romano.* Tradução de Isabel Teresa Santos e Hossein Seddighadeh Shooja. Lisboa. Estampa. 1988.

CAETANO, Marcello. *História do Direito Português.* 3ª edição. Lisboa. Verbo. 1992.

CALMON, Eliana. *Tutelas de Urgência.* Artigo publicado na Revista Jurídica. Ano 47. Março de 2000. Nº 269. Porto Alegre. Síntese. 2000.

CÂMARA, Alexandre Freitas. *Dos Procedimentos Sumário e Sumaríssimo.* Rio de Janeiro. Lumen Juris. 1996.

CARNEIRO, Athos Gusmão. *Do Rito Sumário na Reforma do CPC.* 2ª edição. São Paulo. Revista dos Tribunais. 1997.

______. *O Litisconsórcio facultativo ativo ulterior e os princípios do "juiz natural" e do "devido processo legal".* Artigo publicado na Revista Jurídica. Ano 47. Março de 2000. Volume 269. Porto Alegre. Síntese. 2000.

[559] RJ 217/91.

CHAMOUN, Ebert. *Instituições de Direito Romano.* 2ª edição. Rio de Janeiro. Forense. 1954.

CHIOVENDA, Giuseppe. *Principios de Derecho Procesal Civil.* Tomos I e II. Tradução do Prof. José Casais y Santaló. México. 1989.

CINTRA, Antônio Carlos de Araújo, Ada Pellegrini Grinover e Cândido Rangel Dinamarco. *Teoria Geral do Processo.* 11ª edição. São Paulo. Malheiros. 1995.

COSTA, Mário Júlio de Almeida. *História do Direito Português.* 3ª edição. Coimbra. Almedina. 1996.

COUTURE, Eduardo. *Interpretação das leis processuais.* 3ª edição. Rio de Janeiro. Forense. 1993. Tradução da Dra. Gilda Maciel Corrêa Meyer Russomano.

______. *Fundamentos do Direito Processual Civil.* Tradução de Benedicto Giaccobini. Campinas. RED Livros. 1999.

CRUZ, Sebastião. *Direito Romano.* Tomo I. 4ª edição. Coimbra. Gráfica de Coimbra. 1984.

DINAMARCO, Cândido Rangel. *A Instrumentalidade do Processo.* 4ª edição. São Paulo. Malheiros. 1997.

______. *A Reforma do Código de Processo Civil.* 2ª edição. São Paulo. Malheiros. 1995.

______. *Execução Civil.* 5ª edição. São Paulo. Malheiros. 1997.

DINIZ, Maria Helena. *Compêndio de Introdução à Ciência do Direito.* 12ª edição. São Paulo. Saraiva. 2000.

FARIA, José Eduardo. *As transformações do Judiciário em face de suas responsabilidade sociais.* Artigo publicado na Revista de Direito Alternativo. Número 2. São Paulo. Acadêmica. 1993.

FRAGA, Affonso. *Instituições do Processo Civil do Brasil.* Tomo I. São Paulo. Livraria Acadêmica-Saraiva. 1940.

FREITAS, Maurício de. *Jurisprudência comentada – Tutela antecipatória em ação possessória.* Revista de Processo. Ano 24. Nº 95. Julho-setembro de 1999. São Paulo. Revista dos Tribunais. 1999.

FRIEDE, R. Reis. *Tutela recursal antecipada na apelação.* Artigo publicado no Repertório IOB de Jurisprudência. 2ª quinzena de abril de 1998. Nº 8/98. Caderno 3. Água Branca-São Paulo. 1998.

GAMA, Ricardo Rodrigues. *Efetividade do Processo Civil*. Campinas. Copola. 1999.

GERALDES, António Santos Abrantes. *Temas da Reforma do Processo Civil*. Volume I. 2ª edição. Coimbra. Almedina. 1998.

GRECO FILHO, Vicente. *Direito Processual Civil*. 2º Volume. 11ª edição. São Paulo. Saraiva. 1996.

GUERRA FILHO, Willis Santiago. *Judiciário e conflitos sociais (na perspectiva da pós-modernidade)*. Artigo publicado na Revista de Direito Alternativo. Número 3. São Paulo. Acadêmica. 1994.

Jornal Folha de São Paulo. Caderno O Mundo. Edição de 14 de maio de 2000.

JUSTIANO, Imperador do Ocidente. *Institutas do Imperador Justiano*. Tradução de J. Cretella Jr. E Agnes Cretella. São Paulo. Revista dos Tribunais. 2000.

LIEBMAN, Enrico Tullio. *Manual de Direito Processual Civil*. Volume 1. Tradução de Cândido Rangel do Dinamarco. Rio de Janeiro. Forense. 1984.

MACHADO, Hugo de Brito. *A tutela antecipatória contra a Fazenda Pública e o artigo 475, II, do CPC*. Artigo publicado no Repertório IOB de Jurisprudência. 1ª quinzena de janeiro de 1999. Nº 1/99. Caderno 3. Água Branca-São Paulo. 1999.

MACHADO, J. Baptista. *Introdução ao Direito e ao Discurso Legitimador*. 10ª reimpressão. Coimbra. Livraria Almedina. 1997.

MALACHINI, Edson Ribas. *Seguro, resseguro, litisconsórcio e denunciação da lide*. Artigo publicado na Revista de Processo. Volume 81.

MARINONI, Luiz Guilherme. *Tutela Cautelar e Tutela Antecipatória*. São Paulo. Revista dos Tribunais. 1992.

______. *Efetividade do Processo e Tutela de Urgência*. Porto Alegre. Sérgio Antonio Fábris. 1994.

______. *Novas Linhas do Processo Civil*. 2ª edição. São Paulo. Malheiros. 1996.

______. *Tutela Antecipatória, Julgamento Antecipado e Execução Imediata da Sentença*. São Paulo. Revista dos Tribunais. 1997.

______. *Tutela Inibitória*. São Paulo. Revista dos Tribunais. 1998.

MARQUES, Mário Reis. *História do Direito Português Medieval e Moderno*. Figueira da Foz. ReproSet. 1997.

MENDEZ, Francisco Ramos. *Derecho Procesal Civil.* Tomo I. 5ª edição. Barcelona. Jose Maria Bosch, S.A. 1992.

MICHELI, Gian Antonio. *Curso de Derecho Procesal Civil.* Volume I. Traducción de Santiago Sentís Melendo. Buenos Aires. Ediciones Juridicas Europa-America. 1970.

MIRANDA, Pontes de. *Comentários ao Código de Processo Civil.* Tomos I e III. Rio de Janeiro. Forense. 1973.

MONTEIRO, João. *Teoria do Processo Civil.* Tomo I. 6ª edição. Rio de Janeiro. Borsoi. 1956.

MONTELEONE, Girolano. *Diritto Processuale Civile.* Seconda edizione. Padova. Cedam. 2000.

NASCIMENTO, Walter Vieira do. *Lições de História do Direito.* 9ª edição. Rio de Janeiro. Forense. 1997.

NERY JÚNIOR, Nelson, e Rosa Maria Andrade Nery. *Código de Processo Civil Comentado.* 4ª edição. São Paulo. Revista dos Tribunais. 1999.

NETO, Abílio. *Código de Processo Civil Anotado.* 14ª edição. Lisboa. Ediforum. 1997.

NEVES, Celso. *Estrutura Fundamental do Processo Civil.* Rio de Janeiro. Forense. 1995.

NORONHA, Carlos Silveira. *Sentença Civil: Perfil Histórico e Dogmático.* São Paulo. Revista dos Tribunais. 1995.

______. *Apontamentos históricos da tutela diferenciada.* Processo Civil – 20 anos de vigência. Coordenado por José Rogério Cruz e Tucci. São Paulo. Saraiva. 1995.

OLIVEIRA, Carlos Alberto Álvaro de. *Do Formalismo no Processo Civil.* São Paulo. Saraiva. 1997.

OLIVEIRA JÚNIOR, Waldemar Mariz de. *Curso de Processo Civil – Teoria Geral do Processo Civil.* Volume I. São Paulo. Revista dos Tribunais. 1968.

PASSOS, J. J. Calmon de. *Comentários ao Código de Processo Civil.* Volume III. Rio-São Paulo. Forense. 1974.

PAULA, Alexandre de. *Código de Processo Civil Anotado.* Volumes I e II. 6ª edição. São Paulo. Revista dos Tribunais. 1994.

PAULA, Jônatas Luiz Moreira de. *Uma Visão Crítica da Jurisdição Civil.* Leme. LED. 1999.

______. *Teoria Geral do Processo.* Leme. LED. 1999.

PIMENTEL, Wellington Moreira. *Comentários ao Código de Processo Civil.* Volume III. São Paulo. Revista dos Tribunais. 1975.

PORTANOVA, Rui. *Princípios do Processo Civil.* Porto Alegre. Livraria do Advogado. 1995.

RODRIGUES, Marcelo Guimarães. *A inépcia da inicial por falta de requerimento de citação. Prevalece a finalidade ou o pressuposto de ordem pública diante do princípio do dispositivo.* Artigo publicado na Revista dos Tribunais. Ano 81. Agosto de 19992. Volume 682. São Paulo. Revista dos Tribunais. 1992.

SATTA, Salvatore. *Derecho Procesal Civil.* Tomos I e III. Traducción de Santiago Sentís Melendo. Buenos Aires. Ediciones Juridicas Europa-America. 1971.

SIDOU, J. M. Othon. *Processo Civil Comparado.* Rio de Janeiro. Forense Universitária. 1997.

SILVA, Ovídio A. Baptista da. *Curso de Processo Civil.* Volume I. 2ª edição. Porto Alegre. Sérgio Antonio Fábris. 1991.

______. *Jurisdição e Execução na Tradição Romano-Canônica.* São Paulo. Revista dos Tribunais. 1996.

SLAIB FILHO, Nagib. *Sentença Cível.* Rio de Janeiro. Forense. 1991.

TEIXEIRA, Sálvio de Figueiredo. *O STJ e o Processo Civil.* Brasília. Brasília Jurídica. 1995.

TEODORO JÚNIOR, Humberto. *Curso de Direito Processual.* Volume I. 27ª edição. Rio de Janeiro. Forense. 1999.

______. *Antecipação de tutela em ações declaratórias e constitutivas.* Artigo publicado na Revista Jurídica. Ano 46. Fevereiro de 1999. Nº 256. Porto Alegre. Síntese. 1999.

TESHEINER, José Maria Rosa. *Pressupostos Processuais e Nulidades no Processo Civil.* São Paulo. Saraiva. 2000.

TUCCI, José Rogério Cruz e, Luiz Carlos de Azevedo. *A Causa Petendi no Processo Civil.* São Paulo. Revista dos Tribunais. 1993.

______. *Lições de História do Processo Civil Romano.* São Paulo. Revista dos Tribunais. 1996.

ZANZUCCHI, Marco Tullio. *Diritto Processuale Civile.* Tomo I. Milano. Dott. A. Giufrrè. 1964.

ZAVASCKI, Teori Albino. *Direitos Fundamentais de Terceira Geração.* Artigo publicado na Revista da Faculdade de Direito da Universidade Federal do Rio Grande do Sul. Volume 15. Porto Alegre. Síntese.

ZENI, Fernando César. *Deferimento do pedido de tutela antecipatória na sentença.* Artigo publicado na Revista de Processo. Ano 24. Nº 94. Abril-junho de 1999. São Paulo. Revista dos Tribunais. 1999.

WAMBIER, Luiz Rodrigues. *Antecipação de tutela em face da Fazenda Pública.* Artigo publicado na Revista Jurídica da UEPG. Ano I. Volume I. Ponta Grossa. Editora da UEPG. 1997.

______. Flávio Renato Correia de Almeida, Eduardo Talamini. *Curso avançado de processo civil.* Volume 1. 2ª edição. São Paulo. Revista dos Tribunais. 1999.

WATANABE, Kazuo. *Da Cognição no Processo Civil.* 2ª edição. Campinas. Bookseller. 2000.

Capítulo II

DA RESPOSTA DO RÉU

DO HISTÓRICO DO DIREITO DE DEFESA

Idade Antiga. Qualquer concepção de justiça precede ao direito processual propriamente dito. Pois, desde os povos antigos, a busca da *justiça* sempre necessitou de que *alguém* pronunciasse o certo e o errado numa relação entre sujeitos, independentemente de qualquer formalidade.

Portanto, há quem possa afirmar que o juiz precedeu ao legislador, pois, antes do direito escrito, já se praticava a justiça.[1]

Mas, se era detectável a presença de uma terceira pessoa para resolver o conflito de interesses, é de se admitir que ficou superada qualquer concepção da *vingança privada* ou da *autodefesa* como meios de composição de conflitos sociais. Se isso já era um avanço, inegável afirmar que, "confundiam-se, na pessoa do chefe, as figuras do juiz, do legislador e do executor de sentenças. Cabiam unica-

[1] PRATA, Edson. *História do Processo Civil e sua projeção no direito moderno.* Rio de Janeiro. Forense, 1987, p. 14.

mente ao dirigente máximo todos os encargos indispensáveis à aplicação da justiça. Ou melhor: o julgador era o rei, o pontífice, o chefe todo-poderoso, o vitorioso na guerra, o dominador da tribo, enfim aquele que detinha o poder de comando em suas mãos, seja outorgado pela vontade do povo, seja pela força".[2]

E nesse tempo, por mais rude que fosse o "processo" ou o "sistema judiciário", as partes tinham o direito de se manifestar a respeito da demanda; o autor levando ao juiz a lide existente; o réu apresentando sua versão. Neste ponto, a Bíblia, no Velho Testamento, mostra que no primeiro julgamento na Terra, foi garantido ao réu o direito de se defender, pois Deus ouviu Adão para depois condená-lo.

Daí decorre a velha máxima: julgar alguém sem ouvi-lo é fazer-lhe injustiça, ainda que a sentença seja justa.[3]

Direito Primitivo. Encontram-se no direito primitivo, surgido com as primeiras civilizações da humanidade até o direito romano, diversas manifestações do direito de defesa, com destaque aos sumérios, babilônios, egípcios, hebreus e indianos.

Edson Prata informa que entre os sumérios deu-se uma produção legislativa embrionária de vários institutos jurídicos hodiernos, sendo um deles a figura do arbitrador público, destinado a tentar conciliar as partes.[4] Na condução de seu mister, estava a oportunidade de ouvir as partes a respeito da demanda.

A figura do defensor se mostrava presente no Código de Hamurábi e ao réu cabia o juramento, ao lado do autor, acerca da veracidade dos fatos demandados.[5] Note-se que, do juramento das partes, decorria a pena de falsa acusação, que poderia significar a morte da parte.[6] Percebe-se uma forte influência religiosa, que obedecia a uma orientação de sentido sagrado e profano ao mesmo tempo. Daí que os litígios eram apresentados nos templos e as

---

[2] PRATA, Edson. *História do Processo Civil...*, p. 14.

[3] PEDROSO, Fernando de Almeida. *Processo Penal – O direito de defesa: repercussão, amplitude e limites.* 2ª ed. São Paulo. Revista dos Tribunais, 1994, p. 15. O autor cita Vicente de Paulo Vicente de Azevedo.

[4] PRATA, Edson. *História do Processo Civil...*, p. 18.

[5] SIDOU, J. M. Othon. *Processo civil comparado.* Rio de Janeiro. Forense, 1997, p. 20.

[6] PRATA, Edson. *História do Processo Civil...*, p. 21.

testemunhas prestavam juramento perante os sacerdotes, enquanto as sentenças eram proferidas por juízes leigos.[7]

No Egito Antigo, a defesa era exercida pessoalmente pela parte, mediante procedimento escrito, bem como a oportunidade de se produzir provas e interpor recursos.[8] Possibilitava-se a réplica e a tréplica, ao passo que a sentença consistia num simples "sim" ou "não", ou por um julgamento secreto nos tribunais.[9] Inegável afirmar que a defesa se restringia a uma mera impugnação.

Note-se que, no direito hebreu, o criminoso ou o acusado ficava confinado na cidade até o exame do caso, como forma de garantia da aplicação da norma. A defesa podia ser exercida pelo réu, bem como por qualquer do povo, inclusive impugnando a sentença condenatória.[10]

Verifica-se pelo Código de Manu que o silêncio do acusado equivalia à afirmação falsa, que o levava à condenação. De igual sintonia, as partes eram exortadas a dizer a verdade, porque sua palavra é honrada por Brahma, ao passo que o depoimento falso fazia a parte cair nos laços de Varouna, o espírito do mal.[11]

No direito grego percebe-se um certo avanço. A ação somente poderia ser proposta se o litígio fosse apreciado por um árbitro, cuja tentativa de acordo tenha resultado infrutífera. Após, o réu era citado para responder aos termos da ação, protestando contra a aceitação da lide, bem como oferecer uma ação contra o autor, que hodiernamente é entendido como reconvenção. A defesa era realizada por escrito e já se admitia a possibilidade de o réu deduzir direitos contra o autor.[12]

Direito Romano. O direito de defesa no direito romano seguiu as orientações determinadas pelas diversas fases do processo civil, ou seja, nas fases das *legis actiones, per formulas* e *cognitio extraordinaria.*

---

[7] NASCIMENTO, Walter Vieira do. *Lições de História do Direito.* 9ª ed. Rio de Janeiro. Forense, 1997, p. 115.

[8] SIDOU, J. M. Othon. *Processo civil...*, p. 22 e PRATA, Edson. *História do Processo Civil...*, p. 23.

[9] NASCIMENTO, Walter Vieira do. *Lições de História...*, p. 116.

[10] PRATA, Edson. *História do Processo Civil...*, p. 27.

[11] SIDOU, J. M. Othon. *Processo civil...*, p. 22.

[12] NASCIMENTO, Walter Vieira do. *Lições de História...*, p. 116-7.

No entanto, possível afirmar que nas duas primeiras fases, a *litiscontestatio* exercia uma forte influência sobre o direito de defesa, posto que, com a sua celebração, estabilizava-se a lide. Noutras palavras, realizava-se formalmente a defesa do réu, impedindo que este a modificasse durante o curso da demanda.

Examina-se a defesa nas diversas fases.

Como é sabido, a *actio* no período da *legis actiones* é marcada por excesso de formalismo, em que o autor deveria pronunciar a exata relação de tipicidade entre o fato e a fórmula legal. Percebe-se, com isso, que o conteúdo da defesa deveria restringir-se à incidência ou não da fórmula legal ao fato descrito pelo autor.

Ademais, ciente de que inexistia a revelia nesse período, o autor se responsabilizava pelo comparecimento do réu ao juízo, facultando-se, inclusive, da *legis actio per manus iniectionem*, a fim de conduzir coercitivamente o réu ao tribunal.[13] Explica José Cretella Júnior que "o réu é procurado pelo autor que, se o encontra na rua, lhe dirige as palavras específicas (*verba certa*), chamando-o ao tribunal (*in jus vocatio*). O réu é obrigado a atender à citação e, se não a atende, o autor arranja testemunhas e o prende (*igitur en capito*). Se o demandado foge, o autor tem o direito de empregar a força (*vis*), prendendo-o e torcendo-lhe o pescoço (*obtorto collo*). No entanto, há contemplação para os demandados velhos ou doentes que têm o direito de ser conduzidos em liteira ou cavalo, por conta do autor. Pode, por outro lado, o réu eximir-se da *in jus vocatio*, apresentando um *vindex*, que o substitui, ou abandonando a coisa reivindicada".[14]

Realizada a citação, explicam José Rogério Cruz e Tucci e Luiz Carlos de Azevedo, "as partes compareciam e debatiam formalmente a causa. Negando o réu as afirmações deduzidas pelo autor, determinava-se a manutenção do estado atual da coisa litigada".[15]

---

[13] PAULA, Jônatas Luiz Moreira de. *Teoria Geral do Processo*. Leme, LED, 1999, p. 39.

[14] CRETELLA JÚNIOR, José. *Direito Romano Moderno*. 9ª ed. Rio de Janeiro, Forense, 2000, p. 282.

[15] TUCCI, José Rogério Cruz e, Luiz Carlos de Azevedo. *Lições de História do Processo Civil Romano*. São Paulo, Revista dos Tribunais, 1996, p. 57.

Deve-se aduzir, ainda, que se deveria prestar o *vadiomonium*, que era uma promessa solene efetuada pelos parentes ou amigos do réu (*vades*), garantindo, sob pena de pagamento de certa quantia ao autor (*summa vadimonii*), o comparecimento do réu na data aprazada.[16]

A defesa, portanto, se realizava oralmente perante o pretor e mediante a consignação de uma promessa, que gerava obrigação de pagar certa quantia ao autor. Este ato visava conferir validade à defesa pronunciada pelo réu.

Por outro lado, cumpre ressaltar que a defesa deverá ser feita pessoalmente, aliás como qualquer ato processual, uma vez que no período das *legis actiones* não se admitia em regra a representação judicial. Apenas na fase *in iudicio*, é possível a presença de advogados, na etapa de exposição da causa (*peroratio causae*).[17]

Sobre o conteúdo da defesa, explana Cretella Júnior que, o autor, pessoalmente sob pena de nulidade, "deve formular sua pretensão empregando palavras solenes e certa (*verba certa*), às quais o réu opõe outras palavras. Aos gestos feitos pelo autor responde o réu com outros gestos correspondentes. Se o réu não pratica os gestos ou não pronuncia as palavras exigidas, confessa que o autor está com a razão (*confessio*; *indefensio*) e o processo não se concretiza. O magistrado reconhece o direito do autor, entregando-lhe o que é por ele pleiteado: *addicit*. Se o réu nega (*infitiatio*), a causa é entregue ao juiz, árbitro legal escolhido livremente pelas partes e instituído pelo magistrado".[18]

Sobre a *confessio*, insta esclarecer que era cabível com a entrega do bem reclamado ao autor, cujo valor sempre seria estabelecido em dinheiro. Ocorrendo a *infitiatio*, o juiz deverá examinar as formalidades legais da ação e prosseguirá com a demanda, mediante a escolha do *arbiter* ou do *iudex*.[19]

Cumpre destacar que na *legis actio per manus iniectionem*, ação de caráter executivo, o devedor era citado para cumprir a obrigação em trinta dias, da qual confessou ou foi condenado. Ultrapassado o prazo sem que ocorresse o adimplemento, o credor poderia efetivar nova *in vocatio*, em que se ins-

---

[16] TUCCI, José Rogério Cruz e, Luiz Carlos de Azevedo. *Lições de História...*, p. 57.

[17] CRETELLA JÚNIOR, José. *Direito Romano...*, p. 282-3.

[18] CRETELLA JÚNIOR, José. *Direito Romano...*, p. 282.

[19] PRATA, Edson. *História do Processo Civil...*, p. 66-7.

taurava o processo da *manus iniectio*, que representava no agarramento do devedor, podendo reduzi-lo à condição de escravo ou até mesmo à sua morte, como forma de pagamento da dívida. Competia ao devedor, tão-somente, oferecer um *vindex*, que podia intervir no processo, opondo-se ao credor declarando solenemente a violência da execução pessoal e a ilegitimidade ou injustiça da precedente sentença e que, por isso, devia-se afastar a mão do corpo do devedor (*qui manum depellit*).[20]

Explicam José Rogério Cruz e Tucci e Luiz Carlos Azevedo que "a atitude do *vindex* parece encontrar justificativa na primitiva solidariedade de grupo que, nessa época, já estando legalizado e ritualizado o exercício da defesa privada, se transformou numa solidariedade processual. A doutrina romanista moderna, recusando a tese que a equipara a uma garantia, inclina-se a reconhecer na atuação do *vindex* uma figura anômala de intervenção processual (...) Note-se, por fim, que em caso de sucumbência, o *vindex* era obrigado ao dobro da *obligatio iudicati* (*lis infitiando crescit in duplum*), em decorrência da conotação temerária de seu comportamento (...) Com o passar do tempo, novas leis (em particular, a *lex Valia*) alargaram a possibilidade de recorrer-se à *manus iniectio*, mesmo sem a existência de um precedente processo, facultando ao próprio réu repelir a mão do autor e defender-se pessoalmente (*manus iniectio pura*), fator que restringiu consideravelmente a atuação do *vindex*".[21]

O processo formulário é caracterizado pelas fórmulas elaboradas pelo pretor romano, ao contrário das disposições legais que, por pecar pelo rigor exagerado, emperrava a defesa de direitos subjetivos.

Explana Cretella Júnior que "o sistema das *legis actiones* com seu rigoroso e primitivo formalismo, acompanhado das respectivas penas correspondentes às infrações formais cometidas, era demasiado arcaico, refletindo aspectos de mentalidade rude, grosseira, incompatível com o subseqüente desenvolvimento do direito romano. Realmente, superado o sistema primitivo, não se surpreende que o Estado seja mero espectador das controvérsias entre os particulares. Gaio comenta que *paulatim in odio venerunt*, porque o sistema das *legis actiones* era demasiado realista e violento. Com efeito, o *excessivo formalismo*, expondo as partes a perderem a causa se cometessem o

---

[20] TUCCI, José Rogério Cruz e, Luiz Carlos de Azevedo. *Lições de História*..., p. 60.

[21] TUCCI, José Rogério Cruz e, Luiz Carlos de Azevedo. *Lições de História*..., p. 60-1.

mais leve engano, além do *papel secundário do magistrado*, impassível assistente do ritual praticado *in jure*, sem possibilidade de flexionar o rigor jurídico diante da realidade cotidiana, levam pouco a pouco ao desprestígio do sistema das *legis actiones* e ao aparecimento de sistema diverso, mais compatível com o novo espírito romano".[22]

Fórmula, segundo Tucci e Azevedo, significa "modelo abstrato pelo qual se propicia litigar por escrito, em conformidade com os esquemas jurisdicionais previstos, pelo direito honorário, no edito do pretor". Daí que *litigare per formulas* é equivalente a *litigare per concepta verba*[23], o que representava "um novo sentido ao processo e à organização judiciária, dilatando o espectro da proteção individual e fornecendo flexibilidade necessária à melhor distribuição da justiça".[24]

Em relação à defesa, o processo formulário apresentava uma inovação. Proposta a ação, era expedido o *editio formula* (às vezes denominado *editio actionis*), que consistia no ato de o demandante comunicar a sua pretensão ao réu. É verdade que esse ato era extrajudicial, mas era condicionado a um prévio exame do magistrado, e poderia ser escrito, mediante entrega do *instrumentum*.[25]

Com esta inovação, buscava-se evitar o agarramento do réu e sua condução à força ao tribunal sem maiores explicações pelo autor. Explicam Tucci e Azevedo que "substitui-se a primitiva violência, ficando, todavia, o demandado sujeito ao pagamento de multa, à penhora e até à perda de seus bens, caso insista em não se apresentar (era considerado *latitans* ou *indefensus* – Gaio, *I.*, 3.78). Por outro lado, ensina Gaio que, chamado a juízo o adversário e não sendo possível decidir, no mesmo dia, a questão, deve ele prestar *vadimonium*, isto é, prometer (mediante *stipulatio*) que comparecerá na nova data designada; tais *vadimonia* em alguns casos, são simples; em outros se realizam mediante caução; em outros, ainda, pelo juramento (*I.*, 4.184-185). Faltando ao compromisso, incorrerá nas sanções do *vadimonium desertum*: o autor pode-

---

[22] CRETELLA JÚNIOR, José. *Curso de Direito Romano*. 23ª ed. Rio de Janeiro, Forense, 2000, p. 421-2.

[23] TUCCI, José Rogério Cruz e, Luiz Carlos de Azevedo. *Lições de História...*, p. 73-4.

[24] TUCCI, José Rogério Cruz e, Luiz Carlos de Azevedo. *Lições de História...*, p. 79.

[25] TUCCI, José Rogério Cruz e, Luiz Carlos de Azevedo. *Lições de História...*, p. 80.

rá, tanto exigir o recebimento da caução (*summa vadimonii*), como pleitear, junto ao pretor, a *missio in possessionem* dos bens do faltoso, com direito a vendê-los em hasta pública, porque resultou evidente o dolo com que agiu (...) O edito pretoriano trouxe, assim, oportunas medidas relacionadas com as várias modalidades de promessas e garantias, fornecendo sucedâneos à rudeza do método anteriormente utilizado para se lograr o comparecimento do demandado em juízo".[26]

Esclarece Cretella Júnior que "o comparecimento do demandado, segundo o que determinava a Lei das XII Tábuas, neste passo ainda em vigor, competia ao demandante. Apenas deixa de existir o emprego de violência, substituído agora por uma ordem do pretor que dirige contra o réu recalcitrante uma *actio in factum*, sancionada por uma multa. Nova recusa do réu é considerada como delito e, como tal, punido".[27]

Ao réu, após citado da ação, competia dois caminhos: confessar ou negar. No primeiro, tem-se a *confiteri in jure*; no segundo, a *infitiatio*. Também facultava ao réu a alegação de eventuais *exceptio* e *praescriptio*.[28] Esclarecem Tucci e Azevedo que, ao réu, "cabia-lhe então apresentar defesa, não devendo se esquecer de opor as *exceptiones* cabíveis, e, neste caso, ganhava o processo seguimento normal. Podia, também, nas ações *bona fidei*, ou seja, nas controvérsias *pro socio, mandati* e *negotiorum gestio*, formular um pedido autônomo, decorrente do mesmo negócio jurídico, dando origem a um *iudicium contrarium*, no qual as partes assumiam idêntica posição processual, cada uma representando ambos os papéis, de autor e réu. Assim, a locução *mutua petitio* que aparece nas fontes jurídicas clássicas, para indicar um *iudicium contrarium*, constituía um remédio de natureza reconvencional".[29]

Também deve-se notar que as manifestações das partes, incluem-se aí as alegações do réu, integravam a fórmula. Nas alegações, as partes ficavam dispensadas de pronunciar as frases solenes e realizar os gestos.[30]

---

[26] TUCCI, José Rogério Cruz e, Luiz Carlos de Azevedo. *Lições de História...*, p. 81.

[27] CRETELLA JÚNIOR, José. *Curso de Direito...*, p. 425.

[28] SIDOU, J. M. Othon. *Processo civil...*, p. 34.

[29] TUCCI, José Rogério Cruz e, Luiz Carlos de Azevedo. *Lições de História...*, p. 85.

[30] CRETELLA JÚNIOR, José. *Direito Romano...*, p. 288-9.

Numa parte própria da fórmula, a *exceptio* consistia em uma cláusula condicional negativa, aditada a pedido do réu, que poderia alterar substancialmente a fórmula. Salientam Tucci e Azevedo que "a *exceptio*, sob o aspecto prático, tornava-se muito mais eficaz do que a antiga *praescriptio pro reo*, posto que, colocada no corpo da fórmula, imediatamente em seguida à pretensão do autor. É bem de ver que, ao mesmo tempo das ações da lei, o único modo pelo qual o réu dispunha para se defender era a simples negativa (*infitiari*), ao passo que, já sob a égide do processo formular, encontrava-se aberta a possibilidade do demandado alegar, por meio da *exceptio*, qualquer circunstância que pretendesse fazer em favor de seu direito (*causa exceptione*), defendendo-se positivamente diante da *causa petendi* deduzida pelo autor (...) A *exceptio* tinha, portanto, a natureza de defesa material do réu, cuja fonte imediata era o *ius honorarium*. Instrumento introduzido pelo pretor certamente para abrandar, em determinados casos, os rigores da aplicação estrita do *ius civile*. Constante do edito do pretor (edital) ou criada *ad causam* (decretal), a *exceptio* poderia ser encartada na fórmula das ações pessoais e das ações reais; *in ius* ou *in factum concepta*. De ressaltar-se que, nessa última hipótese, como a fórmula já se baseava no direito pretoriano, não se vislumbrava qualquer oposição entre *ius civile* e *ius honorarium*, como normalmente ocorria, mas, na verdade, entre dois fatos igualmente relevantes para o direito pretoriano. A *exceptio*, em tais circunstâncias, prestava-se também para impedir eventual iniqüidade resultante da observância do próprio *ius honorarium*. Reproduzindo a classificação sugerida por Gaio (*I.*, 4.120-125), as *exceptiones* eram *peremptoriae* ou *dilatoriae*: as primeiras podiam ser opostas a qualquer tempo (perpétuas), como *v.g.*, *exceptio doli, exceptio metus, exceptio rei deductae*; as outras, ditas também temporais, eram oponíveis durante um determinado prazo, como a *exceptio litis dividuae*, a *exceptio pacti conventi temporalis*. Note-se que, não obstante considerada dilatória, caso fosse oposta e o autor insistisse na continuação do processo, considerado procedente a *exceptio*, o réu era absolvido e o demandante derrotado jamais poderia ajuizar nova ação por força do efeito extintivo da *litiscontestatio*".[31]

Papel importante nas duas fases do processo civil romano era executado pela *litiscontestatio*. Pois, relembrando com Ebert Chamoun, a *litiscontestatio*

[31] TUCCI, José Rogério Cruz e, Luiz Carlos de Azevedo. *Lições de História...*, p. 97-8.

possibilitava os seguintes efeitos, a saber: "Em primeiro lugar, a ação que com ela se consolida não pode mais ser repetida com o mesmo fundamento, de acordo com o princípio *bis de eadem re ne sit actio*, já assente no processo das ações da lei. Esse efeito extintivo não se produzia sempre de igual maneira. Ora ocorria *ipso iure*, de um modo absoluto, ora *exceptionis ope*, apenas mediante exceção. Para que a *litiscontestatio* produzisse efeito extintivo *ipso iure* era preciso que o *iudicium* fosse *legitimum*, isto é, processado em Roma ou a menos de uma milha da cidade, entre cidadãos romanos e diante de *iudex unus* cidadão romano. Os outros *iudicia* chamavam-se *imperium* do magistrado; a *litiscontestatio* das ações aí ajuizadas só produzia efeito extintivo *exceptiones ope*. Era preciso ainda que a ação fosse *in personam* e *in ius*, isto é, que versasse sobre um direito pessoal do *ius civile*. Em todos os outros casos, o efeito extintivo podia ser assegurado exclusivamente com uma exceção, a *exceptio rei in iudicium deductae*. A extinção da ação ajuizada era total (*consumere*), produzindo-se em relação a todos os devedores. Em segundo lugar, a *litiscontestatio* cria, para o demandante, o direito de obter do juiz a condenação do réu, se se verificarem as condições fixadas na fórmula. Esse direito é sempre um direito novo e um direito de crédito, cujo objeto no direito clássico é uma quantia, constitutiva precisamente da condenação. Assim, o direito oriundo da *litiscontestatio* de uma ação delitual era transmissível, apesar da intransmissibilidade destas ações; o objeto do direito oriundo da *litiscontestatio* de uma ação real era uma quantia, e não a coisa. Finalmente, a *litiscontestatio* fixa os elementos pessoais ou reais do processo, de modo que não mais podem ser modificados *in iudicio*. Por conseguinte, dá ao autor o direito de obter tudo quanto poderia conseguir, se o processo fosse decidido no momento da *litiscontestatio*. A rigor, era até irrelevante a execução espontânea da prestação por parte do réu *post acceptum iudicium*, não só porque ela fora substituída por outra, como também porque o juiz devia sempre referir-se ao momento da *litiscontestatio*. Todavia, a princípio para as ações de boa-fé, depois para as ações de direito estrito, acabou por prevalecer a tese oposta, defendida pelos sabinianos, segundo qual *omnia iudicia sunt absolutoria*".[32]

Deve-se destacar que na *litiscontestatio* estava contida a defesa do réu, sobretudo no período formulário, cuja pretensão do réu estava contida na fórmula elaborada pelo magistrado.

---

[32] CHAMOUN, Ebert. *Instituições...*, p. 119-20.

Por isso, com a *litiscontestatio* poderiam surgir duas conseqüências: uma *extintiva*, que eliminava o direito anterior, conteúdo da lide, e outra, *novatória*, que aparece com a lide, resultante da demanda – a de condenar o réu ou a de absolver este. Daí que decorre o ônus processual do autor em provar os fatos que constituem o direito de condenar o réu (*onus probandi incumbit ei qui agit*), e o ônus de provar quem alegar uma exceção (*reus excipiendi fit actor*).[33]

Na fase da *cognitio extraordinaria* se vê outro dimensionamento do processo, incluindo-se a defesa do réu. A fim de buscar a unificação das fontes do direito, que ora se dividia entre as leis e as fórmulas expedidas pelos pretores. Realçam Tucci e Azevedo que "além de reorganizar o sistema processual do *ordo iudiciorum privatorum*, com a promulgação em 17 a.C. da *lex Julia privatorum*, Augusto ensejou fosse unificada a instância, ou seja, com a ingerência, em determinadas causas que, em princípio, careciam de tutela jurídica, da *cognitio extraordinaria* do *princeps* ou de seus delegados, o procedimento, até então obrigatoriamente bipartido, passa a desenrolar-se, desde sua instauração, até o final, diante de uma única autoridade estatal (magistrado-funcionário)".[34]

Explica Cretella Júnior que, "denomina-se *cognitio extra ordinem* ou *cognitio extraordinaria*, porque os julgadores se afastam das regras impostas pela antiga *ordo*. É, pois, um sistema liberado da *ordem*, ou seja, processo extraordinário, processo *extra ordinem*. O *processo extraordinário* tem sua fonte no hábito do imperador, desde o início do Império, em julgar pessoalmente os processos, desprezando por completo as formas tradicionais, bem como as normas jurídicas em vigor, confiando aos funcionários imperiais a tarefa de julgarem os litígios entre particulares, quando referissem direta ou indiretamente à Administração. Assim, o *prefeito das colheitas* delibera sobre as causas referentes aos negociantes e armadores; o *prefeito da cidade* resolve as questões referentes aos maus-tratos infligidos às crianças e aos escravos, bem como os casos de desapossamentos violentos; o *prefeito do pretório* julga os casos mais graves. Por outro lado, os cônsules e certos pretores especiais, quando tinham de aplicar as reformas imperiais, desprezavam as regras do processo formular e deliberavam *extra ordinem*".[35]

---

[33] CRETELLA JÚNIOR, José. *Direito Romano...*, p. 290.

[34] TUCCI, José Rogério Cruz e, Luiz Carlos de Azevedo. *Lições de História...*, p. 138.

[35] CRETELLA JÚNIOR, José. *Direito Romano...*, p. 296.

No processo extraordinário desaparece o procedimento *ordo iudiciorum privatorum*, bem como outras regras formais; introduzem-se atos escritos em substituição à oralidade; o processo passa a ser pago, surgindo as custas processuais (*sportulae*), pagas aos serventuários da justiça e aos advogados.[36]

Nessa fase, a citação passava a ser ato judicial, com possibilidade de citação por edital caso o réu não fosse encontrado, e era cabível a revelia, que se caracterizava com o não-comparecimento do réu em juízo. Comparecendo em juízo, mas não deduzindo a defesa, o juiz não era obrigado a proceder à pretensão do autor.

Relativo à defesa, aduzem Tucci e Azevedo que "foram igualmente abandonadas inúmeras regras do processo formular no que se refere à defesa do réu. Este não tinha o ônus de provar os fatos alegados senão depois que o autor demonstrasse a veracidade dos que alicerçavam a sua pretensão (*C.* 8.35.9, a. 294). A *exceptio* identificava-se com a própria defesa do réu, sendo indicada pelas fontes com o termo *praescriptio*, como uma verdadeira preliminar da contestação. Podendo encerrar tanto matéria processual quanto de direito material, foi mantida a distinção entre exceções dilatórias (que deveriam ser provadas na fase inicial do debate) e exceções peremptórias (provadas até antes da sentença). A locução *litis contestatio* continua sendo empregada no âmbito apenas para designar o momento em que fixado o *thema decidendum*, correspondendo, portanto, à *narratio* e a *contradictio* e produzindo tão-somente os efeitos de interromper a prescrição e de tornar hereditária uma *actio* acerca de direito intransmissível".[37]

O prazo para o réu ofertar a contestação era de dez dias, que posteriormente foi ampliado para vinte dias. Para tanto, o réu entregava ao juiz o *libellus contradictionis*.[38]

Alguns aspectos do processo extraordinário merecem destaque. É o caso da sentença que procede à pretensão do autor em que o réu é revel, em que este não podia interpor recurso de apelação, em face do princípio *contumax non appellat*, e a exceção de incompetência constituía preliminar no processo, e as demais podiam ser argüidas no curso da demanda.[39]

---

[36] CRETELLA JÚNIOR, José. *Direito Romano*..., p. 297.

[37] TUCCI, José Rogério Cruz e, Luiz Carlos de Azevedo. *Lições de História*..., p. 146.

[38] CRETELLA JÚNIOR, José. *Curso de Direito*..., p. 438.

[39] SIDOU, J. M. Othon. *Processo civil*..., p. 46.

O demandado podia deduzir exceções, no primeiro momento em que se manifestasse no processo. Em todas as fases, era possível exercer essa faculdade processual, e verificavam-se três espécies de exceções: *prejudiciais*, *peremptórias* e *dilatórias*.

As *exceções prejudiciais* impediam a formação da *litiscontestatio* e compunham: a) *praescriptio fori*, que trata da competência do juiz; b) *recusatio judiciis suspecti*, que diz respeito à suspeição do juiz; c) *legitima persona in judicio*, relativa à legitimidade do autor para estar em juízo; d) as que dizem respeito ao modo com que se iniciou a ação, como à qualidade dos atos precedentes e à falta de caução obrigatória; e) relativo ao procurador, como a sua capacidade, a capacidade da parte para outorgar procuração e a prestação de caução do procurador; e f) *exceptio praejudici*, que trata de questão prejudicial a ser resolvida em outra demanda.[40]

As *exceções peremptórias*, segundo Edson Prata, "são aquelas que valem perpetuamente e não podem ser evitadas, como aquelas aduzidas por causa de medo ou de dolo, ou contra o que se acha contra a lei ou o senatosconsulto procede em virtude de pacto convencionado, como por exemplo, de não pedir o dinheiro de modo algum".[41]

Por fim, segundo Edson Prata, as *exceções dilatórias* são aquelas "que valem durante algum tempo, como a de pacto convencionado que se fez, por exemplo, de não se pedir o dinheiro durante algum tempo; transcorrido esse tempo, não se pode interpor a exceção. Citem-se, como exemplos, a exceção de indivisão da lide ou de coisa residual, pois que pede parte da coisa e volta a pedir, perante o mesmo juiz, a outra parte será rechaçada com a chamada exceção de divisão da lide; assim também, tendo alguém várias lides com uma mesma pessoa, aciona algumas e deixa para acionar outras perante outros juízos, vem mover a ação perante o mesmo juízo (que havia deixado de lado), será repelida com a exceção da chamada coisa residual".[42]

Direito na Idade Média. Grande marco do direito medieval é o germânico. Após o ano 500, quando deixa a fase primitiva e, na qualidade de sistema

---

[40] PRATA, Edson. *História do Processo Civil...*, p. 77-8.

[41] PRATA, Edson. *História do Processo Civil...*, p. 78.

[42] PRATA, Edson. *História do Processo Civil...*, p. 78.

jurídico de um povo dominante, passa a exercer forte influência na Europa continental, repercutindo diretamente em Portugal.

Informa Eduardo Vera-Cruz Pinto que o direito germânico em muito influenciou os forais ibéricos, como se pode perceber da própria concepção das assembléias populares, que representavam na oposição entre a jurisdição popular e a centralização judiciária exercida pelo rei, de inspiração romanista.[43] Isso repercutia diretamente na defesa do réu, que, perante a assembléia, sua defesa era oral e o processo eminentemente público.

O juramento purgatório era outra influência do direito visigótico nos forais lusos. Como alerta Eduardo Vera-Cruz Pinto, a questão não pode ser colocada de forma tão simples, diante do dualismo de dois sistemas concorrentes, que eram o romanismo e o germânico. Pois, como princípio processual, "segundo o qual cabe ao réu destruir a acusação, provando sua inocência, é próprio do sistema germânico. Se atendermos à forma como estava repartida a prova por juramento, nos nossos forais, concluímos que esse princípio – juramento purgatório – é uma excepcção. Essa constatação, ao lado das particularidades do sistema probatório dos forais portugueses do sul, que reflectem os costumes meridionais e que não podem ser explicados apenas como um produto da recepção romanística, leva-nos a pensar na diferença entre os direitos probatórios de Portugal e Castela. O direito castelhano, como mostrou Gilbert e admitiu Mêrea, tem como regra o sistema germânico puro e não o juramento subsidiário. Se considerarmos que a compurgação é o regime tradicional das populações alheias à influência do Código Visigótico e que as primeiras redacções dos seus costumes, a que Gilbert dá o nome de 'redacção genuína', reflectem um conjunto de preceitos de ordem essencialmente germânica – temos de admitir que a tese germanista faz sentido. No Código Visigótico praticava-se em larga escala a prova testemunhal, ao contrário do direito germânico puro, onde ela tinha um campo de aplicação muito restrito. O juramento subsidiário poderia assim justificar-se pela implantação progressiva do Código Visigótico e da evolução no sentido do romanismo. Esta concepção depara-se, no entanto, com dificuldades relativas ao desfazamento geográfico entre a aplicação da *Lex Visigothorum* e o progresso da prova testemunhal".[44]

---

[43] PINTO, Eduardo Vera-Cruz. *As Origens do Direito Português – A tese germanista de Teófilo Braga*. Lisboa, Associação Acadêmica da Faculdade de Direito de Lisboa, 1996, p. 268-9.

[44] PINTO, Eduardo Vera-Cruz. *As Origens do Direito Português...*, p. 281-3.

Outra forma de manifestação do direito germânico na formação do direito português se deu com as ordálias, com visível cumplicidade da Igreja Católica. Alerta Eduardo Vera-Cruz Pinto que, "é evidente que os Juízos de Deus, na época medieval, são uma demonstração clara do carácter divino do direito medieval. A Igreja começa por participar, através de sacerdotes que intervêm nestes actos, abençoando os símbolos (o ferro, a água), a partir dos quais Deus indicaria quem está do seu lado e do direito. A posição de Roma, de início favorável a estas práticas, evolui no sentido de combater os meios irracionais de prova".[45]

A influência das ordálias decorre da introdução do direito germânico na Península Ibérica, que também compôs os costumes lusitanos. A própria concepção do direito comum, espécie de direito romano vulgar, também permitiu maior abrangência das ordálias.

Entre os meios de exercício das ordálias, encontrava-se o duelo, que podia ser visto como vingança privada, legítima defesa, tutela de um direito, ordálio, prova judiciária, combate cavalheiresco e defesa da honra. Tais atos repercutiam diretamente no réu, uma vez que repercutia na defesa ou na prova dos fundamentos dela.

Por fim, pôde-se encontrar no primitivo direito luso a simbologia jurídica germânica, como o beijo, que significava a reconciliação; a penhora extrajudicial, decorrente de uma obrigação originada de um contrato ou de um delito; a irmandade, em que havia restrição à aplicação de certas sanções ou de certos tributos; o sistema de punição somente via delito no órgão que o pratica, o que, conseqüentemente, possibilitava a condenação de animais; a morte voluntária, símbolo representado de andar descalço e com um cordão ao pescoço que significava reconhecer ao rei de Castela a sua autoridade e o dispor da sua vida; a punição do homicida que não pagava a pena pecuniária em que tinha ocorrido (*werhgeld*); restrição ao exercício da advocacia; e a "malha citatória" como símbolo da convocação para comparecer em juízo.[46]

Informa Leo Rosemberg que o processo germânico se caracteriza por um *procedimento de conciliação*, em que competia ao demandante citar o réu, sem a intervenção do tribunal. Perante a assembléia, deveria o autor afirmar sole-

---

[45] PINTO, Eduardo Vera-Cruz. *As Origens do Direito Português...*, p. 288-9.

[46] PINTO, Eduardo Vera-Cruz. *As Origens do Direito Português...*, p. 312-30.

nemente de seu direito, sendo que em seguida, deveria o réu contestar palavra por palavra, sem ter a oportunidade de opor as objeções. Rejeitada a defesa do demandado, procedia-se então à produção de provas, como se sabe, em muito influenciada pelas ordálias e juízos de Deus.[47]

Nesse compasso, verificável que o réu detinha apenas uma conduta consistente em negar a pretensão do autor.

Presença marcante no direito processual da Idade Média, e com forte repercussão em Portugal, era o sistema processual canônico. Pelo Código Canônico promulgado pelo papa Gregório IX, em 1234, mostra que deveria o autor comparecer perante o juiz (*adit judicem*) e apresentar a demanda (*postulatio*). O juiz estabelecia um prazo (*terminus ad dandum libellum*) para que o autor apresentasse a demanda por escrito, que deveria conter: a) *quis petat*, isto é, o nome completo do autor; b) *a quo petat*, o nome completo do réu; c) *quid petat*, o pedido (objeto) da demanda; d) *qualiter petat*, a forma escolhida pelo autor; e e) *coram quo petat*, o nome do juiz perante o qual o juiz peticiona.[48]

O réu era citado da demanda pelo juiz (*in jus vocatur*). A contumácia, que seria pelo não-comparecimento ou pela não resposta, poderia gerar a excomungação do demandado (*contumax in non comparendo vel non respondendo excommunicari potest*). Seguia-se, após, a entrega do libelo pelo autor. Em seguida, conferia-se um termo para que o réu apresentasse todas as exceções dilatórias e peremptórias, como a incompetência e a prescrição, sobre cuja procedência ou rejeição, o juiz decide, para depois formalizar a *litiscontestatio*.[49]

Note-se que se a ação versasse sobre direito pessoal, o réu não estava obrigado a responder ao libelo se este não apresentasse a causa de pedir (*non tenetur reus respondere libello in actione personali, si non exprimitur causa petendi*).[50]

Podia o réu reconvir, momento que propiciava ao autor responder aos termos da reconvenção, determinando depois a instrução, e o julgamento numa única sentença, a causa principal e a reconvenção (*iudex etiam delegatus*

---

[47] ROSEMBERG, Leo. *Tratado de Derecho Procesal*. Traducción de Angela Romera Vera. Buenos Aires, Ediciones Juridicas Europa-America, 1955, p. 16-7, tomo I.

[48] PRATA, Edson. *História do Processo Civil...*, p. 113.

[49] PRATA, Edson. *História do Processo Civil...*, p. 113-4.

[50] PRATA, Edson. *História do Processo Civil...*, p. 114.

compellit actorem ad respondendum reo in causa reconventionis, et una sententia terminabit). Após a formalização da *litiscontestatio*, as partes prestavam o juramento para evitar a calúnia (*juramentum de calummia vitanda*), possibilitando-se que as partes renovassem suas posições.[51]

Insta destacar que a excomungação do réu gerava diversas conseqüências, uma vez que o excomungado ficava impedido de postular em juízo, salvo na qualidade de réu (*excommunicatis in iudicio, nisi tanquam reus, stare non potest*).[52] Após esses atos, dava-se início à instrução.

Note-se que a revelia, segundo o processo canônico, não é apenas ausência de defesa ou a contumácia do réu, mas era considerada desobediência, ato que deveria ser combatido, em que se permitia a apreensão dos bens do revel.[53]

Segundo Edson Prata, o direito canônico conferiu ao direito processual a idéia de princípios éticos, afirmando o dever de dizer sempre a verdade em juízo, a adoção da eqüidade nos julgamentos e a adoção obrigatória da boa-fé. Pois, afirma o processualista mineiro, que "o direito processual canônico, cujos alicerces se assentam na doutrina cristã exposta nos Evangelhos, adota certos princípios processuais novos, adaptando o velho direito processual nos postulados do cristianismo, como amor ao próximo, abolição da vingança etc. Inverte-se, também, o princípio até então vigorante: 'o povo nasceu para o príncipe', para 'o príncipe nasceu para o povo' ". Daí que, arremata Prata: "o processo deve ter um fim ético, antes de mais nada. Todos esses princípios vêm do ensinamento cristão, contrário à arbitrariedade, ao autoritarismo, ao ódio, à desconfiança, ao rancor, e que recomendam o perdão das dívidas como sistema de composição de litígios entre os fiéis, espírito de fraternidade, de caridade, de justiça".[54]

Pela Bula *Clementina Saepe*, do papa Clementino V, em 1306, concebeu-se o procedimento sumaríssimo, caracterizada pela adoção da petição inicial e da defesa oral e pelo encurtamento dos prazos judiciais.[55]

---

[51] PRATA, Edson. *História do Processo Civil*..., p. 114.

[52] PRATA, Edson. *História do Processo Civil*..., p. 115.

[53] PRATA, Edson. *História do Processo Civil*..., p. 119.

[54] PRATA, Edson. *História do Processo Civil*..., p. 117-8.

[55] PRATA, Edson. *História do Processo Civil*..., p. 121.

Durante a Santa Inquisição, concebeu-se que o réu não necessitava de defesa, pois "se o imputado era inocente, não precisava de defensor e, se culpado, era indigno de defesa".[56] A respeito dessa época, explica Fernando de Almeida Pedroso, que "no processo inquisitório, marcado pela violência e pelo arbítrio, imperava o autoritarismo, sem qualquer respeito e consideração pelos direitos do acusado. Assumiam os Juízes, no mister de uma autotutela penal, a par de sua própria função específica, o encargo de acusar, tomando a si também os interesses do réu. Este era o objeto do processo e a seus julgadores tudo era permitido e a eles tudo impedia, inclusive suprir a atividade do acusado. Daí o princípio de Carpsovio: *judex supplere debet defensiones rei ex officio*".[57]

Além disso, verifica-se que a própria sistemática processual na Inquisição era tendente a conduzir a um resultado desejado pelo Santo Ofício. Pois, "inexistia imparcialidade. Partia o Juiz de um convencimento formado *a priori* e que procurava demonstrar com a posterior prova que colhia. Em outras palavras – realça Afranio Silva Jardim –, ao invés de convencer-se através da prova carreada para os autos, inversamente, a prova servia para demonstrar o acerto da imputação antes de formulada pelo juiz-inquisidor. Dessume-se, destarte, que a finalidade do processo, nessa época, não era endereçada à elucidação da verdade real, mas, substancialmente, para a punição do acusado. Dado o rigor e cerceamento então imperantes, assentava-se na ocasião que, quem tinha um juiz como acusador, teria a necessidade de Deus por advogado".[58]

As Ordenações Portuguesas. Na busca da unificação do direito, que concorria com outras formas de manifestação jurídica, como o direito romano, o direito comum, o direito germânico e o direito canônico, além dos forais, verificou-se a necessidade de se reunir toda a manifestação jurídica a fim de darlhe sentido único e racionalidade.

Assim, no reinado de Dom João I deu-se o início dos estudos que visavam a elaboração de um texto jurídico que atendia aos anseios depositados. Os trabalhos foram confiados ao emérito jurista João Mendes e que, após a sua própria morte e de Dom João I, Dom Duarte designou ao doutor Rui Fernandes,

---

[56] PEDROSO, Fernando de Almeida. *Processo Penal...*, p. 18. O autor cita Fernando da Costa Tourinho Filho.

[57] PEDROSO, Fernando de Almeida. *Processo Penal...*, p. 18-9.

[58] PEDROSO, Fernando de Almeida. *Processo Penal...*, p. 19-20.

que somente veio concluir no reinado de Dom Afonso IV, sob a regência de seu tio Dom Pedro, em 28 de julho de 1446. Após revisão por um colegiado composto pelo doutor Rui Fernandes e os doutores Lopo Vasques, Luís Martins e Fernão Rodrigues, procedeu-se a alguns retoques e à publicação com o título *Ordenações*, em nome de Dom Afonso V, presumivelmente no ano de 1447.[59]

A técnica legislativa adotada para a elaboração das Ordenações Afonsinas foi a compilação, isto é, a transcrição na íntegra das fontes anteriores com a declaração dos termos em que esses preceitos eram confirmados, alterados ou afastados. Serviram de fonte para a compilação as leis gerais, resoluções régias, bem como as petições ou dúvidas apresentadas em Cortes ou mesmo fora destas; concórdias, concordatas e bulas; inquirições, costumes gerais e locais; estilos da Corte e dos tribunais superiores que são a jurisprudência, praxes e costumes formados; normas extraídas da Lei das Siete Partidas; preceitos de direito romano e de direito canônico, designados, respectivamente, por "leis imperiais" ou "direito imperial" e "santos cânones" ou "decretal"; e alusões ao "direito comum".[60] Contudo, no Livro I utilizou-se o estilo decretório ou legislativo, que consiste na formulação direta das normas sem referência às suas eventuais fontes precedentes, porque esta parte continha matéria original, não contemplada em fontes nacionais anteriores.[61]

No processo penal da época das Ordenações Afonsinas, o réu era citado, devendo comparecer pessoalmente. Em seguida, era-lhe entregue o libelo, para em seguida o demandado responder aos seus termos, deduzindo todas as exceções possíveis. O demandado poderia contestar por negação à prática do ato ilícito. Nesta hipótese, o querelante deveria indicar os artigos de acusação para juízo de pertinência do juiz e o réu deveria apresentar os artigos contrários, ou contrariedade em sua defesa, que também deveriam ser submetidos ao juízo de pertinência.[62]

---

[59] COSTA, Mário Júlio de Almeida. *História do Direito Português.* 3ª ed. Coimbra, Livraria Almedina, 1996, p. 273-4.

[60] COSTA, Mário Júlio de Almeida. *História...*, p. 276, e CAETANO, Marcello. *História do Direito Português.* 3ª ed. Lisboa-São Paulo, Verbo, 1992, p. 540-7.

[61] COSTA, Mário Júlio de Almeida. *História...*, p. 276-7.

[62] CAETANO, Marcello. *História ...*, p. 571-3.

Já no processo civil, a ação somente era processada se o autor prestasse o juramento de calúnia. Após, o réu era citado, e deveria comparecer em juízo, com possibilidade de escusas, que resolveria a demanda. Não ocorrendo, havia a expedição de libelo, em que era consignado o prazo para defesa, com possibilidade de absolvição da instância ou "absolvição da citação". A defesa do réu consistia na contestação da lide, nas deduções das exceções dilatórias, peremptórias e anômalas, a indicação dos artigos contrários ao da ação, bem como a possibilidade do réu ofertar a reconvenção. Com a contestação do réu, deverá o autor apresentar os artigos que fundamentam a ação e o juiz deveria exercer o juízo de pertinência.[63]

Por fim, as Ordenações Afonsinas regularam a execução da sentença civil com a elevação do fiador à categoria de devedor principal, a possibilidade da oposição dos embargos, a possibilidade de liquidação da sentença, o prosseguimento da execução se o executado tivesse maliciosamente alienado seus bens, a possibilidade de o devedor nomear bens à penhora e a preferência da penhora de bens móveis e, depois, bens de raiz, e a arrematação dos bens penhorados.[64]

Note-se que as Ordenações Manuelinas (1521) e Filipinas (1603) mantiveram a estrutura delineada nas Ordenações Afonsinas, mantendo, inclusive, a estrutura processual e o modo de exercer a defesa.

A defesa no Brasil. Com a independência do Brasil, vigoraram por um certo tempo as Ordenações Filipinas, até que se promulgassem leis nacionais.

Segue-se com a promulgação da Constituição Imperial de 1824, cujo artigo 161 determinava a tentativa de reconciliação amigável como pressuposto para o desenvolvimento do processo.

Vê-se, ainda, a promulgação do Código de Processo Criminal, em 29 de novembro de 1832, de inspiração liberal, onde se adotou o processo acusatório, ao contrário do sistema inquisitivo até então reinante. Com isso, deveria o autor provar a acusação e não impor ao réu a sorte da demanda.

Tem-se no tópico denominado "Disposições Provisórias" do Código de Processo Criminal a regulamentação dos feitos civis, em que foi abolido o juramento da calúnia pelo autor.

---

[63] CAETANO, Marcello. *História...*, p. 580-5.

[64] CAETANO, Marcello. *História...*, p. 591-2.

Posteriormente, com o Regulamento 737, de 1850, os seguintes aspectos da defesa: a citação seria realizada pelo escrivão do feito ou do oficial de justiça, por mandado, precatória, editais ou com hora certa; a revelia tanto podia ser do autor ou do réu; a defesa que poderia ser por *reconvenção, contestação*, no prazo de dez dias, concedendo-se mais dez dias para réplica e outros dez dias para a tréplica, por *exceções de incompetência e suspeição do juiz, ilegitimidade das partes, litispendência* (que também abrangia a prevenção) e *coisa julgada*. Essas exceções eram processadas como incidentes da ação; no processo de execução, a defesa do executado se fazia mediante embargos, a serem opostos pelo prazo de seis dias seguintes à penhora, ou depois do ato da arrematação, mas antes da assinatura da carta de arrematação ou de adjudicação, ou nos dez dias assinados para a efetiva entrega da coisa.

Com a proclamação da República, adveio a Constituição Federal de 1891, em que se consagrou, pela primeira vez, como princípio constitucional a plenitude da defesa (art. 72, § 16).

Em seguida, adveio a Constituição de 1934, estipulando o direito de defesa como garantia constitucional, assegurando a amplitude da defesa e os meios e recursos a ela inerentes (art. 113, nº 24). A Constituição de 1937 repetiu essa regra (art. 122, nº 11).

O CPC de 1939, regulamentou o exercício da defesa, prevendo a contestação, exceção e reconvenção (arts. 180-195).

Com a Constituição Federal de 1946, assegurou-se a amplitude da defesa, com os meios e recursos a ela inerentes, pelo artigo 141, § 25. Essa estipulação foi repetida nas Constituições de 1967 (art. 150, § 15) e de 1969 (art. 153, § 15).

Com a promulgação do vigente CPC, o direito de defesa está regulado concentradamente nos artigos 297-318, mediante exercício da contestação, exceção e reconvenção. Mas não se pode perder de vista a defesa que pode ser realizada nos diversos procedimentos do processo de conhecimento – como a defesa no rito sumário – e nos diversos processos, como os embargos no processo de execução e a contestação no processo cautelar.

Por fim, a Carta Política de 1988 reiterou no artigo 5º, LV, a garantia constitucional da amplitude da defesa e dos meios e recursos a ela inerentes.

O DIREITO DE DEFESA E OS PRINCÍPIOS PROCESSUAIS

Direito de Defesa e o Princípio do Acesso à Justiça. Assim como o cidadão tem o direito de acessar a justiça para reclamar tutela jurisdicional a fim de socorrer direito subjetivo material lesado ou ameaçado, o demandado possui igual direito de obter do Estado tutela jurisdicional de seu direito material.

Nessa linha, Enrico Tullio Liebman insere o direito de defesa dentro do próprio estudo do acesso à justiça, colocando a defesa ao lado da ação. Pois, se é recomendável que todos venham ao Judiciário, a fim de expor eventual lesão ou ameaça a direito, tal possibilidade deve ser assegurada ao demandado. Daí explica o mestre que, "esse direito ('de agir') goza da garantia constitucional ditada pelo art. 24, 1ª parte, da Constituição[65], que diz precisamente o que segue: '*todos podem agir em juízo para a tutela dos direitos próprios e interesse legítimos*'. Inseparável dessa, é a correspondente garantia da defesa (art. 24, cit., 2ª parte: '*a defesa é direito inviolável em qualquer estado e grau do procedimento*')[66]. Dessa maneira é assegurado também o princípio do contraditório, isto é, o direito de todas as partes de comparecer perante o juiz, seja na qualidade de autor ou na de réu, para sustentar as suas razões. Esse diálogo é o princípio animador do processo, o mecanismo técnico de que se serve o direito para fazer saltar a verdade diante do juiz".[67]

O demandado acessa a justiça para a defesa de um direito próprio, do qual o demandante afirma possuir e, por isso, reclama a incidência de efeitos contra ele.

Por isso, da mesma forma que o autor acessa a justiça fundado na sua conveniência – ele não é obrigado a propor a ação –, o demandado também não é obrigado a acessar a justiça para defender seu direito. É verdade que o demandante é obrigado a comunicar o demandado acerca da existência de uma ação e de um processo, sob pena de não haver o desenvolvimento da marcha processual. Mas o demandado não é obrigado a contestar a ação, opor exceções processuais e nem propor reconvenção.

---

[65] Trata-se da Constituição Italiana, que tem redação semelhante ao artigo 5º, XXXV, da Constituição Brasileira.

[66] Trata-se da Constituição Italiana, que tem redação semelhante ao artigo 5º, LV, da Constituição Brasileira.

[67] LIEBMAN, Enrico Tullio. *Manual de Direito Processual Civil.* Tradução de Cândido Rangel Dinamarco. Rio de Janeiro, Forense, 1984, p. 147, volume I.

A motivação da conduta do demandado é a mesma do demandante: gira em torno do princípio do dispositivo, em que cada litigante tutela seu direito conforme a conveniência.

Acessando a justiça, o demandado poderá tutelar direito próprio pelas seguintes maneiras:

a) direito material, refutando a pretensão do autor, mediante contestação;

b) direito material, invocando pretensão contra o autor, mediante a propositura de reconvenção, no procedimento ordinário, ou deduzindo pedido com força de ação no rito sumário;

c) direito processual, ao preenchimento das condições da ação e dos pressupostos processuais, na contestação; e

d) direito processual, ao atendimento de certas estipulações processuais, nas exceções processuais.

Isso sem perder de vista outros aspectos processuais, como a possibilidade de se conceder tutela antecipatória ao réu, sobretudo na reconvenção, que se mostra como verdadeira ação.

Daí que, a regra insculpida no artigo 5º, XXXV, da CF, que trata do princípio do acesso à justiça, não só é aplicável ao demandante, como também ao demandado, porque, tanto um como outro, trata da possibilidade de se permitir a dedução de direitos litigados, para que o Estado pronuncie e resolva o litígio.

Direito de Defesa e o Princípio da Isonomia. Consoante exposto anteriormente, ação e defesa estão no mesmo plano jurídico, porque ambos os expedientes servem para levar ao conhecimento do Estado uma compreensão maior do direito litigado.

A respeito, expõe Ada Pellegrini Grinover que "a participação dos sujeitos no processo não possibilita apenas a cada qual aumentar as possibilidades de obter uma decisão favorável, mas significa cooperação no exercício da jurisdição. Para cima e para além das intenções egoísticas das partes, a estrutura dialética do processo existe para reverter em benefício da boa qualidade da prestação jurisdicional e da perfeita aderência da sentença à situação de direito material subjacente".[68]

---

[68] GRINOVER, Ada Pellegrini. *Novas Tendências do Direito Processual.* Rio de Janeiro, Forense, 1990, p. 3.

Isso significa que o demandado também acessa a justiça para a defesa de direito próprio; e isso revela que tanto o demandante como o demandado, por estarem no mesmo plano jurídico, devem ser tratados igualmente. É a regra política, base do regime democrático, que se manifesta no âmbito processual, nos termos do artigo 5º, *caput* e inciso I, da CF, e artigo 125, I, do CPC.

Sobre o artigo 125, I, do CPC, entendeu-se que:

"*Noção.* Também concebido como *princípio da igualdade processual*, tem por fundamento constitucional o artigo 5º, *caput* e inciso I, da CF, onde determina que todos os cidadãos são iguais perante a lei. Sendo assim, não poderá haver qualquer discriminação por causa de sexo, cor, idade, raça, credo religioso, convicção filosófica ou político-partidária. Transpondo-se para o direito processual, o juiz deverá deferir aos litigantes tratamento isonômico, nos termos do inciso I, do artigo 125.

A idéia do princípio da isonomia processual é de se conceder aos litigantes os mesmos poderes e ônus processuais, a fim de manter o equilíbrio da relação processual e levá-la a bom termo.

Exceções. Entretanto, é sabido que os litigantes podem ser diferentes entre si, em razão das possibilidades econômicas e das peculariedades da demanda, e um tratamento igualitário poderá resultar na eternização dessa igualdade. Daí compreender com Nelson Nery Júnior, que atribuir um 'tratamento isonômico às partes significa tratar igualmente os iguais e desigualmente os desiguais, na exata medida de suas desigualdades'.[69]

Nesse compasso, o ordenamento jurídico confere uma série de normas que trata de forma diferenciada os litigantes. Eis algumas:[70]

tutela do hipossuficiente:

isenção do pagamento das custas e despesas processuais, bem como dos honorários advocatícios, em favor do beneficiário da assistência judiciária gratuita, nos termos do artigo 3º, da Lei da Assistência judiciária Gratuita (Lei nº 1.060/50);

---

[69] NERY JÚNIOR, Nelson. *Princípios do Processo Civil na Constituição Federal.* 3ª ed. São Paulo, Revista dos Tribunais, 1996, p. 42.

[70] PAULA, Jônatas Luiz Moreira de. *A Ideologia do Processo Civil.* Artigo publicado na Revista de Ciências Jurídicas e Sociais da Unipar. Volume II, n. I. Toledo. Unipar. 1999, p. 57-61.

inversão do ônus da prova em favor do consumidor (CDC, art. 6º, VIII);

a possibilidade de a criança ou de o adolescente propor ação de investigação de paternidade, mesmo na constância do casamento do suposto pai, por força dos artigos 227, § 6º, da CF, 26 e 27 do ECA (Lei nº 8.069/90) e Lei nº 7.841/89, que revogou o artigo 358, do CC, que não admitia tal possibilidade;

a impenhorabilidade do bem de família ditada pela Lei nº 8.009/90;

o privilégio de foro, por conveniência da parte, que pode ser detectado no artigo 100, I e II, do CPC;

tutela dos hipersuficientes:

isenção do pagamento antecipado das custas e despesas processuais pelo Ministério Público e Fazenda Pública (CPC, art. 27);

a possibilidade da prisão civil do depositário infiel nos contratos de alienação fiduciária onde está clausulado o depósito do bem em mãos do devedor fiduciário, nos termos do artigo 66, da Lei nº 4.728/65, bem como pela restrição à matéria de defesa, determinada pelo artigo 3º, § 2º, do Decreto-lei nº 911/69;

a contagem do quádruplo do prazo para contestar e o dobro do prazo para recorrer ou para propor ação rescisória, em favor do Ministério Público e dos entes políticos, conforme norma do artigo 188, do CPC;

a obrigatoriedade da intimação pessoal do Ministério Público nos processos em que atua como parte ou como *custos legis* (CPC, art. 236, § 2º);

a isenção do Ministério Público em impugnar especificadamente os fatos narrados na inicial, impedindo a ocorrência da preclusão, excepcionando o princípio da eventualidade (CPC, art. 302, parágrafo único); e

limitação à matéria de defesa nas ações que versem sobre desapropriação por utilidade pública, e de imóvel rural por interesse social para fins de reforma agrária (Decreto-lei nº 3.365/41, art. 20, e Lei Complementar 76/93, art. 9º)".

A garantia do tratamento isonômico importa ao processo a sua correta condução, sem causar prejuízo algum ao autor como ao réu. Um tratamento desigual afeta a defesa, pois implicará concessão de certos benefícios processuais ao demandante, às vezes sem previsão legal, em claro prejuízo ao demandado.

Assim, a amplitude do exercício da defesa assegura, abstratamente à sociedade concretamente ao demandado, uma garantia política de que todos são iguais e que ninguém deverá receber tratamento diferenciado. Essa garantia é um dos pilares do regime democrático.

Expondo a respeito, leciona Edgar Bueno Silveira Filho que o princípio da isonomia "impõe que as partes sejam tratadas sem discriminações arbitrárias no processo, e esta proibição, quando efetiva, é útil para garantir o direito de defesa dos indivíduos. Portanto, é de se concluir que nem a lei e nem o seu aplicador podem estabelecer um tratamento diferenciado das partes sem que se encontre uma razão justificadora do discrímen. Aos magistrados é vedado, por força dessas regras, fazer distinções em situações iguais no exercício da sua função de dizer o direito, a não ser que o fator de discrímen se justifique. Além disso, devem levar em conta que ao legislador era interditado fazer leis estabelecendo distinções de modo arbitrário dentro do processo, e uma vez constatado o desrespeito, devem deixar de aplicar a lei antiisonômica".[71]

Direito de Defesa e Princípio da Ampla Defesa. Sede própria do direito de defesa, o disposto contido no artigo 5º, LV, da CF, trata do princípio da ampla defesa. Diz o mencionado disposto: "aos litigantes, em processo judicial ou administrativo, e aos acusados em geral são assegurados o contraditório e ampla defesa, com os meios e recursos a ela inerentes".

Segundo Rui Portanova, o conteúdo do princípio compreende "a) um conjunto de atos tendentes a proteger um direito, seja mediante a exposição das pretensões inerentes ao mesmo, seja mediante a atitude de repelir as pretensões do adversário; b) função dos advogados no patrocínio de seus clientes; c) exceções dilatórias, peremptórias ou mistas, contra a demanda principal".[72]

No entanto, a despeito da regra clara, é possível dissecar o exercício da defesa no âmbito formal e no ambito material.

Ampla defesa no sentido formal. Esse dispositivo não só garante constitucionalmente o exercício prático da defesa, como será visto adiante, mas a própria integridade de seu exercício, quando assegura os meios e recursos a ela inerentes. Em tais hipóteses haverá absoluto respeito à defesa; caso contrário, verificar-se-á cerceamento no exercício da defesa. Uma maneira de cercear a

---

[71] BUENO FILHO, Edgard Silveira. *O direito à defesa na Constituição.* São Paulo, Revista dos Tribunais, 1994, p. 19.

[72] PORTANOVA, Rui. *Princípios do Processo Civil.* 2ª ed. Porto Alegre, Síntese, 1995, p. 125.

defesa se dá com o impedimento ou restrição dos meios ou recursos, como negar a produção de provas ou impedir que o demandado comprove suas razões.

Porém, deve-se fazer um alerta: o que pretendeu o constituinte determinar que a defesa será exercida com os *meios* e *recursos* a ela inerentes? As duas palavras são sinônimas ou apresentam uma nova concepção do direito de defesa? Etimologicamente considerando, *meio* e *recurso* são palavras sinônimas porque significam bens ou maneira de realizar algo. No sentido técnico-jurídico, meio é considerado instrumento e recurso o expediente processual destinado a anular, reformar ou esclarecer uma decisão ou sentença.

Sob outro ângulo do exercício da defesa, meio e recurso se distinguem. Será *meio* a maneira pela qual demonstram-se os fundamentos e a pretensão da defesa, como ocorre na contestação, nas exceções processuais, na reconvenção, nas provas produzidas, nas alegações finais etc. Será *recurso* o expediente processual que provoca o reexame da decisão ou da sentença.

Então, haverá plenitude da defesa em não só assegurar ao demandado a oportunidade de defender-se, mas a de demonstrar a veracidade de seus argumentos (*meio*) e a de possibilitar o reexame das decisões (*recurso*). Caso contrário, impedindo-se a oportunidade de defender-se, de obter os meios e de acessar os recursos necessários, estar-se-á diante de cerceamento do direito de defesa, a ponto de provocar a nulidade do processo.[73]

Nessa linha de pensamento, Ada Pellegrini Grinover, ao destacar a plenitude e efetividade do contraditório, afirma que estas "indicam a necessidade de se utilizarem todos os meios necessários para evitar que a disparidade de posições no processo possa incidir sobre seu êxito, condicionando-o a uma distribuição desigual de forças. Como se notou, a quem *age* ou *se defende* em juízo devem ser asseguradas as mesmas possibilidades de *obter* a tutela de suas razões. Eis o novo significado social do princípio de igualdade processual, atuado mediante adequados institutos e por força do reconhecimento de poderes de iniciativa judicial que, como lembrava Calamandrei, 'podem colocar a parte socialmente mais fraca em condições de paridade inicial frente à mais forte, e impedir que a *igualdade de direitos* se transforme em *desigualdade de fato* por causa da inferioridade de cultura ou de meios econômicos' ".[74]

---

[73] PAULA, Jônatas Luiz Moreira. *Teoria Geral...*, p. 171-2.

[74] GRINOVER, Ada Pellegrini. *Novas Tendências...*, p. 11.

Também integra o conteúdo da defesa todos os meios necessários que possibilitam o exame de suas razões. Nessa linha, também compõe substancialmente a defesa o direito à prova, nas suas diversas espécies, o duplo grau de jurisdição e aos benefícios da assistência judiciária gratuita, se o demandado necessitar.

Ampla defesa no sentido material. A amplitude da defesa não só se revela em oportunizar ao demandado ofertar expedientes processuais. Também se revela em oportunizar ao demandado deduzir todas as questões que sustentam sua pretensão. Qualquer restrição a essa oportunidade revela-se como cerceamento à defesa.

Infelizmente encontram-se no direito positivo brasileiro dispositivos que restringem a discussão da lide, como se pode ver no § 2º, do artigo 2º, do Decreto-lei nº 911/69, que alterou o artigo 66, da Lei nº 4.728/65, ao estabelecer normas processuais sobre alienação fiduciária, estipulou que a contestação à ação de busca e apreensão do bem alienado fiduciariamente "só poderá alegar o pagamento do débito vencido ou o cumprimento das obrigações contratuais". Assim, imaginando-se hipoteticamente questões como contrato celebrado em erro ou dolo ou com inclusão de débitos não pactuados, não poderão ser alegados em sede de defesa à ação de busca e apreensão.

Outra forma de manifestação dessa restrição substancial é a determinação de o réu alegar somente vícios processuais ou impugnação do preço do bem expropriado, na ação de desapropriação por utilidade pública, regida pelo Decreto-lei nº 3.365/41, nos termos do artigo 20. Sendo assim, possível imaginar que expropriado sofre intervenção no seu direito de propriedade por perseguição política da autoridade pública. Mas como essa matéria não está prevista na excepcional norma permissiva do artigo 20, nada poderá fazer em sua defesa.

Tais casos, à evidência, não enriquecem a cultura jurídica brasileira. É verdade que é preciso tomar cuidado para evitar litigância de má-fé, bem como ataques e ofensas pessoais. Mas, com toda certeza, esse cuidado não tem condão de permitir restrição à matéria de defesa.

Se ao cidadão brasileiro é assegurado o direito à manifestação do pensamento, independentemente de censura ou licença (CF, art. 5º, IX), é preciso levar essa garantia constitucional ao exercício da defesa. Para tanto, o advogado goza de imunidade judiciária no exercício de seu mister, porque é inviolável por seus atos e manifestações (Lei nº 8.906/94, art. 2º, § 3º).

Uma etapa seguinte é a jurisprudência e a doutrina imporem a garantia constitucional da ampla defesa sobre qualquer dispositivo infraconstitucional que limite essa amplitude, por entender que não houve a devida compatibilidade constitucional. Noutras palavras, deverão a doutrina e a jurisprudência simplesmente ignorar qualquer restrição à dedução de questões para o exercício da defesa.

Direito de Defesa e Princípio do Contraditório ou da Bilateralidade da Audiência. O princípio do contraditório se distingue do da ampla defesa, embora neste esteja contido aquele. Contraditório significa dialético e o processo é dialético porque autor e réu expõem seus argumentos conflitantes, a fim de que um seja acolhido pelo juiz. Portanto, a idéia do contraditório tanto se aplica ao demandante como ao demandado. Ao passo que a defesa, consoante exposto, aplica-se a quem for chamado em juízo a fim de responder aos termos de uma ação que foi proposta contra si.

Nesse diapasão, Rui Portanova explana que "o princípio da ampla defesa é uma conseqüência do contraditório, mas tem características próprias. Além do direito de tomar conhecimento de todos os termos do processo (princípio do contraditório), a parte também tem o direito de alegar e provar o que alega e – tal como o direito de ação – tem o direito de não se defender. Optando pela defesa, o faz com plena liberdade. Ninguém pode obrigar o cidadão a responder às alegações da outra parte, mas também nada e ninguém pode impedi-lo de se defender. Ademais, nada pode impedir o teor das alegações defensivas".[75]

Ressaltando a extensão da norma, explana Nelson Nery Júnior que "a garantia do contraditório é inerente às partes litigantes – autor, réu, litisdenunciado, opoente, chamado ao processo, assim como também ao assistente litisconsorcial e simples e ao Ministério Público, ainda quando atue na função de fiscal da lei. Todos aqueles que tiverem alguma pretensão de direito material a ser deduzida no processo têm direito de invocar o princípio do contraditório em seu favor. Como as testemunhas e peritos não têm pretensão a ser discutida no processo, sendo apenas auxiliares da justiça, não lhes assiste o direito ao contraditório. Nada obstante o contraditório ser garantia constitucional estampada no art. 5º, o que à primeira vista poderia parecer restringir-se ao cidadão ou à pessoa física, na verdade essa garantia pode ser invocada por

[75] PORTANOVA, Rui. *Princípios...*, p. 125.

pessoa física ou jurídica, na defesa não só da igualdade processual, mas também dos direitos fundamentais de cidadania, religião, liberdade sexual etc".[76]

Dialogar significa a comunicação entre duas pessoas, embora não haja entre elas, necessariamente, concórdia. Ensina José Souto Maior Borges que "a dialética é o estatuto da argumentação no sentido originário e que, por isso mesmo, remonta a priscas eras, a arte do diálogo e, conseqüentemente, da disputa e do debate (...) A dialética pode assumir o caráter de discussão e controvérsia, implicando então a troca de argumentos – uma justa intelectual – entre os adversários".[77]

E acrescenta o professor pernambucano que "não há dialética sem discussão: a premissa dialética é, pois, adotada por alguém que discute a sua escolha. Uma ou umas dentre muitas outras premissas. Mas a sua inegável plurivocidade (espelhada limpidamente pela contraposição entre os sentidos antigo e moderno do termo) esconde a fulguração de suas origens mais veneráveis (Platão e Aristóteles). Nada a estranhar contudo. Todas as coisas podem ser ditas de múltiplas maneiras, *multipliciter dicitur*, como ensinava Santo Tomás, na esteira de Aristóteles. Por isso, a controvérsia dialética não prescinde, geralmente, da elucidação do uso estipulativo dos termos em disputa nela envolvidos".[78]

Helder Martins Leitão elucida que o princípio do contraditório nada mais é "que a concessão a cada uma das partes da mesma 'qualidade' de oportunidades para intervir no processo. A cada 'acção', a sua 'reacção' ".[79]

O procedimento contempla diversas faculdades e ônus processuais que devem ser ofertados e impostos às partes, sob pena de quebra da isonomia. Em relação ao demandado, o princípio do contraditório se manifesta por ocasião da defesa propriamente dita, pela regularidade processual e imparcialidade do juiz, do Ministério Público, dos auxiliares da justiça, do perito, das testemunhas, das provas requeridas e produzidas pelo demandante, pela oportunidade de arrazoar e interpor recursos.

---

[76] NERY JÚNIOR, Nelson. *Princípios do Processo...*, p. 132-3.

[77] BORGES, José Souto Maior. *O Contraditório no Processo Judicial*. São Paulo, Malheiros, 1996, p. 38.

[78] BORGES, José Souto Maior. *O Contraditório...*, p. 38.

[79] LEITÃO, Helber Martins. *Dos Princípios Básicos em Processo Civil*. Porto, Almeida & Leitão, 1998, p. 58.

No entanto, o contraditório no processo civil é visto apenas sob o plano *formal*, em que apenas se deve assegurar ao demandado a oportunidade de se manifestar contrariedade à pretensão do autor, querendo. Ao contrário do processo penal, em que o contraditório deverá ser *substancial*, em que se exige uma efetiva contrariedade do réu, sob pena de ser destituído o defensor.

Contraditório e concessão de medidas liminares. As medidas liminares, sejam antecipatórias sejam cautelares, são exceções ao princípio *inaudita altera pars.*[80] Pois, pela própria urgência do caso, às vezes associada pelo risco da ineficácia da medida se o demandado detiver prévia ciência da manobra do demandante, recomenda-se a concessão da medida sem que o demandado seja previamente ouvido. Os artigos 273 e inciso I, 797 e 928, todos do CPC, são exemplos da possibilidade de concessão medidas sem a prévia manifestação do demandado.

Os argumentos favoráveis encontram-se delineados no volume II, quando se refere aos fundamentos do instituto da tutela antecipatória, que substancialmente resume-se na idéia de se ter a célere efetividade do direito material, ainda no curso do processo.

Luiz Guilherme Marinoni, ao fundamentar o instituto da tutela antecipatória, salienta a necessidade de se fazer uma distribuição racional do processo. Salienta o mestre que a doutrina, ao estabelecer o procedimento ordinário como o procedimento padrão de tutela de direitos, "mostrou-se despreocupada e indiferente em relação às diversas necessidades do direito material e da realidade social. O procedimento ordinário, como é intuitivo, não é adequado à tutela de todas as situações de direito substancial e, portanto, a sua universalização é algo impossível. Aliás, o que hoje se assiste nos sistemas do direito romano-canônico é uma verdadeira demonstração da superação do procedimento ordinário, tendo a tutela urgente se transformado em técnica de sumarização e, em última análise, em remédio contra a ineficiência deste procedimento. A proliferação das tutelas sumárias nada mais é do que fenômeno oriundo das novas exigências de uma sociedade urbana de massa que não mais admite a morosidade jurisdicional imposta pela ordinariedade".[81]

---

[80] SILVA, Ovídio Baptista da. *Curso de Processo Civil.* 2ª ed. Porto Alegre, Sérgio Antonio Fábris, 1991, p. 56.

[81] MARINONI, Luiz Guilherme. *Tutela Antecipatória, julgamento antecipado e execução imediata da sentença.* São Paulo, Revista dos Tribunais, 1997, p. 16.

Por isso, prossegue Marinoni, "o procedimento ordinário, como é intuitivo, faz com que o ônus do tempo do processo recaia unicamente sobre o autor, como se este fosse o culpado pela demora ínsita à cognição de direitos. Tal construção doutrinária é completamente alheia ao que ocorre na realidade social e no plano do direito substancial, pois neste plano há direitos evidentes e não evidentes e na realidade da vida a lentidão do processo pode significar angústia, sofrimento psicológico, prejuízos econômicos e até mesmo miséria".[82]

Eis que, a fim de evitar prejuízos ao autor – suposto detentor de direitos materiais, mas com certeza beneficiando o réu que não tem razão – e a concessão de tutelas jurisdicionais de forma diferenciada – o que seria, em última análise, uma ofensa às regras processuais –, a doutrina "recuperou" o processo, mediante aplicação da técnica da tutela antecipatória.

Tido como técnica processual que visa antecipar um dos efeitos mediatos principal da tutela jurisdicional pretendida pelo autor[83], a tutela antecipatória se funda nos seguintes aspectos: distribuição do ônus da prova como vetor para a repartição do tempo no processo; concepção da idéia de que o tempo do processo deverá ser suportado pela parte que necessita instruir a causa; o processo não pode prejudicar o autor que tem razão; e a necessidade de se evitar o abuso do direito de defesa.[84]

A técnica da tutela antecipatória também pode ser utilizada em razão da não-contestação da ação ou do reconhecimento do pedido pelo réu. Nesse aspecto a utilização da tutela antecipatória se justifica nas idéias de que é equivocado obrigar o autor a esperar a realização de um direito que não se mostra mais controvertido; de que o processo não pode prejudicar o autor que tem razão; e a necessidade de se evitar o abuso do direito de defesa.[85]

---

[82] MARINONI, Luiz Guilherme. *Tutela Antecipatória...*, p. 17.

[83] Tem-se que os efeitos da tutela jurisdicional podem ser *imediato*, que é representado pelo pronunciamento estatal sobre a lide, com a extinção do processo e o esgotamento do ofício jurisdicional, e *mediato*, que se subdivide em *mediato principal*, onde se localiza o comando da sentença, como declaração, condenação, absolvição, anulação, desconstituição, constituição, mandamento, execução ou acautelamento de determinada relação jurídica reconhecida, e em *mediato secundário*, que decorre do efeito anterior e está representada na inscrição da hipoteca judiciária, pagamento das custas processuais e honorários advocatícios. Cf. PAULA, Jônatas Luiz Moreira de. *Teoria Geral do Processo...*, p. 304-5.

[84] MARINONI, Luiz Guilherme. *Tutela Antecipatória...*, p. 56-63.

[85] MARINONI, Luiz Guilherme. *Tutela Antecipatória...*, p. 102-6.

Visto em síntese o posicionamento do pólo ativo, é de se observar a visão de quem ocupa o pólo passivo. A primeira idéia que se pode conceber é o combate à nefasta superficialidade das relações jurídicas. Pois, no momento em que a cultura jurídica nacional prestigia a documentação das relações jurídicas, é preciso tomar cuidado com a origem e a substância desses documentos, que servem de prova para concessão de liminares em juízos de cognição sumária.

Mas o que se observa é que claramente o legislador, com apoio da doutrina, preferiu contemplar a superficialidade dos documentos, deixando ao demandado, após sofrer os efeitos da liminar, argüir e comprovar defeitos dos documentos. Interessante notar que, se isso se realizar, há uma absoluta inversão de valores: sintetizando, o demandado é obrigado a provar sua inocência, enquanto o demandante se beneficia de sua esperteza e culpa.

Também deve-se destacar que a desejada celeridade processual não se alcançará com a concessão de liminares. A justificativa é de que se atende direitos, mas fica a indagação: que direitos?; uma vez que o juiz apenas examinou uma versão, portanto uma versão parcial... Não se pode concordar que a concessão de tutelas liminares possa resolver a morosidade processual, pois estará impondo ao réu três penas: a de ser acusado de algo, portanto suspeito, a de sofrer os efeitos da tutela antecipatória e a de também sofrer com a morosidade do processo.

Insta lembrar que a tutela antecipatória, nos moldes em que ela se encontra, somente poderá beneficiar o réu que deduz pedido com força de ação no rito sumário e ao réu que propõe reconvenção. Ao simples réu, que simplesmente contesta e que constitui a imensa maioria dos casos, não é possível conceder tutela antecipatória. Portanto, não se pode afirmar que há absoluto respeito ao contraditório, porque o réu não tem a seu dispor o instituto da tutela antecipatória na contestação.

Para ampliar a dialética acerca do tema, vale observar o pensamento de José Souto Maior Borges: "É indispensável a dialética para uma ciência do processo moderno, que, na sua modernidade, se recuse a voltar às costas para a tradição naquilo que esta tem de mais venerável: o contraditório, dispositivo *civilizador*, exigência indeclinável tanto para testar asserções e teorias, confrontar opiniões divergentes, quanto para a aplicação contenciosa de normas jurídicas. A dialética foi sacrificada, na ciência jurídica, sobretudo pelo individualismo moderno. O pensador isolado em si mesmo e nas suas teorias é um subproduto desse individualismo que a todos nos governa. Tão inaplicável em sua regência da convivência humana na sociedade atual quanto despercebido na sua abstratividade. E no abstrato e na abstração perduram as injunções mais decisivas para os destinos da própria humanidade. É dizer: a grandeza. E nada mais abstrato que as normas jurídicas, sejam ou não positivadas".[86]

E arremata: "A dominação tecnológica da ciência do direito, via saber *monológico*, bem o demonstra. Onde se instaura o primado da tecnologia jurídica não há lugar nem para a ciência, nem para a arte do justo ou do injusto. É a eficácia da coação estatal ou paraestatal, pública ou privada, que ao final, independentemente da justiça ou injustiça da regra, sequer levada em linha de conta: jamais conduzida a estado de questionamento. Essa eficácia jurídica – independentemente do conteúdo da regra – é pois o que decisivamente importa. Depositária do contraditório, a ciência do processo é a via aberta para a dialética jurídica. Que é o processo senão o campo de eleição para uma controvérsia de opiniões? E essa controvérsia é dialética; não pode ser outra coisa. *Audiatur et altera pars:* 'É uma injustiça para um juiz de não curar senão do criminoso e encontrar-lhe escusas com o concurso de psiquiatras. Ou de não ter olhos para todos os pontos de vista' (Villey, ob. e t. cits., p. 70). Essas palavras luminosas acolhem e recolhem uma profunda verdade. Próprio do jurista, sobretudo o processualista, é o método dialético, com a consideração de todos os pontos de vista em confronto".[87]

Daí que, como estabelecer uma defesa em igualdade de condições, em que se propõe dialetizar a lide, onde o réu já sofre os efeitos de tutelas liminares? Desde o início da demanda, o réu já é liminarmente tido como culpado?

Somente com o tempo e com a evolução da cultura jurídica permitirá respostas para os interesses antagônicos, quando o debate mostrar-se maduro e fundado na experiência adquirida.

Direito de Defesa e o Princípio da Publicidade. Também corolário do contraditório, a publicidade do processo torna-se instrumento necessário para o efetivo exercício da defesa. Citação e intimações são os fiéis mecanismos para alcance da plenitude da defesa.

---

86 BORGES, José Souto Maior. *O Contraditório...*, p. 50.

87 BORGES, José Souto Maior. *O Contraditório...*, p. 51.

Explana Edgar Silveira Bueno Filho que a regra no Brasil "é a da ampla publicidade dos atos processuais, cujo objetivo está em permitir às partes o exercício da defesa pelo amplo acesso que elas têm a todos os atos neles praticados, e assim evitar perseguições e arbitrariedades. Excepcionalmente, a Constituição permite que a publicidade dos atos do processo fique restrita para assegurar a defesa da intimidade dos indivíduos ou o interesse social definidos em lei. Contudo, a restrição não poderá atingir o interesse das partes, nem dificultar o exercício do direito de defesa".[88]

Direito de Defesa e o Princípio da Celeridade. A doutrina e a jurisprudência têm, de certa forma, um preconceito com a defesa, no que se refere à celeridade do processo. Entendem, fundados em casos concretos, que o exercício da defesa é meramente protelatório, concluindo que o direito de defesa é diretamente antagônico à celeridade do processo.

Ledo engano. A celeridade processual é também do desejo da defesa, sobretudo quando o demandado sofre os efeitos de alguma medida liminar concedida em cognição sumária.

Se a morosidade do processo prejudica o autor que tem razão – eis o argumento principal da doutrina dominante –, deve-se ponderar que a morosidade do processo também prejudica o réu inocente. Sobre este incide todo o ônus de ser suspeito, a desconfiança do futuro do seu direito e nem sequer uma certidão negativa poderá obter.

Se o demandado não tem razão, no curso do processo isso será verificado; mas se o demandante não tem razão, o demandado não terá como demonstrar, enquanto não houver sentença a respeito.

E o que é pior. Tendo como base provas superficiais – e isso é o máximo que o autor que não tem razão pode conseguir –, obtém-se tutela liminar (antecipatória ou cautelar) e claro prejuízo à verdade substancial. E o réu sofrerá duplamente: com os efeitos da tutela liminar e com a morosidade do processo.

Por isso, é preciso lembrar que a celeridade processual beneficia tanto ao autor como ao réu. Pois, para que o processo cumpra com a sua principal função, explica Helber Martins Leitão, "não é apenas necessário que se resolva o contencioso mediante a aplicação da lei, mas ainda que a decisão final seja pronuncia-

[88] BUENO FILHO, Edgard Silveira. *O direito à defesa...*, p. 58.

da num espaço de tempo útil, pois, a não ser assim, corre-se o risco de alcançar uma sentença platónica, sem resultados práticos, na medida em que o lapso temporal decorrido pode deixar sem satisfação o pretendido pelo autor".[89]

E arremata o processualista português: "Acontece que o princípio da celeridade processual traz com ele benefícios para ambos os litigantes: para o impetrante, na medida em que vencer o pleito, mas só tarde e a más horas equivale a não o vencer ou só o vencer em parte; para o demandado, quando se atente que a demora na decisão pode, como diz Manuel de Andrade, importar um sacrifício acrescido, pelo prolongamento do estado de incerteza consequente do litígio".[90]

Direito de Defesa e o Princípio da Assistência Judiciária Gratuita. Como forma de manifestação da defesa no plano formal, o princípio da assistência judiciária gratuita mostra-se como instrumento útil e necessário não só para o exercício da defesa, como para o próprio acesso à justiça.

Porém, como já exposto diversas vezes, é preciso que o Estado dê plena efetividade aos benefícios da justiça gratuita delineados no artigo 3º, da Lei nº 1.060/50.

O asseguramento aos benefícios da justiça gratuita garante a paridade de armas entre os litigantes, no caso específico o demandado. Com isso, obtém-se a igualdade entre as partes, que "há de ser dinâmica e não estática, real e não apenas formal, no sentido de que o Estado deve fornecer os instrumentos para suprir as situações de desigualdade, para, superando a desigualdade de fato, chegar-se à igualdade de direito (...) No processo, a igualdade, nessa dimensão dinâmica, significa a *par condicio*, significa a igualdade de armas, significa a obrigação do Estado de propiciar a todos iguais condições para, dentro do processo, superar as desigualdades de fato".[91]

Nesse sentido, expressou Raffaele Guido Rodio que o princípio da assistência judiciária gratuita é instrumento dinâmico da garantia do direito de defesa.[92]

---

[89] LEITÃO, Helber Martins. *Dos Princípios Básicos...*, p. 174.

[90] LEITÃO, Helber Martins. *Dos Princípios Básicos...*, p. 175-6.

[91] GRINOVER, Ada Pellegrini. Novas Tendências..., p. 244.

[92] RODIO, Raffaele Guido. Defesa Giudiziaria e Ordinamento Constituzionale. Padova, Cedam, 1990, p. 14-8.

Direito de Defesa e o Princípio do Duplo Grau de Jurisdição. A concepção do duplo grau de jurisdição assenta-se na possibilidade de o poder jurisdicional rever a demanda, a fim de dar improvimento ao recurso ou, se provido, invalidar ou reformar a decisão recorrida.

A correlação entre direito de defesa e o princípio do duplo grau de jurisdição se justifica na medida em que este é forma de manifestação formal do direito de defesa. Obstar o demandado – pode-se incluir também o demandante – à revisão da decisão judicial é, também, cercear seu direito de defesa.

Por isso, como se verá na crítica a exercício da defesa, qualquer proposta atinente a restringir a utilização de recursos mostra-se ilegal e ofende o princípio do acesso e obtenção de uma justa prestação jurisdicional.

Direito de Defesa e o Princípio do Devido Processo Legal. Consubstanciado no inciso LIV, do artigo 5º, da CF, determina que "ninguém será privado da liberdade ou de seus bens sem o devido processo legal", o princípio *dues process of law* é de inspiração da *common law* e concorre com o princípio da legalidade – e chegando a um resultado comum – na realização e desenvolvimento do processo.

Segundo os professores Rogério Lauria Tucci e José Rogério Cruz e Tucci, o princípio do devido processo legal implica um emaranhado de disposições, atuando na "a) elaboração regular e correta da lei, bem como sua razoabilidade, senso de justiça e enquadramento nas preceituações constitucionais (*substantive dues process of law*, segundo o desdobramento da concepção norte-americana); b) aplicação judicial das normas jurídicas (não só da lei, como tal própria e estritamente concebida, mas, por igual, de toda e qualquer forma de expressão do direito), através de instrumento hábil à sua interpretação e realização, que é o 'processo' (*judicial process*); e c) assecuração, neste, de *paridade de armas* entre as partes, visando à igualdade substancial".[93]

Percebe-se, portanto, que o devido processo legal refere-se a um conjunto de preceitos, que irão informar o início, desenvolvimento e encerramento do processo, a fim de obter a legitimidade do pronunciamento jurisdicional. Informa, ainda, que esses preceitos já devem estar preestabelecidos, a fim de

[93] TUCCI, Rogério Lauria, e José Rogério Cruz e Tucci. *Devido processo legal e tutela jurisdicional.* São Paulo, Revista dos Tribunais, 1993, p. 18-9.

que as partes tenham prévio conhecimento das "regras do jogo". O devido processo legal confere, assim, a legitimidade da atuação jurisdicional do Estado, porque fundado em regras democráticas e pré-dispostas ao conhecimento dos litigantes.

O *dues process of law* não determina uma regra específica ou contempla um instituto processual específico e diferenciado dos demais, a ser seguido no processo. Ao contrário, o princípio processual em foco contempla como regra subsidiária a obediência à toda legalidade na formação, composição e desenvolvimento do processo, como o acesso à justiça, igualdade de tratamento, ampla defesa, efetivo contraditório, obtenção da assistência judiciária gratuita, publicidade do processo e o duplo grau de jurisdição. Isso sem perder de vista o acesso a outras faculdades processuais, como o requerimento da intervenção de terceiro, a produção de provas e o uso de recursos, que estão diluídos nos conceitos de "meios" e "recursos", como formas de realização da ampla defesa.

A ofensa nalguma regra de formação e desenvolvimento processual ofende não só o princípio da legalidade, mas também o princípio do devido processo legal. Por isso, tem-se que o *dues process of law* é muito mais uma regra de garantia do que uma regra de atuação.

Mas o certo é que, segundo Edgar Silveira Bueno Filho, "as regras reguladoras desse procedimento devem ser editadas com a preocupação de assegurar aos indivíduos um julgamento justo, no qual o seu direito possa ser amplamente defendido, onde se privilegie a busca da verdade real, e não se contente com o alcance da verdade formal. Quando haja leis processuais que não garantam um procedimento justo, pode-se, com base na cláusula *dues process of law*, argüir a sua inconstitucionalidade ou pleitear-se a sua interpretação de acordo com o desejo constitucional, eis que do contrário estariam elas plenas da irrazoabilidade e irracionalidade".[94]

O respeito à ampla defesa é elemento essencial para a legitimidade e eficácia do processo. Não estaria o Estado autorizado a constranger a liberdade ou os bens do demandado, sem antes conferir e efetivar a ampla defesa, com os meios e recursos a ela inerentes. É a regra basilar: *não há sentença justa sem que tenha sido ouvido o demandado.*

---

[94] BUENO FILHO, Edgard Silveira. *O direito à defesa...*, p. 46-7.

Daí que, a correlação direito de defesa e devido processo legal deve se realizar, para o exercício do contraditório, em síntese, "que a parte seja informada de tudo que lhe acusaram, tenha tempo para preparar sua reação e tenha a oportunidade de contraditar os fatos e atos a ela atribuídos. Estas considerações, que obviamente se referem ao início do processo, aplicam-se a todos os demais momentos processuais, quando outros elementos serão juntados e provas produzidas, de tal sorte que à parte litigante adversa deve-se garantir informação, prazo e oportunidade para responder, como acima referido. Igual direito deve ser assegurado quando se trate de manifestar o inconformismo em relação a alguma decisão interlocutória ou terminativa do processo. Mais precisamente sobre o direito à correta informação para efeitos de recurso voltaremos adiante quando se dissertar sobre a exigência constitucional de motivação das decisões jurisdicionais".[95]

CRÍTICA

O Princípio da Ampla Defesa como efetiva norma programática e preceptiva do Direito Processual. O princípio da ampla defesa implica uma regra programática e preceptiva do direito processual. Programática porque sua aplicação está programada, planejada, prevista no procedimento, como instituto autônomo distinto do direito de ação e não imbuído neste ou tratado como mero incidente procedimental. Preceptiva porque é preceito político-constitucional, elemento legitimador da democracia e da decisão estatal, sem o qual o processo mostra-se "vazio" de razão e de justiça.

Examinam-se essas idéias.

Raffaele Guido Rodio, no âmbito do processo italiano, destaca que o termo *defesa judiciária* (expressão que pode ser entendida como o exercício do direito de defesa em juízo) é identificado, no seu conteúdo, como a tutela jurisdicional do próprio direito. A própria concepção da "dinâmica endoprocessual" é impulsionada pelo exercício da defesa.[96]

Por isso, realça o processualista italiano, é preciso desmitificar a idéia unilateral da estrutura processual, que concebe ao autor uma posição privilegia-

---

[95] BUENO FILHO, Edgard Silveira. *O direito à defesa...*, p. 48.

[96] RODIO, Raffaele Guido. *Defesa Giudiziaria...*, p. 3-4.

da. Daí que, há "de tal modo, uma distinção – sutil – passível de superamento, permitindo tomar mais profundamente a íntima unitariedade da estrutura do procedimento jurisdicional, utilizando o termo 'direito de defesa' não no significado restrito, senão atribuir, mas no sentido – mais amplo – da possibilidade, constitucionalmente prevista e tutelada, de aproximar-se de uma estrutura expressamente predisposta (a organização judiciária) a fim de tutelar a própria posição jurídica conjunta interna do ordenamento, resultante da relação jurídica que envolve o sujeito interessado".[97]

Nesse compasso, é dever do Estado, que se propôs a pacificar conflitos mediante jurisdição, efetivamente colocar no mesmo plano jurídico o demandante e o demandado. Não se trata apenas de estipular o princípio da isonomia, mas, também, no plano legislativo e no plano judicial, de realmente tratar o demandado como um sujeito que busca também tutelar direitos.

Por isso, é preciso defenestrar do ordenamento jurídico qualquer norma que restrinja a matéria a ser deduzida na contestação. O artigo 5º, LIV, da CF, associado com os artigos 300 e 302, ambos do CPC, possui uma norma programática: o demandado tem o direito, e o Estado-juiz o dever, de viabilizar e oportunizar a mais ampla defesa, não se admitindo nenhuma restrição.

Tecnicamente, as deduções de toda matéria relativa à lide mostra-se viável, uma vez que a contestação, assim como a petição inicial, contém uma causa de pedir. Se ao autor lhe é possível deduzir a *causa petendi* que lhe for conveniente, o direito processual não pode se mostrar justo e paritário se restringir essa possibilidade ao réu. Por isso, tem-se pela aplicação genérica da teoria da individualização da causa de pedir no processo civil, pois "seria permitido ao réu ou ao executado deduzir direitos em face do autor ou do credor, como forma de compensação ou extinção do direito dos integrantes do pólo ativo. O réu não estaria limitado, também, às restritas hipóteses de reconvenção ou o devedor não ficaria circunscrito às restrições estabelecidas pela nova redação do § 1º, do artigo 585, do CPC, para tecer seus direitos contra o autor ou o credor".[98]

---

[97] RODIO, Raffaele Guido. *Defesa Giudiziaria...*, p. 4.

[98] PAULA, Jônatas Luiz Moreira de. *Uma visão crítica da Jurisdição Civil.* Leme, LED, 1999, p. 116.

Portanto, a garantia constitucional do direito de defesa, como norma programática, deve ser assegurada e viabilizada sua ampla aplicação, de tal maneira que se assegure ao demandado a efetiva tutela de seus direitos em juízo.

Como regra preceptiva, o direito de defesa é uma instituição, em que se deve fiscalizar a todo instante seu efetivo respeito.

O direito de defesa, como a própria denominação o qualifica, é um direito e não um ônus do demandado. Nessa esteira, Rui Portanova sustenta conferir a mesma aplicação do direito defesa no processo penal ao processo civil, diante da obrigatoriedade de se nomear dativo na ausência de um defensor constituído. Pois, salienta o processualista gaúcho que "é inconfundível a disponibilidade do direito material (interesse privado) com a disponibilidade do direito processual (regida por interesse público). Por isso, o interesse público que informa também o processo civil tem feito o princípio da defesa cada vez mais abrangente. Não há como negar o desconforto de trabalhar-se com processo onde não há defesa efetiva e plena. O acesso ao Judiciário e a bons advogados é tanto difícil para o autor como para o réu. Assim, extrapolando o só interesse da parte, a defesa vai interessar ao princípio do próprio interesse da comunidade".[99] E arremata Portanova: "Assim, o princípio da ampla defesa, para atender perfeitamente aos termos constitucionais, mais do que nunca, deve ser cuidadosamente informado pelo princípio da efetividade social do processo. Exige-se interpretação a mais abrangente possível. Não basta só o direito de defender-se; é indispensável, para que a defesa seja plena, que a parte tenha a liberdade de oferecer alegações e meios de uma defesa efetiva. Só assim ter-se-á certa paridade de partes no processo".[100]

Exclama Humberto Teodoro Júnior que o efetivo contraditório e a ampla defesa decorrem de três princípios básicos: o do Estado de Direito, o da dignidade da pessoa e o do melhor esclarecimento da causa.[101] Por isso, expõe o professor mineiro, "exige o Estado Democrático de Direito que o contraditório, sobre que assenta a garantia do *devido processo legal*, se revele como *pleno*

---

[99] PORTANOVA, Rui. *Princípios...*, p. 126.

[100] PORTANOVA, Rui. *Princípios...*, p. 127.

[101] TEODORO JÚNIOR, Humberto. A garantia fundamental do devido processo legal e o exercício do poder de cautela no direito processual civil. Artigo publlicado na Revista dos Tribunais. Ano 80, março de 1991, Vol. 665. São Paulo, Revista dos Tribunais, 1991, p. 14.

e *efetivo*, e não apenas nominal ou formal. E isto só ocorrerá quando a estrutura do procedimento e o critério do juiz que dirige o processo não criarem barreiras ou entraves justificáveis ao trabalho da parte em prol da demonstração de seu possível direito subjetivo violado ou posto em perigo pela conduta do adversário. Todos os meios necessários têm de ser empregados para que não se manifeste posição privilegiada em prol de um dos litigantes e em detrimento do outro, no rumo do êxito processual. Somente quando as forças do processo, de busca e revelação da verdade, são efetivamente distribuídas com irrestrita igualdade, é que se pode falar em processo caracterizado pelo contraditório e ampla defesa".[102]

Nesse parâmetro, não há como concordar a jurisprudência que tem indeferido a produção de provas nos embargos à execução, por entender que os embargos deveriam melhor impugnar a ação de execução ou por contentar-se com o princípio da *pacta sunt servanda*[103], ou por entender que não comporta "dilação probatória".[104]

Ora, ou os embargos à execução são considerados uma ação, ou são considerados a defesa do devedor. Se for ação, o embargante tem todo o direito de produzir prova, inclusive testemunhal, a fim de desconstituir, no todo ou em parte, o título executivo. O CPC, prevendo as dificuldades naturais em se desconstituir uma relação jurídica, admitiu a prova testemunhal (CPC, art. 404), para possibilitar amplo acesso à justiça. Se é proposta uma ação autônoma de anulação de relação jurídica ou declarátória de nulidade, é certo que o juiz deverá determinar a instrução, inclusive a testemunhal. Daí que, como os embargos buscam uma tutela desconstitutiva ou declaratória, equivale à ação de anulação ou à ação declaratória de nulidade, justifica-se a determinação da produção de provas.

Se os embargos devem ser considerados defesa do devedor à ação de execução, deve-se resguardar o caráter programático e preceitual do direito de

[102] TEODORO JÚNIOR, Humberto. *A garantia fundamental...*, p. 14.

[103] TAPR, 4ª CCiv., DJ de 03/10/97, p. 115.

[104] Cf. 1º TACivRJ: "O disposto no art. 745 do CPC não impõe ao juiz admitir dilação probatória que considere desnecessária, no uso da faculdade conferida pelo art. 130 do mesmo código", *in* PAULA, Alexandre de. *CPC Anotado*. 6ª ed. São Paulo, Revista dos Tribunais, 1994, p. 3027, vol. III.

defesa. Por isso, deve-se assegurar a ampla defesa, nos âmbitos formal e material, colocando o embargante no mesmo plano jurídico que o exeqüente-embargado.

A doutrina e a jurisprudência têm se apegado a certas ficções jurídicas ou em certas presunções para justificar o andamento ao processo, restringindo o direito de defesa. É comum encontrar alguns afirmarem que o processo não necessita de "dilação probatória" e que por isso julga antecipadamente a lide, improcedendo a pretensão do demandado, por não demonstrar seu alegado direito disponível. É uma verdadeira hipocrisia, o que somente serve para revelar o nível de comprometimento desses alguns com a justiça: o processo é um mero empecilho, cujo culpado é o demandado e que a demonstração da verdade, é uma "mera dilação", que deve ser combatida.

Tanto faz se o direito do demandado é disponível ou não. Trata-se, antes de tudo, de direito, e se é direito, a Constituição Federal contempla como garantia do cidadão o acesso à justiça para tutelar seu direito ameaçado ou lesado. Daí que não se pode restringir os meios e recursos inerentes à defesa, porque indevidamente diminui uma amplitude dada pela Magna Carta.

As ficções e presunções jurídicas criadas pela nefasta aplicação do princípio do dispositivo não passam de verdadeiras "mentiras justificadas" para restringir o direito de defesa. Devem a doutrina e a jurisprudência assegurar a amplitude da defesa, nos diversos modos e meios de exercício.

Defesa como exercício abstrato de um direito. A defesa é uma garantia constitucional deferida ao demandado (CF, art. 5º, LIV), por isso deve-se entendê-la como exercício abstrato de um direito.

Com efeito. A ação é entendida como uma garantia constitucional conferida ao cidadão, a fim de acessar o Poder Judiciário e obter dele o pronunciamento jurisdicional sobre a lide. Como se vê do artigo 5º, XXXV, da CF, o exercício da ação tem como pressuposto constitucional a suposta existência de lesão ou ameaça a direito subjetivo.

Em relação ao demandado, a Constituição Federal nem sequer exige tal pressuposto – suposta lesão ou ameaça a direito subjetivo. É preciso, obviamente, que haja um processo, para que o demandado exerça o direito de defesa que lhe é conferido pela Magna Carta.

Daí que, por ser a defesa uma garantia constitucional, em que não se exige suposta lesão ou ameaça a direito subjetivo, compreende-se que seu exercício é abstrato, porque não depende e nem está vinculado à existência do direito material.

Assim, de maneira sintética, a defesa é um exercício abstrato de um direito do demandado, garantido constitucionalmente.

Implicações decorrem em razão dessa atitude. A primeira é que, em nenhum momento pode-se alegar ou questionar se a defesa é protelatória. O que pode ser procrastinatório são atos do demandado, mas não a defesa em si, uma vez que não se exige a existência de direito material.

Sugerir que a defesa é infundada é fazer pré-julgamento da lide, quebrando toda imparcialidade que o juiz deve ter.

Outro efeito decorrente é que o réu passa a ter direito subjetivo público à produção de provas. Tal direito mostra-se necessário a fim de averiguar eventual existência de direito material do demandado. Não é possível, de forma alguma, o juiz afirmar que o réu não possui direito material invocado sem que tenha produzido prova. Pode parecer óbvio, mas em sede de embargos à execução, tal providência mostra-se necessária.[105]

Outra conseqüência é a facilitação do acesso ao duplo grau de jurisdição, em que se possibilita não só ao réu, mas às partes em geral, o reconhecimento da existência do direito material.

---

[105] PAULA, Jônatas Luiz Moreira de. *Uma visão crítica...*, p. 147-54.

Seção I

DAS DISPOSIÇÕES GERAIS

Art. 297. O réu poderá oferecer, no prazo de quinze (15) dias, em petição escrita, dirigida ao juiz da causa, contestação, exceção e reconvenção.

DA RESPOSTA DO RÉU

Noção. Consoante exposto no retrospecto histórico, o direito de defesa evoluiu de um simples comparecimento do demandado para, depois, com a possibilidade de serem deduzidas exceções contra o demandante, e, posteriormente, também possibilitar a propositura de reconvenção contra o autor.

O disposto em exame trata dos três principais modos de exercício da defesa. Principais, porque além de contestar, excepcionar e reconvir, é lícito ao réu, ainda, reconhecer juridicamente o pedido (CPC, art. 269, II), impugnar o valor da causa (CPC, art. 261), nomear à autoria (CPC, art. 64), denunciar à lide (CPC, art. 71), chamar ao processo (CPC, art. 78), propor ação declaratória incidental (CPC, art. 5º), interpor recurso de agravo (CPC, art. 499) e propor ação cautelar (CPC, art. 796).

O capítulo em foco trata apenas dos três modos principais de exercício da defesa.

Forma. O CPC estipula forma para o exercício da defesa. A forma externa, nos procedimentos ordinário e especial, há de ser por escrito; mas no rito sumário, poderá ser escrito ou verbal, como se pode ver do artigo 278, do CPC.

A norma contida no artigo 297 é endereçada aos procedimentos ordinário e especial, daí que a contestação, exceção e reconvenção devem ser dirigidas em petição escrita ao juiz.

Além da forma externa, esses modos de exercer a defesa também possuem forma interna, isto é, elementos e requisitos que conferem sua existência e validade, como pode se observar dos artigos 299, 307, 312 e 315, todos do CPC.

Competência derivada. Tais petições – contestação, exceção e reconvenção – deverão ser dirigidas ao juiz da causa. Isso significa que, uma vez firmada (ainda que provisoriamente) a competência mediante propositura da ação (CPC, art. 87), deverá o réu dirigir suas petições ao juiz da causa.

Mesmo com o oferecimento da exceção de incompetência, o réu deverá dirigir todas as petições ao juiz processante, enquanto não for modificada a competência da causa.

Interessante a seguinte questão: o réu citado por carta precatória deverá ofertar essas petições ao juízo deprecante ou ao juízo deprecado?

Obviamente, fazendo uma leitura rasa do artigo 297, outra conclusão não se chegará senão a de que o réu deverá ofertar suas petições ao juízo deprecante, por ser este o juízo da causa.

Porém, fazem-se outras observações referentes à questão. Se, porventura, o réu prepare suas petições e faça juntá-las a tempo na carta precatória citatória, com a devolução desta ao juízo deprecante e a sua juntada no processo, haverá pleno atendimento à norma do artigo 297. O CPC não prevê tal ato, mas nem por isso é ilícito. É possível realizar tal conduta, observando os ensinamentos passados pela práxis.

Por outro lado, verifica-se a possibilidade de se protocolar petições em juízos distintos, mesmo que absolutamente incompetentes, a fim de evitar perda do prazo. Essa possibilidade decorre de uma evolução da organização judiciária, que passou a conceber o protocolo único. No momento, não são todos os Poderes Judiciários que admitem tal possibilidade, daí que é recomendável ao leitor consultar o juízo ou o serventuário da justiça, antes de fazer uso de tal expediente.

Tais atos somente servem para mostrar que a regra do endereçamento das petições ao juiz da causa é geral, mas não é absoluta, pois admite exceções, como as duas anteriormente postas.

Art. 298. Quando forem citados para a ação vários réus, o prazo para responder ser-lhes-á comum, salvo o disposto no art. 191.

Parágrafo único. Se o autor desistir da ação quanto a algum réu ainda não citado, o prazo para a resposta correrá da intimação do despacho que deferir a desistência.

PLURALIDADE DE RÉUS E PRAZO PARA RESPONDER À AÇÃO

O disposto frente o artigo 241. Tal disposto merece uma atenção do leitor, para que se possa fazer a devida adaptação ao artigo 241, do CPC. O disposto em comento transmite a confundível idéia de que o prazo de resposta entre diversos réus será comum, isto é, um único prazo, para que todos os demandados ofereçam resposta à ação, em qualquer caso.

Porém, para que ocorresse o estipulado no disposto acima, os réus deveriam ser citados no mesmo dia, por um ou por diversos mandados ou via postal, de tal maneira que o mandado ou os mandados ou os avisos de recebimento da citação postal sejam juntados no processo no mesmo dia da citação, para que o prazo para ofertar resposta comece a fluir a partir do primeiro dia útil seguinte (CPC, art. 241, III). De igual forma, havendo citação por edital de diversos réus, o edital deverá ser publicado na mesma data e possuir o mesmo prazo de vacância (CPC, art. 241, V).

Por isso, deve o leitor estar atento sobre o número de mandados de citação que foram expedidos. Sendo um para cada réu, o prazo para oferecimento da resposta começará a fluir a partir do momento da juntada do mandado no processo.

Relativo à citação postal, a atenção deverá recair sobre quem a correspondência é dirigida. Sendo uma única correspondência para diversos réus, por exemplo, marido e mulher, o prazo começará a fluir a partir da juntada do aviso de recebimento no processo. Por outro lado, se forem expedidas diversas correspondências, uma para cada réu, o prazo para resposta flui independentemente entre os litisconsortes.

De igual forma, é a citação por edital. Havendo a publicação de um único edital, contendo todos os réus, com idêntico prazo de vacância, o de prazo será comum. Mas havendo diversos editais para citar cada réu, o prazo de vacância começará a contar a partir da publicação. Logo, o prazo para a reposta poderá ser diferenciado, pois dependerá da data da publicação do edital.

Por isso, a regra do artigo 298 é impossível de revelar segurança jurídica ao demandado. O referido disposto diz menos o que determina o artigo 241, do CPC.

Pluralidade de réu e privilégio processual. O prazo para a resposta do réu somente será comum entre os litisconsortes se estes possuírem o mesmo advogado.

Em sentido contrário, se os litisconsortes possuírem advogados distintos, ainda que integrantes do mesmo escritório de advocacia, gozarão do privilégio do dobro do prazo, nos termos do artigo 191.[106]

Por isso, não basta que a procuração estipule diversos advogados e na causa somente um postule em nome dos litisconsortes. Para haver a concessão do benefício, é preciso que haja a presença de dois ou mais advogados atuando em favor de cada litisconsorte, independentemente se pertencem ao mesmo escritório de advocacia ou se elaboraram petição conjunta. A respeito disso, pronunciou o STJ: "Tendo os litisconsortes procuradores distintos, aplica-se a regra benévola do art. 191, CPC, independentemente dos advogados serem do mesmo escritório e apresentarem a petição em conjunto, suscitando as mesmas razões. Conforme preceitua antigo brocardo jurídico 'onde a lei não distingue, não pode o intérprete distinguir' ".[107]

A jurisprudência manifestou entendimento de que o curador especial não configura diversidade de procuradores, razão pela qual não haveria contagem

---

[106] NERY JÚNIOR, Nelson, e ANDRADE NERY, Rosa Maria. *Código de Processo Civil Comentado.* São Paulo, Revista dos Tribunais, 1999, p. 789.

[107] STJ, DJU de 15/03/99, p. 241.

em dobro.[108] Tal decisão também deve ser revista, uma vez que o comportamento processual do curador especial é de se apresentar formalmente como um defensor técnico que exerce um *munus* público. Desta forma, compreende-se que o curador especial, de fato, não é procurador, mas é advogado que atua em defesa do réu que se encontra numa das situações do artigo 9º, do CPC.

Insta destacar que o artigo 191 fala que haverá contagem em dobro para os litisconsortes contestarem, recorrerem ou se manifestarem nos autos.

A palavra "contestar" não se resume somente à contestação, uma que está implícito a reconvenção, argüição das exceções processuais, contestar a reconvenção, opor embargos à ação monitória e impugnar embargos ao devedor.[109]

Nelson Nery Júnior e Rosa Maria de Andrade Nery excluem a contagem em dobro do prazo para opor os embargos à execução, uma vez que a norma em comento atua apenas quando o ato da parte tem natureza jurídica de *defesa* pura.[110]

Nessa linha assentou o STF: "O prazo para embargos é de 10 dias para cada devedor. Se houver mais de um devedor com diferentes procuradores não se altera o princípio enunciado no art. 738, I, do CPC, porque cada qual tem posição autônoma para oferecer embargos. Pouco importa, pois, a existência de litisconsortes com diferentes procuradores, porque eles não são réus, senão autores, nos embargos à execução".[111]

Com *permissa venia*, compreende-se que a posição ora manifestada tem origem sobre a natureza jurídica dos embargos à execução. Se compreendido como defesa do devedor no processo de execução, o prazo para oposição dos embargos deve ser contado em dobro; mas entendido que os embargos são uma ação, justifica-se a inaplicabilidade do artigo 191. Mas como tem-se que os embargos à execução é um modo de exercício de defesa, uma vez que se busca tutela declaratória negativa ou tutela desconstitutiva do título executivo, acrescido do fato de serem insuscetíveis de conferir uma tutela condenatória, o que realça seu caráter nitidamente defensivo, resta assumir, portanto,

---

[108] NERY JÚNIOR, Nelson, e ANDRADE NERY, Rosa Maria. *Código de Processo Comentado...*, p. 676.

[109] NERY JÚNIOR, Nelson, e ANDRADE NERY, Rosa Maria. *Código de Processo Comentado...*, p. 674.

[110] NERY JÚNIOR, Nelson, e ANDRADE NERY, Rosa Maria. *Código de Processo Comentado...*, p. 674.

[111] PAULA, Alexandre de. *CPC Anotado*. 4ª ed. São Paulo, Revista dos Tribunais, 1994, p. 782, vol. I.

que os embargos à execução é um modo de exercício da defesa. Daí os prazos deverão ser contados em dobro, inclusive para a sua propositura, o que seria uma conclusão lógica.

Além disso, acrescentou o 2º TACivSP, ao decidir que: "Admissível a concessão de prazo em dobro para oferecimento de embargos à execução por litisconsortes com advogados diversos, pois, se o CPC confere aquele para contestar a ação, nos termos do art. 191, nada demais que essa concessão compreenda as hipóteses do art. 738 do mesmo Código".[112]

Tanto é verdade que, referindo-se ao parágrafo único do artigo 298, do CPC, que trata da fluição do prazo para a resposta do réu em que o autor desiste da ação contra um dos demandados, que deverá correr a partir do despacho da intimação dos demais, decidiu o 2º TACivSP que: "Se o exeqüente desiste da execução contra um dos co-devedores ainda não citado, o prazo para embargos à execução, a exemplo de que ocorre na hipótese do art. 298, parágrafo único do CPC, somente passa a correr depois de intimada a homologação da desistência; entender-se diferentemente resultaria em deixar ao exeqüente, mesmo que de forma indireta, o Juiz derradeiro para determinar a intempestividade dos embargos, bastando que, a seu talante, desistisse da execução contra os coobrigados, na medida em que já esgotado o decênio, a contar da intimação da penhora, a quem dela tivesse sido cientificado".[113]

Quanto à oposição, há entendimento que negue a aplicação do disposto em exame: "Na oposição, o prazo para contestar, mesmo preexistindo litisconsórcio passivo e embora tenham as partes advogados diferentes, é de quinze dias, não se aplicando a regra do art. 191 do CPC face ao disposto no art. 57 do mesmo Código".[114]

Essa posição é compreensível uma vez que a oposição é uma ação e não possui caráter defensivo, como são os embargos à execução.

A admissão do cômputo do dobro do prazo na denunciação à lide gera polêmica jurisprudencial. Há uma corrente negando o privilégio[115], por negar

---

[112] PAULA, Alexandre de. *CPC Anotado*, p. 788, vol. I.

[113] PAULA, Alexandre de. *CPC Anotado*, p. 1255-6, vol. II.

[114] TJMS, cf. PAULA, Alexandre de. *CPC Anotado*, p. 784, vol. I.

[115] 1º TACivSP, cf. PAULA, Alexandre de. *CPC Anotado*, p. 788, vol. I.

a existência de litisconsórcio; corrente oposta concede o privilégio[116], por entender que há litisconsórcio entre denunciante e denunciado, diante da regra do artigo 75, do CPC.

A concessão do cômputo do dobro do prazo na denunciação à lide é cabível desde que o denunciado se oponha à pretensão da parte adversária do denunciante. Pois, neste caso, haverá conjugação de interesses entre denunciante e denunciado contra a pretensão do adversário, colocando-os no mesmo pólo processual, o que configura litisconsórcio.

Relativo aos recursos, o artigo 191 não faz nenhuma distinção de espécie de recurso ou de grau de jurisdição. Portanto, isso significa que o benefício aplica-se a qualquer espécie de recurso e em qualquer grau de jurisdição, não devendo haver nenhuma limitação.

No entanto, a concessão do privilégio limita-se apenas ao prazo para interposição, não se estendendo à efetuação do preparo, que deverá ser realizado no ato de interposição.[117]

Por fim, qualquer manifestação nos autos terá a contagem do prazo em dobro. De igual forma, o disposto em exame não faz nenhuma distinção ou restrição sobre a natureza do ato ou o grau de jurisdição. Por isso que o prazo em dobro pode ocorrer tanto em primeiro grau, como o prazo de 10 (dez) dias para os litisconsortes se manifestarem sobre documento juntado por outra parte (CPC, 398), bem como o de 20 (vinte) dias para os litisconsortes ofertarem as contra-razões no recurso de agravo (CPC, art. 527, III).

DESISTÊNCIA DA AÇÃO EM RELAÇÃO A ALGUM RÉU

Estipula o parágrafo único que, havendo a desistência da ação de réu não citado, o prazo para resposta dos demais réus correrá a partir da intimação do despacho que deferir a desistência.

Há, implicitamente, suspensão do processo, em que o prazo para oferecimento da resposta fluirá não a partir da citação, mas a partir da intimação do despacho que homologou a desistência. Isso significa que o prazo da respos-

[116] TJRS e TJSP, cf. PAULA, Alexandre de. *CPC Anotado*, p. 785-6, vol. I.

[117] TARS, cf. PAULA, Alexandre de. *CPC Anotado*, p. 787, vol. I.

ta deverá fluir a partir de um segundo ato, que é o despacho que homologou a desistência.

Por isso, mesmo que o réu tenha sido citado, haverá suspensão do processo – às vezes no curso do prazo para a resposta – até que haja a intimação do despacho homologatório.

Porém, se ainda não houve a citação do réu e já foi homologada a desistência, o réu será citado da ação e intimado da desistência. Neste caso, não haverá suspensão do processo.

Técnica. Sobre o tema, assentou o TJSC que: "Enquanto não formalizada a citação de todos os réus, o prazo para a defesa não se exaure. Desistindo o autor da ação quanto a algum réu ainda não citado, o prazo para a resposta dos demais réus não correrá da juntada do mandado citatório, como é princípio geral, mas sim da intimação dos demais réus em relação ao deferimento da desistência".[118]

Já o TAMG decidiu que "se há pluralidade de réus, nada impede que o autor, independentemente do consentimento dos que já se acham regularmente citados, desista da ação contra os que ainda não o foram, exigindo-se, somente, a intimação dos litisconsortes que irão permanecer, pois dela é que começa a fluir o prazo para oferecimento de resposta".[119]

Art. 299. A contestação e a reconvenção serão oferecidas simultaneamente, em peças autônomas; a exceção será processada em apenso aos autos principais.

FORMA PROCESSUAL DOS MODOS DE REALIZAÇÃO DA DEFESA

Noção. A idéia de forma concebe requisitos para existência e validade do ato processual. O artigo 299 trata de um dos requisitos para validade dos modos de realização da defesa.

[118] PAULA, Alexandre de. *CPC Anotado*, p. 1255, vol. II.

[119] PAULA, Alexandre de. *CPC Anotado*, p. 1255, vol. II.

A contestação e a reconvenção serão processadas dentro dos autos principais, em peças autônomas. De igual forma, a nomeação à autoria, a denunciação à lide e o chamamento ao processo também deverão ser oferecidos em peças autônomas e processados dentro dos autos principais.

Já as exceções processuais – de competência, de suspeição e de impedimento – deverão ser autuadas em apenso ao processo principal. Essas exceções processuais repercutirão em suspensão ao processo principal, até que se resolvam definitivamente.

Técnica. A exigência de peças autônomas para a contestação e reconvenção implica dissídio jurisprudencial. Pois, assentou o TJBA que "não age ilegalmente ou com abuso de poder o magistrado, ao indeferir, *in limine*, reconvenção embutida na contestação, violando destarte o art. 299 do CPC, que manda sejam os pedidos formulados em peças autônomas. Nem é hipótese de conceder-se prazo ao reconvinte, para ajuste do pleito à lei processual – que se abrigasse na norma do art. 284 do CPC –, porque não se cuida aí de defeito da inicial ou de mera irregularidade, mas de injustificável erro de postulação".[120]

Por outro lado, assentou o TAMG que: "Embora oferecida simultaneamente com a contestação, a reconvenção deve ser proposta em petição autônoma. No entanto, não o sendo, tal falha não implica nulidade plena, desde que não cause prejuízo à parte contrária".[121]

Já o TJRS, em acórdão relatado por Aldroardo Furtado Fabrício, asseverou que "ainda que oferecida na mesma peça onde é contestada a ação, é de ser admitida a reconvenção desde que a irregularidade não acarrete prejuízo ao reconvindo".[122]

Sobre a exceção de incompetência, decidiu o TJSP que: "A apresentação da exceção de incompetência como preliminar da contestação, mais do que simples irregularidade que não impediria o seu conhecimento, representa autêntico erro grosseiro, ante a literalidade das disposições legais que disciplinam a matéria".[123]

---

120 PAULA, Alexandre de. *CPC Anotado*, p. 1257, vol. II.

121 RT 624/178.

122 PAULA, Alexandre de. *CPC Anotado*, p. 1258, vol. II.

123 PAULA, Alexandre de. *CPC Anotado*, p. 1258, vol. II.

Seção II

DA CONTESTAÇÃO

Art. 300. Compete ao réu alegar, na contestação, toda matéria de defesa, expondo as razões de fato e de direito, com que impugna o pedido do autor e especificando as provas que pretende produzir.

DA CONTESTAÇÃO

A contestação representa para o réu o mesmo ato que a petição inicial significa para o autor: seu ingresso em juízo, praticando o ato inaugural. Também, e mais amplo do que isso, a contestação significa o meio idôneo que o réu defende direito próprio, nos termos em que a ação foi proposta.

A contestação, em termos técnicos, é definida como o meio pelo qual o réu impugna a causa de pedir e o pedido formulados na ação, a fim de afastar de que recaia sobre si a pretensão do autor.

Por isso, a contestação sempre buscará uma tutela jurisdicional declaratória negativa, seja para mostrar que o autor não possui direito à ação que lhe foi proposta (carência de ação), seja para mostrar que o autor não tem direito ao processo (falta dos pressupostos processuais), seja porque o autor não tem, no todo ou em parte, o direito subjetivo material invocado na ação.

OBJEÇÃO E EXCEÇÃO

Noção. Toda defesa propriamente dita (excetua-se a reconvenção) possui uma pretensão nitidamente declaratória negativa, no sentido de negar, afastar, rejeitar, impedir, rechaçar a pretensão do autor.

O conteúdo da pretensão do réu é informada pelos institutos da *objeção* e *exceção*. Não há uniformidade de conceitos, pois a exceção, oriunda da *exceptio* surgida no período formulário em substituição à *praescriptio pro reo* no direito romano[124], possui amplo significado, como: a) *qualquer meio de que o réu se sirva para justificar a demanda de rejeição e, portanto, a simples negação do fundamento do autor da ação*; b) *toda defesa de mérito que não consista na simples negação do fato constitutivo afirmado pelo autor, mas na contraposição de um fato impeditivo ou extintivo que exclua os efeitos pretendidos pelo autor*; e c) *a contraposição ao fato constitutivo afirmado pelo autor, de fatos impeditivos ou extintivos que por si mesmos não excluem a ação mas que conferem ao réu o poder jurídico de anular a ação.*[125]

No entanto, o direito processual moderno admite um tratamento diferenciado da objeção e da exceção, capaz de produzir conceitos diferenciados. Ousa-se contribuir para essa diferenciação.

Objeção. É toda matéria deduzida de ordem pública, conhecível de ofício, a qualquer tempo e independente de forma. Pode envolver norma de direito material, como a decadência, a nulidade de ato jurídico, relaxamento da prisão em flagrante, ou norma de direito processual, como a coisa julgada, condições da ação e os pressupostos processuais. Aliás, a regra estampada no artigo 267, § 3º, do CPC, bem realça as características da objeção. A objeção, por não exigir forma na sua alegação, pode ser suscitada como "preliminar", ao contrário da exceção processual, que deve ser argüida na forma determinada pela lei.

---

124 TUCCI, José Rogério Cruz e, Luiz Carlos de Azevedo. *Lições de História...*, p. 97.

125 CHIOVENDA, Giuseppe. *Instituições de Direito Processual Civil.* Tradução de J. Guimarães Menegale. São Paulo, Livraria Acadêmica – Saraiva & Cia, 1942, p. 464-5, vol. I.

Tem-se como exemplo deste paralelo a diferença de tratamento da incompetência absoluta (CPC, art. 113) e da incompetência relativa (CPC, arts. 112 e 114). O fundamento da objeção dá-se em razão da crescente publicização do direito processual, que aos poucos escapa da esfera disponível das partes.[126]

Nessa linha de pensamento, Cleanto Guimarães Siqueira aponta que a objeção processual versa sobre questões atinentes à validade da relação processual e ao exercício da ação. Por isso, abrange matéria de ordem pública, uma vez que interessa ao Estado-juiz conduzir um processo indene de vícios e irregularidades, capazes de contaminar o pronunciamento final de mérito.[127]

Daí, conclui o professor capixaba: "A derradeira característica das objeções, corolária das anteriores, é serem elas *irrenunciáveis*. Vale dizer: as partes, em uma dada relação processual, a despeito de poderem eventualmente dispor dos direitos e interesses nela deduzidos, não estão autorizadas a assim agirem quanto às matérias de ordem pública, a cujo respeito a lei dispensa provocação para serem conhecidas pelo julgador".[128]

Exceção. É toda matéria deduzida de ordem privada, que deverá ser alegada pela parte no prazo e na forma determinada, sob pena de não ser conhecida pelo juiz. Pode abordar tanto matéria de direito substancial, como a prescrição de direitos patrimoniais, anulação de ato jurídico, usucapião, compensação, novação, transação, como de direito processual, como a exceção de incompetência ou suspeição do juiz. Referente à exceção processual algumas considerações devem ser dadas: b.1) ela é também denominada "exceção instrumental", porque vai instaurar um novo processo, incidental, autuado em apenso ao processo principal (CPC, art. 299), tal como ocorre com a "impugnação ao valor da causa" no processo civil (CPC, art. 261) e na exceção de incompetência relativa (CPC, art. 112); b.2) no processo civil, a incompetência absoluta e o impedimento do juiz, apesar de qualificadas como "exceção" (CPC, art. 304), na verdade não passam de meras objeções, diante das regras dos artigos 113 e 134, este último no que tange ao "proibir" a atividade judicial em determinado processo.[129]

---

[126] PAULA, Jônatas Luiz Moreira. *Teoria Geral...*, p. 174-5.

[127] SIQUEIRA, Cleanto Guimarães. *A defesa no Processo Civil.* Belo Horizonte, Del Rey, 1995, p. 244-54.

[128] SIQUEIRA, Cleanto Guimarães. *A defesa...*, p. 246.

[129] PAULA, Jônatas Luiz Moreira. *Teoria Geral...*, p. 175.

A objeção e a exceção no sistema processual. Ensina Chiovenda que o instituto da *exceptio* prende-se à conformação especial do processo romano clássico e à função do pretor relativamente às faltas e omissões do *ius civile.* Com isso, a tutela jurídica do direito do réu se dava mediante um acréscimo à fórmula, denominado *exceptio.* Por fim, acrescenta que a atitude do juiz em prover os interesses do réu se possibilitava muito mais pelo direito material – *ius civile* – que propriamente por normas de direito processual.[130]

Em razão disso concebeu-se que a *exceptio* indicava uma circunstância que paralisava a ação, posto que era um "contradireito" do réu, um direito existente por si mesmo e oposto ao da ação (Savigny), ou que fosse um fato que pudesse opor-se à ação (Windischeid).[131]

Desta forma, explica Chiovenda, "pode-se dizer que a *exceptio* clássica não emprestara à exceção em *sentido próprio* do direito sucessivo senão um abstrato histórico: se bem que a inserção da exceção na fórmula pressupusesse, pelo menos em regra geral, o pedido do réu, tratava-se, em todo caso, de uma concessão do pretor, ligada à função corretiva do *ius civile* que o magistrado desempenhava no processo formal, e não *de um direito do réu a impugnar a ação*; idéia que somente poderia surgir mais tarde, quando, eliminada toda distinção entre *ius civile* e *ius honorarium*, quedou com um significado novo a contraposição entre circunstâncias que agem *ipso iurre* ou *ope exceptiones*, não mais fundada nas particularidades de um ordenamento para sempre ultrapassado, e sim na íntima conexão entre fatos múltiplos que têm importância para o nascimento ou extinção de um direito. Gaio, com efeito (Inst., IV, 115) indica o escopo da exceção do ponto de vista genérico da defesa do réu (*defendendorum eorum gratia cum quibus agitur*); e, se revela a intuição da estrutura especial dessa defesa (*per exceptionem repelli*), como outros juristas falam de *actionis exclusio* não excede os limites da simples antítese".[132]

A idéia de que a *exceptio* era um direito de impugnar a ação surge com o processo no período da *cognitio extraordinaria*, expressa em Justiniano (*datur exceptio ad impugnandam actionem*).

---

[130] CHIOVENDA, Giuseppe. *Instituições...*, p. 465-6.

[131] CHIOVENDA, Giuseppe. *Instituições...*, p. 466-7.

[132] CHIOVENDA, Giuseppe. *Instituições...*, p. 467-8.

Em seguida, houve a distinção e generalização da *exceptio*, que passava a significar "as defesas deduzidas de circunstâncias *quae ipso iure tollunt naturalem obligationem, civilem autem non tollunt ipso iure sed eam ope exceptionis elidunt*, que se chamaram propriamente *exceptiones* ou *exceptiones peremptoriae, quae actionem perimunt seu verit elidunt* (como exceção de dolo, violência, erro), das outras defesas, que se denominaram simplesmente *defensiones*, como o pagamento: *defensiones autem dicuntur proprie quae ipso iure tollunt et perimunt omnem actionem ut est solutio*. Generalizado, porém, o uso, por força da própria linguagem confusa do *Corpus iuris* e especialmente das Constituições justineanas, de qualificar de *exceptiones* todas as defesas, preservou-se o conceito com a conhecida distinção entre *exceptionis* todas as defesas, preservou-se o conceito com a conhecida distinção entre *exceptionis facti* e *exceptiones iuris*, ou exceções em sentido amplo e sentido estrito: entendendo-se as primeiras como as exceções perante as quais a ação não existe, e só há uma demanda *in via facti, de facto tantum*, e as segundas como as que pressupõem a efetiva existência de uma ação, que, entretanto, o réu tem o direito de anular".[133]

Tal concepção manifesta-se na moderna doutrina nacional, como o entendimento de Antonio Carlos Marcato de que a exceção representa "o poder jurídico de defesa assegurado ao réu, no sentido de que ele pode não apenas expor suas razões em juízo, como ainda exigir sejam elas levadas em consideração pelo juiz".[134]

No entanto, é preciso destacar que, objeção e exceção possuem significados distintos. Pois, se na origem a *exceptio* era uma tutela concedida pelo pretor perante imperfeições do *ius civile* – portanto, concedida *ex officio* –, à medida que ela se tornou um direito do réu, deixou de ser concedida *ex officio*, para conformar-se à iniciativa do demandado.

Nesse aspecto, houve uma interferência muito grande daquilo que se qualifica como "direito disponível", pois, tanto no direito material como no direito processual, impôs regras como a iniciativa do interessado e a presunção de renúncia.

---

[133] CHIOVENDA, Giuseppe. *Instituições...*, p. 468-9.

[134] MARCATO, Antonio Carlos. *Procedimento Ordinário*. 2ª ed. [s.l.] edição própria, [s.d.] p. 3.

Por outro lado, tornou-se inegável que certas normas estavam sob a influência da indisponibilidade do direito, e que, portanto, não poderia estar sob a regra da iniciativa do interessado e da presunção de renúncia. A atuação do juiz tornava-se mais enérgica e não simplesmente a de um espectador.

Tais implicações repercutiram no direito de defesa, em que se concebeu um grupo de matérias que deveriam ser expressamente alegadas pelo réu e um outro grupo de matérias, que deveriam ser alegadas pelo réu, mas que também poderiam ser conhecidas de ofício pelo juiz. O primeiro grupo, denomina-se "exceção", o segundo grupo, objeção, e ambos podem tratar de matéria de direito material e direito processual.

Depende do estágio em que se encontra a cultura jurídica de um povo para qualificar se tal matéria é uma exceção ou objeção. Veja o Brasil. No CPC de 1939, a litispendência e a coisa julgada eram matéria própria de exceção processual em autos apartados (art. 182, II). A doutrina da época classificou essas exceções como peremptórias.[135]

Hoje, a coisa julgada e a litispendência não são classificadas pelo CPC vigente como espécies de exceções, uma vez que pode ser alegada em qualquer tempo e grau de jurisdição, independentemente de forma e suscetível de ser conhecida *ex officio* pelo juiz (art. 267, § 3º). Daí serem classificadas como objeções processuais.[136]

Por isso, podem-se tomar os seguintes aspectos:

exceção, no sentido amplo, é toda alegação deduzida pela parte interessada, em fazer levar ao conhecimento do juiz uma matéria de seu interesse;

no sentido estrito, a palavra exceção comporta dupla distinção – exceção e objeção;

exceção, no sentido estrito, é toda alegação de matéria de ordem privada, disponível, cujo conhecimento depende exclusivamente de iniciativa da parte interessada;

a exceção em sentido estrito pode envolver matéria de direito processual e direito material. Sendo de direito processual, não basta a simples alegação

---

135 AMERICANO, Jorge. *Comentários ao Código de Processo Civil.* 2ª ed. São Paulo, Saraiva, 1958, p. 260-1, 1º vol.

136 Nesse sentido, cf. GRECO FILHO, Vicente. *Direito Processual Civil Brasileiro.* 11ª ed. São Paulo, Saraiva, 1996, p. 124, 2º vol.

da parte interessada, uma vez que é preciso ater-se às formas, aos prazos e requisitos legais, sob pena de preclusão;

isso significa que não pode haver exceções processuais no corpo da contestação, uma vez que elas deverão ser requeridas em petição em separado, autuada e processada em apenso ao processo principal;

no corpo da contestação somente poderão conter objeções processuais, exceções e objeções de direito material, e o próprio mérito;

a objeção é toda alegação de matéria de ordem pública, indisponível, cujo conhecimento pode advir por iniciativa da parte interessada ou de ofício do juiz;

a matéria relativa à objeção, por permitir o conhecimento de ofício pelo juiz, pode ser alegada em qualquer tempo ou grau de jurisdição, uma vez que não está sob o efeito da preclusão. Obviamente enquanto não extinto o processo;

a objeção pode envolver matéria de direito processual e de direito material. Ambas deverão ser alegadas ou conhecidas no processo principal;

toda questão relativa à lide que exigir a instauração de um processo apenso aos autos principais, cuja iniciativa depende de prazo, forma e requisitos legais, que não seja ação incidental, ação conexa ou ação cautelar, pode ser entendida como exceção instrumental; e

toda questão que dispensa a instauração de um processo, sendo suscetível de ser apreciada dentro dos autos principais, revela-se como objeção.

DEFESA INDIRETA E DEFESA DIRETA

Noção. A contestação, ao apresentar objeções processuais e exceções e objeções de direito material, além do próprio mérito. Em termos técnicos, tal atitude pode ser enfocada à luz da *defesa indireta* e *defesa direta.*

Defesa indireta. É a matéria deduzida que não se opõe ao mérito da questão, mas às condições da ação, aos pressupostos processuais e à validade do processo, isto é, a defesa indireta procura afirmar que o demandante não reúne as condições da ação, os pressupostos processuais ou que exista nulidade no processo.

Daí entender-se que a defesa indireta é espécie de defesa nitidamente processual. O Código de Processo Civil realça a matéria a ser alegada em defesa indireta, nos termos do artigo 301, quando determina as questões que devem ser suscitadas pelo demandado antes de examinar o mérito da ação.

Tais questões podem (e devem) ser alegadas pelo réu no corpo da contestação. Porém nada impede que elas sejam alegadas independentemente de forma ou em qualquer tempo ou grau de jurisdição, uma vez que o juiz pode conhecer de ofício. Exceção se faz à hipótese de convenção de arbitragem (CPC, art. 301, IX), nos termos do § 3º, do artigo 267, do CPC, visto que o réu deverá alegar a convenção de arbitragem. Essa exigência se deve porque o sistema arbitral convencionado é suscetível de renúncia tácita.

Segundo a técnica processual, a defesa indireta deve ser argüida em primeiro lugar no corpo da petição, precedendo o exame do mérito, justamente por não abordar o mérito. Daí ser entendida que ela deve ser qualificada como "Preliminar ao Mérito", e não simplesmente "Preliminar", pois é possível haver preliminares do mérito, como a decadência (objeção material) e a prescrição (exceção material).

Na esteira de Vicente Greco Filho, a defesa indireta é uma defesa processual, "porque impugna o instrumento (ação ou processo) de que se pretende valer o autor para a afirmação de seu direito".[137] É defesa indireta porque, consoante José Joaquim Calmon de Passos, "visa a obstar a outorga da tutela jurisdicional pretendida pelo autor mediante a inutilização do processo, ou seja, do meio, do instrumento de que ele se valeu, sem que se ofereça oportunidade para composição da lide, isto é, apreciação do mérito pelo juiz. A defesa indireta processual, por conseguinte, porque objetivando indicar fatos extintivos da relação processual ou impeditivos quer da sua constituição, quer do seu desenvolvimento válido e regular, volta-se contra os pressupostos processuais ou contra a validade de atos processuais com repercussão extintiva ou impeditiva sobre todo o processo ou sobre parte dele. Na sistemática do Código, essa defesa indireta processual ora se integra na própria contestação, e é preliminar dela (art. 301), ora deve ser oferecida sob a forma de exceção (art. 304). Nenhuma diferença de ordem substancial entre elas, para que algumas merecessem a forma de exceção, outras a de preliminar da contestação".[138]

Já Pinto Ferreira explica que a defesa processual "é a *defesa meramente processual* ou *defesa de rito*, quando o réu, antes da discussão do mérito da cau-

---

[137] GRECO FILHO, Vicente. *Direito Processual Civil Brasileiro*, p. 124, 2º vol.

[138] PASSOS, J. J. Calmon de. *Comentários ao Código de Processo Civil*. Rio de Janeiro-São Paulo, Forense, 1974, p. 234, vol. III.

sa, deduz a própria extinção do processo, que argüi de imediato na contestação, na conformidade dos arts. 300 e 301 do Código de Processo Civil. A defesa de rito, quando é direta, é contra o próprio processo, sobre os chamados *pressupostos processuais* (v.g., capacidade da parte), ou contra as condições da ação (ilegitimidade da parte *ad causam*). A defesa do rito indireto visa as exceções agasalhadas expressamente no CPC, quais sejam, incompetência, impedimento e suspeição (CPC, arts. 304, 307 e 312). A defesa de rito ou defesa processual é *peremptória*, quando implica a extinção do processo (CPC, arts. 267, IV, V, VI, VII, IX, X, e 301, II, III, IV, V, VI, VIII, X e XI), ou *dilatória*, quando não extingue o processo, mas apenas dilata ou prorroga o seu curso".[139]

Defesa direta. Ao contrário da espécie anterior, a defesa direta, como o próprio nome indica, aborda diretamente o mérito da ação, isto é, os fatos e/ou a relação jurídica que constituem o direito afirmado pelo demandante. Neste caso, o exame se faz dentro do mérito. Contudo, é possível haver preliminares do mérito, que indiretamente atacam o direito material afirmado pelo autor, como a decadência, prescrição, compensação, novação etc. Na primeira tem-se defesa direta de mérito e na segunda, defesa indireta de mérito.

Por fim, a defesa direta do mérito pode atacar frontal e diretamente os fatos ou a relação jurídica afirmados pelo demandante, como não devo, inexiste relação jurídica, não foi praticado ato ilícito etc. Neste caso, ocorre a defesa direta propriamente dita.

Em sede "carneluttiana", a defesa direta do mérito vem a ser o próprio conceito de lide como pretensão resistida. É difícil imaginar que, num conflito social, o indivíduo resiste à pretensão do outro porque tem prévio conhecimento de aquele é carecedor de eventual ação ou falta-lhe algum pressuposto processual ..., até mesmo porque não há ação e processo ... Assim, a lide "carneluttiana" decorre de uma pretensão e uma resistência segundo o direito material.

Calmon de Passos realça a idéia de que a defesa direta é assim concebida "porque dirigida contra a própria pretensão do autor e objetivando destruir-lhe os fundamentos de fato ou de direito. Por conseguinte, na defesa direta o réu ou nega a existência do fato posto pelo autor, ou lhe dá outra configura-

139 FERREIRA, Pinto. *Da resposta do réu.* São Paulo, Saraiva, 1986, p. 5.

ção, ou recusa validade às conseqüências jurídicas pelo autor pretendidas, com ou sem aceitação dos fatos por ele aduzidos".[140]

Já a defesa indireta de mérito, na doutrina de Calmon de Passos, assim é compreendida "porque não se dirige aos fatos e fundamentos jurídicos aduzidos pelo autor, mas se apóia em outros fatos com eficácia extintiva ou impeditiva da sua pretensão; e de mérito, porque, diversamente da outra defesa indireta, ela não se dirige contra a relação processual, sim contra a relação de direito material constitutiva do pedido do autor, portanto contra o objeto do processo".[141]

CONTEÚDO DA CONTESTAÇÃO

Defesa direta. O artigo 300 trata especificadamente da defesa de mérito, seja ela argüida direta ou indiretamente. O disposto é claro a respeito: expor razões de fato e de direito, o que significa deduzir fatos impeditivos, modificativos ou extintivos do direito do autor, ou simplesmente negar os fatos que constituem o direito do autor. Tal idéia é reforçada pela disposição do artigo 301, do CPC, que trata da matéria de defesa processual.

A idéia da exposição dos fatos deve ser consorciada com a norma do artigo 302, do CPC, que exige a impugnação específica dos fatos constitutivos do direito do autor. Nesse aspecto, aplica-se a regra do princípio da eventualidade, que exige a dedução de todos os fatos possíveis de serem suscitados, sob pena de preclusão consumativa.

Nesse entendimento, percebe-se claramente que a contestação contém uma causa de pedir, que é oposta ao que foi exposto na petição inicial. De igual forma, a pretensão do réu na contestação é de negar a procedência da pretensão do autor (tutela declaratória negativa), salvo nas demandas sob o rito sumário, que admitem o pedido na contestação com força de ação.

Meios de provas. O disposto enfocado exige que o réu requeira, na contestação, os meios de provas. A contestação no procedimento sumário exige que o réu especifique os meios de provas, juntando documentos, arrolando testemunhas, indicando assistente técnico e formulando quesitos ao perito (CPC, art. 278).

---

[140] PASSOS, J. J. Calmon de. *Comentários...*, p. 235-6.

[141] PASSOS, J. J. Calmon de. *Comentários...*, p. 236.

Já no procedimento ordinário, não é necessário que o demandado tome as mesmas providências reclamadas no artigo 278, do CPC. Basta, e para tanto deve ser expresso, que requeira os meios de provas.

Nessa linha, expressou o TJS: "O protesto genérico pela produção de provas, vindo com a contestação, não desobriga o réu de, no tempo próprio, indicar precisamente as que deseja produzir".[142] Por isso, asseverou o TJRS que "o artigo 300 do CPC guarda simetria com o inc. VI do art. 282 da mesma lei".[143]

Se a defesa é um direito que pode ser exercido independentemente da existência do direito material, e a contestação a peça técnica com que o demandado exerce a defesa propriamente dita, é totalmente despiciendo o réu produzir provas na contestação. Nesse momento processual não há preclusão consumativa. A exigência fica quanto ao requerimento. Mas é verdade, e isso é inegável, que a conveniência pode sugerir que o réu apresente desde logo provas que justifiquem seus argumentos; mas isso somente em conformidade da conveniência.

Técnica. Sobre a amplitude do direito de defesa a ser exercido na contestação, decidiu o extinto TFR que: "A relação jurídico-processual, tanto no âmbito jurisdicional, como no administrativo, se apresenta protegida por princípios constitucionais explícitos ou implícitos. Entre eles encontra-se, de modo visível, o da ampla defesa, que pressupõe, de modo cogente: a) o direito de serem repelidas provas apresentadas pelos litigantes; b) o direito das provas serem produzidas pelas partes sem quaisquer restrições; c) o direito das partes apresentarem as suas razões de convencimento e de serem ouvidas e reinquirirem os que forem ouvidos. Sem o respeito do contraditório, o processo administrativo não ganha substância, nem penetra no mundo jurídico".[144]

Já o TARS teve a oportunidade de expressar que: "Inexiste a deserção da contestação por falta de preparo. O instituto é específico da matéria recursal. As custas, não exigidas oportunamente e admitida a prática do ato processual, somente poderão ser cobradas via procedimento próprio. Inarredável, se assim o pretender o juízo, a intimação precisa para preparo".[145]

---

142 PAULA, Alexandre de. *CPC Anotado*, p. 1260, vol. II.

143 PAULA, Alexandre de. *CPC Anotado*, p. 1260, vol. II

144 PAULA, Alexandre de. *CPC Anotado*, p. 1260, vol. II.

145 PAULA, Alexandre de. *CPC Anotado*, p. 1261, vol. II.

Art. 301. Compete-lhe, porém, antes de discutir o mérito, alegar:

I – inexistência ou nulidade da citação;

II – incompetência absoluta;

III – inépcia da petição inicial;

IV – perempção;

V – litispendência;

VI – coisa julgada;

VII – conexão;

VIII – incapacidade da parte, defeito de representação ou falta de autorização;

IX – convenção de arbitragem;

X – carência de ação;

XI – falta de caução ou de outra prestação, que a lei exige como preliminar.

§ 1º Verifica-se a litispendência ou a coisa julgada, quando se reproduz ação anteriormente ajuizada.

§ 2º Uma ação é idêntica à outra quando tem as mesmas partes, a mesma causa de pedir e o mesmo pedido.

§ 3º Há litispendência, quando se repete ação que está em curso; há coisa julgada, quando se repete ação que já foi decidida por sentença, que não caiba recurso.

§ 4º Com exceção do compromisso arbitral, o juiz conhecerá de ofício da matéria enumerada neste artigo.

OBJEÇÃO PROCESSUAL

Noção. O disposto em exame trata das matérias que compõem a defesa indireta. O artigo 300 aborda, de forma concentrada, a defesa direta, pela qual o réu poderá deduzir toda matéria de fato suscetível de improceder, no todo ou em parte, a pretensão do autor. Já o disposto enfocado aborda as matérias que compõem a defesa indireta processual e que podem ser suscitadas no corpo da contestação. Portanto, está-se diante de objeção processual. Não se trata de improceder a pretensão do autor propriamente dita, mas de improceder a ação, porque o autor não reúne as condições da ação ou os pressupostos processuais.

O elenco não é exaustivo, uma vez que é possível o réu deduzir outras questões processuais que não compõem o artigo 301, como o impedimento do juiz, do Ministério Público ou do auxiliar da justiça, que tanto pode ser argüido, em regra, em sede de exceção de impedimento; como o defeito na distribuição; ou até mesmo a redação da segunda parte do inciso XI, que admite qualquer outra forma de prestação que a lei exige como condição para o ajuizamento e processamento da ação.

Objeção e convenção de arbitragem. A idéia central da objeção processual é de que se trata de questão que pode ser alegada em qualquer tempo ou grau de jurisdição, independentemente de forma e conhecível de ofício pelo juiz.

O tratamento processual à objeção e à exceção dispensado pelo CPC é bem nítido: enquanto a objeção pode ser alegada na contestação, a exceção deve ser, sob pena de preclusão, argüida em petição em separado.

A artigo 301 concentra matérias de objeção, isto é, que podem ser conhecidas de ofício pelo juiz, mas o inciso IX – convenção de arbitragem – trata de matéria que deve ser expressamente alegada pelo réu. Logo, seria a convenção de arbitragem questão de exceção processual?

A resposta é negativa. A arbitragem é espécie de sistema de composição de conflitos sociais, ao lado da autotutela e da jurisdição. Não se pode falar em questões processuais – como objeção ou exceção – dentro de um ambiente arbitral. Tais questões são próprias e inerentes ao sistema jurisdicional que, se aplicados ao sistema arbitral, tendem a desnaturar este sistema e transformá-lo em sistema jurisdicional.

No entanto, é preciso que o réu, se porventura tenha pactuado a arbitragem, alegue a existência da convenção de arbitragem. É uma situação de fato que, em razão da sua natureza negocial, impossibilita o juiz conhecer de ofício.

Por isso, a alegação da convenção de arbitragem em sede de contestação não constitui exceção, mas objeção. Ademais, não se trata apenas de uma objeção processual, mas de uma objeção ao sistema jurisdicional.

Objeção processual peremptória e objeção processual dilatória. A objeção processual, como eminente matéria de defesa, pode importar na extinção do processo sem o julgamento do mérito ou apenas dilatar, adiantar o pronunciamento jurisdicional.

Para a primeira hipótese tem-se objeção processual peremptória, que no artigo 301 está prevista nos incisos III, IV, V, VI, IX e X. Para a segunda hipótese tem-se objeção processual dilatória, que no artigo 301 está prevista nos incisos I, II e VII.

Destacam-se que as hipóteses dos incisos VIII e XI não geram imediatamente a extinção do processo, uma vez que é possível o autor suprir o defeito processual. Mas, será em razão de sua inércia ou da impossibilidade de corrigir o defeito que se decretará a extinção do processo. Por isso, os incisos VIII e XI são potenciais hipóteses de objeção peremptórias.

Indisponibilidade da norma. Embora o *caput* do artigo 301 seja dirigido ao réu ("compete ao réu alegar..."), a norma em questão também é dirigida ao juiz, perante a regra do § 4º.

Daí que, excetuando a convenção de arbitragem, as demais questões que compõem o artigo 301 podem e devem ser conhecidas de ofício pelo juiz, independentemente se devia ser alegado ou não pelo réu.

Trata-se, portanto, de norma de ordem pública que, diante do seu caráter indisponível, não fica à exclusiva iniciativa da parte interessada, mas ao absoluto controle judicial.

ESPÉCIES

Inexistência ou nulidade de citação. A relação jurídica processual triangular – autor, juiz e réu – é instaurada a partir do ajuizamento da ação. No entanto, a integralização se realiza com a comunicação válida e regular do réu acerca da existência da ação e processo existentes contra ele.

Daí que, nula ou simplesmente inexistente – os efeitos são semelhantes –, a citação deverá ser conhecida pelo juiz, ainda que de ofício, posto que afeta a um dos pressupostos processuais de existência.

A finalidade do disposto é de salvaguardar os interesses do réu, a fim de não conferir existência e eficácia ao processo que não tenha respeitado o princípio do contraditório e da ampla defesa.

A nulidade da citação se dá quando não preenchidos os requisitos de validade; ao passo que a inexistência se dá quando nem sequer se preencheem os elementos que constituem seu ato. No primeiro caso, o ato citatório existe, mas não surte efeitos porque foi realizado invalidamente; no segundo caso, o ato citatório não existe, o que, conseqüentemente, também obsta a produção de efeitos jurídicos.

Nesse sentido, leciona Calmon de Passos que "citação inexistente é a que *falta*, como ato, na série dos que constituem o procedimento. É citação que não foi feita, nem por mandado (citação real), nem por edital (citação ficta). Equivale à citação que falta (inexistência material) a citação juridicamente inexistente. E inexistente é a citação quando ausente requisito indispensável para que seja reconhecida como ato dessa natureza. Para isso, a citação requer o agente adequado para fazê-la, a pessoa indicada para recebê-la e um conteúdo específico (...) Citação nula é a citação desconforme ao modelo prefixado em lei, quando esse defeito é relevante, isto é, quando, por sua causa, fica inatingido o fim a que o ato se propunha, e isso importa em prejuízo para os fins de justiça do processo. A citação, como todo ato do processo, é ato típico, vale dizer, ato cujo modelo foi prefixado em lei, não só no tocante aos sujeitos autorizados a efetivá-lo, como também relativamente aos sujeitos contra ou em face dos quais deve ser efetivado, o lugar e o tempo de sua realização e formas propriamente ditas de sua consecução. Tudo isso são prescrições legais sobre citação, e a violação de qualquer dessas prescrições torna a citação defeituosa, atípica".[146]

O CPC, seguindo a posição adotada no Código Civil revogado[147], atribuiu a mesma conseqüência ao ato inexistente e ao ato nulo: imprescindível uma declaração judicial a respeito, cujos efeitos, que supostamente poderiam ter surtidos até então, serão desfeitos, diante do caráter público da norma transgredida – princípio do contraditório e da ampla defesa (CF, art. 5º, LIV). Mas, explica Pinto Ferreira, "a atipicidade da citação só provoca a nulidade quando é uma atipicidade relevante, o seu defeito prejudicando ou dificultando a defesa do réu, pois se a defesa do réu não puder ser feita a contento nem ser tempestiva, sendo decretada a nulidade, pode ser reaberto o prazo para a defesa do réu".[148]

Daí que, conforme exposto no volume I da obra, para cada espécie de citação, existem elementos e requisitos. É o caso dos elementos da citação postal, delineadas no artigo 223, do CPC, ou seja, deverão integrar o ato citatório cópias da petição inicial e do despacho do juiz que ordenou a citação; além disso, deverá estar expressamente consignada a advertência a que se refere o

---

[146] PASSOS, J. J. Calmon de. *Comentários...*, p. 250-1.

[147] É preciso lembrar que o vigente Código Civil, legislação superveniente ao CPC vigente, seguiu a doutrina dos negócios jurídicos (Livro III, Título I), sendo o ato jurídico um aspecto do negócio jurídico.

[148] FERREIRA, Pinto. *Da resposta...*, p. 22.

artigo 285, segunda parte, do CPC – presunção de veracidade dos fatos narrados pelo autor na ausência da contestação –, bem como comunicar o prazo de resposta e o juízo onde se processa a ação. São requisitos da citação postal a sua não-realização nas hipóteses do artigo 222, do CPC, bem como as providências do parágrafo único do artigo 223.

São elementos da citação por oficial de justiça os incisos I *usque* VIII, do artigo 225, do CPC, ciente da faculdade do parágrafo único do mesmo disposto.

São requisitos da citação por oficial de justiça as providências a serem tomadas no artigo 226, bem como o atendimento das vedações previstas no artigo 217, todos do CPC.

Já na citação por hora certa (CPC, art. 227), devem ser obedecidos os seguintes requisitos:

requisito objetivo: dar-se-á com a citação realizada por oficial de justiça. Sendo assim, não é admissível a citação por hora certa se a citação frustada tentou-se por via postal;

requisito objetivo: dar-se-á com a procura frustada do réu em pelo menos três vezes. A quantidade de diligências, que em regra será no domicílio do réu ou em local indicado pelo autor, deverá ser no minímo três. Menos que isso, ainda não possibilita a citação por hora certa, é preciso haver igual ou mais que três diligências para satisfazer o requisito objetivo. Ao lado da quantidade de diligências, elas devem ser frustadas, isto é, por três ou mais vezes as diligências resultarem na impossibilidade de realização da citação. Se porventura o oficial de justiça encontrar uma vez o réu, mas não realizar a citação, essa diligência não poderá ser contabilizada, uma vez que ele não está se ocultando. É preciso, para fins de preenchimento do requisito, a não-localização do réu, que deve ser de, no mínimo, em três vezes;

requisito objetivo: deverá o oficial de justiça intimar qualquer pessoa da família do citando ou o seu vizinho[149], informando o dia[150] e a hora que vol-

---

[149] Segundo o 1º TACivSP, o vizinho não pode ser um desafeto declarado. Cf. PAULA, Alexandre de. *CPC Anotado*, p. 874, vol. I.

[150] O retorno do oficial de justiça não poderá ser no mesmo dia, pois presume-se que o réu ainda não tomou conhecimento da citação por hora certa. Nesse sentido o 1º TACivSP: "Se o oficial de justiça, em vez de retornar no dia seguinte, retorna no mesmo dia, infringe o art. 227 do CPC. Assim, nula será a citação, conforme preceitua o art. 247 do mesmo Código", cf. PAULA, Alexandre de. *CPC Anotado*, p. 875, vol. I.

tará para efetuar a citação. Essa providência é obrigatória, sob pena de nulidade[151], a fim de impedir que o comparecimento do oficial de justiça não surpreenda o réu;

requisito subjetivo: dar-se-á com a suspeita de que o réu está se ocultando do oficial de justiça, para evitar a realização da citação. Trata-se de requisito subjetivo de tal sorte que dispensa prova pelo oficial de justiça para possibilitar a citação por hora certa, bastando a simples menção em certidão do meirinho, a fim de justificar[152] a citação por hora certa, uma vez que ela se realiza independentemente de ordem judicial (CPC, art. 228, *caput*).

Além disso, são requisitos para a citação por hora certa as providências a serem tomadas nos artigos 228 e 229, do CPC, além da nomeação de curador especial (CPC, art. 9º, II).

Por fim, são elementos da citação por edital os incisos I a V, do artigo 232, e os requisitos nos artigos 231 e §§ 1º e 2º, do artigo 232, todos do CPC.

Qualquer ofensa a algum desses preceitos legais resultará na inexistência ou nulidade da citação.

Defeito da citação e comparecimento espontâneo. Cumpre destacar que o réu pode alegar o defeito na citação (inexistência ou invalidade) ou simplesmente a sua não-realização em dois momentos e em dois aspectos: em petição em separado como incidente processual, a fim de provocar a realização de nova e válida citação, ou como preliminar na contestação.

Efeitos podem decorrer. Se procedente a alegação, quando alegado pelo réu em petição em separado, deverá ser realizada outra citação. No entanto, se improcedente, a primeira forma de alegar defeito na citação – petição em separado – provocará o comparecimento espontâneo do réu (CPC, art. 214, § 1º), seguido da decretação da revelia, uma vez que ausente a contestação.

Por outro lado, se procedente a alegação de defeito de citação quando requerido em preliminar da contestação, será dispensada nova citação se o réu de fato exerceu plenamente a defesa. Pois, novamente invoca-se a regra do § 1º, do artigo 214, que, associado aos artigos 244 e 250, parágrafo único, todos

---

151 TAMG, cf. PAULA, Alexandre de. *CPC Anotado*, p. 874, vol. I.

152 Recomendou o 2º TACivSP que o oficial de justiça indique os fatos evidenciadores da conduta maliciosa do réu, para fundamentar a citação por hora certa.

do CPC, em que é preciso levar em conta a economia dos atos processuais e a instrumentalidade das formas. Por isso, se reconhecido defeito na citação, mas verificado o amplo exercício da defesa sem prejuízo algum, dispensa-se a realização de nova citação.

Incompetência absoluta. Entende-se por incompetência absoluta a situação em que o processo se encontra, por ferir frontalmente normas que autorizem determinado órgão jurisdicional a processar e julgar determinada demanda, como os critérios em razão da matéria, funcional, hierarquia e qualidade da pessoa. A incompetência gera a invalidade do processo, mas nunca a sua extinção. É hipótese de objeção processual dilatória.

A incompetência absoluta se dá quando ocorre transgressão a normas de ordem pública, tal como em razão da matéria, da qualidade da parte, da qualidade da autoridade judiciária, em razão da localização do imóvel, em razão da conveniência do juízo, bem como nos casos em que se averigúe hipótese de jurisdição internacional.

Havendo a incompetência absoluta, nada impede o juiz de conhecer de ofício sua incompetência, uma vez que se trata de norma de ordem pública, indisponível, portanto.

De igual forma, o réu tanto pode alegar a incompetência absoluta em sede de preliminar ao mérito da contestação – o que, aliás é sugerido pelo inciso II – como pode ser argüida em exceção de incompetência, como dá a entender a parte final do artigo 113, do CPC.

Pois, a correção da ilegalidade dispensa a argüição da exceção de incompetência, embora o seu oferecimento não cause prejuízo algum. O artigo 113 é enfático ao qualificar a competência absoluta como norma de ordem pública: havendo o seu desrespeito, o juiz *deverá* declarar e as partes *poderão* suscitar a incompetência absoluta.

O artigo 113, *caput*, diz que a incompetência absoluta pode ser declarada de ofício e pode ser alegada em qualquer grau e jurisdição, independentemente de exceção.

Por isso, o artigo 113 apresenta os seguintes comandos normativos:

o juiz tem o dever processual de conhecer a incompetência absoluta;

as partes, o Ministério Público e os terceiros intervenientes poderão alegar a incompetência absoluta;

a incompetência absoluta poderá ser alegada e conhecida em qualquer tempo do processo ou grau de jurisdição. Portanto, não há preclusão sobre questão de incompetência absoluta, uma vez que não é prorrogável (CPC, art. 111). Até mesmo extinto o processo, poderá a parte interessada pleitear a rescisão da sentença de mérito, diante da regra do artigo 485, II, do CPC;

a incompetência absoluta pode ser argüida como simples preliminar na contestação (CPC, art. 301, II), ou com uma petição, ou mediante simples suscitação verbal de questão de ordem em audiência ou julgamento; e

contudo, nada impede a parte interessada de suscitar a incompetência absoluta por meio de exceção de incompetência, uma vez que a expressão utilizada pelo artigo 113 (*independente*) não exclui essa possibilidade. Em sentido contrário, expressou o TJSP que: "Apenas a incompetência relativa há de ser articulada em incidente autônomo, por via de exceção. A absoluta deve ser argüida na contestação, e, como tal, não pode ser apreciada pela Câmara Especial do TJSP, à qual compete conhecer os conflitos suscitados em 1ª instância e das exceções de incompetência, suspeição e impedimento opostas em incidente autônomo, nos termos dos arts. 301, II, do CPC, e 11, II, da Lei Complementar estadual 225/77".[153]

A decisão que declara ou não questão de incompetência absoluta, qualifica-se como *decisão interlocutória*, portanto recorrível por agravo. O recurso de agravo será por instrumento se a decisão for proferida nos autos de exceção de incompetência, ou poderá ser por instrumento ou retido nos autos principais, quando a decisão for proferida nestes.

Existem alguns julgados não admitindo recurso contra essa decisão, por entender que não há nenhum incidente processual, mas mera adequação à regra processual.[154] Tal posição não pode ser acolhida, porque questão sobre a competência considera-se incidentes e repercutem na validade dos atos praticados pelo juiz. Sendo assim, pode-se equiparar a incompetência como causa e a nulidade como seu efeito. Como a nulidade dos atos processuais (aí compreendendo-se a sua causa) é objeto de exame de recurso, certamente a incompetência absoluta não foge à regra. Daí compreender a possibilidade de a decisão ser desafiada por agravo de instrumento.

---

[153] RT 631/91.

[154] NERY JÚNIOR, Nelson, e ANDRADE NERY, Rosa Maria. *Código de Processo Comentado...*, p. 589.

Inépcia da inicial. Essa matéria pode ser invocada em sede de contestação, na esperança de que o juiz possa conhecê-la futuramente, geralmente na fase do julgamento conforme o estado do processo.

Inépcia significa que a petição não é apta, isto é, não tem possibilidade de ser validamente desenvolvida e extrair efeitos.

O parágrafo único do artigo 295, do CPC, trata das hipóteses de inépcia da inicial: ausência da causa de pedir e pedido (I); incompatibilidade entre os fatos narrados e o pedido formulado (II); impossibilidade jurídica do pedido (III); e incompatibilidade de pedidos complexos (IV).

Examinam-se as hipóteses.

Ausência de causa de pedir e pedido. Se a inicial está ausente da causa de pedir e pedido, há um vício maior do que um vício de validade: vício de existência. Pois, sabido que a causa de pedir e o pedido constituem os elementos da ação, ao lado das partes, e que sua ausência representará na inexistência da ação, uma inicial que é despida desses elementos é considerada não existente. Portanto, a ausência de causa de pedir ou do pedido é um vício maior que o vício de validade, uma vez que este exige, ao menos, a existência da ação.

Mas analisando-se no plano do vício da validade – isto é, num plano aquém do que deveria ser tratado –, a ausência da causa de pedir e do pedido implica defeito que obsta, impede ou torna impossível o julgamento do mérito.

Calmon de Passos, ao tratar da ausência dos elementos da ação, salienta que "faltando o pedido, faltará conteúdo para a sentença, em sua conclusão, uma vez que não se saberá qual o bem da vida pretendido pelo autor. E como entre nós vige o princípio dispositivo, segundo o qual não pode o juiz agir de ofício e não pode ele decidir fora, aquém ou além do pedido pelas partes, a ausência do pedido impede, de modo absoluto e irremediável, o exercício da atividade jurisdicional do Estado, conseqüentemente, torna inviável o prosseguimento do processo. Também determina a inépcia a falta da causa de pedir. Realmente, faltando a causa de pedir, faltará a enunciação do fato jurídico sobre o qual assenta o autor a sua pretensão. Recordemos, aqui, o que já foi dito: causa de pedir, título ou *causa petendi* outra coisa não é que o fato constitutivo do direito do autor e o fato constitutivo da obrigação do réu. Se ao juiz não se oferece um e outro, retirou-se-lhe o poder de exercício, no caso concreto, da sua jurisdição, porquanto sem fato conhecido não há direito a aplicar".[155]

O artigo 474, do CPC Português, mesmo após a reforma, continua a silenciar como hipótese de recusa do recebimento da inicial se esta for omissa quanto à causa de pedir ou ao pedido. Abílio Neto, em nota ao mencionado disposto português, esclarece que a enumeração é taxativa.[156]

Crê-se que a legislação portuguesa preferiu, bem ou mal, receber a ação, numa clara recepção ao princípio do acesso à justiça, a fim de, posteriormente, improceder a pretensão do autor por ausência da causa de pedir e pedido. Se tal entendimento confirmar-se, a importância do princípio do dispositivo teve sua atuação restringida.

Técnica. A norma processual fala em ausência de causa de pedir e pedido, como algo que é ausente ou omisso. Portanto, se a ação contém causa de pedir ou pedido confusos, mas de certa forma inteligível, não há que se indeferir a inicial.[157] Neste caso, a providência recomendável é a aplicação do artigo 284, do CPC, uma vez que a causa de pedir e o pedido confusos podem gerar obstáculo ao exercício da defesa e ao julgamento do mérito.

Incompatibilidade entre os fatos narrados e o pedido formulado. A causa de pedir e o pedido devem guardar uma coerência lógica. O último sintetiza a pretensão do autor e o primeiro fundamenta essa pretensão. Daí que é preciso entender que eles precisam estar afinados.

Porém, ocorrendo a hipótese de a causa de pedir e o pedido serem logicamente incoerentes, o CPC prevê que a inicial é inepta, razão pela qual deve ser indeferida.

Essa desarmonia pode ocorrer pela incoerência entre fato e pedido, em que cada um aponta para uma tutela jurisdicional distinta. Assim, se na inicial o autor afirma que o réu não praticou e nem é responsável por um ato ilícito, mas pede a sua condenação a indenizá-lo, ou vice-versa, vislumbra-se essa desarmonia.

---

155 PASSOS, J. J. Calmon de. *Comentários...*, p. 200.

156 NETO, Abílio. *Código de Processo Civil Anotado.* 14ª ed. Lisboa, Ediforum, 1997, p. 518.

157 Decidiu o extinto TFR: "Embora pouco clara a inicial e até mesmo confusa, não sendo ininteligível, não deve ser julgada inepta". Cf. PAULA, Alexandre de. *Código de Processo Civil Anotado*, p. 1243, vol. II.

Outro exemplo pode ser mencionado, como o autor sustentar na inicial que inexistente relação contratual com o réu, mas pede a condenação deste ao pagamento da multa contratual.

Note-se que da incompatibilidade entre fato e pedido decorre uma inconciliação de um fato positivo com um pedido negativo, ou de um fato negativo com um pedido positivo.

Ou seja, se o autor narrar um fato positivo com um pedido positivo, não vício de incompatibilidade, mas vício de interesse de agir. Exemplo é o do autor afirmar que é pai registrado do réu, mas mesmo assim pede a sua adoção.

De igual forma, haverá falta de interesse de agir se a inicial narrar um fato negativo e o pedido também for negativo, tal como se dá narrar o fato de estar divorciado da ré, mas ainda assim o autor pede a separação judicial.

Impossibilidade jurídica do pedido. Será hipótese de inépcia se o pedido for juridicamente impossível. A possibilidade jurídica do pedido representa na admissibilidade em abstrato da pretensão do autor, isto é, o seu pedido (pretensão) deve ser lícito ou, ao menos, não proibido por lei.

Exemplos de pedidos juridicamente possíveis: separação judicial, divórcio, indenização, desapropriação, reintegração de posse, declaração etc. Esses pedidos são possíveis uma vez que o ordenamento os contempla como pretensão que podem ser exercidas pelo litigante ou, ao menos, não proíbe seu exercício.

Já os pedidos juridicamente impossíveis são aqueles não admitidos como válidos pelo ordenamento jurídico. A vedação deve ser expressa. Exemplos: cobrança de dívida de jogo (CC, arts. 814, *caput* e 815) e o exame judicial do conceito de "utilidade pública" na ação de desapropriação (Decreto-lei nº 3.365/41, art. 9º).

Para fins de inépcia, deve-se vislumbrar desde logo a impossibilidade jurídica do pedido, a fim de que o juiz indefira a petição inicial.

Incompatibilidade de pedidos complexos. A incompatibilidade de pedidos somente ocorre quando houver pedidos complexos. Pois, a multiplicidade de pedidos pode gerar, técnica e juridicamente falando, incompatibilidade entre os pedidos. Ocorrendo isso, possibilita haver a inépcia da inicial.

Examinou-se no artigo 292, § 1º, I, do CPC, a respeito da compatibilidade dos pedidos complexos ou cumulados. Aqui resulta reexaminar o comentário, à luz da incompatibilidade dos pedidos.

De fato. Os pedidos devem ser compatíveis entre si para que o autor deduza-os validamente na ação. O requisito do artigo 292 mostra que os pedidos não necessitam ser oriundos de direito conexo, mas entre eles deve guardar uma coerência lógica entre as tutelas pretendidas.

Tal entendimento deve partir por um raciocínio de exclusão. Por isso, somente é cabível obter tutelas que pertencem à mesma natureza do processo. Logo, incabível deduzir pedido típico de ação de conhecimento em ação de execução e vice-versa. Exceção se faz à regra a uma tendência que se mostra nos projetos da 2ª fase de Reforma do CPC que se discute no Congresso Nacional. Entre as propostas apresentadas, aparece a possibilidade de fungibilidade entre tutela antecipatória e tutela cautelar, o que se revela mesclar pedidos de processos de distinta natureza. Essa proposta pretende acrescentar o § 7º, ao artigo 273, do CPC, que tem a seguinte sugestão: "Se o autor, a título de antecipação de tutela, requerer providência de natureza cautelar, poderá o juiz, quando presentes os respectivos pressupostos, deferir a medida cautelar em caráter incidental do processo ajuizado".

Outro elemento de compatibilidade entre pedidos é relativo à sua qualidade. A qualidade dos pedidos deve seguir a mesma coerência lógica, que melhor tutela o direito ou os direitos conexos. A condenação do réu à indenização por dois atos ilícitos possui coerência lógica, uma vez que o autor busca constituir título executivo contra a mesma pessoa. Assim, são incompatíveis o pedido que visa declarar a inexistência de relação jurídica e a condenação do réu por perdas e danos oriundos dessa mesma relação jurídica, visto que esses pedidos são juridicamente opostos.

No pedido subsidiário e no pedido alternativo é possível haver pedidos opostos. Mas como é sabido, a sentença somente vai acolher um deles. Diferente são os pedidos sucessivos, em que todos pedidos poderão ser acolhidos conjuntamente.

Por isso, a incompatibilidade de pedidos, suscetível de provocar a inépcia da inicial, pode-se dar pelos seguintes motivos: a) a cumulação dos pedidos pode gerar a utilização de processos e/ou procedimentos de natureza distinta; b) a cumulação de pedidos pode gerar a incoerência lógica entre eles, salvo no pedido subsidiário e no pedido alternativo.

Percebe-se que a hipótese "a" está prevista no inciso V, do artigo 295, e a hipótese "b" está prevista no inciso II, do parágrafo único, do presente disposto, como espécie de inépcia da inicial, o que delata uma ausência de autonomia jurídica do inciso IV, do parágrafo único, do artigo 295, do CPC.

Para afastar a inépcia da inicial por incompatibilidade de pedidos, deverá o autor emendar a inicial, a fim de que desista de um deles, tornando os demais pedidos compatíveis. Daí que nesse caso, não deverá o juiz indeferir de plano a inicial, sem antes conferir essa oportunidade ao autor.[158]

Perempção. Segundo o parágrafo único do artigo 268, do CPC, dar-se-á perempção da ação toda vez que o autor provocar pela terceira vez a extinção do processo sem o julgamento do mérito, em razão de abandono da causa por mais de 30 (trinta dias), nos termos do inciso III, do artigo 267, do CPC.

Na esteira de Vicente Greco Filho, a perempção "é a perda do direito de demandar daquele que, por três vezes, deu causa à extinção do processo por abandono, com fundamento no inc. III do mesmo art. 267". E acrescenta que a "extinção do direito de ação em virtude do abandono reiterado não impedirá, porém, que o titular alegue o seu direito em defesa se eventualmente demandado (art. 268, parágrafo único)".[159]

Segundo Egas Dirceu Moniz de Aragão, o direito processual conhece três tipos de ocorrências de perempção: o primeiro, que fixa o prazo de duração máxima para o processo, o qual se extinguirá se, dentro dele, não chegar à sentença; o segundo, que resulta da inércia das partes durante lapso de tempo pré-fixado na lei; o terceiro, que é conseqüência de o autor haver dado motivo, por três vezes consecutivas, abandonar a causa.[160]

O sistema brasileiro adota somente a perempção pelo desinteresse dada pelo autor à causa (art. 268, parágrafo único), embora há até pouco tempo o CPC estipulava o prazo de 90 (noventa) dias como para início, desenvolvimento e encerramento do processo pelo rito sumaríssimo (antiga redação do artigo 281, que foi modificada pela Lei nº 9.245/95).

Por fim, insta esclarecer que a perempção se dá com a extinção do processo pela terceira vez, pelo mesmo motivo de extinção dos dois outros processos: abandono da causa pelo autor por mais de trinta dias.

---

[158] NERY JÚNIOR, Nelson, e ANDRADE NERY, Rosa Maria. *Código de Processo...*, p. 785.

[159] GRECO FILHO, Vicente. *Direito Processual Civil*, p. 73, 2º vol.

[160] ARAGÃO, Egas Dirceu Moniz de. *Comentários ao Código de Processo Civil.* Rio de Janeiro-São Paulo, Forense, 1974, p. 426.

Daí que, se o processo foi extinto por outro motivo que não o do inciso III, do artigo 267, do CPC, não configura perempção. É preciso que haja três extinções da mesma demanda por abandono de causa.

A matéria elencada no inciso IV, do artigo 301, deverá ser alegada quando o autor promover pela quarta vez a mesma demanda. Sendo diversa, porque alterou a causa de pedir ou o pedido, não configura a perempção, como matéria de objeção processual peremptória.

Litispendência. Como o nome indica (litis + pendência), é a existência simultânea de duas ou mais ações idênticas. Para que haja ações idênticas é preciso haver identidade de partes, causa de pedir e pedido, consoante estipula o § 2º, do artigo 301, do CPC. Exemplo típico de litispendência é repetir uma mesma demanda, como ação de rescisão de contrato cumulado com perdas e danos.

A litispendência pode ser expressa, como no exemplo acima, mas pode ocorrer de forma embutida em outro pedido ou implícita. De forma embutida, pode ocorrer no exemplo de a esposa propor ação de separação judicial cumulada com alimentos e, posterior e simultaneamente àquela ação, a esposa propor ação de alimentos em proveito próprio contra o mesmo marido. Neste caso, há litispendência da ação de alimentos. Já a litispendência implícita ocorrerá numa ação de indenização por perdas e danos entre A e B; numa outra ação, B propõe ação de cobrança contra A, e este propõe reconvenção, argüindo a mesma causa de pedir e pedido da primeira ação que propôs contra B. Neste caso, há litispendência da reconvenção.

Dubitável se pode haver litispendência nas ações possessórias. Pois, se de um lado, a litispendência exige identidade de partes, causa de pedir e pedido, nas ações possessórias a tutela é fungível, a fim de sempre adequar-se à melhor proteção legal (CPC, art. 920). Com isso, o pedido pode ser alterado e adaptado à melhor situação para proteger o direito litigado. De igual forma, as ações que versem sobre direito real são consideradas de caráter dúplice, tendo a contestação força de ação. Com isso, poderia também haver litispendência entre uma contestação e uma ação idêntica proposta pelo réu.

Entende-se que, a fim de unificar as decisões judiciais e evitar decisões conflitantes, e sempre preservando a fungibilidade da tutela e duplicidade que caracterizam essas espécies de ações, deve-se admitir a possibilidade de litispendência nas ações possessórias e nas ações que versem sobre direitos reais.

Obviamente, deve-se resguardar que o litígio deve versar sobre o mesmo bem, envolver as mesmas partes e discutir a mesma natureza do direito (p. ex., direito de posse, direito de propriedade, direitos reais de garantia etc.).

Técnica. Consignou o TJBA que "não há litispendênciaa se não coexistem três requisitos essenciais e indispensáveis: identidade de parte, de objeto e a causa de pedir. Se o objeto e causa de pedir são mais amplos, não há identidade dos mesmos para efeito de litispendência, embora exista uma identidade parcial que enseja, no máximo, a conexão das ações".[161]

No entanto, revelou equívoco o TJPR ao decidir que "não há litispendência entre a ação declaratória direta e questão prejudicial decidida *incidenter tantum* em ação pendente distinta, porque esta não produz coisa julgada material, a teor dos arts. 5º, 325 e 470 do CPC".[162] O equívoco ocorre em razão do próprio artigo 470, do CPC, que diz justamente o contrário ao decidido.

Asseverou o TACivRJ, que é "de se acolher a identidade de causas quando mesma é a causa de pedir e mesmo é o pedido, não obstante o expediente usado pelo autor em ajuizar uma ação contra o réu e segunda contra o nome de 'fantasia', da firma individual deste".[163]

Coisa julgada: tem-se por coisa julgada a qualidade da sentença que torna imutável o seu comando e indiscutível a lide. Existem duas espécies de coisa julgada: *material*, que se origina da sentença que extinguiu o processo com o julgamento do mérito, e *formal*, que se origina da sentença que extinguiu o processo sem o julgamento do mérito.[164]

A coisa julgada de que trata o inciso V refere-se à coisa julgada material. Pois, a eficácia externa propiciada pela coisa julgada – indiscutibilidade da lide – somente se alcançará com a sentença que julga o mérito, pois terá força de lei nos limites da lide e das questões decididas (CPC, art. 468). Ao passo que a outra espécie de coisa julgada, a formal, surge da sentença que não examinou o mérito, portanto, sem abordar a lide não terá condições de gerar a indiscutibilidade da lide.

---

[161] PAULA, Alexandre de. *CPC Anotado*, p. 1265-6, vol. II.

[162] PAULA, Alexandre de. *CPC Anotado*, p. 1266, vol. II.

[163] PAULA, Alexandre de. *CPC Anotado*, p. 1268, vol. II

[164] PAULA, Jônatas Luiz Moreira de. *Teoria Geral...*, p. 312-6.

Para gerar o efeito impeditivo da coisa julgada é preciso que a ação proposta seja idêntica à demanda que gerou a sentença transitada em julgado. Isto é, entre a ação e a coisa julgada deve haver a identidade de partes, de causa de pedir e pedido. Exceção se faz nas ações que tutelam direitos coletivos e difusos, em que, em razão da coisa julgada *ultra partes* e *erga omnes*, terceiros poderão beneficiar-se da sentença transitada em julgado (p. ex., CDC, art. 103).

Essas matérias podem ser conhecidas de ofício pelo juiz, em qualquer tempo ou grau de jurisdição, nos termos do § 3º. A despeito dessa regra expressa, o inciso V dá a entender que tais matérias somente poderiam ser conhecidas pelo juiz se fosse expressamente alegado pela parte interessada, em razão da seguinte redação: "V – quando o juiz acolher a alegação...".

Técnica. Assentou o STF que: "Para que se possa reconhecer a existência da coisa julgada, é indispensável que haja duas decisões sobre a mesma lide. Duas lides são idênticas entre si, quando têm as mesmas partes, o mesmo objeto e a mesma causa de pedir. Se não há identidade entre as duas lides, improcede a alegação de coisa julgada".[165]

Litispendência e coisa julgada. Tanto a litispendência como a coisa julgada reclamam identidade de ação, isto é, identidade de partes, de causa de pedir e pedir.

Haverá litispendência, segundo o § 3º, quando se repete ação que está em curso. Dar-se-á repetição de ação, quando forem idênticos os elementos das duas ações, isto é, as mesmas partes, a mesma causa de pedir e o mesmo pedido (§ 2º).

Haverá coisa julgada, quando se repete ação que já foi decidida definitivamente, não cabendo mais recurso algum (§ 3º). Obviamente, trata-se de decisão definitiva – sentença ou acórdão – que tenha julgado o mérito, a fim de produzir coisa julgada material, pois seus efeitos transcendem ao processo.

Sobre a inter-relação entre litispendência e coisa julgada, explica Calmon de Passos que "a identidade dos sujeitos, para os fins indicados, não é a mera identidade física, sim a identidade jurídica. Isso porque uma só pessoa pode ter diversas *qualidades*, e a lide só é a mesma quando nelas os sujeitos se apresentam na mesma qualidade. Por isso, não há identidade de pessoa se, numa

---

165 PAULA, Alexandre de. *CPC Anotado*, p. 1265, vol. II.

demanda, A atuou como substituto processual ou como representante e, em outra, com o mesmo objeto e com a mesma causa de pedir, ele age em seu próprio nome. Inversamente, pode haver diversidade de pessoa física e haver identidade de pessoa do ponto de vista jurídico. É o que ocorre quando há sucessão *inter vivos* ou *mortis causa* na titularidade do direito ou da obrigação. Os sucessores, embora fisicamente sujeitos diversos, são juridicamente a mesma pessoa, para fins de identificação da lide".[166]

Acrescenta o mestre baiano que "a identidade de objeto, para efeito de litispendência, deve ser apreciada sob duplo aspecto. Quando uma lide é posta como objeto de certo processo, a respeito dela se formula determinado pedido, constituído justamente por aquele bem da vida que o autor afirma satisfazer ao seu interesse juridicamente protegido ou tutelado. Mas, para obtê-lo, ele pede ao juiz, também, uma providência jurisdicional de determinado conteúdo, providência que se traduz numa declaração, numa constituição, numa condenação etc. Daí falar-se em pedido imediato e pedido mediato. A identidade do objeto, para fins de litispendência e coisa julgada, deve atender a um outro. Sob esse ponto de vista, o problema de maior interesse é o das relações, para efeito de litispendência, entre a ação declaratória e a ação condenatória entre idênticos sujeitos, versando sobre o mesmo bem e tendo como causa de pedir o mesmo fato. Exemplo típico, o das relações entre a ação declaratória negativa do devedor e a ação condenatória do credor. Entende a melhor doutrina que a ação declaratória negativa do devedor não obsta a propositura, pelo credor, da ação condenatória, inexistindo, na espécie, litispendência. Apenas, por serem conexas (art. 103), as causas devem ser ajuizadas perante o mesmo juiz e sofrer processo simultâneo, evitando-se decisões contraditórias. Assim, a impetração de mandado de segurança, visando obstar a cobrança de determinado tributo, por inconstitucional ou não devido, não induz litispendência quanto à execução fiscal que a Fazenda Pública resolva ajuizar em relação à mesma dívida. Como a ação declaratória da falsidade de nota promissória não impede a ação de execução do credor com apoio no título de dívida líquida e certa (...) No tocante ao objeto mediato (o bem da vida perseguido com o processo), há identidade quando ele é o mesmo qualitativa e quantitativamente. Se o bem garantido num caso pode conceber-se mesmo sem o bem garantido no outro, há aí diversidade objetiva das ações. Se a relação é

---

[166] PASSOS, J. J. Calmon de. *Comentários...*, p. 259.

quantitativa, isto é, se um bem é *parte* do outro, deve-se atentar para as seguintes lições, retiradas de Chiovenda: a) quando o bem menor se pode conceber não só como *parte* do maior, mas também por si, a negação do bem maior não é, necessariamente, negação do bem menor; b) se pende demanda sobre uma parte (por exemplo, a respeito de uma prestação, se ela já venceu ou já foi paga) e se ajuíza demanda sobre o todo (se o total é devido), não há identidade, sim continência (art. 104), e as causas devem ser ajuizadas perante o mesmo julgamento e procedimento. A identidade da causa de pedir resulta de ser o mesmo o fato jurídico de uma e outra demanda. Nele se incluem tanto o fato constitutivo do direito do autor quanto o fato constitutivo da obrigação do réu. Em resumo, ela é representada pelo fato ou pelos fatos que autorizam o pedido".[167]

Conexão. Entende-se por conexão a coincidência de um dos elementos da ação (partes, causa de pedir e pedido) entre duas ou mais ações. O exemplo mais claro de conexão é a ação renovatória de locação proposta pelo locatário e a ação de despejo proposta pelo locador. Ambos os feitos têm íntima ligação, de tal maneira que a sorte de um prejudica a do outro.

A despeito do esforço do legislador em procurar conceituar conexão no artigo 103, do CPC, na verdade, acabou por dizer menos e apenas arrolar uma das formas de manifestação da conexão.[168]

Interessante notar que a amplitude do conceito de conexão abranje não só os casos de conexão propriamente dito, como também a continência, que é espécie do gênero conexão.

São outros exemplos de conexão: a ação cautelar, a ação declaratória incidental, os embargos do devedor, os embargos de terceiro e a reconvenção.

Sistema da conexão. No direito italiano, Salvatore Satta arrolas as espécies de manifestação da conexão: a) conexão por acessoriedade, porque surge a demanda acessória ao lado da demanda principal; b) conexão por garantia, como a evicção, a do devedor principal e fiador, a do coobrigado solidário; c) conexão objetiva, decorrente da semelhança da causa de pedir e pedido; d) co-

---

[167] PASSOS, J. J. Calmon de. *Comentários...*, p. 260-1.

[168] BARBI, Celso Agrícola. *Comentários ao Código de Processo Civil.* Rio de Janeiro-São Paulo, Forense, 1974, p. 465-6, vol. I, tomo II e NERY JÚNIOR, Nelson, e Rosa Maria Andrade Nery. *Código de Processo Comentado...*, p. 577.

nexão por prejudicialidade, quando uma questão da demanda poderá ser solucionada por outro órgão jurisdicional e os efeitos da coisa julgada ser-lhe estendidos; e) conexão por compensação para possibilitar a extinção do crédito; e f) conexão por reconvenção, quando o réu propõe contra o autor uma "contrademanda", isto é, reclama uma providência positiva desfavorável contra o autor.[169]

Já no direito brasileiro, em decorrência da sua afirmada amplitude, a conexão pode se manifestar nos seguintes casos: a) por semelhança de partes; b) nas ações declaratórias incidentais; c) nas ações cautelares; d) na reconvenção; e) nas ações incidentais, como embargos à execução e embargos de terceiro; f) nas ações de garantia, como a prestação de caução e a homologação de penhor legal; g) nas intervenções de terceiro, como a oposição e a denunciação à lide (principalmente esta, por ser considerada uma segunda demanda); e h) nas ações propostas por pessoas diversas, mas que apresentam em comum o mesmo réu e a mesma causa de pedir e/ou pedido, como pode ocorrer nas ações de indenização por defeito do produto que diversos consumidores podem propor contra a mesma empresa.

Continência. Espécie de conexão, a continência se dá com a identidade (logo, não é semelhança) de partes e de causa de pedir, porém o pedido (denominado objeto pelo art. 104) de uma ação é mais amplo e abrange os demais pedidos de outras ações. Exemplo marcante é a ação de rescisão de contrato, cumulada com perdas e danos, e numa outra ação, reclama-se a incidência de juros.

A doutrina pátria tem assentido de que a diferença de pedido se dá por sua quantidade.[170] Contudo, a questão merece uma maior reflexão.

Inicialmente, há que se considerar que, havendo duas ações continentes, e o pedido de uma abrange o pedido da outra, não se está diante de continência, mas sim de litispendência. É o caso da ação de indenização por acidente de veículo em que são reclamados lucros cessantes e noutra ação, pelo mes-

---

[169] SATTA, Salvatore. *Manual de Derecho Procesal Civil.* Traducción de Santiago Sentís Melendo y Fernando de la Rúa. Buenos Aires, Ediciones Juridicas Europa-America, 1971, p. 40-51, vol. I.

[170] Cf. BARBI, Celso Agrícola. *Comentários ao Código de Processo Civil...*, p. 466, tomo II e NERY JÚNIOR, Nelson, e ANDRADE NERY, Rosa Maria. *Código de Processo Comentado...*, p. 579.

mo acidente, serem reclamados perdas e danos. Nesta segunda ação, está incluída a pretensão da primeira.[171]

Daí ser forçoso reconhecer a existência da litispendência, a ponto de resultar na extinção da segunda ação (CPC, arts. 301, V, e § 1º, e 267, V). Nesse sentido, é a lição de Luiz Rodrigues Wambier, Flávio Renato de Correia de Almeida e Eduardo Talamini, ao expor que "ou a continência deve gerar a imperatividade de reunião dos processos ou a extinção do segundo pedido, formulado na segunda ação por litispendência, ainda que a segunda ação, *vista como um todo*, seja mais abrangente. Assim, explicando: não é concebível que A formule contra B o pedido x, e que, posteriormente, intente contra B nova ação, pedindo agora x, y e z, e que estas ações não sejam reunidas; ou que o x, na segunda ação, seja julgado novamente".[172]

Ademais, Pontes de Miranda alertava dos riscos em modificar a competência, em razão do valor de uma demanda que possui um pedido mais amplo para o juízo da demanda que possui pedido menos amplo, que seria competente em razão da continência.[173] E este caso pode ocorrer levando-se em conta que a ação proposta no Juizado Especial atrairá a ação proposta na Vara Cível.

Por estes motivos, tem-se que a continência não pode prender-se apenas ao critério quantitativo, mas também, agregada ao critério qualitativo. Pois, acima da quantidade exposta no pedido, deve-se identificar a amplitude da tutela jurisdicional que se busca, examinada como um todo. Assim, é possível identificar a continência pela qualidade do pedido numa ação de indenização em razão do delito do pai, proposta pelo filho maior e capaz, que busca a reparação pelo dano material (provavelmente de valor inferior), com outra ação também proposta pelo filho, porém buscando a indenização pelos danos morais (provavelmente com valor superior à primeira ação). De igual forma, a ação que busca a rescisão do contrato possui amplitude maior que a simples

---

171 Exemplo citado por NERY JÚNIOR, Nelson, e ANDRADE NERY, Rosa Maria. *Código de Processo Comentado...*, p. 579.

172 WAMBIER, Luiz Rodrigues, ALMEIDA, Flávio Renato Correia de e TALAMINI, Eduardo. *Curso avançado de processo civil.* 2ª ed. 2ª tiragem. São Paulo, Revista dos Tribunais, 1999, p. 94, vol. I.

173 MIRANDA, Pontes de. *Comentários ao Código de Processo Civil.* 3ª ed. Rio de Janeiro, Forense, 1995, p. 298, tomo II.

ação que persegue a indenização pelo rompimento do contrato, embora o valor desta seja superior ao daquela.

Com o exame da qualidade do pedido, obter-se-ão melhores condições de verificar onde firmou-se a continência: com a primeira ou a segunda ação.

Conseqüentemente, todas as ações incidentais terão a competência modificada não só pela conexão da causa de pedir, mas, sobretudo, pela continência do pedido. Pois, por exemplo, a qualidade do pedido da ação cautelar será sempre inferior à qualidade do pedido da ação principal, diante do caráter instrumental que aquele empresta a este.

Modificação da competência relativa. Estipula o artigo 102 que a competência territorial e em razão do valor poderá ser modificada pela conexão ou continência. Vislumbram-se, portanto, somente as hipóteses de competência relativa, como suscetível de ser modificada.

Contudo, é preciso destacar que algumas hipóteses previstas na seção III (competência territorial) são possíveis de serem modificadas. São os casos de competência funcional, previstos na segunda parte do artigo 95, bem como nos artigos 96, 97, e nos incisos III, IV, "d", V, "a", "b" e parágrafo único, do artigo 100, todos do CPC. Nesses mencionados dispostos, não se fala em mera competência territorial, mas a definição do foro competente pelo critério funcional. Sendo assim, trata-se de competência absoluta e, portanto, insuscetível de ser modificada ou derrogada.

Por outro lado, como adverte Celso Agrícola Barbi, o caráter facultativo dado pelo artigo 102 não é adequado ao tema, pois leva a crer que a modificação *poderá* ser realizada. Explica o mestre, com todo acerto, que se "a conexão aconselha a reunião de causas, para julgamento em *simultaneus processus*, deve ser ela obrigatória (...). Apesar da ambigüidade do texto do Código atual, impõe-se concluir que a norma do art. 102 é imperativa: havendo conexão ou continência entre duas ou mais causas, a competência fica modificada, não sendo dado às partes impedir esse efeito".[174]

Conexão de ações. A idéia de conexão assenta-se na concepção da existência de um elemento comum entre duas ações. Essas duas demandas podem até perseguir tutelas distintas, contudo, por possuírem entre elas um elemen-

[174] BARBI, Celso Agrícola. *Comentários ao Código de Processo Civil*, p. 467, vol. I, tomo II.

to comum, é possível encará-las conexas. É o que se via na época do CPC de 1939 com Affonso Fraga, ao conceber a conexão como um laço envolvente, criando entre duas ações um ponto comum de contacto.[175]

João Monteiro salientava a necessidade político-jurídica de reunir ações conexas, trazendo todos os litigantes perante o mesmo juízo (conexão subjetiva), a fim de evitar julgamentos contraditórios sobre a mesma relação jurídica (conexão objetiva).[176]

Efeito da conexão e continência. O único efeito da conexão e continência é a reunião das ações, para serem processadas e decididas simultaneamente (*simultaneus processus*), evitando decisões contraditórias.

Chiovenda, ao introduzir seus postulados a respeito da conexão, já mostrava sua idéia e sua finalidade, ao explicar que todas "as causas passíveis de se unirem, se propostas em separado, podem, em regra, propor-se unidas; e todas as causas que se poderiam propor unidas, podem, *a fortiori*, unir-se, se propostas em separado. Pode dar-se a união quando as causas pendem ou poderiam propor-se *perante o mesmo juiz*; e pode ocorrer quando pendem ou poderiam propor-se *perante juízes diversos*".[177]

Partindo-se dessa idéia, de que as ações separadas, propostas em juízos diversos, devem ser reunidas perante um único juízo, é o que essencialmente funda o instituto da modificação da competência.

Critério. O disposto em comento não apresenta qual o critério que determinar a modificação da competência. Será a ação A que irá para o juízo onde se processa a ação B ou vice-versa. Contudo, duas regras mostram-se procedentes:

tratando-se de conexão de ações e não havendo nenhum critério funcional, a antigüidade de uma ação atrai as demais causas, diante das regras dos artigos 87 e 106, ambos do CPC;

contudo, transpirando o critério funcional (nunca perder de vista a conveniência do juízo), a antigüidade fica afastada, devendo ser examinado caso

---

175 FRAGA, Affonso. *Instituições de Direito Processual Civil do Brasil.* São Paulo, Saraiva, 1940, p. 470-1, tomo I.

176 MONTEIRO, João. *Teoria do Processo Civil.* 6ª ed. Rio de Janeiro, Borsoi, 1956, p. 157, tomo I.

177 CHIOVENDA, Giuseppe. *Instituições de Direito Processual Civil.* Tradução de Paolo Capitanio. Campinas, Bookseller, 1998, p. 256, vol. II.

a caso qual o juízo mais adequado para o ofício jurisdicional. Essa regra pode ser aplicada à conexão, mas principalmente aplica-se à continência, em face da adoção da qualidade do pedido para a sua identificação.

Reunião de ações. Requerida em sede preliminar, a alegação de conexão revela-se verdadeira objeção processual dilatória, uma vez que busca reunir ações conexas ou continentes.

Ocorrerá mediante decisão interlocutória, uma vez que não extinguirá nenhum processo. Portanto, o recurso cabível é o do agravo de instrumento.

Contudo, não se pode perder de vista que as ações a serem reunidas devem possuir a mesma natureza e estar prevista em seus respectivos procedimentos a possibilidade de receber sentença de mérito. Sendo assim, incabível haver reunião de ação de conhecimento e ação de execução, salvo, naturalmente, os embargos na execução.[178]

Norma cogente. Ausente a alegação na contestação da existência de ação conexa, poderá o juiz conhecer de ofício da questão? A resposta é afirmativa. Pois, a norma do artigo 105 menciona que a reunião das ações é facultativa. Contudo, como salienta Nelson Nery Júnior e Rosa Maria Andrade Nery, apoiando-se em Celso Agrícola Barbi, sendo "a conexão matéria de ordem pública, o juiz é obrigado a determinar a reunião de ações conexas para julgamento, nada obstante esteja consignado na norma ora comentada que o juiz 'pode ordenar'. O magistrado não pode examinar a conveniência ou oportunidade da reunião, pois o comando emergente do CPC 105 é cogente: o juiz tem o dever legal, de ofício, de reunir as ações conexas para julgamento conjunto".[179]

Até o próprio dispositivo apresenta a indisponibilidade da norma, ao prever que o juiz pode determinar *de ofício* a reunião das ações. Ora, se o juiz pode atuar de ofício, é porque se trata de norma de ordem pública, cogente e indisponível.

Ademais, verificando-se o critério funcional na conexão e continência, está o juiz autorizado a atuar de ofício, determinando a reunião das ações.

---

[178] NERY JÚNIOR, Nelson, e Rosa Maria Andrade Nery. *Código de Processo Comentado...*, p. 579-80.

[179] NERY JÚNIOR, Nelson, e Rosa Maria Andrade Nery. *Código de Processo Comentado...*, p. 579.

Técnica. Decidiu o TACivSP que, "não apresentada a conexão na contestação, a questão fica preclusa, não mais sendo lícito à parte argüir tal ocorrência".[180]

Incapacidade da parte, defeito de representação ou falta de autorização. Consoante exposto no artigo 7º, do CPC, toda pessoa que se acha no exercício dos seus direitos tem capacidade para estar em juízo. Já o artigo 8º, do CPC, afirma que os completamente incapazes deverão ser representados e os relativamente, assistidos. Tais providências visam sanar eventual defeito de capacidade, a teor do artigo 13, do CPC.

Havendo defeito de representação do preposto da pessoa jurídica, também possibilita o réu alegar o respectivo defeito na contestação.

Já o litigante, capaz ou não, representado, assistido ou não, deverá estar devidamente habilitado em juízo por advogado, mediante outorga de poderes *ad judicia* em procuração, que é o instrumento do mandato. A regra do artigo 36 é clara a respeito: exige-se a presença de advogado para postular em juízo, excepcionando as pessoas que possuem capacidade postulatória.

Também pode ocorrer defeito de autorização na hipótese do artigo 10, *caput*, do CPC – necessidade de o cônjuge obter consentimento do outro para propor ações que versem sobre direitos reais imobiliários –, pelo fato de tal exigência constituir-se condição especial da ação.

Segundo Calmon de Passos, no inciso VIII cabem as seguintes hipóteses: "a) falta ou inadequada representação do absolutamente incapaz; b) falta ou inadequada assistência do relativamente incapaz, se não estiver excepcionalmente autorizado a estar em juízo (casos extraordinários de capacidade de exercício no processo sem a correspondente capacidade de exercício no direito material); c) falta ou inadequada representação da pessoa jurídica; d) falta de autorização ao processualmente capaz não legitimado para agir, no caso concreto, sem a outorga de terceiro (esposa, juiz etc.); e) falta ou inadequada representação da parte por procurador devidamente habilitado (quando não possível nem admitida a atuação em causa própria)".[181]

Convenção de arbitragem. Consoante exposto acima, a convenção de arbitragem, a despeito de ser argüida pelo réu, o que impede o juiz conhecer de ofício, constitui-se em verdadeira objeção ao sistema jurisdicional.

---

[180] PAULA, Alexandre de. *CPC Anotado*, p. 1265, vol. II.

[181] PASSOS, J. J. Calmon de. *Comentários...*, p. 265.

A arbitragem é um sistema de composição de conflitos sociais, que atua ao lado de outros sistemas – jurisdicional e autotutela. A convenção que institui a arbitragem denomina-se *compromisso*, uma vez que tem nítido caráter obrigacional, eliminando controvérsias.[182]

Por isso, Antonio Corrêa define compromisso como "a manifestação de vontade das partes buscando um efeito jurídico, ou seja, eliminar um conflito de interesses, no caso de direito subjetivo, para que seja solucionada a controvérsia e cada um se reconheça como satisfeito. Em vista dessa definição podemos concluir que 'compromisso' é um negócio jurídico e, portanto, instituto de direito material ou substantivo".[183]

A convenção de arbitragem pode ser estipulada em contrato específico – compromisso arbitral – ou em cláusula compromissória, mas sempre concernente a uma relação jurídica patrimonial e disponível preexistente (Lei nº 9.307/96, arts. 1º e 3º).

Em razão da existência de duas relações jurídicas materiais distintas, porém conexas –, uma de onde surgiu a lide e outra de onde surge a objeção ao sistema jurisdicional –, deverá o réu argüir a existência de convenção de arbitragem como matéria de preliminar ao mérito na contestação.

Silenciando o réu, prossegue-se o sistema jurisdicional. No entanto, por ser objeção ao sistema jurisdicional, o silêncio não gera efeitos preclusivos, podendo a questão ser argüida no curso do processo, em qualquer tempo ou grau de jurisdição. No entanto, operando coisa julgada sobre a lide, a objeção de convenção de arbitragem não poderá mais ser suscitada, uma vez que se realizou plenamente o sistema jurisdicional.

Carência de ação. É objeção processual se o autor não reunir as condições da ação, que sinteticamente podem ser definidas como os requisitos necessários para o processamento da ação e que permitam o exame do direito material alegado na ação.

A teoria adotada no Brasil é a formulada por Enrico Tullio Liebman, consoante se vê do artigo 267, VI, do CPC. Argumenta Liebman que, devido ao

[182] CORRÊA, Antonio. *Arbitragem no Direito Brasileiro.* Rio de Janeiro, Forense, 1998, p. 14-5.
[183] CORRÊA, Antonio. *Arbitragem...*, p. 17.

fato de a jurisdição não poder agir de ofício (*nemo iudex sine actore, ne procedat iudex ex officio*), deve a parte interessada obter a tutela jurisdicional mediante estímulo à inércia da jurisdição. Esse estímulo se dá com o direito de agir e afirma que "só tem direito à tutela jurisdicional aquele que tem razão, não quem ostenta um direito inexistente. Mas a única maneira de assegurar a quem tem razão a possibilidade de impor o seu reconhecimento em juízo consiste em permitir que todos tragam os seus pedidos aos tribunais, aos quais incumbirá a tarefa de examiná-los e de acolhê-los ou rejeitá-los, conforme sejam procedentes ou improcedentes".[184]

Daí compreender que a ação é um direito constitucional, deferido a todos indivíduos para acessarem a jurisdição a fim de tutelar direitos próprios, independentemente da existência do direito material. É face autônoma da teoria de Liebman, quando afirma que a ação, como *direito ao processo e ao julgamento do mérito,* "não garante um resultado favorável no processo: esse resultado depende da convicção que o juiz formar sobre a procedência da demanda proposta (levando em consideração o direito e a situação de fato) e, por isso, poderá ser favorável ao autor ou ao réu. Só com o exercício da ação se saberá se o autor tem ou não razão: só correndo o risco de perder, poderá ele procurar vitória".[185]

Contudo, para o exercício da ação, entendeu Liebman que é necessária a conjugação de três requisitos: *interesse de agir, legitimidade de agir* e *possibilidade jurídica do pedido.*

Em síntese, o *interesse de agir* resulta na necessidade de obter a tutela jurisdicional para solução do direito lesado ou ameaçado. Liebman sustenta que o interesse de agir "é o elemento material do direito de ação e consiste no interesse em obter o provimento solicitado. Ele se distingue do interesse substancial, para cuja proteção se intenta a ação, da mesma maneira como se distinguem os dois direitos correspondentes: o substancial que se afirma pertencer ao autor e o processual que se exerce para a tutela do primeiro".[186]

A *legitimidade de agir* refere-se à permissão legal para que pessoas componham tanto o pólo ativo como o pólo passivo da ação. Essa autorização é,

---

[184] LIEBMAN, Enrico Tullio. *Manual de Direito Processual Civil*, p. 147, vol. I.

[185] LIEBMAN, Enrico Tullio. *Manual de Direito Processual Civil*, p. 151, vol. I.

[186] LIEBMAN, Enrico Tullio. *Manual de Direito Processual Civil*, p. 154, vol. I.

portanto, "uma condição para o pronunciamento sobre o mérito do pedido; indica, pois, para cada processo, as *justas partes*, as *partes legítimas*, isto é, as pessoas que devem estar presentes para que o juiz possa julgar sobre determinado objeto".[187]

Enfim, a *possibilidade jurídica do pedido* representa na admissibilidade em abstrato da pretensão do autor, isto é, o seu pedido (pretensão) deve ser lícito ou, ao menos, não proibido por lei. Essa condição pertence aos primeiros tempos após a formulação da teoria por Liebman e que influenciou Alfredo Buzaid, seu discípulo direto, como se vê pelo inciso VI, do artigo 267, do CPC. Contudo, no ano em que o Código de Processo Civil Brasileiro entrou em vigor, adotando claramente a teoria eclética e as três condições da ação, Liebman, o mestre, ao proferir palestra na Faculdade de Turim, observou que a *possibilidade jurídica do pedido* não passava de mero exemplo de *interesse de agir*, e extirpou-o de sua teoria. A despeito dessa revisão doutrinária, o CPC segue com a orientação original, mantendo as três condições da ação.

Esses requisitos tratam das condições genéricas da ação. No entanto, o CPC prevê uma série de ações especiais que, excepcionalmente, fogem à teoria de Liebman. Essas ações concentram-se no Livro IV do CPC, e são exemplos a ação de consignação em pagamento, a ação de depósito e a ação monitória. Nessas ações, deverá o autor não só atender às condições genéricas da ação, mas também às condições específicas, como é o caso da prova do negócio na ação de consignação em pagamento (CPC, arts. 890-893); a prova literal do contrato de depósito na ação de depósito (CPC, art. 902); e a prova do negócio que resulta no pagamento de soma em dinheiro, entrega de coisa fungível ou de determinado bem móvel na ação monitória (CPC, art. 1.102a.).

Tais exigências são requisitos específicos de cada ação e devem ser cumpridos pelo autor no momento da propositura da ação, sob pena de ser indeferido o seu processamento.

De resto, as condições da ação, sejam genéricas ou específicas, por serem matérias de ordem pública, podem ser conhecidas de ofício pelo juiz, em qualquer tempo ou grau de jurisdição (CPC, arts. 267, § 3º, e 301, § 4º). Isso significa que o réu poderá alegar a matéria em qualquer tempo, grau de juris-

[187] LIEBMAN, Enrico Tullio. *Manual de Direito Processual Civil*, p. 157, vol. I.

dição e independentemente de forma. Porém, se não alegar na primeira oportunidade que manifestar nos autos, deverá responder pelas despesas processuais e honorários advocatícios devidos ao retardamento, como se vê da parte final do § 3º, do artigo 267, do CPC.

Falta de caução ou de qualquer outra prestação. Enquanto no processo das Ordenações era imperioso que o autor prestasse caução para processar a ação, a fim de indenizar o réu de um eventual dano em razão da lide, no processo vigente inexiste tal exigência.

Contudo, algumas espécies de medidas judiciais somente poderão ser obtidas mediante prestação de caução como garantia de efetividade da medida, cujo exemplo típico é a prestação da caução para cumprimento de medida cautelar de arresto.

Além disso, talvez seja necessário que o autor, além de preencher as condições da ação, cumpra também providências determinadas no artigo 268, *caput*, parte final, combinado com o artigo 28, todos do CPC. Tais dispostos determinam o pagamento das custas processuais e dos honorários advocatícios da demanda anteriormente julgada em que o autor foi derrotado.

Essas providências constituem verdadeira condição especial da ação, cujo descumprimento implicará a extinção do processo sem o julgamento do mérito. Mas inegável que se trata de prestação que a lei exige como ato preliminar ao processamento da ação.

A ausência da caução ou de prestação que a lei exige como ato preliminar é objeção processual, portanto, pode ser alegado em qualquer tempo e grau de jurisdição ou conhecido de ofício pelo juiz.

Art. 302. Cabe também ao réu manifestar-se precisamente sobre os fatos narrados na petição inicial. Presumem-se verdadeiros os fatos não impugnados, salvo:

I – se não for admissível, a seu respeito, a confissão;

II – se a petição inicial não estiver acompanhada do instrumento público que a lei considerar da substância do ato;

III – se estiverem em contradição com a defesa, considerada em seu conjunto.

Parágrafo único. Esta regra, quanto ao ônus da impugnação especificada dos fatos, não se aplica ao advogado dativo, ao curador especial e ao órgão do Ministério Público.

PRINCÍPIO DA EVENTUALIDADE

Ônus da impugnação específica dos fatos narrados na inicial. O disposto em exame trata da impugnação específica dos fatos narrados na petição inicial. Essa norma é dirigida a quem estiver ocupando o pólo passivo de qualquer ação, como o réu, o autor-reconvindo, os opostos, o denunciado, o chamado, o réu na ação declaratória incidental, o embargado-exeqüente[188], o requerido na ação cautelar etc.

A norma em questão é influenciada pelo princípio da eventualidade, derivada do princípio da disponibilidade dos direitos e das faculdades processuais. Passa-se ao seu estudo.

Preclusão consumativa. Diz o *caput* do artigo 302 que deve o réu manifestar-se especificadamente sobre os fatos narrados na petição inicial. Segundo Calmon de Passos, "manifestar-se especificadamente é manifestar-se de modo específico, o que significa tanto indicando a espécie como descrevendo pormenorizadamente, ou apontando individualmente, ou determinando de modo preciso e explícito etc".[189]

Pinto Ferreira segue a mesma linha, ao expor que "o réu deverá manifestar-se de modo preciso e rigoroso sobre os fatos mencionados na petição inicial. Deve ser uma resposta específica e precisa. Há assim uma impossibilidade de contestação por negação geral ou uma simples negativa genérica, uma resposta generalizada, pois tal resposta generalizada corresponde a uma não-contestação. Os fatos que não forem especificadamente refutados serão considerados como verdadeiros. A contestação por negação geral não é admissível como defesa apropriada. O silêncio também evidencia a concordância por

---

[188] Em sentido contrário, manifestou-se o TACivSP: "É inaplicável ao processo de embargos à execução a regra do art. 302 do CPC. A falta de impugnação, por parte do embargado, não implica confissão quanto à matéria de fato. Cabe ao devedor-embargante atacar o título do exeqüente para não ser vencido". Cf. PAULA, Alexandre de. *CPC Anotado*, p. 1274, vol. II.

[189] PASSOS, J. J. Calmon de. *Comentários...*, p. 273.

parte do réu sobre os fatos não contestados, equivalendo a uma confissão tácita do mesmo réu".[190]

Por envolver estritamente matéria de fato (deve-se conjugar este disposto com o do artigo 300), deve o réu expressamente deduzi-la na contestação. Trata-se de um ônus, como se pode ver pela redação do artigo 302, a ponto de gerar preclusão consumativa se a contestação omitir impugnação específica dos fatos articulados na inicial. O artigo 303, como se verá adiante, excepcionalmente admite a impugnação de fatos após a contestação, dentre poucas e restritas hipóteses.

Daí compreender que, entre os artigos 300, 302 e 303, tem-se uma clara aplicação do princípio da eventualidade, em que se "impõe ao réu a apresentação simultânea de todo o conteúdo de sua defesa, ainda que, intrinsecamente, os argumentos não guardem entre si coerência ou não se revistam de logicidade. Vale dizer: *ainda que o acolhimento de um ponto de sua defesa seja suficiente para a rejeição do pedido, não há impedimento a que o réu apresente, na mesma peça de contestação, todos os argumentos de fato e de direito de que disponha.* No mais, pela preclusão consumativa, tal como consagrada no artigo 303, não lhe será aberta outra oportunidade para fazê-lo, salvo nos casos ali excepcionados".[191]

A justificativa dessa posição do CPC vai ao encontro da idéia de que o processo é um caminhar para a frente, fechando-se as portas para um eventual regresso. Por isso, explica Humberto Teodoro Júnior, "o processo deve ser dividido numa série de fases ou momentos, formando compartimentos estanques, entre os quais se reparte o exercício das atividades tanto das partes como do juiz. Dessa forma, cada fase prepara a seguinte e, uma vez passada à posterior, não mais é dado retornar à anterior. Assim, o processo caminha sempre para a frente, rumo à solução de mérito, sem dar ensejo a manobras de má-fé de litigantes, inescrupulosos ou maliciosos. Pelo princípio da eventualidade ou da preclusão, cada faculdade processual deve ser exercitada dentro da fase adequada, sob pena de se perder a oportunidade de praticar o ato respectivo. Assim, a *preclusão* consiste na perda da faculdade de praticar um

---

[190] FERREIRA, Pinto. *Da resposta...*, p. 34.

[191] SIQUEIRA, Cleanto Guimarães. *A defesa...*, p. 188.

ato processual, quer porque já foi exercitada a faculdade processual, no momento adequado, quer porque a parte deixou escoar a fase processual própria, sem fazer uso de seu direito".[192]

Daí que, por ser um ônus, o réu deve exercer toda carga e conteúdo defensivo quanto à matéria de fatos no momento em que contesta a ação. Ressalta Vicente Greco Filho que "esse ônus está submetido à preclusão; se o réu deixa de apresentar fundamentos de defesa na contestação, não mais poderá fazê-lo. Todas as defesas devem ser apresentadas de uma só vez, em caráter alternativo ou subsidiário, de modo que, não sendo acolhida uma, possa ser apreciada outra".[193]

Efeitos processuais da preclusão. Se ao autor é vedado alterar a causa de pedir e o pedido formulado na inicial, o efeito decorrente disso é de que, se pretender alterar fatos, terá que suportar o risco de não ser atendido seu direito, ou propor nova ação, em que deverá formular o pedido que entender cabível.

Em relação ao réu, a ausência de impugnação específica dos fatos narrados na inicial gera os seguintes efeitos:

proibição de impugná-los futuramente, em razão de a preclusão ser um ônus decorrente de uma omissão processual;

ausência de controvérsia sobre os fatos não impugnados que, dentro de um exame de verossimilhança, são tidos como verdadeiros, o que dispensa a produção de provas (CPC, arts. 334, III e 302, *caput*, parte final); e

propiciará julgamento antecipado da lide, se o réu deixar de impugnar todos os fatos narrados na ação ou, impugnando parte dos fatos, sobre esses já existirem prova documental nos autos, a ponto de dispensar a produção de provas, nos termos do artigo 330, do CPC.

O segundo e terceiro efeitos, tido de maior relevância processual, decorrem do silêncio parcial do réu. Por isso, explana Calmon de Passos, "se o fato narrado pelo autor não é impugnado especificadamente pelo réu e de modo preciso, este fato, presumido verdadeiro, deixa de ser fato controvertido. Conseqüentemente, deixa de ser objeto de prova, visto como só os fatos controvertidos reclamam prova. Inocorrendo qualquer das exceções mencionadas nos

---

192 TEODORO JÚNIOR, Humberto. *Curso de Direito Processual Civil.* 27ª ed. Rio de Janeiro, Forense, 1999, p. 32, vol. I.

193 GRECO FILHO, Vicente. *Direito Processual Civil*, p. 125, 2º vol.

três incisos do art. 302, o fato não impugnado é fato provado, fato que não reclama produção de prova em audiência. Dizendo o art. 330 que o juiz conhecerá diretamente do pedido, proferindo sentença, quando a questão do mérito for de direito e de fato, se não houver necessidade de produzir prova em audiência, autoriza-o a prescindir da instrução e proferir julgamento de mérito, se os fatos não impugnados bastam para tomar firme a procedência ou improcedência da ação. A presunção de veracidade do fato não impugnado é prova que deve ser acolhida, salvo prova em contrário. Mas essa prova em contrário está preclusa ao réu, pela circunstância mesma de não ter impugnado o fato".[194]

Segundo Wellington Moreira Pimentel, a sanção de presunção de veracidade decorre do princípio da isonomia das partes. Pois, "assim como o autor deve fazer constar da inicial o fato, ou fatos, bem como os fundamentos jurídicos do pedido, compete ao réu impugná-los com a mesma especificidade, ou se terá aqueles por verdadeiros. Se é certo que o réu não tem o dever de se defender, vale dizer, de contestar, se o faz deve colaborar para que se atinja o objetivo do processo. E esse dever de colaboração o obriga, inclusive, a expor os fatos em juízo conforme a verdade (art. 14, I), e o impede de, licitamente, alegar defesa ciente de que é destituída de fundamento (art. 14, III). Tudo se passa, ante a não-impugnação, como se o réu houvesse, expressamente, reconhecido o fato alegado pelo autor".[195]

Pelo direito português, Helber Martins Leitão abordando o artigo 489 do CPC, que possui regra semelhante ao disposto brasileiro, explana que "o réu tem o ónus da fundamentação exaustiva da sua defesa, sendo certo que, a partir desse momento, lhe fica vedada (precludida) a possibilidade de trazer ao processo novos elementos de defesa (...) Esse reflexo do princípio da preclusão da defesa na contestação tem uma boa justificação: não seria correcto que o réu dispersasse a sua defesa nas várias fases do processo, pois abriria a porta a infindáveis posições do demandado, ainda que sempre com a invocação dos princípios da justiça, o que criaria a desordem e a anarquia, especulações e manobras insidiosas".[196]

---

194 PASSOS, J. J. Calmon de. *Comentários...*, p. 275-6.

195 PIMENTEL, Wellington Moreira. *Comentários ao Código de Processo Civil.* São Paulo Revista dos Tribunais, 1975, p. 268-9, vol. III.

196 LEITÃO, Helber Martins. *Dos Princípios Básicos...*, p. 96.

Técnica. Sobre a aplicação da regra da impugnação específica, manifestou o TST que: "Cada fato que o autor afirmar tem de ser negado, com precisão, pelo réu. O réu arca com o ônus de impugnar, especificadamente, os fatos deduzidos pelo autor, pois, do contrário, eles se tornarão incontroversos. O art. 302 do CPC, *caput*, deixa bem claro que a ausência de impugnação precisa e específica a cada um dos fatos acarreta a presunção de verdade do que foi comunicado ao réu pela citação. Compete a ele alegar, na contestação, toda a matéria de defesa".[197]

Em sentido contrário, expressou o TJMG: "A presunção do art. 302 do CPC não é regra absoluta. É uma presunção por demais frágil, que não pode se sobrepor a qualquer outro meio de prova. Nem sempre a não impugnação do fato determinará a procedência da ação. Se a posição jurídica assumida pelo réu é compatível com a presunção de verdade do fato não impugnado, o art. 302 incide. Se incompatível, a incidência não ocorre".[198]

EXCEÇÕES AO PRINCÍPIO DA EVENTUALIDADE I

Inciso I: não haverá a incidência da presunção de veracidade dos fatos não impugnados se esses fatos forem insuscetíveis de confissão.

A despeito do final do *caput* ser claro em dizer que são os *fatos insuscetíveis* de confissão, na verdade deve o leitor compreender que são *fatos constitutivos de direitos indisponíveis* insuscetíveis de confissão.[199]

Pois, como explica Wellington Moreira Pimentel, "a confissão não importa em disposição sobre a relação de direito material que é objeto do litígio. Confissão não é o mesmo que renúncia ao direito. Por isso, não obriga, não vincula o juiz".[200]

São exemplos a ação de investigação de paternidade ou a ação declaratória de nulidade de casamento, em que a ausência de impugnação específica dos fatos constitutivos não gera presunção de veracidade.

---

[197] PAULA, Alexandre de. *CPC Anotado*, p. 1271, vol. II.

[198] PAULA, Alexandre de. *CPC Anotado*, p. 1271, vol. II.

[199] PASSOS, J.J. Calmon de. *Comentários...*, p. 276.

[200] PIMENTEL, Wellington Moreira. *Comentários...*, p. 270.

Pronunciou o TJSP que "o estatuto processual civil afasta os efeitoss da revelia quando o litígio versar sobre direitos indisponíveis – art. 320, inc. II (*sic.*). Os fatos, em relação aos quais não se admite confissão, independem de impugnação – Código citado, art. 302, inc. I. Ora, não vale como confissão a admissão, em Juízo, de fatos relativos a direitos indisponíveis – Código citado, art. 351. A presunção da veracidade dos fatos, por falta de contestação, consiste num efeito equivalente ao da confissão. Daí aquela presunção não ocorrer, quando o litígio versar sobre direitos indisponíveis".[201]

Questionável se, na ação de alimentos, os fatos constitutivos do direito do autor – necessidade de alimentos e possibilidade econômica – estão sob a égide do inciso I.

Tem-se pela negativa, posto que o direito de alimentos seja indisponível, os fatos que compõem esse direito não são, pois são meramente econômicos.

Sendo assim, ausente a impugnação específica desses fatos, crê-se que é inaplicável o escusa do inciso I. Ademais, assim ocorrendo, facilita juridicamente a condição do alimentando, o que atende aos fins sociais embutidos no direito aos alimentos.

Inciso II: não haverá incidência da presunção de veracidade dos fatos não impugnados pelo réu se a petição inicial não estiver acompanhada do instrumento público que a lei considerar da substância do ato.

Trata-se no presente caso, de forma especial (quanto ao conteúdo e sua forma externa), pública, para a validade do ato.[202]

Justifica Wellington Moreira Pimentel que, "se a forma pública é da substância do ato, por força de expressa disposição legal, torna-se imprescindível à validade do negócio jurídico. E a confissão do réu, ou simplesmente, sua omissão em impugnar o ato que somente por aquela forma poderia ser provado, não pode ter o condão de conduzir à presunção de verdade da alegação contida na inicial, desacompanhada daquele documento".[203]

Ressalta-se, com Calmon de Passos, que se trata de documento substancial, "exigido não só para a prova do direito, mas para sua constituição mes-

---

201 PAULA, Alexandre de. *CPC Anotado*, p. 1272, vol. II.

202 PIMENTEL, Wellington Moreira. *Comentários...*, p. 270.

203 PIMENTEL, Wellington Moreira. *Comentários...*, p. 270-1.

ma. Se esse documento exigido for instrumento público, o silêncio do réu não tem força para gerar a presunção de verdade mencionada no art. 302".[204]

Documento essencial e documento necessário. Estaria o CPC a confundir documento essencial com documento necessário de que trata o artigo 283, do CPC? Pois, se o artigo 283 exige a apresentação de documento indispensável à propositura da ação e o inciso II, do artigo 302, determina a não-incidência do ônus da veracidade ao réu, se a ação não contém o documento por instrumento, até que ponto é possível conciliar a existência de documento indispensável e a ausência de documento público da substância do ato?

Na verdade há confusão. Com efeito, por documentos necessários à propositura da ação entenda-se como simples atendimento das condições da ação, gerais ou específicas. Assim, a certidão de casamento é documento necessário para a ação de separação judicial, não para proceder o pedido, mas para preencher o requisito de interesse de agir e legitimidade das partes. Neste caso, a certidão de casamento é tida como documento público indispensável à prova do ato.

Também é correto afirmar que existem demandas que dispensam a juntada de documento para satisfazer as condições da ação, como ocorre com a ação de indenização em que o autor acusa o réu de tê-lo difamado numa roda de amigos.

Daí que, não se pode confundir documentos indispensáveis à propositura da ação, de que trata o artigo 283, do CPC, com documentos probatórios da pretensão da tutela jurisdicional, a que se refere o presente disposto.

Na primeira espécie, esses documentos servem para demonstrar a existência de uma relação jurídica sobre a qual pretende-se obter a incidência de uma tutela jurisdicional. Esses documentos devem ser juntados por ocasião da propositura da ação, como diz o artigo 283, do CPC.

Na segunda espécie, tem-se documentos que comprovam a pretensão do autor. Não se destinam especificadamente a provar a existência de uma relação jurídica sobre a qual incidirá a tutela pretendida, mas para comprovar a viabilidade da própria tutela pretendida. Esses documentos podem ser provados a todo tempo, nos termos do artigo 397, do CPC. Mas enquanto ausente, não gera o efeito da confissão ficta.

---

[204] PASSOS, J. J. Calmon de. *Comentários...*, p. 277.

Por isso, se o menor propõe ação de consignação em pagamento em razão da compra de um imóvel de imenso valor, é obrigado a juntar a respectiva escritura pública de compra e venda para demonstrar inicialmente a relação jurídica e a obrigação de pagar – documento indispensável à propositura da ação –, bem como está juntado documento público da substância do ato. O artigo 215, do CC, é claro a respeito.

Note-se que, neste caso, um único documento – escritura pública de compra e venda – atende à dupla finalidade: servir de documento indispensável à propositura da ação e para impor o ônus de impugnação ao réu.

Daí que, tecnicamente falando, se o autor não juntar documento público da substância do ato, a ação deve ser indeferida, nos termos do artigo 284, do CPC. Por isso, tanto a regra do inciso II, do artigo 302, como a do inciso III, do artigo 320, todos do CPC, escondem um mal maior contra o autor: o desrespeito à um dos requisitos da ação, cuja sanção processual é o seu indeferimento.

Por isso, a ausência do documento público não só exonera o réu da impugnação específica, como permite postular pela extinção do processo sem o julgamento do mérito, por estar ausente um dos requisitos da ação.

Como desfecho, em certos casos para certas pretensões – como a consignação em pagamento, monitória e os embargos de terceiro do senhor –, a apresentação do documento público coincide como documento indispensável e como documento necessário para o exercício e obtenção da tutela pleiteada.

Em sentido contrário, sustenta Calmon de Passos: "O direito material pode prever como da substância de determinado negócio jurídico o instrumento particular. Se assim dispõe o direito material, não pode o preceito processual revogar o princípio, pois que ao direito processual cabe dispor sobre prova, não sobre constituição de negócio jurídico de direito material. O negócio jurídico que exige o instrumento particular para sua constituição, inexistindo esse instrumento, é nulo, e não pode produzir os efeitos próprios do negócio; e, nesse caso, a não-impugnação pelo réu ou mesmo sua confissão não suprem a falta, seguindo os princípios do direito material. A falta de impugnação gera uma presunção de verdade do fato, como confissão tornaria certo esse mesmo fato; mas as conseqüências jurídicas dele decorrentes pertencem ao direito material. Se, por exemplo, vendo uma casa de valor inferior ao exigido para a escritura pública, sem mesmo ter tido o cuidado de constituir o instrumento particular, a não-impugnação ou a confissão provarão que eu recebi o preço, no seu equivalente em moeda, mas não poderão fazer juridicamente existente a venda, que exigia o escrito para sua constituição como negócio jurídico. O fato confessado ou admitido poderá legitimar a repetição do indébito e mais compensação por perdas e danos, jamais a transferência da propriedade. Conseqüentemente, não se deve esquecer que a não-impugnação do fato pelo réu cria uma presunção de verdade desse fato. Dessa presunção somente podem ser retiradas as conseqüências que o direito autoriza na espécie em causa. Por força disso, nem sempre a não-impugnação do fato determinará a procedência da ação, como comodante concluem muitos magistrados".[205]

Inciso III: a regra do artigo 302, *caput*, não admite a contestação por negação geral, uma vez que determina a impugnação específica dos fatos narrados na inicial.

No entanto, o inciso III não impõe a sanção de presunção de veracidade dos fatos narrados na inicial na ausência de impugnação específica destes, se a contestação, no seu conjunto, contradizer os termos da ação.

Imagine o leitor a seguinte situação: o autor propõe ação de indenização pleiteando a responsabilidade civil do réu pelo fato de ter praticado ato ilícito, em determinado local, data e hora, causando danos materiais e lucros cessantes, conforme extensão e parâmetros de sua liquidação. A rigor do artigo 302, deverá o réu impugnar especificadamente os fatos constitutivos do direito do autor, como os fatos que compõem a ilicitude do ato, os parâmetros e a extensão dos danos materiais e os lucros cessantes. No entanto, o réu simplesmente contesta a ação alegando não ter praticado o mencionado ato ilícito, pois no dia e na hora indicados estava em outro local.

Há presunção de veracidade pela ausência de impugnação específica dos fatos constitutivos do direito do autor, nos termos do artigo 302? Não, porque a contestação apresenta, no seu conjunto, uma contradição aos fatos e à pretensão deduzidas pelo autor. É a regra do inciso III. De igual forma, pode-se mencionar que o réu, no exemplo acima, pudesse alegar a prescrição da ação, que, de igual forma, caracterizaria contradição aos fatos e à pretensão deduzida pelo autor.

Afirma Wellington Moreira Pimentel que "a imposição ao réu de responder, especificadamente, aos fatos alegados pelo autor sofre uma atenuação, di-

---

[205] PASSOS, J. J. Calmon de. *Comentários...*, p. 278-9.

tada pela logicidade que deve conter a narrativa feita na contestação. Esta há de ser vista como um todo, observada em conjunto. A falta de impugnação de um fato pode não levar a que se o tenha como admitido se, dos demais termos da defesa, se infere a negativa, sob pena de se admitir a contradição".[206]

Sobre a incidência do disposto, expõe Calmon de Passos que "na exposição dos fatos extintivos ou impeditivos da sua defesa indireta, o réu aduza fatos simples que tornam incompatíveis com a verdade os fatos aduzidos pelo autor (simples ou jurídicos). A espécie não é de fácil ocorrência, mas não deve, *a priori*, ser eliminada. Na defesa direta, o réu nega a verdade dos fatos postos pelo autor; ou nega-lhe as conseqüências jurídicas. Na primeira hipótese, pode ocorrer que determinado fato integrante do fato jurídico ou algum fatos simples tenha sido expressamente impugnado e outros não o tenham sido. A aceitação da verdade desses últimos só será possível se não for incompatível com a impugnação posta aos demais. Este o campo principal de incidência do dispositivo. Também negadas as conseqüências jurídicas, sem que se tenha impugnado algum ou todos os fatos do autor, esses fatos somente terão em seu favor a presunção de verdade, se compatíveis com as conseqüências jurídicas postas pelo réu, em contraposição às pretendidas pelo autor. A defesa considerada em seu conjunto, por conseguinte, deve entender-se como a posição tomada pelo réu em relação aos fatos do autor e às conseqüências jurídicas deles decorrentes. Se a posição jurídica assumida pelo réu é viável com a presunção de verdade do fato não impugnado, o art. 302 incide. Se incompatível, a incidência não ocorre".[207]

EXCEÇÕES AO PRINCÍPIO DA EVENTUALIDADE II (EM RAZÃO DA QUALIDADE DO LITIGANTE)

Noção. Se as hipóteses dos incisos I, II e III, excepcionalmente, excluem a incidência do princípio da eventualidade em razão de motivos objetivos, a regra do parágrafo único também exclui, excepcionalmente, a incidência do princípio da eventualidade, mas desta vez por motivos subjetivos.

Com efeito, como se pode observar da redação do parágrafo único, ficou expresso que estão dispensados do ônus da impugnação específica dos fatos

---

206 PIMENTEL, Wellington Moreira. *Comentários...*, p. 271.

207 PASSOS, J.J. Calmon de. *Comentários...*, p. 279-80.

narrados pelo autor quando o litigante for o Ministério Público ou estiver sendo representado por advogado dativo ou curador especial.

Ministério Público. Estabelece o artigo 81 que o Ministério Público exercerá o direito à ação nos casos previstos em lei. Sabido que seus membros possuem capacidade postulatória, o Ministério Público tem a missão de exercer o direito à ação para cumprir com as funções que lhe foram confiadas.

Quando exercido, o Ministério Público é equiparado como parte, atribuindo-lhe os mesmos poderes e ônus processuais. Excepciona a regra de equiparação a dispensa do Ministério Público em adiantar as custas e despesas processuais (CPC, art. 27), bem como o privilégio de ter o quádruplo do prazo para contestar e o dobro para recorrer (CPC, art. 188).

Casos de atuação. Quando o Ministério Público atua como parte – geralmente como autor, pode, contudo, figurar no pólo passivo numa ação incidental –, o faz fulcrado no princípio da *indisponibilidade.* Pois, o Ministério Público age em defesa do interesse público que, segundo João Francisco Moreira Viegas, "é o interesse do Estado, enquanto organização política (interesse primário) e não o interesse da Administração (interesse secundário); estes são sempre particulares e concretos. Destarte, nenhuma similitude existe entre a ação do promotor ao ajuizar uma reparatória de danos causados ao meio ambiente e a do procurador do Estado que ajuíza um executivo fiscal. Daí já ter escrito, com acerto, o douto Renan Severo Teixeira da Cunha, do Ministério Público paulista, que o Ministério Público, quando age, colima essencialmente, como seu interesse primário, o interesse do Estado em manter a tranqüilidade e o equilíbrio sociais através da observância das leis fundamentais, inderrogáveis pela vontade das partes. Se encarna, em determinado caso concreto, um interesse de outrem, ou se sua atuação beneficia 'A' ou 'B', pouco importa. Esse interesse que encarnou em um caso determinado (interesse do enganado, p. ex., em uma anulatória de casamento) é, para o Estado (representado pelo Ministério Público), um interesse secundário, que visa ou que é meio para a satisfação de um interesse fundamental do respeito às leis de caráter inderrogável. Ou do interesse de ordem pública em jogo' ".[208]

[208] VIEGAS, João Francisco Moreira. Ministério Público – Sua atuação no Cível. Artigo publicado na Revista dos Tribunais, ano 79, março de 1990, vol. 653. São Paulo, Revista dos Tribunais, 1990, p. 257-58.

Assim, as ações cíveis que o Ministério Público poderá propor, adiante especificadas, se fundam na indisponibilidade do interesse público. É o que se pode detectar do artigo 25, da Lei nº 8.625/93 e artigo 6º, da Lei Complementar nº 75/93:

propor ação direta de inconstitucionalidade de lei ou atos normativos estaduais ou municipais, bem como o respectivo pedido de medida cautelar;

propor a ação direta de inconstitucionalidade por omissão;

propor a argüição de descumprimento de preceito fundamental decorrente da Constituição Federal;

propor a representação para intervenção federal nos Estados e no Distrito Federal, e do Estado nos municípios;

impetrar *habeas corpus* e mandado de segurança;

promover o inquérito civil e propor ação civil pública para:

proteção dos direitos constitucionais;

proteção dos interesses individuais indisponíveis, difusos e coletivos, relativos às comunidades indígenas, à família, à criança, ao adolescente, ao idoso, às minorias étnicas e ao consumidor;

outros interesses individuais indisponíveis, homogêneos, sociais, difusos e coletivos;

proteção, prevenção e reparação dos danos causados ao meio ambiente, ao consumidor, incluindo-se a responsabilidade do fornecedor de produtos e serviços, aos bens e direitos de valor artístico, estético, histórico, turístico e paisagístico;

anulação ou declaração de nulidade de atos lesivos ao patrimônio público ou à moralidade administrativa do Estado ou de Município, de suas administrações indiretas ou fundacionais ou de entidades privadas de que participem;

promover outras ações, incluindo-se o mandado de injunção, sempre que faltar norma regulamentadora que torne inviável o exercício dos direitos e de liberdades constitucionais e das prerrogativas inerentes à nacionalidade, à soberania e à cidadania, quando difusos os interesses a serem protegidos;

promover ação visando ao cancelamento da naturalização, em virtude da atividade nociva ao interesse nacional;

promover a responsabilidade dos executores ou agentes do estado de defesa ou do estado de sítio, pelos ilícitos cometidos no período de sua duração;

defender judicialmente os direitos e interesses das populações indígenas, incluídos os relativos às terras por eles tradicionalmente habitadas, propondo as ações cabíveis;

promover as ações necessárias ao exercício de suas funções institucionais, em defesa da ordem jurídica, do regime democrático e dos interesses sociais e individuais indisponíveis, relativos:

ao Estado de Direito e às instituições democráticas;

à ordem social;

ao patrimônio cultural brasileiro;

à manifestação de pensamento, de criação, de expressão ou de informação;

à probidade administrativa; e

ao meio ambiente;

propor ações cabíveis que versem sobre:

perda ou suspensão de direitos políticos;

declaração de nulidade de atos ou contratos geradores de endividamento externo da União, de suas autarquias, fundações e demais entidades controladas pelo Poder Público Federal, ou com repercussão direta ou indireta de suas finanças;

dissolução compulsória de associações, inclusive de partidos políticos;

cancelamento de concessão ou de permissão;

declaração de nulidade de cláusula contratual que contrarie direito do consumidor; e

interpor recursos aos tribunais superiores, em decisões das ações que é parte.

Além desses casos, pode-se detectar em Nelson Nery Júnior e Rosa Maria Andrade Nery extenso rol de causas em que o Ministério Público também possui legitimidade.[209]

---

[209] NERY JÚNIOR, Nelson, e ANDRADE NERY, Rosa Maria. *Código de Processo Comentado...*, p. 522-4.

Ministério Público como fiscal da lei. O artigo 82 trata das causas em que o Ministério Público poderá atuar como fiscal da lei, também conhecido como *custos legis.* Isto é, atuará em vigilância da correta aplicação dos preceitos constitucionais e legais.

Embora o artigo 82 não contemple o Ministério Público como parte, ele é equiparado como tal, como será visto por ocasião do exame do artigo 83, bem como pela própria idéia extraída do artigo 81.

O rol do artigo 82 não é exaustivo. Existem outras hipóteses no CPC que também contemplam a intervenção do Ministério Público, como os artigos 116, parágrafo único, 944 e 1.179.

Eis as hipóteses do artigo 82, do CPC:

Inciso I: nas causas em que há interesses de incapazes. Segundo Celso Agrícola Barbi, a disposição legal tem em vista "a situação de inferioridade que pode surgir em qualquer demanda para os incapazes. Como estes não podem agir sozinhos em juízo, dependendo sua presença de representação ou assistência de outrem – pais, tutores e curadores – , é possível que a falta de interesse direto e pessoal dessas últimas pessoas no objeto do litígio diminua a eficiência de sua atividade. A função do Ministério Público nessas causas é de vigilância, para suprir eventual falha na defesa dos interesses dos incapazes. Cabe-lhe também velar pela exata observância das normas legais editadas para proteção daqueles, verificando se estão corretamente representados ou assistidos. Atuará também o órgão para reprimir ou prevenir qualquer ato fraudulento ou malicioso, praticado no processo para lesar interesses de incapazes".[210]

A ação de indenização proposta por menor é exemplo de atuação do Ministério Público como *custos legis.*

Inciso II: o Ministério Público intervirá nas causas que versem sobre estado da pessoa (p. ex., ação de investigação de paternidade, adoção), pátrio poder (p. ex., substituição e destituição de pátrio poder), tutela (p. ex., ação de tutela) curatela, interdição (p. ex., ação de interdição), casamento (p. ex., ação de separação judicial, divórcio, anulação de casamento), declaração de ausência (art. 1.159) e disposição de última vontade (p. ex., testamento).

---

[210] BARBI, Celso Agrícola. *Comentários ao Código de Processo Civil...*, p. 378, tomo II.

Inciso III: haverá intervenção do Ministério Público nas ações que envolvem direitos coletivos pela posse da terra rural e nas demais causas em que há interesse público evidenciado pela natureza da lide ou qualidade da parte. Este disposto foi recentemente acrescentado pela Lei nº 9.415/96. Segundo Nelson Nery Júnior e Rosa Maria Andrade Nery, o inciso III contém norma de encerramento, no sentido de deixar aberta a possibilidade de o Ministério Público intervir nas demais causas em que há interesse público. Por isso, afirmam os autores, quando "a lei expressamente determina a intervenção, não se pode discutir ou questionar a necessidade dela ocorrer. A norma ora comentada incide nas hipóteses concretas onde a participação do MP não se encontra expressamente prevista na lei. Caberá ao MP e ao juiz a avaliação da existência ou não do interesse público legitimador da intervenção do *Parquet*".[211]

Compreende-se que toda ação que verse sobre direito coletivo significa que há interesse público, o que torna obrigatória a intervenção do Ministério Público. Logo, o inciso III realça a necessidade de intervenção do *parquet*, seja porque há direito coletivo envolvido, seja porque há interesse público evidenciado.

Na primeira parte do disposto em exame – litígios coletivos pela posse da terra rural – tem-se como exemplo a ação de desapropriação de imóvel rural para fins de reforma agrária ou a ação de reintegração de posse em razão de invasão de fazenda por "sem-terras".

Na segunda parte do disposto tem-se outras ações que demonstram interesse público pela natureza da lide ou qualidade da parte, como a declaratória de inconstitucionalidade (natureza da lide) ou mandado de segurança impetrado contra ato do presidente da República (qualidade da parte).

Curador especial. Segundo a terminologia técnica, curador é o "encarregado de cuidar das pessoas e dos bens de maiores que não estão em condições de fazê-lo, como os loucos de todo gênero, os surdos-mudos sem educação que os habilite a enunciar precisamente a sua vontade".[212]

Por essa idéia, o ordenamento processual estipula a figura de um instituto processual com a função de tutelar e administrar direitos e interesses das pessoas que se encontram nas hipóteses do artigo 9º. Acrescenta-se ao concei-

---

[211] NERY JÚNIOR, Nelson, e ANDRADE NERY, Rosa Maria. *Código de Processo Comentado...*, p. 527.

[212] SOIBELMAN, Leib. *Enciclopédia Jurídica.* Rio de Janeiro, Rio, [s.d.], p. 202, vol. I.

to citado a extensão das funções do curador especial ao réu preso ou citado por edital.

Daí conceber que a curadoria especial é um instituto processual destinada à defesa dos direitos e interesses dos incapazes que não tiverem representantes legais ou cujos interesses se colidem, ou ao réu preso ou citado por edital ou por hora certa, caso não conteste a ação no prazo legal.

Pessoa do curador. Como esclarece Celso Agrícola Barbi, a pessoa que exercer a função de curador não precisa ser advogado, "mas, nesse caso, terá ele de contratar procurador advogado, que possa acompanhar a causa em juízo. Com freqüência, na prática do foro, os juízes nomeiam curador que seja advogado, servindo este, assim, como curador e como advogado. Esse costume justifica-se quando se tratar de menor com poucos recursos financeiros e que não possa custear despesas com advogado. Mas se o menor (*compreende-se também o incapaz ainda não declarado como tal*) tiver recursos que comportem esse pagamento não se justifica que o advogado vá defender seus interesses gratuitamente".[213]

Hipóteses de curador especial. O artigo 9º, do CPC, apresentas as seguintes hipóteses de nomeação de curador especial, que estará sob os benefícios do parágrafo único do artigo 302, do CPC:

Inciso I: trata da nomeação de curador especial ao incapaz. Aqui é preciso levar em conta que o CPC não distingue incapacidade absoluta ou relativa, pois a providência determinada no artigo 13 refere-se à "incapacidade processual". Como esta pode derivar tanto nas causas de incapacidade absoluta (CC, art. 3º) e de incapacidade relativa (CC, art. 4º), tem-se que deverá ser nomeado curador ao incapaz que não tiver representante ou assistido. A expressão consignada no inciso I – "representante legal" – tem que ser entendida no sentido civilista (CC, art. 932, I e II) e tanto pode abranger o "representante do absolutamente incapaz" como o "assistente do relativamente incapaz".

Deve-se alertar, porquanto, que se o réu for demente e ainda não declarado como tal, e verificada a sua demência, a sua citação deverá ser feita nos termos do artigo 218 e parágrafos, do CPC. Em síntese, determina que, constatando-se a impossibilidade de o réu receber a citação, deverá ser realizada

---

[213] BARBI, Celso Agrícola. *Comentários ao Código de Processo Civil...*, p. 129.

uma perícia médica para confirmar a sua deficiência mental e ser nomeado um curador, cujo *munus* será restrito à causa.

Também se dará curador especial caso haja conflito de interesses entre o incapaz e seu representante legal. Imagine-se uma ação para cobrança dos créditos do tutor ou curador, previstos nos artigos 1.760 e 1.774, do CC, movida por tais contra o incapaz. Neste caso, nomeia-se o curador especial para o processo, sem que haja, necessariamente, a revogação da tutela ou curatela.

Celso Agrícola Barbi adverte que o legislador foi objetivo ao prever a nomeação do curador nesta hipótese, pois não importa a idoneidade do representante, "a lei, para resguardo dos interesses do incapaz, afasta seu representante e o substitui por curador especial, que servirá apenas para a causa".[214]

Inciso II: se dará curador especial ao réu preso ou ao réu revel que foi citado por edital ou por hora certa. Embora o CPC não condicione, a nomeação do curador especial ao réu preso somente se fará necessária se aquele deixar transcorrer *in albis* o prazo para ofertar a resposta aos termos da ação. Porque é perfeitamente possível o réu preso ser citado, constituir advogado e responder aos termos da ação, defendendo-se eficazmente, inclusive deduzindo todas faculdades processuais possíveis. Verifica-se que, neste caso, não houve prejuízo do contraditório e da ampla defesa. Assim, a redação do inciso II deveria condicionar a nomeação do curador especial ao réu preso se verificar sua revelia, como prevê para o réu citado por edital ou por hora certa.

O CPC não especificou qual hipótese de prisão do réu. Tanto pode ser civil, como em razão de inadimplência voluntária de alimentos ou por depositário infiel, como de caráter penal, seja em flagrante, preventiva, especial, em razão da pronúncia ou até mesmo como cumprimento de pena. Em qualquer hipótese, trata-se de réu preso e é preciso verificar se houve revelia para que haja nomeação de curador especial.

Citação por edital é aquela feita de forma fictícia e se dá na hipótese em que o réu é desconhecido ou se encontra em lugar incerto e não sabido ou inacessível ou nos casos expressos em lei, como o artigo 654, do CPC, que trata da citação por edital do executado. Citação por hora certa é também uma espécie de citação fictícia e se funda na suspeita de ocultação voluntária do

---

214 BARBI, Celso Agrícola. *Comentários ao Código de Processo Civil*..., p. 130.

réu para não ser citado. Neste caso, deverá o oficial de justiça, após três tentativas, intimar pessoa da família do réu ou, na sua falta, o vizinho, de que comparecerá no dia imediato, em determinada hora, para citar o réu. Não comparecendo o réu, ele será considerado citado.

Em tais hipóteses, havendo revelia, deverá ser nomeado curador especial, a fim de ser garantida a plenitude da defesa e do contraditório.

Natureza jurídica do curador especial. O curador especial não é parte, nem na lide nem no processo, por isso não pode ser equiparado ao legitimado ordinário, extraordinário ou ao substituto processual.

Também não é um gestor de negócios, porque tal figura prescinde de uma relação contratual que inexiste no caso. Basta lembrar que a curadoria advém de nomeação pelo juiz, e não de um ato vontade, ainda que unilateral.

Ademais, na gestão de negócios, o gestor é possível de ser responsabilizado por atos sob a sua gestão (CC, arts. 862, 863, 866, 867 e 868), bem como ser reembolsado das despesas (CC, arts. 868, parágrafo único, e 869). Porém, as hipóteses de responsabilização não ocorrerão na curadoria especial, pois ao curador são deferidos privilégios processuais que não lhe implicarão má condução da demanda (ex., CPC, art. 302, parágrafo único). Já a remuneração do curador especial, ela somente virá se o réu for vencedor da demanda e o curador, advogado.

Por outro lado, aduz que, vencido na demanda, o curador especial não deverá arcar com as custas processuais e os honorários advocatícios porque ele não é parte, como prevê o artigo 20, do CPC.

Às vezes equipara-se com o defensor nomeado, mas o curador poderá (sempre) agir em nome próprio, enquanto o defensor nomeado sempre agirá em nome do defendido.

Tais implicações somente servem para demonstrar que a curadoria especial é um instituto processual e como tal deve ser vista. Aliás, como já qualificado por José Frederico Marques, como um "advogado nomeado pelo órgão judicante, para exercer funções equiparáveis às dos membros do Ministério Público".[215]

---

[215] MARQUES, José Frederico. *Instituições de Direito Processual Civil.* Campinas, Millennium, 1999, p. 159, vol. II.

O curador especial deverá patrocinar, ou por esforço próprio se for advogado ou custear algum se não for, a defesa do réu, devendo realizar todas as faculdades processuais que lhe são possíveis, como a contestação, reconvenção, as exceções, a nomeação à autoria, denunciação à lide, o chamamento ao processo, a ação declaratória incidental, interpor recursos, embargar no processo de execução e propor medidas cautelares.

Em razão do encargo e não da pessoa, o curador tem autorização para ingressar nos autos para defender os interesses e direitos do réu. Daí que seu comportamento não se restringe à mera postulação, mas na realização de atos que atinjam o fim desejado, como a produção de provas.

Ainda. Permite-se que o curador especial argua a suspeição do juiz, caso tenha conhecimento da parcialidade. Mesmo que o réu seja revel, admite-se a exceção de suspeição, até porque o réu é parte no processo e pode ser prejudicado com a suspeição de parcialidade do juiz. De igual forma, o impedimento do juiz também poderá ser manifestado pelo curador especial.

Até um tempo atrás, não se admitia a oposição de embargos à execução pelo curador especial. Tal motivo dava-se pela controvertida natureza jurídica dos embargos do devedor: ação ou defesa? Também pelo questionamento de que a nomeação do curador especial se restringiria à ação de execução ou também se estendia aos eventuais embargos à execução?

Contudo, com o advento da Súmula 196, do STJ, foi posta uma pá de cal na polêmica discussão. Reza tal entendimento que "ao executado que, citado por edital ou por hora certa, permanecer revel, será nomeado curador especial, com legitimidade para apresentação de embargos".

Porém, subsiste uma questão: a intimação da penhora, para fins de cômputo do prazo para oposição dos embargos, deverá ser realizada diretamente ao curador nomeado ou via edital? O artigo 669, do CPC, determina que feita a penhora, intimar-se-á o devedor para embargar a execução. Ora, essa regra demonstra que a intimação deverá ser feita diretamente ao executado e a mais ninguém. Portanto, na hipótese de devedor citado por edital ou por hora certa e permanecendo contumaz, deverá ser realizada a intimação da penhora por edital. Transcorrendo o prazo sem a oposição dos embargos, será o curador especial intimado para tal fim.

Porém essa posição não se afina com a Súmula 196, do STJ. De sua redação, dá a entender que a nomeação de curador especial se dará logo após a citação por edital ou por hora certa do devedor. Sendo assim, uma vez efetivada a penhora, deverá o curador especial ser intimado, dispensando-se a prévia intimação do devedor. Parece ser esta a melhor posição, pois não só se alinha à mencionada súmula, bem como pugna pela otimização da atividade jurisdicional.

Esclarece José Frederico Marques que o curador especial deve também ser nomeado em segunda instância.[216] Essa providência se justifica mais ainda se o processo na primeira instância de comarca longínqua do Tribunal já contava com curador especial e a decisão de segunda foi desfavorável ao réu. Daí nomear outro curador especial para interpor recurso para provocar o reexame da decisão de segundo grau de jurisdição.

Sobre os atos do curador especial, o Código de Processo Civil Português admite a plenitude de atos para a cabal defesa dos interesses do incapaz (arts. 11 e 12). Difere do sistema brasileiro, porque no sistema luso a nomeação do curador especial é requerida pelo Ministério Público (art. 11, "4"), ao passo que no Brasil a nomeação é ato de ofício pelo juiz, quando verificar as hipóteses de incidência do artigo 9º, do CPC, o que implicitamente admite o requerimento de alguém interessado.

Advogado dativo. Segundo Calmon de Passos, advogado dativo "é o que é designado para patrocínio da parte por força de *munus legal*: o designado pela assistência judiciária; o que exerce o patrocínio por dever do cargo".[217]

A advocacia dativa não é uma instituição, mas uma maneira de como um advogado acessa e exerce o patrocínio de uma causa em favor de uma determinada pessoa, em razão da sua carência econômica. Fundada no espírito da assistência social, a advocacia dativa decorre da nomeação judicial para que determinado advogado realize gratuitamente o patrocínio da causa, seja defendendo os interesses do autor, seja realizando a defesa.

Com a nomeação judicial, poderá o advogado escusar-se de tal encargo, nos termos do artigo 15, da Lei nº 1.060/50. Não havendo requerimento de escusa ou não sendo aceita, deverá o advogado munir-se de procuração *ad judicia*, para poder postular em juízo em favor da parte.

---

216 MARQUES, José Frederico. *Instituições de Direito Processual Civil*, p. 159, vol. II.

217 PASSOS, J. J. Calmon de. *Comentários...*, p. 282.

No entanto, cumpre dizer que nas cidades onde existem os Programas de Assistência Judiciária Gratuita e Defensoria Pública, o exercício do patrocínio da causa deve seguir as regras específicas de cada instituição. Porém, tanto em um como em outra, terá o advogado gratuito ou o defensor público as mesmas regalias concedidas no parágrafo único do artigo 302, uma vez que são formas de manifestação de tutela dos interesses do carente econômico.

Pronunciou o 2º TACivSP que "o réu defendido por integrante da Procuradoria de Assistência Judiciária, que deve ser considerado advogado dativo, está desobrigado do dever de impugnação especificada dos fatos, nos termos do art. 302, parágrafo único do CPC".[218]

Art. 303. Depois da contestação, só é lícito deduzir novas alegações quando:

I - relativas a direito superveniente;

II - competir ao juiz conhecer delas de ofício;

III - por expressa autorização legal, puderem ser reformuladas em qualquer tempo e juízo.

EXCEÇÕES AO PRINCÍPIO DA EVENTUALIDADE III

Noção. Além das exceções estipuladas no disposto anterior, o artigo 303 trata de outras exceções ao princípio da eventualidade, o que permite que o réu alegue e o juiz conheça dessas questões após a contestação.[219]

São essas hipóteses:

Inciso I: excepciona o princípio da eventualidade se o réu deduzir alegações referente a direito superveniente. Explica Cleanto Guimarães Siqueira que, "supervenientes serão, antes de tudo, os *fatos da vida* ocorridos *depois da contestação*, capazes de atribuir ao réu a titularidade de um direito antes a ele não pertencente. Frise-se: os fatos devem ter-se verificados, para que o réu possa deles beneficiar-se, após a contestação".[220]

---

218 PAULA, Alexandre de. *CPC Anotado*, p. 1274, vol. II.

219 NERY JÚNIOR, Nelson, e ANDRADE NERY, Rosa Maria. *Código de Processo Comentado...*, p. 798.

220 SIQUEIRA, Cleanto Guimarães. *A defesa...*, p. 247.

Calmon de Passos, por seu turno, explana que por direito superveniente "se deve entender aquele que se constituiu ou se integrou no curso da demanda, em momento posterior ao da apresentação da contestação pelo réu, por conseguinte, aquele fundado em fato ocorrido posteriormente ao prazo marcado para a contestação".[221]

Direito superveniente é aquele que surge depois de uma determinada época ou tempo assinalado, daí ser faticamente impossível de ser exposto no momento exigido. Na verdade, não se trata de direito superveniente, mas de fatos que sobrevieram após determinada época. Como esses fatos constituem direito, tem-se, portanto, fatos supervenientes constitutivos de direito em favor do réu. Exemplos típicos de fatos supervenientes constitutivos de direito é o da situação de o réu tornar-se credor do autor após a apresentação da contestação, quando poderá alegar posteriormente a compensação[222], ou do autor receber de terceiro aquilo que estava perseguindo contra o réu.[223]

A regra do inciso I do presente disposto atina com o artigo 462, do CPC, ao estipular que, "se depois da ação, algum fato constitutivo, modificativo ou extintivo do direito, influir no julgamento da lide, caberá ao juiz tomá-lo em consideração, de ofício ou a requerimento da parte, no momento de proferir a sentença".

Também o artigo 517, do CPC, tem pertinência com o disposto enfocado, ao dispor que "as questões de fato, não propostas no juízo inferior, poderão ser suscitadas na apelação, se a parte provar que deixou de fazê-lo por motivo de força maior".

Em tais regras, observe-se que os fatos supervenientes constitutivos do direito também excepcionam o princípio da estabilidade da instância, visto que podem alterar a resolução da lide no momento do proferimento da sentença ou em segundo grau de jurisdição.

Daí Cleanto Guimarães Siqueira, em vista dos dispostos examinados, classificá-los fatos constitutivos supervenientes de direito da seguinte maneira: "a) *fato velho* – anterior à contestação, de conhecimento do réu: não é pos-

---

221 PASSOS, J. J. Calmon de. *Comentários...*, p. 284.

222 FERREIRA, Pinto. *Da resposta...*, p. 36.

223 MIRANDA, Pontes de. *Comentários ao Código de Processo Civil.* 3ª ed. Rio de Janeiro, Forense, 1999, p. 142, tomo IV.

sível apresentá-lo posteriormente, se omitido na contestação; b) *fato novo* – acontecido depois da contestação: pode o réu apresentá-lo até a sentença, pois disso resulta se constituir em autêntico *direito superveniente*; c) *fato velho*, que chegou ao conhecimento do réu em momento posterior àquele da contestação: não pode o réu apresentá-lo, visto que não constitui *direito superveniente*; d) *fato velho*, que chegou ao conhecimento do réu em momento posterior à sentença: (solução c); e) *fato novo*, verificado posteriormente à prolação da sentença: incide a regra do art. 517".[224]

Decidiu o 2º TACivSP, a respeito de fato superveniente, que: "Admite-se a dedução de novas alegações relativas a direito superveniente – n. I do art. 303 do CPC – cabendo ao julgador considerá-los, no momento de prolatar a sentença – art. 462 do CPC – sem que nisso haja incompatibilidade alguma com a vedação de mudança do libelo – art. 264 do CPC – contanto que o fato moderno seja aquele que, a princípio, fundamentara a pretensão".[225]

Inciso II: excepciona o princípio da eventualidade quando houver questões em que o juiz delas deve conhecê-las de ofício.

Trata-se de objeções de direito material ou de direito processual, uma vez que são questões de ordem pública e, por isso, indisponíveis, o que determina ser conhecida em qualquer tempo ou grau de jurisdição. Se pode ser conhecida de ofício pelo juiz, significa que o réu também pode alegar, independentemente de forma.

As objeções podem gerar a extinção do processo sem o julgamento do mérito (CPC, art. 267, § 3º) ou a extinção do processo com o julgamento do mérito, como a decadência, hipótese do artigo 269, IV, do CPC.

Também a nulidade de atos jurídicos, materiais ou processuais, pode ser conhecida de ofício, embora sua resolução não implique, necessariamente, a extinção do processo.

O disposto do inciso II representa exceções ao princípio do dispositivo. Pois, ao refutar o aprisionamento da iniciativa do réu em alegar as questões no momento da contestação, o disposto examinado impõe como um com-

---

[224] SIQUEIRA, Cleanto Guimarães. *A defesa...*, p. 251.

[225] RT 650/149.

portamento a ser seguido pelo juiz, "pois que sua omissão é que será contra os princípios, visto como ela redundará em deferir-se tutela a direito inexistente".[226]

Mas adverte Wellington Moreira Pimentel, a não-alegação de fato impeditivo ou extintivo do direito do autor preexistente à contestação, sem que nesta tenha sido argüido pelo réu, sujeitar-se-á este às conseqüências decorrentes da aplicação do artigo 22, do CPC, quando haverá a perda do direito aos honorários advocatícios e a condenação ao pagamento das custas processuais, ainda que vencedor.[227]

Inciso III: esse disposto é dirigido ao réu, exclusivamente, ao contrário do anterior, que é dirigido ao juiz. Existem certas questões que podem ser alegadas em qualquer tempo, uma vez que não está submetida aos efeitos da preclusão consumativa e temporal.

No entanto, essas questões não são objeções, daí a necessidade de serem alegadas pelo réu. É o caso das exceções substanciais, cujos fatos constitutivos preexistem à época da contestação, mas que podem ser alegadas posteriormente. Porém, não se pode perder de vista a regra do artigo 22, do CPC, já mencionado. Exemplos típicos de exceção substancial são a prescrição e a compensação.

Porém, cumpre advertir o inciso III com o disposto contido no inciso I. Enquanto neste os fatos que deverão ser alegados surgem supervenientes após a apresentação da contestação, o disposto do inciso III trata de questão preexistente à época da contestação, mas não há regra proibitiva de sua alegação posterior, a despeito do ônus do artigo 22, do CPC.

Tratando-se de exceções substanciais, não incide a regra da preclusão temporal ou consumativa, a despeito de envolver matéria de direito disponível. Porém, é preciso que a parte expressamente alegue, pois ao juiz é vedado conhecer de ofício.

---

[226] PASSOS, J. J. Calmon de. *Comentários...*, p. 285.

[227] PIMENTEL, Wellington Moreira. *Comentários...*, p. 276.

Seção III

DAS EXCEÇÕES

EXCEÇÕES PROCESSUAIS

Noção. Como visto anteriormente, em sentido amplo, exceção é toda alegação em defesa dos interesses da parte. Em sentido estrito, exceção é a defesa manifestada pelo réu e, no conceito técnico, exceção é toda questão de ordem privada, disponível, que deve ser alegada pela parte, no tempo e na forma legal, sob pena de, em alguns casos, incidirem os efeitos da preclusão.

A exceção tanto pode envolver questão de direito material como de direito processual. A exceção substancial pode ser alegada no corpo da contestação e não está sob o efeito da preclusão consumativa ou temporal, como se viu da regra do inciso III, do artigo 303 do CPC. A prescrição, compensação e a usucapião são típicos exemplos de exceção substancial.

Já a exceção processual deve ser alegada pelo réu no tempo e na forma legal, sob pena de preclusão. A exceção processual concentra três questões processuais típicas: incompetência do juiz, parcialidade do juiz e o valor da causa. Note-se, porém, que, por existirem tanto incompetência relativa como absoluta, aquela é tratada como exceção processual e esta tratada como objeção. De igual forma em relação à parcialidade do juiz, que, por existirem tanto suspeição como impedimento, aquela será tratada como exceção processual e esta como objeção. Vale lembrar que a objeção é tratada de forma diferenciada da exceção, por estar envolvida questão de norma pública, indisponível portanto, daí que não está sujeita aos efeitos da preclusão.

Exceção processual e defesa. A exceção processual é questão de ordem privada que vai surtir efeitos processuais. Ela não tem o condão, em hipótese alguma, de extinguir o processo. A exceção processual apenas vai propiciar a dilação do processo.

Sobre a exceção processual, Antonio Carlos Marcato explana que o Código de Processo Civil "confere sentido estrito à mesma, significando aquele ato processual que tem por finalidade dilatar a relação processual no tempo, retardando o pronunciamento sobre o mérito (exceções processuais dilatórias)".[228]

Pelo direito argentino, que segue em parte a posição brasileira, as exceções se destinam exclusivamente a questões processuais, versando sobre a atividade jurisdicional. Acrescenta Roland Arazi que as "exceções devem ser deduzidas antes da contestação da demanda e o juiz tem que resolvê-las antes de continuar o processo. O legislador seguiu um critério pragmático ao enunciar as exceções prévias, buscando a celeridade e a economia processual".[229]

No entanto, cumpre destacar que no direito argentino as exceções são dividas em: a) *impedimentos processuais*, pois giram em torno da constituição regular do processo, como a incompetência, ausência de personalidade e litispendência; b) *exceções em sentido estrito*, que se referem aos requisitos da ação, impedindo que o juiz se pronuncie sobre a lide, como a ilegitimidade, prescrição e coisa julgada; e c) *defesa*, que é a oposição ao direito material invocado pelo autor e buscam retirar o fundamento do direito material, como a transação, conciliação e renúncia do direito.[230]

Salvatore Satta também realça a idéia de se dissociar as *exceções* da *defesa*. Compreendido, pois, "o demandado pode deduzir todos os motivos e to-

---

[228] MARCATO, Antonio Carlos. *Procedimento...*, p. 43.

[229] ARAZI, Roland. *Derecho Procesal Civil y Comercial*. Buenos Aires, Rubinzal-Culzoni, 1999, p. 302, tomo I.

[230] ARAZI, Roland. *Derecho Procesal...*, p. 302-3.

das as circunstâncias por quais deve rechaçar-se a ação do autor, e assim negar a existência da norma, sua aplicabilidade ao concreto, negar os fatos em que a demanda se funda, em geral a existência das condições para a providência requerida".[231]

Daí que, segundo Satta, a defesa incide sobre a existência do direito material, buscando negar sua existência ou do fato constitutivo, às vezes fazendo reconhecer a existência de um outro fato para produzir efeitos contrários ao pretendido pelo autor. Já a exceção processual surge em razão de um direito processual – de se defender – e gira em torno de preceitos processuais e não de direito material.[232]

Sobre a importância prática da distinção entre exceções e defesa, explana Satta que ela é probatória, uma vez que visa impor o ônus probatório ao réu, quando este deduzir exceção substancial, através de fatos impeditivos, modificativos ou extintivos do direito do autor.[233]

A questão da ilegitimidade. Algumas legislações alienígenas tratam como exceção processual a questão da ilegitimidade de parte.

No direito brasileiro, a ilegitimidade pode ser examinada à luz do direito processual como do direito material. Naquele, a ilegitimidade ativa ou passiva deve ser examinada à luz das condições da ação e a sua ocorrência significa a carência de ação, resultando na extinção do processo sem o julgamento do mérito.

À luz do direito material, a ilegitimidade, ativa ou passiva, consiste no não-envolvimento da parte na relação jurídica material, de tal sorte que, quem reclama efeitos de um direito, ou contra quem é reclamada a incidência de direitos, não pode ser efetivada.

Porém, tanto a ilegitimidade processual como a ilegitimidade material decorre, de alguma forma, direta ou indireta, despida de autorização para acessar a justiça, do direito material. Logo, até que ponto a questão da ilegitimidade é de direito processual?

Propõe-se um critério de exame. Se o exame da ilegitimidade decorrer do exame das provas, da própria existência do direito material, tem-se que é ile-

[231] SATTA, Salvatore. *Manual de Derecho Procesal Civil*, p. 170, vol. I.

[232] SATTA, Salvatore. *Manual de Derecho Procesal Civil*, p. 170-1, vol. I.

[233] SATTA, Salvatore. *Manual de Derecho Procesal Civil*, p. 171-2, vol. I.

gitimidade material. Ressalta-se que a ilegitimidade deriva do exame do mérito, em que se percebeu que não é possível o autor reclamar efeitos de um direito material, ou ele reclamar contra o réu a incidência de um direito, por não participar da relação material.

A ilegitimidade material pode ser reconhecida desde o início da ação, seja para fins de indeferimento da inicial (CPC, art. 295, II), como após a fase instrutória, quando as provas indicaram a ilegitimidade.

Já a ilegitimidade processual deve aflorar de plano e independer de qualquer exame probatório. Da própria exposição dos fatos narrados na inicial, poderá o juiz perceber a ilegitimidade de uma das partes, como o caso da sogra propor a ação de separação judicial em face do marido.

A ilegitimidade processual tem espaço nas ações promovidas em razão da legitimidade extraordinária. Pois, relembra-se que a legitimidade extraordinária é fenômeno processual em que o legitimado, mesmo sem participar da relação material, possui autorização para ingressar em juízo, a fim de tutelar direitos difusos ou coletivos. Daí que o legitimado sempre será uma instituição – por exemplo, Ministério Público ou organização governamental –, portanto nunca poderá ser pessoa física. Além disso, a instituição deverá realizar atividades específicas de tutela que envolve a matéria demandada há mais de um ano, exigência que é atenuada ao Ministério Público, por ter como função a tutela de qualquer direito difuso ou coletivo.

Assim, se um simples cidadão propõe ação para tutela de direito difuso, há manifesta ilegitimidade ativa, o que pode ser detectada de plano e indeferida a inicial (CPC, art. 295, II). De igual forma, se no curso do processo, ainda que na fase instrutória, perceber-se que a instituição legitimada não exerce atividade específica ou seu período de funcionamento é inferior a um ano, verifica-se a ilegitimidade ativa. Haverá extinção do processo sem o julgamento do mérito, cuja causa – ilegitimidade – somente foi detectada com o exame das provas.

Daí, entre o exposto na legitimidade material e legitimidade processual, pode-se concluir o seguinte:

a questão da legitimidade gira em torno do direito material, posto que seja este o fator de identificação da legitimidade – ordinária e extraordinária;

a ilegitimidade material decorre do momento do exame do mérito, o que é diferente de se detectar a ilegitimidade processual mediante exame das provas. Examinar o mérito significa o autor ter reunido as condições da ação e os pressupostos processuais. Já identificar a ilegitimidade processual mediante exame das provas significa que ainda não foram reunidas as condições da ação; e

o reconhecimento da ilegitimidade material gera extinção do processo com o julgamento do mérito, o que representaria na produção da coisa julgada material, ao contrário do reconhecimento da ilegitimidade processual gera extinção do processo sem julgamento do mérito, o que apenas representaria na produção da coisa julgada formal. Obviamente, o interesse do réu é pela coisa julgada material.

Art. 304. É lícito a qualquer das partes argüir, por meio de exceção, a incompetência (art. 112), o impedimento (art. 134) ou a suspeição (art. 135).

HIPÓTESES DE EXCEÇÕES PROCESSUAIS

Noção. O artigo 304 arrola, não exaustivamente, as hipóteses de exceções processuais: de incompetência relativa (CPC, art. 112), de impedimento (CPC, art. 134) e de suspeição (CPC, art. 135). É preciso lembrar que a impugnação à intervenção do assistente (CPC, art. 51), impugnação ao valor da causa (CPC, art. 261), a impugnação aos benefícios da assistência judiciária gratuita (Lei nº 1.060/50, arts. 6º e 7º) também são espécies de exceção processual.

Deve-se lembrar que o impedimento do juiz (CPC, art. 134) é questão de objeção processual, e que, por isso, pode ser alegada a qualquer tempo ou grau de jurisdição, independentemente de forma, inclusive podendo ser conhecido de ofício. Logo, alegar essa matéria como exceção processual é apenas optar por uma das maneiras, uma vez que nada impede alegá-la de outra forma, como preliminar em contestação ou uma simples petição.

Também, nada impede o réu de alegar a incompetência absoluta do juízo sob forma de exceção processual. Pois, também sendo a incompetência absoluta questão de objeção processual, e com isso aplicar o mesmo tratamento processual respectivo – independentemente de forma, prazo ou grau de jurisdição, e até mesmo possibilitando conhecimento de ofício –, não há nenhuma restrição quanto a tratar essa questão como exceção processual.

Pois, já que não há pertinência quanto à forma processual, ao contrário, liberdade de forma, o réu não está submetido aos requisitos de seu exercício. Reitera-se: a independência de forma permite ao réu deduzir a incompetência absoluta sob a forma de exceção processual.

Legitimidade para opor exceções processuais. Na esteira da redação do artigo 304, verifica-se que qualquer litigante poderá opor as exceções processuais.

Sendo assim, poderão o autor, o réu, o Ministério Público, o litisconsorte superveniente e o terceiro interveniente deduzir a exceção processual. Porém, vê-se que o CPC impede o terceiro interveniente de deduzir a exceção de incompetência relativa.

O CPC reconhece que o réu é quem, por um critério quantitativo, mais exerce as exceções processuais, daí inserir a matéria como forma de resposta à ação.

Mas nada impede que o autor possa deduzir exceções processuais. Deverá fazer junto com a ação, se o autor tiver a seu dispor conhecimento da causa da exceção processual, como a suspeição do juiz. Também se o autor tiver dúvidas quanto à competência do juiz, nada impede ser oposta exceção de incompetência junto com a ação, uma vez que tal expediente se destina a solucionar eventual dúvida. Também é preciso destacar a existência de fato superveniente que provoca a oposição de exceção processual, como a assunção de novo juiz na causa que é amigo íntimo ou parente do réu.

De igual forma o Ministério Público poderá deduzir as exceções processuais a partir do primeiro momento que se manifestar nos autos. De igual forma, resguarda-se a oportunidade de ser deduzida exceção processual em razão de fato superveniente.

Por fim, o terceiro interveniente, a partir do primeiro momento em que se manifestar nos autos, poderá deduzir as exceções processuais. Aliás, em certos casos, a primeira manifestação do terceiro interveniente se mostra como verdadeira defesa, como é o caso do denunciado à lide e o chamado ao processo.

No entanto, é preciso destacar que a parte final do parágrafo único do artigo 50, do CPC, determina que o assistente simples deverá praticar atos no momento em que o processo se encontra. Supostamente, o assistente simples estaria submetido ao momento em que ingressa no processo, o que poderia estar submetido dos efeitos preclusivos.

Claro equívoco. O assistente simples tem os mesmos poderes e faculdade processuais que a parte principal. Sendo assim, o seu ingresso no processo, no primeiro momento que intervém na demanda, deverá advir com a exceção processual, pois estaria nada mais que exercendo uma faculdade processual, qualificada pelo artigo 52, do CPC. Também nada impede que o assistente deduza futuras exceções processuais em razão de fatos supervenientes.

Porém, é preciso destacar que o artigo 109, do CPC, elimina qualquer possibilidade de o terceiro interveniente deduzir exceção de incompetência relativa em relação à ação principal, como é a situação do denunciado à lide e o chamado ao processo diante do denunciante ou do réu chamante. Pois, a competência do juízo em relação ao terceiro interveniente é de caráter funcional, sendo suscetível de objeção processual. Por isso, competência determinada pelo artigo 109 é absoluta, pelo critério funcional. Justifica-se pela conveniência do juízo em reunir as demandas principal e conexa (neste caso, a reconvenção, ação declaratória incidental, ações de garantia e intervenção de terceiro). Portanto, trata-se de competência inderrogável, não se admitindo sua disponibilidade.

Daí que, se houver incompetência entre o juízo e a ação principal, esta questão poderá estar preclusa no momento da intervenção se for incompetência relativa, com prorrogação do foro. Ou for objeto de objeção processual, que a qualquer momento poderá ser argüida mediante simples petição ou até mesmo conhecida de ofício. Mas como exceção processual, jamais.

Já em relação à oposição, somente poderá o opoente deduzir a incompetência absoluta e as exceções de suspeição ou de impedimento do juiz. Não poderá, portanto, o opoente argüir a exceção de incompetência relativa uma vez que a ação que propôs – oposição – possui confirmação de competência em virtude da conexão com a ação principal. Logo, se o opoente deduzir a exceção de incompetência relativa poderá pôr em discussão a conexidade com a ação principal, inviabilizando a própria oposição.

Art. 305. Este direito pode ser exercido em qualquer tempo, ou grau de jurisdição, cabendo à parte oferecer exceção, no prazo de quinze (15) dias, contado do fato que ocasionou a incompetência, o impedimento ou a suspeição.

MOMENTO DE ARGÜIÇÃO DA EXCEÇÃO

Noção. A redação do artigo 305 pode levar à equívoca interpretação de que em qualquer momento poderá ser argüida a exceção processual, uma vez que não incide a preclusão temporal ou a consumativa.

Deverá o leitor, entretanto, ater-se à parte final do disposto, ao dizer que a exceção deverá ser argüida em 15 (quinze) dias, *contado do fato que ocasionou a incompetência, o impedimento ou a suspeição.* Daí compreender que a oportunidade de argüição somente fluirá a partir do fato que ocasionou a incompetência, o impedimento ou a suspeição, que tanto poderá ser no momento da propositura da ação, do oferecimento da defesa (o que geralmente ocorre), da intervenção do terceiro, do Ministério Público ou no curso do processo.

Daí Nelson Nery Júnior e Rosa Maria Andrade Nery sintetizarem que a oportunidade para argüir a exceção processual se inicia a contar do conhecimento que a parte tem do fato que a motivou.[234]

Técnica. Decidiu o extinto TFR que "a exceção de incompetência, relativa a processo de execução, pode ser oferecida sem a prévia garantia do Juízo, antes, pois, de iniciar-se o prazo para oposição de embargos".[235]

Já o TJSC pronunciou que "no processo de execução, a exceção deve ser oferecida juntamente com os embargos – art. 742 – em petição fundamentada e instruída, sendo autuada e processada à parte, apensados os autos respectivos aos dos embargos".[236]

Prazo de 15 dias. Tratando-se de exceção de incompetência relativa e de suspeição, o prazo de 15 dias é preclusivo, de tal maneira que a sua não-argüição representará num ônus à parte interessada. Efeito subseqüente é a confirmação do juiz, seja por prorrogação da competência, seja na presunção de aceitação do juiz como insuspeito e imparcial.

Referindo-se à incompetência absoluta e à exceção de impedimento, por se tratar de objeções processuais, elas poderão ser suscitadas ao longo do proces-

---

[234] NERY JÚNIOR, Nelson, e ANDRADE NERY, Rosa Maria. *Código de Processo Comentado...*, p. 801.

[235] PAULA, Alexandre de. *CPC Anotado*, p. 1279, vol. II.

[236] PAULA, Alexandre de. *CPC Anotado*, p. 1280, vol. II.

so, independentemente de forma e grau de jurisdição, possibilitando, inclusive, o conhecimento de ofício pelo juiz. Daí que estão sob efeito da preclusão.

Por outro lado, é preciso destacar que o prazo de 15 (quinze) dias a que se refere o disposto em comento trata especificadamente das causas processadas sob o rito ordinário. Dada a diversidade de prazos e procedimento, sintetizam-se os seguintes momentos para opor as exceções, conforme a pessoa que está argüindo:

sendo o autor, tanto no rito ordinário como no rito sumário, as exceções devem ser argüidas no momento da propositura da ação ou no curso da lide, segundo ocorrência de fato superveniente;

sendo o réu, no rito ordinário, a exceção deverá ser argüida no prazo de 15 (dias) para a resposta à ação. Essa argüição poderá ser junto com a contestação ou antes dela, uma vez que a oposição da exceção representará em suspensão do processo, cabendo ao réu apresentar a contestação pelo prazo restante[237], e, após isso, na primeira oportunidade, quando ocorrer fato superveniente;

sendo o réu, no rito sumário, a exceção deverá ser argüida junto com a contestação na audiência de conciliação, quando não obtida esta;

sendo Ministério Público, atuando como *custos legis*, tanto no rito ordinário como no rito sumário, no primeiro momento em que se manifestar nos autos e, após isso, na primeira oportunidade, quando ocorrer fato superveniente;

sendo o terceiro interveniente, no rito ordinário ou no procedimento sumário convertido ordinário, na primeira oportunidade que se manifestar nos autos. Sendo essa primeira manifestação caracterizada como contestação, aplica-se a hipótese "b", uma vez que a exceção vai gerar a suspensão do processo, cabendo ao terceiro interveniente contestar pelo prazo restante, e, após isso, na primeira oportunidade, quando ocorrer fato superveniente; e

exceções à regra aplicam-se ao terceiro interveniente e à oposição, quando não poderão argüir a exceção de incompetência relativa, diante da regra do artigo 109, do CPC.

Modificação ulterior da competência. Segundo o artigo 87, do CPC, a competência firma-se com a propositura da ação, não se levando em conta nenhuma alteração quanto ao estado de fato ou de direito.

---

[237] PASSOS, J. J. Calmon de. *Comentários...*, p. 290.

Tal disposto contempla a perpetuação da jurisdição e o princípio da estabilidade da competência. Mas não se pode ter como absoluta a regra do artigo 87, do CPC, porque é perfeitamente previsível a modificação da competência ou alteração/supressão de órgãos jurisdicionais. Refere o artigo 87 que a competência será aferida a partir da propositura da ação. O artigo 263, do CPC, estabeleceu que a ação será considerada proposta assim que ela for despachada pelo juiz, ou, em comarcas onde houver mais de uma vara, a partir da sua distribuição.

O legislador adotou um critério objetivo para evitar maiores discussões a respeito de quando a ação será considerada proposta, e com isso extrair um efeito interno, que é o firmamento da competência.

Para firmar essa regra, o artigo 87 estipula que são irrelevantes as modificações do estado de fato e de direito ocorridos posteriormente. Celso Agrícola Barbi arrola como exemplos de modificações do estado de fato a mudança de domicílio do réu, que foi determinante para a fixação da competência; a morte do réu, sucedida por pessoas domiciliadas em outras comarcas; a incorporação de sociedade ré por outra, com domicílio diverso; a mudança de cidadania da parte; a mudança de residência da mulher autora na ação de separação judicial ou de anulação de casamento; o aumento do valor da coisa litigiosa. E como exemplo de modificação do estado de direito, arrola o professor mineiro o caso do imóvel que passa a pertencer a outra comarca, em razão de lei nova.[238]

Acerca dessas modificações, decidiu o TJMS que, tratando-se de competência relativa, "desmembramento da comarca não transfere a competência para a nova comarca, em face do princípio da *perpetuatio jurisdictionis* contido no art. 87 do CPC, pelo que é defeso ao juiz remeter, de ofício, para esta, os autos já concluídos para julgamento".[239] Já o TJRS assentou que a "mudança de domicílio da autora para a comarca de domicílio do réu, após o ajuizamento da ação de separação judicial, não modifica a competência original".[240]

Mais recentemente, assentou o STJ, pela Súmula 58: "Proposta a execução fiscal, a posterior mudança de domicílio do executado não desloca a competência já fixada".

---

[238] BARBI, Celso Agrícola. *Comentários ao Código de Processo Civil...*, p. 391, tomo II.

[239] PAULA, Alexandre de. *Código de Processo Civil Anotado*, p. 498, vol. I.

[240] RT 606/217.

Mas o mesmo artigo 87 admite como exceções ao princípio da estabilidade da competência a supressão do órgão judiciário ou a alteração da competência em razão da matéria ou da hierarquia. O rol de hipóteses que excepcionam a estabilidade da competência pode ser completado com a conexão, continência, exceção de incompetência e declaração de incompetência.

São três as hipóteses de modificação posterior da competência: a supressão de órgão judiciário, a alteração em razão da hierarquia e da intervenção posterior na causa da União, deslocando a demanda para a Justiça Federal.

Examinam-se as hipóteses.

Tem-se por *supressão de órgão judiciário*, como sustentam Nelson Nery Júnior e Rosa Maria Andrade Nery, a extinção de órgão jurisdicional, e órgão extinto é órgão inexistente, devendo a causa ser julgada pelo órgão que a substituiu ou a quem a lei atribua a competência para tanto.[241]

No entanto, como já alertado, a supressão de órgão judiciário deverá advir de lei e esta deverá prever qual órgão judiciário "herdará" os feitos pendentes.

O único caso que se tem notícia é a iminente extinção da Justiça Militar, já aprovada em reforma constitucional, porém a norma ainda não se encontra em vigor.

Alteração da competência em razão da matéria ou da hierarquia: poderá uma lei nova criar um órgão judiciário ou modificar a competência de um órgão judiciário. Com isso, ter-se-á a alteração da competência. É comum nos casos de criação de ofícios ou varas especializadas, como ocorre com a Vara da Fazenda Pública, que chama para si todos feitos em que a Fazenda Pública é parte e que estão sendo processados em outras varas.

Outro exemplo de alteração da competência em razão da matéria se dá nas comarcas do interior, desprovida de Fórum do Trabalho. Sabido que os órgãos jurisdicionais cíveis estaduais possuem competência subsidiária para processar e julgar demandas trabalhistas (CLT, arts. 668-669), com a criação do órgão jurisdicional trabalhista na comarca, a competência subsidiária dos órgãos jurisdicionais estaduais cíveis cessará e para lá serão remetidos todos os feitos pendentes.

241 NERY JÚNIOR, Nelson, e ANDRADE NERY, Rosa Maria. *Código de Processo Comentado...*, p. 539.

Exemplo de alteração da competência em razão da hierarquia se dá, hipoteticamente, com reforma da constituição estadual, determinando que todas as ações rescisórias serão processadas e julgadas pelo Tribunal de Justiça, e não mais pelo critério da competência recursal do Tribunal de Alçada.

Intervenção da União: o artigo 99, do CPC, trata da determinação da competência em razão da qualidade da parte, como a União e o Território. Contudo, o artigo 99 integra o texto original do CPC na época da sua promulgação (1973), e a Constituição Federal de 1988 derrogou parcialmente o disposto enfocado.

Daí que se deve examinar o conteúdo da norma à luz da inovação legislativa.

O inciso I, do artigo 99, do CPC, diz que a União terá privilégio de competência em razão da sua qualidade de litigante, seja como autora, ré ou interveniente. Com a CF de 1988, a competência da Justiça Federal em primeiro grau de jurisdição (art. 109) modificou o tratamento do inciso I, do artigo 99, do CPC. Ademais, nos últimos anos houve um incremento na criação de órgãos jurisdicionais da Justiça Federal no interior do país, extraindo da capital dos Estados a competência de foro em que a União for autora, ré ou interveniente, de conformidade com o artigo 110, da CF.

Sendo assim, conforme exposição de Nelson Nery Júnior e Rosa Maria Andrade Nery, com o novo tratamento constitucional a regra da competência ficou assim definida:[242]

ações em que a União for autora: devem ser propostas na seção judiciária do domicílio do réu, na Vara da Justiça Federal (CF, art. 109, § 1º). Pode ser na capital do estado ou mesmo em Vara Federal localizada no interior (CF, art. 110);

ações em que a União for ré: a competência é concorrente e fica à escolha do autor, pois a ação poderá ser ajuizada ou na Vara Federal situada no domicílio do autor ou naquela onde houver ocorrido o ato ou o fato que deu origem à demanda, ou naquela em que se situar a coisa ou no Distrito Federal (CF, art. 109, § 2º).

[242] NERY JÚNIOR, Nelson, e ANDRADE NERY, Rosa Maria. *Código de Processo Comentado...*, p. 570.

Por fim, com a intervenção da União, a competência será deslocada ao juiz federal competente, seguindo as regras de determinação da competência federal. Por isso, a norma insculpida na redação do parágrafo único do artigo 99, do CPC, está implicitamente revogada, diante da interiorização das Varas da Justiça Federal.

Já o inciso II, do artigo 99, do CPC, merece uma atualização, uma vez que estipula privilégio de competência ao Território na qualidade de litigante, seja como autor, réu ou interveniente. Com a promulgação da CF de 88, todos os Territórios brasileiros foram erigidos à categoria de Estados-membros (Ato das Disposições Constitucionais Transitórias da CF, art. 14), bem como o Território de Fernando de Noronha foi extinto, porque foi reincorporado ao Estado de Pernambuco (Ato das Disposições Constitucionais Transitórias da CF, art. 15).

Sendo assim, defere-se ao âmbito da lei estadual a delimitação da competência das ações propostas pelo Estado ou contra ele propostas. Contudo, verifica-se que, com melhor estruturação das Procuradorias dos Estados, a competência é fixada conforme as regras do CPC.

De igual forma, sendo o Estado-membro interveniente, a tendência é não alterar a competência, uma vez que o Estado-membro está presente em toda sua delimitação territorial.

Por fim, trata o parágrafo único do artigo 99, do CPC, as causas que excluem o deslocamento da competência, a saber:

processos de insolvência, aqui compreendendo-se o de falência, o de concordata e o da insolvência civil; e

os casos previstos em lei: o que for determinado pela competência em razão da matéria (p. ex., STF, STJ etc.); a competência funcional; a hipótese do § 3º, do artigo 109, da CF; a ação de acidente do trabalho (Lei nº 8.231/91, art. 129, II); a ação civil pública (Lei nº 7.347/85, art. 2º); a ação de execução fiscal (CPC, art. 578).

Art. 306. Recebida a exceção, o processo ficará suspenso (art. 265, III), até que seja definitivamente julgada.

A EXCEÇÃO PROCESSUAL COMO HIPÓTESE DE SUSPENSÃO DO PROCESSO

Noção. A argüição da exceção em si não gera a suspensão do processo principal. É preciso que o juiz, ao examiná-la, profira uma decisão, admitindo o seu processamento, cujo efeito imediato subseqüente será a suspensão do processo.

Se o juiz não receber a exceção, por manifesta improcedência, não houve a suspensão do processo. Caberá ao excipiente utilizar-se do recurso cabível – agravo de instrumento – para pretender o recebimento da exceção em jurisdição superior.

A suspensão do processo pode ser perante juízo do primeiro grau, ou perante câmara ou tribunal de graus jurisdicionais superiores. Em todos casos, com o recebimento da exceção, deverá haver a suspensão do processo.

Pronunciou o STF que "oposta a exceção de incompetência, suspende-se o prazo para contestação, que recomeça a fluir do julgamento da exceção, pelo tempo restante. Se a exceção foi oferecida no último dia destinado à contestação, não há o que devolver após o seu julgamento".[243]

Como as exceções visam o deslocamento do processo de um juízo para outro (incompetência) ou a substituição do juiz, perante sua parcialidade (suspeição ou impedimento), a suspensão do processo mostra-se viável, tendo em vista os futuros atos que o juiz poderá praticar. Se incompetente ou parcial, os atos do juiz não gozam de validade processual.

Daí que, com o reconhecimento da incompetência ou parcialidade do juiz, haverá a nulidade dos atos decisórios. Portanto, a prudência recomenda a suspensão do processo até que haja a solução do incidente processual.

A exceção pode ser oposta em qualquer grau de jurisdição, o que significa que a suspensão do processo poderá ocorrer tanto em primeiro grau de jurisdição como nos tribunais superiores.

Decisão definitiva. A recomendação da suspensão do processo como medida de prudência deve ser estendida até a decisão definitiva. Isso significa que, interposto recurso contra a sentença que julga a exceção, o recurso de agravo de instrumento deverá atribuir efeito suspensivo, perante os princípios contidos nos artigos 306 e 527, II, do CPC.

---

243 PAULA, Alexandre de. *CPC Anotado*, p. 1282, tomo II.

Entende-se que o efeito suspensivo oriundo da interposição do recurso até o julgamento definitivo da exceção é medida que melhor atende ao espírito de prudência delineado no artigo 306.

Em sentido contrário, decidiu o TACivRJ que a "suspensão do processo se dará até o julgamento da exceção pelo juiz monocrático e não até o julgamento do recurso, que não tem efeito suspensivo".[244]

Mas o mesmo tribunal assentou posteriormente que "a oferta de exceção incompetência, quando recebida, suspende automaticamente o processo, até que seja definitivamente julgada, enquanto é defeso, durante a suspensão, a prática de qualquer ato processual – arts. 306 e 266 do CPC. São nulos, portanto, inexistentes, todos os atos praticados após o recebimento da exceção, que se não enquadrem na parte do último dispositivo enfocado".[245]

---

[244] PAULA, Alexandre de. *CPC Anotado*, p. 1283, vol. II.

[245] PAULA, Alexandre de. *CPC Anotado*, p. 1283, vol. II.

Subseção I

DA INCOMPETÊNCIA

Art. 307. O excipiente argüirá a incompetência em petição fundamentada e devidamente instruída, indicando o juízo para o qual declina.

DA EXCEÇÃO DE INCOMPETÊNCIA

Noção. A exceção de incompetência se destina à argüição da incompetência relativa, isto é, visa reconhecer a incompetência em razão do foro ou em razão do valor da causa. Consoante exposto anteriormente, nada impede que se faça a argüição da incompetência absoluta sob a forma de exceção, uma vez que, por se tratar de objeção processual, a questão não fica submetida às formalidades legais nem incide nenhuma espécie de preclusão, visto que ela pode ser alegada em qualquer tempo ou grau de jurisdição, inclusive podendo ser conhecida de ofício pelo juiz.

A legitimidade para deduzir a exceção de incompetência está deferida ao autor, ao réu, ao Ministério Público[246] e ao terceiro in-

[246] Em sentido contrário, 2º TACivSP: "O representante do Ministério Público, quando age como fiscal da lei, não é parte no feito, não possuindo, portanto, legitimidade para suscitar exceção de incompetência". Cf. RT 612/148.

terveniente, sempre no primeiro momento em que cada um manifestar-se nos autos, caso seja hipótese de incompetência relativa. Ao opoente, porém, é vedado argüir a incompetência relativa.

Deslocamento da competência. A norma em questão está alinhada à regra do artigo 114, do CPC. Pois, tratando-se de incompetência relativa, a sua não-argüição pela parte – seja autor, réu, Ministério Público e o litisconsorte superveniente – resultará na prorrogação do juízo.

A idéia de prorrogação do juízo significa tornar um juízo relativamente incompetente em razão do território ou do valor da causa em juízo absolutamente competente.

Pois, prorrogar é dar solução de continuidade, levar algo, estender, fazer alcançar uma coisa a alguém ou a algum lugar aonde originariamente não estava. Com essa idéia pode-se conceber a prorrogação de competência como a atribuição da competência ao órgão jurisdicional que não era.

De fato. A prorrogação da competência somente ocorrerá nas hipóteses de incompetência relativa. O órgão jurisdicional sobre qual se processa a demanda não é considerado competente, mas relativamente incompetente. E até por ser relativamente incompetente não pode declarar *ex officio* a incompetência (cf. Súmula 33 do STJ)[247], ao contrário do que ocorre com a incompetência absoluta (CPC, art. 113). Portanto, deve o órgão jurisdicional aguardar a iniciativa da parte interessada, o que compreende que essa faculdade pode ser atribuída ao autor, ao réu, ao litisconsorte superveniente e ao Ministério Público, para poder declarar sua relativa incompetência.

Contudo, pode ser que a parte interessada não argua a incompetência, que vai resultar na preclusão da oportunidade de ser futuramente requerida. Tornada impossível a oportunidade de deduzida a exceção de incompetência relativa, o juiz que até então era relativamente incompetente, torna-se, definitivamente, competente para exercer seu ofício jurisdicional na demanda.

---

[247] Em sentido contrário, TJSC: "A incompetência relativa pode ser declarada de ofício, desde que o magistrado o faça na primeira oportunidade que atue no processo". Cf. PAULA, Alexandre de. *CPC Anotado*, p. 1285, vol. II. O 1º TACivSP formulou entendimento idêntico por ocasião da Súmula 28, em que asseverou: "Pode o juiz declarar de ofício a incompetência relativa, desde que o faça em sua primeira intervenção no processo".

Esse fenômeno processual que torna o juiz relativamente incompetente em juiz competente é denominado *prorrogação de competência.*

A preclusão para argüir a exceção de incompetência tanto pode ser temporal como consumativa. Nessa linha, expressou o TJSC que a "incompetência do Juízo em razão do território só pode ser argüida por meio de exceção, descabido levantar-se o problema com o recurso, sem que o tivesse feito, a tempo e modo, no primeiro grau".[248]

Natureza jurídica. O fenômeno processual da prorrogação da competente é tido como espécie de modificação da competência.

Ao contrário da exceção de incompetência relativa, da declaração de incompetência absoluta e do conflito de competência, a prorrogação de competência não importa no expresso reconhecimento da incompetência de um órgão jurisdicional e na afirmação da competência de um outro órgão jurisdicional. Mas, isto sim, numa tácita afirmação da competência do órgão jurisdicional que era relativamente incompetente, oriundo de efeitos preclusivos às partes em nunca mais suscitar a incompetência.

Sendo assim, não há necessariamente uma decisão ou sequer um despacho judicial determinando a ocorrência da prorrogação da competência. Conseqüentemente, também não há que se falar em qual recurso cabível contra a prorrogação da competência. Contudo, se existente alguma ilegalidade a respeito da prorrogação de competência, os remédios cabíveis seriam o mandado de segurança ou a correição parcial, com esta visando adequar o feito ao correto procedimento.

PROCEDIMENTO I

Forma legal. A exceção de incompetência é espécie de exceção processual. Por isso, visa criar um processo, destinado a apurar o incidente processual. Daí o seu caráter instrumental.

Para tanto, deverá excipiente elaborar em petição escrita e fundamentar a incompetência. A escrituração da exceção – forma externa – somente é exigível nas causas que seguem o procedimento ordinário. No rito sumário, por exemplo, a exceção poderá ser oral, uma vez que a defesa também poderá ser (CPC, art. 278).

---

[248] PAULA, Alexandre de. *CPC Anotado*, p. 1285-6, vol. II.

Por outro lado, em relação à forma interna, deverá a exceção estar fundamentada, bem como indicar o juízo para qual o excipiente entende ser o competente.

Entendem Nelson Nery Júnior e Rosa Maria Andrade Nery que "a parte tem o dever processual de declarar o foro ou o juízo correto para onde declina a competência da causa. Como se trata de exceção declinatória de foro (*exceptio declinatoria fori*), não sendo declinado o foro ou juízo, a petição inicial da exceção é inepta, devendo ser emendada (CPC 284), sob pena de indeferimento".[249]

De igual forma, sustenta Calmon de Passos a inadmissibilidade da exceção por ausência de indicação do juízo supostamente competente, porque "a indicação do juízo para que se declina é requisito posto em lei para a petição da exceção. Se ela não o contém, é petição defeituosa, que pode e deve ser indeferida. Nada impede, contudo, volte o excipiente a reformular sua pretensão, de forma regular, se tempo ainda houver para isso. Mas, se o juiz, ainda quando não constando da petição o juízo competente, recebe a exceção, cumpre ao excepto, ao falar sobre a exceção (art. 308), argüir a falta e pedir a recusa da exceção por defeito de admissibilidade".[250]

Também manifesta Pontes de Miranda entendimento pela rejeição liminar da exceção em face da ausência da indicação do juiz competente.[251]

No entanto, cumpre destacar que, se o juiz receber a exceção, mesmo estando ela despida da indicação do juízo competente, nada impedirá seu processamento e até mesmo reconhecimento da incompetência. A respeito, declara Calmon de Passos que, "embora não indicado o juízo competente, recebendo e acolhendo o juiz a exceção, ela opera e validamente afasta o juiz do processo".[252]

Por fim, deverá o excipiente expor os fatos e fundamentos que justificam a exceção, bem como esta instruída por documentos pertinentes. Esses documentos podem ser as cópias da ação, da capa dos autos e da prova da citação.

Aspectos da averiguação da incompetência. A indicação do juízo serve de parâmetro para que o juiz examine sua incompetência e eventual competência do juiz

---

[249] NERY JÚNIOR, Nelson, e ANDRADE NERY, Rosa Maria. *Código de Processo Comentado...*, p. 802.

[250] PASSOS, J. J. Calmon de. *Comentários...*, p. 294-5.

[251] MIRANDA, Pontes de. *Comentários ao Código de Processo Civil*, p. 157, tomo IV.

[252] PASSOS, J. J. Calmon de. *Comentários...*, p. 295.

indicado. Tanto é assim que, "se o excipiente declara falsamente que tinha sede em lugar onde não ela não se localizava ou se alterou seu domicílio para outro lugar, no ínterim que mediou a tramitação dos autos entre as duas comarcas, não importa: competente é o foro para onde declinou a competência, se a exceção foi julgada procedente. Aí a ação deverá ser julgada e imposta à ré-excipiente condenação por má-fé processual, consistente em fazer alegações processuais inverídicas".[253]

Mas esse parâmetro não deve ser tomado em absoluto. Pois, além da possibilidade de o juiz conhecer da exceção na hipótese de ser omissa a indicação de o juízo competente, poderá o juiz também entender que a exceção indicou juiz incompetente. De igual forma, poderá o juiz conhecer da exceção e enviar os autos ao juízo que entender competente.

Em sentido contrário, manifestou o TJSP que a errônea indicação do juiz enseja na improcedência da exceção e na prorrogação da competência.[254]

Também destacar que, da exceção de incompetência relativa, poderá haver o conflito de competência, nos termos do artigo 115, II, do CPC, quando o juiz excepto conhecer da exceção e determinar sua incompetência e o juízo que receber o processo também proclamar sua incompetência.

Neste caso, tem-se o conflito de competência, que poderá ser suscitado pela parte que não argüiu a exceção (CPC, art. 117), Ministério Público ou pelo juiz que recebeu os autos do juízo excepto (CPC, arts. 116 e 118).

Art. 308. Conclusos os autos, o juiz mandará processar a exceção, ouvindo o excepto dentro de dez (10) dias e decidindo em igual prazo.

PROCEDIMENTO II

Resposta do excepto. Argüida a exceção, deverá o juiz recebê-la ou não. Se presentes os requisitos exigidos pela lei, deverá o juiz receber o incidente. Não lhe é uma faculdade processual concedida por lei, mas uma conseqüência legal do ato de recebimento da exceção, nos termos do artigo 306, do CPC.

---

253 NERY JÚNIOR, Nelson, e ANDRADE NERY, Rosa Maria. *Código de Processo Comentado...*, p. 802.

254 NERY JÚNIOR, Nelson, e ANDRADE NERY, Rosa Maria. *Código de Processo Comentado...*, p. 803. Os autores citam Aniceto Lopes Aliende e Antonio Carlos Marcato.

Poderá também o juiz, antes de receber a exceção, determinar que o excipiente pratique algum ato, como a instrução.[255] Essa providência seria mais bem ajustada se, simultaneamente à determinação, houvesse o recebimento da exceção, uma vez que, ela sendo oposta pelo réu, é provável que ele não tenha apresentado a contestação, por confiar na suspensão do processo.

Recebida a exceção e suspenso o processo, deverá o juiz determinar a intimação do excepto, na pessoa de seu advogado, a fim de responder pelo prazo de dez dias.

A matéria de defesa à exceção de incompetência deverá fundar-se em: a) intempestividade de sua dedução; b) na hipótese de incompetência por ferir o foro do domicílio, demonstrar que o verdadeiro domicílio do excipiente é o de onde se processa a demanda; c) na hipótese de incompetência territorial, demonstrar a impertinência do deslocamento da demanda, que pode ser por motivos diversos; e d) na hipótese de incompetência em razão do valor, demonstrar que a opção pelo Juízo Comum ou pelo Juizado Especial Cível é cabível ao autor da ação.[256]

A instrução também poderá ser realizada no curso da exceção, após a manifestação do excepto, como decidiu o TJSP: "A exceção de incompetência deve ser argüida através de petição fundamentada, devidamente instruída, que será autuada em apartado. Ouvido o excepto, será realizada audiência de instrução e julgamento, se houver necessidade de prova testemunhal, decidindo-se o incidente no decêndio seguinte".[257]

Decisão. Se dispensável a produção de provas – como geralmente ocorre, porque as exceções tratam basicamente de matéria de direito – ou após a sua realização, deverá o juiz decidir a exceção de incompetência em dez dias.

O prazo não é peremptório, pois não há como sancionar o juiz pelo desrespeito ao prazo. Porém, para se obter uma justiça célere e eficaz, necessário se faz decidir dentro do prazo.

---

[255] MIRANDA, Pontes de. *Comentários ao Código de Processo Civil*, p. 158, tomo IV.

[256] No momento em que se encontra o direito processual, a parte tanto poderá optar pelo Juizado Especial Cível ou pelo Juízo Comum, se a demanda possuir valor que não exceda a 20 (vinte salários mínimos). Ciente de que o Juizado Especial integra a estrutura do Poder Judiciário, a opção pela competência é deferida ao autor, desde que respeitada a ampla defesa do réu.

[257] PAULA, Alexandre de. *CPC Anotado*, p. 1286, vol. II.

A natureza da decisão é interlocutória, a despeito de ser comumente referida como sentença. É certo que essa decisão encerra um processo, que é o da exceção. Porém, equivocado dizer que extingue a demanda principal.

Ademais, cumpre lembrar que a incompetência não é causa de extinção do processo, mas apenas de invalidação dos atos decisórios, devendo o processo correr a partir do primeiro ato válido, que geralmente é com a propositura da ação. Assim, impossível considerar que a decisão que julga a exceção possa ser caracterizada como sentença.

Sendo uma decisão interlocutória, portanto, o recurso cabível é o do agravo de instrumento. Note-se que é incabível o recurso de agravo retido, uma vez que, com a decisão, o incidente processual encontrar-se-á resolvido, não cabendo nenhum ato posterior.

Mesmo que haja conflito de competência, na hipótese de o juiz que recebeu o processo entender ser incompetente, é preciso lembrar que esse incidente provocará um novo feito e não vai correr no processo da exceção.

Assim, com a decisão a exceção será extinta, embora essa decisão se resuma simplesmente na resolução de um incidente processual. Daí que, a parte sucumbente deverá interpor recurso de agravo de instrumento, pois é inviável a espécie de agravo retido.

Nessa linha, expressou o STF que "a decisão que põe fim ao incidente de incompetência, por ser interlocutória, é suscetível de agravo de instrumento e não de apelação".[258]

De igual forma, o VI Encontro Nacional de Tribunais de Alçada, por ocasião da conclusão nº 58, assentou que "o agravo de instrumento é o recurso adequado contra as decisões que julgam a impugnação ao valor da causa, que apreciam a incompetência relativa e que liminarmente indeferem a reconvenção".

Art. 309. Havendo necessidade de prova testemunhal, o juiz designará audiência de instrução, decidindo dentro de dez (10) dias.

PROCEDIMENTO III

Necessidade de instrução. Geralmente a exceção de incompetência versa sobre matéria de direito, ou, ainda que versando sobre matéria de fato, é de

---

[258] PAULA, Alexandre de. *CPC Anotado*, p. 1287, vol. II.

imediata comprovação, o que justifica o julgamento do incidente, com dispensa de audiência de instrução.[259]

No entanto, se o juiz encontrar dificuldades em conhecer da lide, em razão da superficialidade das provas demonstradas *ad initio*, deverá determinar a realização das provas que entender cabíveis.

A necessidade de prova não é uma simples faculdade do juiz. Mas, antes disso, entende-se que deverá o juiz designar as provas necessárias para comprovação da lide. Tal atitude está mais adequada à idéia de acesso à justiça e à oportunidade de o excipiente pretender mostrar a viabilidade da sua pretensão.

A necessidade de prova poderá recair, por exemplo, na averiguação do domicílio do excipiente quando a fixação do foro se der em torno deste (CPC, arts. 94 e 100, I e II), ou a verificação do lugar do ato ou do fato para averiguação da competência (CPC, art. 100, V).[260]

No entanto, a norma processual somente contempla a prova testemunhal como espécie de prova a ser produzida, o que é um equívoco. Pois, se a produção da prova mostrar-se necessária, deverão as partes e o juiz ter em mãos todos os meios de provas disponíveis. Pois, o que se tem em mira não é um meio de evitar a protelação, mas a averiguação da competência ou não do órgão jurisdicional. Noutras palavras, o interesse das partes tem de dar vez ao interesse público, que é a suposta ofensa ou não de norma de direito processual relativa à legitimidade de atuação do órgão jurisdicional.

Portanto, poderão ser meios de provas o depoimento das partes, a inquirição de testemunhas e a pericial. Note-se que essas provas poderão ser produzidas tanto no juízo excepto como em outras comarcas, mediante expedição de cartas, inclusive na própria comarca para onde se pretende deslocar a demanda.

Ocorrendo a produção das provas, com retorno das cartas expedidas, deverá o juiz decidir a exceção pelo prazo de dez dias, como já examinado no disposto anterior.

Art. 310. O juiz indeferirá a petição inicial da exceção, quando manifestamente improcedente.

---

[259] NERY JÚNIOR, Nelson, e ANDRADE NERY, Rosa Maria. *Código de Processo Comentado...*, p. 803.

[260] PIMENTEL, Wellington Moreira. *Comentários...*, p. 290-1.

PROCEDIMENTO IV

Indeferimento de plano da exceção. Assim como o juiz pode de plano indeferir a petição inicial, ao verificar que os requisitos não se encontram preenchidos ou até mesmo realizando um julgamento de mérito, nos termos do artigo 295, do CPC, tal situação poderá ser realizada pelo juiz, no que se refere à petição inicial da exceção.

A regra do artigo 310 é conclusiva a respeito. Poderá o juiz indeferir o processamento da exceção quando ela mostrar-se manifestamente improcedente. Essa improcedência poderá ser mediante verificação da ausência das formas ou até mesmo mediante um julgamento de mérito, quando a exceção afrontar diretamente disposição legal.

Reiterando o acima exposto, a ausência de formas que pode gerar o indeferimento da exceção é a sua dedução em simples preliminar da contestação, em vez de petição em separado, salvo se a matéria versar sobre incompetência absoluta.

A ausência da indicação do juízo para onde se declina como competente, como também visto, gera certa polêmica, em que alguns pensadores entendem que é suscetível de indeferimento, como também suprível pelo juiz. Renova-se o entendimento de que a ausência da indicação não pode ser entendida como hipótese de indeferimento da exceção.

Por julgamento de mérito da exceção, poderá o juiz improcedê-la de plano quando a exceção violar expressa disposição de lei, por exemplo, violar regra do domicílio do réu (CPC, art. 94) ou foro privilegiado (CPC, art. 100); violar foro contratual (CPC, art. 95, segunda parte) ou violar súmulas do STJ e do STF, como ocorre com as Súmulas 235, 248, 249, 330, 363, 433, 501, 504, 508, 511, 515, 556, 557, todos do STF, e Súmulas 1, 3, 4, 10, 15, 22, 32, 34, 41, 42, 55, 57, 58, 59, 66, 82, 137, 161, 170, 177, 183, todos do STJ.

O indeferimento de plano desafia recurso de agravo de instrumento, tanto como se a decisão tivesse sido originada de uma exceção que foi recebida e processada, inclusive com produção de provas.

Art. 311. Julgada procedente a exceção, os autos serão remetidos ao juiz competente.

PROCEDIMENTO V

Procedência e execução da exceção. A procedência da exceção de incompetência significa três efeitos mediatos: a) o principal, com a declaração da incompetência do juízo excepto e o reconhecimento da competência do juízo declinado; b) também principal, a nulidade dos atos decisórios, eventualmente praticados pelo juiz declarado incompetente; e c) o secundário, com a remessa dos autos do juízo excepto, declarado como incompetente, ao juízo declinado, reconhecido como competente.

Examinam-se os efeitos.

O conteúdo da decisão que julga a exceção – neste caso tanto faz procedente ou não – é meramente declaratória. O juiz não será condenado, como ocorre com a exceção de suspeição. Apenas será reconhecida sua incompetência, sem nenhuma sanção pessoal.

Outro efeito, decorrente da declaração da incompetência do juízo excepto, é a nulidade dos atos decisórios. Embora o § 2º, do artigo 113, do CPC, refira-se à incompetência absoluta, deve-se tomar em conta que, uma vez declarada a incompetência do juiz pelo incidente da exceção de incompetência, o juízo excepto já era e está absolutamente incompetente de praticar qualquer ato, salvo se o recurso conseguir reformar a decisão. Como a nulidade de atos possui efeito retroativo, o reconhecimento da incompetência vai gerar a invalidação dos atos decisórios anteriormente praticados.

Pois, se a competência é uma autorização dada ao órgão jurisdicional para processar e julgar determinada demanda e em determinado local, o reconhecimento da incompetência significa uma retirada dessa autorização.

Ademais, o juiz relativamente incompetente – ainda não declarado como tal – é um órgão jurisdicional que não possui autorização, mas uma frágil tolerância de sua atuação. Essa frágil tolerância poderá ser quebrada pelo reconhecimento da incompetência ou confirmada pela prorrogação da competência ou pela improcedência da exceção. Portanto, o juiz relativamente incompetente permanece numa linha tênue, entre a validade e a invalidade dos atos processuais.

Daí que as decisões interlocutórias, proferidas no curso do processo principal e anterior da solução da exceção, deverão ser nulificadas, visto que emanadas por um juiz que não goza de autorização para exercer seu ofício. Portanto, a decisão da exceção possui força retroativa – *ex tunc* –, o que realça seu caráter declaratório.

A decisão da tutela antecipatória é um grande exemplo de decisão interlocutória suscetível de plena invalidação em razão da declaração da incompetência do juízo excepto.

Cumpre destacar que a revalidação dos atos decisórios nulificados se dará com eventual provimento do recurso, a fim de reformar ou anular a decisão da exceção. Desfazendo-se ou reformando esta decisão, estará superada a causa de invalidação dos atos decisórios.

Por fim, a remessa dos autos do juízo excepto ao juízo reconhecido como competente é efeito executivo da decisão que reconhece a incompetência do juízo excepto. A remessa se faz de ofício, mediante ordem judicial, a dispensar um procedimento executivo próprio.

No entanto, cumpre destacar que a remessa dos autos somente deverá ocorrer quando a decisão não for mais suscetível de reforma ou invalidação por recurso. Pois, com a interposição de recurso contra a decisão, deve o processo manter-se suspenso, até que o incidente seja definitivamente julgado, nos termos do artigo 306, do CPC.

Esses efeitos ocorrerão gradativamente, à medida que cada etapa do procedimento da exceção e dos recursos cabíveis forem se esgotando.

A suspensão do processo encerrar-se-á com a intimação do excipiente da remessa dos autos, a fim de ofertar contestação ou reconvenção, caso não tenha havido; ou com a intimação do excepto para se manifestar a respeito da contestação e reconvenção, caso essas peças já tenham sido formuladas com a exceção; ou com a intimação do Ministério Público para se manifestar como *custos legis*; ou, finalmente, com a deliberação do juiz acerca de requerimento formulado na ação ou na contestação, como a intervenção de terceiro.

Subseção II

DO IMPEDIMENTO E DA SUSPEIÇÃO

DA PARCIALIDADE DO JUIZ

Noção. A presente subseção e os dispositivos aplicáveis visam o reconhecimento da parcialidade do juiz e a sua saída do processo, a fim de que outro juiz, imparcial, conduza a demanda.

Essa espécie de exceção coloca o juiz excepto na qualidade de parte, uma vez que, a despeito de ser processado perante ele, deverá apresentar motivos para contrariar o seu pedido de afastamento e julgado pelo tribunal superior. Acatada a exceção, não só representará o afastamento do juiz, bem como a sua condenação ao pagamento das custas processuais.

Percebe-se, portanto, que se trata de exceção em que os efeitos da sua procedência são muito mais amplos do que a exceção de incompetência, como se verá adiante.

Impedimento. O impedimento é toda questão objetiva, absoluta, que proíbe o exercício do juiz na demanda, por manifesta parcialidade. Ocorrendo alguma das hipóteses mencionadas no artigo 134, há presunção *jure et de jure* de parcialidade do juiz. Isto é, não se leva em conta se há ou não motivação subjetiva de parcialidade do juiz, mas uma mera relação de adequação entre a hipótese prevista em lei e o fato examinado. No impedimento pode até o juiz conduzir-se imparcialmente, mas isso é irrelevante, uma vez que basta haver essa mencionada relação de adequação para caracterizar o impedimento.

O impedimento, por ser objeção processual, pode ser reconhecido no processo original, por ato de ofício pelo próprio juiz ou tribunal superior, em exceção de impedimento ou em sede de ação rescisória, nos termos do artigo 485, III, do CPC.[261]

Essa posição justifica-se pela própria redação do *caput* do artigo 134, quando diz que "é defeso o juiz exercer suas funções no processo". Essa determinação inadmite qualquer ato do juiz no processo, daí compreender que ele nunca poderia exercer ou ter exercido suas funções na demanda.

Embora o ordenamento processual estipule a utilização da "exceção de impedimento" (CPC, arts. 304, 312-314), o fato é que nenhuma conseqüência importará se o impedimento for tratado como mera preliminar processual. O caráter de defesa do interesse público permite esse entendimento.

No sistema italiano, o impedimento é tratado como "incapacidade subjetiva absoluta", o que gera, na expressão de Marco Tullio Zanzucchi, ato processual absolutamente nulo e insanável decorrente da incapacidade absoluta.[262]

No sistema brasileiro, o impedimento, assim como a supeição e a incompetência, não retiram a capacidade jurisdicional do juiz, que surge com a investidura, mas tão-somente a autorização para processar e julgar determinada demanda.

São hipóteses de impedimento:

Inciso I: se o juiz for parte na ação. Neste caso, há evidente quebra de igualdade na relação processual, bem como indevida interferência da parte, que é o juiz, na atividade do órgão jurisdicional, que é parte na demanda. A posição do CPC acompanha o Código Português, pelo artigo 122, 1, "a". Esclarece-se que o conceito de parte é amplo e abrange não só as partes principais (pólo ativo ou passivo), como o litisconsórcio (facultativo ou necessário,

---

[261] Cf. FERREIRA, Pinto. *Da resposta...*, p. 78-9.

[262] ZANZUCCHI, Marco Tullio. *Diritto Processuale Civile.* 6ª ed, Milano, Dott. A. Giuffrè, 1964, p. 318, vol. I.

simples ou unitário), assistência (simples ou qualificada), terceiro interveniente, recorrente etc.

Inciso II: haverá impedimento se o juiz interveio na demanda como mandatário da parte, oficiou como perito, funcionou como órgão do Ministério Público ou prestou depoimento como testemunha. Nesses casos, o juiz atuou no processo com outra função – perito, testemunha, *custos legis* – mas também como extensão da parte, que é a hipótese do mandatário da parte. O artigo 122, 1, "c" e "h", do CPC Luso também estipula como impedimento o fato de o juiz ter ou deveria ter atuado na demanda como mandatário, perito ou testemunha.

Inciso III: haverá impedimento do juiz se ele proferiu em primeiro grau de jurisdição sentença ou decisão. A expressão "decisão" refere-se à decisão interlocutória, tratada no artigo 162, § 2º, do CPC. Portanto, difere do despacho de mero expediente, que não implica nenhuma carga decisória, previsto no artigo 162, § 3º, do CPC, que escapa à restrição do disposto em comento.

A posição do CPC é a de preservar a imparcialidade e a independência dos julgamentos em grau de recurso, em que muitas vezes o juiz que decidiu ou sentenciou em primeiro grau de jurisdição fica expressamente proibido de julgar o feito em grau de recurso. Evita-se, com isso, a natural tendência de repetição de posicionamento do julgador, que visa manter o julgamento na sentença ou na decisão. Daí que a idéia de permitir intacto e inabalável o princípio do duplo grau de jurisdição no que concerne à possibilidade de um novo julgamento.

Inciso IV: ocorrerá impedimento do juiz se no processo estiver postulando como advogado, seu cônjuge ou parente. Pretende-se evitar qualquer dúvida sobre comportamento tendencioso a fim de favorecer à parte, porque possui advogado cônjuge ou parente do juiz, consangüíneo ou por afinidade, e colateral até o segundo grau. O CPC Luso prevê essa hipótese no artigo 122, 1, "d".

Também deve-se estender a hipótese de impedimento, se o advogado da parte for concubino do juiz ou com ele mantiver união estável. Pois, como tais hipóteses são entendidas como "entidade familiar", cuja conversão em casamento deverá ser facilitado pelo Estado (CF, art. 226, § 3º), além do que, a convivência conjugal é fator de impedimento.[263]

---

263 NERY JÚNIOR, Nelson, e ANDRADE NERY, Rosa Maria. *Código de Processo Comentado...*, p. 615.

Recomenda-se que o grau de parentesco não absorvido na norma restritiva do inciso IV seja levado em conta pelo juiz, e reconheça como hipótese de suspeição, como faz o CPC Português, por ocasião do artigo 127, 1, "a". A lisura e a transparência das atividades judiciais devem preponderar sobre os interesses pessoais.

O parágrafo único é taxativo em afirmar que o impedimento somente se dará se o advogado, parente ou cônjuge do juiz já estava postulando na causa no momento da intervenção do juiz. Porque, se o ingresso for do posterior, o advogado será impedido de exercer suas funções, a fim de evitar o impedimento do juiz.

Inciso V: trata de caso de impedimento do juiz por ser cônjuge ou ter parentesco com alguma das partes, consangüíneo ou afim, em linha reta (ilimitado) ou colateral até o terceiro grau. Disposição semelhante é a do CPC Luso, no artigo 122, 1, "b" e "f".

De igual forma, o concubinato ou a união estável devem estar incluídos na expressão "cônjuge", aqui entendido em sentido amplo, bem como vale a advertência do grau de parentesco não incluso na norma em comento, como fator de suspeição.

Inciso VI: será impedido o juiz de exercer suas funções no processo se ele compuser órgão de direção ou de administração de pessoa jurídica que for parte na causa.

A norma é clara: compor órgão de direção ou administração. Sendo assim, juiz membro de Conselho Deliberativo ou de Conselho Fiscal é impedido de exercer suas funções no processo, porque tal órgão integra a estrutura administrativa de uma pessoa jurídica.

Suspeição. Trata-se de questão subjetiva, relativa, de interesse particular, que, quando reconhecida, provocará o afastamento do juiz no processo. Ao contrário do impedimento, a suspeição é típica exceção processual e por isso deverá ser argüida mediante atendimento aos artigos 304, 312-314, do CPC, que resultará na instauração de um incidente processual.

Justamente por ser questão subjetiva, o que depende de provas (daí a instauração do incidente), a suspeição provoca uma presunção *iuris tantum*, isto é, presunção relativa de parcialidade, que admite prova contrária.[264]

[264] NERY JÚNIOR, Nelson, e ANDRADE NERY, Rosa Maria. *Código de Processo Comentado...*, p. 618.

Por ser questão de interesse particular, a suspeição está sujeita à preclusão, devendo, portanto, a parte que se sentir lesada atender ao prazo e à forma legal (CPC, arts. 297 e 304).

Daí que somente poderá argüir exceção de suspeição a parte que se sentir lesada pela parcialidade do juiz, que tanto pode ser o componente do pólo ativo ou passivo da ação, o terceiro interveniente, bem como o Ministério Público, quando atuar como parte ou como *custos legis*. O juiz pode, de ofício, manifestar sua parcialidade, mas nunca argüir exceção de sua própria suspeição.

Reside entendimento de que somente a parte, e não o advogado, poderá argüir a suspeição do juiz [265]. Contudo, crê-se que, diante da transparência que os feitos judiciais devem ter e da experiência que a lide forense fornece, é aconselhável que o entretenimento subjetivo entre juiz e advogado seja motivo de suspeição. Já se verificou também que certos juízes sempre tendem a examinar (ainda com certa razão) com má vontade alguns arrazoados de determinados advogados, o que, logicamente, agride a íntegra imparcialidade que deve ser mantida. Por isso, compreende-se que a parte poderá ser prejudicada pelo acesso fácil ou dificultoso que o seu advogado ou o da parte adversa possui com o juiz, seja de forma pessoal ou profissional, o que tornaria vulnerável o princípio da igualdade das partes.

Daí o entendimento de que poderá haver exceção de suspeição em relação a motivos subjetivos que entrelaçam o juiz e o advogado. Inclusive Nelson Nery Júnior e Rosa Maria Andrade Nery afirmam que o fundamento dessa hipótese dar-se-ia pelo inciso V, do artigo 135.[266]

São hipóteses de suspeição do juiz:

Inciso I: amizade íntima ou inimizade capital entre o juiz e a parte pode resultar na quebra da imparcialidade, a ponto de resultar na suspeição do juiz. Essa posição acompanha a do CPC Luso, conforme dita o artigo 127, 1, "g".

Tais elementos subjetivos podem resultar na formação da convicção jurídica do juiz no momento da decisão, a fim de beneficiar ou prejudicar a parte.

Contudo, é preciso destacar que a amizade pode ser graduada, desde um simples "conhecido" até o "amigo íntimo". O CPC hipotetiza de suspeição a

[265] Cf. PAULA, Alexandre de. *CPC Anotado*, p. 668-71, vol. I.

[266] NERY JÚNIOR, Nelson, e ANDRADE NERY, Rosa Maria *Código de Processo Comentado...*, p. 618.

amizade no mais alto grau. Em relação à inimizade, embora qualificada pela "inimizade capital", tem-se que o menor sentimento de inimizade (portanto, não necessita ser "capital") já é suficiente para quebrar a imparcialidade do juiz.

Inciso II: o juiz tornar-se-á suspeito se ele ou seu cônjuge ou parente, em linha reta (ilimitado) ou colateral até o terceiro grau, for credor ou devedor de uma das partes. Neste caso, há presunção de parcialidade, porque tem-se que o juiz beneficiaria de alguma forma a parte, seja em acrescer patrimônio ao seu devedor, seja para agradar a seu credor na expectativa de alguma recompensação.

A posição do CPC Brasileiro é semelhante à do Luso, por força do artigo 127, 1, "d".

Inciso III: será suspeito o juiz que for herdeiro presuntivo, donatário ou empregador de alguma das partes. Neste caso, é presumível a tendência do juiz em beneficiar a parte, como também prevê o CPC Luso, pelo artigo 127, 1, "e".

Inciso IV: será suspeito o juiz que receber presentes antes ou depois de iniciado o processo, ou aconselhar alguma das partes acerca do litígio ou ministrar meios para atender às despesas da demanda. Essa disposição acompanha o CPC Português, pelo artigo 127, 1, "e".

Relativo à primeira hipótese, é comum (infelizmente) certos "advogados" exigirem de seus clientes dinheiro para pagar o juiz. Se isso for verdade, está-se não só diante de suspeição, mas de caso de corrupção, a ponto de impor responsabilidades civil, administrativa e penal. E para presentear juízes não basta dinheiro, muito comum são as nomeações de parentes para cargos públicos ou empregos no setor privado. Tudo isso para agradar àqueles ou para recompensá-los. Infelizmente, corre o ditado o qual deve ser combatido: "Quem pode mais chora menos".

Já referente à segunda causa, é preciso distinguir a discussão hipotética, genérica, abstrata e impessoal, de uma discussão real, que trata de caso concreto, específico e pessoal. Neste último caso, configura-se o aconselhamento acerca da lide, a ponto de gerar a suspeição do juiz.

Por fim, a terceira causa trata de aplicação de meios para custear a lide. Os meios devem ser econômicos, direta ou indiretamente. Porém, pode ser que o juiz acerte com perito para realizar perícia gratuitamente para demandas em que uma das partes é beneficiária da assistência judiciária gratuita. Este caso, em princípio, não configura suspeição do juiz, pois está agindo em defesa dos interesses do efetivo acesso à ordem jurídica justa, bem como suprir a omissão do Estado em conferir meios aos necessitados.

Inciso V: trata de "norma aberta", visto que toda vez que existir interesse do juiz em que a solução da lide seja favorável a uma das partes, configurará sua parcialidade.

Vários são os exemplos, como a vitória do futuro sogro do filho do juiz em ação de indenização por perdas e danos; ou a vitória do clube futebolístico de paixão do juiz em demanda que resultará na solução do campeonato (o que infelizmente tem-se tornado comum no Brasil).

O Código Português reputa como suspeito o juiz *que tiver interesse jurídico em que a decisão do pleito seja favorável a uma das partes* (art. 127, 1, "d"). Essa posição afunila as hipóteses de interesse, o que não há no sistema nacional. Procurou o CPC Brasileiro ampliar o leque de suspeições, a fim de conferir maiores garantias de imparcialidade do juiz.

Decretação de ofício. Além das hipóteses de suspeição que podem ser argüidas pelas partes, pode o juiz decretar de ofício sua suspeição. Tal conduta, bem exercida pelo juiz diligente, permite antecipar-se à eventual exceção de suspeição ou sentir-se suspeito, embora não incidindo nalgumas hipóteses do artigo 135.

Como afirmam Nelson Nery Júnior e Rosa Maria Andrade Nery, a decisão de ofício não necessita de fundamentação.[267]

Conseqüentemente, não cabe recurso algum dessa decisão, salvo eventuais medidas administrativas. Até porque, se uma das partes pretender a presença do juiz, começa a transparecer a parcialidade dele.

Art. 312. A parte oferecerá a exceção de impedimento ou de suspeição, especificando o motivo da recusa (arts. 134 e 135). A petição dirigida ao juiz da causa poderá ser instruída com documentos em que o excipiente fundar a alegação e conterá rol de testemunhas.

---

267 NERY JÚNIOR, Nelson, e ANDRADE NERY, Rosa Maria. *Código de Processo Comentado...*, p. 618.

PROCEDIMENTO I

Forma da exceção de parcialidade. A forma externa da exceção de parcialidade deverá ser em petição em separado, nas causas que são processadas pelo rito ordinário, e poderá ser por petição ou mediante dedução verbal nas demandas sob o procedimento sumário.

Já a forma interna, aplicável em qualquer procedimento, deverá conter o motivo da recusa – dedução de fatos e o fundamento legal, encontrados nos artigos 134 e 135, ambos do CPC. O fundamento legal deve ser expresso, uma vez que, por se tratar de restrição ao exercício da atividade jurisdicional, aflora-se o princípio da tipicidade expressa. Entende-se por fundamento a relação de adequação entre os fatos narrados pelo excipiente e a hipótese legal que qualifica como parcialidade do juiz excepto.

No entanto, as regras do inciso V e do parágrafo único do artigo 135, do CPC, são genéricas e bem amplas, admitindo a dedução de fatos que caracterizam o interesse ou a inclinação do juiz em favor ou em prejuízo de determinada parte.

A exceção de parcialidade, ao contrário da exceção de incompetência, não necessita indicar um juízo para onde o processo deverá ser remetido. Pois, o que se busca é a substituição do juiz excepto por outro, fundado na sua parcialidade. O processo continua no juízo de origem. Logo, havendo a substituição do juiz parcial, não haverá a alteração da competência.[268]

Situação diversa é a obrigação do excipiente qualificar o exceto. Pois, assentou o TJSP que "no oferecimento da exceção de suspeição, necessário é que se indique o nome do exceto. Sua falta ocasiona o não conhecimento do pedido. No entanto, se for ela respondida, suprida está a falha. A suspeição é ataque pessoal contra a pessoa do juiz, fundado em motivos estritamente personalíssimos, ataque, esse, que muitas vezes poderá resvalar até nas figuras de crimes contra a honra".[269]

A petição da exceção será dirigida diretamente ao juiz da causa. Este não poderá praticar nenhum ato decisório referente à exceção, como indeferir seu processamento ou improcedê-la. Tal posição se destina ao juiz reconhecer a

---

268 NERY JÚNIOR, Nelson, e ANDRADE NERY, Rosa Maria. *Código de Processo Comentado...*, p. 805.

269 RT 604/84.

própria parcialidade, como se verá no disposto seguinte, ou simplesmente facilitar a elaboração de suas razões.

Por fim, a exceção deverá estar instruída dos documentos que se fizerem necessários para comprovar suas alegações, bem como do respectivo rol de testemunhas. Existem fatos que podem ser comprovados por documentos e fatos que só podem ser comprovados por documentos. Na primeira espécie, poderá o excipiente produzir diversos meios de provas, entre elas a documental. São exemplos dessa espécie o relacionamento de concubinato com alguma das partes e a amizade ou inimizade com a parte.

Já a segunda espécie, somente com prova documental poderá ser comprovada determinada situação. Refere-se a questão objetiva, cuja prova diz por si só, sem nenhuma interferência subjetiva. Neste caso, deverá o excipiente somente utilizar-se de prova documental para comprovar determinada situação. Em termos de parcialidade do juiz, são exemplos o fato de ele ser parte na ação ou se proferiu sentença em primeiro grau de jurisdição.

Daí que a exceção de parcialidade, no que se refere à segunda espécie, deverá conter, necessariamente, dos documentos pertinentes à comprovação da alegada situação de parcialidade do juiz. Ausente esse documento, poderá o tribunal *ad quem* simplesmente indeferir o processamento da exceção.

Por fim, a exigência de poderes especiais para opor exceção de parcialidade do juiz, do Ministério Público, dos serventuários da justiça e do perito (CPC, arts. 134-135,137-138) tem sugerido debates doutrinários. Encabeçando a corrente pela exigência de poderes especiais estão Carvalho Santos, Carvalho Mendonça e Pimenta Bueno. O artigo 98, do CPP, exige poderes especiais para tais atos.

Afirmando pela exigência, o TJSP, quando expressou que "não é de se conhecer de exceção de suspeição, que envolve sempre ataque contra a pessoa do juiz, se não munido o advogado subscritor da argüição dos poderes expressos para suscitá-la, exigência indeclinável".[270]

Contudo, a maioria entende pela negativa, como fazem expressamente Nelson Nery Júnior e Rosa Maria Andrade Nery[271] ou silenciosamente Humberto Teodoro Júnior.[272]

---

[270] RT 648/61. Também RT 608/98, 609/41 e 620/44 .

[271] NERY JÚNIOR, Nelson, e ANDRADE NERY, Rosa Maria. *Código de Processo Comentado...*, p. 457.

[272] TEODORO JÚNIOR, Humberto. *Curso de Direito Processual Civil*, p. 101, vol. I.

A melhor posição, ao que parece, é a que pugna pela dispensa da exigência dos poderes especiais. A despeito de o artigo 98, do CPP, reclamar tal providência, compreende-se que ele não incide o processo civil. Ademais, o artigo 38, do CPC, faz expressa menção das exceções previstas em lei, em que se exige poderes especiais. E nessas exceções não se encontra a exigência de poderes para opor exceção de suspeição e impedimento. Assim, onde a lei não exige, não pode o intérprete exigir.

Ainda. Se o artigo 38 fala dos poderes gerais para os atos do processo, e não faz nenhuma referência à exceção de suspeição e impedimento e estes atos representam incidentes processuais, sem nenhuma possibilidade de extinguir processo, tem-se de admitir que a exceção de suspeição e de impedimento integram o conceito de atos do processo. Logo, tais atos são absorvidos pelos poderes gerais.

Art. 313. Despachando a petição, o juiz, se reconhecer o impedimento ou a suspeição, ordenará a remessa dos autos ao seu substituto legal; em caso contrário, dentro de dez (10) dias, dará as suas razões, acompanhadas de documentos e de rol de testemunhas, se houver, ordenando a remessa dos autos ao tribunal.

PROCEDIMENTO II

Efeitos decorrentes da dedução da exceção. Equivocado afirmar que o juiz exerce juízo de admissibilidade da exceção de impedimento e de suspeição. Pois, se essa espécie de exceção acaba por colocar o juiz na posição de demandado – tanto que apresentará defesa – a fim de refutar a acusação de ser parcial, ele não poderá atuar como juiz no incidente processual.

Por outro lado, qualquer juízo de inadmissibilidade ou julgamento de procedência ou improcedência da exceção de impedimento ou suspeição somente poderá ser realizado por ato do tribunal competente para apreciar tal questão. A respeito, afirmaram Nelson Nery Júnior e Rosa Maria Andrade Nery, "o juiz excepto não poderá julgar o incidente, pois é parte, figurando no pólo passivo da exceção. É vedado ao juiz apreciar qualquer questão levantada na exceção, inclusive não pode o excepto aplicar ao excipiente pena de litigância de má-fé. A competência para julgar a exceção, com todas as questões a ela incidentes, é do tribunal".[273]

A propósito decidiu o TJRS que "não pode o juiz exceto, como parte passiva da relação jurídico-processual que se estabelece, trancar a remessa dos respectivoss autos ao Tribunal, mesmo que entenda intempestiva a argüição. Essa circunstância, como qualquer outra preliminar, cabe apreciada pelo órgão competente para processar e julgar o incidente, não pelo próprio excepto".[274]

Assim, impossível o juiz excepto indeferir o processamento da exceção de impedimento ou suspeição. A ele não é deferida tal possibilidade.

Por isso, soa pleonástico o artigo 313 referir que o juiz poderá despachar a petição. Ora, a idéia de despachar a petição da exceção de impedimento ou suspeição será, em qualquer hipótese, um ato positivo, a fim de que ela seja processada, já que inadmissível um entendimento negativo.

O ajuizamento da exceção de impedimento ou de suspeição gera os seguintes efeitos imediatos: a) suspensão do processo principal; b) processamento da exceção, com a possibilidade de o juiz excepto reconhecer espontaneamente o impedimento ou a suspeição e com isso ser afastado da demanda; e c) processamento da exceção, em que o juiz excepto, por não reconhecer espontaneamente o impedimento ou a suspeição, deverá apresentar sua defesa, com possibilidade de produção de provas e julgamento pelo tribunal *ad quem*.

O disposto em comento trata dos dois últimos efeitos. Uma vez proposta a exceção, poderá o juiz reconhecer espontaneamente o impedimento ou a suspeição. Ocorrendo isso, haverá o imediato afastamento do juiz excepto, sendo automaticamente substituído por outro, geralmente pelo juiz substituto.

Reitera-se a idéia de que o afastamento do juiz excepto e a automática substituição por outro juiz não implica modificação da competência. Explicam Nelson Nery Júnior e Rosa Maria Andrade Nery que "a remessa dos autos ao substituto legal automático não implica negação de competência. Discordando de seu colega, o magistrado destinatário não pode suscitar conflito de competência, pois competente continua sendo o juízo para o qual foi distribuída originariamente a causa, alterando-se apenas a direção do processo. O impedimento e a suspeição são relativos à pessoa física do juiz, ao passo que o conflito de com-

---

[273] NERY JÚNIOR, Nelson, e ANDRADE NERY, Rosa Maria. *Código de Processo Comentado...*, p. 805.

[274] PAULA, Alexandre de. *CPC Anotado*, p. 1295-6, vol. II.

petência é relativo ao órgão jurisdicional. A providência administrativa que decorre dessa remessa é a compensação na distribuição de autos".[275]

O reconhecimento espontâneo do impedimento ou da suspeição do juiz excepto resolve, ainda que singelamente, a questão incidental. Mas, tal decisão não possibilita a interposição de recurso de agravo de instrumento pela parte do processo principal, que não é o excipiente e nem o juiz excepto. O reconhecimento de ofício da suspeição é viável nos termos do parágrafo único, do artigo 135, do CPC.

Porém, inegável que, conforme o caso concreto, possibilita-se a interposição do recurso pela parte, quando, por exemplo, verifica que o excipiente forjou documento a demonstrar que o juiz excepto feriu os incisos II, III, IV, do artigo 134, do CPC, e induziu a erro o juiz. O interesse do recorrente se funda no respeito ao princípio do juiz natural, que deriva nos autos.

Defesa do juiz excepto. Não reconhecendo o impedimento ou a suspeição, deverá o juiz excepto deduzir suas alegações que contrapõem aos fatos e fundamentos narrados pelo excipiente, bem como juntar documentos e arrolar testemunhas. O não-reconhecimento espontâneo do juiz excepto da causa do impedimento ou da suspeição não é considerado decisão, não possibilitando, portanto, a interposição de nenhum recurso.[276]

Neste caso, percebe-se que o juiz poderá exercer, excepcionalmente, atividade postulatória, sem que necessite de advogado. Nelson Nery Júnior e Rosa Maria Andrade Nery ampliam essa atividade, ao sustentarem que capacidade postulatória se estende à interposição de recursos, inclusive recurso extraordinário e recurso especial.[277]

Assim como o excipiente tem a necessidade de deduzir fatos que guardam relação de tipicidade com os artigos 134 e 135, ambos do CPC, ao juiz excepto resta demonstrar a inexistência dessa relação de tipicidade. Esse é o conteúdo da defesa.

O prazo de dez dias para o juiz excepto apresentar sua defesa conta-se a partir do primeiro dia útil após os autos serem-lhe conclusos, encerrando-se em dia útil.

---

[275] NERY JÚNIOR, Nelson, e ANDRADE NERY, Rosa Maria. *Código de Processo Comentado...*, p. 805.

[276] PASSOS, J. J. Calmon de. *Comentários...*, p. 299.

[277] NERY JÚNIOR, Nelson, e ANDRADE NERY, Rosa Maria. *Código de Processo Comentado...*, p. 805.

Por outro lado, ao juiz excepto não incide a obrigatoriedade de deduzir defesa na exceção de impedimento ou suspeição. Pois, sendo considerado um verdadeiro "réu", o juiz excepto goza do direito disponível de exercer essa faculdade processual.

E mesmo que não haja a defesa, nem por isso incidirá qualquer efeito semelhante ao da revelia, que poderia implicar a presunção de veracidade dos fatos narrados pelo excipiente. Pois, a imparcialidade do juiz é pressuposto de todo o sistema jurisdicional, daí a impossibilidade de sua questão ficar restrita à mera esfera disponível.

Também, por essa ótica, o prazo de dez deferido ao juiz excepto para apresentar sua defesa não é peremptório nem preclusivo. Não pode o juiz ser sancionado processualmente. Poderá, ser for o caso, sofrer alguma sanção na órbita administrativa, mas nunca processual. Evidentemente, não poderá o juiz excepto reter os autos por longo tempo, sob pena de propiciar a eternidade da exceção, devendo ele determinar a remessa dos autos ao tribunal *ad quem*.

Crê-se que, na ausência de defesa do juiz excepto, o tribunal *ad quem* poderá determinar que ele apresente sua defesa no decêndio legal. Reiterando a recusa, deverá o processo seguir, sem aplicação de nenhum ônus contra o juiz excepto por seu comportamento.

Por isso, o prazo de dez dias concedido ao juiz excepto para elaborar sua defesa não é peremptório nem preclusivo. O prazo de dez dias para o juiz excepto é um prazo diretivo, a fim de orientá-lo e dar uma ordem de prosseguimento no curso do incidente processual. Pois, será após esse prazo que o juiz determinará a remessa dos autos ao tribunal *ad quem*.

Remessa dos autos. Apresentada ou não a defesa pelo juiz excepto, este deverá determinar a remessa dos autos ao tribunal *ad quem*. Esse tribunal é firmado em razão da competência recursal, para onde o processo principal seria enviado.

Tal determinação decorre do fato de o juiz excepto não ter competência para exercer nenhum juízo de viabilidade ou do julgamento da exceção. Para garantia da imparcialidade da resolução da própria exceção, preferiu o legislador processar o incidente diretamente no juízo *a quo* e determinar que a instrução e o julgamento se fizesse pelo tribunal *ad quem*.

Art. 314. Verificando que a exceção não tem fundamento legal, o tribunal determinará o seu arquivamento; no caso contrário, condenará o juiz nas custas, mandando remeter os autos ao seu substituto legal.

PROCEDIMENTO III

Noção. Recebendo os autos, a exceção será distribuída a um relator, que poderá, alternativamente, tomar três deliberações: ou não recebe a exceção, por manifesta impertinência, ou determina a produção de provas, o que mostra implicitamente seu recebimento, ou determina seu julgamento, por entender ser dispensável a instrução.

Examinam-se essas possibilidades.

Rejeição da exceção. Poderá haver a rejeição da exceção se o tribunal *ad quem* verificar que ela é manifestamente despida dos requisitos necessários, como a dedução dos fatos e sua relação de tipicidade com os artigos 134 e 135, todos do CPC.

Como o juiz excepto não pode tomar tal deliberação, deve a exceção ser processada e enviada ao tribunal *ad quem*, mesmo na ausência dos requisitos indispensáveis. Porém, o tribunal *ad quem* poderá rejeitar a exceção.

A rejeição da exceção é uma decisão que nem sequer conhece de eventual impedimento ou suspeição. Diferente da decisão que improcede a exceção, que conheceu o impedimento ou suspeição, porém para não ser acatada.

Instrução. Não havendo a rejeição da exceção e sendo necessário instruir o processo, o tribunal *ad quem* determinará a produção de provas.

Essas provas poderão ser produzidas na sede da câmara onde o relator integra ou, como geralmente ocorre nas exceções oriundas das comarcas do interior, mediante expedição da carta de ordem.

As provas poderão ser oitiva de testemunhas e o exame de documentos. A prova pericial é de difícil hipótese de aplicação, embora a diversidade dos fatos possa de alguma forma justificar a sua utilização.

Julgamento da exceção. Realizada ou não a instrução, ela será julgada pelo tribunal *ad quem*, pela câmara que integra o relator.

Se improcedente, o juiz excepto será mantido no processo, com a condenação do excipiente ao pagamento das custas processuais.

Se procedente, a decisão terá os seguintes efeitos: a) o afastamento do juiz excepto no processo; b) a substituição automática do juiz excepto pelo seu substituto legal; e c) condenação do juiz ao pagamento das custas e despesas processuais.

Da decisão cabe recurso de agravo de instrumento, donde o juiz excepto deve ser intimado pessoalmente, pois não está representado nos autos por advogado.

Seção IV

DA RECONVENÇÃO

RECONVENÇÃO

Noção. Reconvenção é a ação proposta pelo réu contra o autor. Poderia ser uma ação qualquer, mas como é proposta pelo réu contra o autor, em conexão com a ação ajuizada por este – daí a determinação de ser processada dentro dos autos –, a reconvenção ganha esta denominação para se diferenciar das demais ações.

Francisco Ramos Méndez esclarece que "a reconvenção é a demanda que o demandado formula contra o demandante, aproveitando a oportunidade que oferece a pendência do processo. Obedece, pois, a um critério de oportunidade e de economia processual".[278]

Se possível imaginar que o réu tivesse um direito conexo com o autor, poderá pleitear judicialmente os efeitos desse direito por duas maneiras: ou ajuizando a reconvenção, no prazo da defesa, quando será processada dentro dos autos principais, ou ajuizando separada-

---

[278] MENDEZ, Francisco Ramos. *Derecho Procesal Civil.* 5ª ed. Barcelona, Jose Maria Bosch, 1992, p. 506, tomo I.

mente a ação, quando esta será processada em separado, possivelmente em apenso aos autos principais, por força dos artigos 103 e 105, ambos do CPC.

Por isso, compreende-se que a reconvenção é um contra-ataque do réu contra o autor. Mas, segundo Calmon de Passos, este contra-ataque "é mais que simples defesa, representando ação do réu contra o autor, deduzível no mesmo processo e objeto do mesmo procedimento. À raiz de sua admissibilidade está o princípio de economia processual: se todas as demandas existentes entre duas pessoas podem ser decididas em um só processo, convém que isso ocorra".[279]

Síntese histórica. Divergem os autores se a reconvenção surgiu no período formulário ou tão-somente no período *cognitio extraordinem* do processo romano, momento que ganhou a feição atual.[280]

Salienta Clito Fornaciari Júnior que, no período formulário do processo romano, "a reconvenção encontra-se intimamente ligada à compensação, entendendo alguns autores que a própria origem da primeira deve ser buscada na segunda. Talvez deste fato decorra a confusão, antigamente mais comum, entre dois institutos; no entanto, diferem os mesmos em diversos pontos, podendo falar-se em *compensação sem reconvenção* e em *reconvenção sem compensação*".[281]

Calmon de Passos, por seu turno, relata que: "Uma Constituição de Justiniano, editada no ano 530, relativamente à reconvenção, citando Papiniano, dizia afirmar esse jurista ser possível ao juiz não só absolver o réu, como também condenar o autor, se achar que este seja devedor daquele. E acrescentava. Nós não só confirmamos a opinião desse jurisconsulto, como também ainda a ampliamos, dispondo que o juiz possa proferir sentença contra o autor e condená-lo a dar ou fazer alguma coisa, sem que este possa opor-lhe exceção de incompetência, pois que, se na qualidade de autor se sujeita à decisão de um juiz, não pode recusá-lo quando, sobre o mesmo negócio (*in eodem negotio*), decide contra ele (C., 7, 45, 14)".[282]

---

[279] PASSOS, J. J. Calmon de. *Comentários...*, p. 301.

[280] Cf. PASSOS, J. J. Calmon de. *Comentários...*, p. 301-2 e FERREIRA, Pinto. *Da resposta...*, p. 90.

[281] FORNACIARI JÚNIOR, Clito. *Da Reconvenção no Direito Processual Civil Brasileiro.* São Paulo, Saraiva, 1979, p. 34.

[282] PASSOS, J. J. Calmon de. *Comentários...*, p. 302.

E arremata o jurista baiano que em "torno do entendimento da expressão *in eodem negotio* construiu-se toda a história do instituto, ora relacionando-se ela ao mérito, exigindo-se vínculo substancial entre a ação do autor e a do réu – conexão de causas: *eodem causa* –, ora se reclamando relacionamento de ordem exclusivamente processual, entendida a expressão como equivalente a *in eodem judicio*, no mesmo juízo, ou seja, mera questão de competência, sem ressonância no campo do direito material".[283]

Explica Osvaldo da Silva Rico que, nesse período, "as ações reconvencionais eram admitidas quando tinham por objeto contraprestações derivadas do mesmo negócio jurídico – *ex eodem negotio*, fundamento com a ação principal. A ação originária e o pedido reconvencional, nas ações *bonae fidei*, eram sujeitos a uma única decisão do árbitro".[284]

No direito canônico construiu-se a atual expressão *reconventio* com alargamento de hipóteses.[285] Se no processo romano uma ação estabelecia uma convenção, denominada *litiscontestatio*, a ação do réu contra o autor estabelecia outra convenção, sobre a mesma *litiscontestatio*. Daí a compreensão da denominação: *reconvenção* significa restabelecer uma nova convenção, porém do réu contra o autor, em razão da conexão existente entre o afirmado direito do réu em relação à ação proposta pelo autor.

Note-se, com Osvaldo da Silva Rico, que dada a ampla liberdade de o réu propor a reconvenção em qualquer caso, objetivava a Igreja diminuir o prestígio da jurisdição comum em favor da eclesiástica. Daí que o juiz podia conhecer da reconvenção, mesmo que não fosse competente.[286]

A reconvenção era prevista nas Ordenações Afonsinas, como ato integrante da defesa do réu, ao lado da contestação da lide, das deduções dilatórias, peremptórias e anômalas e da indicação dos artigos contrários aos fundamentos da ação.[287]

---

283 PASSOS, J. J. Calmon de. *Comentários...*, p. 302.

284 RICO, Osvaldo da Silva. *Da reconvenção e da compensação no Direito Brasileiro.* São Paulo, Saraiva, 1979, p. 6.

285 FERREIRA, Pinto. *Da resposta...*, p. 91.

286 RICO, Osvaldo da Silva. *Da reconvenção...*, p. 7.

287 CAETANO, Marcello. *História ...*, p. 582.

As demais Ordenações apenas seguiram o entendimento do instituto, repercutindo diretamente no Brasil, no período colonial. Com a independência, pode-se notar uma certa lacuna legal. Pois, enquanto vigoravam as Ordenações Filipinas, tinha-se a disciplina normativa da reconvenção. Contudo, com a promulgação do Código de Processo Criminal do Império de 1832, cujas disposições transitórias regularam a organização judiciária e o processo civil, e não foi prevista a reconvenção.[288]

Tais disposições transitórias apenas fariam uma adaptação das normas processuais penais ao processo civil. Mas não se tem notícia da implantação da reconvenção como instituto adaptado. É sabido que o processo penal, por sua natureza, não contempla a reconvenção. Por outro lado, também é sabido que o Regulamento 737, de 1850, consagrou o instituto da *reconventio* no artigo 103. Portanto, o instituto da reconvenção esteve ausente no direito processual brasileiro entre os anos de 1832 e 1850? A doutrina é silenciosa a respeito.

Não se tem uma notícia clara a respeito, mas sabe-se a conseqüência advinda disso. Pois, até então o direito brasileiro estava atrelado ao direito protuguês e, por isso, ao direito romano-canônico. Com a lacuna normativa, o direito brasileiro se afasta da influência romano-canônico e passa a ser influenciado pelo direito francês, com o Regulamento 737, que inadmite o alargamento de hipóteses da reconvenção, tornando-a cabível desde que conexa com a ação principal ou apta a elidir ou restringir o pedido da ação principal.[289]

A posição brasileira tende a um retorno gradual à tradição romana-canônica. Ainda não se admite a reconvenção para nenhuma relação jurídica que envolve autor e réu. Mas, por outro lado, note-se que não se exige estrito vínculo entre o fundamento da reconvenção com o pedido da ação principal, bastando conexão com a ação principal ou com a defesa.

Nessa linha, o STF editou a Súmula 258, que proclama a admissibilidade da reconvenção em ação declaratória.

Daí que o requisito da conexão mostra-se alinhado à inspiração romana.

---

[288] SEGURADO, Milton Duarte. *O Direito no Brasil.* São Paulo, Bushatsky, 1973, 359.

[289] PASSOS, J. J. Calmon de. *Comentários...*, p. 303-4.

CRÍTICA

Retorno à inspiração canônica. Em nome da celeridade e da economia processual concebe-se um novo tratamento procedimental da ação proposta pelo réu contra o autor. A bem da verdade, a sugestão implica a extinção da reconvenção, facultando ao réu, deduzir o pedido com força de ação na contestação, como, aliás, hodiernamente previsto no rito sumário (CPC, art. 278, § 1º).

Porém, com uma diferença: não se exige nenhuma conexão de direitos entre a ação e a defesa, para que o réu possa deduzir o pedido. Poderá o réu na contestação deduzir uma nova situação ou relação jurídica, para fundamentar o pedido com força de ação. Percebe-se claramente, com isso, que haverá a ampliação da lide, a fim de que o juiz possa conhecer de todas questões que existem entre autor e réu, nas mais diversas situações e relações jurídicas.

Para tanto, deverá ser utilizado o princípio da individualização como padrão na causa de pedir. Pois, como já afirmado no volume II da obra, neste princípio o que se investiga são direitos que interligam autor e réu, e não simplesmente fatos. Sustentou-se que a celeridade da prestação jurisdicional não se alcança somente com a introdução de técnicas processuais ou de sugestões para a adoção do rito sumário como procedimento padrão do processo de conhecimento.

Crê-se que a adoção da teoria da individualização da causa de pedir como padrão no processo civil importará, conjuntamente com as outras sugestões e técnicas processuais, numa rápida economia processual, seja em relação ao número de litígios, bem como à qualidade das decisões.

A propósito, manifestou-se que, definidos os modelos hipotéticos do conteúdo da ação, verifica-se que, à luz da realidade social e dos litigantes, inclina-se para a adoção da teoria da individualização como regra no sistema processual brasileiro. Eis as vantagens: a) atenuação do rigorismo do princípio da eventualidade e do sistema de preclusão, pois as demandas seriam mais flexíveis, permitindo uma maleável demonstração dos fatos constitutivos dos direitos das partes e, conseqüentemente, da prestação da tutela jurisdicional; b) o réu e o executado poderão deduzir direitos em face do autor e do credor e que serão conhecidos e acolhidos no próprio processo, seja de conhecimento, seja de execução. Hodiernamente, a conduta do réu é restrita e onerosa, pois deverá estar circunscrita às hipóteses autorizadoras da reconvenção e deduzir pedido no rito sumário, e o devedor estar restringido à nova redação do § 1º, do artigo 585, do CPC, para reclamar direitos contra o credor; c) em termos probatórios, a teoria da individualização permitiria a investigação de direitos ou de relações jurídicas, o que é mais flexível em comparação a uma investigação de fatos descritos para acomodar-se a um modelo normativo; d) verifica-se que a adoção da teoria da individualização possibilita a reunião de todas as lides entre as partes numa única demanda – impossível na teoria da substanciação – o que mostra manifesta economia processual, não só em número de feitos mas em custos financeiros. Óbvio que a reunião de demandas deve obedecer ao critério da competência de foro e de juízo; e e) via de conseqüência, a jurisdição se efetivará, pois haverá pleno conhecimento acerca da lide que envolve as partes, alcançando a verdade real sobre o litígio.[290]

Em razão disso, sugeriu-se a alteração dos artigos 315-318, todos do CPC, apresentando as seguintes regras:[291]

Art. 315. O réu poderá deduzir pedido na contestação no mesmo processo, toda vez que possuir relação jurídica com o autor e que não for objeto de tutela jurisdicional.

Parágrafo único. Não pode o réu, em seu próprio nome, deduzir pedido ao autor, quando este demandar em nome de outrem.

Art. 316. Deduzido o pedido, o autor deverá contestar na própria audiência, por seu advogado, salvo se, por consentimento das partes, houver a suspensão da audiência, por prazo não superior a dez (10) dias.

Art. 317. A desistência da ação ou a existência de qualquer causa que a extinga, não obsta o prosseguimento do pedido deduzido pelo réu.

Art. 318. Julgar-se-á na mesma sentença, em primeiro a ação e, em seguida, o pedido deduzido pelo réu.

---

[290] PAULA, Jônatas Luiz Moreira de. *Teoria Geral do Processo* ..., p. 158-9 e PAULA, Jônatas Luiz Moreira de. *Uma visão crítica*..., p. 115-7.

[291] PAULA, Jônatas Luiz Moreira de. *Uma visão crítica*..., p. 202.

Obviamente, ao réu caberá o ônus de provar a relação jurídica exposta, se nela for deduzido pedido em relação ao autor. Neste caso, dever-se-ia acrescentar um terceiro inciso ao artigo 333, do CPC.[292]

Assim ocorrendo, ter-se-á um retorno à tradição canônica, como forma de racionalização e economia da atividade processual, sempre buscando a idéia de mais jurisdição com menos processo.

Art. 315. O réu pode reconvir ao autor no mesmo processo, toda vez que a reconvenção seja conexa com a ação principal ou com o fundamento da defesa.

Parágrafo único. Não pode o réu, em seu próprio nome, reconvir ao autor, quando este demandar em nome de outrem.

PROCEDIMENTO DA RECONVENÇÃO I

Natureza jurídica. A reconvenção é um modo de exercício do direito de ação. A despeito de esta ação ser exercida pelo réu, ela não descaracteriza seu caráter de ação.[293]

Com o ajuizamento da reconvenção, amplia-se a lide, devendo o juiz conhecer tanto da demanda principal como da demanda reconvencional. De igual forma, com o exercício da reconvenção, as partes litigantes – autor-reconvindo e réu-reconvinte – ocuparão simultaneamente os dois pólos processuais: ativo, para o autor na ação principal e para o réu na reconvenção; passivo, para o autor na reconvenção e para o réu na ação principal.[294]

REQUISITOS PARA O EXERCÍCIO DA RECONVENÇÃO

A reconvenção, entendida como ação proposta pelo réu, possui requisitos, tanto gerais, como em qualquer ação, quanto específicos, a saber:

Condições gerais da reconvenção. São três as condições gerais, que se exigem de qualquer ação: legitimidade, interesse de agir e possibilidade jurídica possível.

[292] PAULA, Jônatas Luiz Moreira de. *Uma visão crítica...*, p. 202-3.

[293] NERY JÚNIOR, Nelson, e ANDRADE NERY, Rosa Maria. *Código de Processo Comentado...*, p. 808.

[294] MARCATO, Antonio Carlos. *Procedimento...*, p. 46.

A *legitimidade* é fenômeno processual que justifica o ingresso e a permanência de uma pessoa numa ação. A legitimidade, como examinado no volume I da obra, pode ser *ordinária*, quando as partes litigantes integram a relação jurídica material para defender interesses próprios, e *extraordinária*, quando o autor não participa diretamente da relação jurídica material, mas que, por expressa autorização legal, está legitimado a propor medidas judiciais para defesa de direitos coletivos e difusos.

Também não se pode perder de vista o fenômeno da substituição processual que trata, como o próprio nome diz, da substituição do réu por outra pessoa, seja por motivo de morte, alienação do bem ou por aceitação da nomeação à autoria. Com a substituição processual, o substituto integra o pólo processual para, em nome próprio, tutelar direito próprio. Portanto, a substituição processual se refere à legitimidade ordinária.

No que se refere à reconvenção, a legitimidade para os pólos processuais está bem definida e gera maiores dúvidas: somente poderá compor o pólo ativo o réu e o pólo passivo, o autor. Ainda que haja litisconsórcio, seja ativo seja passivo, a reconvenção poderá ser exercida por um dos réus contra um dos autores.

Não poderá, sem exceção alguma, o réu-reconvinte pretender dirigir a reconvenção contra terceiro, não interveniente no processo. A reconvenção, ao contrário da ação e da defesa, não se destina a provocar a intervenção de terceiro. Admite-se a intervenção espontânea pela assistência, mas nunca a intervenção provocada.

Nesse sentido, assentou o TJSP: "A reconvenção, sendo ação movida pelo réu contra o autor que contra ele está demandando, faz com que ele seja legitimado ativamente para a causa o réu da ação primitiva e passivamente seu autor, provocando-se, assim, a inversão das partes. A ampliação subjetiva da relação processual nesse caso é vedada, de modo que não pode o reconvinte trazer ao processo outras pessoas para demandar contra o reconvindo. Da mesma forma, não pode propor sua ação contra quem não seja autora da demanda já pendente".[295]

Por outro lado, o denunciado à lide e o chamado ao processo, espécies de terceiros intervenientes provocados, poderão reconvir. O denunciado deverá re-

---

[295] RT 637/87. Também decidiu o TJMG: "O pedido reconvencional reclama conexidade de ação no mesmo processo. Assim, não pode nele figurar, como reconvinte ou como reconvindo, quem não for autor ou réu na ação principal". Cf. PAULA, Alexandre de. *CPC Anotado*, p. 1301, vol. II.

convir contra o denunciante, visto que, pelo fato da denunciação à lide inaugurar uma nova demanda, o denunciante compõe o pólo ativo e o denunciado o pólo passivo dessa nova demanda. Daí que na reconvenção oriunda da denunciação, somente poderá vincular denunciado, como reconvinte, e denunciante, como reconvindo, e em nenhum momento o adversário do denunciante, uma vez que este não integra relação processual direta com o denunciado.

Em sentido inverso, pronunciou o 2º TACivSP a impossibilidade de se denunciar à lide em sede de reconvenção, ao expressar que: "Não é possível a denunciação à lide na reconvenção, uma vez que esta somente pode ser deduzida 'ao autor', nos estritos termos do art. 315 do CPC".[296] Sustentando tese oposta, Nelson Nery Júnior e Rosa Maria Andrade Nery.[297]

Já em relação ao chamado ao processo, este poderá reconvir em face do autor da ação principal, posto que ele se torna litisconsorte passivo do chamante e tendo como adversário comum o autor.

De resto, cumpre destacar que, se o autor propôs a ação principal fundada em legitimidade extraordinária, não poderá o réu ajuizar reconvenção, ainda que argumente tutela de direito conexo à essa ação. Essa posição decorre do fato de o obstáculo não se constituir quanto ao interesse ou à legitimidade do reconvinte, mas em relação à qualidade do legitimado extraordinária.

Pois, o legitimado extraordinário está postulando em defesa de direitos e interesses coletivos ou difusos. Noutras palavras, os verdadeiros beneficiários da ação proposta pelo legitimado são passíveis de determinação ou simplesmente indeterminados. Assim, fica quase que faticamente impossível o reconvinte trazer à lide, na qualidade de reconvindos, sujeitos indeterminados ou passíveis de indeterminação. Isso sem mencionar que a reconvenção não se presta a provocar a intervenção de terceiros.[298]

Também cumpre destacar que o legitimado extraordinário não poderá compor o pólo passivo da ação, salvo na estrita hipótese de ação declaratória

---

[296] RT 607/151.

[297] NERY JÚNIOR, Nelson, e ANDRADE NERY, Rosa Maria. *Código de Processo Comentado...*, p. 816.

[298] Em sentido contrário, admitindo a intervenção de terceiro quando se afigurar hipótese de litisconsórcio necessário unitário, NERY JÚNIOR, Nelson, e ANDRADE NERY, Rosa Maria. *Código de Processo Comentado...*, p. 810.

incidental. Isso se dá porque o legitimado goza de autorização para postular na tutela de direitos coletivos ou difusos, mas nunca exercendo o direito de defesa desses direitos. Logo, não poderá o legitimado propor reconvenção.

Por fim, resta aduzir que, para propor reconvenção, é preciso que haja conexão de direitos. Daí possível observar que o reconvinte não possui conexão de direito material com o reconvindo-legitimado extraordinário, uma vez que este não participa da relação jurídica material.

Argumentando em sentido contrário, Antonio Carlos Marcato afirma que "para a configuração da *legitimatio ad causam*, ativa e passiva, exige a lei que as partes tenham, na reconvenção, a mesma qualidade jurídica que têm na ação original, isto é, havendo legitimação extraordinária ativa, o réu só pode reconvir postulando o direito que julga ter contra o substituído, nunca contra o legitimado (autor reconvindo); sendo passiva a legitimação extraordinária, o réu poderá reconvir contra o autor com base no suposto direito de que é titular o substituído".[299]

O *interesse de agir* do reconvinte é o mesmo de qualquer ação. Revela-se pela necessidade de se obter da tutela jurisdicional o possível atendimento do direito perseguido via reconvencional. O interesse de agir resulta na necessidade de obter a tutela jurisdicional para solução do direito lesado ou ameaçado. Liebman sustenta que o interesse de agir "é o elemento material do direito de ação e consiste no interesse em obter o provimento solicitado. Ele se distingue do interesse substancial, para cuja proteção se intenta a ação, da mesma maneira como se distinguem os dois direitos correspondentes: o substancial que se afirma pertencer ao autor e o processual que se exerce para a tutela do primeiro".[300]

A despeito de a reconvenção possuir forte vinculação histórica com o instituto da compensação, na verdade para o exercício da reconvenção não é necessário que ela vá auxiliar a contestação. Mesmo que a reconvenção tenha conexão com a contestação, isso não significa e nem é necessário que deva auxiliar a defesa. Aliás, é possível que haja procedência do pedido da ação, com procedência do pedido reconvencional.

---

[299] MARCATO, Antonio Carlos. *Procedimento...*, p. 46-7.

[300] LIEBMAN, Enrico Tullio. *Manual de Direito Processual Civil*, p. 154, vol. I.

É exigível que haja conexão entre a reconvenção com a ação ou com a contestação, isto é, que entre essas peças processuais haja conexão com a causa de pedir ou o pedido. Mas quanto à solução das duas demandas, a reconvenção pode tanto auxiliar a defesa como simplesmente ser indiferente. Essa posição decorre da tendência romano-canônica da reconvenção, que não restringe o seu exercício quando houver apenas conexão com o pedido da ação.

Imaginar que o reconvinte possa deduzir pedido de nulidade ou anulação de um documento juntado pelo autor, como forma de beneficiar diretamente a contestação, não pode ser admitido como válido. Seria tal iniciativa despida de interesse de agir, já que a impugnação do documento seria incidente processual a ser resolvido por ocasião da fase instrutória, ou examinada em sede de ação declaratória incidental. Logo, o auxílio à contestação pode ser impróprio via reconvenção.

Daí que o interesse de agir do reconvinte reside na obtenção de uma tutela jurisdicional que melhor atenda direito conexo com o da ação principal ou da contestação. É perfeitamente possível a procedência da reconvenção em conjunto com a procedência da ação, realçando que o interesse de agir da reconvenção não está em prejudicar a sorte da ação principal.

O último requisito genérico para o exercício da reconvenção é a *possibilidade jurídica do pedido*. Entendido como a admissibilidade em abstrato do provimento solicitado, o pedido reconvencional deve ser lícito ou ao menos não proibido ou vedado em lei.

No entanto, o pedido reconvencional deve ser formulado quando conexo com o direito invocado na ação principal ou com os fundamentos da defesa. Tratando-se de conexão com a defesa, alguns pedidos não podem ser deduzidos, não por serem impossíveis juridicamente, mas por despirem de interesse de agir, posto que possível de ser deduzido na contestação. É o caso do simples pedido de declaração de inexistência de relação jurídica ou falsidade documental ou do simples pedido de desconstituição de relação jurídica, que podem ser deduzidos como objeção ou exceção material na contestação e suscetíveis de coisa julgada. Logo, inexiste interesse de agir em reconvenção que postulasse o simples pedido declaratório ou desconstitutivo.

Explica Clito Fornaciari Júnior que, nesta hipótese, "a contestação, se acolhida, já será suficiente para o resultado pretendido com a declaratória, uma vez que a demanda, em sendo julgada improcedente, receberá uma sentença de natureza meramente declaratória, favorável ao réu, configurando-se, então, falta de interesse de agir à reconvenção".[301]

Outra hipótese de inadmissibilidade da reconvenção pelo pedido formulado decorre da natureza da ação: sendo ela ação de caráter dúplice, isto é, que confere à contestação força de ação, a reconvenção torna-se dispensável quando conexa com os fundamentos da defesa. Pois, neste caso, a finalidade poderia ser alcançada com a contestação, o que mostraria a falta de interesse de agir da reconvenção. Exemplos típicos são as ações reais, em que se discutem a posse e a propriedade de um bem.[302]

Manifestou o TJBA que: "A ação possessória, por ter natureza dúplice, não comporta reconvenção, desde que, ao contestar, demande o réu a proteção possessória e a indenização pelos prejuízos resultantes da turbação ou esbulho cometido pelo autor".[303]

De igual forma, decidiu o 2º TACivSP que "o caráter dúplice das ações possessórias impede a admissibilidade de reconvenção".[304]

Mas o referido tribunal alertou que: "Embora a ação possessória seja *actio duplex*, não é pacífico o entendimento sobre o descabimento da reconvenção, notadamente no interdito proibitório, onde não há turbação ou esbulho, mas apenas ameaça à posse, de sorte que, sucumbindo o autor, tal não significa que a posse reverta ao réu".[305]

Também pronunciou o 1º TACivSP que "não visando a reconvenção o alcance de proteção possessória, que pode ser conseguido pela via prevista no citado art. 922, nada impede seja ela admitida em ação de natureza possessória, satisfeitos os requisitos do art. 315 da referida lei adjetiva".[306]

Os simples pedidos mandamental ou executivo *lato sensu* também não podem ser deduzidos porque ofendem diretamente o procedimento, infringindo um dos requisitos específicos da reconvenção. Pois, tais pedidos exigem

---

[301] FORNACIARI JÚNIOR, Clito. *Da reconvenção...*, p. 92.

[302] FORNACIARI JÚNIOR, Clito. *Da reconvenção...*, p. 92-3.

[303] PAULA, Alexandre de. *CPC Anotado*, p. 1307, vol. II.

[304] PAULA, Alexandre de. *CPC Anotado*, p. 1307, vol. II.

[305] RT 594/141.

[306] PAULA, Alexandre de. *CPC Anotado*, p. 1308, vol. II.

procedimento especial, o que não se coaduna com a adequação ao procedimento ordinário.

Em relação à reconvenção fundada em conexão com o direito invocado na ação principal, não há restrição quanto à formulação dos pedidos, desde que satisfeitos outros requisitos. Neste caso, cabíveis os pedidos declaratórios e desconstitutivos, como a reconvenção que pleiteia a separação judicial em ação de separação judicial, ou à reconvenção que declara nula a fiança prestada pelo réu-reconvinte em ação de cobrança proposta pelo credor.

O pedido condenatório é o único juridicamente apto a ser formulado na reconvenção, seja ela conexa com a ação principal ou com os fundamentos da defesa. Busca-se com esse pedido uma tutela jurisdicional não possível de ser obtida pela contestação e que não seja obstada pelo adequado procedimento.

Uma vez deduzido o pedido condenatório, a reconvenção poderá conter pedidos declaratório ou desconstitutivo como questões incidentais a serem examinadas na sentença. Neste caso, essas questões se vinculam aos fundamentos da defesa. É o que bem explica Marcato, quando na reconvenção "houver conexão entre ela e o fundamento da defesa, ou seja, o réu deduz fato novo, extintitivo ou impeditivo do direito do autor e reconvém, como ocorre, por exemplo, quando em processo de cobrança de dívida pecuniária contesta alegando ser titular de crédito maior e reconvém, pleiteando não só a compensação entre seu crédito e o do autor, como, ainda, a condenação do último ao pagamento da diferença".[307]

Além das condições genéricas, a reconvenção, como qualquer ação, também deverá preencher os pressupostos processuais, sejam de existência e validade. Daí que o atendimento à norma do artigo 267, do CPC, também incide sobre a reconvenção.

Requisitos específicos para o exercício da reconvenção. São seis os requisitos específicos para o exercício da reconvenção, a saber: a) competência de juízo; b) compatibilidade de procedimentos; c) processo pendente; e d) conexão da reconvenção com a ação principal ou com os fundamentos da defesa.[308] Além desses quatro requisitos, devem ser inseridos mais dois: e) exercício na forma

---

[307] MARCATO, Antonio Carlos. *Procedimento...*, p. 47.

[308] NERY JÚNIOR, Nelson, e ANDRADE NERY, Rosa Maria. *Código de Processo Comentado...*, p. 808.

legal; e f) não incidência das espécies de preclusão quanto ao exercício da reconvenção.

Passa-se ao exame de cada um dos requisitos específicos.

A *competência do juízo* se revela por uma idéia de exclusão. Isto é, não poderá o juiz do processo principal ser absolutamente incompetente para processar e julgar a reconvenção. Poderá o juiz ser relativamente incompetente, mas, por força da conexão (CPC, arts. 102, 103 e 109), a competência do juízo prorroga-se à reconvenção, autorizando o juízo a processá-la e julgá-la.[309]

Não sendo possível firmar a competência do juízo, porque é absolutamente incompetente para apreciar a reconvenção, esta não poderá ser admitida, enquanto a ação ajuizada estiver pendente.

Por isso, explica Calmon de Passos que "a reconvenção importa em prorrogação da competência do juiz da causa principal para conhecê-la. Esta prorrogação, contudo, deixa de ocorrer se o juiz da ação principal for incompetente em razão da matéria ou em razão da função. Isso porque, nos termos do art. 102, só a competência em razão do valor e em razão do território são modificáveis por força da conexão".[310]

O segundo requisito é a *compatibilidade de procedimentos*, a ser adotado entre a ação principal e a reconvenção. Esse requisito implica não somente propor reconvenção no rito ordinário, bem como esta será proposta somente em processo de conhecimento, uma vez ser incabível a reconvenção nos processos de execução e cautelar.[311]

Com efeito, a reconvenção é instituto essencial a ser desenvolvido no procedimento ordinário. Dada a possibilidade de ampliação da lide pelo ajuizamento da reconvenção, compreendeu a dogmática jurídica que somente o procedimento ordinário permitiria o conhecimento da demanda ampliada.

No entanto, algumas observações devem ser dadas. Como a reconvenção é de iniciativa exclusiva do réu, é compreensível que o procedimento ordinário poderá existir tão-somente a partir do momento em que o réu é citado pa-

---

309 SILVA, Ovídio Baptista da. *Curso de Processo Civil*, p. 263, vol. I.

310 PASSOS, J. J. Calmon de. *Comentários...*, p. 310.

311 Conclusão 13 do VI Encontro Nacional dos Tribunais de Alçada: "Não cabe reconvenção nos processos executivo e cautelar".

ra responder aos termos da ação. Assim, se no início da ação o procedimento utilizado foi o especial ou o sumário, mas a sua conversão para o rito ordinário se deu antes do prazo para a "Resposta do Réu", nada impede que, após a conversão, o réu ajuíze a reconvenção.

Também insta lembrar que, se o conteúdo da reconvenção for matéria típica de rito sumário, nada impedirá que esta seja formulada em sede de reconvenção, desde que conexa com a ação principal ou com os fundamentos da defesa. Típico exemplo é a ação de indenização por danos morais por protesto abusivo de dívida condominal, em que o condomínio propõe reconvenção para a cobrança da dívida condominal, em que a causa principal segue o rito ordinário, dando a mesma sorte à causa reconvencional que, se proposta em ação autônoma, seguiria o procedimento sumário.[312] A respeito, sentencia Calmon de Passos que "a reconvenção, portanto, deve ser suscetível de procedimento idêntico ao da ação principal. Nada obstando renuncie o réu, com sua reconvenção, a procedimento especial que acaso poderia ser atribuído ao seu pedido, submetendo-se ao procedimento ordinário, quando compatível".[313]

Nessa linha, assentou o STF que "é admissível reconvenção apresentada em procedimento ordinário, veiculando pedidos para os quais o art. 275, II, do CPC manda observar o procedimento sumaríssimo *(hoje sumário)*".[314]

Explica Marcato que deve "haver uniformidade procedimental, já que ambas as ações serão simultaneamente processadas – e julgadas, preferencialmente, na mesma sentença –, não sendo possível, pois, à toda evidência, a adoção de procedimentos diferentes para o processamento de uma e outra".[315]

A adequação de procedimento se dá quando entre a ação principal e a reconvenção existir *identidade de ritos*, que deverá ser ordinário. Por isso, a identidade de procedimentos é o elemento objetivo caracterizador de procedimento adequado utilizado na reconvenção.

Com a necessidade de adequar procedimentos ordinários, vislumbra-se que a reconvenção somente é cabível no processo de conhecimento, obedecendo ao rito ordinário.

---

312 MARCATO, Antonio Carlos. *Procedimento...*, p. 46-7.

313 PASSOS, J. J. Calmon de. *Comentários...*, p. 313.

314 PAULA, Alexandre de. *CPC Anotado*, p. 1301, vol. II.

315 MARCATO, Antonio Carlos. *Procedimento...*, p. 48.

A *pendência do processo* é o terceiro requisito específico para exercício da reconvenção. A idéia de que a reconvenção amplia a demanda, em face da sua conexidade com a matéria da ação ou com a defesa, demonstra claramente que ela provoca a simultaniedade de demandas.[316] Para que isso ocorra, deverá o réu propor a reconvenção na pendência da ação principal.

Inexistindo o processo principal, não há que se falar em reconvenção proposta pelo réu, mas, isto sim, de uma simples ação proposta por uma pessoa contra outra.

Por outro lado, se indeferida de plano a inicial, ainda que o réu tenha espontaneamente comparecido nos autos para ofertar contra-razões ao recurso apelatório, não poderá propor a reconvenção. Como se verá adiante, a propositura da reconvenção deve ocorrer num momento processual próprio: durante o prazo para a "Resposta do Réu". Logo, não se admite o ajuizamento da reconvenção em momento distinto.

Ademais, mesmo que na pendência do processo, a ação principal venha ser extinta por carência de ação, deverá o processo seguir com a reconvenção. A ação principal não pode implicar nenhuma relação de prejudicialidade com a reconvenção, por isso, a extinção da ação não resultará na extinção da reconvenção, como se verá do exame da norma do artigo 317, do CPC.

Por fim, cumpre destacar que o processo pendente deverá ser o de conhecimento, razão pela qual é incabível a reconvenção no processo de execução, inclusive em embargos à execução, e no processo cautelar.

A *conexão* que a matéria da reconvenção deve guardar com a ação ou com os fundamentos da defesa revela um meio-termo entre o restrito sistema francês e o flexível sistema romano-canônico. Mas se for observado o histórico legislativo nacional, percebe-se que o sistema brasileiro tende ao romano-canônico, ao se afastar das restrições impostas por alguns códigos estaduais.

Para Vicente Greco Filho, o requisito "conexão" deve ser entendido como o normatizado no artigo 103, do CPC, isto é, identidade de causa de pedir ou de pedido da ação principal. Ou conexão com os fundamentos da defesa, que nada mais significa que a conexidade com a causa de pedir da contestação.[317]

---

[316] Cf. FERREIRA, Pinto. *Da resposta...*, p. 88.

[317] GRECO FILHO, Vicente. *Direito Processual Civil*, p. 146-7, 2º vol. No mesmo sentido, MARCATO, Antonio Carlos. *Procedimento...*, p. 47.

Seria um equívoco afirmar que a reconvenção pudesse ser proposta fundada na conexão com a pretensão formulada na contestação. Neste caso, faltaria ao reconvinte interesse de agir, visto que a contestação poderia atingir o mesmo efeito pretendido com a reconvenção, tornando-a dispensável.

Ovídio A. Baptista da Silva sustenta que o conceito de conexão do artigo 315, do CPC, é mais amplo do que o empregado no artigo 103, do CPC. Pois, segundo o mestre gaúcho, "para efeito de ensejar o pedido reconvencional, a conexão que se exige, diz respeito mais diretamente à comunidade do material probatório entre a demanda dita principal e a ação reconvencional (...)".[318]

Por isso, entende-se que conexão com a ação ou com os fundamentos da defesa é toda relação ou situação jurídica nova, e suscetível de produzir efeitos jurídicos distintos da ação ou da contestação. Se a relação ou a situação jurídica deduzida na reconvenção puder produzir efeito idêntico na ação ou na contestação, o recovinte carecerá do direito à ação proposta, por absoluta falta de interesse de agir.

Desta forma, a reconvenção deve apresentar um *plus* até então inexistente. Percebe-se uma ampliação da oportunidade de reconvir. Mas esse *plus* deve guardar alguma pertinência com a causa de pedir ou pedido da ação ou com a causa de pedir da defesa.

Citem-se os seguintes exemplos: na ação de cobrança de pagamento de obra, o réu reconvém pedindo a indenização por defeito existente na obra construída; na ação de exoneração de alimentos, o réu propõe reconvenção pleiteando a majoração; na ação de separação judicial fundada em abandono do lar, o réu reconvém pedindo a separação pelo adultério do autor-reconvindo.[319]

Esses exemplos bem demonstram a existência de situações ou relações jurídicas que podem existir além da própria relação jurídica deduzida na ação principal e impugnada na contestação. A reconvenção tem por missão levar ao conhecimento do juiz esse *plus*, até então desconhecido.

O quinto requisito é o *exercício da reconvenção segundo as formas legais*. Daí que a reconvenção deverá ser elaborada em petição em separado – em nenhuma hipótese será admitida a reconvenção proposta verbalmente ou como pre-

---

[318] SILVA, Ovídio Baptista da. *Curso de Processo Civil*, p. 261-2, vol. I.

[319] SILVA, Ovídio Baptista da. *Curso de Processo Civil*, p. 263, vol. I.

liminar da contestação –, atendendo-se aos requisitos dos artigos 282 e 283, do CPC.

Decidiu o TJSP: "Ainda que o Código não seja expresso, a petição do reconvinte deve atender o art. 282 do CPC, salvo quanto ao pedido de citação, bastando a intimação do réu reconvindo, medida justificável, pois a reconvenção se instaura sobre a relação processual já existente. Deve, por isso, conter o valor da causa, que pode não ser o mesmo da ação, de vez que o benefício econômico de cada pedido pode ser diferente".[320]

Percebe-se que a reconvenção tem conteúdo e requisito de ação, em face da sua natureza jurídica de ação proposta pelo réu.

O sexto requisito, por fim, trata da *não incidência de nenhuma espécie de preclusão* que possa inviabilizar o exercício da reconvenção. Daí que, para o exercício da reconvenção, é preciso que a parte exerça oportunamente, de tal sorte que deverá evitar não só a preclusão temporal como a preclusão consumativa.

Incidirá a preclusão consumativa se o réu deduzir a contestação e/ou as exceções processuais e não propor a reconvenção. Neste caso, verifica-se a incidência da preclusão consumativa, visto que foi consumida uma etapa processual – resposta do réu –, bem ou malfeita pelo réu, que não poderá ser repetida.

Haverá preclusão temporal se o réu, no prazo que lhe é conferido para responder aos termos da ação, não praticar nenhum ato processual, seja contestando a ação, seja deduzindo as exceções processuais, seja propondo a reconvenção. Esgotado o prazo, o réu perderá a oportunidade de praticar o ato que lhe era cabível.

Incidindo os efeitos da preclusão, a reconvenção não será admitida, devendo ser indeferida de plano. No entanto, nada impede que o réu posteriormente ajuíze ação independente e autônoma contra o autor. Mas, certamente o réu não poderá beneficiar-se da economia proporcionada pela reconvenção.

Parágrafo único. A norma do parágrafo único visa proteger a atuação de quem postula em juízo em nome de outrem. É a figura do procurador, que não se confude com a do procurador judicial.

Neste caso, o réu-reconvinte somente poderá propor reconvenção contra o representado, o verdadeiro autor da demanda.

---

[320] PAULA, Alexandre de. *CPC Anotado*, p. 1302, vol. II.

Por outro lado, não se pode concordar que o disposto enfocado possa ser dirigido ao legitimado extraordinário. Pois, apenas para relembrar, o legitimado age em nome próprio para tutela de direito alheio porque há uma expressa autorização legal; diferente da figura do procurador, que age em nome do representado para a tutela do direito do representado. Neste caso, o procurador não passa de um mero preposto, ao passo que o legitimado é parte na ação.

Mas nem por isso, pode-se admitir a reconvenção contra o legitimado extraordinário como já explicitado, sob pena de provocar a intervenção de terceiros e ao legitimado extraordinário carecer de legitimidade para figurar no pólo passivo de uma ação, além de ser impossível de surtir os efeitos jurídicos desejados pelo reconvinte contra ele (legitimado).

Art. 316. Oferecida a reconvenção, o autor reconvindo será intimado, na pessoa do seu procurador, para contestá-la no prazo de quinze (15) dias.

PROCEDIMENTO DA RECONVENÇÃO II

Recebimento da reconvenção. A reconvenção, como qualquer ação, está sujeita ao exame de admissibilidade de seu processamento. Poderá o juiz tomar três medidas: ou a recebe, deferindo seu processamento, ou determina que o réu-reconvindo a emende, por entender a necessidade de suprir eventual falha, ou simplesmente indefere seu processamento, por entender estar ausente algum dos requisitos genéricos ou específicos, bem como por alguma hipótese do artigo 295, do CPC.

Contra a última alternativa, a despeito de se equiparar a uma sentença de improcedência, o recurso cabível é o do agravo de instrumento. Compreende-se que a demanda principal, conexa – ação ou contestação – à reconvenção, continua pendente, razão pela qual não foi extinto o processo. Daí considerar que o indeferimento da reconvenção é uma decisão interlocutória, que desafia recurso de agravo de instrumento.[321]

[321] Decidiu o STJ: "O agravo de instrumento é o recurso cabível contra decisão que liminarmente indefere reconvenção, porque o processo de conhecimento continua, inexistindo ilegalidade ou abuso de poder no caso de processamento de apelação como agravo, interposto contra despacho que *in limine* indeferiu a reconvenção". Cf. PAULA, Alexandre de. *CPC Anotado*, p. 1310, vol. II.

Mas recebendo a reconvenção, poderá ainda o juiz apreciar eventual pedido de tutela antecipatória. Concedendo-a, o autor-reconvindo poderá interpor recurso de agravo de instrumento.

Intimação do autor-reconvindo. Uma vez recebida a reconvenção, com ou sem pedido de tutela antecipatória, o autor-reconvindo será intimado na pessoa de seu procurador judicial, para responder aos termos da reconvenção.

Note-se que não haverá "citação" do reconvindo, mas apenas intimação. A citação se destina a comunicar a alguém a existência de uma ação proposta e de um processo existente contra ele. A ação e o processo existem, que é a demanda principal, daí a dispensa da citação. Porém, plausível compreender que os efeitos da citação são os mesmos do artigo 219, do CPC, conforme orientação do TJSP.[322]

Corretamente o termo "intimação", vez que serve para comunicar à parte a oportunidade de se praticar ato processual. Tanto é verdade, que a intimação será feita na pessoa do procurador judicial, geralmente pelo Diário da Justiça. A pessoalidade de que trata a norma em questão, significa que a intimação deverá ser dirigida ao procurador do reconvindo, em atendimento ao artigo 215, *caput*, do CPC, que pode ser um ato físico pessoal ou por meio do Diário da Justiça.

Note-se que, como a comunicação da existência da ação reconvencional se fará em bacharel em direito, há entendimento de que, ausente a advertência do artigo 285, do CPC, haverá revelia do reconvindo.[323]

Amplitude do termo "contestação". Sustenta Clito Fornaciari Júnior que "a contestação representa apenas uma das atitudes suscetíveis de serem tomadas pelo réu diante da demanda. Ao seu lado, apresentam-se, contudo, as exceções e a própria reconvenção. Estaria o Código, quando se refere no artigo em tela à contestação, querendo confinar a atuação do reconvindo somente à possibilidade de deduzir contestação? Ou terá usado de má técnica, e, onde se referiu à contestação, devemos interpretar como se estivesse escrito *resposta*?

[322] PAULA, Alexandre de. *CPC Anotado*, p. 1313, vol. II.

[323] Expressou o TJRJ que: "A revelia não surte o efeito previsto no art. 319 do CPC, quando do mandado de citação não consta a advertência de que trata o art. 285, *fine*. Produz-se aquele efeito, quanto ao autor, que não contesta a reconvenção". Cf. PAULA, Alexandre de. *CPC Anotado*, p. 1312, vol. II.

Pensamos que o correto é interpretar a contestação do art. 316 como resposta, principalmente porque o Código está prenhe de vícios dessa ordem".[324]

A idéia mostra-se procedente porque, além do que será visto adiante sobre a possibilidade da reconvenção da reconvenção, ao autor-reconvindo é possível contestar e opor exceções processuais.

A matéria de contestação é a mesma delineada nos artigos 300-303, do CPC, já examinados, e devem deduzir todas as objeções processuais existentes, objeções e exceções materiais e o opor-se ao mérito propriamente dito.

Quanto às exceções processuais, não poderá o autor-reconvindo deduzir a exceção de incompetência relativa, visto que o réu-reconvinte está implicitamente autorizado a "ofender" a incompetência relativa, para exercer a reconvenção. Ademais, o juízo da ação principal exerce *vis atractiva* da reconvenção, prorrogando a competência desta para aquele juízo.

No entanto, se a reconvenção ofender critérios para competência absoluta, a própria reconvenção deverá ser indeferida, uma vez que o juízo não possui autorização para processar e julgar a demanda reconvencional. Daí ser útil o reconvindo argüir a incompetência absoluta em preliminar ao mérito na contestação à reconvenção.

É possível o autor deduzir exceção de suspeição do juiz, por ocasião da reconvenção, quando, exemplificadamente, descobrir que o juiz aconselhou o réu-reconvinte sobre o objeto da reconvenção (CPC, art. 135, IV).

Também poderá o autor-reconvindo impugnar ao valor da causa, inaugurando outra exceção processual.

Reconvenção da reconvenção. Questão polêmica no processo civil é saber se o autor-reconvindo poderá propor reconvenção contra o réu-reconvinte. Noutras palavras, é admissível a reconvenção da reconvenção?

Osvaldo da Silva Rico afirma a impossibilidade. Apóia o processualista na obediência aos artigos 297 e 315, do CPC, para compreender que a reconvenção é instituto específico do réu. Daí referendar o brocardo latino *reconventio reconventionis fieri non potest.*[325]

---

[324] FORNACIARI JÚNIOR, Clito. *Da reconvenção...*, p. 175.

[325] RICO, Osvaldo da Silva. *Da reconvenção...*, p. 89.

De fato. Por este ângulo, pode-se aduzir que a faculdade processual do exercício da reconvenção é deferida exclusivamente ao réu, na esteira dos mencionados dispostivos legais.

Ademais, cumpre destacar que a reconvenção proposta pelo autor provocaria um desnecessário desequilíbrio do processo, visto que o autor proporia duas ações contra o réu.

Também cumpre destacar que a reconvenção da reconvenção poderia atentar contra a estabilidade da instância, já que ter-se-ia uma amplitude da causa de pedir e pedido proporcionado pelo autor.

Por fim, sempre bom lembrar que o instituto da reconvenção nasceu no seio da defesa, considerado uma das modalidades de exercício da defesa, porém sob a forma de ação.

Clito Fornaciari Júnior sugere que a regra do artigo 316, do CPC, deve ser entendida como "resposta" do reconvindo e não como simples contestação.[326]

Isso poderia sugerir ao leitor a admissibilidade técnica da reconvenção pelo autor-reconvindo, mas Clito Fornaciari Júnior sustenta a regra da negativa. Com efeito, salienta o processualista que "toda omissão do autor, na petição inicial, formulando pedidos que lhe seria lícito fazer, somente pode ser reparada por ação distinta, nos termos do art. 294, entendida como ação *originária* que desencadeia um *novo processo*, pois todo o pedido dá lugar ao exercício de uma *ação*. Por outro lado, se permitíssemos a *reconvenção da reconvenção*, teríamos, em muitos casos, eternização do processo na fase postulatória, bastando pensar-se, na reconvenção da reconvenção da reconvenção, teoricamente possível, para quem entende viável a reconvenção da reconvenção. Outrossim, essa interpretação vem de encontro à crescente publicização do processo".[327]

Em sentido oposto, sustentam Nelson Nery Júnior e Rosa Maria Andrade Nery, uma vez que "a lei processual não veda, sendo cabível em tese, como um das formas de *resposta* do reconvindo".[328]

Tal posição é seguida por Ovídio A. Baptista da Silva, ao afirmar a possibilidade da *reconventio reconventionis*.[329]

---

326 FORNACIARI JÚNIOR, Clito. *Da reconvenção...*, p. 175.

327 FORNACIARI JÚNIOR, Clito. *Da reconvenção...*, p. 175-6.

328 SILVA, Ovídio Baptista da. *Curso de Processo Civil*, p. 815, vol. I.

329 SILVA, Ovídio Baptista da. *Curso de Processo Civil*, p. 263, vol. I.

Além desses argumentos, Calmon de Passos apresenta outros, para justificar a admissibilidade: "a) o autor ignorava que o réu iria reconvir; e por outro lado o seu interesse pode ter surgido justamente em razão da reconvenção; mas, ainda que o soubesse, a cumulação dos pedidos não é dever de ordem substancial nem de natureza processual; b) as ações entre só duas partes são em número finitivo e logo se exaurem; inclusive a exigência de um nexo entre a ação e a reconvenção ainda opera como fator limitativo de maior eficácia; c) a impugnação da reconvenção contestação é (hoje, inclusive, é assim denominada), sob qualquer aspecto que seja examinada. E esta nos parece a posição correta".[330]

Estabelecida a polêmica, percebem-se os seguintes aspectos:

a reconvenção se funda em conexão com a ação principal ou com os fundamentos da defesa. Ora, poderá o autor-reconvindo denunciar eventual lesão à relação ou situação jurídica conexa com a matéria da reconvenção ou com a contestação a esta;

essa nova relação ou situação jurídica não surgiu com a ação principal ou com a contestação a esta, mas justamente a partir da reconvenção ou da contestação a esta;

por outro lado, a sucessão de reconvenções poderá prejudicar a solução da demanda principal, em face da eternização das demandas;

a demasiada ampliação da demanda afeta a estabilidade da instância, que se não pode servir de obstáculo ao acesso à justiça, serve para organizar e racionalizar a atividade processual;

de igual forma, não se pode admitir a provocação da intervenção de terceiros via reconvenção, que não só fere a estabilidade subjetiva da demanda, como também cooperaria para a eternização das demandas, uma vez que o terceiro também teria legitimidade para reconvir e o reconvindo também, sucessivamente.

Por isso, há de se concluir pela admissibilidade da reconvenção da reconvenção, como forma de economia processual. No entanto, é preciso estabelecer as seguintes imposições: somente o autor-reconvindo poderá reconvir, não se admitindo além dele outra reconvenção. Também não se pode admitir a intervenção provocada de terceiros via reconvenção, para garantia da economia processual.

---

330 PASSOS, J. J. Calmon de. *Comentários...*, p. 314-5.

Art. 317. A desistência da ação, ou a existência de qualquer causa que a extinga, não obsta ao prosseguimento da reconvenção.

PROCEDIMENTO DA RECONVENÇÃO III

Autonomia da reconvenção. O disposto em comento contempla a autonomia da reconvenção em relação à ação principal. Por isso, dispõe que ocorrendo a desistência ou a extinção da ação principal, deverá o processo prosseguir apenas com a reconvenção. Daí que, juridicamente entre a ação e a reconvenção, necessariamente não se guarda relação de prejudicialidade.

Realçam Nelson Nery Júnior e Rosa Maria Andrade Nery a plena autonomia da reconvenção quando "relativamente à demanda principal houver desistência, ou mesmo extinção sem julgamento do mérito, estas circunstâncias não obstam o prosseguimento da reconvenção que deverá prosseguir e receber julgamento do mérito, caso estejam preenchidas as condições da ação e pressupostos processuais. A recíproca é verdadeira: se o réu-reconvinte desiste da reconvenção, prossegue a ação principal".[331]

Essa autonomia decorre da existência de duas relações processuais simultâneas no processo. Wellington Moreira Pimentel esclarece que "se há reconvenção, duas são as relações processuais que paralelamente se desenvolvem. Se o autor da ação desiste, julga-se extinto o processo, sem julgamento do mérito. Extinta uma das relações processuais, a outra permanece íntegra, prosseguindo no seu desenvolvimento sem sofrer qualquer solução de continuidade".[332]

Interessante notar alguns aspectos: a) se o autor desistir da ação e o réu se opuser ao pedido, deverá a ação principal seguir, junto com a reconvenção, com os atos diligenciados pelo réu; b) se a desistência foi ocorrida antes da citação do réu, ela operar-se-á eficazmente, de tal sorte incabíveis a contestação e a reconvenção;[333] c) no entanto, se a desistência for após a citação do réu, durante a fluência do prazo para a resposta do réu, caberá a este a conveniência de concordar com o pedido ou não; d) mas se o réu somente se manifestar positivamente pela desistência após a propositura da reconvenção, deverá o processo seguir apenas com a reconvenção.

[331] NERY JÚNIOR, Nelson, e ANDRADE NERY, Rosa Maria. *Código de Processo Comentado...*, p. 816.

[332] PIMENTEL, Wellington Moreira. *Comentários...*, p. 322.

[333] PIMENTEL, Wellington Moreira. *Comentários...*, p. 322-3.

Exceção ao princípio da incidibilidade do julgamento da lide e espécie de recurso. Ocorrendo a extinção ou a desistência da ação principal, não haverá a extinção do processo, uma vez que este prosseguirá com a reconvenção.

Por isso, tem-se que o artigo 317 significa exceção ao princípio da incidibilidade do julgamento da lide. Visto que este princípio contempla o julgamento único de toda lide em uma única sentença, ter-se-ão, ao menos, na hipótese do disposto enfocado, dois julgamentos acerca da lide: um da ação principal, outro da reconvenção.

Daí que surge a seguinte questão: qual o recurso cabível contra a decisão que extinguiu a ação principal? Certamente, essa decisão deveria ser considerada sentença e o recurso cabível o da apelação.

Porém, não se pode perder de vista que o processo não foi extinto em razão da extinção da ação. O processo, reiterando, deverá prosseguir com a reconvenção. Ora, decisão que não extingue o processo não pode ser considerada sentença, mas interlocutória, a desafiar recurso de agravo de instrumento.

De igual forma, a decisão que indefere de plano a reconvenção não é considerada sentença, mas decisão interlocutória, que também desafia recurso de agravo de instrumento.

Por isso, entende-se que a decisão que extinguir a ação principal estará apenas resolvendo questão incidental, uma vez que não extinguirá o processo. Conseqüentemente, o recurso cabível é o de agravo de instrumento.

Art. 318. Julgar-se-ão na mesma sentença a ação e a reconvenção.

PROCEDIMENTO DA RECONVENÇÃO IV

Unicidade de julgamento. A regra geral é de que a ação principal e a reconvenção recebam julgamento únicos, na mesma sentença.

Posiciona-se Calmon de Passos que "a sentença é única do ponto de vista formal, substancialmente, ela contém, ao mesmo tempo, o acertamento da lide objeto da ação principal e da lide objeto da ação reconvencional".[334]

---

334 PASSOS, J. J. Calmon de. *Comentários...*, p. 327.

A despeito do entendimento de que cada ação deverá corresponder a uma sentença, percebe-se que o legislador, por critério de racionalidade e economia processual, proclamou que uma mesma sentença deverá contemplar duas ações.

Daí que o juiz terá tarefa dupla na sentença: fazer dois relatórios, um da ação outro da reconvenção; realizar dois fundamentos, um aplicável à ação outro à reconvenção; e pronunciar duas conclusões, uma em comando da ação principal outra da reconvenção, bem como dos respectivos ônus da sucumbência.

A norma processual não estabelece uma ordem cronológica na sentença, dizendo qual deve ser examinada em primeiro lugar. Essa liberdade é conferida ao juiz, para, conforme o caso concreto, optar pela melhor metodologia. A despeito dessa liberdade, opina-se o seguinte:

se a reconvenção for conexa com a ação principal e não guardar relação de prejudicialidade, primeiro examina-se a ação e depois a reconvenção. Até porque a reconvenção originou-se da ação;

se a reconvenção for conexa com a ação principal e guardar relação de prejudicialidade, primeiro examina-se a reconvenção, e a ação somente será examinada se improcedente a reconvenção;

de igual forma, se a reconvenção for conexa com os fundamentos da defesa e guardar relação de prejudicialidade, em que primeiro examina-se a reconvenção e somente no caso de sua improcedência é que será examinada a ação principal; e

por fim, se a reconvenção for conexa com os fundamentos da defesa e não guardar relação de prejudicialidade, primeiro examina-se a ação e depois a reconvenção.

Desmembramento dos julgamentos. É possível o juiz desmembrar julgamentos entre a ação principal e a reconvenção?

Pontes de Miranda nega tal possibilidade, pois "nem a requerimento das partes, nem de ofício, pode o juiz desmembrar os processos. O *ius reconveniendi* existe; não se pode privar dela a parte. O art. 318 é expresso. A discussão travada noutros sistemas jurídicos deve ser posta de lado, diante da lei nova. Se o juiz separou os julgamentos, há nulidade, mas o art. 250 é invocável".[335]

---

[335] MIRANDA, Pontes de. *Comentários ao Código de Processo Civil*, p. 191, tomo IV.

Calmon de Passos, abordando sobre a questão de cindir o julgamento antecipado da ação com a reconvenção que necessita de instrução, posiciona-se que "pelo princípio da autonomia, os meios probatórios de uma não se subordinam nem estão condicionados aos da outra. Pode, numa das ações, se tornar desnecessária a produção de prova em audiência e na outra o mesmo não ocorrer; como pode um meio de prova ser inadmissível em uma e pertinente em outra. Isso não significa que a prova produzida em relação a uma não seja aproveitável e relevante para outra. Da unidade da relação processual, ensina Chiovenda, no processo cumulativo reconvencional, decorre que a instrução feita para uma das ações pode ser utilizada para a outra. Conseqüentemente, ou o julgamento antecipado da lide é viável em relação à ação e à reconvenção, e ambas serão julgadas pela mesma sentença, ou será incompatível para ambas, ou em relação a qualquer delas. Nessa hipótese, por força da exigência do julgamento simultâneo (art. 318), só após a instrução se poderá decidir as duas".[336]

Posição assemelhada é a de Wellington Moreira Pimentel, ao justificar a unicidade de julgamento pelo seguinte fato: "a existência de reconvenção não interfere no momento processual em que a sentença deva ser proferida, desde que o possa ser abrangendo-a e à ação".[337]

No entanto, a regra do artigo 317, como visto, representa uma exceção ao princípio da unicidade do julgamento. Logo, a norma do artigo 318 não se mostra absoluta, diante de exceções.

Por outro lado, verificando o autor que a ação dispensa provas, por estar "madura", mas a reconvenção está a necessitar de instrução, deverá requerer a concessão de tutela antecipatória, a fim de melhor atender seu direito material.

---

336 PASSOS, J. J. Calmon de. *Comentários...*, p. 328-9.

337 PIMENTEL, Wellington Moreira. *Comentários...*, p. 325.

Capítulo III

DA REVELIA

DA REVELIA

Noção. A expressão "revelia" significa a situação de ser revel, isto é, chamado a comparecer em juízo e não comparece, caracterizando, portanto, sua contumácia.

Mas contumácia se distingue da revelia. Salienta Marcelo Abelha Rodrigues que, a despeito de serem significados próximos, revel procede do latim *rebellis*, relacionado com rebelar, e contumácia se origina do latim *contumax*, significando orgulhoso, altivo, desdenhoso, insolente.[338]

Daí, consoante a lição do processualista capixaba, "de forma tímida e inicial com o advento do CPC/39 e, posteriormente, às claras e fora de dúvidas com o CPC/73, o legislador optou por conceituar *revelia*, e, como sabemos, conquanto qualquer classificação enseje uma segurança jurídica, também cria um espaço

---

[338]RODRIGUES, Marcelo Abelha. *Elementos de Direito Processual Civil.* São Paulo, Revista dos Tribunais, 2000, p. 139-40, vol. 2.

conceitual negativo, na medida em que exclui situações que não se encaixam nos requisitos do conceito. Foi assim com a contumácia em relação ao conceito de revelia".[339]

A posição do CPC (art. 319) mostra claro e invisível posicionamento de que a revelia é um comportamento negativo do demandado: o de não contestar a ação. Tecnicamente é possível haver revelia do réu ainda que ele compareça no processo, mas apenas deduza exceções processuais e ajuíze reconvenção.[340]

Nesse entendimento, pronuncia Marcelo Abelha Rodrigues que revelia, para o atual CPC, "nada mais é do que *ausência de contestação pelo réu* (art. 319). Assim, é nítido e fora de dúvidas que revelia não é mais a mesma coisa que o *não-comparecimento da parte.* Nem se trata de comparecer ou não, já que relacionado com o exercício ou não de uma das modalidades de defesa (contestação). Portanto, pode o réu comparecer e não oferecer contestação. Nesse caso, ainda assim será revel, porque inserto no fato gerador previsto no art. 319 do CPC".[341]

Essa expressão se justifica por aquilo que a contestação representa para o réu: um ônus processual. Por isso, não está obrigado a comparecer em juízo para se defender, mas efeitos decorrerão desse comportamento omissivo.[342]

Já a expressão contumácia apresenta outro significado processual. Também se refere a um comportamento negativo do litigante, mas sobre qualquer ato processual, distinto de uma peça defensiva.

O autor e o réu podem ser contumazes quando intimados a comparecer em audiência; mas somente o réu poderá ser revel, se ausente a sua contestação.

Evolução histórica. No processo civil romano não podia haver revelia no período da *legis actiones.* Pois, dado ao fato de que a citação e a vinda do réu perante o pretor era ato exclusivo do autor, a este recaía o ônus do não-comparecimento do demandado.

Ademais, se a *litiscontestatio* é vista como espécie de contrato ou como fonte de obrigações privadas, imprescindível a presença do réu, sem o qual não se estabelecia a *litiscontestatio* e o processo não prosseguia.

---

339 RODRIGUES, Marcelo Abelha. *Elementos de Direito Processual Civil*, p. 140, vol. 2.

340 Nesse sentido, cf. PIMENTEL, Wellington Moreira. *Comentários...*, p. 327-8.

341 RODRIGUES, Marcelo Abelha. *Elementos de Direito Processual Civil*, p. 140-1, vol. 2.

342 PIMENTEL, Wellington Moreira. *Comentários...*, p. 328.

Para tanto, podia o autor, segundo a Lei das XII Tábuas, tomar testemunhas e prender o réu, bem como lançar mão sobre o citado (segurá-lo) se este procurar enganar ou fugir (Tábua Primeira, 2 e 3), procedimento este denominado *manus iniecto*. Da revelia, o autor já podia se apoderar de seus bens ou da pessoa do demandado.[343]

Já no final do período republicano, extraiu-se outro efeito da contumácia: a ausência do réu poderia representar a vitória do autor, e a ausência deste, a vitória do demandado.[344]

Reformulou-se o procedimento da *manus iniectio* no período formulário com a aplicação de multas em substituição ao agarramento do réu. Explica Calmon de Passos que admitiu-se também "a coação indireta da imissão nos bens do demandado não comparecente, a qual, em certas hipóteses, era dada não somente com o caráter provisório e coercitivo, mas também com transferência ao comparecente do poder de alienação dos bens constritos. Nesta fase se prescreveu, para garantia do réu, a reiteração da citação, com tríplice *denuntiatio*, ou aprovação de uma intimação por meio de edito peremptório do magistrado. Se, não obstante isso, o réu permanecia contumaz, o juiz pronunciava contra ele a sentença".[345]

Tucci e Azevedo esclarecem que no período formulário, a despeito de a *ius vocatio* ser promovida pelo demandante, já existia um maior e acurado controle pelo pretor, a não mais permitir o emprego da força, concedendo-se ao autor uma *actio in factum*, contra aquele que, chamado em juízo, não obedece nem fornece um *vindex*.[346]

Além disso, explicam os professores paulistas, "substitui-se a primitiva violência, ficando, todavia, o demandado sujeito ao pagamento de multa, à penhora e até à perda de seus bens, caso insista em não se apresentar (era considerado *latitans* ou *indefensus* – Gaio, *I.*, 3.78). Por outro lado, ensina Gaio que, chamado a juízo o adversário e não sendo possível decidir, no mesmo dia, a questão, deve ele prestar *vadimonium*, isto é, prometer (mediante *stipulatio*) que comparecerá na nova data designada; tais *vadimonia* em alguns ca-

---

[343] TUCCI, José Rogério Cruz e, AZEVEDO, Luiz Carlos de. *Lições de história...*, p. 68-9.

[344] PASSOS, J. J. Calmon de. *Comentários...*, p. 331-2.

[345] PASSOS, J. J. Calmon de. *Comentários...*, p. 332.

[346] TUCCI, José Rogério Cruz e, AZEVEDO, Luiz Carlos de. *Lições de história...*, p. 80-1.

sos, são simples; em outros, se realizam mediante caução; em outros, ainda pelo juramento (*I.*, 4.184-185). Faltando ao compromisso, incorrerá nas sanções do *vadimonium desertum*: o autor poderá tanto exigir o recebimento da caução (*summa vadimonii*) como pleitear, junto ao pretor, a *missio in possessionem* dos bens do faltoso, com direito a vendê-los em hasta pública, porque resultou evidente o dolo com que agiu (...). O edito pretoriano trouxe, assim, oportunas medidas relacionadas com as várias modalidades de promessas e garantias, fornecendo sucedâneos à rudeza do método anteriormente utilizado para se lograr o comparecimento do demandado em juízo".[347]

Já no período da *extraordinaria cognitio* conheceram-se a revelia e os efeitos dela decorrentes hodiernamente concebidos. Do não-comparecimento do demandado, deveria o autor comprovar suas alegações, sob pena de improcedência da sua pretensão. Vitorioso o autor, leciona Calmon de Passos, "considerava-se provisória a sua imissão na posse dos bens do demandado, quando se tratasse de ação rela, posse que só adquiria caráter de definitiva depois de um ano, na hipótese de o réu não comparecer e reclamar o bem, prestando fiança; nas ações pessoais, o autor podia também ser imitido na posse de coisas pertencentes ao patrimônio do devedor, depois de haver estado na posse *rei servandae causa* por certo tempo, durante o qual ao contumaz se facultava reavê-los, pagando ao autor os danos e prestando fiança para o regular desenvolvimento do processo. Isso não ocorrendo, ficava o demandante autorizado a vender os bens em cuja posse fora imitido, utilizando-se do preço".[348]

A citação nesta fase passa a ser de caráter oficial, realizada por funcionário do tribunal. Tucci e Azevedo elucidam que, nesta fase do processo civil romano, "quando instituído o procedimento sob o direto controle estatal, já se pode falar em contumácia, tanto do autor quanto do réu, o que não era viável no antigo sistema, onde as partes, de antemão e pessoalmente, se comprometiam a aceitar o julgamento. Ademais, enquanto a citação anteriormente traduzia ato de natureza privatística, realizado pela própria parte interessada, significava, agora, ordem oficial de chamamento a juízo, emanada da autoridade pública; o descaso ou a desobediência a esta intimação acarretava, portanto, a aplicação de sanção contra aquele que não a cumpria (Aulo Gélio, *N. A.*, 13.12.6).

[347] TUCCI, José Rogério Cruz e, AZEVEDO, Luiz Carlos de. *Lições de história...*, p. 81.

[348] PASSOS, J. J. Calmon de. *Comentários...*, p. 332-3.

Tornava-se o réu contumaz quando não comparecia em juízo. Em caso de citação editalícia, desde que não comparecesse depois de três vezes chamado para tanto num intervalo de 10 dias, era emitido, em seguida, um *edictum peremptorium* pelo qual o magistrado advertia o demandado que iria proceder à *cognitio* mesmo sem a sua presença (*D.*, 5.1.68; 5.1.70-71, Ulpiano)".[349]

O direito intermediário manteve a estrutura da citação e os efeitos decorrentes. Alguns sistemas variavam, como o dos francos, que estipulava a multa de 15 soldos se o réu não comparecia ao fim de três citações, ou a determinação dos carolíngios que possibilitava o seqüestro dos bens do réu, que somente os recuperava se comparecesse no prazo de um ano.

Explica Calmon de Passos que "a pena de multa prevaleceu em quase todos os estatutos, variando segundo a classe social a que pertencia o citado; só posteriormente foi mitigada e por fim supressa, graças à influência do direito canônico, que fez prevalecer a orientação do direito romano. Antes, toda vez que o demandado não comparecia depois da quarta citação ou da segunda *banitio*, se podia proceder, provisoriamente, ao seqüestro de seus bens; não se apresentando o contumaz, dentro de um ano, para reavê-los, eram confiscados, satisfazendo-se com eles a pretensão do autor. Os estatutos seguintes, embora acolhendo, em sua maioria, o sistema, variaram de normas a respeito. Em alguns, o autor poderia escolher entre a imissão na posse de bens do demandado e o prosseguimento do processo na sua ausência, para julgamento do mérito; outros estabeleciam a pena de desterro para o demandado contumaz, dela decorrendo a imissão do demandante na posse dos bens do contumaz, ressalvada a sua apresentação em prazo estabelecido, com ressarcimento de todas as despesas; também havia os que fixavam o arresto contra o revel e os que, seguindo as pegadas do direito romano, exigiam por parte do autor a prova de seu direito, enquanto outros viam na contumácia o reconhecimento da própria razão, prescrevendo a condenação pelo só fato da sua contumácia".[350]

No direito luso da época de Dom Afonso III, a revelia implicava efeitos processuais semelhantes aos encontrados hoje. Explica Fátima Regina Fernandes que "a lei estabelece de forma bem clara os possíveis casos de revelia. Se uma das partes abandona o processo, este prossegue somente com a outra

---

[349] TUCCI, José Rogério Cruz e, AZEVEDO, Luiz Carlos de. *Lições de história*..., p. 144.

[350] PASSOS, J. J. Calmon de. *Comentários*..., p. 333-4.

parte, sendo a parte que abandonou a demanda julgada revel. E isto porque '*ssa reuelia o faz presente*'. Nesta condição, o revel é condenado na '*cousa maenfestada ou prouada*'. Assim, o processo corre à sua revelia e a causa para o revel está já perdida. Vemos assim que o abandono do processo ou até mesmo a possível fuga de uma das partes não invalida a acusação, não impede a condenação, pelo contrário, consolida-a. A sentença do revel é a vitória da parte oponente. Assim, sendo o demandado revel, o autor tem a causa ganha e, portanto, entra na posse do objeto da demanda. Faz-se, neste caso, uma distinção. Se a demanda é real, ou seja, o objeto que a originou é material, a parte vencedora do processo de revelia entra na posse dos bens demandados. Porém, se a demanda é pessoal, ou seja, envolve questões pessoais, o vencedor recebe dos bens do vencido revel, tanto quanto estimar suficiente como indenização".[351]

Esse procedimento seguiu-se nas Ordenações Afonsinas. Porém a situação do réu revel após ter recebido o libelo nas Ordenações Manuelinas modificou-se. Pois, o processo prosseguia mesmo à revelia do autor, julgando o magistrado a favor de quem tivesse razão, salvo na hipótese de necessitar de diligência a ser feita pelo autor. Inclusive, poderia o réu a todo momento comparecer no feito, uma vez que o autor não mais ingressava na posse dos seus bens.[352]

As Ordenações Filipinas mantiveram a estrutura básica da revelia do demandado, situação que também se manteve com os diplomas legislativos do Brasil Monárquico.

O CPC de 1939 não tratou de forma clara a revelia. O artigo 34 dispunha que seria considerado revel o citado que não apresentasse defesa no prazo legal, e o artigo 209 previa que o fato alegado por uma das partes, quando não contestado por outra, seria admitido como verdadeiro, se o contrário não resultasse do conjunto da prova. Jorge Americano trata a questão como regra do direito probatório, a ponto de dispensar o autor da produção de provas.[353] Suscitou-se, com isso, a quebra da tradição romana, ao imputar ao revel a confissão ficta, liberando o autor da produção de provas.[354]

---

[351] FERNANDES, Fátima Regina. *Comentários à legislação medieval portuguesa de Afonso III*. Curitiba, Juruá, 2000, p. 160.

[352] RODRIGUES, Marcelo Abelha. *Elementos de Direito Processual Civil*, p. 138-9, vol. 2.

[353] AMERICANO, Jorge. *Comentários ao Código de Processo Civil*, p. 314-8, 1º vol.

[354] PASSOS, J. J. Calmon de. *Comentários...*, p. 336.

O sistema atual aplica ao autor a possibilidade de contumácia, ao configurar a não-realização de atos processuais por mais de trinta dias e o abandono de causa como hipóteses de extinção do processo sem o julgamento do mérito (CPC, art. 267, II e III).

Com relação ao réu, a revelia surge com a não-contestação da ação (CPC, art. 319), que gera dois efeitos: a presunção de veracidade dos fatos narrados na ação (CPC, art. 319), sem aplicação a algumas hipóteses legais (CPC, art. 320), mas esses fatos poderão ser dispensados de provas quando verossímeis; e a fluição dos prazos processuais sem a necessidade de intimação do revel, permitindo-se seu ingresso no processo em qualquer tempo (CPC, art. 322).

NATUREZA JURÍDICA DA REVELIA

Teorias aplicáveis. Diversas são as teorias que procuram explicar a revelia. A primeira é a de que vê na revelia uma rebelião ao poder do juiz. Segundo Pinto Ferreira, essa teoria remonta à época em que se fazia ou podia fazer uso da força para constranger o comparecimento do réu a juízo. Daí que, "a ausência ou o não-comparecimento do réu era reputada como um ato ilícito, em um entendimento do processo como tendo um caráter principalmente privatístico".[355]

Essa tese não pode vingar dado o caráter publicístico do processo, em que a defesa é tida como exercício de um direito e não é caracterizada como ato ilícito.

A segunda teoria tinha a revelia como uma renúncia ao direito de defesa. Conforme Calmon de Passos, "inexistindo a obrigação de comparecer e defender-se, ao réu se reconhecia a faculdade de dispor livremente do seu direito de defesa e dos meios que o asseguravam".[356]

Segundo o mestre baiano, essa teoria "carece de qualquer procedência nos sistemas, como o nosso, que asseguram ao revel o comparecimento tardio, visto como quem renuncia a um direito ou a um meio de defesa não deve poder revogar sua declaração de vontade; isto somente seria admissível mediante justificativa de impedimento legítimo, não de modo geral e sem necessidade de aduzir motivos que contradigam aquele presunção de renúncia".[357]

---

[355] FERREIRA, Pinto. *Da resposta...*, p. 104.

[356] PASSOS, J. J. Calmon de. *Comentários...*, p. 344.

[357] PASSOS, J. J. Calmon de. *Comentários...*, p. 344.

A terceira teoria considera a revelia uma violação do dever do comparecimento. Na esteira de Pinto Ferreira, apoiando-se em Adolf Wach, "a constituição do juízo de maneira completa só é atingida pelo ato bilateral de discussão do litígio pelas partes intervenientes no processo e não pelo simples ato unilateral da propositura da ação. Ambas têm o dever de presença e acompanhamento do processo, o qual, não sendo cumprido, comporta sanções. É uma trangressão do dever de defesa".[358]

Essa tese não pode ser aceita, tendo em vista dois fatores básicos: a relação jurídica processual se inicia com a propositura da ação, mas se integraliza com a citação do réu; e o seu comparecimento não é obrigatório, mas ato disponível. Por isso, o único obrigatório exigido do litigante (autor) é a realização da citação, a fim de integralizar a relação processual.

Ademais, esclarece Marcelo Abelha Rodrigues, "revivendo lampejos da primeira teoria, Adolf Wach foi muito criticado porque considerou necessária a discussão sobre o litígio para a sua correta solução, exigindo, pois, a presença das partes no processo. Para ele existia um dever de defesa, e não um simples ônus, e, caso fosse inadimplido o referido dever, haveria a *ficta confessio*".[359]

Uma quarta teoria verifica na revelia o não-exercício da faculdade de agir. Segundo Calmon de Passos, o litigante goza de liberdade de autodeterminação, por isso "os atos positivos traduzem o exercício dos próprios direitos e os atos negativos não podem ser considerados como violação de obrigações. Conseqüentemente, assim como se tem o direito de cooperar para o juízo, assim, por igual, se tem a mera faculdade de abster-se. A contumácia nada mais seria que a conseqüência da vontade de não agir".[360]

Acrescenta Pinto Ferreira, escorando-se em Rispoli, "que as partes são livres para comparecer ou não ao processo, têm o direito e a liberdade de autodeterminação, podendo conseqüentemente exercer ou não a faculdade de agir. O *não-exercício* da faculdade de atuar no processo seria o caráter distintivo da contumácia, é um ato voluntário da parte, que corresponde à sua vontade de não agir, de abster-se, de não colaborar no desenvolvimento do processo".[361]

---

[358] FERREIRA, Pinto. *Da resposta...*, p. 105.

[359] RODRIGUES, Marcelo Abelha. *Elementos de Direito Processual Civil*, p. 142, vol. 2.

[360] PASSOS, J. J. Calmon de. *Comentários...*, p. 344-5.

[361] FERREIRA, Pinto. *Da resposta...*, p. 105-6.

Explica Calmon de Passos, em rejeição à tese exposta, que "o não-atuar ou o não-comparecer de qualquer das partes produz conseqüências processuais, sem que se tenha de perquirir da voluntariedade ou involutariedade do ato, ou dos motivos determinantes desse não-agir ou não-comparecer. Verdade é que todo ato processual, para que exista como tal, deve ser um produto da vontade de quem o executa. Ato e vontade são termos necessariamente correlatos. Não se compreende a contumácia derivada de um comportamento de todo involuntário (*v.g.*, o não-comparecimento ou não-atuação decorreu de força maior). Mas o que se nega, e de modo absoluto, entretanto, é que derive a contumácia da deliberada vontade de não comparecer, de uma determinação do querer diretamente dirigida nesse sentido. Quando a parte não comparece ou não atua, a lei não manda que se indague das razões de sua ausência, mas atribui, de logo, a essa ausência determinadas conseqüências de ordem processual".[362]

Uma quinta teoria trata a revelia com a inatividade objetiva. Pois, na esteira de Chiovenda, a lei não considera, efetivamente, na revelia o elemento subjetivo da voluntariedade, senão só o elemento objetivo do não-comparecimento.[363]

Para chegar a essa conclusão, Chiovenda afasta o entendimento doutrinário que visava distinguir a contumácia voluntária da contumácia involuntária, como se houvesse em qualquer caso uma manifestação intencional do litigante. Esclarece o mestre que "1º – ainda o réu citado em *pessoa* pode ser involuntário, se esteve impedido de comparecer ou se, por ignorância, não tomou em consideração o instrumento recebido, e casos semelhantes; 2º – a segunda citação não confere certeza alguma de ser voluntário o contumaz, especialmente se também a segunda citação se fez em mão de *terceiras* pessoas; 3º – a lei não distingue entre contumaz voluntário ou não: eis o que se evidencia do fato de ditar preceitos comuns ao revel, autor e réu (arts. 386 e 378), quando a revelia do autor deverá sempre considerar-se voluntária; 4º – além do mais, a lei atribui ao contumaz vencedor em grau de apelação ou na oposição o encargo das despesas da revelia, sem distinguir se foi voluntária ou não (art. 388). E, posto seja difícil de se explicar esse preceito, exclui a pretensa distinção; 5º – quando a lei quis distinguir entre fato voluntário e involuntário, fê-lo expres-

---

362 PASSOS, J. J. Calmon de. *Comentários...*, p. 345.

363 CHIOVENDA, Giuseppe. *Instituições de Direito Processual Civil*, p. 172, vol. III.

samente. Assim no art. 442; e mais especialmente na *ficta confessio* (art. 218; cf. também art. 225). E no caso da *ficta confessio* compreende-se a distinção, porque a lei escolhe essa solução mais rápida unicamente na hipótese de não ter o interrogado *querido fazer* uso do direito de responder; 6º – se a lei só concede o direito de oposição ao réu não citado pessoalmente, não há que ver-se nisso um favor ao revel involuntário (o que se exclui das observações 1º e 2º), mas antes uma coação ao autor para o fim de que, renovando a citação, reforce a probalidade de notícia da causa ao réu. Objetar-se-á que a lei teria podido, em tal hipótese, tornar, de logo, obrigatória a segunda citação; mas a lei preferiu facultar ao autor a opção entre o prejuízo do retardamento para renovar a citação e o perigo de um processo de oposição. É possível, em verdade, acontecer que o autor tenha extrema confiança em sua demanda e que seja de natureza a autorizar, afinal, a ordem de execução provisória da sentença, não obstante a oposição (art. 364). Neste caso, poderá o autor optar pela presteza da decisão à vantagem de excluir uma oposição que não teme".[364]

Daí concluir que a revelia deve ser observada do ponto de vista objetivo, em razão do não-comparecimento do réu. Note-se que havendo litisconsórcio passivo, o juiz somente deverá decretar a revelia do réu que não compareceu e não dos demais litisconsortes.[365]

Técnica. De certa forma, a posição do CPC é de qualificar objetivamente a revelia, em razão da não-contestação da demanda (art. 319). Ademais, em razão do litisconsórcio, os efeitos decorrentes da revelia de um dos réus não serão estendidos aos demais litisconsortes (CPC, art. 320).

Portanto, a revelia não se mede por um comportamento volitivo de uma determinada pessoa ou de sua situação processual. É sempre bom lembrar com Girolamo Monteleone que a revelia não desqualifica o contumaz do processo, conservando sua qualidade jurídica.[366]

Como é possível a qualquer tempo do processo o revel ingressar nos autos, somente com prejuízo dos atos passados e não dos atos futuros (CPC, art. 322), correta a observação da revelia como inatividade objetiva do demandado.

---

[364] CHIOVENDA, Giuseppe. *Instituições de Direito Processual Civil*, p. 171-172, vol. III.

[365] CHIOVENDA, Giuseppe. *Instituições de Direito Processual Civil*, p. 172-3, vol. III.

[366] MONTELEONE, Girolamo. *Diritto Processuale Civile.* Seconda Edizione. Padova, Cedam, 2000, p. 480-1.

Efeitos da revelia. Por ser uma inatividade objetiva, os efeitos da revelia são provisórios e meramente processuais. Não gera contra o revel um efeito nocivo de derrota da demanda como ocorrera outrora, mas apenas dois: a presunção de veracidade dos fatos narrados pelo autor (CPC, art. 319) e a dispensa da intimação do revel (CPC, art. 322).

Os efeitos da revelia são provisórios porque ocorrem enquanto o revel não ingressar nos autos. Essa provisoriedade melhor se caracteriza em relação à regra do artigo 322, do CPC. Mas, é preciso alertar que mesmo na presunção de veracidade dos fatos narrados na ação, poderá o autor necessitar de prova, sobretudo se estes fatos não estiverem ainda comprovados no processo e devem ser provados documentalmente ou pericialmente.

Os efeitos são meramente processuais porque somente vão ocorrer no plano da relação processual. É verdade que poderá o processo receber julgamento antecipado da lide, em virtude da presunção de veracidade dos fatos narrados na ação. Mas o efeito na lide se dará em virtude do processo e não revelia em si.

Daí que os efeitos processuais da revelia resultam na presunção de veracidade e na consumação das preclusões ocorridas, impedindo que não se pratique atos processuais em etapas já consumidas, dando um sentido de caminhar para a frente do processo.

Por fim, insta ressaltar que a inatividade do autor – para alguns, denominada singularmente contumácia – poderá gerar a extinção do processo sem o julgamento do mérito, nos termos do artigo 267, III, do CPC. É a idéia do abandono da causa pelo autor.

Mas, insta lembrar que, se o autor restar contumaz após a citação do réu, o processo poderá prosseguir com a aquiescência deste, uma vez que o abandono da causa pode ser encarado como forma disfarçada de desistência da ação. Porém, se o réu também abandonar a causa, o processo será extinto sem o julgamento do mérito, nos termos do artigo 267, II, do CPC.

Art. 319. Se o réu não contestar a ação, reputar-se-ão verdadeiros os fatos afirmados pelo autor.

EFEITO DA REVELIA I

Origens da norma. O conteúdo normativo do disposto em tela decorre de uma posição intermediária adotada pelo CPC entre sistemas diversos. De um lado, o entendimento carolíngio de que o réu tinha o ônus da prova e, com sua ausência, não podia apresentar a prova e isto representava em vitória do autor. Essa posição decorria do fato de a revelia ser considerada um delito civil, de natureza política, que afrontava a autoridade constituída.[367]

De outro lado, o sistema romano no período da *cognitio extraordinaria* que determinava a produção de provas pelo autor mesmo na ausência do réu.[368]

Daí explicar Calmon de Passos, sobre as origens da norma delineada no artigo 319, que "o direito comum tomou caminho intermediário; fingir presente o ausente; presumir sua confissão, com fundamento no fato da ausência; e assim o autor, sempre que oferecesse reais e suficientes elementos de convicção ao juiz, vencia a lide por força dessa presunção de confissão; em caso contrário, só podia obter imissão na posse dos bens do demandado, com a faculdade de vendê-los depois de certo termo, ressalvado ao cotumaz comparecer tardiamente e ser ouvido, no prazo de um ano, sobre a posse, e depois de um ano sobre a propriedade".[369]

A idéia da presunção de veracidade dos fatos afirmados pelo autor se contrapõe à tradição formada em torno do direito luso dos séculos anteriores. No entanto, foi a partir do CPC Luso de 1939, e hoje mantido no Código vigente (art. 484), que a legislação portuguesa aderiu ao sistema germânico e impôs a presunção de veracidade aos fatos articulados pelo autor. Nesse posicionamento, o legislador brasileiro inspirou-se.

A respeito da norma portuguesa, explana Abílio Neto que: "Como principal corolário dos princípios dispositivos da auto-responsabilidade das partes e do contraditório, o réu fica constituído no *ónus de contestar ou de responder*, ou seja, no de comparecer em juízo e contestar e cada uma das partes de responder aos articulados apresentados pela outra. À conseqüência do incumprimento do ónus de contestar é, de acordo com o princípio da auto-responsabilidade

---

367 ZANZUCCHI, Marco Tullio. *Diritto Processuale Civile.* 5ª ed. Milano, Dott. A. Giuffrè, 1962, p. 129, vol. II.

368 ZANZUCCHI, Marco Tullio. *Diritto Processuale Civile*, p. 129-30, vol. II.

369 PASSOS, J. J. Calmon de. *Comentários...*, p. 337.

das partes e como regra entre nós, no processo ordinário, o da admissão como confessados dos factos alinhados na petição inicial – *cominação semi-plena* – (art. 484º), e, nos processos sumário e sumaríssimo, o da admissão do próprio pedido como válido – *cominação plena* – (arts. 784º e 795º), ficando apenas ressalvados além das excepções consignadas dos cits. artigos, as referidas no art. 485º. As apontadas conseqüências da revelia verdadeira e própria, fazendo saltar a lide da fase dos articulados para a do julgamento nos processos sumário e sumarísssimo ou para a da discussão, no processo ordinário, também se justifica através dos princípios da celeridade e da economia processuais".[370]

Presunção relativa. O disposto em enfoque trata do primeiro efeito da revelia, que é a presunção de veracidade dos fatos narrados na ação. Como informam Nelson Nery Júnior e Rosa Maria Andrade Nery, trata-se de presunção relativa, "os fatos atingidos pelos efeitos da revelia não necessitam de prova (CPC, art. 334, III). Mesmo não podendo o réu fazer prova de fato sobre o qual pesa a presunção de veracidade, como esta é relativa, pelo conjunto probatório pode resultar a comprovação da prova em contrário àquele fato, derrubando a presunção que favorecia o autor".[371]

Reafirmando a relativa da norma, explana Pontes de Miranda que é necessário a citação expressamente advertir ao réu a presunção de veracidade dos fatos afirmados pelo autor, nos termos do artigo 285, do CPC. Pois, segundo o mestre, quatro aspectos devem ser levados em conta:[372]

as afirmações são comunicações de conhecimento e não declarações de vontade. Daí que toda petição não pode ser vista como forma de manitestação de vontade, cuja conseqüência prática é não poder o juiz considerar afirmação o que o autor ou réu disse, mas uma mera alegação de algo que pode ser verdade. Procedendo-se ao contrário, haveria uma violenta cisão entre prova e verdade.

Para tanto, sustenta Pontes de Miranda que "o *princípio de marcação revisível das afirmações não-contestadas* (1) exclui (2) o *princípio da marcação (definitiva) das afirmações não-contestadas*, que transforma em *confissão* toda falta de contestação, e (3) o *princípio da indiferença às contracomunicações de conhecimento*, segundo o qual não se leva em conta o negar como elemento de inversão

370 NETO, Abílio. *Código de Processo Civil...*, p. 521.

371 NERY JÚNIOR, Nelson, e ANDRADE NERY, Rosa Maria. *Código de Processo Comentado...*, p. 818.

372 MIRANDA, Pontes de. *Comentários ao Código de Processo Civil*, p. 195-7, tomo IV.

do ônus de provar, nem o não-negar como elemento de confirmação (ainda que revisível). Aquele (2) impõe ao juiz sistema semelhante ao da prova legal, baseado no ônus de afirmar, exagerado até esse ponto; esse (3) abstrairia do valor das afirmações e das contra-afirmações (negações), salvo como indicações do que se vai provar. Àquela tese e a essa antítese sucede a síntese, que é princípio (1) da marcação revisível. No sistema do Código de Processo Civil de 1973, o fato alegado por uma parte e não negado por outra é tido como verdadeiro. Adotou-se, portanto, não mais o *princípio da marcação revisível das proposições não-contestadas*, mas sim o da *marcação irrevisível*, mesmo se há incompatibilidade com as outras provas, marcação que inibe a produção de provas em contraste com o que foi marcado pela falta de afirmação contrária. *Não negar foi feito confessar*";[373]

as asfirmações podem concernir a fatos ou a direito objetivo que incidiu ou tem de incidir. Pois, o que se busca com os fatos com o direito objetivo é uma sentença favorável. Essa finalidade, explica o mestre, "já vem atuar na admissão das afirmações; e o princípio dispositivo intervém para que não se tenha como afirmado no processo o que a parte 'declarou' explicitamente não querer alegar (afirmar). Esse condicionamento das afirmações ao que se 'pede' (parte declarativa de vontade, na petição, art. 282, IV) faz ser limitado pela vontade da parte (princípio dispositivo) o campo das afirmações processualmente relevantes. Excluem-se, por exemplo, do rol das afirmações, a que se refere o art. 319, as que a parte disse serem verdadeiras, porém não quer alegá-las. Se as fez a contragosto, mas querendo que sejam alegações, valem";[374]

simples consideração desfavorável a outra parte não constitui afirmação – não postula. Daí que, não tem a admissão dos fatos afirmados pela outra parte se, por exemplo, entra na cadeia de raciocínio absurdo; e

o ônus da prova pode ser formal ou material. Explica Pontes de Miranda que "o ônus formal concerne à obrigação, por exemplo, de mencionar os meios de prova (art. 282, VI). O ônus material consiste no caber de uma parte, e não à outra, o encargo de provar determinado fato ou determinados fatos. A legislação sobre meios de prova escapa ao direito processual; pertence ao direito material. O direito processual entra no espaço vazio que lhe fica, concernente ao conhecimento do juiz. O *ônus de provar* é pré-processual. A

---

[373] MIRANDA, Pontes de. *Comentários ao Código de Processo Civil*, p. 196, tomo IV.

[374] MIRANDA, Pontes de. *Comentários ao Código de Processo Civil*, p. 196-7, tomo IV.

ação declaratória negativa (art. 4º) não inverte ônus da prova: o ser negativo não a torna *provocatio ad agendum*".[375]

Além disso, não se pode perder de vista o conteúdo da norma: reputar verdadeiro um fato significa considerá-lo como tal, enquanto não for contrariado. Ora, reputar verdadeiro um fato é aquém de um fato estar comprovado. São situações jurídicas distintas, pois na primeira há uma plausibilidade de veracidade, e no segundo há uma comprovação da verdade.

Técnica. A respeito da relatividade da presunção de veracidade, proclamou o STF que: "O art. 319 faz efeito da revelia reputarem-se verdadeiros os fatos afirmados pelo autor – art. 319 –, e não o de se ter como procedente o pedido do autor. Tem o Juiz de examinar se foram satisfeitos os pressupostos do processo e se o pedido do autor é de acolher-se. Daí a razão para o autor, a despeito de ser revel o réu de ter incidido o art. 319, pode requerer produção de prova, de que precise, o que o Juiz somente pode indeferir se profere desde logo a sentença a favor do autor".[376]

Nessa linha, assentou o TJMG: "A presunção contemplada no art. 319 do CPC é relativa, restringindo-se apenas a fatos. Mesmo ocorrendo a revelia, do autor se exige a prova do seu alegado direito, podendo o julgador, em respeito ao princípio da busca da verdade real, determinar ou deferir provas a formar, com mais segurança, o seu convencimento".[377]

A regra da relatividade da presunção de veracidade dos fatos narrados na ação serve para o autor e, principalmente, para que o juiz tome pleno conhecimento dos fatos articulados na demanda. Por isso, a despeito de haver revelia e estando os fatos não comprovados na inicial, deverá o juiz determinar a produção de provas. Não ocorrendo a devida comprovação dos fatos, o pedido poderá ser julgado improcedente.[378]

A respeito, proclamou o 2º TACivSP que a "revelia não torna obrigatório o julgamento antecipado da lide, na hipótese de o réu, ainda que revel, de-

375 MIRANDA, Pontes de. *Comentários ao Código de Processo Civil*, p. 197, tomo IV.

376 PAULA, Alexandre de. *CPC Anotado*, p. 1319, vol II.

377 PAULA, Alexandre de. *CPC Anotado*, p. 1320, vol II.

378 Nessa linha, decidiu o TJMG: "A revelia não importa em automático julgamento de procedência do pedido. Não existindo a necessária presunção de veracidade dos fatos afirmados pelo autor na inicial, por não condizentes com o teor dos documentos que a instruem, deverá o pedido ser julgado improcedente". Cf. PAULA, Alexandre de. *CPC Anotado*, p. 1320, vol II.

monstrar manifesto interesse em produzir provas. O réu, revel pode, portanto, ainda que ocorra o efeito da revelia, sair vencedor da demanda, isto é, obter sentença favorável. É que cabe ao autor o ônus da prova do fato constitutivo do seu direito – I do art. 333 do CPC. Não é suficiente, pois, que os fatos deduzidos na petição inicial, compondo a *res iudicium deducta*, sejam tidos como verdadeiros, como se fora uma autêntica denúncia vazia, o que é repudiado pelo direito objetivo, com supedâneo nos canônes constitucionais. É preciso que tais fatos resultem cumpridamente provados, para que, então, a revelia, produzindo seu efeito, determine a procedência da ação".[379]

Por outro lado, entende-se que a contestação subscrita pelo réu, despido de capacidade postulatória, gera revelia. É o que decidiu o TACivRJ: "A postulação em Juízo é privativa de advogados legalmente habilitados. Não viola a lei decisão que considera revel quem, citado para a ação, oferece contestação, assinando-a, sendo leigo, sem capacidade postulatória".[380]

De igual sentido, proclamou o 1º TACivSP: "Não sendo a contestação elaborada pelo advogado que apontou a falsificação de sua assinatura, é de ser reconhecida a revelia, por se tratar de resposta inexistente, insuscetível de ratificação por outro procurador".[381]

Art. 320. A revelia não induz, contudo, o efeito mencionado no artigo antecedente:

I – se, havendo pluralidade de réus, algum deles contestar a ação;

II – se o litígio versar sobre direitos indisponíveis;

III – se a petição inicial não estiver acompanhada do instrumento público, que a lei considere indispensável à prova do ato.

LIMITAÇÕES AOS EFEITOS DA REVELIA

Noção. O artigo 320 apresenta outras limitações aos efeitos da revelia, além das acima mencionadas na relativa presunção de veracidade dos fatos narrados pelo autor (art. 319).

---

379 PAULA, Alexandre de. *CPC Anotado*, p. 1325, vol II.

380 PAULA, Alexandre de. *CPC Anotado*, p. 1324, vol II.

381 RT 613/126.

Essas limitações são de ordem objetiva que é detectada pela quantidade de réus (I), pela natureza do direito demandado (II) ou pela ausência de requisito estipulado pela lei (III).

No entanto, cumpre destacar que o único efeito que não incidirá é o da presunção da veracidade dos fatos narrados pelo autor. A rigor legal, o efeito de que trata o artigo 322, do CPC – dispensa de intimação do revel – continua persistindo.

No entanto, nada impede que o juiz ainda determine a intimação do revel, uma vez que, não só não incide a presunção de veracidade dos fatos narrados pelo autor, bem como a qualquer momento poderá o revel intervir no processo.

Passa-se ao exame dessas limitações.

Inciso I: não incidirá a presunção de veracidade dos fatos narrados na ação se houver litisconsórcio passivo e um dos litisconsortes, ao menos, contestar a ação.

No entanto, duas posições podem ser tomadas diante dessa situação. A primeira, coerente tecnicamente, é de que somente se beneficiará da regra excepcional se entre os litisconsortes houver conexão de direitos. Uma vez que, sendo direitos opostos, não haveria como aplicar a regra do inciso I.[382]

Por esta linha, tem-se que o inciso I somente seria aplicado nas hipóteses de litisconsórcio unitário passivo. Pois, sendo litisconsórcio unitário aquele em que a solução da lide deverá ser idêntica entre os litisconsortes, não se pode admitir nenhuma possibilidade de um tratamento diferenciado, que poderia surgir da revelia para um dos litisconsortes.

Sustentando essa tese, argumenta Calmon de Passos que "o que em verdade objetivou o inciso I do art. 320 foi não só impedir que o mesmo fato se coloque diversamente para formar a convicção do juiz, se o julgamento é uno, como também, por igual, impedir resulte da revelia do litisconsorte a cisão do procedimento, ocorrendo, em relação ao revel, o julgamento conforme o estado do processo (art. 330, II) e, quanto aos demais réus, julgamento após audiência de instrução. Obviou-se, com isso, o julgamento por duas vezes, e talvez contraditoriamente, da mesma questão. Essa conclusão ainda mais fortemente se

382 NERY JÚNIOR, Nelson, e ANDRADE NERY, Rosa Maria. *Código de Processo Comentado...*, p. 819.

impõe quando recordamos o ônus da impugnação específica instituído pelo art. 302. Não sendo comum o fato argüido pelo autor a todos os litisconsortes, é de meridiana evidência que o réu contestante terá se omitido quanto a ele, se não lhe diz respeito. Destarte, este fato não impugnado nem seria admitido como verdadeiro, porque a contestação do réu atuante teria impedido os efeitos da revelia (art. 320, I), nem poderia sê-lo com apoio no art. 302, porque impossível, quanto a ele, confissão, dado que ninguém pode confessar por outrem sem mandato expresso para isso (art. 349, parágrafo único) e porque, sendo fato em cuja prova contrária não tinha interesse o réu contestante, não se lhe pode, sem absurdo evidente, atribuir o ônus da impugnação específica. Chegar-se-ia, destarte, ao contra-senso de se oferecer ao revel situação mais vantajosa do que a reconhecida, por lei, ao réu que atende ao dever de comparecer a atuar que lhe foi deferido. O art. 320, I, portanto, tem que ser entendido como restrito à impugnação de fato comum a todos os litisconsortes, ou comum ao réu atuante e ao revel litisconsorte. Relativamente aos demais fatos, a sanção do art. 319 incide: eles serão reputados verdadeiros pelo juiz, eliminada a possibilidade de prova contrária do réu quanto aos mesmos".[383]

Esse posicionamento se funda na norma do artigo 48, do CPC, ao estipular que os litisconsortes são considerados litigantes distintos, em que os atos e omissões de um não podem prejudicar ou beneficiar os dos demais. Mas, tratando-se de revelia no litisconsórcio unitário, a contestação de um litisconsorte beneficia os demais litisconsortes.[384]

A segunda posição que se pode tomar afronta a doutrina dogmática e procura estender a excepcionalidade da regra do inciso I a todas hipóteses de litisconsórcio, unitário ou simples.

Trata-se de uma abordagem objetiva – ausência de contestação de um ou vários litisconsortes –, que coloca em segundo plano a natureza da lide litisconsorcial – unitário ou simples. Busca-se, desta forma, estender o direito de defesa ao revel, a despeito de não querer exercitá-lo por razões que não interessam agora. Com isso, atenua-se a aplicação do princípio do dispositivo e retoma-se a publicização do processo, com efetiva aplicação de uma garantia processual.

---

[383] PASSOS, J. J. Calmon de. *Comentários...*, p. 364-5.

[384] Cf. MIRANDA, Pontes de. *Comentários ao Código de Processo Civil*, p. 200-1, tomo IV.

Trata-se de uma técnica processual diferenciada em favor do direito de defesa, com vistas a dar efetividade a uma garantia constitucional ao demandado. A eficácia das garantias constitucionais não pode estar resumida à iniciativa do interessado, pois, como é bom sempre lembrar, diz o § 1º, do artigo 5º, da CF: "as normas definidoras dos direitos e garantias fundamentais têm aplicação imediata".

Por isso, essa segunda posição busca retomar a constitucionalização da jurisdição e do processo, que durante o século XX mantiveram-se confinados nos postulados estritamente técnicos.

Litisconsórcio ulterior. A formação do litisconsórcio pode se dar com a propositura da ação ou no curso do processo. Se a formação ocorrer no desenvolvimento do processo, tem-se o chamado *litisconsórcio ulterior.*

Segundo os professores Luiz Rodrigues Wambier, Flávio Renato Correia de Almeida e Eduardo Talamini, a possibilidade de formação de litisconsórcio ulterior configura-se em exceção ao princípio da *perpetuatio legitimationis* e só pode ter lugar se se tratar de litisconsórcio necessário.[385]

Pode acontecer que a formação do litisconsórcio ulterior se dê por iniciativa do réu ou do juiz, nos termos do artigo 47, *caput* e parágrafo único, do CPC. Note-se que, se ocorrer por ato do juiz e sendo o réu revel, com a posterior contestação do litisconsorte, haverá aplicação do inciso I, do presente disposto.

Neste caso, visível o benefício em favor do revel por ato praticado por seu litisconsorte, em que não incidirá o efeito da presunção de veracidade dos fatos narrados na ação.

Inciso II: não surtirá o efeito mencionado no artigo 319 se, mesmo na ausência da contestação do réu, a demanda versar sobre direitos indisponíveis.

Esse posicionamento decorre do absoluto respeito que a doutrina e o legislador tem com o denominado "direito indisponível". Direito indisponível é a situação jurídica em que o titular não possui liberdade para exercer plenamente o direito subjetivo material, em face da existência de impedimentos legais. Daí que o detentor do direito que se encontra nessa situação, considerado por presunção jurídica *fragilizado*, não poderá livremente doar, ceder, vender, onerar, renunciar, desistir ou lançar mão de qualquer outra forma de transigir o direito material.

---

385 WAMBIER, Luiz Rodrigues, ALMEIDA, Flávio Renato Correia de, TALAMINI, Eduardo. *Curso avançado de processo civil*, p. 239, vol I.

O disposto em comento mantém coerência com o artigo 302, I, do CPC, uma vez que o direito indisponível, dado o seu caráter, não admite confissão, seja ficta ou judicial.

Quando a demanda tiver por conteúdo direito indisponível ela não é suscetível de aplicação do efeito previsto no artigo 319, do CPC. É o caso, por exemplo, da ação de investigação de paternidade fundada na coincidência das relações sexuais com a concepção da criança, em que a ausência da contestação do réu não implicará, necessariamente, a presunção de veracidade dos fatos afirmados na ação.

Direito à alimentos. O conteúdo ideológico da norma é de melhor tutelar as demandas que versem sobre direitos indisponíveis, em face do visível caráter social da norma. No entanto, existem situações em que é possível afastar o conteúdo normativo do inciso II, para melhor tutela do direito indisponível. É o caso, por exemplo, da ação de alimentos. Tem-se que esta causa, ainda que verse sobre direitos indisponíveis – alimentos –, traz a possibilidade de afastar a incidência da regra excepcional.

Pois, primeiro é preciso ater-se que, pela atributividade da norma, apenas o suposto credor de alimentos está contemplado com o direito indisponível. O devedor, réu na ação, não goza de um direito indisponível, mas de um dever jurídico – obrigação de pagar alimentos –, a qual busca-se processualmente a sanção pela sua inadimplência. Logo, o réu não é titular de direito indisponível.

Se fosse uma outra ação, como a ação de exoneração de alimentos, o réu efetivamente seria titular de um direito indisponível – receber alimentos – em litigância contra o autor, que visa exonerar-se de um dever obrigacional. Neste caso, isto sim, a ausência da contestação do réu não implicaria a incidência do efeito delineado no artigo 319, do CPC, porque o réu é titular de um direito indisponível.

Por outro lado, cumpre ressaltar que, ainda que o direito a alimentos seja indisponível, os pressupostos para a sua concessão (necessidade e possibilidade) não são. Por isso que se exige do credor de alimentos a indicação de suas necessidades e das possibilidades do réu.

Daí que, conseqüentemente, compreende-se que a revelia do réu deva implicar presunção de veracidade dos fatos narrados pelo autor, com possibilidade de produção de provas. Assim ocorrendo, haverá paridade de ônus processuais, entre o credor e o devedor de alimentos, que numa visão simplista poderá beneficiar este, em claro prejuízo do caráter social do delicado tema.

Inciso III: O disposto em exame atua em consonância com a norma inserida no artig 302, II, do CPC. Não haverá presunção de veracidade dos fatos narrados pelo autor – *confessio ficta* – se a petição inicial não estiver acompanhada de instrumento público que a lei considera essencial à prova do ato. Trata-se, no presente caso, de forma especial (quanto ao conteúdo e sua forma externa), pública, para a validade do ato.[386]

Justifica Wellington Moreira Pimentel que, "se a forma pública é da substância do ato, por força de expressa disposição legal, torna-se imprescindível à validade do negócio jurídico. E a confissão do réu, ou simplesmente, sua omissão em impugnar o ato que somente por aquela forma poderia ser provado, não pode ter o condão de conduzir à presunção de verdade da alegação contida na inicial, desacompanhada daquele documento".[387]

Ressalta-se, com Calmon de Passos, que se trata de documento substancial, "exigido não só para a prova do direito, mas para sua constituição mesma. Se esse documento exigido for instrumento público, o silêncio do réu não tem força para gerar a presunção de verdade mencionada no art. 302".[388]

Documento essencial e documento necessário. Estaria o CPC a confundir documento essencial com documento necessário de que trata o artigo 283, do CPC? Pois, se o artigo 283 exige a apresentação de documento indispensável à propositura da ação e o inciso II, do artigo 302, determina a não-incidência do ônus da veracidade ao réu, se a ação não contém o documento por instrumento, até que ponto é possível conciliar a existência de documento indispensável e a ausência de documento público da substância do ato? Ainda, como conciliar o artigo 283, do CPC, diante da norma do inciso III, do artigo 320, do CPC, de idêntico teor do artigo 302, II, do CPC?

Na verdade há confusão. Com efeito, por documentos necessários à propositura da ação entenda-se, para simples atendimento das condições da ação, gerais ou específicas. Assim, a certidão de casamento é documento necessário para a ação de separação judicial, não para proceder o pedido, mas para preencher o requisito de interesse de agir e legitimidade das partes. Neste caso, a certidão de casamento é tida como documento público indispensável à prova do ato.

---

386 PIMENTEL, Wellington Moreira. *Comentários...*, p. 270.

387 PIMENTEL, Wellington Moreira. *Comentários...*, p. 270-1.

388 PASSOS, J .J. Calmon de. *Comentários...*, p. 277.

Também é correto afirmar que existem demandas que dispensam a juntada de documento para satisfazer as condições da ação, como ocorre com a ação de indenização em que o autor acusa o réu de tê-lo difamado entre amigos.

Daí que, não se pode confundir documentos indispensáveis à propositura da ação, de que trata o artigo 283, do CPC, com documentos probatórios da pretensão da tutela jurisdicional, a que se refere o presente disposto.

Na primeira espécie, esses documentos servem para demonstrar a existência de uma relação jurídica sobre a qual pretende-se obter a incidência de uma tutela jurisdicional. Esses documentos devem ser juntados por ocasião da propositura da ação, como diz o artigo 283, do CPC.

Na segunda espécie, tem-se documentos que comprovam a pretensão do autor. Não se destinam especificadamente a provar a existência de uma relação jurídica sobre a qual incidirá a tutela pretendida, mas para comprovar a viabilidade da própria tutela pretendida. Esses documentos podem ser provados a todo tempo, nos termos do artigo 397, do CPC. Mas enquanto ausente, não gera o efeito da confissão ficta.

Por isso, se o menor propõe ação de consignação em pagamento em razão da compra de um imóvel de imenso valor, é obrigado a juntar a respectiva escritura pública de compra e venda para demonstrar inicialmente a relação jurídica e a obrigação de pagar – documento indispensável à propositura da ação –, bem como está juntado documento público da substância do ato. O artigo 215, do CC, é claro a respeito.

Note-se que, neste caso, um único documento – escritura pública de compra e venda – atende à dupla finalidade: servir de documento indispensável à propositura da ação e para impor o ônus de impugnação ao réu.

Daí que, tecnicamente falando, se o autor não juntar documento público da substância do ato, a ação deve ser indeferida, nos termos do artigo 284, do CPC. Por isso, tanto a regra do inciso II, do artigo 302, quanto a do inciso III, do artigo 320, todos do CPC, escondem um mal maior contra o autor: o desrespeito a um dos requisitos da ação, cuja sanção processual é o seu indeferimento.

Por isso, a ausência do documento público não só exonera o réu da impugnação específica, como permite postular pela extinção do processo sem o julgamento do mérito, por estar ausente um dos requisitos da ação.

OUTRAS LIMITAÇÕES

Também limitam a regra da confissão ficta as seguintes hipóteses:

ao defensor dativo e ao curador especial, nomeado em virtude do não-comparecimento espontâneo do réu citado por edital (CPC, art. 302, parágrafo único); e

ao Ministério Público, toda vez que atuar como parte ou como *custos legis*, embora a regra se diriga especialmente quando o *parquet* postular em defesa de incapaz ou em favor de um grupo ou de uma coletividade (CPC, art. 302, parágrafo único).

Art. 321. Ainda que ocorra revelia, o autor não poderá alterar o pedido, ou a causa de pedir, nem demandar declaração incidente, salvo promovendo nova citação do réu, a quem será assegurado o direito de responder no prazo de quinze (15) dias.

REVELIA E ESTABILIDADE DA INSTÂNCIA

Noção. Mesmo na revelia, há absoluto respeito ao princípio da estabilidade da instância. Na ausência da contestação do réu, o autor é proibido de alterar a causa de pedir ou o pedido, bem como propor ação declaratória incidental (CPC, art. 5º), a não ser que promova nova citação do réu, momento em que será assegurado a este o direito de responder aos termos da ação pelo prazo de quinze dias.

O disposto enfocado deve ser examinado à luz do artigo 264, do CPC, que consagra o princípio da estabilidade objetiva da instância. Qualquer alteração, modificação ou acréscimo da causa de pedir ou do pedido vai ser considerada uma nova ação, visto que vai repercutir diretamente num dos elementos da ação, o que gera conseqüentemente numa nova ação. Daí a necessidade de se realizar uma nova citação do réu.

No entanto, é preciso estar atento para os limites da alteração objetiva da demanda, que nunca poderá ocorrer após o saneamento do processo, como proclama o parágrafo único do artigo 264, do CPC. Embora essa advertência possa ser despicienda, uma vez que o disposto em comento menciona a revelia do réu, o que implica um momento processual que bem antecede o saneamento do processo, é sempre bom ter em mente essa limitação à alteração da ação.

Com relação à ação declaratória incidental, destaca-se que ela será proposta com fundamento no artigo 5º, do CPC. Daí que sua propositura deve ser feita antes do saneamento do processo, sob pena de tumultuar a instrução do feito, com aplicação análoga do parágrafo único do artigo 264, do CPC.

Nova citação do réu. Com a alteração, modificação ou acréscimo de nova causa de pedir ou pedido ou com a propositura da ação declaratória, surge uma nova demanda. Daí que, para o efetivo exercício do contraditório e da ampla defesa, é preciso realizar nova citação do réu.

No caso de alteraração, modificação ou acréscimo de nova causa de pedir ou pedido, a nova citação permitirá ao revel o prazo de quinze dias para responder aos termos da nova demanda. Com isso, possibilitará uma nova chance ao réu de apresentar contestação à demanda. Note-se que a ação originária não mais existe, senão uma nova demanda, produto da ação originária e da modificação realizada. Daí ser possível o réu contestar toda a demanda e não somente a alteração realizada.

No caso da propositura da ação declaratória incidental, a rigor, deverá o réu contestar somente esta ação, e não teria uma nova oportunidade para contestar a ação principal. No entanto, como a ação declaratória incidental é proposta em razão da conexão com a matéria da ação principal, poderá a contestação à ação incidental também atingir, por conexão, a ação principal.

Assim ocorrendo, há de se afastar o efeito do artigo 219, do CPC, em relação à ação principal e naquilo que se mostra contraditório. Neste caso, aplica-se o inciso III, do artigo 302, do CPC, que afasta a confissão ficta quando a contestação – à ação declaratória incidental – contradisser no seu conjunto a ação principal.

Resposta do réu. Com a nova citação, surge uma nova oportunidade para o réu responder aos termos da ação. O prazo é o mesmo na hipótese de o réu ser citado pela primeira vez.

Como o disposto em comento não restringe nenhuma atividade processual do réu, poderá este não só contestar a nova ação, bem como opor as exceções processuais e eventualmente a reconvenção.

Mas um alerta: a reconvenção deve guardar conexão com a nova demanda, seja em razão da alteração da causa de pedir ou do pedido, seja em razão da ação declaratória incidental. Isso significa que, na hipótese de ser proposta apenas a ação declaratória incidental, não poderá o réu reconvir em relação à ação principal, em face da ocorrência da preclusão consumativa ou temporal. Somente poderá reconvir em relação à ação declaratória incidental.

Art. 322. Contra o revel correrão os prazos independentemente de intimação. Poderá ele, entretanto, intervir no processo em qualquer fase, recebendo-o no estado em que se encontra.

EFEITO DA REVELIA II

Dispensa de intimação. O disposto em exame trata do segundo efeito da revelia: a dispensa da intimação do revel, uma vez que os atos e prazos processuais fluirão independentemente de intimação.

Esse efeito, ao contrário do previsto no artigo 319, do CPC, não surgirá necessariamente da ausência da contestação do réu, mas da sua contumácia total. Melhor explicando, se o réu não apresentar contestação, ainda que tenha oposto exceções processuais e proposto reconvenção, será considerado tecnicamente revel e incidirá o efeito da presunção de veracidade dos fatos narrados pelo autor (CPC, art. 319).

Porém, em relação à dispensa de intimação, a situação muda de figura. Se o réu não apresentou contestação – o que seria considerado revel – mas deduziu exceções processuais e propôs reconvenção ou simplesmente constitui procurador nos autos, deverá, respectivamente, ser intimado dos atos processuais relativos às peças processuais por ele formuladas ou dos atos praticados no processo principal.

Percebe-se, então, que o efeito previsto no artigo 322 somente incidirá se o réu não só não apresentar contestação, como também não apresentar nenhuma exceção processual ou reconvenção ou simplesmente não constituir procurador nos autos. Noutras palavras, a dispensa da intimação somente ocorrerá se o réu for totalmente contumaz, não somente quanto a seu comparecimento no processo, como na sua conduta processual.

Comparecimento espontâneo e preclusão. A dispensa da intimação para os atos e prazos processuais somente persistirá enquanto o revel não comparecer espontaneamente no processo.

Isso significa que o ordenamento processual aguarda a iniciativa do revel em intervir no processo. O ingresso no processo é exercício exclusivo do réu, uma vez que o CPC não pode obrigar, cabendoo apenas sancioná-lo. Nessa idéia, ficará a cargo do réu intervir espontaneamente no processo ou manter-se revel.

Sobre a norma do disposto enfocado, justifica Calmon de Passos que, assegurado ao revel o direito do comparecimento tardio, "apenas se lhe impondo receber o processo no estado em que se encontre, assegura-se ao revel o exercício de todas as faculdades que o direito processual atribui ao réu, bem como todas as garantias próprias do demandado atuante lhe são deferidas, salvo as preclusões já consumadas. E um dos direitos assegurados ao réu presente em juízo é o de ser comunicado dos atos processuais que reclamam comunicação. Conseqüentemente, contra ele os prazos já não mais poderão correr independentemente de intimação".[389]

Mas, salienta Pontes de Miranda que a presença do revel no processo somente terá eficácia *ex nunc.*[390] Isto é, dever-se-ão respeitar as preclusões ocorridas.

No entanto, é preciso relembrar alguns aspectos em que incidem ou não os efeitos da preclusão:

tratando-se de fatos que versam sobre direitos disponíveis, há preclusão, como a presunção de veracidade dos fatos narrados pelo autor;

tratando-se de questões que versam sobre direitos disponíveis, há preclusão, como a impossibilidade de contraditar testemunha por suspeição;

tratando-se de exceções materiais, não há preclusão, mas o juiz ficará impedido de conhecer da questão enquanto não alegado pelo revel, como a prescrição de direito patrimonial;

tratando-se de fatos que versam sobre direitos indisponíveis, entende a doutrina majoritária que não há preclusão, como os fatos constitutivos do direito a alimentos ou dos fatos constitutivos da declaração da paternidade;

tratando-se de objeções processuais, não há preclusão, como a decadência do direito;

tratando-se de exceções processuais, há preclusão, como a exceção de incompetência relativa ou de suspeição do juiz; e

---

[389] PASSOS, J. J. Calmon de. *Comentários...*, p. 369-70.

[390] MIRANDA, Pontes de. *Comentários ao Código de Processo Civil*, p. 205, tomo IV.

tratando-se de objeções processuais, como a coisa julgada, não haverá preclusão.

Sobre as questões as quais não estão submetidas aos efeitos da preclusão, poderá o revel argüi-las a partir do momento que intervir no processo. Pois, pelo fato de não estarem aquelas submetidas à preclusão, significa que o juiz poderá conhecer de ofício da questão, o que possibilitaria ao revel argüi-la em qualquer momento, independentemente de forma e do grau de jurisdição.

Por isso, a intervenção do revel no processo não resume a conduta processual de um mero espectador, mas de um verdadeiro litigante. É verdade que não contestou a ação; mas é verdade que poderá deduzir petições, arrazoados, requerer produção de provas etc., para melhor tutelar seu direito.

Técnica. Sobre a conduta processual do revel, o STF formulou a Súmula 231 concebendo que: "O revel, em processo cível, pode produzir provas, desde que compareça em tempo oportuno".

Sobre a contagem de prazo do réu revel, decidiu o STF que "começa fluir a partir do momento em que for publicada a sentença, independentemente de intimação".[391]

Já o Tribunal de Justiça do Rio Grande do Sul editou a Súmula 12, proclamando que: "O prazo recursal para o réu revel ocorre independentemente de intimação, a partir da publicação da sentença da audiência ou em Cartório".

A respeito decidiu o 2º TACivSP que: "Prolatada a sentença, pode o revel recorrer, mas para tanto não necessita ser intimado ou sequer seu procurador, pois os prazos lhe correm independentemente de intimação, recebendo o processo no estado em que estiver, sendo que a circunstância de ter advogado constituído nos autos não o excepciona do disposto no art. 322, primeira parte do CPC".[392]

Assentou o TJRS que "o revel tem o direito de intervir no processo, na fase em que se encontrar, inclusive para fins probatórios".[393]

E o TJSC expressou que "a revelia não implica proibição ao reu de vir ao processo. Se ele comparece, passa a participar, embora irrecuperáveis as opor-

---

[391] RT 609/260.

[392] PAULA, Alexandre de. *CPC Anotado*, p. 1343, vol II.

[393] PAULA, Alexandre de. *CPC Anotado*, p. 1348, vol II.

tunidades processuais que perdeu. Pode, inclusive, produzir provas, pelo que, se oportunamente as requereu, não deve ao juiz julgar antecipadamente a lide, a pretexto de que aquele requerimento, pelo só fato da revelia, não comporta apreciação".[394]

CRÍTICA

A dispensa da intimação do revel para os atos e termos processuais funda-se na liberdade de comportamento do réu. E é até aceitável o CPC não insistir na presença do réu, uma vez que é preciso conduzir o processo sem abstrair-se de uma realidade fática: a ausência do réu.

Mas é inegável que o efeito previsto no artigo 322 é um claro exemplo de *punição à revelia*. Não bastasse o ordenamento processual conferir uma relativa veracidade aos fatos afirmados pelo autor em razão da revelia (art. 319), o CPC também pune a pessoa do revel, como litigante, em dispensar sua intimação.

Há, neste caso, um claro prejuízo ao contraditório e ao descobrimento da verdade material, posição que deveria o juiz alcançar, superando a verdade formal delineada no CPC.

Entretanto, se o leitor não considerar que se trata de uma *punição ao revel*, pode optar por outra qualificação, como a formulada por Calmon de Passos: "ódio desabrido e irracional pelo contumaz". Essa expressão advém da irresignação do mestre baiano pela dispensa do CPC em intimar o revel da sentença de mérito, o que contraria sistemas processuais de outros países. Tal posição do direito nacional prejudica o acesso ao duplo grau de jurisdição ou da possibilidade de propor a ação rescisória.[395]

Aqui vale advertir: a atitude do legislador ao aderir, ainda que de forma tênue, à idéia de que a revelia é um ilícito civil e que por isso deve ser punido, revela ser retrógada e daí ser revista. Essa punição repercute no âmbito processual, mas atinge diretamente a pessoa do revel, ao dispensar sua intimação.

---

[394] PAULA, Alexandre de. *CPC Anotado*, p. 1348, vol II.

[395] PASSOS, J. J. Calmon de. *Comentários...*, p. 374-6.

Capítulo IV

DAS PROVIDÊNCIAS PRELIMINARES

DAS PROVIDÊNCIAS PRELIMINARES

Noção. Na esteira de Pontes de Miranda, providências preliminares "são as providências que o juiz há de tomar ao receber a petição inicial e ao responder ao demandado, ou à sua não comparência sem contestação. Assim, as providências do art. 284 e parágrafo único são providências preliminares, embora o Capítulo IV somente se haja referido, de início, ao prazo para a resposta do réu, ao efeito da revelia, à ação declarativa incidental, a fato impeditivos, modificativos e extintivos do pedido e às alegações do réu constantes do art. 301".[396]

Daí que, as providências preliminares constituem o início da segunda fase do procedimento ordinário, denominada *fase do julgamento conforme o estado do processo*. Essa segunda fase poderá resultar na extinção do processo sem o julgamento do mérito, no julgamento antecipado da lide ou no prosseguimento do processo, iniciando-se a fase instrutória.

[396] MIRANDA, Pontes de. *Comentários ao Código de Processo Civil*, p. 211, tomo IV.

A gênese desta fase decorre da publicização do processo romano, que somente ocorreu no período *cognitio extraordinaria*, quando a figura do pretor se tornou mais ativa e oficial. Explica Vicente Greco Filho que, "já nas primeiras fases do Direito Romano, existia a figura da *denegatio actionis*, quando houvesse falta dos pressupostos de uma ação existente na ordem civil ou edital ou se a pretensão não merecesse uma ação nova (*in factum*). O pretor decidia *initio litis*, podendo reconhecer os motivos que atribuiriam ao réu títulos de exceção, como a *praescriptio fori* ou as *exceptiones praeiudiciales*. Já no Direito Romano, portanto, previa-se a hipótese de decisão sobre questões prévias ou preliminares impeditivas do conhecimento do mérito".[397]

Função das providências preliminares. A função essencial das providências preliminares é permitir o julgamento conforme o estado do processo, que poderá resultar, como visto anteriormente, na extinção do processo com ou sem julgamento do mérito ou no prosseguimento do feito, iniciando-se a fase instrutória.

Para tanto, nesta etapa do procedimento far-se-á conclusão dos autos ao juiz (art. 323), para verificar se incidem os efeitos da revelia (art. 324), se existe pedido de declaração incidental (art. 325), se existem fatos impeditivos, modificativos ou extintivos do pedido, formulados pelo réu (art. 326) ou se foram alegadas as matérias do artigo 301 pelo réu (art. 327).

Para cada hipótese, existe uma providência a ser tomada pelo juiz, como se verá adiante.

Art. 323. Findo o prazo para a resposta do réu, o escrivão fará a conclusão dos autos. O juiz, no prazo de dez (10) dias, determinará, conforme o caso, as providências preliminares, que constam das seções deste capítulo.

DETERMINAÇÃO DAS PROVIDÊNCIAS PRELIMINARES

O disposto em exame trata da determinação das providências preliminares. Daí que, expirando o prazo para a resposta do réu, os autos irão conclusos ao juiz, para que ele determine as providências que entender cabíveis.

---

[397] GRECO FILHO, Vicente. *Direito Processual Civil*, p. 173-4, 2º vol.

As providências preliminares importam no encerramento da primeira fase do processo de conhecimento – postulatória – e o início da segunda fase – julgamento conforme o estado do processo.

No procedimento sumário, as providências preliminares surgem em plena audiência, logo após a apresentação da defesa verbal ou escrita do réu.

O prazo de dez dias para que o juiz determine as providências cabíveis é um mero referencial, uma vez que, conforme exposto no volume I, nos prazos do juiz não haverá nenhuma sanção processual.

Conclusos os autos, o juiz determinará algumas das seguintes providências previstas no CPC: para verificar se incidem os efeitos da revelia (art. 324), se existe pedido de declaração incidental (art. 325), se existem fatos impeditivos, modificativos ou extintivos do pedido, formulados pelo réu (art. 326) ou se foram alegadas as matérias do artigo 301 pelo réu (art. 327).

Após essas providências, o processo tornar-se-á apto ao julgamento conforme o estado do processo, em que poderá ser extinto sem o julgamento do mérito (CPC, art. 329); poderá ser extinto com o julgamento do mérito (CPC, art. 330) ou saneado o processo, prosseguindo o feito, ingressando na fase instrutória (CPC, art. 331).

Seção I

DO EFEITO DA REVELIA

Art. 324. Se o réu não contestar a ação, o juiz, verificando que não ocorreu o efeito da revelia, mandará que o autor especifique as provas que pretenda produzir na audiência.

EFEITO PROBATÓRIO DA REVELIA

Noção. Ausente a contestação do réu e sendo válida a citação, deverá o juiz verificar se incide ou não o efeito da revelia estipulado no artigo 319, do CPC.

O efeito da confissão ficta é relativo, conforme as exceções determinadas na doutrina de Pontes de Miranda (art. 319) e reservas legais do artigo 320, do CPC.

Compreendendo o juiz que não incide o efeito probatório decorrente da revelia – confissão ficta –, determinará que o autor especifique as provas que pretenda produzir.

Se o juiz não estipular um prazo para que o autor especifique os meios de provas, este será de cinco dias, por ser prazo subsidiário e por não haver estipulação legal específica.

A natureza desse despacho é de mero expediente, visto que não há nenhuma carga decisória. Em razão disso, é irrecorrível, conforme já proclamado pela jurisprudência.[398]

É verdade que se tornou práxis judiciária o juiz determinar a especificação das provas que as partes pretendam produzir, independentemente de ter havido ou não revelia ou se os meios de provas já foram requeridos na fase postulatória do procedimento ordinário. Tal determinação, despida de qualquer previsão legal, acaba por impor uma pequena marcha lenta no processo, uma vez que tal ato é despiciendo, ou seja, é obrigatório para as partes requererem os meios de provas cabíveis tanto na petição inicial como na contestação e reconvenção.

Técnica. Pronunciou o STF que, "ao protestarem os autores, na inicial, por todos os meios de provas admitidos em direito permitido, estarão seguindo forma usual, porquanto a precisa indicação das necessárias, muitas vezes só é possível após a contestação, pois esta até pode admitir como verdadeiros todos os fatos alegados, dispensando-se, assim, a instrução probatória".[399]

Porém, advertiu o TJMG que "requerida a prova após o saneamento, sem indicação de sua procedência e de sua finalidade, é lícito ao juiz indeferi-la, pois a sua admissão em outras oportunidades constitui critério discricionário do magistrado, somente justificável se necessária para formar o seu convencimento".[400]

Questionável se na fase postulatória a parte tenha requerido genericamente a produção de provas e na fase do artigo 324, do CPC, tenha silenciado a respeito, propicia um julgamento antecipado da lide. Entendendo pela afirmativa, proclamou o TJMS que: "Se a parte fora regularmente intimada quanto à especificação de provas e não se manifesta no prazo, preclui o seu direito, não se constituindo o fato em nulidade da sentença por cerceamento de defesa".[401]

---

[398] TJDF: "O despacho 'especifiquem-se provas' é de mero expediente, pois visa unicamente à realização do impulso processual, não causando qualquer lesão ao direito das partes. É, pois, irrecorrível". Cf. PAULA, Alexandre de. *CPC Anotado*, p. 1353, vol II.

[399] PAULA, Alexandre de. *CPC Anotado*, p. 1352, vol II.

[400] PAULA, Alexandre de. *CPC Anotado*, p. 1353, vol II.

[401] PAULA, Alexandre de. *CPC Anotado*, p. 1353, vol II.

Nessa linha, expressou o TJSC que: "Na prática, os juízes mandam que as partes especifiquem as provas pelas quais protestaram. Seu silêncio demonstra o não-desejo de produzir as mesmas".[402]

Crê-se que a resposta deve seguir pela negativa. Pois, cumpre destacar primeiro, que o julgamento antecipado da lide se dá pelos motivos delineados no artigo 330, do CPC, e dentre eles, a desnecessidade de se produzir provas, que deve ser conjugado com o artigo 334, do CPC. Ora, desnecessidade de se produzir provas é bem diferente da preclusão da oportunidade de produzir provas. Enquanto o primeiro é um critério de conveniência, o segundo é um critério de obstáculo processual, que põe a conveniência em plano secundário.

Ademais, determinada a especificação de provas, nada impede que o juiz julgue antecipadamente a lide, desde que haja elementos para tanto.

Nessa linha, decidiu o TJSP: "O fato de o Juízo *a quo* ter determinado a especificação de provas não o vincula, a ponto de impedir o julgamento antecipado, se vem a estender que as existentes autorizam o julgamento do feito pelo mérito".[403]

---

[402] PAULA, Alexandre de. *CPC Anotado*, p. 1353, vol II.

[403] RT 601/67.

Seção II

DA DECLARAÇÃO INCIDENTE

Art. 325. Contestando o réu o direito que constitui fundamento do pedido, o autor poderá requerer, no prazo de dez (10) dias, que sobre ele o juiz profira sentença incidente, se da declaração da existência ou da inexistência do direito depender, no todo ou em parte, do julgamento da lide (art. 5º).

DA DECLARAÇÃO INCIDENTE

O disposto em enfoque trata da ação declaratória incidental formulada pelo autor, em razão da contestação do réu. Pois, consoante a norma em exame, o pedido declaratório incidental advém em razão do fundamento da contestação para contrariar o pedido do autor.

Para compreensão do tema, torna-se imprescindível um reexame da ação declaratória incidental prevista no artigo 5º, do CPC, para depois examinar o alcance do presente disposto.

Pois.

DA AÇÃO DECLARATÓRIA INCIDENTAL

Conceito. O artigo 5º consagra a chamada *ação declaratória incidental*, isto é, a ação que se instaura dentro de um processo (considerado processo principal) a fim de averiguar, incidentalmente, a existência ou não de uma relação jurídica ou a autenticidade ou falsidade de um documento, considerado imprescindível para o julgamento da lide principal.

Assim, a ação declaratória incidental permite trazer duas idéias básicas: é incidental porque surge na tramitação da lide principal, e é questão prejudicial interna, porque sua resolução ocorrerá dentro do processo principal e importará na sorte da lide.

Imagine-se, por exemplo, numa ação de separação judicial promovida pela esposa, o marido contestar a ação, alegando a nulidade do casamento e, conseqüentemente, a inexistência do dever de prestar alimentos. A resolução da questão da nulidade ou não do casamento é prejudicial à pretensão da esposa, uma vez que, se acatada, improcede o pedido de separação judicial.

Nessa linha, leciona Chiovenda, que a ação declaratória incidental guarda relação de prejudicialidade porque "se verifica quando, no curso de uma causa principal, em regra para o adimplemento duma prestação, se contesta a relação de cuja existência ou inexistência depende a pretensão que se fez valer".[404]

Neste sentido, manifestou o STF que o "pedido de declaração incidental deve ser admissível sempre que, no curso do processo, se tornar controvertido um direito cuja existência ou não dependa a decisão da lide, ou seja, cuja existência ou inexistência constitua pressuposto necessário do julgamento da ação principal (...)".[405]

Questão prejudicial. São obstáculos que surgem durante a lide e, suscetíveis per si, de fundamentar uma demanda isoladamente, e que devem ser apreciados primeiro para resolver a lide principal. Como podem fundar uma demanda separadamente, a questão prejudicial argüida em sede de ação declaratória incidental estará sujeita aos efeitos da coisa julgada, nos termos do artigo 470, do CPC.

---

[404] CHIOVENDA, Giuseppe. *Instituições de Direito Processual Civil.* Tradução de Paolo Capitanio. Campinas, Bookseller, 1998, p. 284, vol I.

[405] PAULA, Alexandre de. *Código de Processo Civil Anotado*, p. 58, vol I.

A questão prejudicial pode ser *externa* ou *interna*. Será *externa* quando a solução do obstáculo se der noutro processo, o que poderá provocar a suspensão do processo principal nos termos do artigo 265, IV, alíneas "a" (dependência de julgamento de outra causa, ou da declaração da existência ou inexistência da relação jurídica, que constitua o objeto principal de outro processo pendente) e "b" (não puder ser proferida senão depois de verificado determinado fato, ou de produzida certa prova, requisitada a outro juízo).

São exemplos de questão prejudicial externa:

alínea "a": a condenação do réu no processo penal que fará coisa julgada cível para fins de liquidação da responsabilidade civil (CPP, art. 63); ou numa ação, a instituição financeira postula a rescisão do contrato de *leasing* por inadimplência do pagamento das parcelas do devedor, e noutro feito, o devedor propõe em face da instituição financeira, ação de consignação de pagamento das parcelas cujo valor entende ser devidas; e

alínea "b": numa ação de indenização que o consumidor promoveu em face de uma empresa alegando ter adquirido produto alimentício estragado, deverá ser produzida prova pericial a fim de verificar a má qualidade do produto alimentício, cujo fato a ser verificado servirá de parâmetro para outras ações de indenização promovidas por consumidores em face da mesma empresa em razão do mesmo fundamento; ou numa ação de indenização por acidente de trabalho, fundando-se na culpa da empresa, deverá aguardar a prova a ser produzida na ação trabalhista a fim de verificar a insalubridade ou periculosidade da atividade que resultou no acidente que vitimou o trabalhador.

Será *interna* a questão a ser resolvida no processo principal, dispensando seu conhecimento e averiguação numa outra demanda. É a hipótese do artigo 5º, e está em consonância com o artigo 265, IV, alínea "c" – tiver por pressuposto o julgamento de questão de estado, requerido como declaração incidente. Tem-se, como exemplo, o inventário em que é argüida a inexistência de filiação de determinado herdeiro, que deverá resultar no incidente de questão de estado – verificar se é filho ou não do autor da herança.

Giuseppe Chiovenda apresenta alguns aspectos relativos à questão prejudicial, que merecem ser examinados:[406]

---

406 CHIOVENDA, Giuseppe. *Instituições de Direito Processual Civil*, p. 466-73, vol I.

não considera *questão prejudicial*, aquela insuscetível de produzir coisa julgada no processo principal, embora possa ocorrer caso seja alegada num processo autônomo;

não será, em regra, questão prejudicial um simples *fato jurídico*, como é caso de o réu alegar dolo do autor na celebração do contrato que está sendo executado. Mas se este dolo ganha contornos de ilícito penal e sobre isto é instaurado um processo penal que resulte na condenação, o alegado, que não se prestara inicialmente como questão prejudicial, vai operar coisa julgada no cível;

será questão prejudicial os *atributos da pessoa*, cuja qualidade que lhe é atribuída é essencial para a sorte da lide. Assim, na ação de arbitramento de honorários advocatícios, se o réu suscitar a inexistência da qualidade de advogado do promovente e comprovar essa inexistência, o pedido será improcedente;

será questão prejudicial o *estado jurídico* como condição para a resolução da lide. Assim, a qualidade de casado para que o cônjuge exerça a curatela do outro cônjuge, ou, na seqüência, a qualidade de pai, mãe e descendente maior para o exercício do *munus* (CC, art. 1.775 e § 1º);

poderá ser objeto de questão prejudicial a *relação jurídica complexa*, como na ação de embargos à execução do cheque, o devedor alegar o pagamento da dívida e agiotagem, ou na ação de despejo por falta de pagamento, o locatário alegar a inexistência da locação e também purgar a mora. Em tais hipóteses, o interessado reconhece a existência da relação jurídica principal, mas aduz fato extintivo do direito do autor, em consonância com outras teses. Nessa linha, Chiovenda chega a afirmar a existência de uma relação jurídica *derivada* da relação jurídica original;

haverá questão prejudicial quando incidir sobre *relação jurídica com obrigações em cotas periódicas*, suscitada no processo em que se cobra a obrigação. Chiovenda cita os exemplos dos pagamentos de aluguéis, alimentos, impostos parcelados etc. Segundo o mestre, "cada prestação em si pode constituir objeto de demanda e processo; e, na ocasião da demanda de uma prestação, pode agitar-se uma questão prejudicial sobre a relação jurídica, em virtude da qual a prestação é exigida"[407];

[407] CHIOVENDA, Giuseppe. *Instituições de Direito Processual Civil*, p. 471, vol I.

também a *relação jurídica condição da principal* poderá ser objeto de questão prejudicial, uma vez que a relação existente entre duas pessoas depende da existência de outra relação entre essas pessoas ou entre uma delas e um terceiro ou ainda entre terceiros. São exemplos: a sublocação depende da locação principal; a fiança depende do contrato principal e a herança depende da relação de parentesco. Por isso, afirma Chiovenda, "em todos esses casos o processo sobre a relação e sobre a ação dependente pode ocasionar uma questão prejudicial sobre a existência e validez da relação precedente ou principal"[408]; e

haverá questão prejudicial aquela que incidir sobre a existência de uma *relação jurídica incompatível com a principal*, que ocorrerá na hipótese da afirmação da existência de uma outra relação, porém *incompatível* com a existente. Os exemplos mais comuns são a compensação, que é uma relação jurídica incompatível com a relação jurídica afirmada pelo autor, e a alegação de usucapião como matéria de defesa na ação possessória ou reinvindicatória de propriedade.

Ampliação da lide. Com a propositura da ação incidental, a lide se amplia, pois soma-se a lide principal com a lide incidental.

Contudo, cumpre advertir que não há cumulação objetiva ulterior de pedidos, uma vez que o pedido declaratório incidental é meio para obter a pretensão do autor ou do réu, mas nunca acrescer às pretensões deles. Meio porque com a ação incidental busca-se a declaração de existência ou inexistência de relação jurídica ou falsidade ou não de documento, prejudiciais à solução da lide. A declaração guarda, sempre bom lembrar, relação de prejudicialidade com a lide principal, mas isto não significa que ela se torna a própria lide principal.

Em sentido contrário, decidiu o TACivRJ: "A ação declaratória incidental é, na verdade, uma ação meramente declaratória inserida em outra de qualquer natureza, gerando, evidentemente, uma cumulação objetiva ulterior. Ou seja, ao pedido anterior – principal – se adiciona o pedido de declaração da existência ou inexistência de relação jurídica prejudicial".[409]

Técnica. Conforme leciona Alfredo Buzaid, a ação declaratória incidental "se processa por via incidente e objetiva, no curso de uma demanda, declarar

---

408 CHIOVENDA, Giuseppe. *Instituições de Direito Processual Civil*, p. 471, vol I.

409 PAULA, Alexandre de. *Código de Processo Civil Anotado*, p. 60, vol I.

a existência ou inexistência de uma relação jurídica processual ou a falsidade de documento. Quando a causa é submetida ao conhecimento do juiz, deve ele apreciar não só a relação jurídica controvertida, que constitui a questão principal, mas também a relação jurídica secundária, que pode ser objeto de um processo independente, o qual se apresentou como ponto duvidoso na discussão da questão principal".[410]

A ação declaratória incidental vai instaurar duas lides, sendo que uma, a *principal*, necessita da solução da segunda lide, a *prejudicial*. A respeito, arremata Alfredo Buzaid: "O juiz conhecerá e julgará, assim, duas ordens de questões: a *prejudicial* e a *principal*. Há entre elas um *nexo de prejudicialidade*. A questão prejudicial constitui o antecedente lógico controvertido da decisão sobre a demanda proposta. A questão prejudicial, portanto, pressupõe sempre uma relação jurídica controvertida e está em relação de *prioridade* com a questão de mérito, objeto da lide. A decisão do juiz, aqui, abrangendo a questão principal e a incidente, opera a ampliação do objeto da demanda. A finalidade da ação declaratória, processada por via incidente, é alcançar uma certeza sobre a questão prejudicial, de forma que também a ela se estenda a autoridade da coisa julgada".[411]

E inúmeros feitos apresentam "questões prejudiciais", suscetíveis de coisa julgada, mas não são requeridas sob a forma de ação declaratória incidental pela parte interessada. Contudo, assim deveria ser, até porque a coisa julgada na ação declaratória incidental não se limita à parte dispositiva da sentença. Abrangerá, isto sim, todos os fatos e a relação jurídica que integram a questão, para conferir eficácia nos processos futuros que poderão envolver as mesmas partes.[412]

Litispendência. Em razão da possibilidade de a ação declaratória incidental produzir coisa julgada (CPC, arts. 5º e 470) e o pedido incidental exercer relação de prejudicialidade com a demanda principal, no concurso de ação declaratória incidental e ação declaratória autônoma, haverá litispendência.

Porque, verificam-se ações idênticas, uma vez que possuem as mesmas partes, causa de pedir e pedido. Logo, a segunda ação proposta deverá ser ex-

---

[410] BUZAID, Alfredo. *A Ação Declaratória no Direito Brasileiro*. 2ª ed. São Paulo, Saraiva, 1986, p. 361.

[411] BUZAID, Alfredo. *A Ação Declaratória no Direito Brasileiro...*, p. 361-2.

[412] BUZAID, Alfredo. *A Ação Declaratória no Direito Brasileiro...*, p. 362-3.

tinta, sem o julgamento do mérito, por ser litispendente (CPC, arts. 267, IV, e 301, V, e § 3º). Portanto, incorreu em equívoco o TJPR ao assinalar que inexiste litispendência entre a ação declaratória autônoma e a ação declaratória incidental, ao sustentar que esta não produz coisa julgada material.[413]

Ora, não há nenhuma limitação aos efeitos da coisa julgada da ação declaratória incidental. Uma vez transitada em julgado, incidirão os dois efeitos da coisa julgada: a imutabilidade da decisão e a indiscutibilidade da demanda.

Legitimidade. O artigo 5º fala que qualquer das partes poderá propor a ação declaratória incidental. Num exame superficial, conclui-se que qualquer pessoa que integra os pólos ativo ou passivo da ação tem legitimidade para propor a ação incidental, excluindo-se eventuais litisconsortes e terceiros intervenientes. Sobre esse exame superficial, concluiu o TJPR que a ação declaratória incidental somente poderá ser proposta pelas partes e não pelos litisconsortes.[414]

Contudo, crê-se que essa não é a melhor orientação. Primeiro, porque o litisconsórcio é o fenômeno processual que reúne diversas pessoas num dos pólos processuais. Portanto, o litisconsorte é parte na demanda, assim como as demais pessoas que demandam, sejam eles litisconsortes ou não.

Por outro lado, também deve-se admitir a legitimidade do terceiro interveniente em propor ação declaratória incidental, uma vez que o terceiro é considerado parte na relação jurídica em que está envolvido. Daí compreender que a ação incidental proposta por ele está delimitada nessa relação jurídica.

Exceção se faz à assistência simples, em que o interesse do assistente se limita à relação jurídica que mantém com o assistido. Como neste caso o assistente é auxiliar do assistido e ele – assistente – não possui relação jurídica com o adversário do assistido, descabe a ação declaratória incidental.

Por fim, o Ministério Público tem legitimidade para propor ação declaratória incidental, seja na qualidade de parte, seja na qualidade de interveniente (*custus legis*), em face da regra do artigo 81, do CPC, que o equipara aos mesmos poderes e ônus das partes.

Recursos. Qualquer decisão que extinga a ação declaratória incidental é equiparada como sentença, visto que é suscetível de produzir coisa julgada.

---

413 PAULA, Alexandre de. *Código de Processo Civil Anotado*, p. 59, vol I.

414 PAULA, Alexandre de. *Código de Processo Civil Anotado*, p. 59, vol I.

Portanto, o recurso cabível é o de apelação. Contra decisões incidentais no seu processamento, cabe recurso de agravo de instrumento.

A declaração incidental do artigo 325. Consoante expõe Antonio Carlos Marcato, "a ação declaratória incidental vem enunciada no artigo 5º, podendo ser promovida por qualquer das partes; a declaração incidente prevista no artigo 325, contudo, é exclusiva do autor, posto que a litigiosidade da relação prejudicial decorre da contestação ofertada pelo réu. A razão é evidente: se o réu ataca o direito que constitui fundamento do pedido, é imprescindível, antes do exame do mérito, tornar certa a existência ou inexistência daquele".[415]

Essa advertência repercute diretamente no modo de processamento da ação declaratória, como se verá adiante.

A PROVIDÊNCIA PRELIMINAR NA DECLARAÇÃO INCIDENTAL

Momento da sua propositura. A ação declaratória incidental de que trata o presente disposto deve ser proposta no prazo de dez dias contados a partir da intimação da contestação.

A respeito, pronunciou o STF: "Peremptório é o prazo decadencial de dez dias para a propositura da ação declaratória incidental, a partir da contestação".[416]

A causa de pedir. Tem-se com a ação declaratória incidental uma conexão de fundamentos entre a matéria da contestação e a matéria da ação incidental. Essa conexão importa numa relação de prejudicialidade.

Sendo assim, a causa de pedir da declaração incidental é conexa com o fundamento da contestação. Nessa linha, explana Calmon de Passos que, "compreende-se que o art. 325, referindo-se a direito que constitui fundamento do pedido, não quis mencionar a *causa petendi*, cuja existência ou inexistência será sempre objeto de pronunciamento do juiz, no processo de conhecimento, pelo só motivo do ajuizamento da inicial. Cuida-se, necessariamente, de direito outro, que não o contido no objeto do processo, de relação jurídica outra que não aquela representativa da causa de pedir. Se o pedido do autor ti-

---

[415] MARCATO, Antonio Carlos. *Procedimento...*, p. 50-1.

[416] PAULA, Alexandre de. *Código de Processo Civil Anotado*, p. 1357, vol II.

nha como pressuposto outro direito ou outra relação jurídica, diversos do direito ou da relação jurídica constitutivos da causa de pedir (fundamento do pedido) e se a contestação do réu impugna, inclusive, aquele direito, pressuposto ou antecedente lógico necessário da existência do direito do autor, posto como objeto do pedido, então, nessas circunstâncias, o autor pode ampliar o tema de decidir do juiz, formulando um pedido novo, incidental, de declaração da existência ou inexistência desse direito, antecedente lógico do pedido formulado inicialmente, para que a coisa julgada também se estenda a essa outra relação jurídica ou a esse outro direito".[417]

Modo de processamento. A declaração incidente poderá ser processada ou nos autos principais ou em apenso. Depende da matéria conexa sobre qual se busca a declaração incidental.

Se a declaração incidental fundar-se no artigo 5º, do CPC, a ação será processada em apenso aos autos principais. Poderá ser proposta por qualquer das parte e seguirá o procedimento da ação principal, sem que haja suspensão da ação principal, embora a prudência às vezes recomenda o adiantamento dos atos da declaração incidental a fim de permitir julgamento simultâneo com a ação principal.

Mas poderá ser processada em apenso aos autos principais a declaração incidental de falsidade de documento, quando requerido após o encerramento da instrução (CPC, art. 393). Esse expediente processual tem por finalidade invalidar a força probatória do documento juntado pela parte (CPC, arts. 390-391). Cumpre advertir que tal procedimento destina-se à invalidação de documento e não de depoimento de testemunha.[418]

Por outro lado, será processado dentro dos autos o pedido de declaração incidente formulado pelo autor, nos termos do artigo 325. Esse pedido se funda em razão da contestação do réu, que pôs em dúvida a existência ou validade do direito exposto pelo autor na inicial.

---

[417] PASSOS, J. J. Calmon de. *Comentários...*, p. 394.

[418] Decidiu o TJRJ: "A ação declaratória incidental não se presta à declaração de falsidade de prova testemunhal, porque não se harmoniza com o disposto nos arts. 5º e 325 do CPC; daí sua impossibilidade jurídica. Ademais, a valoração da prova há de ser feita nos próprios autos em que foi realizada". Cf. PAULA, Alexandre de. *CPC Anotado*, p. 1356-7, vol II.

Também será processado dentro dos autos o pedido de declaração incidental de falsidade de documento, requerido por qualquer das partes, antes do encerramento da instrução (CPC, art. 391). Neste caso, a finalidade da declaração incidental é retirar o valor probatório do documento.

As hipóteses da ação declaratória incidental fundada no artigo 5º, do CPC, e da declaração incidente prevista no artigo 325, do CPC, estarão submetidas aos efeitos da coisa julgada, desde que haja competência do juiz para apreciar tais questões e elas constituam pressupostos necessários para o julgamento da lide (CPC, art. 470).

Julgamento simultâneo. A idéia de julgamento simultâneo nas declarações incidentais, dada a sua conexidade com a demanda principal, exige o proferimento de sentenças juridicamente compatíveis. Essa determinação se dá com a ampliação da lide dada pela declaração incidente. Em razão disso, decidiu o TACivRJ que: "Anula-se o processo, se a ação declaratória incidental não foi julgada, embora o tenha sido a ação principal".[419]

Pode ser que o juiz profira uma única sentença, nas hipóteses que a declaração incidental seja processada dentro dos autos principais; bem como tenha que proferir duas sentenças, quando a declaração incidental for processada em apenso.

Tanto numa hipótese como noutra, o julgamento da demanda principal e da demanda incidental deverá ser simultâneo e a solução de ambos deve ser juridicamente compatível.

Daí que, é cabível o recurso de apelação contra a sentença que julga a declaração incidental. Das decisões incidentais no processamento da declaração incidente é cabível o recurso de agravo.

---

[419] PAULA, Alexandre de. *CPC Anotado*, p. 1357, vol II.

Seção III

DOS FATOS IMPEDITIVOS, MODIFICATIVOS OU EXTINTIVOS DO PEDIDO

Art. 326. Se o réu, reconhecendo o fato em que se fundou a ação, outro lhe opuser impeditivo, modificativo ou extintivo do direito do autor, este será ouvido no prazo de dez (10) dias, facultando-lhe o juiz a produção de prova documental.

DOS FATOS IMPEDITIVOS, MODIFICATIVOS OU EXTINTIVOS DO PEDIDO

Conceitos. O disposto em enfoque trata dos fatos impeditivos, modificativos ou extintivos que fundam a pretensão do autor, a despeito de serem reconhecidos os fatos constitutivos do direito do autor.

Reconhecer significa confirmar a veracidade dos fatos alegados na inicial. É o caso, por exemplo, da ação de rescisão de contrato cumulada com perdas e danos, em que o réu aceita a existência da relação contratual afirmada pelo autor.

Fatos impeditivos são os fatos que obstam a projeção dos efeitos dos fatos trazidos pelo autor. Segundo Cleanto Guimarães Siqueira, o demandado não nega que o autor seja titular de um direito subjetivo, mas pretende apenas "retardar o seu ingresso no patrimônio jurídico do demandante. Veja-se o caso da clássica *exceptio inadimpletis contractos* nos contratos bilaterais: ao alegar a existência de obrigação a que o autor deveria cumprir, o réu conseguirá, tão-somente, retardar a eficácia dos fatos trazidos na postulação inicial. Tão logo seja adimplida a obrigação submetida ao seu adversário, deverá o réu sujeitar-se aos efeitos do seu comportamento".[420]

Segundo Nelson Nery Júnior e Rosa Maria Andrade Nery, fatos impeditivos "são os que obstam a procedência do pedido do autor. Acolhidos, fazem com que o juiz deva julgar improcedente o pedido do autor, total ou parcialmente, dependendo do caso".[421]

Com a dedução de fatos impeditivos, a posição processual do réu se resume em criar obstáculos à procedência da pretensão do autor. A prescrição impede a procedência da pretensão do autor formulada na ação, mas, se possível utilizar outra espécie de ação, não impediria a persecução em juízo do direito do autor. É o caso do cheque, que prescrita a ação executiva, permitirá ao autor promover a ação monitória.

Por fatos extintivos, explica Cleanto Guimarães Siqueira, "são fatos cuja eficácia (*rectius*, efeitos produzidos) consiste no aniquilamento do direito subjetivo de que se julga titular o autor".[422] O mencionado autor cita como exemplo a prescrição da pretensão. No entanto, entende-se que a prescrição extingue apenas a pretensão, e não o direito material do autor enquanto for possível utilizar-se de outro remédio judicial. A decadência é um exemplo de extinção do direito do autor, mas a doutrina concebe as questões do artigo 326 como sendo exceções processuais.

No conceito de Nelson Nery Júnior e Rosa Maria Andrade Nery, fatos extintivos "são os que tornam improcedente o pedido do autor, porque extintivos do direito posto em causa".[423]

---

420 SIQUEIRA, Cleanto Guimarães. *A defesa...*, p. 242.

421 NERY JÚNIOR, Nelson, e ANDRADE NERY, Rosa Maria. *Código de Processo Comentado...*, p. 823.

422 SIQUEIRA, Cleanto Guimarães. *A defesa...*, p. 241.

423 NERY JÚNIOR, Nelson, e ANDRADE NERY, Rosa Maria. *Código de Processo Comentado...*, p. 824.

Em razão do fato extintivo extinguir o direito do autor, pode-se citar como exemplos a transação e a novação, visto que são formas de extinção da relação jurídica obrigacional, criando-se uma nova situação jurídica.

Por fim, serão fatos modificativos "os fatos apresentados pelo demandado, a partir dos quais procura tão-somente alterar as conseqüências jurídicas daqueles trazidos do autor".[424] O típico exemplo dessa espécie de fato é a compensação, cujo reconhecimento importará no tratamento diferenciado do direito do autor.

Fatos modificativos, na esteira de Nelson Nery Júnior e Rosa Maria Andrade Nery, "são os que impedem que o pedido do autor seja acolhido de forma integral, como pleiteado na inicial, em virtude de modificações ocorridas entre os negócios havidos entre autor e réu. O juiz pode julgar procedente o pedido do autor, mas com as modificações que a situação concreta impõe".[425]

Segundo Vicente Greco Filho, tais fatos têm o poder de impedir, modificar ou extinguir do direito do autor, a despeito de existir o fato constitutivo da pretensão do autor.[426]

Providência preliminar. Existindo tais fatos, deverá o autor abrir vista ao autor para que se manifeste a respeito, pelo prazo de dez dias.

Tal providência é denominada "impugnação à contestação". Se, porventura, o réu, além de deduzir as questões do presente disposto, também deduzir qualquer matéria elencada no artigo 301, do CPC, o autor terá o mesmo prazo de dez dias para se manifestar a respeito (CPC, art. 327).

Essa providência é direito subjetivo público do autor, sendo que, omissa pelo juiz, pode gerar a nulidade do processo, se a sentença resultar em improcedência do pedido. É o que proclamou o TJBA: "Existindo, no bojo da contestação, menção a fato impeditivo, modificativo ou extintivo do pedido, o juiz deverá ouvir o demandante no prazo de 10 dias. A omissão importará em cerceamento de defesa, impondo-se a anulação".[427]

---

424 SIQUEIRA, Cleanto Guimarães. *A defesa...*, p. 241.

425 NERY JÚNIOR, Nelson, e ANDRADE NERY, Rosa Maria. *Código de Processo Comentado...*, p. 824.

426 GRECO FILHO, Vicente. *Direito Processual Civil*, p. 204, 2º vol.

427 PAULA, Alexandre de. *CPC Anotado*, p. 1361, vol. II.

Também integra a providência preliminar a possibilidade de o autor produzir prova documental para contrariar o fato impeditivo, extintivo ou modificativo do direito do autor. Essa possibilidade, prevista na parte final do artigo 326, mostra-se despicienda, uma vez que a parte (demandante e demandado) poderá a qualquer momento juntar documento (CPC, art. 397).

Em relação ao réu, a alegação de fato impeditivo, modificativo ou extintivo do direito do autor importará no ônus de provar esse fato, nos termos do artigo 333, II, do CPC.

Seção IV

DAS ALEGAÇÕES DO RÉU

Art. 327. Se o réu alegar qualquer das matérias enumeradas no art. 301, o juiz mandará ouvir o autor no prazo de dez (10) dias, permitindo-lhe a produção de prova documental. Verificando a existência de irregularidades ou de nulidades sanáveis, o juiz mandará supri-las, fixando à parte prazo nunca superior a trinta (30) dias.

IMPUGNAÇÃO À CONTESTAÇÃO

Compreende-se por impugnação à contestação o momento processual em que se possibilita ao autor manifestar-se sobre a contestação, a fim de impugnar as objeções processuais suscitadas com fulcro no artigo 301, do CPC, ou os fatos impeditivos, modificativos ou extintivos do direito do autor (CPC, art. 326).

Essa providência, também denominada "réplica", é vista como "a manifestação do autor sobre a contestação do réu. A matéria objeto da réplica é restrita à parte da contestação em que o réu argüiu preliminares ou fato impeditivo, modificativo ou extintivo do direito do autor. Caso o réu tenha contestado apenas o mérito *stricto sensu*, não há réplica, devendo prosseguir o processo sem manifestação do autor sobre a contestação".[428]

A "impugnação à contestação" configura como direito subjetivo público do autor, em ser-lhe dada oportunidade de manifestar sobre as objeções processuais suscitadas pelo réu. Daí que, omitir essa possibilidade poderá configurar nulidade do processo, se disso resultar prejuízo ao autor.

Salienta-se que, se o réu juntou documentos, argüiu matérias do artigo 301, do CPC, bem como deduziu fatos do artigo 326, do CPC, o prazo para o autor impugnar a contestação será de dez.

E sobre tais questões, possibilita-se ao autor produzir prova documental, embora isso não gere preclusão, uma vez que é deferida a todas as partes, a oportunidade de, a qualquer momento, juntar novos documentos (CPC, art. 397).

OUTRAS PROVIDÊNCIAS

O presente disposto trata de outras providências, além de propiciar a impugnação à contestação. Determina que, na existência de irregularidades e de nulidades sanáveis, o juiz mandará supri-las, pelo prazo máximo de trinta dias.

São exemplos de irregularidades e nulidades sanáveis a autorização do cônjuge prevista no artigo 11, do CPC, e o defeito na representação do incapaz ou a irregularidade da representação processual (CPC, art. 13). A ausência do pagamento das despesas processuais e honorários advocatócios, nos termos dos artigos 28 e 268, ambos do CPC, pode ser suprida nessa fase do processo. Mas persistindo essa ausência, o processo será extinto sem o julgamento do processo. De igual forma, a formação do litisconsórcio necessário ulterior é cabível nessa fase do processo. A não-realização, contrariando ordem judicial, resultará na extinção do processo sem o julgamento do mérito (CPC, art. 47, parágrafo único).

O prazo máximo estipulado pelo CPC para suprir a irregularidade ou nulidade sanável é de trinta dias. No entanto, consoante a regra do artigo 182, do CPC, poderá esse prazo ser protelar por mais sessenta dias.

---

[428] NERY JÚNIOR, Nelson, e ANDRADE NERY, Rosa Maria. *Código de Processo Comentado...*, p. 824.

Art. 328. Cumpridas as providências preliminares, ou não havendo necessidade delas, o juiz proferirá julgamento conforme o estado do processo, observando o que dispõe o capítulo seguinte.

PREPARAÇÃO PARA O JULGAMENTO CONFORME O ESTADO DO PROCESSO

Cumpridas as providências preliminares ou não, ou não sendo necessárias as providências, o processo está apto a receber o julgamento conforme o estado do processo.

Adverte-se que as partes poderão cumprir ou não com as providências determinadas pelo juiz. Não cumprindo, as partes sofrerão com os ônus, podendo ocorrer a extinção do processo sem o julgamento do mérito.

Por isso, compreende-se que, ultrapassado o momento de cumprimento das providências determinadas pelo juiz, com o cumprimento ou não, o juiz deverá proferir o julgamento conforme o estado do processo.

E, por fim, o juiz é obrigado a proferir julgamento conforme o estado do processo, em razão da própria idéia do impulso oficial dado ao processo. Logo, não é faculdade processual, mas sim dever processual o juiz proferir tal julgamento. O não-cumprimento do julgamento pelo juiz poderá implicar sanções administrativas.

Capítulo V

DO JULGAMENTO CONFORME O ESTADO DO PROCESSO

DO JULGAMENTO CONFORME O ESTADO DO PROCESSO

A segunda fase do processo de conhecimento se inicia com as providências preliminares e se encerra com o julgamento conforme o estado do processo. Esta fase marca o fim da fase postulatória e o início da fase instrutória – com o saneamento do processo – ou com a extinção do processo, com ou sem julgamento do mérito.

Como se verá adiante, este momento do processo de conhecimento possibilita três caminhos: ou a extinção do processo sem o julgamento do mérito (art. 329); ou a extinção do processo com o julgamento do mérito (art. 330); ou a designação de audiência de conciliação, em que, se não obtiver conciliação, deverá haver o saneamento do processo, ingressando o processo na fase instrutória (art. 331).

Examinam-se, portanto, esses caminhos que a demanda poderá seguir.

Seção I

DA EXTINÇÃO DO PROCESSO

Art. 329. Ocorrendo qualquer das hipóteses previstas nos arts. 267 e 269, ns. II a V, o juiz declarará extinto o processo.

DA EXTINÇÃO DO PROCESSO

Noção. Extinguir o processo é encerrar a demanda, com o pronunciamento da jurisdição sobre a lide, que tanto pode ser em primeiro grau de jurisdição – aplicação originária da norma – ou em superiores graus de jurisdição, por ocasião do julgamento de recursos ou nas ações processadas originariamente nos tribunais.

Em primeiro grau de jurisdição a extinção se dará mediante sentença (CPC, art. 162, § 1º); nos graus superiores de jurisdição, mediante acórdão (CPC, art. 163).

Conforme a redação do artigo 329, a extinção do processo poderá ser com ou sem julgamento do mérito.

EXTINÇÃO DO PROCESSO SEM O JULGAMENTO DO MÉRITO

A extinção do processo sem o julgamento do mérito ocorrerá se presente alguma hipótese de objeção processual não superada pelo autor.

Em síntese, incidem as hipóteses do artigo 267, do CPC, em que é louvável reexaminá-las:

Inciso I: haverá a extinção do processo sem o julgamento do mérito quando o juiz indeferir a petição inicial. Indeferir a petição inicial significa negar o processamento da ação que acaba de ser proposta.

O trâmite da ação foi muito curto, envolvendo apenas o autor, a escrivania e o juiz. Se não houver recurso contra a sentença e reforma da decisão que indeferiu o processamento da ação, o réu nem sequer tomará conhecimento oficial da ação que lhe foi proposta.

O artigo 295, do CPC, apresenta as hipóteses de indeferimento da inicial, a saber:

quando for inepta, seja porque falta pedido ou causa de pedir, seja porque da narração dos fatos não decorre logicamente a conclusão, seja porque o pedido é juridicamente impossível, seja porque contém pedidos incompatíveis entre si;

quando a parte for manifestamente ilegítima;

quando o autor carecer de interesse processual;

quando o juiz verificar, desde logo, a decadência ou a prescrição, nos termos do artigo 219, § 5º, do CPC;

quando o tipo de procedimento, escolhido pelo autor, não corresponder à natureza da causa ou ao valor da ação; caso em que só não será indeferida, se puder adaptar-se ao tipo de procedimento legal; e

quando não atendidas as prescrições do artigo 39, parágrafo único, primeira parte, do CPC, que trata da indicação do endereço do advogado onde receberá a intimação em demanda que esteja advogando em causa própria, e artigo 284, do CPC, que trata das providência não atendidas pelo autor a fim de corrigir os defeitos que a inicial apresenta.

Mais adiante, por ocasião dos comentários ao artigo 295, a matéria referente ao indeferimento da petição inicial será mais bem discorrida.

Técnica. Relacionando o inciso I e a pretensão do autor, assentou o TJMS que "não pode o magistrado da causa indeferirr sumariamente a inicial de ação de reparação de dano intentada pela vítima contra o atropelador, sob o pálio do art. 267, I, do CPC, porque, tendo fixado prazo para a juntada do comprovante das despesas de hospital e farmácia, o autor não o fez, se instruindo a exordial foi junto papel assinado pelo atropelador, comprometendo-se a saldar os gastos decorrentes do sinistro. Seria, então, o caso de improcedência da pretensão, mas após o curso regular do feito".[429]

Inciso II: será hipótese de extinção do processo sem o julgamento do mérito se o feito ficar parado durante mais de um ano, por negligência das partes.

Essa hipótese em nenhum momento contempla a possibilidade de paralisação em razão da suspensão do processo. Neste ponto, o legislador foi minucioso a ponto de mencionar que existe "processo suspenso", como situação lícita, e "processo parado", como situação ilícita, cuja conseqüência é a extinção.

Segundo Egas Dirceu Moniz de Aragão, "o tempo de paralisação, capaz de ensejar a declaração de estar o processo extinto, é de *mais de um ano*, de sorte que no dia seguinte ao que esse prazo houver fluído está caracterizada a causa de extinção. O momento inicial desse prazo corresponde à data do último ato realizado, seja qual for, sendo irrelevante a sua autoria, se das partes ou de qualquer outro dentre os figurantes do processo. Tampouco importa, igualmente, que o ato de cuja prática deveria resultar o prosseguimento do feito, incumba às partes ou a qualquer outro dos integrantes do juízo ou da relação processual".[430]

O disposto em exame fala em *negligência das partes* como causa da paralisação do processo, o que remete a uma idéia de culpa das partes. No entanto, Vicente Greco Filho alerta que, instaurada a relação processual, o processo se desenvolve por impulso processual.[431]

Mas esclarece Moniz de Aragão que a negligência deve ser observada objetivamente[432], isto é, se o andamento do processo ficou paralisado em razão da omissão injustificada da parte. Por isso, se a paralisação se originou por es-

---

429 PAULA, Alexandre de. *Código de Processo Civil Anotado*, p. 1057, vol I.

430 ARAGÃO, Egas Dirceu Moniz de. *Comentários ao Código de Processo Civil*, p. 420, vol II.

431 GRECO FILHO, Vicente. *Direito Processual Civil*, p. 71, 2º vol.

432 ARAGÃO, Egas Dirceu Moniz de. *Comentários ao Código de Processo Civil*, p. 420, vol II.

tar aguardando um ato real da parte e isto não ocorreu, incide a hipótese do inciso II. Nesse sentido, posicionou-se o STF.[433]

Por fim, cumpre ressaltar que, a despeito de o disposto falar expressamente em "parte", na verdade deve-se entender autor ou quem ocupar o pólo ativo da ação. Pois, se estender essa possibilidade ao réu ou a quem ocupar o pólo passivo da ação, certamente provocaria a paralisação injustificada do feito até resultar na extinção do processo sem o julgamento do mérito. Portanto, vitória do réu, em flagrante injustiça e fraude, em prejuízo ao autor, que não pôde possibilitar o pronunciamento jurisdicional sobre o mérito da lide. Por isso, as custas processuais e honorários advocatícios deverão correr por conta exclusiva do autor, nos termos do artigo 20, do CPC.

Poder-se-ia imaginar que, uma vez citado e tendo contestado o feito, o réu integra a relação processual e por isso passa a ter interesse no processo. Portanto, poderia o réu negligenciar no processo, a ponto de culminar sua extinção, em claro prejuízo jurídico. Crê-se que essa alegação é frágil diante de um exame realístico, em que o réu sempre procurará ter meios para evitar a incidência da tutela jurisdicional pretendida pelo autor contra si.

Assim, as únicas hipóteses em que o processo poderá ser extinto sem o julgamento do mérito em razão de paralisação do processo por negligência do réu ou de quem ocupar o pólo passivo se dá somente nas ações propostas por ele, como a reconvenção, a ação declaratória incidental, ação cautelar ou qualquer outra ação incidental conexa com a ação principal. Especificadamente sobre a reconvenção, a extinção sem o julgamento do mérito somente será pronunciada por ocasião da sentença que tanto julgar a ação como a reconvenção, uma vez que o CPC determina julgamento único (CPC, art. 318).

Por fim, para que ocorra a extinção do processo, é preciso que a parte seja pessoalmente intimada – isto significa, após sucessivas intimações de seu procurador – para praticar os atos necessários ao prosseguimento do processo, e ainda restar frustada a determinação judicial. É o que determina a providência do § 1º, do artigo 267. Nessa linha de entendimento, proclamou o TACivRJ que "a ocorrência dos fatos previstos no inc. II do art. 267 do CPC não é suficiente para que se extinga o processo sem o julgamento do mérito, sendo mister, igualmente, a observância do disposto no § 1º do mesmo artigo".[434]

---

[433] RT 520/275.

[434] PAULA, Alexandre de. *Código de Processo Civil Anotado*, p. 1058, vol I.

Técnica. Proclamou o TJSP que "a inércia das partes se caracteriza somente, quando incumbe à parte para praticar ato necessário para o impulso processual, e deixa fazê-lo. Se ela pratica todos os atos processuais, e o processo não precisa de sua participação para ser impulsionado, mas de ato de Juiz para este fim, nos termos do artigo 262 do CPC, é ilegal o decreto de extinção do processo, sob fundamento de que ficou parado em razão de inércia da embargante – artigo 267, inciso II, do CPC. Se se vingasse tal interpretação da lei, haveria violação do artigo 262, e a prestação jurisdicional ficaria mutilada, pois esta existe como dever do Juiz e não como jogo mecânico de despachos, que criam ônus desnecessários para as partes".[435]

Inciso III: haverá a extinção do feito sem julgamento do mérito se o autor não promover atos e diligências que lhe competir, abandonando a causa por mais de trinta dias.

Essa hipótese é mais específica que a hipótese anterior que, reitera-se, somente pode ser dirigida a quem ocupar o pólo ativo da ação.

Assim, antes de ocorrer a paralisação injustificada do processo por mais de um ano, já é possível haver a extinção do processo sem o julgamento do mérito se o autor já abandonou a causa por mais de trinta dias.

Exemplos típicos de extinção do processo por abandono da causa por mais de trinta dias é a omissão do autor em não adiantar o depósito inicial das custas processuais, ou em não deduzir nem praticar os atos determinados pelo juiz, como ocorre geralmente nas ações de execução de alimentos, em relação à apresentação do cálculo da dívida, nos termos do artigo 614, II, do CPC.

Destaca-se de Vicente Greco Filho que a extinção do processo por abandono da causa sempre deverá preceder de requerimento do réu, uma vez que não se admite a decretação de ofício. Entende o processualista paulista que o abandono da causa é uma forma de desistência tácita da ação, o que enseja a aplicação do § 4º, do artigo 267, que exige manifestação favorável do réu para a extinção do processo por desistência da ação.[436]

De resto, determina o § 1º, do artigo 267, que o autor deverá ser pessoalmente intimado para que retome o andamento do processo. Essa intimação

---

[435] PAULA, Alexandre de. *Código de Processo Civil Anotado*, p. 1058, vol. I.

[436] GRECO FILHO, Vicente. *Direito Processual Civil*, p. 72, 2º vol.

será pessoal, uma vez que o abandono se deu em decorrência do desinteresse de seu advogado, ainda que seja justificada. Não praticando os atos necessários ao andamento do processo, o feito será extinto, com a condenação do autor nas custas processuais e honorários advocatícios, nos termos do § 2º, do artigo 267. Nesse sentido, posicionou-se o STF pela Súmula 216: "Para decretação da absolvição de instância pela paralisação do processo por mais de trinta dias, é necessário que o autor, previamente intimado, não promova o andamento da causa".

Técnica. A extinção do processo por abandono da causa deve ser expressamente requerida pelo réu, não podendo o juiz decretar de ofício. Decidiu o 1º TACivSP que "no que particularmente concerne ao abandono da causa por mais de trinta dias – CPC, art. 267, III –, a extinção, a rigor, há de ser requerida pelo réu, sem comportar declaração *ex officio* do juiz, pois não se inclui na previsão do art. 267, § 3º. Conseqüentemente, o desleixo do autor só é levado em conta para os fins do art. 267 se algum interessado o argúi".[437]

Já o TJSC decidiu que "não pode o juiz declarar extinto o processo de execução por abandono, a teor do art. 267, III, do CPC. A execução só se extingue, nos casos do art. 794 do CPC. A intimação pessoal da parte para, no prazo de quarenta e oito horas, suprir a falta se faz sempre necessária, quer no processo de conhecimento, quer na execução".[438]

Proclamou o TJDF que, "uma vez que o juiz ordenou o prosseguimento do feito, depois de o exeqüente, embora com atraso, haver cumprido os atos que lhe competiam, não mais podia, o magistrado, infringindo o princípio da preclusão lógica, reconsiderar o ato, *ex officio*, para, em seguida, extinguir o processo com base no art. 267, III, § 1º, do CPC".[439]

A paralisação do processo de inventário não pode representar na sua extinção, mas, sim, na remoção do inventariante. Daí assentar o TJSP que, "verificada a paralisação do inventário, cumpre ao juiz, mandar intimar o inventariante para providenciar seu andamento ou apresentar sua defesa, procedendo, na forma do art. 996 do mesmo diploma, no que couber. Logo, se cumpre ao juiz, de ofício, a iniciativa de remover o inventariante relapso, nomeando ou-

---

[437] PAULA, Alexandre de. *Código de Processo Civil Anotado*, p. 1061, vol. I.

[438] PAULA, Alexandre de. *Código de Processo Civil Anotado*, p. 1060, vol. I.

[439] PAULA, Alexandre de. *Código de Processo Civil Anotado*, p. 1059, vol. I.

tro, observando a ordem estabelecida, não cabe a decretação da extinção do processo por abandono, invocando o princípio do art. 267, III, do CPC".[440]

Inciso IV: haverá a extinção do processo sem o julgamento do mérito se for verificada a ausência de pressupostos processuais de constituição e de desenvolvimento válido e regular do processo. Trata-se, portanto, dos pressupostos processuais, que são requisitos para a existência e validade do processo, que podem ser manifestados de forma positiva – pressupostos de existência e validade – e de forma negativa, como visto anteriormente.

Os pressupostos processuais não se confundem com as condições da ação. Pois, estas se referem, única e exclusivamente, ao direito de invocar a prestação jurisdicional, ao passo que os pressupostos processuais são exigências legais que importarão na existência e validade do processo, e a sua ausência representará a inexistência da relação processual ou a sua invalidade.[441]

Por isso, afirma Sonia Marcia Hase de Almeida Baptista, tendo em vista "que vigora em nosso ordenamento jurídico o princípio da ação, consubstanciado no vetusto mas sempre atual brocardo latino *nemo iudex sine actore*, o processo só tem início com a apresentação, por intermédio da ação, do interesse da parte autora. É que a ação, ao ensejar o movimento da máquina judiciária em prol da tutela de uma pretensão, faz obrigar o processo, que é o seu instrumento, local onde será debatida a *quaestio juris* e, a final, dirimida a querela, com a declaração pelo órgão judicante. Assim como a ação, o processo também reclama o deferimento de determinados pressupostos, para ter validade, porquanto do contrário está despojado das garantias necessárias ao proferimento do *decisum*. Por isso mesmo é que se recomenda, com inteiro acerto, que o magistrado, primeiro do que tudo, averigúe se coexistem os pressupostos processuais e, caso positivo, firmada a validade do processo, proceda à análise das condições da ação, e, ao depois, entendendo-as presentes (possibilidade jurídica do pedido, interesse de agir e legitimidade *ad causam*), passe para o mérito da causa (questão)".[442]

---

[440] PAULA, Alexandre de. *Código de Processo Civil Anotado*, p. 1060, vol. I.

[441] BAPTISTA, Sonia Marcia Hase de Almeida. *Direito Processual Civil.* São Paulo, Saraiva, 1997, p. 67.

[442] BAPTISTA, Sonia Marcia Hase de Almeida. *Direito Processual...*, p. 67-8.

São pressupostos processuais aqueles delineados no início dos comentários ao artigo 267, mas que aqui vale repetir para melhor compreensão da matéria:

Pressupostos Positivos

pressupostos de existência:

existência de uma ação, apta a ser processada ou não;

existência de órgão jurisdicional;

existência de citação.

pressupostos de validade:

petição inicial regular, apta a produzir determinados efeitos;

competência e imparcialidade do juiz;

capacidade das partes;

capacidade postulatória.

Pressupostos Negativos

litispendência; e

coisa julgada.

José Maria Rosa Tesheiner, acolhendo a doutrina de Galeno Lacerda, arrola como pressupostos processuais: [443]

subjetivos, concernentes ao juiz: a jurisdição, a competência e a imparcialidade;

subjetivos, concernentes às partes: a personalidade judiciária e a capacidade postulatória;[444]

objetivos: o pedido, a causa de pedir, a existência de nexo lógico entre ambos e, no caso de cumulação de pedidos, sua compatibilidade;

formais: os relativos à forma dos atos processuais;

extrínsecos à relação processual: a inexistência de impedimentos processuais, como a litispendência e a coisa julgada; e

antes de todos eles, a demanda, isto é, o ato de pedir a tutela jurisdicional.

---

[443] TESHEINER, José Maria Rosa. *Pressupostos processuais e nulidades no processo civil.* São Paulo, Saraiva, 2000, p. 32.

[444] O autor menciona a "legitimação para o processo", no entanto tal expressão associa-se à figura da "capacidade para estar em juízo" e que por isso está incluída ou na figura da personalidade jurídica ou na capacidade processual.

Os pressupostos objetivos são extraídos do artigo 295, do CPC, e referem-se às hipóteses de indeferimento do processamento da petição inicial. Segundo Tesheiner, "esses requisitos se extraem do art. 295, do CPC, que qualifica como inepta a petição inicial quando lhe faltar o pedido ou a causa de pedir, quando da narração dos fatos não decorrer logicamente a conclusão, quando contiver pedidos incompatíveis entre si. A hipótese de pedido juridicamente impossível é considerada como falta, não de pressuposto processual, mas de condição da ação".[445]

Também integra os pressupostos objetivos a compatibilidade de pedidos, havendo mais de um. Por isso, explica o processualista gaúcho, que a "incompatibilidade de pedidos sana-se com a opção do autor por um deles ou mesmo com a sentença que, interpretando um como principal e o outro como subsidiário, acolha um único. Há, por exemplo, incompatibilidade entre o pedido de decretação de nulidade e o de rescisão de um contrato, mas pode-se interpretar o primeiro como principal e o segundo como subsidiário, isto é, como pedido a ser examinado no caso de não ser acolhido o principal. Se, inadvertidamente, o juiz acolhe ambos os pedidos, embora incompatíveis (como o de decretação da nulidade do contrato e de condenação do réu em prestação dele decorrente), é cabível rescisória, para que se afaste a contradição. Mesmo, porém, não sendo ela proposta, a sentença não poderá ser executada, tendo sua ineficácia absoluta a possibilidade de ser declarada a qualquer tempo, em outro processo".[446]

Já os pressupostos formais referem-se aos requisitos e à exteriorização do processo, como a forma escrita da petição inicial, a distribuição desta, a citação válida do réu e a formação do litisconsórcio passivo necessário.[447]

Por fim, resta esclarecer que os pressupostos processuais são matéria de objeção processual, e por isso pode ser conhecida de ofício pelo juiz, em qualquer tempo ou grau de jurisdição (art. 267, § 3º). Isso significa que o réu poderá alegar a matéria em qualquer tempo, grau de jurisdição e independentemente de forma. Porém, se não alegar na primeira oportunidade que manifestar nos autos, deverá responder pelas despesas processuais e honorários advocatícios devidos ao retardamento, como se vê da parte final do § 3º, do artigo 267.

---

445 TESHEINER, José Maria Rosa. *Pressupostos Processuais...*, p. 75.

446 TESHEINER, José Maria Rosa. *Pressupostos Processuais...*, p. 82.

447 TESHEINER, José Maria Rosa. *Pressupostos Processuais...*, p. 83-6.

Técnica. Lecionando sobre a matéria, proclamou o TJES que "os pressupostos processuais são requisitos necessários para que a relação jurídica processual se constitua e tenha validade e, assim, à falta que qualquer um deles acarreta a nulidade *ex radice* do processo, e por isso mesmo, impossibilita a decisão sobre o merecimento do pedido".[448]

Acerca do caráter preclusivo da matéria, sintetizou o TAMG que "o exame das condições da ação e dos pressupostos processuais de desenvolvimento válido e regular do processo não fica precluso para o juiz, devendo ser pronunciados mesmo de ofício, em qualquer grau de jurisdição".[449]

Inciso V: também causará a extinção do processo sem o julgamento do mérito se for reconhecida a perempção, litispendência ou coisa julgada.

Examinando essas hipóteses:

perempção: na esteira de Vicente Greco Filho, a perempção "é a perda do direito de demandar daquele que, por três vezes, deu causa à extinção do processo por abandono, com fundamento no inc. III do mesmo art. 267". E acrescenta que a "extinção do direito de ação em virtude do abandono reiterado não impedirá, porém, que o titular alegue o seu direito em defesa se eventualmente demandado (art. 268, parágrafo único)".[450]

Segundo Egas Dirceu Moniz de Aragão, o direito processual conhece três tipos de ocorrências de perempção: o primeiro, que fixa o prazo de duração máxima para o processo, o qual se extinguirá se, dentro dele, não chegar à sentença; o segundo, que resulta da inércia das partes durante lapso de tempo prefixado na lei; o terceiro, que é conseqüência de o autor haver dado motivo, por três vezes consecutivas, de abandonar a causa.[451]

O sistema brasileiro adota somente a perempção pelo desinteresse dada pelo autor à causa (art. 268, parágrafo único), embora até pouco tempo o CPC estipulava o prazo de noventa dias para início, desenvolvimento e encerramento do processo pelo rito sumaríssimo (antiga redação do artigo 281, que foi modificada pela Lei nº 9.245/95).

litispendência: como o nome indica (litis + pendência), é a existência simultânea de duas ou mais ações idênticas. Para que haja ações idênticas é pre-

---

[448] PAULA, Alexandre de. *Código de Processo Civil Anotado*, p. 1063, vol. I.

[449] PAULA, Alexandre de. *Código de Processo Civil Anotado*, p. 1065, vol. I.

[450] GRECO FILHO, Vicente. *Direito Processual Civil*, p. 73, 2º vol.

[451] ARAGÃO, Egas Dirceu Moniz de. *Comentários ao Código de Processo Civil*, p. 426, vol. II.

ciso haver identidade de partes, causa de pedir e pedido, consoante estipula o § 2º, do artigo 301, do CPC. Exemplo típico de litispendência é repetir uma mesma ação, como ação de rescisão de contrato cumulada com perdas e danos.

A litispendência pode ser expressa, como no exemplo acima, mas pode ocorrer de forma embutida em outro pedido ou implícita. De forma embutida pode ocorrer no exemplo de a esposa propor ação de separação judicial cumulada com alimentos e, posterior e simultaneamente àquela ação, a esposa propor ação de alimentos em proveito próprio contra o mesmo marido. Neste caso, há litispendência da ação de alimentos. Já a litispendência implícita ocorrerá numa ação de indenização por perdas e danos entre A e B; numa outra ação, B propõe ação de cobrança contra A, e este propõe reconvenção, argüindo a mesma causa de pedir e pedido da primeira ação que propôs contra B. Neste caso, há litispendência da reconvenção.

Dubitável se pode haver litispendência nas ações possessórias. Pois, se de um lado, a litispendência exige identidade de partes, causa de pedir e pedido, nas ações possessórias a tutela é fungível, a fim de sempre adequar-se à melhor proteção legal (CPC, art. 920). Com isso, o pedido pode ser alterado e adaptado à melhor situação para proteger o direito litigado. De igual forma, as ações que versem sobre direito real são consideradas de caráter dúplice, tendo a contestação força de ação. Com isso, poderia também haver litispendência entre uma contestação e uma ação idêntica proposta pelo réu.

Entende-se que, a fim de unificar as decisões judiciais e evitar decisões conflitantes, e sempre preservando a fungibilidade da tutela e duplicidade que caracterizam essas espécies de ações, deve-se admitir a possibilidade de litispendência nas ações possessórias e das ações que versem sobre direitos reais. Obviamente, deve-se resguardar que o litígio deve versar sobre o mesmo bem, envolver as mesmas partes e discutir a mesma natureza do direito (p. ex., direito de posse, direito de propriedade, direitos reais de garantia etc.).

coisa julgada: tem-se por coisa julgada a qualidade da sentença que torna imutável o seu comando e indiscutível a lide. Existem duas espécies de coisa julgada: *material*, que se origina da sentença que extinguiu o processo com o julgamento do mérito, e *formal*, que se origina da sentença que extinguiu o processo sem o julgamento do mérito.[452]

---

[452] PAULA, Jônatas Luiz Moreira de. *Teoria Geral...*, p. 312-6.

A coisa julgada de que trata o inciso V refere-se à coisa julgada material. Pois, a eficácia externa propiciada pela coisa julgada – indiscutibilidade da lide – somente se alcançará com a sentença que julga o mérito, pois terá força de lei nos limites da lide e das questões decididas (CPC, art. 468). Ao passo que a outra espécie de coisa julgada, a formal, surge da sentença que não examinou o mérito, portanto, sem abordar a lide não terá condições de gerar a indiscutibilidade da lide.

Para gerar o efeito impeditivo da coisa julgada, é preciso que a ação proposta seja idêntica à demanda que gerou a sentença transitada em julgado. Isto é, entre a ação e a coisa julgada deve haver a identidade de partes, de causa de pedir e pedido. Exceção se faz nas ações que tutelam direitos coletivos e difusos, em que, em razão da coisa julgada *ultra partes* e *erga omnes*, terceiros poderão beneficiar-se da sentença transitada em julgado (p. ex., CDC, art. 103).

Essas matérias podem ser conhecidas de ofício pelo juiz, em qualquer tempo ou grau de jurisdição, nos termos do § 3º, do artigo 267. A despeito dessa regra expressa, o inciso V dá a entender que tais matérias somente poderiam ser conhecidas pelo juiz se fosse expressamente alegado pela parte interessada, em razão da seguinte redação: "V – quando o juiz acolher a alegação...".

Daí sempre louvável reiterar que a perempção, a litispendência e a coisa julgada são matérias que podem ser conhecidas de ofício pelo juiz, seja qual for o grau de jurisdição, a despeito da redação do inciso V.

Por fim, as matérias tratadas no inciso V são de ordem pública e, por isso, pode ser conhecidas de ofício pelo juiz, em qualquer tempo ou grau de jurisdição (art. 267, § 3º). Isso significa que a parte interessada poderá alegar a matéria em qualquer tempo, grau de jurisdição e independentemente de forma. Porém, se não alegar na primeira oportunidade que manifestar nos autos, deverá responder pelas despesas processuais e honorários advocatícios devidos ao retardamento, como se vê da parte final do § 3º, do artigo 267.

Nessa linha de entendimento, expressou o 2º TACivSP que "a litispendência constitui matéria que não depende de alegação da parte e, mesmo se caracterizada a revelia, deve ser examinada, porque apreciável de ofício, a teor do art. 267, V, § 3º, do CPC".[453]

---

[453] PAULA, Alexandre de. *Código de Processo Civil Anotado*, p. 1067, vol. I.

Técnica. Assentou o extinto TFR, atualmente TRF, que "é de boa política processual apreciar desde logo no despacho saneador preliminar de litispendência por envolver análise da existência ou não dos pressupostos processuais necessários ao regular desenvolvimento da ação e das suas condições indispensáveis".[454]

Também afirmou aquele tribunal que "se a parte não alega a existência de coisa julgada, como elemento impeditivo da validade do processo – CPC, art. 267, V e 301, VI; ou o juiz dela não conhece, *ex officio*, antes de pronunciar sentença de mérito – CPC, art. 267, § 3º, e 301, § 4º – remanescerá até ser atingida pela rescisória – CPC, arts. 471, *caput*, e 485, IV".[455]

Quanto à solução, mostrou-se claro o TRT, da 4ª Região, que, "verificada a litispendência, impõe-se a extinção do processo sem julgamento do mérito. Incabível a pretensão de que o segundo processo fique fora de pauta até ser decidido o recurso ordinário relativo à primeira ação: a regra fixada no art. 267, V, do CPC não permite que permaneçam abertos dois processos com identidade de partes, de causa de pedir e de pedidos".[456]

Inciso VI: causará a extinção do processo sem o julgamento do mérito quando o autor não preencher as condições genéricas da ação, como a legitimidade das partes, o interesse de agir e a possibilidade jurídica.

Devido ao fato de a jurisdição não poder agir de ofício (*nemo iudex sine actore, ne procedat iudex ex officio*), deve a parte interessada obter a tutela jurisdicional mediante estímulo à inércia da jurisdição. Esse estímulo se dá com o direito de agir e afirma que, segundo Liebman, "só tem direito à tutela jurisdicional aquele que tem razão, não quem ostenta um direito inexistente. Mas a única maneira de assegurar a quem tem razão a possibilidade de impor o seu reconhecimento em juízo consiste em permitir que todos tragam os seus pedidos aos tribunais, aos quais incumbirá a tarefa de examiná-los e de acolhê-los ou rejeitá-los, conforme sejam procedentes ou improcedentes".[457]

O exercício da ação é maneira juridicamente admissível para que os cidadãos tragam as suas pretensões ao Estado, para que pronuncie a jurisdição sobre

---

[454] PAULA, Alexandre de. *Código de Processo Civil Anotado*, p. 1062, vol. I.

[455] PAULA, Alexandre de. *Código de Processo Civil Anotado*, p. 1066, vol. I.

[456] PAULA, Alexandre de. *Código de Processo Civil Anotado*, p. 1066, vol. I.

[457] LIEBMAN, Enrico Tullio. *Manual de Direito Processual Civil*, p. 147, vol. I.

a lide. Por isso, entendeu Liebman que é necessária a conjugação de três requisitos: *interesse de agir, legitimidade de agir* e *possibilidade jurídica do pedido.*

Em síntese, o *interesse de agir* resulta na necessidade de obter a tutela jurisdicional para solução do direito lesado ou ameaçado. Liebman sustenta que o interesse de agir "é o elemento material do direito de ação e consiste no interesse em obter o provimento solicitado. Ele se distingue do interesse substancial, para cuja proteção se intenta a ação, da mesma maneira como se distinguem os dois direitos correspondentes: o substancial que se afirma pertencer ao autor e o processual que se exerce para a tutela do primeiro".[458]

A *legitimidade de agir* refere-se à permissão legal para que pessoas componham tanto o pólo ativo como o pólo passivo da ação. Essa autorização é, portanto, "uma condição para o pronunciamento sobre o mérito do pedido; indica, pois, para cada processo, as *justas partes*, as *partes legítimas*, isto é, as pessoas que devem estar presentes para que o juiz possa julgar sobre determinado objeto".[459]

Enfim, a *possibilidade jurídica do pedido* representa na admissibilidade em abstrato da pretensão do autor, isto é, o seu pedido (pretensão) deve ser lícito ou, ao menos, não proibido por lei. Essa condição pertence aos primeiros tempos após a formulação da teoria por Liebman e que influenciou Alfredo Buzaid, seu discípulo direto, como se vê pelo inciso VI, do artigo 267, do CPC. Contudo, no ano em que o Código de Processo Civil Brasileiro entrou em vigor, adotando claramente a teoria eclética e as três condições da ação, Liebman, o mestre, ao proferir palestra na Faculdade de Turim, observou que a *possibilidade jurídica do pedido* não passava de mero exemplo de *interesse de agir*, e extirpou-o de sua teoria. A despeito dessa revisão doutrinária, o CPC segue com a orientação original, mantendo as três condições da ação.[460]

Esses requisitos tratam das condições genéricas da ação. No entanto, o CPC prevê uma série de ações especiais que, excepcionalmente, fogem à teoria de Liebman. Essas ações concentram-se no Livro IV do CPC, e são exemplos a ação de consignação em pagamento, a ação de depósito e a ação moni-

---

[458] LIEBMAN, Enrico Tullio. *Manual de Direito Processual Civil*, p. 154, vol. I.

[459] LIEBMAN, Enrico Tullio. *Manual de Direito Processual Civil*, p. 157, vol. I.

[460] DINAMARCO, Cândido Rangel. *Direito Processual Civil.* São Paulo, José Bushatsky, 1975, p. 20.

tória. Nessas ações, deverá o autor não só atender às condições genéricas da ação, mas também às condições específicas, como é o caso da prova do negócio na ação de consignação em pagamento (CPC, arts. 890-893); a prova literal do contrato de depósito na ação de depósito (CPC, art. 902); e a prova do negócio que resulta no pagamento de soma em dinheiro, entrega de coisa fungível ou de determinado bem móvel na ação monitória (CPC, art. 1.102a).

Tais exigências são requisitos específicos de cada ação e devem ser cumpridas pelo autor no momento da propositura da ação, sob pena de ser indeferido o seu processamento.

De resto, as condições da ação, sejam genéricas ou específicas, por serem matérias de ordem pública, podem ser conhecidas de ofício pelo juiz, em qualquer tempo ou grau de jurisdição (§ 3º). Isso significa que o réu poderá alegar a matéria em qualquer tempo, grau de jurisdição e independentemente de forma. Porém, se não alegar na primeira oportunidade que manifestar nos autos, deverá responder pelas despesas processuais e honorários advocatícios devidos ao retardamento, como se vê da parte final do § 3º, do artigo 267.

Técnica. Distinguindo as hipóteses do inciso IV com as do inciso VI, manifestou o TJSP que "a carência de ação e a falta de pressupostos processuais não se confundem; ainda que pertinentes ambas ao exame do juízo de admissibilidade, estes últimos dizem respeito àqueles requisitos legais, sem os quais o processo não se constitui ou não traz possibilidade de validamente prosseguir; e são subjetivos, quando se relacionam com a competência do Juízo, com a capacidade civil das partes, com a representação daquele que se investe, por sua vez, da capacidade postulatória; e são objetivos quando se prendem, entre outras hipóteses, ao cumprimento das formas prescritas em lei, ou à existência, *v.g.*, de litispendência ou coisa julgada, ou à inépcia da petição inicial etc. Já as condições da ação são aqueles requisitos que esta deve possuir para que se possa proferir uma decisão de mérito. E estas condições, segundo sistemática do CPC vigente, se desdobram em três: possibilidade jurídica do pedido, interesse de agir, legitimidade de parte. Ausente uma dessas condições, diz-se que o autor é carecedor da ação. E o processo será julgado extinto sem julgamento do mérito, com fundamento no art. 267, inc. VI, do CPC. O que não se afigura lógico, no entanto, é declarar a carência de ação – hipótese do inc. VI – porque teria ocorrido ausência de pressuposto de constituição e desenvolvimento válido e regular do processo – hipótese do inc. IV. Isto porque, se presente a ausência de tal pressuposto, este atua como prejudicial de qualquer outro exame e não se poderá abordar, por conseqüência, a prejudicial seguinte, relativa às condições da ação, pois sequer resultou estabelecida de forma válida e regular a própria relação processual. Assim, se reconhecida a impossibilidade de constituição do processo, este será julgado extinto sem que se estabeleça a relação processual. E, se não há relação processual, não se poderá falar em ausência de condição para essa ação".[461]

Pronunciou o TJSC que "a impossibilidade jurídica do pedido só se caracteriza se, no ordenamento vigente, existir um veto à pretensão do autor, constituindo óbice intransponível à sua apreciação judicial e conseqüente pronunciamento de mérito".[462]

Esclarece o TAMG que "a legitimidade de parte refere-se à titularidade de pretensão e não à de direito. As questões concernentes à titularidade pertencem ao mérito e não se enfrentam no saneamento".[463]

Inciso VII: ocorrerá a extinção do processo sem o julgamento do mérito se entre as partes e referente à lide houver convenção de arbitragem. A arbitragem é um sistema de composição dos conflitos sociais, paralelo ao sistema jurisdicional. Em síntese assenta-se na livre autonomia das partes, capazes de contratar, em pactuarem a solução de litígios que tenham ocorrido sobre direitos patrimoniais disponíveis.

Atualmente, a arbitragem é regulada pela Lei nº 9.307/96, e a convenção de arbitragem pode ser mediante *cláusula compromissória*, em que se consigna o pacto em um cláusula do contrato (art. 4º) ou mediante *compromisso arbitral* (art. 9º).

A arbitragem submete a apreciação e solução apenas do litígio pactuado, não estendendo a outras lides que envolvem as mesmas partes, se não pactuadas por elas. Por isso, inexiste arbitragem sobre fatos futuros, mas sobre uma lide presente, ou sobre uma situação presente que no futuro poderá resultar num litígio.

O conhecimento da arbitragem depende de alegação da parte interessada. Portanto, mesmo que haja convenção de arbitragem a respeito, e as partes discutirem o litígio no sistema jurisdicional e nada for alegado, presume-se

---

[461] PAULA, Alexandre de. *Código de Processo Civil Anotado*, p. 1069, vol. I.

[462] PAULA, Alexandre de. *Código de Processo Civil Anotado*, p. 1069, vol. I.

[463] PAULA, Alexandre de. *Código de Processo Civil Anotado*, p. 1070, vol. I.

que as partes renunciaram ao sistema arbitral. Por isso, tem-se que, se o réu não alegar no primeiro momento, ficará preclusa a oportunidade, presumindo-se que renunciou ao sistema da arbitragem, pela conjugação dos artigos 301 e § 4º, e § 3º, do artigo 267, todos do CPC. Ademais, cumpre lembrar que a arbitragem é matéria de direito disponível, o que reforça a idéia de presunção de renúncia por ausência de alegação expressa pelo réu.

Inciso VIII: propiciará a extinção do processo sem o julgamento do mérito quando o autor desistir da ação. Cumpre mencionar que desistência da ação significa abrir mão, abster-se, do pronunciamento jurisdicional sobre a lide posta ao conhecimento do Poder Judiciário. Portanto, diferente da renúncia do direito, que é abrir mão, abster-se, do próprio direito material litigado.

Assim, é possível imaginar duas situações distintas sobre um mesmo fato: numa ação de cobrança, o autor pode renunciar ao direito ao pagamento; também poderá o autor desistir da ação. Na primeira hipótese, tem-se a renúncia do direito material, que gera a extinção do processo com o julgamento do mérito (CPC, art. 269, V); na segunda hipótese, tem-se a desistência da ação, de um direito processual, e gera a extinção do processo sem o julgamento do mérito (CPC, art. 267, VIII).

Também cumpre ressaltar que inexiste a possibilidade de o indivíduo renunciar ao direito de ação. Pois, sendo este uma garantia constitucional (CF, art. 5º, XXXV), não admite nenhuma lei, pacto ou ordem judicial que impeça alguém de acessar à justiça. A ação é o instrumento necessário para se obter um pronunciamento jurisdicional acerca da lide, daí a impossibilidade jurídica de se admitir sua renúncia. A convenção da arbitragem excepciona em parte essa regra, porque não implica renúncia ao direito de ação, mas à ação que poderia surgir da lide, uma vez que submete o litígio à solução arbitral.

A desistência da ação pode gerar perempção, se o autor por três vezes abrir mão do pronunciamento jurisdicional. Assim, a desistência é uma modalidade de abandono da causa, ocorrendo, porém, de forma expressa.

Por fim, necessário que o réu expresse sua concordância com o pedido de desistência, nos termos do § 4º, do artigo 267. A exigência da concordância do réu somente se dará após a citação do réu; antes desta, é possível o autor desistir da ação sem o prévio consentimento.

A concordância deve ser expressa, não se admitindo tacitamente. Pois, a *mens legis* é a de que o réu adere à pretensão do autor, que é abster do pronunciamento jurisdicional sobre a lide. Se o interesse do réu é obter esse pronunciamento jurisdicional, isso já está implicitamente determinado por litigar em juízo. Uma reformulação no seu interesse seria fato superveniente e por isso deve ser expresso no processo.

Por outro lado, formulado o pedido de desistência que, antes de ser homologado, é retrato perante o Juízo, ele deixa de existir, devendo o processo prosseguir.[464]

Inciso IX: a intransmissibilidade da ação, determinada por lei, também é causa de extinção do processo sem o julgamento do mérito. A intransmissibilidade decorre do falecimento da parte, em que os sucessores deste não podem substituí-lo processualmente na demanda. Da mesma forma que os herdeiros não podem suceder na demanda, o autor também está impedido de alienar por ato *inter vivos* (alienação da coisa ou cessão do direito) os direitos perseguidos na demanda.

A intransmissibilidade da ação ocorrre nas lides que versam sobre direitos personalíssimos, tal como ocorre no pátrio poder, alimentos (salvo a hipótese do artigo 23, da Lei nº 6.515/77, que trata da sucessão da obrigação de prestar alimentos), o usufruto, a separação judicial e o divórcio. Segundo Vicente Greco Filho, "a morte do autor ou do réu, ou de qualquer um deles, conforme o caso, não transmite o direito em que se funda a ação e, por conseqüência, não transmite a ação, provocando a extinção do processo, porque ninguém pode nele prosseguir. Há casos, porém, em que a lei atribui o caráter personalíssimo à iniciativa da ação, permitindo o prosseguimento pelos sucessores, como, por exemplo, a ação de revogação de doação por ingratidão do donatário, conforme preceitua o art. 1.185 do Código Civil".[465]

A intransmissibilidade é fenômeno de direito material e não de direito processual[466], portanto, antes de afetar a relação jurídica processual, afeta a relação jurídica material. A intransmissibilidade do direito decorrente da morte da parte representa a extinção do direito material.

---

[464] TRT, 1ª Região, PAULA, Alexandre de. *Código de Processo Civil Anotado*, p. 1072, vol. I.

[465] GRECO FILHO, Vicente. *Direito Processual Civil*, p. 77, 2º vol. O disposto mencionado pelo autor refere-se ao Código Civil revogado. Pelo vigente Código Civil, disposição semelhante é a do artigo 560.

[466] ARAGÃO, Egas Dirceu Moniz de. *Comentários ao Código de Processo Civil*, p. 445, vol. II.

Portanto, a intransmissibilidade da ação por morte da parte deveria ser qualificada como hipótese de extinção do processo com o julgamento do mérito, a fim de apenas declarar o perecimento do direito. Note-se que, pela solução dada pelo CPC, ter-se-ia uma sentença que apenas extingue a relação processual, sem examinar ou imputar efeitos na relação material; mas, em relação ao direito material, este está extinto, em face do perecimento do direito, que, no entanto, foi simplesmente desconsiderado no processo. É um equívoco, sem dúvida.

Por fim, a intransmissibilidade, a teor do § 3º, do artigo 267, deverá ser requerida expressamente pela parte interessada. No entanto, por envolver perecimento do direito material, nada impede que o juiz conheça de ofício e em qualquer tempo ou grau de jurisdição. Justifica-se esse posicionamento por uma questão simples: a relação processual exige do Estado o pronunciamento jurisdicional sobre a lide, e perecendo o direito material, inexiste lide, isto é, o direito material que provocou a demanda. Daí que entender a possibilidade de o juiz conhecer de ofício a intransmissibilidade do direito que funda a ação.

Inciso X: haverá a extinção do processo sem o julgamento do mérito quando, entre o direito material litigado, ocorrer a confusão entre autor e réu. Segundo o artigo 381, do CC, com a confusão "extingue-se a obrigação, desde que na mesma pessoa se confundam as qualidades de credor e devedor" e que a confusão pode atingir no todo ou em parte da dívida (CC, art. 382).

A confusão, como hipótese de extinção do processo, sempre se originará em razão de um ato de direito pessoal, como a cessão de direitos ou sucessão *causa mortis*. Não é necessário que a demanda, onde tenha surgido a confusão, verse sobre direito pessoal, como na ação de cobrança em que o réu adquira o crédito reclamado pelo autor. Também é possível verificar a ocorrência da confusão em ação que verse sobre direito real, como na ação reivindicatória de domínio, o autor acaba por adquirir do réu o bem litigado. Mas, é bom lembrar: o ato que originou a confusão sempre será por direito pessoal, que pode ser alienação, cessão de direitos ou por sucessão hereditária.

Assim como na hipótese anterior, a confusão deveria ser hipótese de extinção do processo com julgamento do mérito. Pois, a confusão é causa de extinção da obrigação e, no plano processual, é causa de extinção da lide. Ora, extinguir, eliminar a lide é típico de sentença de mérito, como se vê das hipóteses do artigo 269, do CPC. Aqui não importa diferenciar se a eliminação ou extinção da lide se deu por pronunciamento judicial ou por confusão. O fato é que isto ocorreu no curso de uma relação processual que não pode se mostrar indiferente a isso.

Imagine a seguinte situação: A, mandatário de B, se obrigou a realizar a venda de um imóvel do mandante e aplicar no mercado financeiro o dinheiro produto do negócio. No entanto, A apropriou-se do dinheiro, aplicando em próprio nome no mercado financeiro. B propõe ação de ressarcimento contra A, a fim de ser restituído do dinheiro, produto da venda, bem como dos frutos adquiridos. No curso da lide, A, réu na ação, por remorso faz testamento, contemplando B com a quantia equivalente ao produto da venda, acrescido dos juros, se a morte sobrevier antes da solução da demanda. Ocorre a morte de A antes da sentença e B torna-se herdeiro de um direito que, por coincidência, é objeto da pretensão – o dinheiro produto da venda, acrescido dos juros. Se o juiz simplesmente extinguir o processo sem o julgamento fundado na confusão (CPC, art. 267, X), os demais herdeiros de A ficariam numa posição incômoda. Como se trata de sentença que não examina o mérito, o que gera somente coisa julgada formal, nada impediria B de ajuizar a mesma ação de indenização, desta vez contra o espólio ou os herdeiros pleiteando a mesma pretensão da primeira ação. O mais interessante é que, se realmente fosse ajuizada essa segunda ação, a defesa dos herdeiros se daria no mérito, alegando confusão; a sentença, se acolher tal alegação, examinaria o mérito, improcedendo o pedido, o que resultaria na coisa julgada material. Não seria um paradoxo: a confusão ocorrida na primeira ação não gera coisa julgada material, mas na segunda ação, pelo mesmo motivo, causaria coisa julgada material!

Por isso, em busca da unidade das decisões judiciais, racionalidade da jurisdição e segurança jurídica dos cidadãos, tem-se que, assim como na hipótese do inciso anterior, havendo confusão entre autor e réu acerca do litígio, deverá gerar sentença que extingue o processo com o julgamento do mérito. A expectativa é de obter a coisa julgada material, a fim de eliminar e definitivamente extinguir a lide.

No entanto, deverá a parte interessada alegar a existência da confusão, uma vez que se trata de questão de direito disponível. Portanto, não pode o juiz conhecer de ofício da confusão.

Inciso XI: por fim, poderão outros dispositivos do CPC prever a extinção do processo sem o julgamento do mérito. São hipóteses específicas de extinção do processo sem o julgamento do mérito no CPC o artigo 13, I, que trata da incapacidade processual do autor e da ausência de sua representação; 47, parágrafo único, se o autor não promover o litisconsórcio necessário; 265, § 2º, se o autor não promover em tempo a substituição do advogado falecido.

EXTINÇÃO DO PROCESSO COM O JULGAMENTO DO MÉRITO

Entendeu o CPC que as hipóteses delineadas no artigo 269, II a V, do CPC, apenas extinguissem o processo, e não julgassem a lide, como se pode ver do artigo 330, do CPC.

Ocorre que, aparentemente, a atividade de julgar fica reduzida nas hipóteses supracitadas, uma vez que o juiz não soluciona abruptamente a lide como na hipótese do inciso I, do artigo 269, do CPC. Mas, ou apenas confirma o reconhecimento da procedência do pedido pelo réu (II), ou homologa a transação das partes (III), ou declara a prescrição ou decadência (IV) ou a renúncia do autor ao direito que se funda a ação (V).

No entanto, tais hipóteses geram coisa julgada material, o que sempre implicará um julgamento da lide.

Portanto, cumpre examinar as hipóteses do artigo 269, II a V, do CPC, para melhor compreensão da matéria.

Inciso II: haverá extinção do processo com o julgamento do mérito quando o réu reconhecer a procedência do pedido. Reconhecer a procedência do pedido significa o réu aderir ao direito do autor, concordando com a pretensão formalizada na ação.

Segundo Nelson Nery Júnior e Rosa Maria Andrade Nery, o reconhecimento do pedido é "ato privativo do réu e consiste na admissão de que a pretensão é fundada e, portanto, deve ser julgada procedente. Seu objeto é, portanto, o *direito*. Pode ser parcial ou total, tácito ou expresso". [467]

O reconhecimento do pedido não se confunde com a confissão, que é meio de prova, pode ser realizada por qualquer das partes e incide sobre fato; ao passo que o reconhecimento só pode ser realizado por quem é réu e incide sobre direito.

---

[467] NERY JÚNIOR, Nelson, e ANDRADE NERY, Rosa Maria. *Código de Processo Civil Comentado.* 4ª ed. São Paulo, Revista dos Tribunais, 1999, p. 741.

Assim como o reconhecimento do pedido não se confunde com a confissão, também não se confunde com a transação, prevista no inciso III. Pois, a transação representa um ato bilateral, que é o acordo (ou conciliação), ao passo que o reconhecimento é ato unilateral. Por ser ato bilateral, a transação representa em renúncias de direitos pelas partes transigentes, enquanto o reconhecimento significa a renúncia implícita de um eventual direito favorável ao réu em relação à demanda.

Interessante notar que o diametralmente oposto ao reconhecimento do pedido é a hipótese de o autor renunciar ao direito sobre que se funda a ação, prevista no inciso V. Igualmente não se confundem, porque o reconhecimento é ato privativo de quem é réu e a renúncia é ato exclusivo de quem é autor. Também convém lembrar que o reconhecimento pode ser tácito e a renúncia deve ser expressa. Mas, compreensível que o reconhecimento do direito pode ser implícito dentro de um ato positivo, como a entrega das chaves ou do prédio na ação de despejo.[468]

Por fim, cumpre destacar que o reconhecimento jurídico do pedido pode versar sobre direitos indisponíveis. Aliás, é a única maneira juridicamente admissível pelo CPC para que as demandas que versem sobre direitos indisponíveis se extingam, sem que haja uma sentença que examine a procedência ou não do pedido.[469]

Inciso III: a transação é meio de extinção das obrigações. A transação é costumeiramente chamada de *acordo*, para as causas que versem sobre direitos disponíveis, ou *conciliação*, para as causas que versem sobre direitos indisponíveis.

O núcleo central da transação é a concessão mútuas de direitos e interesses, em que cada parte renuncia parte de seu direito, a fim de se obter a convergência de vontades e extinguir a demanda, com julgamento do mérito.

---

[468] PAULA, Alexandre de. *Código de Processo Civil Anotado*, p. 1092-3, vol. I.

[469] A doutrina não é pacífica a respeito. Inclusive, nota-se que ilustres pensadores como Nelson Nery Júnior e Rosa Maria Andrade Nery, em seu Código de Processo Comentado, afirmam contundentemente que o reconhecimento do pedido somente é cabível em direitos disponíveis (p. 741). No entanto, por ocasião dos comentários ao artigo 331, ao tratar da conciliação em direitos indisponíveis, os ilustres juristas afirmam expressamente a possibilidade do reconhecimento do pedido em ação de alimentos, em que reiteram ser demanda que versa sobre direito indisponível (p. 829).

A transação deverá ser por escrito, ainda que proferida oralmente e escriturada, como ocorre nos acordos celebrados em audiência. A sentença a ser proferida homologará a transação e cria título executivo judicial, nos termos do artigo 584, III, do CPC.

A sentença homologatória admite recurso de apelação e ação rescisória. No entanto, a jurisprudência tem admitido o uso da ação de anulação fundado em erro ou dolo para desfazer a sentença que homologou negócio jurídico.[470] Nesse entendimento, pronunciou o STF que "a ação não é contra a sentença, que se restringe a homologar ato de vontade das partes, em que não há um conteúdo decisório próprio do juiz, mas sim contra o que foi objeto da manifestação de vontade das partes, a própria transação. A sentença foi simplesmente homologatória de transação, apenas formalizando o ato resultante da vontade das partes. Jamais apreciou controvérsia suscitada; haveria aí uma prestação jurisdicional suscetível de ação rescisória para a sua desconstituição. Como não houve isso, a ação adequada é a ordinária de anulação".[471]

Já o TACivRJ assentou que é "inadmissível homologação quando se trata de litisconsórcio necessário unitário e com a transação não concordam todos os litisconsortes".[472]

Inciso IV: haverá a extinção do processo com o julgamento do mérito se for reconhecida a prescrição ou a decadência.

Com a prescrição, o autor decai da pretensão formalizada. Típico exemplo é a propositura da ação de execução de cheque emitido há um ano. Neste caso, deverá o credor utilizar-se da ação monitória (CPC, art. 1.102a). Portanto, a ação prescrita não impede que o interessado promova outra, deduzindo outra pretensão, a fim de atingir plenamente o seu direito, salvo se for incabível a propositura de outra ação.

Já com a decadência, o autor decai de todo o direito material, pois ele se encontra extinto em face do transcurso de tempo. Não será com a ação A ou ação B que o autor poderá ter o seu direito acolhido, pois, reitera-se, ele se encontra extinto.

---

470 NERY JÚNIOR, Nelson, e ANDRADE NERY, Rosa Maria. *Código de Processo...*, p. 741.

471 PAULA, Alexandre de. *Código de Processo Civil Anotado*, p. 1093-4, vol. I.

472 PAULA, Alexandre de. *Código de Processo Civil Anotado*, p. 1098, vol. I.

O reconhecimento da prescrição e da decadência pode ser sobre toda a lide ou apenas parte dela. De igual forma, pode atingir apenas o autor ou o réu, ou atingir ambos, quando examinado na ação e na reconvenção.

Inciso V: por fim, ocorrerá a extinção do processo com o julgamento do mérito se o autor expressamente renunciar ao direito material sobre qual se funda a ação.

Não se trata de desistência da ação, prevista no artigo 267, VIII, visto que este ato gera a extinção do processo sem o julgamento do mérito, o que possibilita o ajuizamento de uma nova ação, narrando os mesmo fatos e deduzindo o mesmo pedido. Já a hipótese de renúncia ao direito sobre o qual se funda a ação gera uma sentença de mérito, porque há expressa renúncia do direito material, o que impede o ajuizamento de uma nova ação. Nessa linha expressou o TARS que "a renúncia ao direito sobre o qual se funda a ação, diversamente da desistência, não exige concordância da parte *ex adversa* para sua homologação judicial".[473]

A renúncia do direito somente não incide sobre direitos indisponíveis, uma vez que, essa categoria de direito, não admite renúncia ou nenhuma outra forma de disposição.

Técnica. Pronunciou o STJ que "a renúncia a que alude o art. 269, V, do CPC, mesmo que levada a efeito quando pendente de julgamento apelação interposta pelo réu em ataque à procedência do pedido reconhecida em primeiro grau, conduz, uma vez ainda não constituída coisa julgada, a julgamento de mérito favorável ao réu-apelante, cumprindo ao colegiado *ad quem*, ao extinguir o processo, carrear a responsabilidade pelo pagamento dos ônus da sumcumbência à autora renunciante".[474]

---

[473] PAULA, Alexandre de. *Código de Processo Civil Anotado*, p. 1102, vol. I.

[474] TEIXEIRA, Sálvio de Figueiredo. *O STJ...*, p. 227.

Seção II

DO JULGAMENTO ANTECIPADO DA LIDE

Art. 330. O juiz conhecerá diretamente do pedido, proferindo sentença:

I – quando a questão de mérito for unicamente de direito, ou, sendo de direito e de fato, não houver necessidade de produzir prova em audiência;

II – quando ocorrer a revelia (art. 319).

DO JULGAMENTO ANTECIPADO DA LIDE

Noção. A conceituação de "julgamento antecipado" significa a solução da lide de forma abreviada. Pois, em vez de seguir as fases seguintes do processo, sobretudo a fase instrutória, permite-se o julgamento antecipadamente à essa fase, em razão de existirem provas suficientes para a solução da lide. Essas provas foram produzidas durante a fase postulatória e nas providências preliminares, tornando o processo "maduro", dispensando a fase instrutória.[475]

---

[475] RODRIGUES, Marcelo Abelha. *Elementos de Direito Processual Civil*, p. 158, vol. 2.

Trata-se de julgamento de mérito, em que o juiz conhecerá diretamente do pedido, procedendo ou não, no todo ou em parte. Pois, na idéia de Wellington Moreira Pimentel, "conhecer diretamente do pedido significa julgar desde logo o mérito, sem que deva o processo ser levado à audiência de instrução e julgamento".[476]

Rogério Lauria Tucci explana que o modelo brasileiro é "resultado da conjugação parcial de modelo alienígenas, ganha, todavia, notável originalidade, que o coloca entre as principais instituições da moderna Ciência Processual, seguramente orientado à proclamada necessidade de '*simplificação do processo*, a par da *celeridade* na sua conclusão, com preciosa *economia* de tempo, atos e despesas, a fim de que a justiça possa ser melhor ministrada, inclusive mais perfeita e rapidamente' ".[477]

Julgamento antecipado e celeridade do processo. O artigo 330 trata de uma técnica de celeridade processual: o julgamento antecipado quando dispensável a produção de provas.

O CPC Luso, que sofreu reformas na década de 90, apresenta a nova redação do artigo 508-A, 1, "b", ao prever a audiência preliminar e for possível o juiz conhecer imediatamente, no todo ou em parte, do mérito da causa. No artigo 508-B, 1, estão arroladas as hipóteses de dispensa da audiência preliminar, quando a simplicidade da causa justificar ou a sua realização tiver por fim facultar a discussão de exceções dilatórias já debatidas nos articulados ou do mérito da causa, nos casos em que a sua apreciação revista manifesta simplicidade.

Tais posições visam conferir celeridade processual, a fim de evitar que o processo ingresse na demorada fase instrutória. Além disso, com o julgamento antecipado evitar-se-á o ingresso em formalidades desnecessárias.

A respeito do tema, sustenta Hugo Brito Machado a possibilidade do julgamento antecipado da lide no processo penal quando visível a impossibilidade de se proferir sentença condenatória. Explica o mestre cearense que "o juiz de primeiro grau, ao ver que não há crime, ou que se consumou já a prescrição, ou que por qualquer outra razão a instrução probatória será inútil, também pode julgar a ação penal improcedente, ou declarar extinto o proces-

---

476 PIMENTEL, Wellington Moreira. *Comentários...*, p. 412.

477 TUCCI, Rogério Lauria. *Julgamento conforme o estado do processo – Temas polêmicos.* Artigo publicado na *Revista dos Tribunais*. Ano 73. Outubro de 1984. Volume 588. São Paulo, Revista dos Tribunais, 1984, p. 15.

so sem exame de mérito, já no juízo de admissibilidade. A aplicação analógica da norma acima mencionada *(Lei nº 8.038/90, art. 6º)* é recomendável. Se não há dúvida de que o caso é de absolvição, ou de extinção do processo, sejam quais forem as provas que possam vir a ser colhidas na instrução, deve o juiz julgar antecipadamente a ação penal".[478]

E conclui: "Sem qualquer apreço pelo formalismo estéril, considero perfeitamente cabível o julgamento antecipado da ação penal, sempre que o julgador estiver convencido da impossibilidade de proferir sentença condenatória, quaisquer que sejam as provas colhidas na instrução. Não se pode perder o Juiz no formalismo que é, penso eu, a principal causa da morosidade do Poder Judiciário".[479]

Fundamento do julgamento antecipado. Funda-se o julgamento antecipado da lide na desnecessidade da instrução, uma vez que a prova já se encontra produzida nos autos. Esclarece Pontes de Miranda que, "se a prova é documental e se a argüição de testemunhas é dispensável para se julgar o mérito, ou, *a fortiori*, se seria impertinente, nada obsta a que o juiz invoque o art. 330, I, pois não há necessidade de prova em audiência. Mesmo que se junte algum documento, pode ser que tal documento não seja necessário ao julgamento do mérito da causa, e não há razão para que o juiz não adiante o proferimento da sentença. Aí, está o juiz fora do âmbito dos arts. 396-398, porque já se está em fase posterior à contestação e o documento novo não é destinado a fazer prova de fatos ocorridos depois de articulados, nem para o contrapor aos que foram produzidos pelo autor (art. 398). Portanto, o art. 398 seria ininvocável, máxime tendo ocorrido a deliberação do juiz atender ao art. 330, I, uma vez que não havia necessidade de produzir prova em audiência. O art. 397 só se refere à juntada de documentos novos quando destinados a fazer prova de fatos ocorridos depois dos fatos articulados, ou para os contrapor aos que foram produzidos nos autos. Fora daí, documentos novos não se juntam, ou, juntos, apenas servem para posteriores argüições. Pode acontecer que o réu não negue a alegação ou as alegações sobre fatos, e só a *quaestio iuris* ou as *quaestiones iuris* sejam objeto do julgamento. Quase sempre é quanto à exis-

---

[478] MACHADO, Hugo Brito. *Julgamento antecipado em matéria penal.* Artigo publicado na *Revista dos Tribunais.* Ano 83. Setembro de 1994. Volume 707. São Paulo, Revista dos Tribunais, 1994, p. 433

[479] MACHADO, Hugo Brito. *Julgamento antecipado...*, p. 433.

tência ou inexistência de determinada regra jurídica, ou de ter ou não mais ter vigência, ou sobre os elementos necessários ao seu suporte fáctico. A apreciação que só é quanto à incidência no espaço também permite o que o art. 330, I, prevê. Com a antecipação do julgamento pula-se a segunda fase do processo, que é a da instrução. Pode ocorrer que a questão seja de direito e de prova e que baste a essa o que já consta do processo. Não se diga que, tendo havido a revelia (art. 330, II), antecipa-se o julgamento porque há impossibilidade da produção de prova: o que se dá é que se reputam verdadeiros os fatos que o autor afirmou, o que permite o julgamento antecipado (arts. 319 e 330, II), sem que se preexclua a intervenção tempestiva do réu, que recebe o processo no estado em que se acha (art. 322, 2ª parte)".[480]

Daí concluir o mestre: "A necessidade da produção de provas em audiência pode resultar de ter o réu reconhecido o que o autor alegou, mas ter-se referido a outros fatos, em que se funda a sua defesa. Aí, se, por certo, não havia necessidade de provas para se admitir o que o autor dissera, mas há necessidade de se provar o que o réu alegou. Trata-se de eficácia impeditiva, modificativa ou extintiva do direito do autor. O autor tem de ser ouvido sobre os fatos alegados pelo réu. Se acolhe o que na defesa foi apontado, então pode o juiz conhecer, diretamente, da questão de direito e de fato. Pode não mais haver necessidade de prova dos fatos se, com a petição, ou com a petição e a contestação, se produziu a prova documental suficiente para o julgamento. Aliás, pode acontecer que a prova que o autor queria produzir, ou que o réu queria produzir, é desnecessária, ou, *a fortiori*, inadmissível. Se os fatos não precisam de outras provas, ou de prova, razão por que não se podem ter como controvertidos (e.g., autor e réu os reconhecem), ou o que se apresentou na primeira fase processual basta para se terem como verdadeiros, o que se estabelece é a dispensa da audiência, e o juiz conhece, diretamente (sem precisar da segunda fase do processo), do pedido. Pode só haver questão de direito, ou havê-la e a de fato ou de fatos, que não precisem de provas. A prova em depoimento da parte, ou testemunhal, ou pericial é que faz necessária a audiência. Pode darse que o juiz entenda fazer inspeção judicial, mas essa diligência não é em audiência: pode ser em qualquer fase do processo (arts. 440-443)".[481]

---

[480] MIRANDA, Pontes de. *Comentários ao Código de Processo Civil*, p. 228-9, tomo IV.

[481] MIRANDA, Pontes de. *Comentários ao Código de Processo Civil*, p. 229, tomo IV.

CRÍTICA

Técnica. Assentou o STF que, uma vez ultrapassadas as providências preliminares e o saneador, e já determinada a fase instrutória, não poderá o juiz proferir julgamento antecipado da lide. Pois, assim expressou a Corte Máxima: "Se já saneado o processo, deferidas e parcialmente produzidas provas orais, e instalada, embora ainda não realizada, a audiência de instrução e julgamento, não mais é admissível o julgamento antecipado da lide".[482]

Porém, é preciso destacar que, se existem objeções processuais e materiais e exceções materias, como a prescrição, aptas a extinguir o processo sem a necessidade de se produzir provas, o processo poderá ser extinto nos termos do artigo 329, do CPC.

Outro aspecto a se levar em conta é a possibilidade de haver cerceamento de defesa – tanto em relação ao autor como ao réu, sobretudo – em razão do julgamento antecipado. A jurisprudência apresenta lições para delinear a ocorrência ou não.

Com efeito. Proclamou o STF que "o julgamento antecipado da lide, pela improcedência da ação, sob o argumento da não-comprovação de requisitos do mérito, importa em cerceamento de defesa, negando vigência do art. 330, I, do CPC, se oportunamente requerida pelo sucumbente a produção de provas".[483]

Expressou o TJBA que ocorrerá cerceamento de defesa, "ensejando a nulidade do processo possessório se, depois de deferidas as provas no saneador, entende o juiz de proceder o julgamento antecipado, louvando-se apenas em vistoria por ele realizada, sem assistência técnica de perito, para, através de observações pessoais referidas na sentença, julgar procedente a ação".[484]

Entendendo pela negativa, expressou o TJGO que "o julgamento antecipado da lide é uma faculdade atribuída por lei ao juiz e é possível sempre que se fizer desnecessária a realização de audiência, não se constituindo cerceamento de defesa se aspecto fático da controvérsia estiver demonstrado pela prova documental existente nos autos".[485]

---

[482] PAULA, Alexandre de. *CPC Anotado*, p. 1368, vol. II.

[483] PAULA, Alexandre de. *CPC Anotado*, p. 1368-9, vol. II.

[484] PAULA, Alexandre de. *CPC Anotado*, p. 1369, vol. II.

[485] PAULA, Alexandre de. *CPC Anotado*, p. 1370, vol. II.

De igual quilate, pronunciou o TJMS que "se a prova pericial a ser produzida se revela inútil, em face da já existente nos autos, sendo a matéria de direito, não há falar em nulidade do processo por cerceamento de defesa, em face do julgamento antecipado da lide".[486]

Pois, conforme o mesmo tribunal, "é válido o julgamento antecipado da lide quando o processo contém prova documental suficiente para esclarecer os fatos e a prova oral teria por objetivo simplesmente demonstrar uma intenção que não chegou a se concretizar no plano material".[487]

Por isso, é possível sintetizar que o julgamento antecipado mostrar-se-á precipitado quando obstar a qualquer das partes a oportunidade de produzir provas aptas a demonstrar a viabilidade da pretensão requerida. Admitir ou não essa oportunidade probatória não é pré-julgar a lide, mas apenas permitir o acesso a uma das faculdades processuais, que é a produção de provas.

Daí que, permtir-se-á o julgamento antecipado da lide se as provas se mostrarem impertinentes ou insuscetíveis de alcançar o fim destinado – comprovar a viabilidade da pretensão.

Por outro lado, toda vez que a parte pleitear uma pretensão a fim de contrariar uma situação de aparência, é preciso permitir a ampla produção probatória. Pois, neste caso, a parte postula contra uma situação superficial, o que significa ser fácil e aparentemente comprovada.

Essa situação é facilmente encontrada nos processos de embargos à execução, em que o embargante argumenta causas de invalidação do título executivo que somente poderão ser fundamentadas mediante ampla produção probatória.

HIPÓTESES DE JULGAMENTO ANTECIPADO

Inciso I. Haverá julgamento antecipado quando a questão de mérito for unicamente de direito ou, sendo de direito e de fato, não houver necessidade de produzir prova em audiência. Noutras palavras, dar-se-á julgamento antecipado da lide quando for desnecessária a instrução.

Essa desnecessidade se dá por dois motivos: a lide é apenas uma questão de direito ou, sendo de direito e de fato, dispensável a produção de provas.

[486] PAULA, Alexandre de. *CPC Anotado*, p. 1372, vol. II.

[487] PAULA, Alexandre de. *CPC Anotado*, p. 1372, vol. II.

Examinam-se os motivos.

Dado o princípio do *iura novit curia*, ficou estabelecido que o juiz conhece o direito, uma vez que a jurisdição fundar-se-á nos fatos narrados pelo autor (*daha mihi factum dabu tibi jus*).

Às partes é imposto o ônus de provar fatos, sejam eles constitutivos do direito do autor, ou impeditivos, modificativos ou extintivos do direito do autor (CPC, art. 333, I e II). A instrução recai sobre fatos e relações jurídicas e não sobre direito, salvo na hipótese do artigo 337, do CPC, que trata de eventual necessidade de se provar teor e vigência de direito municipal, estadual, estrangeiro ou consuetudinário alegado pela parte. Afora essa exceção, a instrução somente deverá recair sobre fatos.

Pois bem. Se a lide versar apenas sobre questão de direito, é possível haver julgamento antecipado da lide, em face da desnecessidade de instrução. Excepcionalmente, dever-se-á realizar instrução se a questão de direito versar sobre direito municipal, estadual, estrangeiro ou consuetudinário, nos termos do artigo 337, do CPC.

Sobre esse motivo, explica Wellington Moreira Pimentel que "o ato de sentenciar não é outra coisa do que a resolução das questões surgidas na lide, entendidas aquelas como afirmações feitas por uma das partes, e postas em dúvida, pela negativa, pela outra. Se a questão é de fato, a dúvida se dissipa pelo exame da prova carreada para os autos. Se, ao contrário, a questão for apenas de direito, sua resolução consistirá na inteligência que sobre ela formar o juiz".[488]

Relativo ao segundo motivo, a lide pode tanto ser questão de direito e/ou de fato. Porém, os fatos já se encontram comprovados no processo, durante a fase postulatória ou nas providências preliminares.

Acrescente-se que somente os fatos pertinentes e relevantes estarão sujeitos à produção de provas. Daí serem dispensados de produção de prova os fatos incontrovertidos ou impertinentes ou os que não possuem nenhuma relevância à solução da lide.

Explica Wellington Moreira Pimentel que "o objeto da prova é o fato que deve ser verificado e sobre o qual recai o juízo. E a verificação somente se torna necessária quando, sobre o fato, surge uma questão, isto é, quando a colo-

488 PIMENTEL, Wellington Moreira. *Comentários...*, p. 412-3.

cação que as partes lhe emprestam houver sido divergente, dando lugar à vitóra. Se já há nos autos prova suficiente, não sendo, pois, necessário colher outras, o juiz estará autorizado a conhecer diretamente do pedido, proferindo sentença (...) A prova a ser colhida na audiência é a prova oral, isto é, os depoimentos, tanto das partes como das testemunhas. Poderá ocorrer que não se faça necessária a prova que deva ser colhida em audiência, mas sim, a prova pericial".[489]

Por isso, compreende-se que somente por prova documental, prova pericial ou por prova antecipadamente produzida, é que será possível instruir o processo na fase postulatória ou nas providências preliminares.

Sustenta Calmon de Passos que o disposto em exame consagra a verdade formal, uma vez que "o deferimento da tutela pretendida pelas partes, vale dizer, a composição do conflito de interesses colocado como objeto do processo, depende da certeza do magistrado quanto aos fatos que lhe servem de suporte. *Da mihi factum, dabo tibi jus.* A dificuldade para dizer o direito reside na certeza ou incerteza sobre os fatos por ele qualificados. Mas a verdade perseguida pelo magistrado é uma verdade que sofre limitações na sua busca, derivadas da preeminência atribuída aos fins de pacificação social do processo. A pesquisa da verdade, pelo juiz, não é apenas problema lógico, é também problema jurídico. E a verdade que ele porfia por determinar é uma *verdade formal*, em contraposição ao que se poderia chamar de *verdade real.* Em outros termos: importa mais à ordem jurídica o restabelecimento da paz social que a exaustiva apuração dos fatos, como ocorridos na vida; e 'por mais mínima que seja a restrição imposta à liberdade do juiz na pesquisa da verdade, o processo dessa pesquisa degenera em mero processo formal de fixação', nas expressões de Carnelutti. Buscasse o juiz, no processo civil, a verdade real, para que só então prestasse a tutela reclamada, e não se poderia determinar, *a priori*, o momento de conclusão do processo, nem os seus atos seriam *numerus clausus.* Sendo a verdade buscada no processo uma verdade formal, subordinada à preocupação política da pacificação social atribuída ao processo, há um momento considerado ótimo no procedimento e após o qual já não mais se admite cogitar sobre fatos, impondo-se ao magistrado dizer o direito, formando

---

[489] PIMENTEL, Wellington Moreira. *Comentários...*, p. 413.

sua convicção com apoio no que se tenha provado nos autos. Este é o momento considerado, pelo legislador, como adequado para o exame do mérito".[490]

Daí articular o mestre baiano que "a certeza sobre os fatos, por conseguinte, traduz a oportunidade ótima para o magistrado dizer o direito que, como conseqüência deles, incidiu. As formalidades processuais destinadas a assegurar a formação do convencimento do magistrado outra finalidade não têm. Elas são legisladas e devem ser cumpridas na medida em que e somente quando necessárias para a formação desse mesmo convencimento. A instrução da causa serve a esse fim: proporcionar às partes oferecer ao juiz os elementos de convicção de que ele carece assegurar ao magistrado obtê-los, nos limites em que a natureza dispositiva do processo o autoriza. Em face disso, o modelo do procedimento ordinário prevê uma fase inicial postulatória, na qual se delimita e precisa o tema posto para decisão do magistrado, a ela seguindo-se uma fase instrutória, destinada à coleta das provas para formação do convencimento do magistrado sobre os fatos que servem de suporte à pretensão das partes e, por último, a fase decisória, na qual o juiz dirá o direito aplicável ao caso concreto. O julgamento antecipado da lide, portanto, não é mais do que julgamento feito após a fase postulatória, por motivo de se haver colhido, nessa fase, todo o material de prova necessário para formar a convicção do magistrado. Há, por conseguinte, um julgamento antecipado da lide por força da desnecessidade de produção posterior de prova e há um julgamento dessa natureza por motivo da impossibilidade da produção posterior de prova. À primeira hipótese se refere o inciso I do art. 330 e da última cuida o inciso II do mesmo dispositivo".[491]

Técnica. Expressou o STF que "julgar antecipadamente a lide, pela improcedência da ação, sob o fundamento da inexistência de provas, cuja produção foi todavia recusada, contra o intento das partes, acarreta inequívoco cerceamento de defesa. Importa negar vigência ao preceito do art. 330, I, do CPC, utilizá-lo, para o abreviamento do processo, fora dos pressupostos que autorizam a antecipação, pois é tanto contorcer o seu propósito ou subverter o seu sentido. Não pode haver julgamento no seu molde, se evidente a necessidade de produção de provas em audiência, tal como se patenteia dos extremos da causa e do próprio consenso das partes".[492]

---

490 PASSOS, J. J. Calmon de. *Comentários...*, p. 420.

491 PASSOS, J. J. Calmon de. *Comentários...*, p. 420-1.

492 PAULA, Alexandre de. *CPC Anotado*, p. 1381, vol. II.

Por isso, esclarece a mesma Corte que, "se os fatos que envolvem a causa são pertinentes e relevantes, sobre os quais é imperiosa a prova, não cabe o julgamento antecipado da lide".[493]

Dando expressão à norma, decidiu o TJMS que: "Sendo de direito e de fato as questões examinadas mas estando os fatos provados documentalmente, pode o juiz julgar antecipadamente a lide".[494]

Daí que, pronunciou o TJSP que, "se as questões colocadas nos autos, inobstante sejam de direito e de fato, independem de prova além das já colacionadas, autoriza-se o julgamento antecipado da lide, pois a produção de provas não é de direito potestativo das partes, mas garantia constitucional que se submete ao crivo do magistrado no exame da causa".[495]

Inciso II. Haverá julgamento antecipado da lide quando ocorrer a revelia, isto é, em razão da ausência da contestação do réu. Essa determinação se dá em virtude da presunção de veracidade dos fatos afirmados pelo autor em razão da ausência de contrariedade (CPC, art. 319), o que implicaria a *confessio ficta* e, conseqüentemente, sua dispensa de produção de provas, seja porque incontrovertidos, seja porque presumivelmente verídicos os fatos narrados na ação (CPC, art. 334, III e IV, respectivamente). Dispensando-se a produção de provas, em face da *confessio ficta*, possibilita-se o julgamento antecipado da lide, em razão da revelia.

Obviamente, não haverá a possibilidade de julgamento antecipado da lide em virtude da revelia se incidirem as hipóteses do artigo 320, do CPC, ou seja: a) se havendo pluralidade de réus, algum deles contestar a ação; b) se o litígio versar sobre direitos indisponíveis; e c) se a petição inicial não estiver acompanhada do instrumento púbico, que a lei considere indispensável à prova do ato.

Explica Marcelo Abelha Rodrigues que "a confissão ficta (presunção de veracidade dos fatos alegados pelo autor) dispensa a produção de provas em audiência (art. 334, IV, do CPC), motivo pelo qual o juiz poderá proferir julgamento antecipado da lide. Assim, mais importante do que a revelia, o que permite o julgamento antecipado da lide na hipótese do art. 330, II, do CPC,

---

[493] PAULA, Alexandre de. *CPC Anotado*, p. 1381, vol. II.

[494] PAULA, Alexandre de. *CPC Anotado*, p. 1385, vol. II.

[495] RT 624/93.

é a ocorrência dos efeitos da revelia, já que estes é que são responsáveis pela confissão ficta".[496]

Calmon de Passos, por seu turno, salienta que, "se não se cuida de uma das espécies em que a contumácia do réu deixa de determinar as conseqüências previstas no art. 319, o juiz de logo apreciará o mérito da causa. Isso porque, resultando da contumácia do réu a admissibilidade dos fatos do autor, fica o réu privado de produzir qualquer prova, ainda que compareça posteriormente, salvo a hipótese de restituição, quando, na verdade, o que se afasta é a própria revelia. Impossibilitado o réu de produzir prova, não há porque se levar a causa em audiência, por não controvertidos os fatos".[497]

Técnica. Decidiu o TJPR que, a despeito da revelia, o juiz "não está inibido de determinar a produção de provas que entenda necessárias ao seu convencimento, que, por princípio, formará livremente".[498]

---

[496] RODRIGUES, Marcelo Abelha. *Elementos de Direito Processual Civil*, p. 159, vol. 2.

[497] PASSOS, J. J. Calmon de. *Comentários...*, p. 426.

[498] PAULA, Alexandre de. *CPC Anotado*, p. 1394, vol. II.

Seção III

DO SANEAMENTO DO PROCESSO

Art. 331. Se não ocorrer qualquer das hipóteses previstas nas seções precedentes e a causa versar sobre direitos que admitam transação, o juiz designará audiência preliminar, a realizar-se no prazo de 30 (trinta dias), para a qual serão as partes intimadas a comparecer, podendo fazer-se representar por procurador ou preposto, com poderes para transigir.

§ 1º Obtida a conciliação, será reduzida a termo e homologada por sentença.

§ 2º Se, por qualquer motivo, não for obtida a conciliação, o juiz fixará os pontos controvertidos, decidirá as questões processuais pendentes e determinará as provas a serem produzidas, designando audiência de instrução e julgamento, se necessário.

§ 3º Se o direito em litígio não admitir transação, ou se as circunstâncias da causa evidenciarem ser improvável sua obtenção, o juiz poderá, desde logo, sanear o processo e ordenar a produção de provas, os termos do § 2º

NOÇÃO

O disposto em questão trata da audiência preliminar, em que se busca a conciliação das partes mediante transação, e, caso reste infrutífera ou juridicamente impossível de se obter, far-se-á o saneamento do processo propriamente dito, caso não seja hipótese de extinção do processo com ou sem julgamento do mérito.

O artigo 331 sofreu duas modificações por ocasião da "minirreforma" do CPC. A primeira, por ocasião da promulgação da Lei nº 8.952/94, que alterou o *caput* do disposto, suprimindo os incisos e acrescentando os parágrafos 1º e 2º do presente disposto.

A segunda alteração, se deu por força da Lei nº 10.444, de 07/05/02, que alterou parte do *caput* do artigo e acrescentou o § 3º, do disposto enfocado.

Passa-se ao exame da tentativa de conciliação para posterior abordagem do saneamento.

DA CONCILIAÇÃO

Da audiência preliminar. Informa Cândido Rangel Dinamarco que a tendência do processo civil na América do Sul é a busca da conciliação em uma audiência preliminar designada para tal fim. Concebe essa audiência preliminar, apoiando-se em Oscar Martinez, como o momento oportuno e concentrado em que o órgão jurisdicional leva adiante sua função participativa, com atuação de certos poderes-deveres que lhe são próprios e fundamentalmente com vista a procurar a autocomposição do litígio, a delimitar os contornos deste, a atuar o saneamento e, enfim, organizar a fase instrutória.[499]

Daí que a audiência preliminar surge como novidade no direito processual brasileiro, visto que ela "tem a aspiração de ser o *palco da conciliação* e da *organização do processo*. A grande importância da audiência de instrução e julgamento como *palco da oralidade* quando se cuida de buscar a boa qualidade dos julgamentos (Liebman) equivale à da audiência preliminar em relação ao incremento da boa ordem processual e da conciliação como meio al-

---

[499] DINAMARCO, Cândido Rangel. *A reforma do Código de Processo Civil.* 2ª ed. São Paulo, Malheiros, 1995, p. 114.

ternativo para a pacificação social – muito mais rápido e de superlativa legitimidade social".[500]

Daí concluir o mestre que "a audiência preliminar é, de um lado, manifestação modernizada do tradicional despacho saneador luso-brasileiro; de outro, instrumento moderno destinado a promover o diálogo entre juiz e partes, *vis-à-vis*, na tentativa de eliminação autocompositiva dos conflitos".[501]

Requisitos para a realização da audiência preliminar. Na esteira do *caput* do artigo 331, são três os requisitos para a realização da audiência preliminar, a saber:

não ocorrência da extinção do processo com ou sem julgamento do mérito, nos termos do artigo 329, do CPC, e não ocorrência do julgamento antecipado da lide, nos termos do artigo 330, do CPC. Sendo assim, a audiência preliminar é um prosseguimento do procedimento, razão pela qual torna-se imperativa a sua realização se não houver proferimento da sentença nas hipóteses acima mencionadas;

a demanda versar sobre direitos disponíveis, visto que admite sua transação, renúncia, desistência ou alienação, o que possibilita a tentativa de conciliação. Em sentido contrário, versando sobre direitos indisponíveis, o máximo que poderá haver é uma parte reconhecer o direito da parte adversa, mas nunca transação propriamente dita; e

pessoas capazes ou autorizadas para transigir. Obviamente, ausente essas pessoas, a conciliação não poderá ser tentada, em face do obstáculo físico. Assim, somente as partes, plenamente capazes, ou representadas por seus prepostos ou por seus procuradores, poderão transigir na audiência.

Sendo assim, tem-se que a designação da audiência preliminar é obrigatória, quando preenchidos os três requisitos mencionados. O *caput* do disposto em comento bem realça o caráter imperativo da norma, quando relata que "... o juiz *designará* audiência preliminar...".

Seguindo o entendimento da obrigatoriedade da realização da audiência preliminar, expressam Nelson Nery Júnior e Rosa Maria Andrade que "o sistema processual civil brasileiro sofreu significativa reformulação com a Lei nº

---

[500] DINAMARCO, Cândido Rangel. *A reforma do Código...*, p. 114.

[501] DINAMARCO, Cândido Rangel. *A reforma do Código...*, p. 114-5.

8952/94. Antes o juiz saneava o feito em cartório; hoje, isto deverá ser feito na audiência preliminar. É a nova regra do jogo. Não pode o juiz consultar as partes, indagando se têm interesse na realização da audiência que a lei impõe seja realizada. As normas do processo civil são, de regra, de ordem pública, de sorte que as partes não podem abrir mão de direito que não lhes pertence. Mesmo que não queiram comparecer à audiência, mesmo que não queiram submeter-se à tentativa de conciliação, o juiz deverá praticar os demais atos previstos pela norma ora analisada, no momento processual adequado para tanto: na audiência preliminar. Consultando as partes e deixando de designar a audiência, para sanear o feito em cartório, significa, em última análise, aplicar o revogado CPC de 1973 ao invés do vigente CPC de 1994".[502]

Daí que, ausente a audiência preliminar, o processo poderá ser nulo em grau de recurso, em face do caráter imperativo do artigo 331, *caput*.

Realça esse caráter Cândido Rangel Dinamarco ao expor que, "como ato integrante do procedimento ordinário brasileiro vigente, a audiência preliminar é de realização tão obrigatória quanto os demais atos essenciais do procedimento". E arremata: "Daí a *nulidade* do processo em que se omite a audiência preliminar. Trata-se de nulidade absoluta, porque se resolve na violação da norma destinada ao bom e correto exercício da jurisdição, função estatal. Permitir sua violação seria afrouxar a imperatividade das leis de ordem pública e, especificadamente, frustrar os desígnios modernizadores de que é portadora a legislação reformista".[503]

A audiência preliminar gera preclusão pro judicato? Questão polêmica surge se em razão da possibilidade ou não da audiência preliminar gerar preclusão *pro judicato*.

Em termos pragmáticos, indaga-se se o juiz, após a realização da audiência preliminar em que conciliação resta infrutífera, posteriormente pode extinguir o processo, com ou sem julgamento do mérito, fundado nos artigos 329 ou 330, do CPC?

Para uma resposta negativa, observe-se que haveria uma inversão procedimental, porque a audiência preliminar somente seria cabível se não coubesse a extinção do processo ou o julgamento antecipado da lide.

---

[502] NERY JÚNIOR, Nelson, e ANDRADE NERY, Rosa Maria. *Código de Processo...*, p. 828.

[503] DINAMARCO, Cândido Rangel. *A Reforma do Código...*, p. 123-5.

Por isso, implicitamente, a designação de audiência preliminar significaria a inadmissibilidade da extinção do processo naquele momento processual.

No entanto, é plausível que o juízo, assoberbado de serviço, tenha se descuidado de alguns pontos da contestação ou até mesmo de questões não alegadas mas que podem ser conhecidas *ex officio*, por serem objeções. Não se pode negar que alguns juízes (minoria), infelizmente e por razões múltiplas, somente lêem a ação e a contestação no momento da audiência preliminar.

E daí ser aplicável o § 3º, do artigo 267, do CPC, que admite o conhecimento *ex officio* das objeções processuais, independentemente de forma e de grau de jurisdição.

Também é plausível reconhecer que certas questões poderão ficar mais bem esclarecidas por ocasião da audiência preliminar que, a despeito de não ser uma audiência de instrução, às vezes melhor informa o juízo acerca de alguns pontos da lide. Desse melhor esclarecimento, poderá o juízo formar convicção sobre determinada questão apta a extinguir o processo.

Também é plausível que certas questões somente poderão ser conhecidas após a produção de provas, e aí gerar hipótese da extinção do processo. Típicos exemplos que ocorrem na práxis judiciária é remeter a apreciação da prescrição ou da decadência após a instrução do feito. Também pode-se mencionar a averiguação da existência e validade de um contrato, na fase de instrução, para depois apreciar a cláusula que convencionou a arbitragem.

Por isso, tem-se que a designação da audiência preliminar não gera e nem poderia gerar preclusão *pro judicato*. Independentemente da hipótese que motivou a extinção; independentemente se essa hipótese existia antes da audiência ou surgiu depois ou ficou mais bem esclarecida depois da audiência; o fato é que, sendo possível o juiz conhecer de ofício, em qualquer tempo e grau de jurisdição, não incide o fenômeno da preclusão *pro judicato*.

Ocorrência da conciliação. Nos termos do § 1º do disposto em exame, obtida a conciliação, ela deverá ser reduzida a termo e homologada por sentença. Assim ocorrendo, ter-se-á com a conciliação homologada por sentença título executivo judicial, nos termos do artigo 584, III, do CPC.

O fato de a conciliação versar sobre direitos disponíveis e ser homologada pelo juiz, não significa, necessariamente, que este não exerça um controle de legalidade sobre o que está sendo acordado. Se for sempre admissível a solução pacífica das distensões sociais, inadmissível será um comportamento de mero espectador do juiz. Pois, na sua omissão, poderá o mais forte constranger o mais fraco a um acordo injusto e às vezes ilegal.

Aqui não pode vingar um péssimo ditado, de que mais vale um péssimo acordo do que uma boa demanda, porque essa máxima nunca poderia ter sido elaborada. Péssimos acordos, sob o fundamento de encerrar o litígio, bem demonstram a crise do serviço jurisdicional.

Daí a necessidade de o juiz exercer um controle de legalidade sobre a composição do acordo, a fim de que não se homologue uma injustiça.

Não se otendo a conciliação, deverá o processo ser saneado, como se verá adiante.

DO SANEAMENTO DO PROCESSO

Conceito. Na vigência do CPC de 1939, utilizava-se a expressão "despacho saneador" e foi definida por Galeno Lacerda como "a decisão proferida logo após a fase postulatória, na qual o juiz, examinando a legitimidade da relação processual, nega ou admite a continuidade do processo ou da ação, dispondo, se necessário, sobre a correção de vícios sanáveis".[504]

Tal conceito, obviamente, merece ser atualizado. Primeiro, cumpre destacar que não mais se pode falar em "despacho saneador", mas em decisão saneadora, nos termos do artigo 162, § 2º, do CPC, uma vez que, da decisão saneadora, cabe recurso de agravo (CPC, art. 522), o que não é admissível nos despachos (CPC, art. 504).

Também é preciso destacar que é inadmissível a decisão saneadora negar o prosseguimento da ação ou do processo. Pois, se assim ocorrer, não se está diante de uma decisão saneadora, mas de uma sentença que extinguiu o processo sem o julgamento do processo, nos termos do artigo 329, do CPC.

Daí compreender que o saneamento do processo pressupõe a continuidade deste e se presta a declarar a correção de atos irregulares, iniciada na etapa das providências preliminares, para a normalização da relação proces-

---

504 *Apud* Alcides Mendonça Lima, *in* OLIVEIRA, Carlos Alberto Alvaro de (org.). *Saneamento do Processo – Estudos em homenagem ao Prof. Galeno Lacerda.* Porto Alegre, Sérgio Antonio Fábris, 1989, p. 60.

sual.[505] Por isso, inegável afirmar que a decisão saneadora é declaratória no que pertine à demanda e se dá em momento único no processo, na etapa de saneamento.

Nesse sentido, é cristalina a lição de Wellington Moreira Pimentel: "a decisão a ser proferida após as Providências Preliminares terá conteúdo predominantemente declaratório. Dirá o juiz, ao proferi-la, saneado o processo seja pelo cumprimento das que tiverem sido determinadas, seja por não se haver tornado necessária qualquer delas. Poder-se-á continuar denominando a decisão a ser proferida na oportunidade processual a que se refere o art. 331 de 'despacho saneador', por mero saudosismo, ou tendo em vista sua carga de declaratividade do saneamento. Mas já não será simples despacho, dentro da sistemática do Código, pois não se trata de mero ato de expediente ou de propulsão do feito. Nem será saneador. A atividade de saneamento, como se viu, será exaurida, ou, pelo menos concentrada, na fase das providências preliminares. Decisão declaratória do saneamento, será a denominação que se ajustará ao conteúdo, e à natureza daquele ato".[506]

Sendo assim, afasta-se de certa forma da doutrina de Galeno Lacerda, que sustenta a atividade sanaeadora desde o início do processo, como a determinação do autor em emendar a petição inicial (CPC, art. 284).[507]

Reafirma-se que tal atividade é deferida às providências de regularização da relação processual, sendo a decisão saneadora uma mera declaração do atendimento à correção desses defeitos.[508]

Além de declarar a correção das irregularidades processuais, o saneador é momento próprio para que o juiz solucione questões processuais, declarando a procedência ou improcedência, assim arrolados por Pontes de Miranda: "a) decide questões referentes à constituição da relação jurídica processual; b) estabelece, a favor do autor, o princípio de igual tratamento das partes, que a defesa, indo além da negação dos fatos afirmados pelo autor, quebraria; c) examina a legitimidade do interesse processual; d) pronuncia nulidades e or-

---

505 OLIVEIRA, Carlos Alberto Alvaro de (org.). *Saneamento do Processo...*, p. 60-5.

506 PIMENTEL, Wellington Moreira. *Comentários...*, p. 416-7.

507 Flávio Pâncaro da Silva *in* OLIVEIRA, Carlos Alberto Alvaro de (org.). *Saneamento do Processo...*, p. 228.

508 Cf. MIRANDA, Pontes de. *Comentários ao Código de Processo Civil*, p. 228-34, tomo IV.

dena suprimento delas, ou repetição, *se cabe*; e) impulsiona a produção das provas, inclusive de ofício, na forma do art. 130; f) defere ou indefere o requerimento de suspensão ou de extinção do processo; g) ordena de ofício a extinção. Os itens do art. 301 são imperativos para o juiz. O juiz deve atender a que se lhe recomenda. Mas depende de cada assunto a qualidade da sanção da lei. O primeiro cuidado é do exame da pretensão do autor a ter sentença definitiva, portanto incluído o de ato seu, posterior à citação, que possa fazer cessar o processo".[509]

Saneador e preclusão. Calmon de Passos aborda o saneador como decisão interlocutória, insuscetível de extinguir o processo, "que apenas resolve, com força preclusiva, questões incidentes, relativas ao pressupostos processuais, condições da ação e validade dos atos do procedimento na fase postulatória".[510]

Sustenta o mestre baiano, apoiando-se em Liebman, a preclusão da decisão saneadora em três casos: a) se recorrível, e o recurso foi interposto; b) se, recorrida, foi confirmada pela instância superior; e c) se, embora não recorrível, o processo, tendo continuado a sua marcha, atingiu uma situação incompatível com a modificação da decisão. E argumenta: "Quando, nesses casos, a decisão interlocutória se torna imutável, temos uma 'preclusão'. E o efeito da preclusão (no caso, o de tornar definitivo, imutável o efeito produzido pela interlocutória e afastar, desse modo, à medida que se apresentam e são decididas no decorrer do processo) não se produz unicamente quando o juiz decide, de modo expresso, uma questão. Produz-se, também, por decisão implícita, quando, por exemplo, o despacho interlocutório *(sic.)* tem, de acordo com a lei, uma função específica que não pode ser realizada sem decidir previamente alguma questão processual".[511]

No entanto, Calmon de Passos admite exceções aos efeitos preclusivos da decisão saneadora, quando versar sobre questões que admitem o conhecimento de ofício pelo juiz, a qualquer tempo e grau de jurisdição, como as matérias elencadas nos incisos IV, V e VI, do artigo 267, do CPC, nos termos do § 3º, do mesmo disposto.[512]

---

509 MIRANDA, Pontes de. *Comentários ao Código de Processo Civil*, p. 232, tomo IV.

510 PASSOS, J. J. Calmon de. *Comentários...*, p. 442.

511 PASSOS, J. J. Calmon de. *Comentários...*, p. 446-7.

512 PASSOS, J. J. Calmon de. *Comentários...*, p. 447-50.

Pugnando pela relatividade dos efeitos preclusivos do saneador, Flávio Pâncaro da Silva lembrava que Galeno Lacerda acenava "para o fato de que o saneador sendo um ato extremamente complexo, de conteúdo variável e heterogêneo, seus efeitos dependiam da natureza da questão decidida, podendo, portanto, provocar coisa julgada, preclusão, ou mesmo deixar de produzir qualquer desses efeitos. Dizíamos mais, que na mesma linha de raciocínio ele ensinava ser o problema da preclusão de decisões no curso do processo bem diferente daquele que se apresenta em relação às decisões terminativas, pois enquanto nestas o magistrado esgota a jurisdição, extinguindo o feito, naquelas ele conserva a função jurisdicional, mantendo-se ligado à causa. Salientamos que: 'com tal pensamento GALENO LACERDA procurava demonstrar que a continuidade vinculativa do juiz ao processo proporcionava-lhe a possibilidade de novamente examinar certas questões já decididas. Contestava, assim, a idéia dominante, mas alertava para a circunstância de que, em regra, as decisões interlocutórias não operavam preclusão relativamente ao julgador. A assertiva torna-se perfeitamente compreensível – e mais se robustece – quando se tem em mente que os pressupostos processuais e as condições da ação, como elementos indispensáveis para o conhecimento do mérito, podem ser, a qualquer momento, reapreciados. Se assim não for entendido, volta-se ao passado, com evidente prejuízo para a entrega da prestação jurisdicional' ".[513]

Daí concluir o magistrado gaúcho que, "seguindo a mesma orientação, que relativamente às partes, o estudo da preclusão deve ser observado sob dois ângulos, conforme a disponibilidade do direito em evidência. Se o mesmo for disponível e não houver recurso da decisão, autor e réu não mais poderão voltar a discuti-lo. Todavia, se indisponível, a decisão poderá ser reexaminada, por imperativo de ordem pública. Se os litigantes não dispõem do direito, por que motivo deverão ser prejudicados".[514]

Antonio Carlos Marcato reafirma a relatividade dos efeitos preclusivos da decisão saneadora, que não ocorria nas seguintes hipóteses: a) as previstas no artigo 267, § 3º, do CPC; b) no tocante à intervenção do Ministério Público no processo; sendo necessária a intervenção e não ocorrendo, quer por falta de regular intimação (art. 246), quer por entender o juiz seja ela descabida, a

---

513 OLIVEIRA, Carlos Alberto Alvaro de (org.). *Saneamento do Processo...*, p. 230.

514 OLIVEIRA, Carlos Alberto Alvaro de (org.). *Saneamento do Processo...*, p. 230.

preclusão não se opera, dado o caráter imperativo da norma contida no artigo 84 do CPC; c) nas hipóteses do artigo 301; d) na hipótese do parágrafo único do artigo 245, do CPC; e e) quando o juiz resolve ser necessária, para a formação de seu livre convencimento (art. 130), a produção de prova anteriormente indeferida.[515]

Saneador como ato preparatório para a fase instrutória. Nos termos dos §§ 2º e 3º, do artigo 331, a decisão saneadora também contém ato preparatório para a fase instrutória.

Pois, no que se refere ao § 2º, ao fixar os pontos controvertidos e determinar as provas a serem produzidas, o processo propicia receber uma instrução, a fim de comprovar objetivamente os fatos litigados.

Ensina Cândido Rangel Dinamarco que ponto "é todo e qualquer fundamento invocado pelas partes ou suscitado pelo juiz para decidir ou antes de fazê-lo. Questão é o *ponto controvertido.* Constituem objeto da *prova* todos os pontos de fato controvertidos (questões de fato)".[516]

Daí que, com a delimitação dos pontos controvertidos, significa que a fase instrutória deverá ater-se tão-somente a essas questões, não se admitindo provar algo que não seja considerado controvertido. Compõem os pontos controvertidos os fatos constitutivos do direito do autor e impugnados pelo réu, os fatos impeditivos, modificativos ou extintivos do direito do autor alegados pelo réu, os fatos narrados em sede de reconvenção e os fatos que fundamentam a ação declaratória incidental.

Com relação à produção de provas, deverá o juiz examinar os meios de provas requeridos pelas partes, a fim de deferi-los ou não. Mas é possível, como visto anteriormente, o juiz deferir a realização de meio de prova anterior indeferida, quando verificar que o conhecimento da verdade puder ser prejudicado.

Se necessária a produção de prova oral – depoimento das partes e oitiva de testemunhas –, deverá o juiz designar audiência de instrução. No entanto, essa audiência somente será designada no saneador se não for determinada a realização de prova pericial, uma vez que a essa espécie de prova prefere à oral (CPC, art. 452, I).

---

[515] MARCATO, Antonio Carlos. *Procedimento...*, p. 58-9.

[516] DINAMARCO, Cândido Rangel. *A reforma do Código...*, p. 131.

Se determinada a realização da perícia, a designação da audiência de instrução somente ocorrerá após a conclusão da prova pericial.

Por fim, o § 3º, inserido por força da Lei nº 10.444, pouco acresce ao que foi estipulado no § 2º. Apenas realça que, ante a impossibilidade de transação, deverá o juiz sanear o processo e ordenar a produção de provas, conforme determinado no § 2º, do mesmo disposto.

BIBLIOGRAFIA

AMERICANO, Jorge. *Comentários ao Código de Processo Civil.* 2ª ed. São Paulo, Saraiva, 1958, 1º vol.

ARAGÃO, Egas Dirceu Moniz de. *Comentários ao Código de Processo Civil.* Rio de Janeiro-São Paulo, Forense, 1974, vol. II.

ARAZI, Roland. *Derecho Procesal Civil y Comercial.* Buenos Aires, Rubinzal-Culzoni, 1999, tomo I.

BAPTISTA, Sonia Marcia Hase de Almeida. *Direito Processual Civil.* São Paulo, Saraiva, 1997.

BARBI, Celso Agrícola. *Comentários ao Código de Processo Civil.* Rio de Janeiro-São Paulo, Forense, 1974, vol. I, tomo II.

BORGES, José Souto Maior. *O Contraditório no Processo Judicial.* São Paulo, Malheiros, 1996.

BUENO FILHO, Edgard Silveira. *O direito à defesa na Constituição.* São Paulo, Revista dos Tribunais, 1994.

BUZAID, Alfredo. *A Ação Declaratória no Direito Brasileiro.* 2ª ed. São Paulo, Saraiva, 1986.

CAETANO, Marcello. *História do Direito Português.* 3ª ed. Lisboa-São Paulo, Verbo, 1992.

CHIOVENDA, Giuseppe. *Instituições de Direito Processual Civil.* Tradução de J. Guimarães Menegale. São Paulo, Livraria Acadêmica – Saraiva & Cia. 1942, vol. I.

______. *Instituições de Direito Processual Civil.* Tradução de Paolo Capitanio. Campinas, Bookseller, 1998, vol. I, II e III.

CORRÊA, Antonio. *Arbitragem no Direito Brasileiro.* Rio de Janeiro, Forense, 1998.

COSTA, Mário Júlio de Almeida. *História do Direito Português.* 3ª ed. Coimbra, Livraria Almedina, 1996.

CRETELLA JÚNIOR, José. *Curso de Direito Romano.* 23ª ed. Rio de Janeiro, Forense, 2000.

______. *Direito Romano Moderno.* 9ª ed. Rio de Janeiro, Forense, 2000.

DINAMARCO, Cândido Rangel. *Direito Processual Civil.* São Paulo, José Bushatsky, 1975.

______. *A reforma do Código de Processo Civil.* 2ª ed. São Paulo, Malheiros, 1995.

FERNANDES, Fátima Regina. *Comentários à legislação medieval portuguesa de Afonso III.* Curitiba, Juruá, 2000.

FERREIRA, Pinto. *Da resposta do réu.* São Paulo, Saraiva, 1986.

FORNACIARI JÚNIOR, Clito. *Da reconvenção no Direito Processual Civil Brasileiro.* São Paulo, Saraiva, 1979.

FRAGA, Affonso. *Instituições de Direito Processual Civil do Brasil.* São Paulo, Saraiva, 1940, tomo I.

GRECO FILHO, Vicente. *Direito Processual Civil Brasileiro.* 11ª ed. São Paulo, Saraiva, 1996, 2º vol.

GRINOVER, Ada Pellegrini. *Novas tendências do Direito Processual.* Rio de Janeiro, Forense, 1990.

LEITÃO, Helber Martins. *Dos princípios básicos em Processo Civil.* Porto, Almeida & Leitão, 1998.

LIEBMAN, Enrico Tullio. *Manual de Direito Processual Civil.* Tradução de Cândido Rangel Dinamarco. Rio de Janeiro, Forense, 1984, vol. I.

MACHADO, Hugo Brito. *Julgamento antecipado em matéria penal.* Artigo publicado na *Revista dos Tribunais.* Ano 83. Setembro de 1994. Volume 707. São Paulo, Revista dos Tribunais, 1994.

MARCATO, Antonio Carlos. *Procedimento Ordinário.* 2ª ed. [s.l.], edição própria, [s.d.].

MARINONI, Luiz Guilherme. *Tutela antecipatória, julgamento antecipado e execução imediata da sentença.* São Paulo, Revista dos Tribunais, 1997.

MARQUES, José Frederico. *Instituições de Direito Processual Civil.* Campinas, Millennium, 1999, vol. II.

MENDEZ, Francisco Ramos. *Derecho Procesal Civil.* 5ª ed. Barcelona, Jose Maria Bosch, 1992, tomo I.

MIRANDA, Pontes de. *Comentários ao Código de Processo Civil.* 3ª ed. Rio de Janeiro, Forense, 1995, tomo II.

______. *Comentários ao Código de Processo Civil.* 3ª ed. Rio de Janeiro, Forense, 1999, tomo IV.

MONTEIRO, João. *Teoria do Processo Civil.* 6ª ed. Rio de Janeiro, Borsoi, 1956, tomo I.

MONTELEONE, Girolamo. *Diritto Processuale Civile.* Seconda Edizione. Padova, Cedam, 2000.

NASCIMENTO, Walter Vieira do. *Lições de história do Direito.* 9ª ed. Rio de Janeiro, Forense, 1997.

NERY JÚNIOR, Nelson. *Princípios do Processo Civil na Constituição Federal.* 3ª ed. São Paulo, Revista dos Tribunais, 1996.

______. e ANDRADE NERY, Rosa Maria. *Código de Processo Civil Comentado.* São Paulo, Revista dos Tribunais, 1999.

NETO, Abílio. *Código de Processo Civil Anotado.* 14ª ed. Lisboa, Ediforum, 1997.

OLIVEIRA, Carlos Alberto Alvaro de (org.). *Saneamento do processo – Estudos em homenagem ao Prof. Galeno Lacerda.* Porto Alegre, Sérgio Antonio Fábris Editor, 1989.

PASSOS, J. J. Calmon de. *Comentários ao Código de Processo Civil.* Rio de Janeiro-São Paulo, Forense, 1974, vol. III.

PAULA, Alexandre de. *CPC Anotado.* 4. ed, vol. I, 6. ed, vols. II e III. São Paulo, Revista dos Tribunais, 1994.

PAULA, Jônatas Luiz Moreira de. *Uma visão crítica da jurisdição civil.* Leme, LED, 1999.

______. *Teoria Geral do Processo.* Leme, LED, 1999.

______. *A ideologia do Processo Civil.* Artigo publicado na *Revista de Ciências Jurídicas e Sociais* da Unipar. Volume II – Número I. Toledo. Unipar. 1999.

PRATA, Edson. *História do Processo Civil e sua projeção no direito moderno.* Rio de Janeiro, Forense, 1987.

PEDROSO, Fernando de Almeida. *Processo Penal – O direito de defesa: repercussão, amplitude e limites.* 2ª ed. São Paulo, Revista dos Tribunais, 1994.

PIMENTEL, Wellington Moreira. *Comentários ao Código de Processo Civil.* São Paulo, Revista dos Tribunais, 1975.

PINTO, Eduardo Vera-Cruz. *As origens do Direito Português – A tese germanista de Teófilo Braga.* Lisboa, Associação Acadêmica da Faculdade de Direito de Lisboa, 1996.

PORTANOVA, Rui. *Princípios do Processo Civil.* 2ª ed. Porto Alegre, Síntese, 1995.

RICO, Osvaldo da Silva. *Da reconvenção e da compensação no Direito Brasileiro.* São Paulo, Saraiva, 1979.

RODIO, Raffaele Guido. *Defesa Giudiziaria e Ordinamento Constituzionale.* Padova, Cedam, 1990.

RODRIGUES, Marcelo Abelha. *Elementos de Direito Processual Civil.* São Paulo, Revista dos Tribunais, 2000.

ROSEMBERG, Leo. *Tratado de Derecho Procesal.* Traducción de Angela Romera Vera. Buenos Aires, Ediciones Juridicas Europa-America, 1955, tomo I.

SATTA, Salvatore. *Manual de Derecho Procesal Civil.* Traducción de Santiago Sentís Melendo y Fernando de la Rúa. Buenos Aires, Ediciones Juridicas Europa-America, 1971, vol. I.

SEGURADO, Milton Duarte. *O Direito no Brasil.* São Paulo, Bushatsky, Editora Universidade de São Paulo, 1973.

SIDOU, J. M. Othon. *Processo civil comparado.* Rio de Janeiro, Forense Universitária, 1997.

SILVA, Ovídio Baptista da. *Curso de Processo Civil.* 2ª ed. Porto Alegre, Sérgio Antonio Fábris Editor, 1991, vol. I.

SIQUEIRA, Cleanto Guimarães. *A defesa no Processo Civil.* Belo Horizonte, Del Rey, 1995.

SOIBELMAN, Leib. *Enciclopédia Jurídica.* Rio de Janeiro, Rio, [s.d.], vol. I.

TESHEINER, José Maria Rosa. *Pressupostos processuais e nulidades no processo civil.* São Paulo, Saraiva, 2000.

TEODORO JÚNIOR, Humberto. *A garantia fundamental do devido processo legal e o exercício do poder de cautela no direito processual civil.* Artigo publicado na *Revista dos Tribunais.* Ano 80. Março de 1991. Volume 665. São Paulo, Revista dos Tribunais, 1991.

______. *Curso de Direito Processual Civil.* 27ª ed. Rio de Janeiro, Forense, 1999, vol. I.

TUCCI, José Rogério Cruz e, AZEVEDO, Luiz Carlos de. *Lições de História do Processo Civil Romano.* São Paulo, Revista dos Tribunais, 1996.

TUCCI, Rogério Lauria. *Julgamento conforme o estado do processo – Temas Polêmicos.* Artigo publicado na *Revista dos Tribunais.* Ano 73. Outubro de 1984. Volume 588. São Paulo, Revista dos Tribunais, 1984.

______ e CRUZ E TUCCI, José Rogério. *Devido processo legal e tutela jurisdicional.* São Paulo, Revista dos Tribunais, 1993.

VIEGAS, João Francisco Moreira. *Ministério Público – Sua atuação no Cível.* Artigo publicado na *Revista dos Tribunais.* Ano 79. Março de 1990. Volume 653. São Paulo, Revista dos Tribunais, 1990.

WAMBIER, Luiz Rodrigues, CORREIA DE ALMEIDA, Flávio Renato, TALAMINI, Eduardo. *Curso avançado de processo civil.* 2ª ed. 2ª tiragem. São Paulo, Revista dos Tribunais, 1999, vol. I.

ZANZUCCHI, Marco Tullio. *Diritto Processuale Civile.* 5ª ed. Milano, Dott. A. Giuffrè, 1962, vol. II.

______. *Diritto Processuale Civile.* 6ª ed. Milano, Dott. A. Giuffrè, 1964, vol. I.

ALCA - Riscos e Oportunidades
Sérgio Haberfeld

Organizado de forma didática, este volume contém uma parte introdutória com noções básicas de teorias da integração que propiciam o esclarecimento dos temas tratados.

Macroeconomia do Emprego e da Renda
Gilberto Tadeu Lima, João Sicsú

Keynes e o Keynesianismo reúne artigos de diversos autores brasileiros e estrangeiros que têm desenvolvido pesquisas na linha keynesiana com abordagens teóricas e empíricas. Com a sua publicação, pretende-se demonstrar a relação existente entre a teoria de Keynes e seus vários desenvolvimentos keynesianos, dos mais ortodoxos aos mais heterodoxos. Aplica-se como bibliografia básica das disciplinas de macroeconomia keynesiana, tanto para cursos de graduação quanto de pós-graduação. Leitura complementar nos cursos de economia monetária e financeira. Leitura recomendada para economistas, cientistas políticos, jornalistas econômicos e interessados em pesquisas recentes de economia.

Novo Código Civil

Coordenação Jurídica Manole

Lei nº 10.406, publicada em 10 de Janeiro de 2002.
Inclui Medida Provisória nº 104 de 09.01.2003.

Comunicação Empresarial

Wilson da Costa Bueno

A expressão "Quem não se comunica se trumbica", cunhada por Chacrinha há algumas décadas, vem assumindo outros contornos nos últimos anos, sobretudo porque, como processo estratégico nas organizações, a Comunicação Empresarial tem requerido, de empresas e de profissionais, uma conduta adequada aos novos tempos e aos novos desafios. Ela continua valorizando a intuição e a criatividade, mas precisa ser pensada em um outro patamar, caracterizando-se pelo planejamento, pelo desenvolvimento de sistemas de avaliação, pelo uso intensivo das tecnologias e pela obediência aos princípios da ética, da transparência e da cidadania. Este livro reforça tal perspectiva. Para tanto, ele não só revisa conceitos e incorpora reflexões sobre temas relevantes da área (assessoria de imprensa, comunicação interna, comunicação pela web, responsabilidade social, ética empresarial, comunicação e gestão, Terceiro Setor, etc.), mas também traz relatos de pesquisas, que permitem ampliar o conceito sobre a Comunicação Empresarial brasileira. Incorpora, ainda, um número formidável de fontes sobre cerca de 30 subtemas da área, possibilitando a seus leitores tomar contato com o que existe de mais atual em comunicação aplicada às organizações. Esta obra se destina tanto a profissionais, professores e estudantes da área de comunicação e marketing (em particular jornalistas, publicitários e relações públicas), quanto a administradores, empresários, executivos de organizações de pequeno ou de grande porte, que reconhecem a importância da comunicação para suas empresas e para sua carreia.

Direito Processo e Justiça do Trabalho: Princípios e Perspectivas

Fernando Américo Veiga Damasceno

O escopo do presente livro é proporcionar uma visão geral do Direito do Trabalho, do Direito Processual do Trabalho e da Justiça do Trabalho sob seus aspectos jurídico, político e social.

ECF - Emissor de Cupom Fiscal

Miriam Gomes Lage e Flávio Luís Kuba

Esta obra pretende oferecer, de maneira sucinta, objetiva e principalmente prática, os importantes aspectos dos Emissores de Cupom Fiscal; desmistificando e agrupando didaticamente a Legislação mais significativa para a utilização do ECF, e contribuindo para a boa informação do profissional. O livro apresenta as características dos equipamentos, por meio dos Pareceres Homologatórios, que permitem obter as Leituras da Memória Fiscal, bem como o novo Convênio firmado entre os Estados, no ano 2000, que determina os requisitos necessários para que se aprove um equipamento para emitir documento fiscal. O objetivo deste livro é auxiliar contribuintes e profissionais de áreas a isso ligadas. Trata-se de uma obra de utilização eminentemente prática e de uso de âmbito nacional.

Guia do Incentivo à Cultura

Fábio de Sá Cesnik

Indispensável para quem atua no mercado cultural, este livro apresenta de maneira didática e objetiva todos os procedimentos e questões administrativas que envolvem a realização de um projeto cultural, desde sua formatação até a prestação de contas. Traz a legislação relativa aos incentivos culturais nos âmbitos federal, estadual e municipal e possui, ainda, um glossário com os principais termos utilizados, além de uma relação dos órgãos envolvidos com incentivo à cultura, contendo endereços e seus respectivos responsáveis. Esta obra é um verdadeiro guia para as empresas que investem em cultura e para profissionais como artistas, produtores e advogados. Utiliza uma linguagem clara, que facilita a compreensão de todos os mecanismos legais e administrativos dos projetos.

História do Direito Processual Brasileiro

Jônatas Luiz Moreira de Paula

A proposta desse livro é a de examinar a origem e a composição do Direito Processual brasileiro, a fim de compreender como ele se originou e como ele se evoluiu nas três vertentes de manifestação: a normativa, a ideológica e a científica.

www.manole.com.br

Políticas Culturais Vol. I
Leonardo Brant

Políticas Culturais reúne algumas das mais importantes personalidades do setor cultural no Brasil. Dividido em cinco partes, o livro traz uma extensa e minuciosa investigação, abordando reflexões, propostas, estruturas, funções e setores relacionados a este tema polêmico e essencial para o desenvolvimento da sociedade brasileira. São ao todo dezoito textos, com diferentes enfoques sobre o assunto que dá nome à obra. A relação entre cultura e desenvolvimento social se evidencia: são colocados em pauta temas como cultura e globalização, mercado e sociedade, cultura e turismo, cultura e lazer, políticas culturais para a televisão, incentivo público à cultura, ética e mercado, entre outros. Assim, a obra explora uma questão ainda pouco discutida, buscando não só cobrir assuntos chaves para profissionais do setor cultural privado ou público, mas também estimular o debate em nossa sociedade. Ao oferecer uma análise tão ampla do tema, *Políticas Culturais* torna-se fundamental para a discussão acadêmica e profissional acerca da introdução do tema cultura como instrumento de transformação social.

Responsabilidade Civil por danos à personalidade
Sérgio Iglesias

O presente livro busca antes de adentrar sobre o tema proposto – danos à personalidade – traçar algumas considerações a respeito do direito geral da personalidade, no que tange as suas variadas conceituações e o seu enquadramento no cenário jurídico em relação às diversas manifestações em que se apresenta no seio da sociedade.

www.manole.com.br

Responsabilidade Civil: a natureza jurídica da relação médico-paciente
Maria Leonor de Souza Kühn

A relação médico-paciente é discutida de modo abrangente de acordo com a jurisdição.

Temas de Processo do Trabalho
Alexandre Nery de Oliveira

O livro aborda quatro temas processuais de importância para os profissionais e estudiosos da área jurídica trabalhista:
1) o procedimento sumaríssimo trabalhista;
2) as comissões de conciliação prévia;
3) a execução trabalhista de título extrajudicial; e
4) a contribuição previdenciária na Justiça do Trabalho.

São estudos do autor, magistrado trabalhista, com referência doutrinária e jurisprudencial, decorrentes da edição das Leis nº 9.957/2000, 9.958/2000 e 10.035/2000, salientando, ademais, aspectos constitucionais e legais que envolvem tais temas de Processo do Trabalho, com abordagem técnica e seqüenciada, de importância para os que militam na Justiça do Trabalho.

www.manole.com.br

Teoria geral do Processo

Jônatas Luiz Moreira de Paula

"Escrevi este livro tendo em mira o aluno do Curso Jurídico, com o claro objetivo de transmitir uma visão panorâmica dos quatro elementos de Teoria Geral do Processo aplicados nos três ramos processuais. Contudo, a obra pode servir aos profissionais, uma vez que permite uma consulta rápida dos institutos processuais enfocados."

Um novo sistema do Direito Penal – Considerações sobre a teoria de Gunther Jakobs

Carlos Suárez González, Enrique Peñaranda Ramos, Manuel Cancio Meliá.

O presente livro, escrito por três doutores da Universidad Autónoma de Madrid, discípulos de Jakobs, ora traduzido para o nosso idioma, reflete as mais recentes contribuições ao desenvolvimento e à crítica da Teoria da Imputação Objetiva. O operador jurídico, investigador ou não, encontrará neste livro toda a densidade necessária à compreensão desse novo sistema de estruturação do Direito Penal.